《大公报》全史
(1902—1949)

吴廷俊 / 著

第一卷
报史（上）

复旦大学出版社　商务印书馆

序　言

方汉奇

吴廷俊希望我为他的新作《〈大公报〉全史(1902—1949)》写序,我无法推辞。这是因为他与我在学术上有近40年的交往,我年长他19岁,他尊我为师,执弟子礼;同时,我俩对《大公报》史的研究均有浓厚兴趣,并一同走过了几十年的不平凡研究历程,他在《大公报》史的研究上,远迈前贤,比我更加严谨详赡,深入细致。

吴廷俊是从20世纪80年代后期开始研究《大公报》史的,1992年便编纂出五本《新记〈大公报〉史事编年》。1994年武汉出版社出版了他的《新记〈大公报〉史稿》,这部书1997年获得第三届吴玉章人文社会科学优秀奖。2002年,我邀请他参加由我牵头的"《大公报》百年史"的编写班子,负责"新记"部分。2010年以后,他采用招收培养博士研究生的方式,组成《大公报》史的研究团队,分段继续研究《大公报》的历史,并以此为选题指导学生博士学位论文的撰写。

2014年,他对我说,通过这些年的进一步研究,尤其是再次翻阅1902年到1949年这47年间《大公报》的报纸,仔细阅读老《大公报》人的文集、日记和相关回忆文章,感到包括他自己在内以往有关《大公报》历史的研究成果,无论是史料应用,还是观点归纳,都有许多不尽如人意甚至谬误之处。他还说,如果发现了差错不予纠正,听任"谬种流传,以讹传讹",便是治史者的罪过,因而主张重新写一部《大公报》史。对此,我深以为然,并予以支持。于是就有了这部《〈大公报〉全史(1902—1949)》。

这部260余万字的史书由"报史""年表"和"报人"三卷构成,体例新颖,内容相互支撑。

吴廷俊治史,注重对第一手资料的研究,注意对历史唯物主义、辩证唯物主义观点的运用,不溢美,不掩过,对《大公报》的历史功过做出客观的评述。这部书可以说是他几十年潜心研究的成果,积土为山,厚积薄发,鞭辟入里,卓识颇多。本书不仅是迄今为止有关《大公报》史研究的集大成者,而且对以往研究成果中的许多史料和结论进行了更新,总结出中国特有的文人办报之经验,代表了这一研究的最新高度,具有很高的史料价值和学术价值。

是为序。

2021年2月

目 录

序　言………方汉奇 / 1

上　册

绪　论　《大公报》三题——印象·批评·抽象………1
　　　　一、印象………1
　　　　二、批评………13
　　　　三、抽象………39
　　　　四、结语………45

第一编　英敛之首倡"大公"与英记《大公报》
　　　　（1901年4月—1916年9月）………47
　　导　言　风云际会………49
　　　　一、英敛之结缘天津………49
　　　　二、柴天宠纠股办报………55
　　　　三、英敛之受邀主持………61
　　第一章　筚路蓝缕（1901年4月—1902年6月）………68
　　　　一、京津周旋………68
　　　　二、沪上奔走（一）………72
　　　　三、沪上奔走（二）………79
　　　　四、大公，大公………85

五、开场锣鼓………92

第二章　横空出世(1902年6月—1906年9月)………97
　　　一、有关内政的记事与言论………97
　　　二、有关外交的记事与言论………121
　　　三、有关社会改良的记事与言论………136
　　　四、英敛之"捐躯"办报………163

第三章　舆论重镇(1906年9月—1912年2月)………187
　　　一、有关内政的记事与言论………187
　　　二、有关外交的记事与言论………229
　　　三、有关民生民瘼的记事与言论………235
　　　四、履行"天职"………248
　　　五、英总"外出"不复归………271

第四章　大公圆缺(1912年2月—1916年9月)………278
　　　一、有关内政的记事与言论………278
　　　二、有关外交的记事与言论………299
　　　三、有关社会改良的记事与言论………308
　　　四、"不愿再向社会中摇唇鼓舌"………316

第二编　王祝三传承"大公"与王记《大公报》
　　　　(1916年9月—1925年11月)………319
　　导　言　"舍王其谁"………321
　　　一、王郅隆其人………321
　　　二、王郅隆身份界定………324
　　　三、王郅隆的作为………335

第一章　现代转型——王郅隆时期的《大公报》
　　　　(1916年9月—1920年8月)………342
　　　一、有关内政的记事与言论………342
　　　二、有关外交的记事与言论………392

三、有关民生民瘼的记事与言论………423

　　四、新闻业务变革………436

　　五、"大公"精神的坚守与破损………454

第二章 "君子之泽"——王景杭时期的《大公报》
　　（1920年8月—1925年11月）………462

　　一、王记最后五年………463

　　二、有关内政的记事与言论………469

　　三、有关外交的记事与言论………507

　　四、有关民生民瘼的记事与言论………522

　　五、"三世而斩"………525

下　册

第三编　新记公司中兴"大公"与新记《大公报》
　　（1926年9月—1949年6月）………531

　导　言　新记登场………533

　　一、三人聚首………533

　　二、"四不"方针………542

　　三、"五事"约定………550

第一章　浴火重生——新记前期的《大公报》
　　（1926年9月—1935年12月）………554

　　一、"三套车"平稳上轨道………554

　　二、有关内政的记事与言论………590

　　三、有关外交的记事与言论………643

　　四、有关民生民瘼的记事与言论………673

　　五、副刊、专刊与特刊………684

第二章　扶摇而上——新记中期的《大公报》
　　（1935年12月—1941年9月）………713

一、"双轮车"快速前行………713

二、有关内政的记事与言论………766

三、有关外交的记事与言论………816

四、有关社会服务的记事与言论………833

五、副刊、专刊与特刊………840

第三章 夹缝求生——新记后期的《大公报》
（1941年9月—1949年6月）………859

一、"独轮车"趔趄前行………860

二、有关内政的记事与言论………896

三、有关外交的记事与言论………946

四、有关社会服务的记事与言论………980

五、特刊、副刊与周刊………990

六、总经理胡政之病逝与新记《大公报》的终结………994

参考文献………1008

绪论 《大公报》三题
——印象·批评·抽象

方汉奇先生曾指出:"在中国的报坛上,《大公报》具有崇高的声望,在各个历史时期都产生过重大的影响,是中国新闻界的重镇。"①方先生对《大公报》的这一评价,我深以为然。

这家具有 120 多年历史的报纸创刊于 1902 年 6 月,在 1949 年 6 月发生了质的变化。为了研究的方便,我将 1949 年 6 月以前的《大公报》称为"老《大公报》"②,将之后的称为"新生《大公报》"③。呈现在读者面前的这部书,撰写的是"老《大公报》"的历史。

一、印象

所谓"印象",即作者对老《大公报》的基本认知。

(一)性质

老《大公报》的性质,一言以蔽之:一份文人办的报纸。

以农业经济为基础,以入世为取向的儒家文化,陶冶了我们中国人的家国情怀。作为社会精英的读书人,更是对于国家和民族怀有极为深厚的历史责任感,"修身齐家治国平天下"的人生理想和"位卑未敢忘忧国"的政治意识促

---

① 方汉奇:《前言:再论〈大公报〉的历史地位》,方汉奇等:《〈大公报〉百年史(1902.06.17—2002.06.17)》,中国人民大学出版社 2004 年版,第 2 页。
② 王芸生、曹谷冰称 1902 年至 1949 年的《大公报》为"旧《大公报》"。"旧"即陈旧、过时,含有贬义,故而本书称之为"老《大公报》"。
③ 1949 年 6 月 17 日《大公报》沪版发表题为"《大公报》新生宣言"的社评,宣布《大公报》从此"新生",故称为"新生《大公报》"。

使他们对于国事予以更多关注。同时,深厚的正统观念,又常常使得他们把自己政治理想实现的希望寄托在国家的最高统治者身上。在他们眼里,报国与忠君是一回事,因而中国传统文人一般通过两条道路实现报国理想:一条路是通过"读书做官"直接参政,帮助皇帝治理国家;另一条路是"文人论政""以言报国",比如宋代的"书院论政"、明代的"结社论政"等。可见,"文人论政""以言报国"是中国读书人的一种优良传统,是中国传统文人"位卑未敢忘忧国"的家国情怀的表露。

鸦片战争后,国门洞开,西方近代文化大量进入中国。第一批接触了西方文化的中国传统文人的世界观发生深刻变化,他们急切地从西方近代文明中寻求改造中国的"武器"。在此过程中,有人对西方近代报纸情有独钟,看中报纸有比书籍更及时、更广泛的传播功能,于是纷纷创办报纸作为宣传维新思想的讲坛。从王韬们到梁启超们,中国早期的国人自办近代报刊,基本上都可归入文人办报范畴。由于救亡图存形势的需要,绝大多数中国早期的文人办报很快转化为政治家办报,而真正坚持"文人办报"道路一直走下来的并不多,创刊于20世纪初期的《大公报》是其中一个不可多得的典型。

英敛之应允主持《大公报》筹办事宜的动力,源于"庚子之殇"。面对国遭重创,"弃武从文"的英敛之怀救国救民之心、愤世嫉俗之气。他接受柴天宠邀请,主持办报,目的很明确,就是为"不负所学",实现"风移俗易,国富民强,物无灾苦,人有乐康"[①]。选择达此目的的方式也清楚,就是"知无不言,以大公之心,发折中之论"[②],铸就舆论,以"监政府,导国民"[③]。英敛之主持《大公报》所走的是"文人办报"的路径,被后来人所延续,并一直到新记公司时期。1941年5月,《大公报》获美国密苏里大学新闻学院奖章,5月15日,发表社评《本社同人的声明》说:"中国报原则上是文人论政的机关,不是实业机关。"还说:"倘若本报尚有渺小的价值,就在于虽按着商业经营,而仍能保持文人论政的本来面目。"[④]

1943年10月20日,胡政之在重庆对《大公报》编辑工作人员讲话时,称"文人办报"是中国办报的"新路径"。他说:"中国素来做报的方法有两种,一

[①] 英敛之:《〈大公报〉序》,《大公报》1902年6月17日。
[②] 英敛之:《〈大公报〉出版弁言》,《大公报》1902年6月18日。
[③] 《闲评》,《大公报》1908年10月14日。
[④] 《社评·本社同人的声明——关于米苏里赠奖及今天的庆祝会》,《大公报》(渝版)1941年5月15日。

种是商业性的,与政治没有联系,且以不问政治为标榜,专从生意经上打算;另一种是政治性的,自然与政治有了关系,为某党某派做宣传工作。但是办报的人并不将报纸本身当作一种事业,等到宣传的目的达到了以后,报纸也就跟着衰歇了。但自从我们接办了《大公报》以后,替中国报界辟了一条新路径。我们的报纸与政治有联系,尤其是抗战一起,我们的报纸和国家的命运几乎联在一块,报纸和政治的密切关系,可谓达到了极点。但同时我们仍把报纸当做营业做,并没有和实际政治发生分外的联系。我们的最高目的是要使报纸有政治意识而不参加实际政治,要当营业做而不单是大家混饭吃就算了事。这样努力一二十年以后,使报纸真能代表国民说话。"①这段话,不仅回答了何谓"文人办报",而且说明了文人办报的本质,即办报不为"利",不为"官",甚至不为"名",而是为"国"为"民"——"以文章报国""代民众说话"。

"文人办报"使中国传统的"文人论政"在近代报纸上找到了用武之地,而《大公报》以其实践生动地诠释了中国独有的"文人办报"现象。

(二)脉络

老《大公报》47年的发展脉络可用"三时代七时期"六字概括。"三时代",即柴天宠、英敛之时代,简称"英记时代";王氏父子时代,简称"王记时代";新记公司时代,简称"新记时代"。三时代按其中实际主持人状态的变化,又可具体分为七个时期——英记、王记各分为两个时期,新记分为三个时期。

"英记时代"自1901年4月至1916年9月,其间以1912年2月英敛之退隐香山静宜园为界分为前后两个时期。之前是英敛之亲理时期,之后为英敛之"遥控"时期。

1901年初,天津紫竹林天主教堂总管柴天宠集股办报,邀英敛之全权主持其事。英敛之欣然应邀,不辱使命,倾全力而为之。他首先辗转京津、两下上海,购设备、聘主笔、铸报魂,于1902年6月17日创刊《大公报》;然后又拼性命,排万难,亲理十年,斗顽固势力,创"敢言"特色,使《大公报》立足天津,走向华北,成为北方报界重镇。由于身体不支等各方面原因,英敛之于1912年2月退隐北京香山。之后,在英敛之"遥控"下,《大公报》尚能保持"敢言"风格,维

---

① 胡政之:《在重庆对编辑工作人员的讲话》,见王瑾、胡玫编:《胡政之文集》,天津人民出版社2007年版,第1080页。

持北方舆论重镇之地位,然而由于英敛之"保皇"思想作祟,《大公报》发表了不少落伍观点,致使其"大公"精神受到损害,报纸开始走下坡路。

1916年9月,英敛之将《大公报》的股权全部转给了大股东王郅隆,《大公报》从此进入"王记时代"。"王记时代"自1916年9月至1925年11月,其间以1920年8月产权转手为界分为前后两个时期,之前为王郅隆时期,之后为王景杭(王郅隆长子)时期。

王郅隆购得《大公报》馆后,自任总董,聘胡政之为经理兼总主笔。胡政之曾留学东洋,是一个通晓中西文化的现代文人,"出其新知改良本报"①。《大公报》在胡政之的操持下,不仅保持了英记时期的"敢言"传统,而且在编辑业务、新闻记事、报纸言论等方面有了重大改革或改良,取得显著成效,完成由传统文人办报向现代文人办报的转型。同时,由于王郅隆、胡政之与皖系军阀、政客有着千丝万缕的联系——王郅隆本身就是安福系中人,胡政之亦有着"安徽情结"——致使《大公报》这一时期关于国内时政的记事与言论显露出明显的"倾皖""袒段"倾向。1920年8月,皖系在直皖战争中失利,王郅隆被直系政府列为战犯遭通缉而出逃,胡政之也主动辞职,《大公报》产权转入王景杭之手。王景杭仿效其父的做法,先后聘请雷行和翁湛之等人全权负责《大公报》事务②。虽然雷氏和翁氏都是有责任心的文人,他们对报纸业务的改良亦有不少追求,记事和发言均有可圈可点之处,但是二人无论在政治思想还是报纸业务上均偏于保守,致使报纸的派性气息越来越严重,读者大量流失。加之人才离去、资金短缺等原因,报纸难以维持,最终于1925年11月停刊。

1926年6月,吴鼎昌以资金,胡政之、张季鸾以劳力入股,组成"《大公报》新记公司",从王景杭手中盘购《大公报》馆,于当年9月1日续刊出版,《大公报》进入"新记时代"。"新记时代"以吴、张、胡三位创业者的先后离去为标志,分为前、中、后三个时期。

"三套车"是"新记"前期《大公报》组织架构和事业发展的基本态势。吴鼎昌、胡政之、张季鸾三人齐心办报,分工合作,各展所长。吴鼎昌的资金、胡政之的管理、张季鸾的文章,这个"天作之合、神仙之配"的班子使《大公报》迅速中兴。他们提出并实施"四不"办报方针,对报馆进行现代化管理,把《大公报》

---

① 《告白·冷观敬告读者》,《大公报》1920年6月13日。
② 1922年2月底之前为雷行主持,之后为翁湛之主持。

平稳而又快速地推上"新"轨道,重新占据北方报界重镇的位置,进而在全国产生重大影响,不仅在读者中享有信誉,而且越来越引起国家政要尤其是最高当局的注意和重视。

1935年12月,吴鼎昌辞去《大公报》社长职务,进入蒋介石的"人才内阁"任实业部长,由此,《大公报》进入新记时代的中期。"双轮车"①是"新记"中期《大公报》组织架构和事业发展的基本态势。国难当头,张季鸾与胡政之分别带着一支人马,排除万难,在武汉、香港、重庆、桂林等地发展事业,为全民抗战鼓与呼,创造了新记《大公报》的辉煌。此时期的《大公报》不仅成为中国名重一时的舆论重镇,而且以其艰苦卓绝的工作精神、坚定不移的爱国立场以及推动抗战进步的办报业绩,为中国报纸在世界上争得了地位,荣获美国密苏里大学新闻学院奖章,使西方对中国报界刮目相看。

1941年9月5日,总编辑张季鸾病逝,新记《大公报》进入后期,即胡政之一人"独驾"时期。为了独自管理好《大公报》这份"家业",胡政之采取了一些特殊措施:成立董监事联合办事处,从组织上加强对渝、港、桂三馆②的"集体领导";重订"社训"和"社庆日",从思想上强化报馆的凝聚力。即使如此,张季鸾走后留下的空缺还是难以弥补。加上这个时期,国内外局势变化万端,掌控报纸言论的新任总编辑王芸生表现出明显的力不从心,难以左右逢源。所以尽管胡政之使出浑身解数,仍难免顾此失彼,左支右绌。1949年4月14日,胡政之在痛苦中撒手人寰。他的离世,被人们视为新记《大公报》历史结束的标志:"在一定的意义上,胡政之的死,就是《大公报》的死。"③事实也是如此,胡病逝两个月后,《大公报》沪版发表《大公报》新生宣言》,走向"新生",新记《大公报》的历史从此告结,老《大公报》的历史就此终结。

(三)报魂

《大公报》何以能在近代中国的报坛上享有崇高的声望,并在各个历史时期都产生大的影响,成为中国新闻界的重镇?一个重要原因是"报魂"的力量。

《大公报》的"魂"蕴含在"报名"中。在创刊号上,英敛之发表署名文章《〈大

---

① 胡政之说,吴鼎昌离开后,"近数年来,先生(指张季鸾)与余,更如鸟之双翼,车之两轮"。《本报全体同人昨公祭张季鸾先生》,《大公报》(渝版)1941年9月16日。
② 《大公报》汉口馆、香港馆因战事已分别于1938年10月、1942年2月先后关闭。
③ 转引自傅国涌:《〈大公报〉三巨子——纪念〈大公报〉创立100周年》,《世纪中国》2002年第6期,第1页。

公报〉序》,对报名解释说:"忘己之为大,无私之谓公,报之命名固已善矣。"①

英敛之以"大公"名报,源于他对天主教教义的理解。作为天主教信徒,他认为应本着一视同仁的胸怀,地不分东西南北,人不分老幼贵贱,广布仁爱;看问题、处世事,不带偏见,不存成见,"泯乎方域之见,忘乎物我之分,示以廓然大公"②。英敛之以"大公"为报纸命名,旨在将这种"不带偏见""不存成见"看问题的"教徒视角"转化成"报人视角",运用于办报实践,使报纸"阐发公理也,激发公论也,开通民智也,维持国力也"③。虽然作为报人所言的"大公"与作为天主教徒所言的"大公"不能完全等同,但二者的核心指向是一致的:报人记事立言时,必须忘己去私,泯乎偏见,"以大公之心,发折衷之论",以达"扬正抑邪"之目的④。这里有两个关键词:"大公之心"和"折衷之论",前者是办报人的立场与态度,后者是办报人报国的路径和方式,两者构成一个整体,那就是"秉公持中"。英敛之在《大公报》创办之初为它注入的这一报魂,不仅光照当世当时,而且泽被后世后代,为后来者所认同、继承和坚守。正是对这一"报魂"的认同、继承和坚守,才使得三个时代的《大公报》勾连成一个整体。诚然,各时代各时期坚守程度不一,有坚守好的,也有欠缺的。实践表明,对报魂的坚守程度与报馆事业发展呈正相关关系:英敛之亲理十年,报魂张扬,《大公报》一举而成为北方报界重镇;"遥控"六年,英氏甘做清廷"未亡人",政治思想上拒绝与时俱进,致使报魂在坚守中出现缺损,报馆事业发展出现颓势。王郅隆时期,实际主持人胡政之高度认同"大公"报魂,以为"新闻者,天下之公器,而非记者一二人所可私,亦非一党一派所可得而私。不慧自入报界,以不攻击私德不偏袒一党自誓,更不愿以过激之言词欺世而盗名"⑤。后来,他进一步表示:"本报入世十七年,兢兢以不负大公之名是勉。今后当益坚此念,作社会之公仆。"⑥胡政之念兹行兹,故此时期《大公报》基本上能秉持大公精神记事发言,报馆事业一度恢复,虽然报纸有"倾皖""袒段"倾向,但尚能守住底线,避免沦为"安福系机关报"的危险。王景杭时期,报馆主持人在理论上能认识到"大公"报魂的重要性,多次发文表示要坚守报魂,如1920年8月雷行主持后,随即

---

① 英敛之:《〈大公报〉序》,《大公报》1902年6月17日。
② 英敛之:《辩诬》,《益闻录》1892年第1215期,第505—506页。
③ 英敛之:《论驻粤美国领事函请岑督封禁报馆事》,《大公报》1905年11月22日。
④ 英敛之:《〈大公报〉出版弁言》,《大公报》1902年6月18日。
⑤ 冷观:《社说·本报之新希望》,《大公报》1917年1月3日。
⑥ 政之:《论坛·本报改造之旨趣》,《大公报》1920年7月1日。

发表"启事"说:"自今日起,重行出版。抱定不党之宗旨,发为至公之言论,记载务求详实,内容力谋精良。"①1922年3月翁湛之主持后,依然发文表示,今后本报要不断改良,以达到"至大至公"的境地②。记事发言,"以求发皇本报'大公'二字之真义"③。但是由于种种原因,雷、翁二人,尤其是翁氏在实际操作中不仅没有摆脱派性纠缠,而且还变本加厉,致使"大公"报魂大为减弱,报纸读者大量流失,以致报馆倒闭。新记公司成立后,重拾"大公"报魂,续刊第一天就发表《〈大公报〉续刊辞》说:"韩非子曰:'古者苍颉之作书也,自环者谓之私,背私者谓之公。公私相背也,乃苍颉固已知之矣。'本报以大公名者已二十五年。……会当续刊之始,重申顾名之戒,特表韩子之言,冠于篇首。今后社会所以相背者若何,莫可前知;吾人所以自环者若何,当期先勉而已。"④并将"大公"报魂加以理论化,提出"四不"方针,在二十多年的办报实践中切实执行,把《大公报》推向它创办以来的高峰。

(四)特色

《大公报》无论在报纸业务还是报业管理方面,都具有其鲜明特色,并且这些特色从英记到王记再到新记,基本上能一以贯之。

1. 报纸业务特色

(1) 言论及其特色。文人办报以文章报国的意图,主要体现在言论上。因此,《大公报》始终重视言论的写作与刊登。英记和王记时代,凡有重要言论,英敛之和胡政之均亲自操刀;新记时代更专门成立社评委员会,开始时社评委员只有吴、胡、张三人,到1931年九一八事变后,编辑部同人也参与撰写社评,后来逐渐增加,到1941年9月张季鸾逝世后,正式成立社评委员会,人数达十人之多⑤。此外,还聘请社外人士写作社评,如谷春帆写财经问题,王芃生、龚德柏、张廷铮写日本问题。这些言论写作者各尽所长,所撰言论各具风格,绝大多数人都有佳作流传。

---

① 《本报启事一》,《大公报》1920年8月20日。
② 不辰:《论坛·本报大改良弁言》,《大公报》1922年3月1日。
③ 《论评一·本报八千号纪念之愿言》,《大公报》1924年12月23日。
④ 《〈大公报〉续刊辞》,《大公报》1926年9月1日。
⑤ 1941年9月16日,《大公报》同人在张季鸾灵前宣布正式成立社评委员会,由胡政之、王芸生、曹谷冰、李纯青、孔昭恺、赵恩源(渝版)、金诚夫、徐铸成(港版)、蒋荫恩、王文彬(桂版)为委员,王芸生为主任委员。

《大公报》的言论特色,主要有三:

其一,敢言善言,内容深刻。英记《大公报》创立的"敢言"传统,世代相传,言他人不敢言、不能言。无论是有关国际外交、国内时政方面的言论,还是关注民生和社会改良方面的言论,均尖锐、深刻,卓有见地;并且无论是建设性言论,还是批评性言论,其出发点都是"补台",这是"文人办报""文章报国"的出发点和落脚点。

其二,形式多样,各尽所能。《大公报》每天版面上除了"论说""社评"等"大言论"之外,还有许多"小言论",比如英记时期的"附件""白话""闲评",王记时期的"时评""杂感""冷观小言""然犀小言"等,新记时期的"短评"等。《大公报》的言论,无论哪种形式,均言之有物,受到读者欢迎。有回忆文章说,凡是国内外有大事发生后而不知怎么看待时,国人总爱说"听听《大公报》是怎么评论的";大凡读者拿到《大公报》后,首先就是阅读当天的言论。

其三,社内社外结合,广纳众人之言。《大公报》的言论写作者,不仅有社内专人,而且吸收社外能人。英敛之曾说,报馆设主笔,"多者十人,少者一人,日日高谈,保无有菁华日竭之虑",因此,英记和王记《大公报》时期除了采用"来稿代论"一门察纳益言外,还开展"设题征文"活动,集思广益。

"设题征文"活动从1902年7月13日至1922年6月17日,前后共进行了十三次。每次征文所设之题均紧扣时代热点,入选论文的观点一般也属引领潮流之列。此为开门办报、引导舆论的一种有效的形式。

到了新记《大公报》,再有新发展,主要为开设"星期论文"栏。"设题征文"的应征者是社外普通读者,而"星期论文"的作者则是社会各界精英。1931年5月22日,张季鸾在为纪念本报发满一万号的社评中说,对于建国大业,吾人有何知何能?只有将报纸公开于全国国民,尤其"敢望全国政治家、教育家、各种科学之专门家,及各种产业之事业家,凡所欲言,可在本报言之,其互辩者,在本报辩之。凡在法律所许之范围以内,同人决忠实介绍,听国民为最后之批判,期以五年十年,中国将能形成真正之舆论"①。据统计,从1934年1月到1949年6月的15年半中,《大公报》共发表"星期论文"739篇,论题涉及各个学科、社会的各个领域,发表后产生良好效果。

(2) 新闻及其特色。《大公报》虽然重视言论,但还是以新闻为本位,而且

---

① 《社评·本报一万号纪念辞》,《大公报》1931年5月22日。

做得特别出色,具体表现为:消息、专电、通讯一条龙。

《大公报》创刊之初,就十分注意时事新闻报道。英敛之说:"本报时事要闻一门为最占特色。一切国家大事,不敢谓一无遗漏,然其重要事件粗备于此。"不仅如此,每年年终,还特别编辑一篇《××周年小史》,将"全年本报所纪中国各事汇成一篇,以备谈掌故者之寻绎焉"①。胡政之主持王记《大公报》时,不仅重视重大新闻事件的报道,而且强调新闻报道的真确性。他说:"盖新闻不真确、不公正,则稳健切实之舆论无所根据也。"指出"新闻家探访新闻"之大忌,在于"伪造之一途"②。他一上任,便将原报馆中几个待在家中凭想象制造"专电"的访员(记者)辞退了,同时在北京聘请特约访员,每天以电话向天津发消息,或以快邮寄稿③。

《大公报》创刊之初,虽然新闻通讯文体尚未成熟,然英敛之已经开始尝试写作通讯了;由于当时报纸上没有专设"通讯"栏,文章体裁区分不是十分严格,所以英敛之尝试撰写的几篇游记通讯④是以"代论"甚至"言论"名义发表的。王记时期,胡政之十分重视新闻通讯,报上专设"通讯"类,自己带头采写新闻通讯。他的"南游杂记""东北旅游漫记",尤其是采访巴黎和会前后采写的"巴黎特约通信"和"欧美旅游通讯",成为当时报纸的时选佳构。到了新记时期,专电和通讯大放光彩。胡政之、吴鼎昌、张季鸾三人无论是什么性质的外出,也无论出差到哪里,必写通讯发表。张季鸾常说,"记者记者,走到那里,记到那里"。上行下效,报馆驻各地记者、特派记者,除了拍专电、发消息之外,还撰写通讯,使通讯成为《大公报》的一绝——新记《大公报》通讯,不仅数量多,而且在形式上具有多样性,有长篇的、短篇的,系列的、单篇的;写法上有纪实性的、描述性的、场景性的,有事件记叙,有人物专访。除文字通讯,还有摄影通讯、写生通讯,可谓应有尽有。无论哪一种,都精彩纷呈。这些通讯,写法不拘一格,每位记者各施长技,尽情地表现自己的风格。比如系列通讯,记者外出采访,或以时间为序,一路写来,或以事件发展为序,渐次展开,几篇、十几

---

① 《论说·癸卯周年小史》,《大公报》1904年2月10日。
② 冷观:《社说·本报之新希望》,《大公报》1917年1月3日。
③ 付阳,王瑾:《胡政之与1916—1920年的〈大公报〉》,《书屋》2004年第12期。
④ 1905年英敛之访问日本,回国后写《西京游记》《日光游》(前者发表于《大公报》1906年8月5日,后者发表于《大公报》1906年8月6日);1907年冬天英敛之赴北京考察,撰写《北京视察小记》(发表于《大公报》1907年11月26—27日);1908年冬天英敛之前往东北旅行,撰写《关外旅行小记》(发表于《大公报》1908年11月28日—12月8日)。

篇甚至几十篇,把整个事件记叙得详细而生动,其中最著名的有胡政之的"欧美旅游通讯"、曹谷冰的"苏俄系列通讯"、范长江的"西北旅游通讯"、吕德润的"印缅战地系列通讯"等。单篇通讯,或是对一个事件的描述,或是对一段刻骨铭心历史的记载,或是对一个天翻地覆时刻的记录,都会给人留下深刻印象。最具代表性的作品有张高峰的《豫灾实录》[①]、朱启平的《落日——记日本签字投降的一幕》[②]等。

(3) 专刊、副刊、周刊与特刊。设置各种专刊、副刊、周刊和特刊是《大公报》区别于其他报纸的一个显著特色。《大公报》的专刊起源于王记时期的"专栏"。胡政之首先设置"特别记载"专栏,随后又设置"教育"和"实业"专栏。他从欧洲归来后,为加速报纸现代化进程,又相继设置"思潮""社会之声""社会新闻""新刊批评"等专栏,并逐渐成为专刊。新记《大公报》上的专刊、副刊、周刊和特刊更是多姿多彩,不仅品种多、趣味性强、可读性高,而且与正张配合得好,与时代配合得好。新记《大公报》的副刊分综合性、文艺性两种,周刊则都是专业性的内容,变化比较频繁,前后共有四十多个,其内容有文学的、艺术的、电影的、戏剧的、体育的、科学的、经济的、军事的、医学的、政治的、市政的、县政的、乡村的、图书的、史地的、教育的、电信的、文史的、市民与警察的、家庭与妇女的、儿童的、青年的等,可谓无所不有,多姿多彩。至于特刊,主要为纪念某个特殊的节日、某个重大的事件而创办,具有很强的临时性。无论是副刊、周刊还是特刊,均随时代的变化而变化,应时代的需要而创设。

2. 报业管理特色

《大公报》的报业管理特色主要体现在经营管理与人才管理两个方面。

(1) 经营管理特色。《大公报》在经营管理上的第一个特色是营业与事业兼顾。报馆经营者把报馆当事业做,不只是专为营利和赚钱,而是为了维持事业和扩大再生产,为了改善员工的工作条件和提高员工的生活待遇,更是为了使报纸的经济保持独立,从而使言论不为他人所左右。报馆经营者有政治意识和政治头脑,把经营报业与经营事业相结合,使报纸与国家前途和民众福祉融为一体。

《大公报》在经营管理上的第二个特色是将社会服务纳入报纸使命的实现

[①] 张高峰:《豫灾实录》,《大公报》(渝版)1943年2月1日。
[②] 朱启平:《落日——记日本签字投降的一幕》,《大公报》(沪版)1945年11月2日。

之中。《大公报》创刊之初,就明确说明报馆是一个社会服务机关;王记时期,胡政之改革,"注意民生:特设'社会之声'一栏,广收来稿。凡地方利病、人民疾苦,悉为揭志,为民请命"①。1936年9月1日,在《本报复刊十年纪念之辞》中,张季鸾说:"现代报业,除刊行报纸外,应为社会实际服务。凡社会应倡行之事,报纸宜为其先锋或助手。"②

从事社会服务,成为《大公报》自创办以来的光荣传统,从英记到王记再到新记,代代相传。以"社会服务机关"自励,热心做各种社会服务工作,《大公报》几十年一以贯之。从劝告戒陋习破陈腐的观念到救灾救荒的募捐,从组织抗战义演到代收慰劳捐款,直至抚恤牺牲将士遗孤,一次又一次的社会服务活动,《大公报》可谓做到了满腔热情、千方百计。除发表社评进行呼吁、不惜版面刊登捐输者名单、拿出报馆有限资金带头捐赠外,报馆人员甚至亲力亲为进行赈款活动。英敛之每次都到赈款点义卖字画,到义演场所发表演讲;新记公司组织抗战剧团义演募捐,代收代转社会各界民众捐赠的钱物等。社会服务活动的频繁开展,反映了《大公报》高度的社会服务精神,频繁开展社会服务活动的成功则表明了《大公报》在民众心目中享有崇高的信誉。在报纸出版三千号时,有读者赞誉其三大成绩,其中两条为"提倡社会主义"和"扩张慈善事业"③。在西方,报纸发起各种社会活动来提高知名度以刺激发行,往往只是一种重要的经营手段,而《大公报》发起社会活动的主观动机则是出于爱国之心、对弱势群体的同情之心,是在履行报纸的使命。

《大公报》在经营管理上的第三个特色是在内部组织权重上,经理部与编辑部并重,不分高低。胡政之说:"各报组织虽各有经理、编辑两部,组织权的轻重不同。大概官办报纸,重在宣传,所以编辑部比较看重,经理部人没有地位。商办报纸着重营业,所以经理部无形中高于编辑部。我们的报是经理、编辑两部同等重视,没有高低之分。"④这种观念和做法不仅是新记公司时代的现象,而是从英记时代开始就如此。英敛之主持报馆时,一人同时负责内部管理和报纸版面;王记时代,胡政之兼任经理和总编辑,之后的几任主持人也是如此;新记时代将这种做法进一步制度化,胡政之任经理兼副总编辑,张季鸾任

---

① 《注意阴历新年后之本报》,《大公报》1918年2月1日。
② 张季鸾:《本报复刊十年纪念之辞》,《大公报》(津版)1936年9月1日。
③ 申浦唐莲苏:《言论·贺〈大公报〉第三千号出版辞》,《大公报》1910年11月30日。
④ 胡政之:《对桂林馆经理部同人的讲话》,见王瑾、胡玫编:《胡政之文集》,第1077页。

总编辑兼副经理。

（2）人才管理特色。重视杰出人才的招揽、使用与培养，是从英记到新记《大公报》人才管理的主要特色，也是该报成功的重要经验之一。

柴天宠看中、重用、极力留住英敛之，英敛之千方百计物色选聘主笔乃至印厂技术工人。王郅隆看中、放心放手重用胡政之，胡政之主持报馆工作后，第一件事就是整顿队伍，吐故纳新，使《大公报》的新闻报道大为改观。后来，他深有体会地说："报纸因为是商品的关系，所以竞争性很厉害，一方面是人才的竞争，同时也就是资本的竞争。不过，如果同一有资本而怎样去运用，却又要看人才如何而定。"①新记公司成立后，吴鼎昌、胡政之、张季鸾都非常重视人才选拔。他们十分注意发现新人，只要是他们认为的有用之才，就立即揽进报社，委以重任。他们选人，一般不选用"名人"。因为在他们看来，已经成名的人，进来后很可能"耍一阵子便走"②，对事业的长期发展没有好处。因而，他们一般都是选聘那些崭露头角、有潜质的年轻人，待招揽进来后，由报馆自己培养。

吴、胡、张在人才培养上有一套独特的方法：经编通用，内外互调。具体做法是：新人进馆后，先做一段时间采访工作，后调回编辑部做一般编辑，再外放各地担任特派记者，然后调回报社任要闻版编辑或编辑主任；同时，将一些资历深、做过贡献的记者、编辑调到经理部，为企业培养一批信得过的当家人。胡政之说："我们为经理部与编辑部打成一片，传统的办法是，从编辑部选择经理人才。"③《大公报》培养的人才，一般都"能文能武"，采访、编辑、经营，"十八般武艺"样样拿得起，因而《大公报》馆人才辈出。周恩来曾说《大公报》为中国新闻事业"培养了很多人才"。有研究者称：《大公报》馆是一所成功的新闻学校，是现代中国的"报界黄埔"。《大公报》培养的人才，不仅为本报发展做贡献，而且输送到全国各新闻机构，甚至其他行业，成为骨干。

新记《大公报》在人才管理上，既重视制度管理，也重视人文关怀。学法律出身的胡政之十分懂得规章制度对管理好一个企业的重要性，尤其是随着《大公报》事业的逐步发展、人员的不断增多，胡政之对制度建设抓得越来越紧。

---

① 政之：《作报与看报》，《国闻周报》1935年第12卷第1期。
② 李纯青：《为评价〈大公报〉提供史实》，周雨编：《大公报人忆旧》，中国文史出版社1991年版，第312页。
③ 胡政之：《对桂林馆经理部同人的讲话》，见王瑾、胡玫编：《胡政之文集》，第1077页。

他制定规章制度的指导思想不是为了管住员工,而是为调动员工积极性。胡政之又认为,人是有感情的,管理人,仅靠制度还不行,必须有人文关怀,将制度管理与人文关怀相结合。抗战初期从上海撤退时,由于形势所迫,而辞退了一些员工,胡政之对此深感内疚,一旦新的报馆创建,便四处寻找这些员工,对于愿意回归者,立即邮寄机票和旅费。此后,胡政之再没无故辞退员工。太平洋战争爆发后,港馆、桂馆相继关闭,他将两馆人员全部集中在渝馆,或创办新的报纸,或轮岗培训,保证每个人都有工作可做。报馆非常关心员工的生活,千方百计地增加员工收入,提高员工的福利待遇;对有突出成绩的员工,还要发"红包"。报馆成立了同人福利委员会、消费合作社,专门聘请了医药顾问,免费为员工及家属治病,还经常举行各种文娱、体育活动及业务进修活动等。实践证明,这样做是很成功的。有了规章制度,各项工作有法可依,有章可循;有了人文关怀,增强了内部凝聚力,使报馆内的工作井然有序。

同时,报馆还十分注意保护人才。言论或报道"惹了祸",当局怪罪下来,胡政之往往亲自出面承担责任,说"他是我们的人,文章在我们报纸上刊载,一切由我负责"。1947年,国统区政治形势紧张,民营报馆处境危险,胡政之十分着急,分别在几个分馆讲话,苦口婆心地教大家注意事项;当重庆和广州均有本报记者被捕时,胡政之总是尽量设法营救,甚至对当局表示愿意自己去做"人质",把被捕记者换回。因此,《大公报》馆就像一个大家庭,上下之间、同事之间和睦相处,视报馆为自己安身立命的物质和精神家园,生活心情舒畅,工作干劲十足。

二、批评

批评,即分析评价。这里主要介绍作者研究《大公报》的路径与方法。

(一) 论报先论人

天地间,人是第一位的。治史必须注重历史人物,研究《大公报》当然也首先必须从"《大公报》人"开始,围绕"《大公报》人"展开。

研究人物,定位须准确,评价应中肯、恰如其分。要做到这一点,第一,要依据事实,看他说了什么,做了什么,做成了什么,有什么效果;第二,必须把他们作为有血有肉、有人性、有个性的人看待,在人物的日常生活、具体工作、人际交往的得与失中,展示人物人性里的阳与阴、善与恶、美与丑。以下列举《大公报》三个时代的几位领导人物,略作说明。

1. 柴天宠:《大公报》首倡者

中国之所以有《大公报》,首功应归于柴天宠。1931年5月22日《大公报》发行一万号的纪念特刊上刊载"过去之主办人"的照片,明明白白地从右到左依次为柴敷霖(天宠)、英敛之、王祝三(郅隆)三人。然而,后来的《大公报》史研究者对柴氏作为《大公报》创办人的事实,基本上视而不见,对柴氏其人更是不闻不问。这是《大公报》史研究的一个很大的疏漏。

天津紫竹林天主教堂总管柴天宠,字敷霖,是《大公报》的首倡者,他于《大公报》,大功有四:一是首倡"集股办报",并成为《大公报》第一大股东和馆主;二是慧眼识才,看中并邀请英敛之主持办报其事;三是在道义上、经济上鼎力支持英敛之的工作;四是再三挽留英敛之,保证早期《大公报》的正常出版。

据英敛之日记,1901年4月26日,即英敛之从上海折返天津的次日,教友李敬宇告诉他说:"柴先生等愿设报馆,约予主持其事。集股本逾万元,甘为赔垫云云。"①此时的英敛之只是一个为养家糊口而四处奔波的"觅枝栖"者。柴天宠凭着对英敛之的了解,看准了他的办报潜质——精明的生意头脑、勤奋耐劳的秉性、公私分明的品质和过硬的文字功底,并认为他是一个能够委以重任的人。

《大公报》筹建和创刊后,柴天宠作为第一大股东,完全信任英敛之,无论是报馆经营还是报纸编辑,全权交给英敛之负责,全力支持他的工作,从不干预。开始一段时间,由于报馆的政治立场与法国政府存在分歧,法国驻华使馆和法国天主教教友股东们纷纷退股,一度出现"退股潮",加上一些外国人前来寻衅闹事,一时间报馆不仅经济十分紧张,而且各种矛盾不断,英敛之压力很大。柴天宠此时成为英敛之的坚强后盾,每次有人闹事,柴氏都出面摆平,并安慰英氏说:"自管放心,(经费)断不能一时中止,无论如何赔垫,必须设法周转。"②由于压力大、矛盾多,英敛之在《大公报》创办后的一段时间思想很不稳定,从1902年6月至1904年2月就曾经四次打退堂鼓,想辞职不干。每次都是柴天宠等人真心挽留和劝阻,才使得英敛之打消"退意"。1902年9月,为了

---

① 方豪编录:《英敛之先生日记遗稿》,沈云龙主编:《近代中国史料丛刊续编》第三辑,文海出版社1974年版,第242页。
② 《英敛之先生日记遗稿》,第568页。

挽留英敛之,柴天宠自己出钱为其代购五股《大公报》股票,使其由一个纯粹的"打工人"转变成为股东。正如英敛之所言,为了创办报纸,"君(柴天宠)誓捐产"①。

综上,完全可以说,没有柴天宠就没有《大公报》的创办,即便尊柴天宠为"《大公报》之父"也不为过。但是长期以来,柴氏被忽略了,谈起《大公报》,很少有人提起柴天宠,这是很不恰当的。由于有关柴天宠的资料太少,关于他的研究至今阙如,有些问题至今尚为谜团,比如:柴氏在协调法国使领馆、教会和报馆之间的关系时,具体做了哪些工作?柴氏是如何从《大公报》第一大股东渐渐淡出的?柴氏出资办报肯定是为盈利,虽然任命英敛之为报馆经理,但是作为资本家他不可能不过问报馆经理部的事,过问了哪些?结果如何?这些都是有待回答的问题,也是本书所意图要探究的问题。

2. 英敛之:《大公报》首任经理

英敛之对《大公报》筹办和英记《大公报》发展所做的贡献,无人可以比肩。

首先,在《大公报》筹办过程中,英敛之辗转京津、两下上海,购买设备、选聘主笔,拖有病之躯,经千辛万苦,辛勤工作。英敛之自己说,为了创办《大公报》,"我誓捐躯",此言不虚。

其次,经过深思熟虑后,英敛之定报名为"大公"——"以大公之心,发折衷之论",为报纸注入报魂,更是功在不朽。

最后,报纸创办起来后,他一方面亲理馆务,排除内外阻碍,做好经营,发展事业;一方面主持笔政,亲笔撰文,于内于外,均有出色表现。于内批专制,挺立宪,倡女权,破社会陋习,斥"保存国粹",打响"言论"连珠炮,"敢言"特色随即彰显。英敛之说:"敝报虽卑之,无甚高论,惟不避权贵,不敢苟同,所以僭窃敢言之名者。""文字之生命坚逾金石,虽万劫千魔、酷灾毒疠,而不能损害其丝毫者也"②。于外支持拒俄运动、收权运动、反美运动,警惕日本侵略,爱国立场坚定。如此鲜明的立言记事,使《大公报》渐成北方舆论重镇。同时,英敛之还关注民瘼,注意民生,发起各种社会救助活动,彰显民众立场,开创了《大公报》积极参与社会服务的传统。这些建树,主要得力于英敛之。故后人提起《大公报》,首先想到英敛之,研究者对于英敛之也是赞扬有加,这是英氏实至名归。

---

① 英敛之:《联语》,周萍萍编:《英敛之集》(下),广西师范大学出版社2013年版,第528页。
② 《本报二千号征文广告》,《大公报》1908年1月21日。

但仍需要指出的是,由于种种原因,既往研究者对于英敛之与《大公报》关系的记载和评价,似乎有人为拔高之嫌。比如,说他"民国前十年创《大公报》于津门",这显然与事实不符。如前所述,《大公报》创办时,英敛之一股未有,只是一个被股东们聘用来"主持其事"的"高级打工人",用他自己的话说,是一"总办事"①,并且在报纸创办初期,他还多次"萌生退意",归属感不强,因而不能算是创办者。此外,英敛之身上的两个痼疾,即宗教情结与宗族情结,在一定程度上也影响他办报的公正性。

他希望朝野上下吸取义和拳乱的教训,提出不可盲目"排外""排教"的主张是对的,也是应该的,但是,"宗教情结"致使他在民、教发生矛盾时,感情自然而然地偏向教会和教友,并使得《大公报》在这方面的言论和记事有失公允。比如1902年湖南的"辰州教案"、1906年2月的南昌教案、1909年初保定高阳教民与民众的斗殴事件,英敛之的言论和《大公报》的报道均非客观公正。

他反对专制、渴求宪政是进步的,但是他渴求的是"君主立宪"。这种政治诉求在很大程度上是基于其"宗族情结"。为此,他反对以推翻清朝统治为鹄的的革命运动;保皇思想极重,即使清廷被推翻,还甘做清廷"未亡人",与民主共和似不共戴天。这些落伍的思想使得"英记后期"《大公报》上出现了许多落后于时代的言论。

3. 王郅隆:《大公报》接棒人

王郅隆不仅是英记《大公报》馆的"梁柱"(英敛之语),而且是王郅隆时代《大公报》的独资老板,对于《大公报》的创办与传承,功不可没。

柴天宠集股办报时,王郅隆第一个响应并成为第二大股东,在经济上大力支持创办《大公报》。这是王郅隆对《大公报》的第一大贡献。

《大公报》创刊后,王郅隆在精神上、经济上力挺英敛之,大力支持英敛之的工作。每当有人来报馆闹事,给英敛之的工作造成阻滞时,王郅隆都和柴天宠一样安慰他,其程度有时甚至超过柴天宠。1902年9月,当报馆因"退股"风潮导致经济困难时,王郅隆曾向英敛之保证称:"顷与柴公商议,他股友有懈意,皆无关紧要,独我一人出一二万金,亦甚愿也。"英敛之"闻之为之气壮"②。

1916年8月,王郅隆从英敛之手中接办《大公报》,独资经营,使得这家已

---

① 《英敛之先生日记遗稿》,第768页。
② 《英敛之先生日记遗稿》,第543页。

成北方舆论重镇的报纸继续发展。这是王郅隆对《大公报》的第二大贡献。

王郅隆掌管《大公报》后,自任总董,将报馆经理和报纸总编辑大权一并交给胡政之,并且从不干预,让其有职有权地处理报馆的一切工作。胡政之不负王郅隆重托,尽心尽力,采取各种改革措施,完成《大公报》的现代化转型。选人准、用人当,且用人不疑,这是王郅隆对于《大公报》发展的第三大贡献。

一言以蔽之,没有王郅隆,就不会有《大公报》事业的传承,也就没有胡政之在这个平台上"小试牛刀",当然也就没有 1926 年胡政之"收回老巢"的举动,更没有后来辉煌的新记《大公报》。故此,英敛之对王郅隆评价很高。王氏 1923 年在日本地震中死去,英敛之闻之,书挽幛四字云:"梁柱其摧"。又撰挽联云:"伤心一炬,玉石俱焚,乐土竟成焦土;慨想劫灰,龙蛇同尽,有生何若无生。"①对王郅隆的死,英敛之"伤心"不已。在英敛之眼里,王郅隆是《大公报》馆的"梁柱",是一块玉、是一条龙。

但是,长期以来,对王郅隆的评价是有失公允的,他以上三大贡献不仅不被提起,反而说他接办《大公报》是受安福系指使,接办后把该报办成了"安福系机关报"。

事实上,这一说法十分牵强,加在他头上的种种罪名也是莫须有。首先,王郅隆接办《大公报》时,安福俱乐部尚未成立,安福系尚未形成,"指使"的说法显然不能成立;即使安福系成立后,也没有安福系中任何人给《大公报》发出任何指示,或者拨给一文钱,安福系机关报又从何说起? 其次,事实表明,王郅隆时期的《大公报》不仅没有成为安福系机关报,而且在胡政之主持下,基本上能坚守"大公"精神,政治上、业务上的形象均较为正面,尤其对巴黎和会的记事与言论,在当时的报界无出其右者。到了王景杭时期,虽然对国内时政问题的记事与言论派别性凸显,有损"大公"精神,但是也不能说它是安福系机关报,因为此时安福俱乐部已经被解散,安福系人马作鸟兽散;并且,该报对国际外交问题的记事与言论,依然不失爱国立场。至于报馆在 1925 年关门,原因很复杂,有派性问题,更有管理不善、经营不当、人才流失的问题,不能全然归结于政治上的影响。

4. 吴鼎昌:《大公报》中兴之主

吴鼎昌是新记公司董事长,新记《大公报》社长,与胡政之、张季鸾一道组

---

① 英敛之:《联语》,周萍萍编:《英敛之集》(下),第 528 页。

建新记公司,使倒闭了的《大公报》凤凰涅槃,浴火重生,并将其推向合法的民营报纸的发展"新"轨道。

张季鸾曾说,吴鼎昌虽然长期浮沉于财政两界,但对新闻事业不仅兴趣浓厚,而且"见解独卓"①。他早前对人谈起成就大事者须办"三件事"的头一件就是"开一个报馆"。关于办报馆,他说:一般的报馆办不好主要因为资本不足,滥拉政治关系,拿津贴,政局一有波动,报就垮了。他计划拿五万元开一个报馆,准备赔光,不拉政治关系,不收外股,请一位总经理和一位总编辑,每人月薪三百元,预备好这两个人的三年薪水,叫他们不兼其他职务,不拿其他的钱②。新记《大公报》办报方针的提出和报馆管理程序的设计完全是按照吴氏的"独卓见解"进行的。因此可以说吴鼎昌是新记《大公报》的"总设计师"和早期决策人。

具体而论,吴鼎昌对《大公报》的贡献主要有五。其一,出资盘购《大公报》。办报没有资金是万万不能的,尤其是办一份大型日报,需要的资金更多,并且还要做好入不敷出的思想准备。胡政之、张季鸾一直都很想创办自己的报纸③,苦于无本钱,只有望洋兴叹。1926年,胡政之与张季鸾在天津聚会,谈到"收回老巢"时,两人找到吴鼎昌,吴慷慨应允拿出五万元购买报馆。有人说这五万元不是吴鼎昌从自己腰包里掏出来的,而是从"四行储蓄会"拿出来的。但不管是哪里的钱,终归是吴鼎昌想法筹集的。没有吴鼎昌出资五万元,就不可能有新记《大公报》的续刊,吴鼎昌对《大公报》实有"再造"之功。仅此一点,吴鼎昌于新记《大公报》居功至伟。

其二,出思想,拿主张。吴、胡、张三人在商讨如何经营即将开办的报馆时,基本上是按吴鼎昌的意见进行的:(1)吴鼎昌资金入股,胡政之、张季鸾劳力入股,组成新记公司,使得《大公报》馆的运作和《大公报》的续刊出版能按照一种新的管理模式进行。(2)吴鼎昌自己不在报馆领薪水,而给胡政之、张季鸾每月三百元薪水,使他们安心办报。(3)制定"四不"办报方针和"五事"报馆"宪法",使得报纸出版有了准则,报馆管理有了法则。

其三,尽可能参与报馆的具体工作。吴鼎昌除了掌握报馆大政方针外,还

---

① 张季鸾:《〈国闻周报〉十周年感言》,《国闻周报》1934年12月10日。
② 王芸生、曹谷冰:《1926至1949的旧大公报》,《文史资料选辑》第25辑,中华书局1962年版,第8页。
③ 胡政之此前虽已有《国闻周报》与国闻通信社,但毕竟不是大型日报。

负责购汇、买白报纸等具体事务。胡政之说:"在(开创事业的)这时间,吴先生对于事务,尤其是会计方面,替我设计了许多。我们的事业之所以有今日,最初立法周密,计算精确,实一主要因素,而其根基实在是吴先生创造下来的。"① 同时,他还负责撰写经济方面的社评,讨论时局,确定报纸在某一具体事件上记事立言的立场,等等。

其四,协调内部关系。胡政之、张季鸾都是才能杰出、人品高尚之士,但又是有个性的人。原先各干各的事业,"各行其是",相互之间英雄惜英雄,多有推崇、少有摩擦。现在进了一个"山头"共事,对事情的判断、对工作的安排出现相左意见,在所难免。比如,1935年为创办沪版事,两人意见不一,弄得很不开心。张季鸾两次离津外出,打算另谋他就,是吴鼎昌采取巧妙的方法,化解矛盾,使得胡张二人消除隔膜,继续携手共进。1937年12月沪版停刊以后,胡政之没有到汉口与张季鸾汇合,而是带一支队伍去创办港版,除了两人办报路线的差异外,可能就含有避免与张再度发生摩擦的因素。

其五,新记《大公报》续刊九年后,吴鼎昌进入国民政府时,立即辞去社长职务并登报公告,从此往后再没有干预报馆事务,走得很干脆,保证了《大公报》"不党"的形象。

对于吴鼎昌之办报思想的研究,还有很大空间,似应进一步深入和扩展;对于他与《大公报》的关系及其贡献的探究,也还远远不够。

5. 胡政之:两代《大公报》总经理

在各代创业人中,胡政之之于《大公报》,服务时间最长②。胡政之在《大公报》的27年中,均担任总经理这样重要的职务,他为《大公报》所做的贡献,无人可比。

论胡政之对《大公报》的贡献,应分两个时期进行:

王郅隆时期,胡政之虽然如早期英敛之一样,只是个"打工人",并且时间也不是很长——1916年9月至1920年8月,但是,他全面主持报馆和报纸事务,大力引进现代元素,精心设计并进行一系列改革,把《大公报》推上现代报纸的发展轨道。时间虽然较短,但是对于《大公报》的发展进程而言,是具有划

---

① 胡政之:《回首一十七年》,《大公园地》1943年9月5日第7期。
② 《大公报》历代掌门人,以所服务时间长短排序依次为:胡政之27年,王郅隆18年,英敛之和张季鸾15年,吴鼎昌9年。柴天宠不知何时淡出《大公报》,故不好断定。王景杭除了接受股权外,对《大公报》基本没有做贡献,可以忽略。

时代意义的。

在新记《大公报》三位创办人中,只有胡政之走完了新记时代的前、中、后三个时期。作为报馆的经理和副总编辑,报馆二十三年的发展、报纸二十三年的进步,每一项都同他有密切关系。创业之初,吴鼎昌、张季鸾将报馆管理事务几乎全部交给胡政之,而胡也乐于承担这一繁重任务,所以同人们说:"胡政之一向是倾全力办报,事无巨细,'皆独任艰巨'。"[①]报纸续刊出版后,胡政之自然而然成为报馆运行的总指挥、总调度。报馆同人都称他为"老板"[②],倒也名副其实。

胡政之对新记《大公报》的贡献,归纳起来主要在两个方面。

第一,企业管理。

(1)长袖善舞,辗转创业。胡政之是中国报界不可多得的创业能手。早在1920年离开王记《大公报》后,就开始独立创建自己的新闻王国。国闻通信社、《国闻周报》创建后,不仅自身发展良好,而且为后来的新记《大公报》续刊和发展提供了人员和业务准备。新记《大公报》续刊后,国难既起,在胡政之主持下,报馆从日租界搬回法租界,继而创办沪馆、发行沪版,把报馆事业重心转移到南方。全面抗战打响后,报馆生存面临极大威胁,胡政之运筹帷幄,指挥各地新馆创建,"随抗战形势变化而迁徙沪、汉、港、桂。频年奔波,很像办旅行报"[③]。在战火纷飞的年代,报馆毁一个又重建一个,不是一般人能做得到的。同事杨历樵回忆说:"我们看《大公报》在国难中,由津而沪、而汉、而渝,又由沪而港、而桂,以及战后各馆的次第复刊,主要的都是由政之先生事先的决策,并经过细密的筹备,而最后实现的。他那高瞻远瞩的眼光,大气磅礴的行动,在现代中国报坛,相信是很少能有人和他并比的。政之先生这种勇于牺牲和不畏艰苦的精神,多年来已浸渍在本报同人之间。"胡政之自己也说:"《大公报》虽然逃难,但它每一次被毁,我总有勇气去把它再建设起来。"[④]资金不够,开源节流,人员不够,广为罗织;因战争造成分馆关闭,一时人浮于事,又千方百计扩展事业,使同人不致失业。没有胡政之的精心擘画,《大公报》事业的发展是

---

① 曹世瑛、汤恒:《报界巨子胡政之》,查良镛等:《胡政之:一笔一天下,一报一世界》,中国文史出版社2020年版,第86页。
② 王芸生、曹谷冰:《1926至1949的旧大公报》,《文史资料选辑》第25辑,第18页。
③ 胡政之讲,曾敏之笔记:《认清时代·维护事业——三十六年十一月二十七日对渝馆编辑部同人谈话》,《大公园地》1947年12月20日复刊第16期。
④ 以上引自杨历樵:《政之先生精神不死》,《大公报》(港版)1949年4月21日。

难以做到的。

(2) 运用现代方式管理报馆。毋庸置疑,胡政之是办报多面手。正如徐铸成所说:"邵飘萍、黄远生诸先生富有采访经验,文笔恣肆而不长于经营。史量才、张竹平、汪汉溪诸先生工于筹计,擘画精致,而不以著述见长。在我所了解的文界前辈中,恐怕只有胡政之先生可称多面手,'文武昆乱不挡'。后起的如成舍我辈,虽然也精力充沛,编辑经营都有一套,但手面、魄力,似乎都不能与胡相比。"①虽然如此,胡政之还是以管理著称。他自己在讲到新记《大公报》领导班子分工时说:"我和张(季鸾)先生都是十足的书生,不喜欢企业的经营,因为我管过多年事务,比较容易找到帮手,所以推我做经理。"②胡政之经理报馆,特点明显,效果显著。前面所述《大公报》的管理特色,基本上是胡政之的管理特色。此处不重复。

第二,总结新记《大公报》的历史和成功经验。

胡政之将新记《大公报》的事业支撑到最后,他知道,梳理其发展历史,归纳其成功经验的任务历史地落在他的肩上,他必须做好这一工作,才能对得起吴鼎昌、张季鸾,对得起二十多年追随他们打拼的同人,也有利于《大公报》事业今后的发展。所以,从1941年起,他在一系列讲话和文章中,有意识地做这方面的工作,包括:(1) 几次在追悼张季鸾的仪式上所致的哀悼词;(2) 为了纪念张季鸾所撰写的长篇文章《回首一十七年》(1943年9月5日)、为《季鸾文存》所写的序(1944年11月10日)、为纪念新记《大公报》续刊二十周年和确定社庆日所撰写的《社庆日追念张季鸾先生》(1946年9月1日);(3) 1943年、1947年、1948年对各分馆同人发表的几次讲话——《对桂林馆编辑部同人的讲话》(1943年6月13日)、《对桂林馆经理部同人的讲话》(1943年7月5日)、《在重庆对编辑工作人员的讲话》(1943年10月20日)、《报人自处之道》(1947年6月18日)、《沪馆编辑部会议谈话》(1947年7月9日)、《对津馆经理部同人的讲话》(1947年7月18日)、《对津馆编辑部新旧同仁的讲话》(1947年7月21日)、《北行观感(在社评会议席上谈话)》(1947年8月25日)、《从销路说到编辑态度》(1947年10月20日)、《认清时代·维护事业——三十六年十一月二十七日对渝馆编辑部同人谈话》(1947年11月27日)、《在港版第一次编辑

---

① 徐铸成:《报海旧闻》,上海人民出版社1981年版,第96页。
② 政之:《社庆日追念张季鸾先生》,《大公报》(沪版)1946年9月1日。

会议上的讲话》(1948年3月10日)。这些文章和讲话成为后人研究《大公报》史、总结《大公报》经验的宝贵资料,更是中国报业史上的一笔财富。胡政之总结的经验,在后文中将有详述,此处从略。

6. 张季鸾:新记《大公报》总编辑

张季鸾在新记《大公报》服务虽然仅十五年,但是声名超过吴、胡,远播海内外。这固然是总编辑这一职务工作使然,也是张季鸾高尚的人品和高雅的文品所致。胡政之在《社庆日追念张季鸾先生》中说:"季鸾为人,外和易而内刚正,与人交辄出肺腑相示,新知旧好,对之皆能言无不尽。而其与人亦能处处为人打算,所以能得人信赖。"又说:"他最健谈,深夜会客,俨成癖好。客去后提笔疾书,工友立前待稿,写数百字辄付排,续稿待毕,而前文业已排竣,于是自校自改,通稿完成,各分段落,一气呵成,盖天才也。"胡政之的这两段文字,深刻而形象地揭示出张季鸾的人格魅力和天才的写作才能。张季鸾的"道德文章,处事技术"①使得他成为《大公报》馆的"定海神针"。有他在,《大公报》这艘船就行得稳当。

张季鸾对于新记《大公报》的贡献,主要表现在两个方面:社评写作和对外沟通。

(1) 关于社评写作。胡政之在谈到新记公司"约定五事"时说,"由三人共组社评委员会,研究时事问题,商榷意见,决定主张,文字虽分任撰述,而张先生(张季鸾)则负整理修正之责;意见不同时,以多数决定,三人各各不同时,从张先生"。可见,张季鸾在《大公报》社评写作中负有何种重大的责任。胡政之又说:"在他(张季鸾)主持办报社评的十多年中,每有国家大事,我们对于讨论意见之后,十之七八推他执笔。"②

张季鸾之于社评写作,其贡献有二:一是提出了"公、诚、忠、勇"的写作要求,二是撰写了许多特色鲜明、脍炙人口的社评作品。

所谓"公、诚、忠、勇"的写作要求,即报纸立言动机要公,诚心为国,忠于真理,勇于发表。

"动机要公",是指竭力将"我"撇开,立言要客观公正,并做到不以报纸谋私利,不以报纸为私用。张季鸾逝世时,《大公报》在"社评"《今后之〈大公报〉》

---

① 政之:《社庆日追念张季鸾先生》,《大公报》(沪版)1946年9月1日。
② 胡政之:《回首一十七年》,《大公园地》1943年9月5日第7期。

中,更明确地说,张季鸾先生是"办报为公"的楷模,说他"一下手就立志以做报为终身事业,洁身自好,极平凡的,极有恒的,做一个新闻记者,以迄于瞑目",树立了报人人格;说《大公报》"由创办人至一般从业员,皆尽力躲避个人虚名,一切以报为本位。文不署名,人不兼差,惟兢兢业业,平凡做报,报也是平凡前进,而不急于媚众求售,或诏权乞存"①。"公"即该报"报魂",居"立言四精神"之首。

"诚心为国",就是以对国家高度负责的精神和实事求是的态度发表言论,做到"诚心与责任同存""诚心与求实相联"。明辨是非,政府是,便是之,使其发扬光大;政府非,则非之,责其及时改正。实事求是,是是非非;无论是是,还是非非,皆发诸诚心诚意。相反,如果"自身研究不清,或责任不明,政府是,不肯说其是,盖欲免反政府者之旧仇故;政府非,自亦不敢鸣其非,而惟诿责于干涉之可怕,是自身不尽其责任矣"②。

"忠于真理"是指忠于自己的主张。一个代表国家和民众说话的言论机关,对国事发表意见,就一定要锤炼出有价值的政见,而且要忠于自己的政见,不可随便放弃。纵然许多文章是"干犯时忌,开罪权要",也不稍有改变。

"勇于发表",是指无论遇到何种阻力,都要以大无畏的精神将言论发表出来。报纸是大众传播机构,不公开发表的主张,无论如何高妙,也没有丝毫意义。张季鸾在1941年5月16日的重庆新闻界集会上致辞时曾说:"须时时准备失败,方能做到'勇'字。报纸失败有两种可能:一为与政府或当地官厅冲突结果而失败,一为与社会空气冲突致销路失落而失败。以本报为例,自十五年开始经营,时时准备此两种失败。"③以准备失败的精神保证言论的自主与独立,仅凭这一点,张季鸾可谓将一个"勇"字演绎到了令人感佩的程度。

关于张季鸾的社评特色,有研究者作这样的归纳:(一)增强时效性,追求新闻价值基础上的评论价值;(二)讲求预见性,洞悉时局与事态的本质及趋势;(三)注重逻辑性,文章结构严谨,政论缜密;(四)走向通俗性,用平实畅达的语言叙事说理;(五)标榜公正性,在"客观"与"敢言"间寻求平衡④。这样的归纳当然是不错的,但笔者认为,张季鸾的社评特色还可归纳为以下两点:

---

① 《社评·今后之大公报》,《大公报》(渝版)1941年9月16日。
② 《社评·论言论自由》,《大公报》(津版)1937年2月18日。
③ 张季鸾:《本报答词》,《大公报》(渝版)1941年5月16日。
④ 方汉奇等:《〈大公报〉百年史(1902.06.17—2002.06.17)》,第269—273页。

其一,"笔锋带感情"。梁启超先生说他自己撰写文章时,"笔锋常带感情",读者读到他的文章,感到"灼然如炽火,热情如沸水,猛烈如飞瀑,奔腾如驰马"。梁氏文章感人之深,力量之大,时人无可比肩。而比梁小十五岁的张季鸾的文章与他似有一比。张季鸾是当时难得的"国士",心怀国家、情系民族,手握如椽大笔,倾注满腔激情,伸张正义,指斥奸佞,字里行间透露出忧国忧民、爱国爱民的情怀。胡政之评论说:"季鸾就是一个文人论政的典型。他始终是一个热情横溢的新闻记者,他一生的文章议论,就是这一时代的活历史。"①还说:"张先生的文章,热情充沛,感情奔放,这是他人最不可及之处。"② 他的那些鼓励军民抗战救国的文章、歌颂军民英勇杀敌事迹的文章、怒斥日寇残暴的文章,字里行间充满了爱恨情仇。即使是针对蒋介石婚事的文章也是如此,全文从道德层面,将蒋介石这个"革命军领袖"的"人生观"揭露得淋漓尽致。

其二,积极的态度。张季鸾认为,报纸是引导社会舆论的,因此必须用积极的情绪引导之。即使是批评,也应该是"善意之批评"。特别是在中华民族艰苦的抗日战争时期,更应该如此。明耻教战,态度是积极的;歌颂杀敌英雄,态度是积极的;驳斥妥协论、投降论,引导军民树立持久抗战的思想,态度是积极的;即使在抗战处于最艰苦的时候,抗战阵营内部一度悲观情绪滋长的时候,张季鸾文章中的情绪也是积极的。比如1941年8月19日的社评《我们在割稻子!》,据王芸生讲,8月18日,距张季鸾病逝只有19天,当时正值日寇飞机对重庆日夜进行疲劳轰炸,他到南岸汪山康心之的别墅去看张季鸾,那时张病得很严重,已近油尽灯枯,谈到疲劳轰炸,张说:"芸生!你尽管唉声叹气有什么用?我们应该想个说法打击敌人。"王说:"敌机来了毫无抵抗,我们怎么可以用空言安慰国人打击敌人呢?"张季鸾忽地拥被而起,很兴奋地说:"今天就写文章,题目叫'我们在割稻子!'。就说:在最近的十天晴明而敌机连连来袭之际,我们的农人,在万里田畴间,割下黄金之稻……让敌机尽管来吧,让你来看我们割稻子!抗战到今天,割稻子是我们的第一等大事,有了粮食,就能战斗!"③张季鸾一席谈话,积极情绪溢于言表。王芸生深受鼓舞,回报馆后,完全是按张季鸾的意思写成这篇社评的,很多语句都是张季鸾的。这篇《我们在割

---

① 胡政之:《季鸾文存·序》,《大公报》(渝版)1944年11月10日。
② 胡政之:《回首一十七年》,《大公园地》1943年9月5日第7期。
③ 王芸生:《季鸾先生的风格与文境》,《大公报》(沪版)1946年9月6日。

稻子!》实际上是张季鸾的最后一篇文章。张季鸾就这样把他那种积极的情绪坚持到最后。

(2) 对外沟通，化解矛盾。新记《大公报》续刊之初，正值北伐战争决战之时，这一时期，民间报纸的记事发言常受到各方面的掣肘，加之报界内各报馆之间也难免"同行冤家"，不愿对方比自己好，以致《大公报》每每遇到外界干预，都需要由胡政之和张季鸾出面化解。南京国民政府成立后，张季鸾的对外沟通作用更是凸显。他与蒋介石及其幕僚陈布雷、于右任、邵力子、张群及许多政府要员保持密切关系，一则可以获得内幕消息，二则便于化解报馆与政府各方面的摩擦，为《大公报》的生存和发展营造了一个他报没有的良好环境。故而胡政之说："张先生自少年即参加同盟会①，曾任中山先生秘书，民党中间知交甚多，声气相通，消息灵确。确实使报纸生色不少。……还有一点，张先生能说善辩，长于肆应。他对人一本真诚，任何人见了他都要发生深挚的友谊。报馆之所以能在极端混乱的时局中安然度过者，张先生的交际天才和崇高人格掩护的力量，也不在小。"事实上也的确如此，张季鸾逝世后，他所留下的空缺立时显现。不仅版面上的记事言论左右摇摆，而且与政府各方发生矛盾后无人化解，对此，胡政之深有感触地说："至今张先生去世后，我们还时时感到失去掩护的痛苦。"②

但同时，张季鸾身上传统书生的味道又太重：一方面是过于自我，有时不顾大局。比如商讨创办沪版的时候，稍有不如意，便"拂袖而去"，主人翁的意识似乎淡薄一些。要不是吴鼎昌善于调解，胡政之以事业为重，新记《大公报》险些夭折。另一方面过于强调"士为知己者死"，把报国恩与报蒋介石知遇之恩搅和在一起，为当时及后世的攻击者留下口实。当然，张季鸾能守住"不党"的底线，使《大公报》始终保持文人办报的本色，在这一点上，张季鸾分寸拿捏准确。

老《大公报》47年可圈可点的历史，是众多《大公报》人书写出来的。上述六位"老板级"的人物固然重要，其余的人员，包括新记《大公报》第二代领班王芸生、曹谷冰及各时期众多的报馆骨干、记者精英、经营能手，各自都在特定时间、特定岗位做出了卓越的成绩和重要贡献。此外，还有陈纪滢、周太玄等客

---

① 此处胡政之的说法有误，张季鸾没有参加过同盟会。
② 胡政之：《回首十七年》，《大公园地》1943年9月5日第7期。

座,也有贡献记录在册。

为了突出"人"的作用,本书专门设"报人"卷,对老《大公报》时期各方面著名人物的生平及贡献进行梳理与介绍。在庆祝《大公报》双甲寿诞之际,这些老《大公报》人虽然早已离去,但是他们为中国乃至世界报界所做的贡献永存人间,他们身上的"大公"精神也永远值得后来人学习。

(二) 不溢美,不掩过

任何人和事都有其两面性,《大公报》也是如此。因此,要给《大公报》做一个恰如其分的评价,必须顾及两个方面,既要"评功",总结它对国家、对民族、对社会做出的贡献,又应指出其存在的主要问题,做到不溢美、不掩过,无论是是,还是非非,均须恰当。

1. 不溢美

说到《大公报》的功,八字以尽之:功在国家,功在报界。

(1) 功在国家

作为一份典型的文人所办的报纸,《大公报》"功在国家",当然主要是指它以言论报国方面的贡献。四十余年间,《大公报》坚持传播爱国主张和爱国思想。1958年周恩来在谈到《大公报》的历史贡献时说,"她是爱国的""她是坚持抗日的"。周总理虽然是讲新记《大公报》,但实际上整个老《大公报》都是爱国的。当初,英敛之慷慨应柴天宠的邀请,愿意出面"主持其事",也许出于多方面的考虑,但主要还是由他"愤世嫉俗"的天性所驱使。张季鸾1931年写道:"创办人英君敛之目击庚子之祸,痛国亡之无日,纠资办报,名以'大公',发刊以来,直言谈论,倾动一时。"①胡政之1943年说:"英先生是长白志士,鼓吹革新,异常热诚,而大胆敢言,尤为清季北方言论界放异彩。"②所以,《大公报》甫一创刊,首先做的事,便是发文提醒民众,不忘国耻,牢记国殇,认清危局。该报刊文指出:"我国十数年来,一创于甲午,再创于庚子。大权旁落,萎靡不振。"③然而,中国上下无视此九死一生之危局,官场酣嬉依旧,百姓一脸麻木。英氏认为,这是最大的"危局"。要救此危局,必须教育国民懂得自身与国家的关系,激发国民的爱国心。于是,他不断发文,联系实际,对国民进行爱国主义

---

① 张季鸾:《〈大公报〉一万号纪念辞》,《大公报》1931年5月22日。
② 胡政之:《回首一十七年》,《大公园地》1943年9月5日第7期。
③ 《论今日当多设官立私立侦探社》,《大公报》1907年8月8日。

教育。英记《大公报》的这一爱国精神很快形成一种传统,并被传承下去。《大公报》的爱国精神,集中表现在两个方面。

其一,反对丧权辱国的卖国行为,抨击一切外国侵略者的侵略行为,为保卫国权不遗余力地呼喊。

英敛之时代,《大公报》如是做:

1903年,支持拒俄运动,谴责沙俄强占我辽东半岛,觊觎我东北地区。

1904年至1907年,支持民众的"收回利权运动",呼吁收回被帝国主义列强攫取的铁路权和采矿权,以及邮政权、电政权、航运权等。

1905年,带头响应民众发起的反美"华工禁约"运动和声势浩大的"抵制美货"运动;日俄战争之后,揭露"日人企图接替俄人占我东北"的狼子野心。

1907年后,揭露日俄勾结、签订所谓《日俄协议》,企图瓜分我东北和外蒙古的阴谋,呼吁各省人民"号呼奔走,冀筹抵制之方针";批评"秉国钧者,乃如燕雀处堂,不知大厦之将覆"①。

1908年,抨击日本制造向中国走私贩卖军火的"二辰丸事件",批评清廷软弱的外交政策和行径。

1913年,反对袁世凯与沙俄签订包括承认外蒙古独立在内的《中俄条约》,指出袁世凯政府此举为"丧心卖国"的无耻行径②。

1915年,反对袁世凯屈服于日人高压,委曲求全,与之签订丧权辱国的"二十一条",认为这是我国的"奇耻大辱""亡国剧痛之事"③。

王郅隆时代,《大公报》对外国侵略者的抨击力度不减:

1916年,天津发生"老西开"事件:法国人借扩建教堂之名肆意侵占我国土地,还将驻守的中国警察缴械拘禁。对这种明目张胆的侵略行为,《大公报》不惜与"老朋友"撕破脸皮,发文予以抨击,并表示,中国民众必须誓死保国土、争国权。指出,一旦让法人阴谋得逞,"恐尤而效之将大有人也,杞忧所极,殆不将全国化为租界不止"④。

《大公报》对日本的侵略,更是格外警惕。"一战"结束前,《大公报》围绕"郑家屯交涉案""满蒙问题""青岛问题"等中日外交案,提醒中国外交当局,警

---

① 梦幻:《言论·庚戌年之大纪念》,《大公报》1911年1月25日。
② 《闲评一》,《大公报》1913年7月16日。
③ 无妄:《闲评一》,《大公报》1915年5月9日。
④ 无妄:《闲评一》,《大公报》1916年10月23日。

惕日本打着"中日亲善论"的幌子加紧对中国侵略的阴谋。"一战"结束后,日本对中国的领土野心日益扩张,中国人民的反日情绪也日益高涨,中日关系变得更加错综复杂。《大公报》围绕"中日军事协定""中日借款"两件大事及时报道,并发表了相应的评论,揭露日本的侵略阴谋。

对列强在巴黎和会上以强权压公理,作出严重侵害中国主权、损害中国权益的决议,《大公报》及时予以报道和揭露,支持全国青年学生掀起反帝爱国的五四运动。

即使在王景杭时期,《大公报》对列强侵略行为的抨击也没有一刻放松:

1921年末至1922年初,对华盛顿会议上列强恃强凌弱,完全无视中国代表提出的正当合理要求,签订了损害中国主权的《九国公约》的行为,予以坚决反对。

1923年3月10日,北京政府正式向日本提出废除"二十一条"的照会。《大公报》对此十分支持,指出:"'二十一条',为中国存亡之关键,凡中国人,均应力争。"①

1924年,苏联与中国北洋政府协商解决"外蒙撤兵""中东铁路""中俄通商""承认苏联"等几个历史悬案,谈判进行得很艰难。因为涉及国家主权和领土问题,《大公报》坚定地站在民族国家的立场上予以报道和发言。

1921年至1925年,中法之间发生使中国遭受巨大经济损失的"金佛郎案"。《大公报》态度鲜明,坚决反对,指出政府"许以金佛郎,给国家以损失。且此项恶例一开,将来国际上吃亏甚多",指责说:"政府之颠顶误国,实难辞咎。"②

新记时代的《大公报》,其反侵略力度空前加大,尤其是抨击日本侵略者的怒吼声令敌人胆寒。从对"济南事件"、"万宝山事件"、"沈阳事变"(即"九一八事变")、"上海事变"(即"一·二八事变")、日寇"犯关"、"华北事变"的记事与言论中可以看出,该报对日本侵略者总是保持高度警惕,对它每次的侵略行径均予以严厉痛斥。卢沟桥事变后,《大公报》更是高举抗战大旗,义无反顾地冲锋在抗击日寇的舆论"前线"。一篇篇记载与言论,成为揭露侵略者丑恶嘴脸的锐利武器,成为鼓励军民抗战的响亮号角。在整个抗战时期,《大公报》爱国情绪之饱满、抗战立场之坚定,对中国抗战取得最后胜利可谓厥功至伟。1941

---

① 《本埠新闻》,《大公报》1923年4月11日。
② 《政闻撮谈》,《大公报》1923年2月24日。

年9月5日,《大公报》总编辑张季鸾病逝,毛泽东在唁电中称赞道:"季鸾先生坚持团结抗战,功在国家。"①这既是对张季鸾在抗战中言行的中肯评价,也是对《大公报》爱国行为和抗战精神的充分肯定。

其二,呼吁废止不平等条约,支持要求废除不平等条约的群众运动,支持收回外国租界,期盼中国在国际上取得平等地位。

近代以来,列强强迫清廷签订了许多不平等条约,它们凭借这些不平等条约,在中国享受种种特权,横行霸道,甚至残害我国人民的性命。废除不平等条约日渐成为中国朝野的一种共同目标。1925年3月,孙中山在临终遗嘱中叮嘱后继者:"开国民会议及废除不平等条约,尤须于最短期间,促其实现。"7月1日,广州国民政府成立,其宣言称:"国民革命之最大目的在致中国于独立平等自由,故其最先着手即在废除不平等条约。"对此,《大公报》竭力赞成、大力支持,曾言道:"中国国民革命之对象为打倒军阀与取消不平等条约",而废除不平等条约"较之打倒军阀之工作尤为艰巨"②。《大公报》总是提醒政府,在某一条约到期时,须采取果断行动,使"废约"落到实处。当北伐军打到长江后,收回租界运动从武汉兴起,逐渐向全国其他城市扩展之时,《大公报》对此更是积极支持,明确指出,"对外必脱离不平等条约之束缚"③,以求中国在世界上的平等地位。

(2) 功在报界

作为一份文人办的报纸,《大公报》对报界的贡献主要是坚持"文人办报"本色,为中国乃至世界报业开拓了一条新路径,并以它自己的实践,为中国乃至世界报界做出了卓越贡献,提供了有益的经验。这些具体经验,将在下文第四节详论,此处从略。

2. 不掩过

老《大公报》有功亦有过。其"过"主要有二:非议革命,排斥共和;"防赤"与"反共"。

(1) 非议革命,排斥共和

此"过"主要出在英记后期的《大公报》中。出身满洲正红旗的英敛之,难

---

① 《季鸾先生哀思录·毛泽东、陈绍禹、秦邦宪、吴玉章、林祖涵五先生电》,《大公报》(渝版)1941年9月24日。
② 《社评·中美关税条约签订之后》,《大公报》1928年7月29日。
③ 《岁首辞》,《大公报》1928年1月1日。

以摆脱宗族情结,无论清廷如何腐败无能、腐朽难支,他都坚定地站在清廷一边,为之"补台"。其在报上对于清廷的种种批评,也是以"刮骨疗毒"的方式,切望清廷"痊愈",乃至长治久安。对于英敛之来说,中国没有了满清君主是不可接受的。因此,清帝下诏退位日,也是英敛之登报"外出"时。自此,英敛之退隐山林,以清廷"未亡人"①身份生存。在英敛之这种思想支配下,《大公报》一度表现出严重的"非议革命,排斥共和"的倾向。

"苏报案"发生后,《大公报》连发数篇言论,斥责学生"借拒俄之名,行排满之实",说"以排满为业"的"维新诸青年"打着拒俄旗号"退学罢课"是不理智的"破坏主义"②,批评青年"爱国者"是"出其强狠外交政策以谋个人利益"③。

武昌起义前,《大公报》发文对革命的性质予以根本的否定,认定当下之中国,革命"为最危最险最凶最恶最可惊最可怖之重大问题",并且断定革命军推翻清廷的目标是不可能达到的④。此外,该报还将立宪与革命对立起来,认为革命不适用于中国⑤,并建议朝廷"大赦立宪党,不论首从,概予宽免",而对与国体为敌的革命党人,须采取"解散其胁从,严诛首要"的政策⑥。

革命党领导的武昌起义打响后,《大公报》对这场千年未有之变局,完全站在反对立场上进行报道、发言。革命军攻下武昌后,《大公报》上设置"武昌乱事近闻一束"专栏,对起义军的行为进行污蔑性报道,说革命军见旗人就杀,"未满月之婴儿亦被杀戮,其惨忍可知"⑦;还说革命是"以暴易暴,反更加上杀戮之惨,不过多涂炭些个黎民百姓"⑧。《大公报》连篇累牍诋毁革命,断定"此次革命,是断送中国之前途,为外人代除后患"⑨,历数革命军的所谓"罪行",希望朝廷迅速派出重兵将革命军剿灭,否则"内则迫成军队之哗溃,外则惹起外人之干涉"⑩。

中华民国南京临时政府成立后,《大公报》对共和的批评言词,充斥版面,

---

① 方豪:《英敛之先生年谱及其思想》,李东华主编:《方豪晚年论文辑》,辅仁大学出版社2010年版,第402页。
② 《论说·论革命与破坏》,《大公报》1903年7月8日。
③ 《论说·爱国与害国说》,《大公报》1903年7月22—23日。
④ 《言论·论革命军必不能达其目的于二十世纪之支那》,《大公报》1906年6月5日。
⑤ 《言论·论中国宜立宪不宜革命》,《大公报》1908年4月7日。
⑥ 《论宽赦党人之利害》,《大公报》1909年1月30日。
⑦ 《武昌乱事近闻一束》,《大公报》1911年10月21日。
⑧ 《白话·再讲不可自取扰乱》,《大公报》1911年10月21日。
⑨ 《闲评一》,《大公报》1911年12月5日。
⑩ 《言论·乱事久延之最可虑者》,《大公报》1911年11月13日。

对共和由质疑甚至发展到谩骂的程度:"何谓共和?曰手枪炸弹,曰发坟掘墓,曰强剪发辫,曰争夺都督,曰强迫选举,曰勒用纸币,曰捕杀无辜,曰捣毁报馆,曰擅收路款,曰滥骂满奴。"①

民主、共和,是人类社会发展的方向,这一时期的英记《大公报》排斥"共和"则是明显的逆潮流行为,是不可辩解之大"过"。

(2)"防赤"与"反共"

《大公报》对"赤化"一直是警惕、反感的,把苏维埃俄国描述得令人十分恐惧,说那里当政的不是流氓就是暴民。早在王景杭时期,雷行主政,就提出"防亦赤化"问题,要求政府对于"赤化之势","当亟悟前非,对于民意,择善而从,以为釜底抽薪之计"②。翁湛之主政时,面对中国共产党领导下出现的工人运动高潮,《大公报》更加慌张,说从"赤俄"传过来一种"危险思想","渐而演成恐怖之赤化,竟蔓延于各方","乃如以磁石而引针,其吸引之速,乃有不可思议者焉"③。还说这种危险思想与工人运动相结合后,势必会使社会动荡不安。于是提出,"防赤化"首先是防止这种危险思想在工人中传播,尤其要警惕居心不良者煽惑工人罢工,防止"赤俄革命"在中国发生。

王记《大公报》后期的"防赤化"很自然发展到新记《大公报》前期支持南京国民政府的"反共"和"剿匪"政策。有老报人在回忆录中说,20世纪30年代初,国民党命令各报刊称呼共产党为"匪",而《大公报》没有照办④。此话严重不实:蒋介石1930年至1935年向中央苏区连续发动五次"围剿",在此期间《大公报》不仅称共产党为"共匪",还始终与蒋介石的"剿匪"积极配合。1930年11月20日,胡政之面见蒋介石,便进言"剿共",蒋欣以为"然"。《大公报》对蒋介石发动的前三次"围剿",除及时报道进程外,还发表有关"剿共""剿匪"的社评十余篇,为其建言献策。"九一八事变"和"一·二八事变"后,蒋介石向苏区继续发动第四、第五次"围剿",《大公报》对此依旧予以支持,在"记事"和"言论"上步步跟进,其剿灭"共匪"的心情亦更加急切。比如,第五次"围剿"开始后,从1934年2月到10月,《大公报》要闻版头条大多数都是关于"剿匪"的报道,还不时发表言论加以配合。1934年10月,中央红军和中共中央机

---

① 梦幻:《闲评二》,《大公报》1912年1月26日。
② 雷行:《闲评·赤化其不免矣乎》,《大公报》1920年10月9日。
③ 湛:《论评·危险思想之制止说》,《大公报》1924年1月10日。
④ 参见孔昭恺:《旧大公报坐科记》,中国文史出版社1991年版,第101页。

关被迫撤出江西中央根据地后,《大公报》还发表多篇社评,叫喊"继续追剿",彻底剪除"共祸"。

全面抗战打响后,在抗日民族统一战线的大格局下,《大公报》虽然没有发表反共文章指摘共产党,还正面报道过八路军、新四军和敌后抗日游击队,但是其思想感情上与共产党总还是有一层隔膜。抗战后期,国共一旦发生摩擦,《大公报》常常"拉偏架",站在国民党一边指责共产党。

不过也应该看到,从英记到新记,《大公报》对共产主义学说十分关注。早在1903年,《大公报》就刊文提请读者注意出现于20世纪的"新主义"——"社会主义",说这一新主义的"目的欲打破今日资本家与劳动者之阶级,举社会皆变为共和资本,共和营业,以造成一切平等之世界。其手段则欲变少数之国家为多数之国家,变海陆军人之国家为农工商人之国家,变贵族专制之社会为平民自治之社会,变资本家横暴之社会为劳动者共有之社会;而后以正义博爱之心而压其偏僻之爱国心也;以科学的平和主义而亡其野蛮的军国主义也,以布拉沙乎德之世界主义而扫荡刈除其侵略的帝国主义也"①。虽然认为这种"新主义"只是一种"乌托邦之主义",但是其关注之早、解释之确仍难能可贵。

1920年,胡政之采访巴黎和会后从欧洲回国,除了在报上开辟专栏刊登介绍包括社会主义在内的世界各种新思潮之外,还在"社评"中推介马克思主义,欢呼社会主义对资本主义的胜利:"今日世界,正资本主义与社会主义激战之时。现代社会组织之缺点,既一一暴露,故社会主义之说,如水银泻地,深中于人心,势力若日之升,欲加抑制,殆不可能。"②胡政之还在文章中用大量篇幅论述中国如何实现社会主义。

早在新记《大公报》续刊前,张季鸾就发表过文章赞扬列宁为历史上的"大英雄",说他"独能于世界一大君权国中……将其社会组织、经济组织根本推翻,创空前未闻之劳工专制政体,以外抗强邻,内压政党,巍然为世界资本主义之一敌国","就此而言,(列宁为)千古之一人而已"③。新记《大公报》续刊后,他还专门派曹谷冰赴苏联采访,在报上发表了许多介绍苏联经济建设的通讯。

新记《大公报》虽然在思想上"反共",在行动上支持蒋介石"剿共",但是又提出许多有别于国民党"反共""剿共"的"另类"主张。比如,认为中国政治"太

---

① 《论说·二十世纪之新主义》,《大公报》1903年3月31日。
② 政之:《论坛·资本主义欤社会主义欤》,《大公报》1920年7月14—15日。
③ 一苇:《列宁逝世》,《中华新报》1924年1月24日。

恶"，现实已经成为有利于"共匪"产生并生存的环境，因而"与其言'剿匪'，尚不如言讨贪，此治本之策也"①。又比如，提出"'剿匪'与反共两事也"，"剿匪为绝对的，反共为相对的"。只要不是"虎啸山林""武装割据""为害乡里"的，则不能称之为"匪"；只是理论研究共产学说的人和组织，不仅不应该"剿"，而且还应该鼓励。

邓小平反复强调实事求是的重要性，指出"实事求是"是"马克思主义的精髓"，是"无产阶级世界观的基础"，并指示我们做任何事情都必须坚持实事求是。治史更须坚持实事求是，因此本书在对《大公报》进行评价时，也始终坚持"实事求是"原则，不溢美，不掩过。

（三）依据史料与走进历史

1. 依据史料

"论从史出"，有几分资料说几分话，这是治史的基本原则。说起来易，做到则不易。既往包括我自己有关《大公报》史的研究，之所以还有不尽如人意甚至谬误之处，主要就是因为在这一方面的欠缺：或以想象代替史实，或人云亦云，或孤立片面地看问题，或"主题先行"，等等。此处略举几例：

例一，既往的普遍观点认为《大公报》是由英敛之创办的，然而事实上并非如此。上文已经论及。

例二，以往都指称王郅隆时期的《大公报》是"安福系机关报"，本人的《新记〈大公报〉史稿》亦从该说，其实不然。对此前文亦已论及。

例三，抗战胜利后，毛泽东到重庆与蒋介石谈判期间，曾于1945年9月20日应邀到李子坝《大公报》馆做客这件事，很多回忆文章都说是胡政之邀请的，并且在访问期间王芸生当着毛泽东的面劝说共产党"不要另起炉灶"。但实际上这次访问是王芸生以《大公报》的名义邀请的。当时胡政之根本不在重庆，甚至不在国内，他1945年上半年前往美国旧金山出席联合国成立会议后没有随代表团回国，而是滞留美国，为报馆购买器材和白报纸，直到11月初才回国。据11月4日《大公报》二版"消息"栏称"本报总经理胡霖于昨午后抵渝"可知。

方汉奇先生说，治史必须把收集、整理史料放在首位。"没有'史料'，还搞

---

① 《社评·剿匪要义》，《大公报》1932年6月19日。

什么历史？没有对'史料'的充分掌握和过细研究，没有对关键史料的考证和甄别，是不可能对历史事实作出正确分析和论断的。一切从概念出发、先入为主、脱离实际、游谈无根的作法，都是历史研究工作者的大忌，也是新闻史研究工作者的大忌。"①本书作者谨记方先生教诲，在收集、整理、研究、考证、甄别史料方面是下了苦功和笨功的，并且在撰史时，坚持事事有出处，不作"无根游谈"，力争做到有一分资料说一分话。

2. 走进历史

历史人物植根于他所处的那个时代，他的一言一行无不打上时代的烙印；历史事件是那个时代发生的，其发生的必然性或偶然性都是由时代所决定的。所以，评价历史人物或历史事件，也只有将其放到当时的历史背景下去考量，才能得出恰当的结论；否则就会出偏差，甚至适得其反。试举几例：

例一，关于"'四不'改'二不'"。以往有人，包括有些老《大公报》人和后来的研究者认为，张季鸾病逝后，胡政之将"四不"改"二不"，删去"不党""不卖"，表明"吴胡张三人和他们所经营的旧《大公报》早已党于蒋介石了"。还说，1943年，"胡政之继张季鸾为国民参政员已一年多，蒋介石政府即将发表他为中国访英团的团员之一，他和蒋介石的关系进一步拉近，胡政之这时大概业已打定主意，要用《大公报》大大地卖一笔钱，因此也以删去'不卖'为便"②。这完全是一种罔顾历史真实的"穿凿附会"。

关于"'四不'改'二不'"，胡政之说得很清楚："记得民国十五年九月一日本报的第一篇社评里面，我们就曾经说明本报的基本立场，提出'不党、不私、不卖、不盲'八个字。而现在我们的社训'不私、不盲'，就是将以上八个字归纳起来说的。'不党'可以归纳入'不私'，'不卖'可以归纳入'不盲'。"③可见从"四不"到"二不"不是删改，不是篡改，更不是"重打锣鼓另开张"，而只是内容上的归纳，一种行文表述上的变化。

胡政之作如此变化的目的，既不是已"党"，也不是求"卖"，而主要是寻求一点心理上的平衡。对此，王芸生、曹谷冰曾说过这样一句话，可作参考：抗战开始后，张季鸾一直追随政治中心办报，"既有声光，所起作用也大"，胡政之

---

① 方汉奇：《新闻史是历史的科学》，方汉奇：《方汉奇文集》，汕头大学出版社2004年版，第15页。
② 王芸生、曹谷冰：《1926至1949的旧大公报（续二）》，《文史资料选辑》第27辑，中华书局1962年版，第255页。
③ 胡政之：《本社"社训"和"同人公约"的要义》，《大公园地》1943年9月20日第8期。

"自搞一个局面,不愿到重庆寄于张季鸾已成之局的篱下",直到张季鸾逝世,"胡政之才到重庆掌握《大公报》的全局"①。面对张季鸾在重庆创立下的稳定基业,以及张季鸾在国民政府和重庆报界的崇高名望,多年"办旅行报"②的胡政之心态有几分失衡是可以理解的。胡政之到重庆后说:"我以往因为在香港做报,以后桂林馆新创,又在那儿主持,在渝的时间极少,和同人见面的机会不多。"③言下之意是说,自己作为新记《大公报》主要创办人和当家人,已有很长一段时间没有过问渝馆事务,现在《大公报》各馆分治的状态结束,离散的兄弟又合为一处,因而要重新行使总经理职权了。为了求得心态平衡,找回以往的权威,把《大公报》这个家业重新管理好,必须"立新规"以示区别。于是,成立总管理处,建立系列规章制度,确定"社庆日"和"社训"等。可见,这些只是胡政之重回"大帐"、重掌"帅印"时,于己求"心理平衡"、于人重立"威望"的举措,是新记《大公报》由"胡张双驾"进入"胡政之独掌时代"的一种标志。

例二,关于"倾皖""袒段"的问题。王记时期的《大公报》确有"倾皖""袒段"的事实。一直以来,这成了涂抹在《大公报》身上的一个污点。

然而如果以历史的眼光对皖系及其头目段祺瑞做一番考察,这个问题也许会有另外的答案。

皖系军阀是袁世凯死后北洋军阀各派系之中最早出掌中枢的"北洋团体",其萌发于晚清,历经段祺瑞三大起落的磨砺,于1917年初步形成,因首领段祺瑞籍贯安徽而得名,其兴衰也与段氏起落息息相关。1918年该派系成立"安福俱乐部"用以掌控北京政界,因而又称"安福系"。

对于段祺瑞的评价,功过毁誉,众说纷纭。誉者谓其"三造共和",派其心腹安福系骨干徐树铮收复外蒙古,居功至伟;1931年九一八事变后,段祺瑞拒绝与日本人往来,随后又举家南迁上海,公开表明抗日态度,保持民族气节;其曾四任总理,四任陆军总长,一任参谋总长,一任国家元首(临时执政),为官清廉,一生没有房产,有"六不(不抽、不喝、不嫖、不赌、不占、不贪)总理"之美誉。蒋介石得知段祺瑞的经济窘迫后,决定由政府每年予以补贴,以解决其生计问题。1936年11月2日,段氏逝于上海宏恩医院,据说办后事的钱都靠朋友资

---

① 王芸生、曹谷冰:《1926至1949的旧大公报》,《文史资料选辑》第25辑,第19—20页。
② 胡政之讲,曾敏之笔记:《认清时代·维护事业——三十六年十一月二十七日对渝馆编辑部同人谈话》,《大公园地》1947年12月20日复刊第16期。
③ 胡政之:《在重庆对编辑工作人员的讲话》,见王瑾、胡玫编:《胡政之文集》(下),第1081页。

助解决。毁者谓其靠向日本人借款扩充个人实力;为换取日本的援助,不惜出卖国家主权和民族利益;1917年复出掌权后,拒绝恢复《临时约法》,成为孙中山讨伐的对象;1926年3月其卫队士兵向游行学生开枪,制造了"三一八"惨案,段氏由此一直背负骂名。

虽然毁誉皆据事实,但功过相较,盖棺定论,段祺瑞还是得到了较高的历史评价。段氏病逝时,国民政府的国葬令评价其"持躬廉介,谋国公忠。辛亥倡率各军,赞助共和,功在民国。及袁氏僭号,洁身引退,力维正义,节概凛然。嗣值复辟变作,誓师马场,迅遏逆氛,率能重奠邦基,巩固政体,殊勋硕望,薄海同钦……"梁启超曾评价段祺瑞称:"其人短处固所不免,然不顾一身利害,为国家勇于负责,举国中恐无人能比。"①胡政之主持王记《大公报》时曾说,"段合肥之为人,清正刚介,虽其敌党亦所公认","记者从政治上从法律上观察,均不以免段②为然,自信甚坚,初非于段氏个人有所偏私也"。并认为既然国家不可无"段",本报说几句"拥段"的言论,亦不为"于段氏个人有所偏私"。并且尤其是胡政之主持时期,《大公报》的"倾皖""袒段"是有分寸的,对段氏的问题也能看出,指出"其政治思想之不完密,政治手段之不灵活","吾人对彼故曾屡致不满之词"③。比如对安福系操纵国会选举表示愤慨,对选举中出现的丑态给予毫不留情的揭露与批判,对1918年段政府与日本签订所谓"中日军事协定"及其对南方军政府的武力统一方针,均持必要的批评立场。由此可见,《大公报》对皖系与段氏,无论是批评还是褒扬,均能把握分寸。

例三,关于"拥蒋"问题。确实,新记《大公报》在一个相当长的时间内,在国内时政的记事与言论上持拥蒋立场,这也一直被视为该报的一条罪状,说它"反对抗日民族统一战线,极力宣扬'国家中心'论,把蒋介石捧上独裁宝座"④。

然而,走进历史看,有两点是很清楚的:其一是新记《大公报》对蒋介石的态度并非一成不变的,而是经历了一个"骂蒋""拥蒋"到"离蒋"的过程;其二是《大公报》的"拥蒋"是基于"抗战需要"和"国家中心"的考虑。

先看第一点。众所周知,1927年10月3日和12月2日,《大公报》先后发

---

① 梁启超:《致广州梁季宽先生漾电(民国六年九月二十三日)》,丁文江、赵丰田编:《梁启超年谱长编》,上海人民出版社2009年版,第539页。
② 指1916到1917年第一次府院之争期间,大总统黎元洪于1917年5月28日下令免除段氏总理职务的政治事件。
③ 冷观:《代论·答投函诸君》,《大公报》1917年6月12日。
④ 《社评·〈大公报〉新生宣言》,《大公报》(沪版)1949年6月17日。

表过两篇责骂蒋介石的"社评",一篇题为《离婚与再嫁》,一篇题为《蒋介石之人生观》,前者指责蒋"中年发达"后,为"另谋新欢",不惜"抛弃糟糠"的不齿行径;后者从道德层面大骂作为北伐军领袖蒋介石的"谬误"人生观。

北伐告成后,从1928年7月开始,张季鸾、胡政之以《大公报》记者身份进入武汉、南京采访,开始与蒋介石直接接触,他们在蒋介石等人身上感受到了一股旧军阀身上没有的"朝气",于是开始转变对蒋介石的看法,称赞他"大义大勇,不愧为革命英雄";"其坚定果敢之处,实近代军人所仅见"①。另一方面,由于蒋介石考虑到北伐甫成,政权未稳,羽翼未丰,还需要报纸舆论,尤其是像《大公报》这样有影响的民间报纸为自己张目,因而对张季鸾不仅没有因以往两篇骂自己的文章而有不悦之色,反而以礼相待,这又令张、胡等对蒋氏刮目相看。因而,在此后一连串的新军阀混战中,《大公报》视蒋介石南京国民政府为"正统",不断发文为蒋介石鼓吹。投桃报李,蒋介石对《大公报》也高看一等。1929年12月27日,蒋以国民政府主席的身份通电全国各家报馆,发出"求言诏书"。值得注意的是,该电文的抬头为"《大公报》并转全国各报馆钧鉴"②——蒋介石此电一发,无疑确定了《大公报》舆论领袖之地位。1931年九一八事变以后,张、胡、吴三人或通过电报,或直接面晤,为蒋介石建言献策,蒋对他们的主张也大多乐意采纳,双方在"抗日""建国"等问题上达成共识,彼此关系也拉近了许多。1934年夏,张季鸾成了蒋介石的座上客;1935年底,吴鼎昌被蒋介石揽入政府。

1936年,《大公报》与蒋介石的关系进入"相知"阶段。当年12月西安事变发生后,《大公报》在文章中称"蒋介石是经过十年风雨考验形成的领袖",并说"这样人才与资望,决再找不出来,也没有机会再培植"③,将蒋介石吹到无以复加的地位。西安事变和平解决后,《大公报》继续全力支持蒋介石领导全国抗战。

1941年9月,张季鸾病逝,《大公报》与蒋介石及其政府之间由于失去"润滑剂"而开始出现不和谐,摩擦时有发生;尤其是1945年以后,在支持民众反内战、反专制的斗争中,在抨击国民党政府官员的腐败、接收大员"五子登科"劣行的行动中,《大公报》与蒋介石及其政府之间渐行渐远。王芸生在《大公

---

① 《社评·欢迎与期望》,《大公报》1928年7月3日。
② 《专电·蒋通电唤起舆论》,《大公报》1929年12月28日。
③ 《给西安军界的公开信》,《大公报》(津版)1936年12月18日。

报》发文宣传"自由主义",鼓吹"第三条道路",表明该报对蒋介石、国民党的失望;1946年11月,胡政之在"国大"开幕当天签到后就离开会场,显露出他本人及《大公报》有背离蒋政府的征兆;接着,《中央日报》"三查王芸生",促使《大公报》下决心最终离开蒋介石国民政府转而支持中国共产党。这就有了1948年11月10日《大公报》港版的《和平无望》和1949年6月17日沪版的《〈大公报〉新生宣言》。

再看第二点,《大公报》对蒋介石由"大骂"转变为"认同",是在国民革命军北伐战争完成之际,张季鸾、胡政之看到的蒋介石是作为国民革命军总司令的形象,与旧军阀相比,是一个充满朝气的革命军领袖的形象;随后,蒋介石又通过收拾各路新军阀,实现了全中国形式上的统一,从而使《大公报》在蒋氏身上看到了中国走向统一和进步的"希望"。

《大公报》对蒋介石由"认同"进一步转变为"拥戴",是在全面抗战即将开始之际。国家要进行反侵略的大战,需要一个坚强有力的"中心"和一个有威望、有能力的"领袖"。《大公报》认定,这个"国家中心"便是国民政府,这个"领袖"就是蒋介石,并认为这个"中心"和"领袖"是国家"付重大牺牲而得来,国家命运实系于此"①。张季鸾曾说:"要抗战建国,必须要有一个国家中心。蒋先生有很多地方也不尽如人意,但强敌当前,而且已侵入内地了,没有时间容许我们再另外建立一个中心,而没有中心,打仗是要失败的。所以,我近几年,千方百计,委曲求全,总要全力维护国家这个中心。"②可见,《大公报》是将蒋介石作为"国家中心"加以拥护的,是出于抗战的需要。

当然,《大公报》的拥蒋,还有一个因素,那就是张季鸾与蒋介石的私交。秉持"报恩主义"的张季鸾,为报蒋介石的知遇之恩,把蒋介石抬到至高地位。张季鸾逝世后,《大公报》与蒋介石的关系便渐渐疏远,尽管蒋介石让胡政之继张季鸾成为国民参政员,又让他参加中国访英团,极尽拉拢之能事,但是胡政之与蒋的关系总不如张季鸾与蒋的关系。加上从1937年以后,胡政之从上海到香港,再由香港到桂林办报,一直远离政治中心,蒋介石对他早有看法。

马克思曾说,"极为相似的事变发生在不同的历史环境中就引起了完全不同的结果。如果把这些演变中的每一个都分别加以研究,然后再把它们加以

---

① 《社评:对于国事之共同认识》,《大公报》(津版)1937年6月23日。
② 徐铸成:《报人张季鸾先生传(修订版)》,生活·读书·新知三联书店2018年版,第164—165页。

比较,我们就会很容易地找到理解这种现象的钥匙"①。因此,本书无论写人还是叙事,都尽可能将其置于历史环境中,以求展现出特定历史环境中那些真实且多面的人与事。

三、抽象

作为一份保持"文人办报"本来面目的报纸,《大公报》以它自己的思想与实践,揭示了文人办报的本质和报纸存在的价值,在近代中国生动而深刻地书写了一部"中国特色新闻学"。这部"新闻学"可以用三句话概括:履行报纸天职,树立报国先决条件,选好报国路径。

(一)履行报纸天职

如前文所论,文人办报的本质是"文章报国""为民代言"。这一本质当如何体现?答曰:在履行报纸"天职"的过程中。

中国近代报学先哲梁启超先生曾经提出过两大报刊理论,一为"耳目喉舌"论,一为"监督向导"论。前者出自 1896 年 8 月《论报馆有益于国事》一文,借"耳目喉舌"形象地说明报纸"去塞求通"的功能②;后者出自 1902 年 10 月《敬告我同业诸君》,用"监督""向导"二词深刻揭示报纸与生俱来的职责,即"天职":"某以为报馆有两大天职:一曰,对于政府而为其监督者;二曰,对于国民而为其向导者是也。"③

因为政治斗争的需要,梁启超先生办报主要贯彻的是"耳目喉舌"论,而"监督向导"论的贯彻,主要是由英敛之及其创办的民营报纸《大公报》实现。英敛之不仅完全认同梁启超的"监督向导"论,并对政府为何需要监督、如何进行监督,国民为何需要向导、如何进行向导这些基本问题进行了论述,更可贵的是将这一报馆天职理论笃行于自己的办报实践中。

《大公报》创办之初,英敛之就发文明确提出:"报馆的责任,一为国民的向

---

① 《给〈祖国纪事〉杂志编辑部的信》,《马克思恩格斯全集》第 25 卷,人民出版社 2001 年版,第 145—146 页。
② 梁启超:《论报馆有益于国事》,梁启超:《梁启超全集》第一卷,北京出版社 1999 年版,第 66 页。
③ 梁启超:《敬告我同业诸君》,梁启超:《梁启超全集》第四卷,北京出版社 1999 年版,第 969 页。

导，一为政府的监督。"①"监政府，导国民，本其天职之所在。"②

1910年12月，《大公报》出满三千号时，英敛之自豪地说，无论世界发生怎样的变化，"本社勉尽天职之热心，始终未敢少变"③。

1916年8月3日，为庆祝发行五千号，《大公报》发文载：十四年来，"本报于此惊涛骇浪之中，惟秉一片天良，牢握罗针，逆流而渡，始终所持之宗旨，惟在扶植民气，牖迪民智，诱掖民德而已。始终所认之目的，惟在救济国危，消弭国患，振强国本而已"，并特别指出："至近数年来，我报界之厄运，尤堪悼叹。"面对政府和恶吏的摧残，面对他报发违心之论，"以博当涂之赏"，本报"不敢同流合污，渺焉存精卫填海之心，毅然效愚公移山之举，持中正之态度，发平允之论调，任群魔之波云诡谲，而吾行吾素，一本其悲悯苦衷，以勉为世道人心之保障，居然由千号、二千号、三千号、四千号，绵绵延延递进至于五千号，常保我庐山之真相，讵不可为本报庆幸者"④。

1931年5月22日，《大公报》发行一万号，主持人发文，先说"近代国家报纸负重要使命"，而《大公报》为近代中国报纸改革之先驱，有"言论报国"之传统；后说《大公报》同人"于十五年天津反动政治最高潮之时，更毅然接办本报"，就为了继承这一传统："再为铅刀之试，期挽狂澜之倒。""岁月匆匆，又数年矣"，回顾过去，虽阻力重重，然同人"未背创办人之精神，得勉尽同人公开之誓约"⑤。

1936年9月1日，新记《大公报》续刊十周年，张季鸾撰文指出："同人十年来谨服膺职业神圣之义，以不辱报业为其消极的信条。虽技能有限，幸品行无亏，勉尽报业应尽之职分，恪守报人应守之立场。"还说："同人自信，不敢存成见，有偏私，兢兢自守十年一日。……国难以来，忧时感事，晨夕不安。"⑥

1941年9月张季鸾病逝时，《大公报》在社评中说：自溯十五年来，本报"始终尽力本职"，"根据国族利益，获得真知灼见，必须坦白主张，纵使与政府见解或社会空气发生冲突而不辞"⑦。

《大公报》为何如此看重勉尽"天职"？早在《大公报》发行一千号时，英敛

---

① 《附件·说国家思想》，《大公报》1904年9月1日。
② 《闲评》，《大公报》1908年10月14日。
③ 《本报三千号征文叙言》，《大公报》1910年12月4日。
④ 无妄：《言论·本报五千号纪念》，《大公报》1916年8月3日。
⑤ 《社评·本报一万号纪念辞》，《大公报》1931年5月22日。
⑥ 《社评·本报复刊十年纪念之辞》，《大公报》(津版)1936年9月1日。
⑦ 《社评·今后之〈大公报〉》，《大公报》(渝版)1941年9月16日。

之就在报头发表《〈大公报〉千号祝辞》,面对"时局日亟,国是愈艰"而"上下酬嬉如故""上下冥顽如故""一切偷惰贪婪骄奢残暴,无不如故"的局面,深深感到,中国需要更多的像《大公报》这样的报纸,代表舆论"监政府,导国民"。在文章的结尾处,他高呼了两句口号:"中国万岁!《大公报》万岁!"①口号虽简,含义极深:报纸只有履行"监政府,导国民"的天职,才能体现"文章报国""为民代言"的本质,才有存在的价值,否则就是一张废纸。

可以说,中国文人办的报纸,已接近于马克思笔下的"人民报刊",即"真正的报刊":"它生活在人民当中,它真诚地同情人民的一切希望与忧患、热爱与憎恶、欢乐与痛苦。它把它在希望与忧患之中倾听来的东西公开地报道出来"②。它不仅是人民心声的代言者,是"人民用来观察自己的一面精神上的镜子"③,而且还是"社会的捍卫者,是针对当权者的孜孜不倦的揭露者,是无处不在的耳目"④。

(二)树立报国先决条件

从某种意义上说,《大公报》之所以被公认为近代中国的舆论重镇,深得朝野重视,一个重要原因就是它将"国家中心"的观念视为自身生存和发展的先决条件。

英敛之时期,有一篇著名的论说,名为《论归政之利》。文题中"归政"二字就明确透露出英敛之心中的国家正统是光绪帝,呼吁"归政",就是重塑这个国家正统。国家政权是属于皇帝的,皇帝是国家的政治中心,当初太后垂帘听政是因皇帝年幼的权宜之计。现在皇帝长大了,并且在维新时期他"仁慈文明",有德有才,有远见卓识,因而,"天下之仰望我皇上复辟久矣"。政归皇帝,正统正位,国家中心形成,"君主立宪"的问题便迎刃而解,其益处立显:"中外利、汉满利、民教利、新旧利、宫闱利、君子利、小人亦无不利","热心国家者",对此无不衷心拥护。

《大公报》与袁世凯结怨十多年,斗争十多年。而当1913年袁世凯成为中

---

① 英敛之:《〈大公报〉千号祝辞》,《大公报》1905年4月13日。
② 《〈莱比锡总汇报〉在普鲁士邦境内的查禁》,《马克思恩格斯全集》第1卷,人民出版社1995年版,第352页。
③ 《第六届莱茵省议会的辩论(第一篇论文)》,《马克思恩格斯全集》第1卷,第179页。
④ 《〈新莱茵报〉审判案》,中国社会科学院新闻研究所编:《马克思恩格斯论新闻》,新华出版社1985年版,第234页。

华民国大总统后,《大公报》立即支持袁世凯主政。当有人指责其被袁世凯收买成为袁政府机关报时,《大公报》理直气壮地申辩道:"总统府既据中央,既为政事发生之地,况大总统为民国首领,不论为甲为乙,他人业已公推,吾人亦应承认,此为法律所当然,至于行事之是非得失,则有言论以判别之。此体例也。"并说:"诸君如能取消袁总统,别举他人总统,以确立中央政府,本报亦赞成之,而愿尽监督之责焉。"①《大公报》支持袁政府,是视其为"正统"、为国家中心,对于正统政府的支持,是法律所规定;并且支持它,不等于不监督它,对这个政府的监督,则是报纸职责所在。

袁世凯复辟帝制失败、共和光复后,中国政体为责任内阁制,所以1916年发生府院之争时,《大公报》视段祺瑞的国务院为国家政治中心,大力维护与支持。"国家为有机体之组织,故政治上之活动必赖机关以资表现,而为统一国家之意思,与敏活政治之运用计,尤须有确定之政治中心点。今中国之政治中心点果何在乎? 就法律言,现行政制系内阁制,则政治中心点当然应在内阁。"并认为,当下国家混乱,意见不能统一,内部运转不灵,外部障碍甚多,原因就在于"政治失其中心";要使局面根本扭转,第一要务就是"政治中心点确定不动"②。

"南北对峙"时期,《大公报》视"北京政府"为合法政府,为国家中心,因而称南方军政府为非法政府,所以《大公报》支持"北京政府"而指斥南方军政府。

新军阀混战时期,新记《大公报》视蒋介石南京国民政府为正统和法统,为"党国当局"、为"中央",认为其他军阀都必须向这个法统政府靠拢。因而先劝张学良不可"另起炉灶",须改弦易帜拥护"中央";后要求冯、阎、李等军阀认清形势,归顺南京。当蒋收拾完冯、阎、李后,《大公报》又立即建议蒋介石国民政府采取有效措施,在"精神上物质上,真形成巩固之中央"③,以避免国家再次分裂。

当西安事变和平解决、抗日民族统一战线初步形成时,《大公报》正式提出,"全国各界,尤其一切智识分子,俱认定救国之道,首在维护国家中心",并明确指出,当下的"中心",就是南京国民政府和"蒋委员长"。为了抗战大业,全国朝野必须竭力维护蒋介石这个中心,并列举"九一八"以来的事实说明,

---

① 梦幻:《闲评一》,《大公报》1913年6月16日。
② 冷观:《评论·政治之中心点》,《大公报》1916年12月20日。
③ 《社评·桂系失败之教训》,《大公报》1929年4月14日。

"拥护国家中心的国民政府,以贯彻自主自卫之目的,这是唯一的路,此外无路"①。

《大公报》深知,任何时代,任何国家,都必须有自己的"政治中心"或者"核心"。政治中心是国家团结统一的首要条件。有了一个公信力高、能力强的政治中心,国家就能有巨大的向心力和凝聚力,就会统一、强盛;如果"政治失其中心",国家就会混乱,意见不能统一,内部运转不灵,外部障碍甚多,因此任何时候国家强盛的第一要务就是保证"政治中心点确定不动"②。并且,国家"政治中心"只能有一个,不能有几个,否则就会出现"多中心";一旦出现"多中心",国家就会陷入分裂局面。故而报人报国、报纸报国,必须牢牢树立"国家中心"观念,并且付诸实践。在"国家中心"形成前,报纸必须成为这个中心形成的推手;一旦这个政治中心形成,报纸应该向导"全国人以心愿智慧维护之,增强之"。即使这个中心"缺点尚多",报纸也不能"拆台"而破坏这个中心③。否则,不仅不能有效报国,反而会祸害国家。

(三)选好报国路径

文人办报,要达到"报国"的有效性,必须选择一条有效的报国路径。《大公报》的经验表明,这条有效路径就是"小骂大帮忙"。

1. "小骂大帮忙"是《大公报》的办报实践总结

中共中央 1949 年 1 月 23 日给天津市委的电报中明确提出:"该报(《大公报》)过去对蒋一贯小骂大帮忙,如不改组不能出版。"④1958 年 9 月 30 日,毛泽东接见吴冷西纵论《大公报》时,也说:"人们把《大公报》对国民党的作用叫做'小骂大帮忙',一点也不错。"⑤

其实,不仅是新记《大公报》对蒋介石国民党政府"小骂大帮忙",该报自创刊以来,从"英记"到"新记",对法统政府的一贯做法便是"小骂大帮忙"。英记《大公报》骂太后、骂刚毅、骂袁世凯、骂贪官污吏,但是不骂皇帝;新记《大公

---

① 《社评·读周恩来先生的信》,《大公报》(渝版)1941 年 5 月 23 日。
② 冷观:《论评·政治之中心点》,《大公报》1916 年 12 月 20 日。
③ 《社评·对于国事之共同认识》,《大公报》(津版)1937 年 6 月 23 日。
④ 《中共中央关于对天津〈大公报〉〈新星报〉〈益世报〉三报处理办法复天津市委》(1949 年 1 月 23 日),中国社会科学院新闻研究所编:《中国共产党新闻工作文件汇编》(上),新华出版社 1980 年版,第 270 页。
⑤ 《新闻出版报》1988 年 6 月 22 日。

报》对于蒋介石国民政府更是如此,骂尽满朝文武和为非作歹之徒,就是没有骂蒋介石。这是一方面。另一方面,《大公报》骂的出发点和根本目的是为政府补台,"爱之深者故望之切,望之切者故责之严"①。所以即使它有时"甚至是怒骂和痛骂"②,也是出于"恨铁不成钢"的心态,无论它对政府怎样"痛骂",都是"小骂",以"骂"达到"大帮忙"的目的。所以,从20世纪40年代后期起,对于政府"小骂大帮忙"成为新记《大公报》的代名词。

这里要特别指出的是,"小骂大帮忙"不是别人强加给《大公报》的,而是它从自己的实践中总结出来的,并以此作为它孜孜以求的"境界"。《大公报》虽心怀"国家中心"的理念,但是自创刊以来,与历届政府之间总是磕磕碰碰。在尝尽其中酸甜苦辣的滋味后,1943年10月1日,中国新闻学会第二届年会在重庆举行,《大公报》发文明确提出"小批评,大帮忙"的新闻主张与报纸追求:"为了国家的利益着想,有人谓报纸对于政府,应该是小批评,大帮忙。假使批评为难,则帮忙时也就乏力。因为在那种情形下,一般民众以为反正报纸都是政府的应声虫,不会有真知灼见,而国际读者也认为你们的报纸没有独立的精神,而不重视,到那时报纸虽欲对政府帮忙,而也没有力量了。"③这段阐述"小骂大帮忙"的话语大致上包含如下几层意思:(1)"小批评、大帮忙"的立足点和出发点是为国家的利益着想、为政府的利益着想。(2)就批评与帮忙之间的关系而言,批评是为了帮忙,批评本身便是帮忙,批评顺畅,则帮忙有力;批评为难,则帮忙乏力,因为国内民众不信任、国际读者不重视。(3)如果政府能放宽新闻检查尺度,使报纸有活力、批评顺畅,则帮助就会有力度、有效果。

2."小骂大帮忙"的新闻学解读

撇开《大公报》一直"小骂大帮忙"的对象——清朝政府、北洋军阀政府、南京国民政府——的性质不论,单从新闻学视角看,报纸对国家合法政府"小骂大帮忙",则是一条值得探讨的新闻规律,它用非常通俗的语言十分恰当地表述了合法民报与法统政府之间的关系,划定了报纸对国家勉尽言责的路径。

在近代中国,从法律角度看,报纸可分为"合法"和"非法"两类。官报为天然"合法"的报纸,报上所刊登的几乎全是为统治者所认可的消息或观点;民营报纸要"合法"地生存下去,要么办成"黄色报刊",专登"阴沟新闻"以招徕读

---

① 安塞:《言论·北京视察识小录》,《大公报》1907年11月26日。
② 方汉奇等:《〈大公报〉百年史(1902.06.17—2002.06.17)》,第16页。
③ 《社评·今后的中国新闻界》,《大公报》(渝版)1943年10月1日。

者,扩大发行,要么办成"废报","不谈当局,不谈宗教,不谈政治,不谈道德,不谈当权人物,不谈有声望的团体……不谈任何一个有点小小地位的人",从而保证"不招是非"①。这两类"合法"报纸,皆不能履行"监政府,导国民"之天职,更谈不上"文章报国"。失去舆论监督,政府权力运行无法纳入公众的视野,国家与社会缺少有效的沟通渠道,"分隔势暌,堂高帘远"②,在社会矛盾积累期,民众不能参与决策,表达自己的利益诉求;在矛盾积累到一定程度时,民众就往往用体制外的方法来寻求矛盾的解决,造成社会秩序动乱,生产力遭到极大破坏,国家付出沉重代价。而以推翻政府为诉求的"革命报纸",往往被政府定位为"非法"并加以强力镇压。故此,如何正确处理好报纸与政府的关系,就成了困扰近代报人的难题,并为理论家、实践家所不断关注。《大公报》的成功经验表明,"小骂大帮忙"是当时报纸处理与政府关系较为合理的方式。

《大公报》不以颠覆、推翻政府为鹄的,而将拥护和维护现存制度作为自身合法生存的条件,在此基础上寻求与政府进行良性互动与合作的可能性。其所追求的理想图景如下:就报纸而言,它通过对监督对象的"骂"来树立权威,赢得读者信赖;又由于它的"骂"是以"帮忙"为出发点,从而受到国家权力保护。既赢得了读者信赖,又获得政府保护,报纸得以生存并发展,并实现自身的价值。就政府言,宽容甚至保护"骂"自己的报纸,仅此一点就已经赢得"保护舆论"的美誉,更重要的是,政府从"敢骂"、敢讲真话的报纸那里得到真实信息、民众要求,据此调整自己的政策,同时又通过报纸把政策传达到民众中去,"一来一往",达到灌输国家意志、整合社会、推动国家稳定发展之目的。

但是,在近代中国纷繁复杂的政治格局下,《大公报》的这种理想图景是难以真正实现的。

四、结语

"文人办报",以文章报国,利国利民。作为"文人办报"典型的《大公报》,

---

① [法]博马舍:《费加罗的婚礼》,高芮森编:《外国著名喜剧选》(一),河南人民出版社1987年版,第416页。
② 陈炽:《报馆》,张之华主编:《中国新闻事业史文选(公元724年—1995年)》,中国人民大学出版社1999年版,第10页。

在它几十年的办报实践中,以"大公"为报魂,以"国家中心"为发言记事的本位,以"小骂大帮忙"为报国的路径,秉持公心,以言干政,监督政府,向导国民,做出了卓越的贡献,也为报界树立了成功的典范。

沉重的历史责任感和强烈的政治意识,是近代中国文人深植于内心的价值取向,因而西方人对中国文人办报的执着态度往往难以理解。在他们看来,文人办报既不为盈利,又不为干政,完全是在"犯傻",在发"呆劲"①。"文人办报"的可贵之处正是这种"傻气"与正气。1948年3月,《大公报》港版复刊,其刊登的社评中说:"我们在八年抗战中,事业由黄河流域而到长江流域,由长江流域而到珠江流域……这并不是同人有什么过人之能,实在我们觉得,在历史上书生向来都有一股傻气",同人"想代表中国读书人一点不屈不挠的正气","本着书生以文章报国的本心","加强我们为国家民族服务"②。也正是由于这一点,"文人办报"的精神为中国新闻业留下了一笔宝贵遗产。

有学者这样感叹:"今天,社会最普遍的病症正是批判意识的丧失","我们深切感受到,如果知识分子要重新恢复思想的能力和批判意识,就应该先到思想史研究中去寻找资源和磨炼自己的分析武器。"③相信阅读本书的读者都能从中找到自己可以利用的"资源"和"武器"。

---

① 梁厚甫:《美国人怎样看〈大公报〉》,周雨编:《大公报人忆旧》,第328页。
② 《社评·大公报港版复刊词》,《大公报》(港版)1948年3月15日。
③ 金观涛、刘青峰:《中国现代思想的起源:超稳定结构与中国政治文化的演变》(第一卷),法律出版社2011年版,第2页。

第一编 英敛之首倡『大公』与英记《大公报》（1901年4月—1916年9月）

所谓英记《大公报》是指从1901年4月柴天宠邀请英敛之"主持其事"（即办报事）至1916年9月报馆易手王郅隆期间的《大公报》。英记《大公报》十五年的历史，以1902年6月17日创刊、1906年9月从法租界迁至日租界、1912年2月英敛之退隐香山静宜园为节点，分为筹备、草创、发展和存续四个阶段。

天津《大公报》馆原貌

《大公报》第一号报影

导言　风云际会

一、英敛之结缘天津

　　谈起天津《大公报》，人们不由自主地会想起英敛之。

　　英敛之，名华，字敛之，又号安蹇，满洲正红旗赫佳氏，清同治六年丁卯十月二十八日（1867年11月23日）①出生于北京西郊西三旗附近大有庄②。英敛之自言："仆家世微寒，先代无达者，生长陋巷，耳目所逮，罔非俗物。"③英敛之有兄弟五人（寿、华、秀、杰、俊）、妹妹一人（英杕），由于大哥英寿早逝，排行老二的英敛之便成为家中长兄，自然较同龄人早熟。英敛之七岁入私塾，家中给点零花钱，从不"亡用"，买学习用品有点结余，便购水果孝敬父母，对兄弟也十分友爱。英敛之十分喜爱书法，家贫，买不起纸笔墨，便以砖代纸，藤代笔，水代墨。有时到附近茶馆，将顾客扔下的包茶叶的纸收集起来，练习书法用。住地附近有煤窑，为生活所迫，幼年时英敛之利用煤窑遗留的煤末和上黄泥，摇成煤球挣钱补贴家用，以至于"四书"尚未学完。

　　当时，按满族习惯，旗人家的孩子练武，可以入军籍，领皇粮。无论是按惯例，还是为生计，英敛之也开始练武。他少年时在致友人信中说："予以家贫，亲老无以为养，兼之多事待了，债负满前，每以拙于生计为忧。故自挽弓操臂，俟挑入勇时，得补粮饷，尚为一线之路。所以不惮烦劳，每日挽六力弓

---

① 英敛之出生年无准确记载，但有众多推测。其中有两种较为权威：一是据英敛之《杂存稿·曾侯日记书后》说："予自二十二岁信教以来，至今已近五载。"此文作于1892年壬辰年，据此，推断英氏生于1866年。另一种是方豪根据英敛之哲嗣英千里藏手抄记录本整理的《英敛之先生年谱及思想》："先生——清同治六年丁卯（1867）阴历十月二十八日（阳历十一月二十三日）生于北京。"考虑到前者所提"二十二岁"可能为中国传统的虚岁算法，故本书采信后者。
② 英敛之的《村居四绝（其二）》（1892）写道："宅欣居在大有庄，青山环绕水云乡。柳荫长夏浑忘暑，卧傍莲溪梦亦香。"
③ 英敛之：《金锡侯君年谱叙》，周萍萍编：《英敛之集》（上），第461页。

逾百膀也。但祝彼苍,悯予苦心,曲赐矜全,则一支有托,不复奢望矣。"①随着年龄的增长,他对人生有了新的认识、新的追求,认为对社会要有大贡献,必须好好读书,于是,弱冠后,弃武从文。他在《也是集自序》中写道:"仆以一武夫,素不屑于雕虫篆刻。顾石可掇三百斤,弓能挽十二力,马步之射十中其九每藉此豪迈自喜。然此等伎俩,见遗于社会,无补于身家,遂弃之。弱冠后,知耽文学,则又以泛滥百家、流览稗史佁渊博,甚至穷两月之目力,读《四库提要》一周。"②

说到"弃武从文"及"知耽文学",还得提及一个人,就是英敛之十六岁时遇到的、他尊为"吾师"的乔霁轩。乔霁轩,名松节,晚年自号心困。因有极为相似的幼年遭遇,加之爱其才,乔霁轩对英敛之格外垂青。英敛之回忆说:"予小子童年虽曾入学,而四书竟未卒业。迨遇先生后,始承耳提面命,知所趋向。今之一知半解大都由先生启迪训诲而来也。"③先生即乔霁轩。乔霁轩又将英敛之推荐给当时的博学之士彭永年和志刚。英敛之弃武从文,乔霁轩实为启迪者。

英敛之"弃武从文"后,一方面博览今古群书,一方面与朋友探讨、求索救国救民的道路和人生谛义。"我生不肯糊涂死,毕竟如何是悟时?"④英敛之于理学独契心,常常说"朝闻道夕死可矣"。访遍了佛教、道教、回教三教后,有人向他介绍天主教,在研读天主教士汤若望《主制群征》后,英敛之对此教有了深刻理解。1888年,22岁的英敛之受洗礼正式成为天主教徒。徐致远在《英敛之先生行迹》中描述了英氏信天主教的过程:

> 里人有德津者,日相过从,乃介之于耶稣教;观其书,察其礼,有意焉。德又介之于天主教,觉尤胜。乃往西堂,时教士为法人艾公,一见欢甚,曰:"少年好道若此,可喜也。"自是置疑问难无虚日。又得汤若望《主制群征》,朝夕玩之,如获至宝。久之遍觉明季清初译籍,始于圣道,毫无疑义。年二十三(此处系虚岁),受洗礼,欲修道,以年长不果。后入南堂大学,名虽大学,实浅。因之教中人不悦学,慨然慕利(玛窦)、汤

---

① 转引自王芸生、曹谷冰:《英敛之时代的旧大公报》,《文史资料选辑》第9辑,中华书局1960年版,第3页。
② 英敛之:《也是集自序》,周萍萍编:《英敛之集》(上),第282页。
③ 《附乔心困师诗》,《也是集附安蹇诗存》,周萍萍编:《英敛之集》(上),第405页。
④ 英敛之:《有疑》,周萍萍编:《英敛之集》(下),第620页。

（若望）、徐（光启）、李（之藻）之流风，乃商艾公设学校培植后进。即任西堂教授。①

天主教前辈马相伯在《万松野人言善录》序言中提到英敛之追求信仰的过程时写道："万松野人者与余同教，尤与道有宿契。自幼天性沉毅，独惶惶然以求道为己任。遍求之于三教，弗慊也；于耶稣新教，亦终未慊。弱冠后，始得耶稣旧教之书而读之，读之既久且多，因多而疑，而问，而思，而辨，弗慊弗信，信岂苟然已哉！"②英敛之受洗信教，思想中打上了深深的天主教烙印，这对他一生的事业和生活都产生了巨大影响。

在南堂（北京四大天主教堂之一）"求道二年"后，英敛之留堂负责教堂文案，并兼任西堂小学教师等职务。1893年，英敛之患半身不遂症，身体与精神深受打击。后来，他在日记中回忆道："嗟乎！此身多病，不耐微劳，学问一无所成，事业一无所就，此生从此已矣！予向来志甚壮，不以贫贱动其心，自二十七岁忽患半身痿痹，不能观书作字，后虽稍愈，但行不数里，便疲惫不堪，自分此生已矣！万念灰颓，毫无兴趣，纵有悬梁刺股之志，而身不自主，力不从心，奈之何哉！天实为之，非我之罪也。"③

所幸经过一段时间疗养，英敛之身体逐渐康复。1895年，29岁的英敛之与爱新觉罗·淑仲结婚。当年4月，清廷与日本签订了丧权辱国的《马关条约》，消息传开，群情激愤。5月，康有为发起公车上书，呼吁"非迁都不能拒和，非变法无以立国"。在康、梁等人变法维新、救亡图存的呼声中，英敛之看到了时局的希望，对康有为等人的维新主张深以为然。1898年7月，英敛之在《国闻报》发表一篇题为"论兴利必先除弊"的文章，纵论国事，支持维新变法，他在文章中引用北京民谣"皇上是傻子，王爷是架子，官是倭子，兵是苦子"，并加以解释，赞赏康有为《胶州疏》内"蔽于耳目，狃于旧说"的话实为"今日之顶门针、对症药，痛快切当，言人之不敢言"。随后，以慈禧为首的顽固派发动"戊戌政变"，致使维新失败、志士流血，英敛之为之"痛心疾首，扼腕拊膺"。8月，他在澳门维新派报纸《知新报》上发表《党祸余言》，公开抨击顽固派的卑鄙行径："独怪朝有柱石之臣，当新党变法之初，既以改革旧法为变乱祖制，自当痛切谏阻，以去就争之，乃三缄其口，以长乐老自居，为固

---

① 徐致远：《英敛之先生行迹》，《中华公教青年会季刊》1929年第1卷第2期，第41—42页。
② 马相伯：《万松野人言善录序》，周萍萍编：《英敛之集》（下），第6页。
③ 《英敛之先生日记遗稿》，第188页。

位保禄之计。迨事变之后,始多方毁斥,为落井下石之举,何其见之陋而量之卑乎?"①戊戌政变后,为避祸,英敛之只身出京南下,经天津到广州、香港、越南等地游历,还到广东高州府吴川县为法国军舰办理中文文件②。

1899年2月,英敛之到达上海,随后北返,于3月12日回到京城家中。此时的北京城,政治气候不明,工作难找,加之家事纷繁③,英敛之苦恼不已,他在北京家住不及四月,即于当年阴历七月初十日带着家眷再次出走京城,当日下午至天津。从此,"生于北京,长于北京"④的英敛之与天津结下不解之缘。

英敛之此次到津谋生,主要靠在教堂办理文案、卖字、给报馆写文章谋生,还"就洋馆教数处(即教外国人讲官话)……代堂中办理书札","暂作糊口"⑤。然每日用度,虽省吃俭用,仍"度日拮据",常常"归家无饭"⑥,只得"进堂,饭后至家"⑦。

好在有天主教教友多方关照,其中柴天宠(天津紫竹林天主教堂总管)、李敬宇(法国使馆高级翻译)、刘铎(即刘克明,天主教教堂司铎)等人的帮助尤大。到津当天,英敛之"至首善堂晤刘公,云:是现为予修饰南屋一间"⑧,得以解决安身之处。此外,他在日记中称"刘铎待予极好"⑨,经常给介绍工作,并且好言安慰,令他倍感温暖。柴天宠、李敬宇则在生活上对英敛之一家多有照顾。英敛之到天津不久,与柴天宠略谈起家中困难情况,柴氏"告毋躁,伊欲相助"⑩,此后,经常送来月饼、白面票、菜蔬、"洋米",有时还"强邀外饭"⑪。英敛之夫人与

---

① 英敛之:《党祸余言》,《知新报》第97册,1899年8月26日。又见周萍萍编:《英敛之集》(下),第729页。
② 方豪:《英敛之先生生平与著述》,大陆杂志社编委会:《近代史研究论集》(大陆杂志史学丛书第2辑第5册),大陆杂志社1970年版,第98页。
③ "(己亥)五月二十一日,夜,内人淑仲患河鱼若霍乱之状。早起母大詈叱不休,因雨湿煤,闻之烦燥之甚!"《英敛之先生日记遗稿》,排印第39页。按,《英敛之先生日记遗稿》分为两部分:光绪廿四年戊戌十二月初九日至光绪廿五年己亥七月十八日(1899年1月20日—9月2日)的日记(中间有缺失)为排印稿,共45页;光绪廿五年己亥八月初一日(1899年9月5日)起至日记结束为抄本影印,重新编页,共1204页。本书中对于前者标注"排印第某某页",对于后者则一般直接注明页码。
④ 安蹇:《言论·北京视察识小录》,《大公报》1907年11月26日。
⑤ 《英敛之先生日记遗稿》,第65页。
⑥ 《英敛之先生日记遗稿》,第30页。
⑦ 《英敛之先生日记遗稿》,第31页。
⑧ 《英敛之先生日记遗稿》,排印第40页。
⑨ 《英敛之先生日记遗稿》,第64页。
⑩ 《英敛之先生日记遗稿》,第6页。
⑪ 《英敛之先生日记遗稿》,第8、13、24、11页。

李敬宇夫人亦时有来往,她常在英敛之面前"述晴雨(敬宇)夫人爽快相善之概"①。

人在穷困潦倒时受他人恩惠,除心里过意不去之外,自尊心强的人,有时还会多虑,害怕别人轻视自己。11月14日,英敛之在"柴屋阅报,闲话,闻其语,疑有讥讽,甚不快,想人在困穷,受人些须小惠,万非易事。俗云:使人手短也"。还说:"予于取与一节,素最不苟,断不肯徒受人情,致遭轻藐。"②可见,英敛之因靠别人接济生活而内心深感不安,认为"此处非可长久安身之地"③,试图另谋出路。当年阴历年底,李敬宇介绍英敛之充当法国驻蒙自领事馆文案④,每月薪水五十元⑤。英敛之不用多考虑,随即应允。次年(1900年)2月9日,英敛之携家带口随同法国驻蒙自宋领事搭乘"重庆"号轮船从天津塘沽启程,经上海、香港、海防、老街,历经千难万险,于3月21日到达云南蒙自。

蒙自县在云南南部,1887年依据《中法续议商务专条》辟为商埠。当时,法国人正在筹划修筑滇越铁路。英敛之在蒙自期间,主要工作就是帮助领事馆购买民间土地。1900年7月13日,当地发生教案,教堂被焚,传教士被杀,法国领事决定离开蒙自。不得已,英敛之又随宋领事于7月26日离开蒙自,经越南、香港、上海,在离开天津仅半年后,又于8月19日回到天津。此时的天津刚被八国联军侵占,满目疮痍、断壁残垣。回津后不久,宋领事告知英敛之"现无事可办,可另他就",给了他最后一个月工薪五十元便将其打发走⑥。英敛之没有了工作,生活无着,加之局势混乱,也无法回到北京家中,加之夫人还滞留上海⑦,故他在天津只勾留近两月,于10月7日借法人"白神父"南行之便,乘"武昌轮船"又折返上海。

---

① 《英敛之先生日记遗稿》,第13页。
② 《英敛之先生日记遗稿》,第35页。
③ 《英敛之先生日记遗稿》,第24页。
④ 1900年1月27日(光绪廿五年腊月廿七日),"晡,至李晴宇先生处,闻李嫂云:现有蒙自某员愿延文案,询予愿去否? 予犹豫未决。因刘铎待予极好,不忍他去。而事故纷烦,终日如痛,又入不敷出。家务缠绕,似难久待。而蒙自道路辽远,携眷不易,独往……诸多不便,日思家事也。"1900年1月30日(光绪廿六年正月初一日),英敛之"拜年十余处;李晴雨处话有时,将必须携眷情况略述。李慨允,必为尽力办理"。《英敛之先生日记遗稿》,第64、65页。按:英敛之日记中对"李敬宇"一名写法不一,有时作"李晴宇""李晴雨""李镜宇"。
⑤ 《英敛之先生日记遗稿》,第68页。
⑥ 《英敛之先生日记遗稿》,第155页。
⑦ 英敛之自蒙自北返,路经上海时,鉴于夫人有身孕,行动不便,便将其留在上海,托夏时若一家人代为照顾。夏时若是英敛之之弟,即英实夫的夫人夏怀清之兄。

来回奔波,身心疲惫,英敛之一到上海,便"大病月余,每日夜不安枕,起必数十次……自此饮食减少,骨瘦如柴,万感伤心,泪常如雨,无生望",又"想(离家)远在数千里外,内人尚未分娩,倘有蹉跌,如何是了"①。好在一个月之后的11月11日,夫人顺利生产,英敛之也"病顿觉轻,由是日见好,再生人也"②。客居他乡,工作难找,英敛之只好打零工。病愈后,先给一个叫"温博彦"的英国人教"官话",后给一个在华俄道胜银行工作的比利时人"欧某"教话,同时给荣华洋行一个叫翁德林的德国人当家庭教师,翁德林每月给"束脩"数十元。这些工作虽有微薄收入,聊以养家糊口,但毕竟不是正经职业,英敛之深感"苟延岁月,虚度为羞",于是重生北归意。他对这段时间的生活和思想作如下记载:

> 予自津返沪,今日已三月余矣。在津闲住两月,饮食起居不便,且兵燹残破之余,目击神伤,不能自抑!洋兵骄肆酗酒,凌人夺物,日有所闻,更为痛心疾首!抵申即大病月余,河鱼为患,不死者几希矣。本于九月二十日举生一子,命名申格,病亦由是日见瘳。回想京中,痛遭拳匪奇祸,家里破毁,父母兄弟于万险中幸得生存,亦梦想不及事也。……予等旅居沪上,现只余洋数百元,月得束脩数十元,每月用费须在二十元以上(病时一月中用四十余元)。倘后不增他项进款,明春定须作归计;两袖清风,金尽裘敝,未免抱季子之羞;但亲眷等相离日久,思念时萦,人恋故土,亦情之常。③

1901年1月26日英敛之"致函天津李晴(敬)宇、柴(天宠)先生"④,把自己在沪的窘境和北归的想法告诉了他们。

信函发出后,英敛之更是归心似箭。"一则父母年老,久离颇动思念;二则倘余资用尽,去不能去,留不得留,困于异乡,万不得了,莫若归去为妙。"⑤然而随后近两个月过去了,几次乘便船的机会被错过,英敛之却仍不见柴天宠回函。至3月19日,首善堂"雷先生"再次告知:"下月尚有梅先生由法回京之便。"英敛之等

---

① 《英敛之先生日记遗稿》,第160页。
② 《英敛之先生日记遗稿》,第160页。
③ 《英敛之先生日记遗稿》,第186—187页。
④ 《英敛之先生日记遗稿》,第197页。
⑤ 《英敛之先生日记遗稿》,第201页。

不得天津回函,决定趁此之便北归,当晚修家书,告知"(阴历)二月底必归"①。4月9日(阴历二月廿一日),"又发天津柴先生一函,告以归期"②。

4月21日,英敛之从上海乘"武昌号"海轮北归,三日后驶抵天津塘沽。英敛之携夫人及出生五个多月的儿子申格(即英千里),提着简单的行李,艰难上岸,当他们赶到塘沽火车站时,已经是下午三点半钟,当天最后一班车刚刚开走,他们只得在大沽泰安客栈暂住一宿。

次日,英敛之一家挤上一辆货运火车前往天津城内。途中,雨越下越大,车内越来越冷。沿途所见,尽是被战火焚烧的残垣断壁。这一切勾起了英敛之的许多联想,几次南下,路过天津,总感觉这里既熟悉又陌生。前年在这里住了半年,朋友的热情给他留下深刻印象。

英敛之此次折返天津,将是他人生的转折点:一则,他将长时间住在天津;二则,他将在这里开创一番事业。

二、柴天宠纠股办报

柴天宠、李敬宇收到英敛之的信后之所以迟迟没有给他复函,是因为他们正在策划另一件大事——募集股金,准备在天津创办一家新报馆。经费筹措已经基本到位,只是报馆的主持人还在物色中。

纠资办报的牵头人、第一大股东柴天宠虽不懂报业,但是知道,报馆主持人,必须"文武"兼备:既懂经营,又通文墨,还必须有广泛的社会关系。他把目光聚焦于英敛之,认为英是主持馆事的合适人选,并就此事与李敬宇商量。李敬宇同英敛之关系密切,对英敛之十分了解并有好感。经过几次商议,柴、李两人基本达成共识,认为英氏完全具备主持报馆大业的条件:

第一,英敛之是一个"愤世嫉俗"的志士。"弃武从文"后,英敛之的思想发生了更深刻的变化。一边博览今古群书,一边与朋友"谈天下事","感时忧国",渐渐酿成愤世嫉俗心,俨成"第二之天性"。他自己事后说:"追弱冠前后,交结多穷苦无聊辈,酒酣耳热,相与抵掌谈天下事。遇奸贪误国、豪暴虐民诸

---

① 《英敛之先生日记遗稿》,第219页。
② 《英敛之先生日记遗稿》,第235页。

行为,未尝不发指眦裂、痛恨唾骂,为之结辘终宵也。缘夫穷愁与激愤,固有相得益彰之理势。由是酿成一种愤世嫉俗心,俨成第二之天性。"鄙视误国之权奸,敬重为民之勇士,特别是对那些具有"忠臣肝胆、侠士心肠"者,则"浸灌脑囊,低徊仰止,一往情深"①。于是,他矢志不入仕途,志在改造社会、救国救民。即使到晚年,英敛之也依然追忆称:"南北奔驰,屡作万里之游;四十后倦鸟归来,书生结习,仍然是向故纸堆里讨生活。然而三十年间,自始至终,情境虽是屡有变迁,到底那一段关心社会,注重人群的念头,总是抛舍不了去。"②当时,严复赠予他一副对联云:"能使荆棘化堂宇,下视官爵如泥沙。"算是对英氏的深刻了解和真实写照。

感时忧国、愤世嫉俗的"第二天性"使得他关注时政。从英敛之早期的诗作可以看出,他一开始只是借游记以抒发个人情感,很少涉及时事政治,而在书籍的启蒙和朋辈的影响下,随着"第二天性"的养成,英敛之的写作慢慢发生变化,在形式上由诗词转向论说,在内容上从个人议题转到社会议题。1892年,英敛之在《秋日感怀》《即事》《孤鹤》《题南丰集示友》等诗作中,叹国事之不振,自己虽有壮志,但不能见用,如孤鹤落落寡合。1893年,27岁的英敛之突患半身不遂症;次年,中日甲午战争,中国军队败绩。身体堪忧,国事更忧,英敛之一时陷入悲观之中。他在《久病吟》中写道:"病在肌肤未之忧,病入膏肓复何求?折肱折臂茫无省,一败涂地方知警……庸医杀人如儿戏,况复讳疾尤医忌。天下事理古同今,徙薪曲突不为功。"③1897年英敛之发表《丁酉五月下浣,至永定门外马家铺,见铁路已成,观者络绎于途,风气为之一变,欣然识以俚言》,其中写道:"泰西制作精格致,奇咄鬼斧讶神工。轮舟铁轨法通线,长驾远驭角雌雄。此日瀛寰开变局,非关淫巧相推崇。彼创我因欣事半,群相疑阻何梦梦。事废垂成嗟已往,聚讼是非难一衷。更兼黠匪故挠乱,谣言遍布几内讧。及今风气为一变,毅然改辙决深宫。蚩氓乐成难虑始,观摩白叟集黄童。"④同年,英敛之又发表了一篇题为《论昏蒙为风俗之害》的文章,举铁路为例说:

> 今者津芦铁路将次告成,悖谬昏蒙者流,见已无法可阻,乃遍散谣言,

---

① 英敛之:《金锡侯君年谱叙》,《大公报》1908年6月4日。
② 英敛之:《道德的根源及信仰迷信之别》,《万松野人言善录》,周萍萍编:《英敛之集》(下),第20页。
③ 英敛之:《久病吟》,《也是集附安蹇诗存》,周萍萍编:《英敛之集》(上),第390—391页。
④ 英敛之:《丁酉五月下浣,至永定门外马家铺,见铁路已成,观者络绎于途,风气为之一变,欣然识以俚言》,《益闻录》1897年第1690号。又见周萍萍编:《英敛之集》(下),第647页。

设计扰乱,谓铁路难成,必须杀孩以祭,初言须用童男数百,后则增至童男童女数千,以至京城内外人心惶惶,大有风声鹤唳草木皆兵之势。更有狂妄之流,向人指说亲见某处洋人抢孩、某处拐犯,已获洋人,向官索出。更有言亲见铁路两旁,九步一坑,埋孩一对,愚民闻之不察,发指眦裂,切齿痛恨于洋人。

英敛之一方面对铁路这一当时的新生事物表示惊讶和赞叹,另一方面对当时普遍存在的不问真假、不辨是非、盲目排外的社会风气造成老百姓愚昧、民间无根流言四起的现象感到可悲可叹:

> 最为可笑可叹者,也更有牢不可破之一端,率皆以洋人为公忿,不问事之真假,理之是非,一闻洋人好处则大怒,一闻诃诟洋人则大喜。曾太史广钧谓:今士大夫避西人如九世之仇。陶制军模谓:士大夫以不谈洋务为高。郭筠仙侍郎《罪言存略》论此鸮张昏愦情形尤为痛切。凡此茫昧之公义,曾何益于世事之毫末耶?①

他认为,这种状况必须尽快改变。叹蒙昧、倡启蒙的思想使他在维新运动的高潮岁月认同康有为的维新主张;维新变法失败后,他"感痛郁结,情不能已"。后来,英敛之在筹备《大公报》的时候,与朋友蒋梅生和诗时,还在感叹岁月蹉跎,壮志未酬,抒发"国家兴亡匹夫有责"的情怀:"风尘牛马一年年,梗泛蓬飘任结缘。浊酒那堪浇垒块,新诗聊尔讬云烟。民愚深痛难为国,人定何忧不胜天?为诵青莲良友句,与君并合岂徒然?徒向中年悔少年,贤豪梦想恨无缘。半生壮志随流水,一片痴情绕暮烟。每笑炊沙难作饭,剧怜坐井妄谈天。兴亡亦有匹夫责,吾党生期不偶然。"②

1900年6月20日,英敛之在蒙自听到北方变乱的消息,深为国事担忧:"闻朱云:北京教堂被拳匪焚毁,各使馆有攻击情事,现中国作无国家论可也。烦闷甚。"③后日,又闻"北京被拳匪围城,俄水兵四千驻大沽,攻坏炮台",急欲

---

① 英敛之:《论昏蒙为风俗之害》,《益闻录》1897年第1683号。又见周萍萍编:《英敛之集》(下),第646页。
② 《英敛之先生日记遗稿》,第363—364页。蒋梅生的原诗为:"知交零落几经年,得识荆州亦夙缘。海内贤豪推领袖,樽前楮墨走云烟。热肠似我还忧国,宰肉何人欲问天。记取江河旧风景,五陵佳气尚依然。"
③ 《英敛之先生日记遗稿》,第120页。

归①。数日后,得知"西人亦抵通海,衅必开"的信息,英敛之不禁"痛哭失声",提笔写道:"英雄热泪痛沾裳,慷慨徒余狭义肠。弱昧凭凌一至此,长城拊髀忆康梁。"②英敛之将北方兴乱,国将不国的责任一板子全打到义和拳的身上,显然失之偏颇,但是其一腔爱国热情,天日可鉴。他一则恨自己空有一腔报国衷肠而无所作为,一则深为康梁壮举失败而惋惜,因而继续寻找报国之门。8月,英敛之自蒙自回到天津,从大沽进入天津,沿路所见"各炮台皆插俄、日旗,至塘沽下船,见一带房屋焚毁,惨不可言。……铁路两旁,村舍皆墟,只余断壁,并无一人,不知妇孺皆去何处。玉石俱焚,伤心惨目!"③"紫竹林大街一带俱焚,惟街西房尚存,红楼后一带,房未毁,街中一望空空焦土。"④后又听李敬宇"述五月危时枪炮如急雨,万死一生,地窖中藏伏,苦楚万状",两人感慨万千。深怀爱国之情的英敛之悲痛不已,义愤填膺。再次深恨自己无能为力:生计难以维持,何谈救国?

第二,英敛之是一个学识渊博的文人。英敛之十六七岁步入文坛,又得名师指点,起步早、起点高。据后人徐致远说:"(英敛之先生)年十六七,路遇颠丐携册读,以为奇人,从之游,至西山遇乔霁轩先生,怪问之,叱丐去。携先生至家,既又引之志克庵,彭蓼渔诸先生之门,皆当代宿儒,受业请益,学大进。"⑤

因而,英敛之在诗词写作和书法方面都有很高造诣。1891年起,他便开始在《益闻录》⑥公开发表诗文。这些诗词主要是反映他"南堂求道""西堂授课"的生活。诗词刊出后,很快引起了文坛关注,受到广泛好评。彭龄在《赠英敛之华》中写道:"偶排旗鼓上诗坛,纪律分明意绰宽。妙境天开楼造风,丽词泉涌笔飞鸾。"⑦其他文友对英敛之更是赞赏有加,如张云亭《赠安蹇主人英敛之》云:"半叶新诗见性情,通今博古任纵横。君应不让云中鹤,岂似鸳鸯浪得名。避俗无过读此诗,论文每恨觐君迟。心源赖得华篇证,细腻风光我自知。老苍

---

① 《英敛之先生日记遗稿》,第120页。
② 《英敛之先生日记遗稿》,第125页。
③ 《英敛之先生日记遗稿》,第148页。
④ 《英敛之先生日记遗稿》,第149页。
⑤ 徐致远:《英敛之先生行迹》,《中华公教青年会季刊》1929年第1卷第2期,第41页。
⑥ 《益闻录》,天主教在华创办的最具影响力的报刊之一,1879年创刊于上海,初为半月刊,后改为每周二刊,内容以刊登时事新闻、逸事诗文为主,1899年后与《格致新闻》合并,改名《格致益闻汇报》,简称《汇报》。
⑦ 彭龄:《赠英敛之华》,《益闻录》1891年第1100号,第426页。彭龄,字永年,晚年自号了余,又作蓼渔,有隐者之风,不屑名利,在书法方面对英敛之影响极深。

付与性灵人,珠玉诗成字亦新。占尽燕山堪依马,一番批阅一番吟。"①杨锟锘的《安骞斋丛稿书后》云:"斋主善谈能诗,领其所咏诸作,一种郁郁不平之气,往往露诸毫端,说到世事坏处,尤激昂顿挫,可歌可泣。惜人才而居下位,不能一展骥足,英雄落寞,曷胜扼腕?"②

英敛之的诗作还被外国报刊转载,受到好评。1892年,英敛之收到益闻馆主转来的刊载有其数首诗作的越南《同文报》时,喜不自禁,同时对外国友人的赞许"不禁汗颜",因书识愧道:"漫言遗臭与流芳,俚句持传到越裳。风韵珊珊承谬许,中情感愧两难忘。草虫应候一呻吟,唧唧何尝解择音?自愧自思还自笑,不图瓴覆埴鸡林。"③1896年《益闻录》第1589期上刊登槟榔屿刘子秀的《和英君敛之偶书原韵》,英敛之很快写出《槟榔屿刘君子秀赐和拙作再步原韵奉尘粲政》,其中有"腐诗叨赏《同文报》,浪得虚名愧我曾",并解释说:"昔年越南《同文报》曾登敝作,谬加奖许,赋诗谢之,有'不图瓴覆埴鸡林'之句,今刘君远在数万里之外,不弃葑菲,辱和瑶章。追昔抚今,倍深惭感。"④1900年英敛之赴云南蒙自充任法国领事馆馆员,途经河内时,特意前往《同文报》馆购买曾经刊登自己诗作的《同文报》:"午后,询同文报馆,乃即邻左也,同内人至,言语不通,未见主笔,乃购壬辰年登予诗之报三本。"⑤英敛之不仅"学问渊博,喜为辞章",而且文思敏捷,"下笔千百言立就",这也是柴天宠等人看中英敛之的重要原因之一。

此外,以文会友,以文交友,英敛之的文友和教友构成了他基本的朋友圈,这些朋友是英敛之办报的重要支持者。据查,英敛之1891年至1898年间在《益闻录》上以诗词唱和交往者计有王君山、彭龄、周晋臣、邓策勋、赵秀珊、周子恕、张寅章、洗桐生、荣霖臣、乔松节、贺景章、西霞舫、毓伯仁、张丕勋、王耀东、刘子秀、张云亭、杨锟锘、慕陔生等二十余人⑥。他们之中,各种身份交叉、重合,有文友,有教友,有文友兼教友,有的被他视为至交,有的被他尊为师长。

在这些朋友中,近代著名翻译家、教育家严复(1854—1921)比英敛之大13

---

① 张云亭:《赠安骞主人英敛之》,《益闻录》1897年第1640号。
② 杨锟锘:《安骞斋丛稿书后》,《益闻录》1897年第1703期号,第392—393页。
③ 英敛之:《益闻馆主以越南〈同文报〉见示,载敝作数首,且蒙谬许"清丽爽快,风韵珊珊",阅之不禁汗颜,因书识愧》,《益闻录》1892年第1219号。
④ 英敛之:《槟榔屿刘君子秀赐和拙作再步原韵奉尘粲政》,《益闻录》1896年第1604号。
⑤ 《英敛之先生日记遗稿》,第84页。
⑥ 高海波:《英敛之早期职业活动考》,《华中传播研究》2018年第2期。

岁,既是长辈又是挚友。作为中国近代民族资本主义发展初期的启蒙思想家,严复有丰富的报刊活动经验和深刻的办报思想。1895年3月至6月间,他在天津《直报》上先后发表了《论世变之亟》《原强》《辟韩》《原强续篇》《救亡决论》等数篇有重大影响的政论文章,猛烈抨击中国封建专制制度和儒家思想,提出"开民智""厚民力""明民德"的治本方案。这些言论发表在"公车上书"和《中外纪闻》创刊之前,在思想界属破天荒之举。英敛之从严复的文章中受到极大启发和教育,1898年7月,他在严复的《国闻报》上发表了著名的《论兴利必先除弊》。辛丑年(1901)后,两人开始面晤交往①。后来英敛之为创办《大公报》曾多次求教于严复,严复亦给予多方面指导和帮助。英敛之也说,"严又陵先生光绪中叶久居天津,辛丑后与仆过从颇密。后虽南北暌违,然鱼雁往还仍不绝,迄今存先生手书尚数十百纸,可装成巨册"②。并且,英敛之所以应允主持筹办《大公报》,不能说没有受严复创办《国闻报》的影响。《大公报》创刊后,严复有不少文章在该报上发表,据英敛之日记记载,有几次,严复还亲自送文章至《大公报》报馆。

第三,英敛之有较为丰富的与报馆打交道的经历和一定的报纸知识。英敛之同报馆打交道始于1891年在《益闻报》发表文章,至1901年已有小十年的时间了。其间,他在该报上发表八十余首诗作和数篇文章,这些诗文可以分为四类:教义类、咏怀类、时政类、报纸思想类③。最后一类虽然仅有一篇,即1898年发表的《推广日报说》,但此文非常详尽地阐释了彼时英敛之对于报刊中诸多问题较为深刻的理解。他认为,报纸不仅可以使人"知天下事",更能使人"增智识"。英敛之说,中国自通商以来三十余年,"报馆亦踵事而增",但是阅报者可谓寥寥,分析其原因,一方面因为"中国人读书攻习举业,以八股试帖为正宗,专心致志,谓舍此无利禄梯阶。故师长相戒,不准涉猎他项,恐有以分其心,夺其志,有误光阴。而拘迂之辈,又目日报为旁务,不屑留意"。另一方面,缘于访事诸人"但图蝇头,任意编造",致使"各报议论庞杂,记述猥亵,广人知识则不足,滑人闻见则有余"。英敛之认为,这种报馆的不良做法必须改变。他提出,办新报,价格上必须低廉,使人易购;文字要浅近,"使人便观,务期朝

---

① "余识英君敛之于辛丑。"见《严几道先生序》,《也是集》,周萍萍编:《英敛之集》(上),第276页。
② 英华:《严又陵》,《蹇斋剩墨》,1926年铅印本,第15页。
③ 於渊渊:《"公论"论公——以英记〈大公报〉言论为中心的研究》,华中科技大学2013年博士学位论文。

野通行,雅俗共赏";报馆主笔者,"必求通才,淹贯中西,说理精当,持论正大,不开攻讦之风,不涉淫荡之事,言必关乎劝惩,事皆征诸真实"。此外,主笔著论更宜"使人知各国兴替之由,何利当兴,何弊当革"①。

英敛之的文章不只投给《益闻录》一家,而是广投报馆。《益闻录》改为《汇报》之后,英华依然屡次投稿至《汇报》馆②。其日记中也多次记录他投稿给《国闻报》的经历③。此外他还曾投稿给《知新报》。

此外,英敛之是一名天主教徒。加入天主教会,不仅使他的思想追求发生改变,而且扩大了他的交友圈,使他开始结识大批天主教知识分子。这对他今后事业的发展起了很大作用。在教友中,马相伯既是前辈又是挚友。英敛之筹备《大公报》时,就得到马相伯各个方面的帮助;后来英敛之退居香山,还与马相伯共同致书罗马教廷,提出改造天主教的建议,以致时有"南马北英"之称④。其他教友,无论是北京的、天津的、上海的还是香港的,在他创办《大公报》的过程中都从不同方面予以了不同程度的帮助。

以上几条,足以使柴天宠等大股东将报馆主持者人选聚焦于英敛之。正如王芸生、曹谷冰所言:"柴天宠独具只眼,看出英敛之有办报的才干。"⑤后来的实践证明,柴天宠的选择是正确的。

也正当柴天宠、李敬宇和诸股东商定报馆主事人选时,英敛之返回天津。

三、英敛之受邀主持

1901年4月26日,即从上海折返天津后的第三天,英敛之于早餐后独自出门前往拜访柴天宠。柴天宠,字敷霖,最初经营一家"天和号",专售建筑材料,并承包各种建筑工程,由于承包天主教堂及教堂房产的工程发了财,而成为了天津紫竹林天主教堂总管。如前所述,柴氏与英敛之不仅仅是天主教教友,而且英敛之前年来天津"暂作糊口"时,他给予的帮助甚大,因此,英敛之对

---

① 英敛之:《推广日报说》,《益闻录》1898年第1744号。
② "再抄禀稿寄《汇报》馆。""饭后,誊所作新政始基书后一篇,约近三千字,登上海《汇报》馆。"《英敛之先生日记遗稿》,第50、60页。
③ 《英敛之先生日记遗稿》,第50、61页。
④ 方豪:《民初马相伯、英敛之、陈援庵三先生之交往》,《东方杂志》1973年第8期。
⑤ 王芸生、曹谷冰:《英敛之时代的旧大公报》,《文史资料选辑》第9辑,第13页。

柴一向很尊重,以"柴先生"相称。为了表示礼貌,英敛之还特意从上海给柴天宠带来了一些薄礼:一个木制挂衣架,一块南方火腿,一瓶香酒。柴氏也没推辞便收下了。两人只是略微谈了谈上海及南方的一些情况,英敛之便告辞了。

拜访完柴天宠后,英敛之又前往拜谒李敬宇。由于夫人淑仲与李敬宇夫人有交情,所以他带着妻子一道去,给李家准备的礼物也很有心意:一匣烟卷、两块洋胰子、两瓶香水、两条手巾、两个小镜子、一个挂衣架和一瓶酒。李敬宇的回赠有小儿包一个、金镯一副、延年益寿钱一枚。

当天下午,柴天宠约英敛之、李敬宇一道来家里吃晚饭。从后面发生的事情看,这顿晚饭不仅不是普通的一顿饭,就连饭后的活动都是柴天宠与李敬宇"蓄谋已久"的——饭桌上无非是些应酬之言,实质性内容则放在饭后。当天晚上,英夫人被一个叫"李奶奶"的熟人挽留,没有回客栈。李敬宇便同英敛之一道来到客栈,两人长谈至凌晨三点。据英敛之日记记载,李敬宇告知"柴先生等愿设报馆,约予(英敛之)主持其事。集股本逾万元,甘为赔垫云云"①。柴天宠等人前面的铺垫,至此由李敬宇的一句话说明,英敛之心中的疑问也得以解开。

明明是柴天宠带头集股办报,也明明是柴天宠首先看中英敛之的,但却要由李敬宇出面对英挑明;李敬宇白天不说,晚饭餐桌上三人碰面时不说,而是在"感情铺垫"过后、夜深人静、李英两人对坐时说。由此可见柴天宠对此事的看重,更可见他处事的老道:英敛之才高八斗,自视甚高,自尊心强,如果他自己直接出面,英氏同意,当然皆大欢喜;万一英氏婉拒,就会弄得很尴尬。而由李敬宇出面转达柴的意思,给双方都留有回旋余地。

果然不出柴天宠所料,从英敛之日记记载看,当晚,李敬宇向英敛之转达了柴天宠的邀请后,英敛之既没有当即应允,也没有完全拒绝。当晚,他"灯下作信,致时若、致(志)尧②各一函,询以开报馆事"③。三天后,又特别"致何、胡二公函,询设报馆事"④。何、胡二公,即何启、胡礼垣。何启,字迪之,号沃生,原籍广东南海,1859年生于香港,1872年赴英国留学,1882年回国,先后在香港任律师、医生和立法局议员。胡礼垣,字翼南,广东三水人。10岁随父亲到香港,接受西式教育。1879年进王韬的《循环日报》馆担任翻译,与王韬成为至

---

① 《英敛之先生日记遗稿》,第242页。
② 朱志尧,名开甲,马相伯的外甥,本人亦天主教徒,曾服务于法国东方汇理银行,后又投资创办上海求新机器厂,英敛之在上海结识的好友,后成为《大公报》的股东。
③ 《英敛之先生日记遗稿》,第242页。
④ 《英敛之先生日记遗稿》,第243页。

交。他们两人虽然没有办过报纸,但是在与西方文化的交往中,提出了许多先进的新政思想。比如,何、胡两人在合著的《新政议论》一文中,提出十六条改革新政的举措,涉及政治、军事、经济、教育、司法、新闻等领域,文中写道:"金瓯荡动三辰,将欲再奠元黄,永安社稷,则必奋然改革政令从新。"英敛之与何、胡"神交"多年,对二人崇拜有加。尤其对二人的《新政论议》《新政始基》等著作感佩不已。1899年3月27日,英敛之在日记中写道:"是晚,始句读何沃生、胡翼南两先生《新政论议》讫,服其立言明白畅晓,说理深透切中,直欲向书九叩,不止望空三揖也。其《新政始基》,尤觉为中国之顶门针、对症药,非抄袭陈言、偏执一见者之能望其项背。惜予过香港时,未能拜谒,一伸钦挹之忱。并恨未能多购若干,分赠朋友,使多欣赏奇文也。"①4月10日,又记:"灯下句读《新政始基》数篇,予极服剀切详明,爱莫释手。"②1900年7月,英敛之离开蒙自北返途中,路经香港,"得在港多住数日,为识何、胡二公"③,在8月8日日记中,英敛之描述见到何、胡后的场景:"二公相皆厚重,望之知有为道者。而何公尤轩昂,予将甘心佩服,愿执弟子礼之意述之,二公皆谦谢不敢当。谈良久归。"④次日英敛之再次"至何处,与胡公笔谈良久,归"⑤。此后,英敛之尽心尽力推动何、胡新作《新政真诠》在内地代印和发行。英敛之返抵上海后,立即为印制书事奔忙。11月29日,"至商务印书局问印书章程,携字样归;复至江南书局商换书事"⑥,并联络朱志尧商讨印制《新政真诠》事宜。1901年,英敛之为《新政真诠》撰写序言,对该书作了高度评价:

  全书之援古证今,旁讽曲喻,浩瀚数十万言,如长江大河,一泻千里,掀翻跌宕,略无滞机。贾生之上书,逊兹精详;刘向之条陈,无此痛切;恻怛慈祥,若杜工部之每饭不忘愤激忧危,类屈大夫之行吟憔悴。立言如此,足与日月争光,堪为中华生色矣!嗟乎,使当轴者早用其言,岂有今日?然则两先生之不遇也,是其不幸耶?亦国之不幸耶?⑦

何启、胡礼垣在自己的著作中不仅提出许多新政主张,而且提出了许多先

---

① 《英敛之先生日记遗稿》,排印第19页。
② 《英敛之先生日记遗稿》,排印第21页。
③ 《英敛之先生日记遗稿》,第142页。
④ 《英敛之先生日记遗稿》,第144页。
⑤ 《英敛之先生日记遗稿》,第144页。
⑥ 《英敛之先生日记遗稿》,第167页。
⑦ 英敛之:《新政真诠序》,周萍萍编:《英敛之集》(上),第369—370页。

进的新闻思想,比如说新闻必须自由,报纸必须"直言敢谏",主笔者"必须明于外国之事,达于公法之情,地方有公事如议员会议、陪员审案之类,则派访事人员亲至其处,秉笔作记,录其端详"①。何、胡的这些思想对英敛之影响很深,因而在筹办《大公报》过程中,英敛之多次致函何、胡二公,请教办报之事。

1901年5月2日,英敛之携妻子从天津回到北京家中,认真思考柴天宠的邀请。

英敛之需要思考的主要问题是,当下的政治局势和舆论环境是否适于办报。戊戌政变以后,慈禧下谕官报局,对维新派报刊一律查禁,对继续出版和传阅者,"一体严拿惩办"②。一时间,各地言论空间变得相对仄小。至1901年以后,随着新政的推行,国家的政治氛围逐渐宽松,以各地开明士绅为主体,海外与上海的报馆渐次成立,朝廷对康梁等人的"通缉令"也渐成废纸,言论空间有所松动。同时,新政推行,形势遽变,人们需要看报,了解局势变化,而此时的天津仅有四份近代报纸③,远远不能满足读者的需要。因此,此时在天津创办一份言及政治的报纸,机遇与风险并存。如果能把报馆设在租界,避免清廷干预,报纸是有发展前途的。

经过向朋友们讨教和自己的深思熟虑后,1901年5月10日,英敛之明确而肯定地答复柴天宠,表示愿意出面筹办报馆,次日便开始着手草拟报馆章程④。

英敛之做出这个决定既是谨慎的,也是爽快的。为什么爽快地应承?有人认为,他急于找一份工作,谋求"一枝有托"⑤,以解决生计问题。谋求一个稳定的职业,这的确是一个原因。1898年至1901年4月,英敛之为养家糊口,曾托人四处找工作,如日记中曾记:"有夏由申寄津一函,中有寄孔子明前后两书,为代予觅枝栖事。"⑥但生计问题应当不是主要原因——当时,英敛之生活困难是事实,但不至于断炊;再说,以他的水平和能力,尤其是同天主教的关系,找份养家糊口的工作并不十分困难。就在他应允办报后一个月,6月15

---

① 何启、胡礼垣著,郑大华点校:《新政真诠》,辽宁人民出版社1994年版,第147页。
② 《英敛之先生日记遗稿》,第293页。
③ 分别为由德人汉纳根1895年创办的《直报》,由天津印刷公司1894年创办的《京津泰晤士报》,1901年开始由日人经营、方药雨主编的《天津日日新闻》,以及由《北洋报》馆1901年创办的《北洋报》。
④ 1901年5月11日,"早晏起。写报馆章程十二条讫"。《英敛之先生日记遗稿》,第247页。
⑤ 王芸生、曹谷冰:《英敛之时期的旧大公报》,《文史资料选辑》第9辑,第13页。
⑥ 《英敛之先生日记遗稿》,排印第38页。

日,北京教堂的刘铎告诉他,主教等议,欲令其"至北堂办理要紧文件,薪水从丰"。英敛之则回答说:"报馆事已有头绪,中辍颇为可惜。"①英敛之把办报放在"薪水从丰"的教堂工作之上,故有论者认为"他很乐意办这件事"②。那么,英敛之为何"很乐意办这件事"?

究其原因,英敛之比较爽快地承接主持办报工作是他"愤世嫉俗"的天性使然。严复在谈到他与英敛之的交往时,清楚地说明了英敛之创办《大公报》的初衷:

> (辛丑年)畿辅以义和拳之乱,召八国之师。禁籞沦于敌兵,天坛为其坰牧,国之未亡仅耳。英君愤然号呼,将伯集数万之资,设《大公报》馆于津沽间,以道人振铎、箴膏起废为己任。嗟乎!义士用心良苦。③

英敛之的学生徐致远更是将"痛国是之日非"的忧国情怀视为他应邀主持创办《大公报》的直接原因。

英敛之早年弃武从文,探求人生真谛,"遍求三教",最后加入天主教,希望通过传道和办教育,帮助国人摆脱愚昧状态,从而振兴国家。但是,这种小组织传播,范围不大,作用有限,效果亦有限。他常常恨自己"回天无术"。1900年8月避乱北返时,看到天津的惨状,他心痛万分,尤其是看到"房屋焚毁,惨不可言,留下者皆插外国旗,洋兵住用"④的情景,更是令具"忠臣肝胆和侠士心肠"的英敛之悲愤交加,他迫切希望为拯救这个国家和民族做点什么。"兴亡亦有匹夫责,吾党生期不偶然。"⑤早年与报纸打交道的过程中,英敛之深知报纸不仅如学校一样可以使人"增智识",而且可以使人"知天下事"。况且,报纸作为一种大众传媒,无远弗届,便捷快速。如果能创办更多更好的报纸,不仅可以出人才、善风俗,而且可以使中国"由贫弱转致富强,驾西洋而上之"。所以,英敛之认为,办报正是他实现理想,为国家、为民族做点事的最合适途径。简言之,柴天宠集资办报寻求"主事"者与英敛之觅寻报国之路,两者高度契合。正如卢乾斋先生在《也是集》的序言中所说:"自庚子以来,联军内入,乘舆播迁。……英君于是发大愿心,施转轮手,集数万资,创《大公报》馆于津门,以

---

① 《英敛之先生日记遗稿》,第262页。
② 方汉奇主编:《中国新闻事业通史》第一卷,中国人民大学出版社1992年版,第760页。
③ 《严几道先生序》,《也是集》,周萍萍编:《英敛之集》(上),第276页。
④ 《英敛之先生日记遗稿》,第148页。
⑤ 《英敛之先生日记遗稿》,第364页。

迺人之职……兢兢乎已数载于兹矣!"①

一般论及天津《大公报》的人,往往都视英敛之为该报创办人。如慕玄父在《〈塞斋剩墨〉序》中说:"敛之为仁厚长者,其胸中浩然,习天主教而独深知教义,宽和仁慈,遇人无所择,皆能尽其欢悦,学问渊博,喜为辞章,下笔千言立就,尝主天津《大公报》,所为论议皆关天下大计。"②方豪在《英敛之先生日记遗稿》序言中写道:"已故北平英敛之先生,学问渊博,识见超人,持躬甚严,而济贫恤灾,不敢后人,民国前十年创《大公报》于津门。"③徐致远在《英敛之先生行迹》中写道:"辛丑春,回京。痛国是之日非,乃复至津门,集资巨万,于壬寅岁,办《大公报》,执北方报界牛耳者十余年。"④张季鸾1931年写道:"创办人英君敛之目击庚子之祸,痛国亡之无日,纠资办报,名以大公,发刊以来,直言谠论,倾动一时。"⑤胡政之1943年说:"英先生是长白志士,鼓吹革新,异常热诚,而大胆敢言,尤为清季北方言论界放异彩。"⑥

以上言论,均称英敛之在创办和主持《大公报》的过程中,居功至伟,这是没错的,但是说他为《大公报》的创始人,完全不提柴天宠,的确失之偏颇。倒是英敛之自己说得比较客观。1901年4月26日,英敛之在日记中写道:"柴先生等愿设报馆,约予主持其事。"⑦次年6月17日《大公报》创刊第一天,在《〈大公报〉序》中,英敛之又说:"岁辛丑(1901),同人拟创《大公报》于津门,至壬寅(1902)夏五而经营始成,推都门英华氏董其事。"⑧这些话说得很清楚,即在《大公报》筹办之初,甚至草创之时,英敛之莫名一股⑨,只是一个被股东们邀请来"主持其事"的人,准确地说是一个"高级打工人",他开支的每一元钱都须向柴支取,他做的每一件事都要向柴汇报。

因此,在论及天津《大公报》的创办时,不仅要看到英敛之的功绩,也要看

---

① 《卢乾斋先生也是集序》,《大公报》1907年8月9日。
② 慕玄父:《序》,《塞斋剩墨》,周萍萍编:《英敛之集》(下),第511页。
③ 方豪识语,《英敛之先生日记遗稿》,第1页。
④ 徐致远:《英敛之先生行迹》,《中华公教青年会季刊》1929年第1卷第2期,第42页。
⑤ 张季鸾:《〈大公报〉一万号纪念辞》,《大公报》1931年5月22日。
⑥ 胡政之:《回首一十七年》,《大公园地》1943年9月5日第7期。
⑦ 《英敛之先生日记遗稿》,第242页。
⑧ 英敛之:《〈大公报〉序》,《大公报》1902年6月17日。
⑨ 英敛之持有《大公报》股份是报馆创办之后的事。有案可稽的有两次:一次是1902年9月25日柴天宠出钱为英敛之"入五股";一次是1905年10月30日英敛之从天津日资横滨正金银行兑了一笔钱,回到报馆为自己添写股票,至于添写股数尚不清楚("正金兑洋,写予添入股票")。见《英敛之先生日记遗稿》,第989页。

到柴天宠的功劳——柴天宠纠股集资,倡议集股办报,独具只眼,相中英华;而英敛之凭借自己的才干和报效国家的满腔热血,千辛万苦、全力以赴,成功地筹备并主持报馆工作。两相配合,相得益彰。明代许仲琳《封神演义》十八回,写姜子牙"弃却朝歌远市尘,法施土遁救颠连。闲居渭水垂竿待,只等风云际会缘"①。姜子牙虽然满腹经纶,但是如果没有遇上周文王,封以"太师",为他提供建功立业的平台和机会,也只能老死于渭水之滨。同样,如果没有柴天宠等集股办报并向英敛之发出"主持其事"的邀请,英敛之很可能也只能在教会中谋一个吃饭的差事终其一生。有能力的人遇上好机会,便大有作为,可称之为"风云际会"。总之,柴天宠集股首倡办报,英敛之主持馆务报务,并首倡"大公精神",二人合作创办《大公报》,造就了中国报业史上的一番辉煌。

---

① 许仲琳编,仲惺评:《封神演义》,广东人民出版社1980年版,第165页。

第一章
筚路蓝缕(1901年4月—1902年6月)

从1901年4月英敛之应允柴天宠邀请"主持其事"到1902年6月17日《大公报》创刊,是《大公报》的筹备阶段①。在此阶段,柴天宠继续负责经费筹措;英敛之负责馆址确定、设备购置、主笔选聘等事项。柴氏负责的工作,进展顺利;而英敛之负责的工作,却困难重重。他辗转京津,两下上海,筚路蓝缕,以启山林。

一、京津周旋

1901年4月26日李敬宇代表柴天宠邀请英敛之全面主持办报工作。5月10日,英敛之答复柴天宠,接受邀请。

英敛之和柴天宠两人都是急性子。英敛之希望尽快搭建起建言报国的平台,所以他一旦应允主持报务后,便立即草拟报馆章程、打听建馆诸事;柴天宠是个商人,看准商机后,说干就干,也希望报馆尽快开张、尽早盈利。于是在柴天宠函催下,5月27日下午,英敛之与三弟一同乘车自京至津,次日,即5月28日,英敛之先后拜谒柴天宠、李敬宇,商讨办报的具体事务。经商定,柴主要负责资金筹措,英主要负责草拟章程、购买设备、物色聘请主笔等,《大公报》筹创工作正式启动。

5月底,办报所需资金已基本到位,进入6月,包括主教在内的教友和法国使领馆的工作人员中,有不少人表明了入股的愿望。这股办报集股热情一直

---

① 柴天宠集股办报的行动始于何时已无从考证,我们只能以他邀请英敛之"主持其事"的1901年4月作为《大公报》史的肇始时间。

持续到 9 月 9 日。当日，柴天宠告诉英敛之，"此次股友不意十分踊跃如此，现已收逾万元之数，尚有许多欲入者"①。据笔者统计，此次大约共筹集资金16 800 元②。报馆初始股东主要有两大群体，一是天主教会教友，一是法使领馆工作人员，这两个股东群体都有法国背景。

在这些股东中，就其大者，除柴天宠外，就是王郅隆。王郅隆，字祝三，天津东大沽人。他的先人是跑粮食运输生意的，他本人也做粮食和木材生意，与柴天宠有生意往来。出于商人眼光，王郅隆看好报业，认为在中国办新报，经营得好，绝对能获利。所以在柴天宠集股办报时，他积极响应，成为第二大股东。报纸创办后，王郅隆对英敛之鼎力相助，后来于 1916 年 9 月从英敛之手中盘购《大公报》馆，成为《大公报》馆的第二代老板。

天津的大股东还有一位叫张连壁，字少秋。张少秋与其父张丹秋，两代人都为德商荣华洋行做买办，并先后在天津开设恒义号洋广杂货店、万聚恒洋广杂货颜料店、瑞记布庄店。荣华洋行经销德国五金、颜料、杂货，张家开办的店铺均接售荣华洋行的来货，生意很好，赚钱不少，家底也渐渐丰厚起来。张少秋在《大公报》股东中，入股数名列前茅，在股东会上很有发言权，并经常参与办报的大小事务。

另外有几位股东，入股的钱虽然不多，但是地位很重要：

李敬宇，法国驻天津领事馆翻译，是英敛之结缘《大公报》的最早牵线人，与英敛之交往很深，积极支持其主持报馆工作，经常同其一起讨论报馆事。由于工作性质与特殊的私人关系，虽只入二三股，仍在股东群体中占有特别地位。

法国驻华公使鲍渥(Paul Beau)，表示愿意入股，但入股数不详③。鲍氏曾代表法国政府在《辛丑条约》上签字。

林懋德主教(S.-F. Jarlin)，积极支持办报，入股数不详④。林主教 1886 年来华，1905 年升任北京教区主教。

樊国梁主教(Pierre Marie Alphonse Favier)，不仅入十股，而且在购设备、

---

① 《英敛之先生日记遗稿》，第 308 页。
② 据《英敛之先生日记遗稿》记载统计。日记中往往将股数与价格混同记录，并未提及每股的价格是多少。但根据严复有意入十股，后交予 1 000 元的记录，可推断每股股价 100 元。
③ 《英敛之先生日记遗稿》，第 285 页。
④ 《英敛之先生日记遗稿》，第 265 页。

造馆房等方面积极出谋划策①。樊主教1862年至北京,1898年擢升为北京副主教,次年晋直隶北境宗座代牧(主教)。

严复,虽然只入十股,但是作为维新元老,在天津乃至全国的影响力巨大,加之是英敛之在文化界的前辈朋友、办《大公报》的"指导老师",因此在股东中也具有特殊地位。

按照柴天宠的指示,"股本大局"定后,其他筹备事宜便可以着手进行。就在筹备工作即将启动之时,不知哪个地方出现问题,差点使办报事告吹。据英敛之6月18日日记载:"见报馆事难成,欲归去。"②不过,时隔一天,事情很快发生逆转。6月20日,英敛之早起进堂望弥撒,遇见刘铎。刘铎对他说,主教认为办报是件极好的事,希望尽快办成;还告知说,主教愿意入股③。次日,刘铎催促英敛之"速回京,商之主教定夺"④。

22日,英敛之与刘铎商量,给林主教写信,请示办报的事情。信尚未到,23日,樊主教从北京来天津商讨办报事。看来,北京教会方面对办报很上心,也很着急。

24日,英敛之见樊主教及刘铎,讨论报馆章程。樊主教不但主张办报,而且"允出十股。并允派赫铎助译事。刘公告购机器、建房屋,须慢商"⑤。

为了防止夜长梦多,柴天宠指示英敛之立即进京,同法国公使和主教们当面商定办报事宜。

6月26日,英敛之进京。7月11日,柴天宠也亲至北京,一方面面见教会主教们,一方面在京继续筹集资金。柴天宠在北京只待了一天,次日回津⑥,留英敛之一个人继续落实相关事宜。

时间进入8月,却出现了一个令人意想不到的问题:报馆馆址设在何处?

这一问题的出现,源于教会股东和法籍股东的干预——8月4日,法国公使通过樊主教向英敛之转达他的意图:"愿入股报馆,但愿开于京中。"法国公使和法国领事馆工作人员入股赞助办报,是出于法国政府的利益考量。鲍渥作为公使,当然是想通过入股方式插足报馆,而主张报馆设于北京,其意图就

---

① 《英敛之先生日记遗稿》,第265页。
② 《英敛之先生日记遗稿》,第263页。
③ 《英敛之先生日记遗稿》,第263—264页。
④ 《英敛之先生日记遗稿》,第264页。
⑤ 《英敛之先生日记遗稿》,第265页。
⑥ 《英敛之先生日记遗稿》,第274页。

是便于自己对报馆的掌控。

英敛之开始听说法国公使表示愿意入股时,还是很高兴的,"予思有法钦使,规模固可扩大,消息亦觉灵通",但当其提出要把报馆"开于京中"的要求时,立即陷入两难境地,但又不便立即回绝,只好拿"天津诸友"作挡箭牌,回复称如果把报馆设在"京中",天津诸友"恐多不便于入股,俟后商之可耳"①。

柴天宠、王郅隆本系商人,他们出资办报主要是从经济利益的角度着想,因此对报馆在京还是在津本无所谓。但是出于盈利和生意上的考虑,他们内心还是认为将报馆放在天津更便于打理。而英敛之办报的主要目的是为表达其"愤世嫉俗"的思想,因而希望报馆离朝廷远些,以便使言论自由的空间大一些。所以,他采取"拖"的办法,抵制法国公使关于报馆"开于京中"的提议。

英敛之的办法,果然行之有效。拖了五天后,至8月9日,事情有了松动。英敛之去见樊主教时,樊称:钦使发话了,"报馆在津在京,俟后再议"②。

但是到20日,又出现了新的情况。林主教、樊主教面晤英敛之时,一方面催促办报之事,另一方面又提出,希望报馆设于"堂中"。法国天主教会和主教入股办报的目的,是扩大教会的影响,因而自然希望将报馆设于教堂之内,以便施加影响。英敛之不敢怠慢,连续给柴天宠两函:20日函"告以馆设堂中,众人愿否,定夺"③。恐前信未到,26日"又寄柴先生一信",复告以报馆情形,"询立京堂中,众意愿否"④。

8月27日,英敛之收到李敬宇、柴天宠信函,皆云"不可设堂中,以诸多疑难,不能畅行故","后经与法钦使沟通,确定报馆设在天津"。可见柴、李等人已与钦使沟通并达成共识。接天津方面信函后,英敛之复见主教,"蒙示:以现与钦使商妥,立于津上为便"⑤。

报馆地址的确定,虽然费了一番周折,但是总算有了一个理想的结果。后来《大公报》创刊时,将馆址定在天津法租界,这是英敛之的一个理想选择:虽然不在北京,但是在法租界,顾及了法国人的利益;既不在法国政治势力的直接掌控下,又可以得到租界保护,避免清廷干涉。

馆址确定后,英敛之便开始购置设备和遴聘主笔的工作。为办成这两件

---

① 《英敛之先生日记遗稿》,第285—286页。
② 《英敛之先生日记遗稿》,第288页。
③ 《英敛之先生日记遗稿》,第293页。
④ 《英敛之先生日记遗稿》,第297页。
⑤ 《英敛之先生日记遗稿》,第298页。

事,英敛之两次南下上海。

二、沪上奔走(一)

1901年9月18日,英敛之携款从塘沽乘"海晏"轮出发,船行三天,于21日上午至上海,开始他为筹备《大公报》的第一次沪上之行。

(一) 购置设备

刘铎认为:"报馆购机,当于上海,不能俟西洋,一年之久始至。"①故馆址大致确定后,主教们就指示英敛之"即备去申购办机器等事","愈速愈妙"②。

英敛之是一个十分负责、谨慎的人,一到上海,便开展了一系列的市场调研活动。这项活动得到之前在上海谋生期间结识的几位朋友的大力帮助。尤其是朱志尧,他是马相伯的外甥,本人也是天主教徒,后来成了《大公报》的股东。朱志尧不仅服务于法国东方汇理银行,而且投资兴办了多家实业③。英敛之在北京为馆址与法国使馆和教会周旋时就给朱写过一封信④,其在上海的活动更是常常得到朱志尧的帮助。此外,朱志尧专门推荐了一个叫邱子昂的人做英敛之选购设备的向导。

9月24日,即到沪的第三天,英敛之由邱子昂陪同来到吴记机器店。"晤吴姓者,细询机架各事,复详览一周。"然后,"邀吴同出,至美华书馆,细阅铸版铸字各事,楼凡四五处,或印或钉及排字等事。出,至商务书局,细视良久;再至申报馆一看,知现消九千张,三机由九点印起至十二点即完"⑤。此行不但到机器店看了样机,而且到报馆和出版社看了实际印刷情况,打听得非常仔细。

朱志尧十分负责,将邱子昂所开列的机器、铅字、纸、墨细单代誊一份交给

---

① 《英敛之先生日记遗稿》,第293页。
② 《英敛之先生日记遗稿》,第298页。
③ 朱有一张名片,上面写有下列十项职衔:教皇钦赐圣西尔物斯德赉骑尉勋位、三等嘉禾章、上海总商会费城赛会代表、上海公教进行会副会长、上海华商电气公司董事、上海大通轮船公司董事、上海求新制造机器轮船厂董事、安徽宝兴铁矿公司董事、上海新祥制造机器厂主任、上海同昌纺纱榨油公司主任(另有"东方汇理银行华商经理"未写)。
④ 《英敛之先生日记遗稿》,第296页。
⑤ 《英敛之先生日记遗稿》,第316—317页。

英敛之①，以便英照单购置。

10月4日，英敛之"至培德斋，旋遇致(志)尧，订明日看机架"②。

5日，英敛之邀邱子昂、吴记老板"同去图书集成局看印架"，发现此物"废久不用，颇不洁"③。

7日，英敛之在永胜客栈会见销售印架的李永昌。"李开价，每架八百五十元。"然后又到朱志尧工作的东方汇理银行，与之谈了各处调研的情况后才回客栈④。

9日上午十点钟，英敛之至荣华洋行，在俞仲棠陪同下，见到荣华洋行的翁德林。英敛之与翁德林是老相识，1900年10月，英敛之到上海谋生，曾在翁氏家中当过家庭教师，教翁家孩子学中文。翁氏热情地接待了英敛之，并示出各印架图，承诺"电致德厂，明春开河可至津。如不能到，本行但用五分办费。物坚美，可保二十年不用修理。其价随用户自定。出千元则照千元承做，千五百元，则千五百元做等"。英敛之"携图二本告与友商定"⑤。商量的结果是决定订购德国印刷机。

14日，英敛之上午十一点与陈雪蕉等乘车至商务印书馆看其印架。午饭后，订定铅字。"先令其作四号、五号两种，四号价二角八分一磅，五号三角。复同至四川路洋印字馆。"⑥

17日，英敛之至首善堂，约雷先生一道去外国印字馆看外文印字机。雷说，那里的"机字等颇佳"，但现在不知其出售否。下午，"至商务印书局(馆)写定铸二、三、四、五号各字一副，四号价二角八，五号字三角，又商定美国机架一分，长三尺一寸，阔四尺六寸，价洋一千三百五十元。并写定合同"⑦。此雷先生为天主教上海首善堂工作人员，在购置设备方面对英氏帮助甚大。

22日早上，英敛之"至首善堂，约雷同去商务馆，邀夏同去捷陞，寻其东家，至，其印架五分，压机一分，切刀三架，及各式样字，值价六千九百元"。看完后，与雷等一道回到首善堂商议。英敛之只肯出价五千元，而雷的意思是可增

---

① 《英敛之先生日记遗稿》，第318页。
② 《英敛之先生日记遗稿》，第323页。
③ 《英敛之先生日记遗稿》，第325页。
④ 《英敛之先生日记遗稿》，第327—328页。
⑤ 《英敛之先生日记遗稿》，第329页。
⑥ 《英敛之先生日记遗稿》，第334页。
⑦ 《英敛之先生日记遗稿》，第336—337页。

加五百元,并"请夏写信询伊肯否出售"①。经讨价还价,最终捷陞机器行的这笔生意没能做成。

英敛之第一次到上海,主要是为了了解印刷设备的市场行情,并不急于购置。所以,一个多月马不停蹄地奔波,最后只成交了一副排字大架,"装好先行运津"②。

(二)选聘主笔

英敛之知道,办报,无论是经营还是编辑,必须有专业人才。因此他对相关人才十分渴求,即使是印刷工人也着急招揽。早在1901年6月,英敛之在北京聘请一位名叫李九珍的工人时便是如此:"连日询李九珍,为邀其在馆总办印字事。"与李九珍联系上之后,英敛之十分高兴,李氏来访时更是热情接谈,"与之立即商定去津办理报馆印字事"。李氏大为感动,还向英敛之推荐"有京王某,亦颇精此事"③。

英敛之更知道,主笔对于报馆尤其重要,所以他对选聘主笔这项工作格外重视。办报人才难得,适合做主笔的人才更难得。第一次上海之行,英敛之对于选聘主笔,采取的是"选、聘并重"的策略。

英敛之把选聘主笔的希望寄托在汪康年身上。汪康年(1860—1911),字穰卿,清末维新派著名报人,时任《中外日报》经理兼主笔,不仅办报经验丰富,而且报界朋友甚多。英敛之与汪康年早就认识,所以他到上海的次日,即1901年9月23日,便"与朱致(志)尧一同至《中外日报》馆访汪穰卿"。由于事先没预约,汪穰卿不在报馆,英便留一便条,"约明日午过其处"④。后来打听到汪氏病了,于是次日英敛之又与朱志尧、邱子昂等直接赴张园西汪康年住处。"伊现病,让内坐。"汪康年先介绍了几个人的情况,与英敛之等人讨论后觉不合适,又推荐蒋智由,认为他"堪为主笔"⑤。

蒋智由(1865—1929),原名国亮,字观云、星侪、心斋,号因明子,浙江诸暨人,能诗善文,工书法。1897年以廪贡生应京兆乡试中举,授山东曲阜知县,因

---

① 《英敛之先生日记遗稿》,第341页。
② 《英敛之先生日记遗稿》,第347页。
③ 《英敛之先生日记遗稿》,第268页。
④ 《英敛之先生日记遗稿》,第315页。
⑤ 《英敛之先生日记遗稿》,第316页。

怀救国、革新之志，故未赴任。甲午战后，同情、支持康有为、梁启超的维新运动，著文力言变法，"志欲救天下，起国家之衰敝"。戊戌变法失败后，曾写《卢骚》诗，内有"力填平等路，血灌自由苗"之句。英敛之认为，蒋氏确是一个理想的主笔人选。

既然英敛之对蒋智由感到满意，汪康年便极力促成此事。10月5日晚六点，病愈后的汪康年在四马路万年春设宴，郑重其事地介绍蒋智由与英敛之认识。请来作陪的人有杭辛斋、廉惠卿（原在京设报馆，此时与英敛之一样来沪购机器）、汪立元（字建斋，汪康年族弟）、史子岩、朱志尧等。这顿饭吃了很长时间，但实际效果不理想。席间，"穰及建斋与蒋向予（英敛之）力陈入洋股之弊"①。蒋智由对创办《大公报》接纳"洋股"有所顾忌，其他几个人亦担心报纸受到洋股东的掣肘。

这种局面使得英敛之心烦意乱。他清楚，柴天宠创办报纸的一个重要资金来源即为"洋股"，拒绝"洋股"等于断绝报馆很大一部分资金来源，很可能会使报纸夭折。次日，即10月6日，英敛之早起致书汪康年，告其不能却洋股的情由②。当晚，英敛之心潮翻滚，"卧不成寐"。7日，蒋智由来答拜，没有见着人，留下一张便条，简单而明确地表示不能应聘。

虽然如此，英敛之还想做最后的努力。10月8日晚，英敛之至登贤里，单独面晤蒋智由，"询其愿否北上"。蒋智由明确回答说，恐受洋人掣肘，"难得昌言之权"。英敛之告之："论说准各具名，不能混淆。"主笔写言论自署其名，不会受到股东干预，希望蒋智由再考虑考虑，"俟后再议"③。蒋智由表示，原则不能动摇，无须再考虑。

蒋智由的坚决回绝，把英敛之推入冰窟窿。正在他一筹莫展的时候，发生了一件意想不到的事情——10月13日收到朱志尧的信，信中说："汪穰卿毛遂自荐，愿去本馆，明日可将合同示予。"英敛之"得信甚为诧异，意其别有隐衷。日前力阻予，万不可入洋股，谓定受压制。今反欲就，何也？"不管什么原因，只要汪康年能北上就任主笔，就是大好事，无论什么条件都可以答应，"因其交游博、声誉隆，况消息灵通，复销售宽广"。即使"月用百金以上，犹为得也。岂不

---

① 《英敛之先生日记遗稿》，第325页。
② 《英敛之先生日记遗稿》，第325页。
③ 《英敛之先生日记遗稿》，第328页。

较碌碌凡庸远过十倍哉?"①虽然这样想,英敛之还是担心如此优秀的人才求之不得。

次日,英敛之带着几分欣喜、几分惴惴不安的心情来到东方汇理银行,与朱志尧商量汪康年的事,朱志尧建议等看了汪穰卿的合同再说。然而一直等到晚上,也没有收到汪的合同。英敛之于是于10月15日一天之内,两次访汪康年:"午后至《中外日报》馆访汪穰卿,汪外出,未遇。"晚上"再至穰卿处,晤"。汪说:"合同起稿,尚未誊出,明日送过。"②

16日,英敛之收到汪康年寄来的聘任合同,但其内容却依然老话重提:薪水少一点没关系,每月五十元都行,但是必须"独揽大权",言论不能受干预。可见汪氏还是担心洋股东干扰办报。看了汪康年的合同,英敛之又是"卧不成寐","挑灯作复穰卿信"。英敛之考虑到,一方面报纸初创,急需要人;一方面汪康年作为报界名士、文坛老手,他若能受聘,实为幸事。所以他在复信中写道,只要不背离设报宗旨,一切问题均可商量,希望"酌改合同"③。

复信寄出后等了一天,没收到汪康年的回复。至18日,英敛之心情"不快",于午后再次致函汪康年,"商改合同,婉转求其去津"。"求其去津"四个字,流露出英敛之求贤若渴的心态及尽心尽责的精神。英敛之"精诚所至",汪康年似乎"金石为开",他回复说:"所论均极是,容商榷。"④汪康年的回话没有把门关死,使英敛之心存一线希望。20日晚,英敛之收到汪康年函,云:"合同已商改,明日晤谈。"⑤

次日,汪氏并没有与英敛之会晤商改合同。到了23日,朱志尧转来汪康年的信:"所议不符初约,深恐不易措手,只得敬谢不敏。"英敛之接信后,对于汪康年的言行和态度作了仔细分析,认为:"予见其前日晤商情形,似有成议,意其今故作波澜,以要挟大权独握也。"汪氏所担心的还是"外股"对言论的干预,怎么解释都说服不了。因此英敛之甚至考虑"可姑允穰卿襄办一年",让他看是不是能保证主笔在言论上"大权独握",一年后,"再做打算"⑥。本着这一想法,28日,他径直到汪康年家中相商,没想到汪氏竟然以索要高昂薪水的方

---

① 《英敛之先生日记遗稿》,第333页。
② 《英敛之先生日记遗稿》,第335页。
③ 《英敛之先生日记遗稿》,第335—336页。
④ 《英敛之先生日记遗稿》,第338页。
⑤ 《英敛之先生日记遗稿》,第340页。
⑥ 《英敛之先生日记遗稿》,第347页。

式加以拒绝,"以索薪水太昂,故不能延至"①。对此,人们或许会认为汪康年有些不地道,甚至认为他在戏弄英敛之。然而从汪康年的角度出发,作为一个老报人,把主笔能否独揽"言论大权"放在第一位,是可以理解的。

即便如此,英敛之仍不甘心,30日,英敛之至东方汇理银行,与朱志尧商寻汪康年,再商去津事。朱志尧建议,可以约汪康年一起吃晚餐,这样比较方便。英敛之以为然,立即前往《中外日报》馆给汪氏留一便条后,又到江南邨订座。下午六时,英敛之至江南邨等候,"候极久,致(志)尧(陪)穰卿至"。这顿饭吃到晚上近九点,临别时,汪康年一直在诉说不能到天津就任主笔的原因,以及当下新闻采访之不易②。从日记记录情况看,英敛之再三请求,态度十分诚恳,而汪康年则绕来绕去,不离"大权独揽"这个一定之规,致使两人最后难以达成共识。

选聘主笔之事,英敛之不能在汪康年这"一棵树上吊死",于是又把希望转向天主教前辈马相伯。因为马相伯曾说过:"如无主笔可致信张公元济(字菊生),伊交游甚广。"就在收到汪氏拒函的当天,即10月23日,英敛之随即与朱志尧晤商,去谒见马相伯,以与张元济接洽,请他就主笔另荐他人。午后,英敛之与朱志尧一道去徐汇见马相伯,并告之以汪康年的表现。马相伯听后,当即修书一封,"令朱去虹口见张菊生元济,托其转荐一人"③。

10月24日,英敛之在朱志尧陪同下至外虹口张元济处。看了马相伯的书信,张元济直截了当地回绝说:"刻下堪膺主笔之人,实难其选。如不急,俟缓商之。"④英敛之和朱志尧只待一小会就告辞出来了。10天后,英敛之从马相伯的信中才搞清楚,张元济不肯推荐主笔的真实原因,是他有排满心结:"报出自旗人,尤难。"⑤

在沪期间,英敛之还几次致函香港的何启、胡礼垣二公,请他们在香港物色主笔和翻译人选,然而迟迟不得回信⑥。

此外,英敛之还托其他人代为物色主笔人选。10月27日,英日记记载了这样一件事:早起,进堂望弥撒,在茶室碰到邹翰飞。邹与教会接近,曾协助李

---

① 《英敛之先生日记遗稿》,第347页。
② 《英敛之先生日记遗稿》,第348—349页。
③ 《英敛之先生日记遗稿》,第343页。
④ 《英敛之先生日记遗稿》,第343—344页。
⑤ 《英敛之先生日记遗稿》,第351页。
⑥ 《英敛之先生日记遗稿》,第330页。

问渔神父主编《汇报》。邹翰飞表示愿代荐一主笔詹某。英敛之不认识詹某,不知底细,便说,须"先看其笔墨如何,再行定夺"①。次日,英敛之赴徐家汇,晤邹翰飞,询问詹某的事。邹说,前一天推荐那个詹某,名詹紫蕖,现为《采风报》馆编辑,已经叫他自己直接到英敛之下榻客栈面谈②。于是,英敛之折回客栈等候。但是,等了几天都不见詹紫蕖前来。11月3日,英敛之亲自到四马路的《采风报》馆会晤詹紫蕖。不想詹紫蕖说:"现某欲设《江南报》,延其主笔。"③詹紫蕖先一步被还没问世的《江南报》聘用。对这种解释,英敛之不辨真伪,只觉得一头雾水。

英敛之第一次上海之行,虽然十分辛劳,但效果不佳。在设备购置方面仅购回一台机器,选聘主笔、翻译及采访诸事,均未落实。微功而返,身心疲惫,情绪低落。1901年11月6日,英敛之自沪登船回津。

上海之行的失败使英敛之的身体与精神疲惫至极,以至于深深后悔答应为柴天宠主持办报事,认为此次上海之行是"自取其恼"④。

他在日记中写道:"人生万种作为,豪兴全恃一脑主持,脑既失主,万苦丛集,烦苦无可慰藉,深悔此行孟浪,并念以后多事不能作为,浑如临死之一刻,丝毫兴致全无。"⑤11月9日,英敛之抵达大沽口,直至次日凌晨方才登岸,在塘沽休息一天,11日天明即起,早车却无人来接;午后两点,方有齐某来接,近四点钟,登上三等火车,六点至津,寓天五德客栈。过柴天宠门,问其未回⑥。

从近两天所发生的事情中,英敛之感受到了人情冷暖。次日(12日),至堂,与柴天宠简单会晤。两人对报馆是"借房开张"还是"建房开张"各执一词⑦。英敛之郁郁寡欢,也不多言,就"向柴取回船费六元五角",当晚,乘车回到北京家中。

北京的深秋,天气已经很凉。英敛之没有因为心情的一时不快而停止报馆的筹备工作。回北京的次日,即11月14日起,他就踏着泥泞道路至堂,面见主教,访各路朋友,或汇报沪上情况,或求推荐访员,或追踪寻找主笔,等等。

---

① 《英敛之先生日记遗稿》,第346页。
② 《英敛之先生日记遗稿》,第347页。
③ 《英敛之先生日记遗稿》,第352页。
④ 《英敛之先生日记遗稿》,第355页。
⑤ 《英敛之先生日记遗稿》,第355—356页。
⑥ 《英敛之先生日记遗稿》,第354—357页。
⑦ 《英敛之先生日记遗稿》,第357页。

1901年11月22日，应柴天宠函召，英敛之携王景宽乘车急匆匆赶回天津。王景宽是英敛之在京期间聘任的印刷技术工人。英敛之知道，办一份好的报纸，编辑记者重要，印刷厂工人也很重要，特别是熟练技术工。经李九珍介绍，英敛之觅得王景宽。王景宽不仅印刷技术熟练，而且略懂洋文。英敛之回到天津当日，在天五德客栈与寿峰谈报馆事，"伊云：此事若无怠志，主笔一席不可惜小费，总以才识出众为盼。"①

23日，英敛之早起至堂，晤柴天宠。提起报馆建房事，柴说，最快也须明年三月中竣工②。英于是向柴先生借洋十五元，并要三弟回京取七元，以便购船票再度赴沪。26日，英敛之向柴再取洋二十元，近午至火车站，花一元乘三等车至塘沽，花十六元买两张五等船票，携王景宽乘船再次赴上海，继续推进购置设备和聘请主笔的事。"船无房舱，且卧处极窄，住下舱，夜二点开。"③为节约开销，英敛之把旅途生活质量降至最低。

三、沪上奔走(二)

1901年11月30日中午十二点，船到上海黄浦滩。英敛之下船后，首先不是进客栈，而是至东方汇理银行、堂中乃至各店铺，紧张办事，当天很晚才到下榻的永丰客栈。北归二十余日，中外来往信件堆积寸许，英敛之处理信件，一直忙到次日凌晨三点才睡。

（一）购置设备

船抵上海的当天午后，英敛之到首善堂会晤雷先生，打听设备的事，雷说，前日捷陞印字机器等又肯出售，"惟须少加价耳"④。英敛之听后十分高兴。因为在第一次沪上采购时，他就在雷先生陪同下看过捷陞行的机器。捷陞行是法国人开的店，机器质量好，但价格偏高，几经讨价还价，没有达成协议。所以这次雷先生首先推荐捷陞行。

---

① 《英敛之先生日记遗稿》，第367页。
② 《英敛之先生日记遗稿》，第367页。
③ 《英敛之先生日记遗稿》，第369页。
④ 《英敛之先生日记遗稿》，第371页。

12月2日早上八点,英敛之便同王景宽至首善堂,邀雷先生一同去看捷陞行的机器。由于雷不得空,当天没看成。12月6日,英敛之再次会晤雷,"约看捷陞机架等,昨遇该东,现肯贬价出售。如购妥,则电致梅公不复由巴黎购矣"。英敛之听后,更为高兴,与雷约定次日去捷陞行①。英敛之钟情捷陞行机器,雷亦极力促成这笔买卖,7日因有他事而耽误,8日一大早,英敛之便同张其芳、雷先生、王景宽等人"同至捷陞印字馆"。双方随即开始新一轮的讨价还价:英敛之出价五千,"较前(指第一次赴沪时五千五百元的出价)跌五百元",对方不答应。"良久,让至五千四百元。"英敛之"以情难却,增价二百元(至五千二百元),伊犹作不肯状,遂辞出"②。

因双方各不让步,相持不下,英敛之决定另寻卖家。12月11日一大早,他同雷先生至《法文报》馆看同类机器,英敛之出五千二百元,对方肯出售,但是,对方开出了几项附加条件:"惟一切活计做毕,于外国年终交物,且有遗失,与伊无关。"英敛之对这些附加条件非常不满意,一度打算放弃这家买卖。但是雷先生表示,如果不购定,自己似难为情。接着双方"罗唆极久,始终未决。别出"③。

考虑到设备价格合适,又是法国货,只是附加条件难以接受,如果附加条件可以修改,英敛之还是有意于《法文报》馆。因此,回驻地后,英敛之即要王景宽正式通知雷先生捷陞的机器不要了。近六千元的大机器生意半途中断,这一决定令雷先生很不高兴,因此扬言以后不再参与英敛之购买设备之事④。当然,这只是雷先生的一句气话,在之后的活动中,他还是出了很多力的。

15日,英敛之同陈雪蕉、王景宽等至《中外日报》馆旁边的华洋印书局看其铅字印架,因"字数少,架亦拙"而没瞧上⑤。次日,他同王景宽再次至该印书馆,订购了170余磅的刻坯⑥。

22日,英敛之与吴某等人"同至泰安里魏处看铸字,四号模惟少有残缺,每字原索价每个洋六分,解说良久,后让至五分,订明日来检核,良久同出,复看

---

① 《英敛之先生日记遗稿》,第375页。
② 《英敛之先生日记遗稿》,第377页。
③ 《英敛之先生日记遗稿》,第378页。
④ 《英敛之先生日记遗稿》,第380页。
⑤ 《英敛之先生日记遗稿》,第382页。
⑥ 《英敛之先生日记遗稿》,第383页。

一处,自滚墨小架尚未做成"①。

23日,英敛之早起,同王景宽赴泰安里校对铸模。经检核,"约6 800余,内锈滥不堪者十分之一,遂逐一检出"。后"又至吴云记,询补字模事,回至魏处,复查检有时"②。

24日,英敛之再次"至泰安里魏处,同王景宽将模检完,堪用者六千二百余"。两人一同出来,至商务印书馆,遇周仲华,周告知说,有一处存有四、五号字及字模,欲出卖,遂"订晚昇平楼晤商"③。

26日,英敛之与王景宽复至泰安里。"将字模收起,给其价三百五十元,不肯,复增十元。"④

28日一大早,雷先生前来,说:"《法文报》馆大印机一架,原以五千弗朗购者,今欲出卖一千六百元,并有三匹马力气炉一,售四百元。"见有这等好事,英敛之因为感冒咳嗽不便前往验看,就立即委托雷先生"代为购定"⑤。此事随后办成。据1902年2月7日英敛之日记记载:"与雷晤,嘱其转告《法文报》,将大印架早行装好,待开河,即便北递。"⑥3月10日,英敛之亲自至《法文报》馆,检查机器包装情况,得知"机已发装湖南船,共十五件"⑦,才放下心来。

大印机买到了,其他小件,英敛之也办得很仔细。1902年1月29日,英敛之一大早起床后,便拖着病体来到商务印书馆,见"字二号铸成,零件尚未齐"⑧。2月1日,"饭后作信至印书馆,令其补铸所缺之字,二号字过多,退三分之一"⑨。次日,商务印书馆包姓来回复说:凡其所有字模,俱代铸,数近九千⑩。25日,英敛之"午饭后,至商务印书馆看铅字等,过磅数",发现"二号竟至五千六百余磅之多",前表示愿退一半,今天对方"以实难检出"为由拒绝⑪。英敛之坚持按合同办理。27日,至商务印书馆,令其开英文提单。"商务印书

---

① 《英敛之先生日记遗稿》,第387页。
② 《英敛之先生日记遗稿》,第387—388页。
③ 《英敛之先生日记遗稿》,第389页。
④ 《英敛之先生日记遗稿》,第391页。
⑤ 《英敛之先生日记遗稿》,第393页。
⑥ 《英敛之先生日记遗稿》,第422页。
⑦ 《英敛之先生日记遗稿》,第447页。
⑧ 《英敛之先生日记遗稿》,第416页。
⑨ 《英敛之先生日记遗稿》,第418页。
⑩ 《英敛之先生日记遗稿》,第419页。
⑪ 《英敛之先生日记遗稿》,第436页。

馆所铸各种铅字均已齐备。小印架亦已装妥,唯纸张尚未订定。"①

至此,英敛之采购机器设备的任务基本完成。

(二)选聘主笔

英敛之上次赴沪,为选聘主笔的事接连"碰钉子";回北京后继续寻觅,但也是苦无结果。这一系列的挫折使得英敛之的神经越发紧张,第二次赴上海的船上,碰见三个读书人,他就马上设法打听他们的情况,看其是否合适到报馆做主笔:一个叫冯伯岩,字思崑,年三十许,貌微丰,性和平,放云南正主考。此人现去上海找工作。英敛之与之交谈,他也表示愿意到报馆做事。但在进一步接触中,英敛之感到,"其于时务西学不通",不宜做报,更不宜做主笔。另一个安徽秀才,名叫王苕轩,字鸿庆,"学甚平,示出其诗稿,无甚佳句"。同船的还有一个翰林刘正卿,字启端,"颇带习气,似非通品,故未与语"②。

抵达上海后,英敛之继续请汪康年推荐主笔。11月30日,英敛之便收到"汪穰卿转荐主笔函"③,于是连续两次到《中外日报》馆拜访汪康年。第一次是12月3日,"汪穰卿外出",没有见到④。第二次是12月4日,"伊忙甚,与之略语"⑤,只知其推荐的人选姓方。英敛之随即请汪康年"代约方某后晚江南邨会晤"⑥。方某即方守六,在上海与汪康年、孙宝瑄皆为好友⑦。1901年3月24日,上海千人集会张园,反对清政府与沙俄签订卖国协议,孙宝瑄、方守六、吴趼人、汪康年等十多人参加张园演说⑧,可见方守六亦系忧国之士,汪康年如此看重之人,英敛之自然不敢小觑。

12月6日是与方守六见面的日子。英敛之很重视这次见面,当日下午六点还回客栈换了衣服方才至江南邨等候。七点,夏时若至;随后,汪康年偕方守六同至。英敛之阅人无数,在简单的谈话中,对方守六的水平有了一个大致

---

① 《英敛之先生日记遗稿》,第461页。
② 《英敛之先生日记遗稿》,第370页。
③ 《英敛之先生日记遗稿》,第371页。
④ 《英敛之先生日记遗稿》,第373页。
⑤ 《英敛之先生日记遗稿》,第373、374页。
⑥ 《英敛之先生日记遗稿》,第374页。
⑦ 孙宝瑄:《忘山庐日记》(上),上海古籍出版社1989年版,第329页。
⑧ 张仲礼主编:《中国近代城市企业·社会·空间》,上海社会科学院出版社1998年版,第346页。

的了解，虽不太满意，但席间没有显露轻视之情。然饭局结束告别时，英敛之记述"令方自写一合同权限"①，其中的一个"令"字，便显露出对其不太客气的态度。

英敛之需要继续对方守六进行考察：

12月7日，英敛之专程"至金粟斋，晤方守六，谈少时。伊告数日后订一合同相商，并托代购《新政真诠》十部"②。这是英敛之在考察方守六的信仰和办事能力。

10日，英敛之在登贤里晤方守六。方守六说他"连日忙甚，数日后可细谈"，只是"交其前作诗稿数张，登选报"③。看来，方守六亦摆出了一定的架子，表示自己不是"召之即来挥之即去"的等闲之辈，同时也表示他虽然不能跟汪康年比肩，但也还是一位提笔能为文的知识分子。

12日，英敛之收到汪康年转来方守六合同一稿，看后认为"尚无碍难之处，可允行"④。恰在这时，英敛之得到几处传来的有关"主笔人选难觅"消息⑤，遂决定聘用方守六。

自始至终，英敛之遴选主笔，基本上是按照他1898年在《益闻报》第1744期上发表的《推广日报说》中所言的报纸主笔条件"按图索骥"。一则是英敛之的要求甚高，二则是当时中国合乎主笔标准的人实在太少，所以英敛之在这件事情上连连受挫，不得不降格以求，聘用不甚满意的方守六。

对方守六，既不太满意，又要聘用，英敛之遂认为不能给他主笔的全部权限和待遇，因此接下来出现了几个回合的"讨价还价"：

1902年1月2日，英敛之到《中外日报》馆与汪康年谈方守六事，告以权不能独操，薪水月出五十两⑥。按当时价码，大报主笔薪水最高一般为一百元，其余职务依次降等。只有外文翻译一职价高：1901年10月24日英敛之致信香港何、胡二公说，翻译一席，五六十元、七八十元俱可，若中西文并佳，可月出百

---

① 《英敛之先生日记遗稿》，第376页。
② 《英敛之先生日记遗稿》，第376页。
③ 《英敛之先生日记遗稿》，第378页。
④ 《英敛之先生日记遗稿》，第380页。
⑤ 1月11日，"得香港胡翼南函，主笔实难其选"。13日早晨，"接邓嘉生农部信，言现代荐一主笔，群空西北，人尽东南。如此完美人选，邓信中"未言谁何"。英敛之几次复信邓嘉生，均未有下文。16日，张元济至，亦云："现仍未觅有堪膺主笔之任者。"《英敛之先生日记遗稿》，第379—383页。
⑥ 《英敛之先生日记遗稿》，第397页。

元,甚至"可加至百五十元"①。

　　1月8日晚上,英敛之收到汪康年函,说"方守六愿去天津,亦无成见,但以薪水月五十两恐不敷开销,仍照原议百元数云云"②。次日午后,英敛之至《中外日报》馆,"晤汪穰卿,谈方事,告以现可姑定五十金,俟后报务昌兴,定为多加酬赠。伊许明日代商之"③。英敛之这个提案,方守六和汪康年都难以接受。最后,在汪康年的坚持下,英敛之将方守六每月薪水定为一百元④。英敛之不仅聘用方守六,随后还聘用了方介绍的浙江人连梦青。"晚饭后,得守六来函言浙江连文徵字孟(梦)青,学甚好,可延之北去,月需四十洋,即复函允之。"⑤

　　英敛之与方守六签订了聘任合同后,仍然在物色更合适的人选。他念念不忘那个去年11月已经被《江南报》聘用了的詹紫菓,直到1902年3月28日,英敛之还在与其"谈有时,探其肯去津否"⑥。遭婉拒后,英敛之彻底死心。在回天津前夕的4月3日,英敛之至守六处,"交其洋百元,预定其薪水,由二月初一日(公历3月10日)起算"⑦。次日,"复交其洋百元。支给连梦青三月薪水一百二十元外,路费三十元"⑧。方守六领到两月薪水后,于4月8日随英敛之离沪赴津,成为《大公报》第一任主笔。

　　从实际情况看,方守六虽然无八斗之才,但为人谦和、工作认真,一旦签订合同,便以《大公报》馆人的身份跟着英敛之在上海办事。他在《大公报》工作整整一年⑨,虽然没有写出什么有影响的文章,但是对报馆忠心耿耿,跟着英敛之鞍前马后、毫无怨言。英敛之对他也不错,不仅对其生活照顾有加,还为他说媒并举办了婚礼⑩。方守六离开《大公报》后,与英敛之还有往来:英敛之后来到上海办事,方守六热情接待并陪同;方守六到天津,英敛之则"邀其庆元源楼饭"⑪,此为后话。

---

① 《英敛之先生日记遗稿》,第343页。
② 《英敛之先生日记遗稿》,第401页。
③ 《英敛之先生日记遗稿》,第402页。
④ 《英敛之先生日记遗稿》,第417页。
⑤ 《英敛之先生日记遗稿》,第463—464页。
⑥ 《英敛之先生日记遗稿》,第462页。
⑦ 《英敛之先生日记遗稿》,第470页。
⑧ 《英敛之先生日记遗稿》,第472页。
⑨ 方守六1903年4月21日回上海后再也没有返回《大公报》馆。
⑩ 方守六夫人杨邦媛,河北安平人,为救父难,来津寻援。英敛之称其为"女英豪"。在英敛之夫妇主持下,方守六与杨邦媛于1902年11月23日喜结良缘。
⑪ 《英敛之先生日记遗稿》,第1194页。

四、大公,大公

1902年4月9日,英敛之携方守六等人从上海启程回津。启程前一晚,有王耀东、文沃生、周仲华、王子衡、夏时若等人为之送行,酒菜虽简,但是感情很深,"同酌甚欢"①。此次返津,英敛之心情与前次大不一样,虽然同样是"风大,摇荡甚",同行者呕者甚多,但英敛之非但未感不适②,还诗兴大发,与同船的胶州逄福陔恩承和七律一首:

陆沉祸变睹神州,侘傺独怀漆室忧。
莽莽中原潮怒涌,悠悠竖子注轻投。
文莫再谈千古事,此错真堪铸九州。
杰起豪英从天降,重将威赫震全球。③

13日早十点,船抵大沽口外,英敛之一行人便雇小艇下行李,行三时,抵塘沽,再乘车至天津。至永福客栈放下行李后,英敛之就与方守六"坐车至馆基一视",看到馆楼"已上顶,惟尚不能住人"。此次上海之行的成果与上次不同,回津所受到的待遇也不一样,当晚,柴天宠在德义楼设宴为英敛之、方守六等接风洗尘。

16日,英敛之同方守六、王景宽及家仆刘贵从天津回到北京家里。"见家母腿以(已)愈,步履尚不利;小儿申格牙牙学语,院中来回步履甚便。"④心情大悦,自不待言。此后几日,英敛之带方守六四处访友,游览京城各处。此间,他还做了一件十分重要的事情,就是4月22日"托(李)荫斋求陈敷民代写《大公报》馆额"⑤。陈敷民,名士鸿,号匋公,著名书画家,书工北碑及汉隶。"大公报馆"几个字兼具碑隶特征。看到馆额,英敛之不禁心潮翻滚。

(一)报名"大公"

英敛之将报名确定为《大公报》的具体时间无考,"大公报"三字的使用时

---

① 《英敛之先生日记遗稿》,第476—477页。
② 《英敛之先生日记遗稿》,第478页。
③ 《英敛之先生日记遗稿》,第479页。
④ 《英敛之先生日记遗稿》,第482页。
⑤ 《英敛之先生日记遗稿》,第485页。

间却有据可查。据1902年1月1日英敛之日记记载:"早,至许静斋处,归取自来墨、《大公报》馆图章。"①英敛之第二次在上海购置设备、聘请主笔期间的活动往来,也都是以"《大公报》馆"名义进行的。比如1902年2月19日日记记载:"晚至首善堂晤雷先生,伊述陈雪蕉来英字函云:《大公报》馆向商务印书馆购约价四五千,向例中人应酬用费十分之一。"②

还有一点可以肯定的是,《大公报》报名是英敛之长时间思考的结果,而不是一时的心血来潮。英敛之为何以"大公"为报纸命名?"大公"两字含何深意?英敛之在《〈大公报〉序》中写道:"忘己之为大,无私之谓公,报之命名,固已善矣。"一般来说,这句话足以说明英敛之以"大公"为报名的含义。但这只是字面上的解释。深究其来源,则可以发现英敛之赋予"大公"两个字的内涵要丰富得多。

究其根源,"大公"明显地来源于英敛之对天主教教义的理解。作为天主教的虔诚信徒,"大公"理念早在英敛之胸中萌发。"问道三年"后,他在《益闻录》发表了不少跟天主教相关的诗作,其中有一个主题就是为天主教辩诬,阐明"圣教大公""天主至公"的观点。"窃谓主宰本大公"③,英敛之称,天主教徒本着一视同仁的胸怀,汲汲孜孜,无间遐迩,广布仁爱,然而,为何有人"一闻'天主教'三字,即仇恨万状,欲击欲杀也?"为何教士抓到中国人后"挖眼剖心"这样无中生有的谣言四处传播,大多数人深信不疑?他认为,根本原因在于中国"人情浅近,积惯成俗,见异则侮,见善则疑"。他希望中国朝野应理正情确,看问题不带偏见,从而"泯乎方域之见,忘乎物我之分,示以廓然大公"④。

英敛之以"大公"为报纸命名,即旨在将这种"不带偏见"看问题的宗教视角转化为报纸视角、报人视角。他提出,报纸主笔职责所在,应"阐发公理也,激发公论也,开通民智也,维持国力也"⑤。作为报人所言的"大公"与作为天主教徒所言的"大公",虽然不能完全等同,但核心指向是一致的:报人为国立言,为民代言,必须忘己去私,泯乎偏见,"以大公之心,发折衷之论"⑥。

---

① 《英敛之先生日记遗稿》,第396页。
② 《英敛之先生日记遗稿》,第432页。
③ 英敛之:《辛卯冬夜读理窟辩诬章,有感时事,援笔为长句如左》,《益闻录》1892年第1141号,第64页。
④ 英敛之:《辩诬》,《益闻录》1892年第1215号,第505—506页。
⑤ 英敛之:《论驻粤美国领事函请岑督封禁报馆事》,《大公报》1905年11月22日。
⑥ 英敛之:《〈大公报〉出版弁言》,《大公报》1902年6月18日。

英敛之不是为办报而办报,他办报是为了传布其政治理想。如前所述,英敛之是"愤世嫉俗"的志士,矢志不入仕途,志在改造社会,救国救民。虽然年华流逝,时过境迁,但是他心底那种"悲天悯人之怀,救世淑人之念"①总是抛舍不去,对社会的不公、人间的不平耿耿于怀。他创办《大公报》,与弃武从文一样,都是要寻求改变社会的路径。他虽然是以草创和主持《大公报》而在中国近代史上享有盛名,但是他原本并没有想以报为业,做一个终身职业报人,他办报的目的是创建一个表达政治理想的平台。正如有论者所说,英君敛之为爱国者,雄才伟略,世所钦仰,惜不得志,退而创《大公报》于津门。报馆者,天赋职也,朝政得失、民生困苦,与夫世俗人心,皆可得而纠正之,鼓舞之。数年来,如禁美货、倡国民捐、希求立宪、江北捐赈,得《大公报》提倡辅翼之力尤多。

英敛之认为,天下为公是国家发达强盛的必由之路。在创刊的第四日,即1902年6月20日,其在"来稿代论"栏中刊登署名"董亮"的《〈大公报〉序》说:"泰西之盛强,无他道焉,公而已矣。""国有议院,公人权也,商有公司,公大利也,凡学有会,公智术也,合通国上下竞竞焉。……人人利益一己之私心,适并而为利益通国之公心。"在该文之后,附了一篇英敛之写的"声明",说:"董君此作……所论平公权,合公论,公治道,公群谊,以及凭公道以办交涉,准公议以应外交各节,皆与本报目的吻合,且通篇旨意所注在昌明公理以植中国,以拯同胞,本馆同人循诵一再,不忍割爱,爰录报端,敬告海内。"②

英敛之指出,"公"与"私"(悖公)是人类文明与野蛮的分野,"公"是人类社会文明的集中表现。在1902年6月17日的创刊号上,他即于《〈大公报〉序》中揭示办报宗旨时提出:"尤望海内有道,时加训诲,匡其不逮,以光我报章,以开我民智,以化我陋俗,而入文明。"③1907年5月19日,发表"言论"《读史有感》说:"文明者何?顺乎公理而日益进化之谓也。野蛮者何?悖乎公理而不能进化之谓也。"进而言之,认为西方各国之发达进步,日臻富强者,皆宗教之导其源,按照宗教的指引,平公权,合公义的结果,"而中国之所不治者,因事事无不与西洋相反",从而扩展到国家制度,指出"专制私也,立宪公也,朝廷之对于国民,既肯一秉大公,不复沾沾于一己之私利。则政府诸公,更必须公而忘私,方可对君民而无愧",并希望朝廷认识这一点,一本大公,顺应时代潮流,"肯毅然

---

① 英敛之:《自序》,《万松野人言善录》,周萍萍编:《英敛之集》(下),第8页。
② 董亮:《〈大公报〉序》,《大公报》1902年6月20日。
③ 英敛之:《〈大公报〉序》,《大公报》1902年6月17日。

舍专制而改立宪"①。

　　故此,英敛之将"公""私"进一步扩展到世间凡事之成败利钝上,说:"世事纷纭,人心变幻,支难蔓衍,莫测端倪,总而言之,不外乎公私二字而已! 以公心处事者,其事之成就者大;以私心处事者,其事之成就者偏。成就者大,则为益溥,而历久不磨;成就者偏,则为害深,而其机易败。故无公心者不能结团体,不能合大群。彼亦一私心,此亦一私心,势必至同室操戈,酿成萧墙之变,盖其理然也,吾因是深为我中国忧焉。"待人处事是这样,处理朝政大事更是这样:"专制私也,立宪公也。朝廷之对于国民,既肯一秉大公,不复沾沾于一己之私利。则政府诸公,更必须公而忘私,方可对君民而无愧。"②

　　在英敛之看来,国家存亡兴衰,个人成败利钝,根本在于能否秉公去私。他办报,就是为了将此观点广播于社会,为众人接受。英敛之以"大公"为报纸命名,表达了他对办报境界的追求。近代中国的报纸如果从在华外报算起,至《大公报》创刊时已有近九十年的历史。考察这九十年间办报者的动机,大致可以概括为三类:其一是布道,这主要是外国传教士创办的宗教报刊;其二是谋利,这主要是商人和洋行创办的商业报刊和商业性报纸;其三是干政,这主要是维新时期维新派人士创办的时务报刊。虽然英敛之是个虔诚的天主教徒,报纸创办之初的股金也主要来自天主教教友,他办报也是为布"公"道,但是他不是在办宗教报纸;虽然集股办报的大股东柴天宠、王郅隆等人是商人,英敛之主持办报也要求利,但是不同于办商业报纸,单纯追求盈利;虽然英敛之是一个"愤世嫉俗"的侠士,一个充满维新思想的先进知识分子,但是他不是维新派人士,不为改良政治而办报,更不是要创办维新派机关报。英敛之办报的动机就是传播自己的"公"思想、"公"主张,并与同人一道"猛自策励,坚善与人同之志,扩大公无我之怀"③。

(二) 人行"大公"

　　在《大公报》整个筹办过程中,英敛之可谓是一心为公,全力以赴,尽心尽力,有时身心几乎到了崩溃的边缘,是"公"的信念使他坚持下来。英敛之不仅仅赋予了报纸"大公"的报魂,更是在筹办过程中,以"忘己无私"的行为践行了

---

① 英敛之:《言论·读史有感》,《大公报》1907年5月19日。
② 英敛之:《为公乎私乎》,《大公报》1907年10月29日。
③ 英敛之:《〈大公报〉序》,《大公报》1902年6月17日。

"大公"报魂!

为馆址,英敛之与驻北京法国公使、主教周旋,用心良苦;为购置设备和选聘主笔事,从1901年9月18日到1902年4月14日,英敛之两次赴沪,在家中仅待了九天。第一次赴沪时,他心爱的儿子申格出生才十个月,夫人身体不好,正需要人照顾,但是既已受命,便顾不得这些。第二次的情况更糟,由于终日奔忙,超负荷运转,导致其身心十分疲惫,日记中经常出现诸如"连日疲劳甚""连日忙甚……甚倦"①"饭后检查字模两包,颇倦"②等记载。本来,英敛之第二次赴沪携王景宽为工作帮手,但是在"诸事尚未完"的情况下,王景宽便以"岁暮家中多事待伊了结"为由,提出提前回津。英敛之"留之,伊不肯再延"③。在这种情况下,心地仁慈的英敛之不仅允许王景宽提前回津,还为他"购鞋毡时表各物"④。1902年1月7日,交王景宽洋三十元,"遣刘贵送其登西平船去秦皇岛"⑤。

王景宽一走,英敛之更加劳累,以至于病倒。1902年1月14日,英敛之在日记中记载:"连日颇有病状,精神颓丧。"⑥但即使在生病期间,他也没有休息一天,带病坚持工作。有日记为证:

1月22日,早起。"……精神不爽。力疾车至泰安栈文芸阁,外出……晚(归)……步履极艰。"⑦

26日,"病势犹不减轻"⑧。

27日,早起,"病势犹常,不见轻减。漱毕,周仲华来谈有时"⑨。

28日,病情加重,晚起,原本要出外办事,实在支撑不了,"遂懒懒。午饭后,天气阴沉,尤觉不爽,欲出不得"⑩。

30日,病情进一步加重,"十点后服药。午食炊饼三枚,回寓大泻数次,卧极久"⑪。

---

① 《英敛之先生日记遗稿》,第378页。
② 《英敛之先生日记遗稿》,第405页。
③ 《英敛之先生日记遗稿》,第398—399页。
④ 《英敛之先生日记遗稿》,第394页。
⑤ 《英敛之先生日记遗稿》,第400—401页。
⑥ 《英敛之先生日记遗稿》,第406页。
⑦ 《英敛之先生日记遗稿》,第411—412页。
⑧ 《英敛之先生日记遗稿》,第414页。
⑨ 《英敛之先生日记遗稿》,第415页。
⑩ 《英敛之先生日记遗稿》,第415—416页。
⑪ 《英敛之先生日记遗稿》,第417页。

2月2日,午后,天气阴甚,"颇觉不爽"①。

3日,"周身不爽,如负冰难过已极"②。

7日(旧年除夕),与雷先生面晤,"嘱其转告法文报,将大印架早行装好,待开河,即便北递"。午饭,勉强食米饭两小碗③。

8日(新年正月初一日),"晚,甚不爽。强食汤一碗,亦不适口"④。

从9日(正月初二)开始,奔波上海,至二十余处拜年。当日"回,两点半,予汤泡馒头数枚。是日觉有饥意"⑤。

直到2月10日(正月初三日),病情才开始有所好转,当日"午饭较往日食略多一点"⑥。

总而言之,英敛之第二次南下上海,是下定了不完成两大任务不回津的决心的。在上海的四个多月间,他没日没夜地工作。这年除夕夜,一人在外的英敛之读夫人淑仲来函,不禁"大感动。及至泣下"⑦。

此外,英敛之在购买设备时,总是货比三家,力求物美价廉,不碍熟人面子而降格以求。比如雷先生介绍英敛之到捷陞机器店,双方多次讨价还价,最后却因些许差价而没有成交,弄得介绍人雷先生很不高兴。

第二次赴沪期间,还发生了一件事:据雷先生言,一个叫陈雪蕉的人来一函,说经他介绍,《大公报》馆向商务印书馆购约价四五千元的货物,按惯例,中介人应取酬十分之一。照此计算,他应取酬四五百元,并说"予今但索一百五十元足矣。现合家患病,需钱甚急"。英敛之听后,十分惊讶,笑人之昏愚有如此者,并对雷先生说:"此事与伊等毫无干涉,此后无论何人,断不能由此处支领一文。"⑧陈雪蕉是汪康年介绍协助英敛之在沪办事者,英敛之的回答,既得罪了陈,更得罪了汪。据其日记记载,后来再见汪康年时,汪有不悦色。对于这件事的处理,足见英敛之办事讲原则、不徇私情。

临近创刊,英敛之工作节奏更快。

---

① 《英敛之先生日记遗稿》,第419页。
② 《英敛之先生日记遗稿》,第419页。
③ 《英敛之先生日记遗稿》,第422页。
④ 《英敛之先生日记遗稿》,第423页。
⑤ 《英敛之先生日记遗稿》,第424页。
⑥ 《英敛之先生日记遗稿》,第424页。
⑦ 《英敛之先生日记遗稿》,第422页。
⑧ 《英敛之先生日记遗稿》,第432页。

1902年4月14日携方守六从上海回天津的当天，英敛之立即开始紧张的创刊准备工作。当天晚上，他在客栈处理已经收到的"各处访函、论说六七件"①。

创刊准备工作分三个方面进行。第一个方面是创建各地报纸营销处。这件事早在其于上海选聘主笔时就开始了。据1902年2月6日英敛之日记记载："接荣霖臣信一件，云伊弟在金陵代办消（销）报之事。"②北返进京后，随着报纸创刊日期临近，设立销报处更为当务之急。4月26日，英敛之在北京"接张逸帆一信，云保定销报处事"③。4月27日，"进城晋宝斋与陆达夫话销报事"④。5月2日，"至铁老鹳庙公慎书局与王襄臣订代办报事"⑤。5月8日，"至厂西门有正书局，与高文卿订代派事"⑥。在各路朋友的大力支持下，英敛之在全国各地迅速建立起《大公报》代销点。

第二个方面是广延人才。英敛之二次赴沪聘请主笔时，也托上海、香港朋友帮忙物色翻译、校对、编辑、访事等专业人才。1902年2月28日，他指示方守六拟出拟聘"访事名单"⑦；3月5日，友人向英敛之推荐"有施姓者英文甚好，可作翻译"⑧。北返后，英敛之、方守六在京津一带也广为招聘人才。对抄写员、印刷厂工人（尤其是熟练排字工）也十分用心招聘。4月17日，"灯后，达夫来，九珍、景宽来，商其薪水数目"⑨。各类人才，都招聘齐全。

第三个方面是协调工作。英敛之于4月16日同方守六到北京协调各方面的关系：晤教会樊主教，得知"法钦使已应保护之事。复商数事出"⑩；大量访客会客，与各方面人士沟通，仅5月7日，从上午十点至下午六点，就陆续约谈了汪述亭、柴寅生、陈君虞、邓嘉生、齐乐里、陈敷民、李荫斋、王书衡、黄艾生、张展云、逢福陉、李六圃、梅撷云、祁君殷、祁辇敏、方希白等十六人，还有十二人没到。当日，请约谈者共饭，用洋十八元之多。如此紧张和繁忙，就是一个健康的人也受不了，何况身体本来就差，前些时日又大病一场的英敛之呢？因

---

① 《英敛之先生日记遗稿》，第478—480页。
② 《英敛之先生日记遗稿》，第421页。
③ 《英敛之先生日记遗稿》，第487页。
④ 《英敛之先生日记遗稿》，第489页。
⑤ 《英敛之先生日记遗稿》，第493页。
⑥ 《英敛之先生日记遗稿》，第498页。
⑦ 《英敛之先生日记遗稿》，第438页。
⑧ 《英敛之先生日记遗稿》，第442页。
⑨ 《英敛之先生日记遗稿》，第482—483页。王景宽在进入《大公报》馆后担任印刷厂工人领班。
⑩ 《英敛之先生日记遗稿》，第494页。

此,其当天"归家甚倦"①。

准备工作基本就绪后,英敛之把妻儿留在北京家中,他自己带着方守六于5月10日从京至津。由于报馆还没有完工,不能设榻,他们只好先在木工厂暂住,并在木工厂进行开张前报纸的试版工作。

五、开场锣鼓

1902年6月17日(清光绪二十八年五月十二日)是天津近代史上有纪念意义的日子,是天津三宝——"永利、南开、《大公报》"②中《大公报》的诞生之日。

《大公报》馆坐落于天津法租界狄总领事路(Rue Dillon)一栋二层小楼中,楼前悬挂的"大公报馆"新匾额,出自报馆刻字工人崔永超之手。崔永超金石功底颇深,从英记到王记,他皆服务于《大公报》馆。后来新记公司接盘之后,他跟着报馆从天津到汉口、重庆,忠于职守,工作兢兢业业、一丝不苟,深得同人尊敬。

上午九点多,印刷厂的机器还在转动,许多急于要看报的市民就陆陆续续来到《大公报》馆门前,以求先睹为快。直到中午时分,第一号《大公报》三千八百份印毕③。为了让读者了解这份新问世的报纸,报馆决定:阅读本报,免费一周。一摞摞刚下机、还散发着淡淡油墨香味的报纸被摆到报馆前的长桌上,供市民取阅,外地订户的报纸也被快速寄出。

天津《大公报》至此正式创刊。第一号《大公报》确有与众不同之处,给人以耳目一新的感觉:报纸为一大张裁成,共分八页④,每页两面,共十六面,可折叠成书,用中国毛边纸单面印刷。第一页右半边为报头,中间直排隶书"大公报"三个字,报头上方刊有法文"L'IMPARTIAL",为"无私"之意,下边是"天津"的英译文"TIEN TSIN",报头右边为"光绪二十八年五月十二日",左边为

---

① 《英敛之先生日记遗稿》,第498页。
② 此处的"永利"指永利制碱厂,"南开"指南开中学及在其基础上建立的南开大学。该句民谚于20世纪30年代开始在天津知识界流传。
③ 《英敛之先生日记遗稿》,第515页。
④ 1908年9月24日报纸增张,由原来的两大张增为"每日共出三张",但"不加分文"。

"西历一千九百二年六月十七号"。左半边全部刊登"本报代办处"的广告,此处之后也多刊登广告。自第二页开始,依次为上谕电传、宫门邸抄、路透电报、论说、时事要闻、中外近事、译件、附件(1908年2月7日改为"白话",恢复到正张刊登)、杂俎、广告等栏目。

从之后的发展看,"论说"是《大公报》的特色,其形式多种多样,主要有"论说"(1905年8月21日改称"言论")、"闲评"、"附件"等。《大公报》对"论说"极为重视,几乎每天一论。1908年底之前,报馆自己撰写的论说不多,经常是以"来稿代论""选论""要件代论""译稿代论"的形式间接表达意见和建议。1902年6月19日,"论说"栏发表的《论中国人人有救亡之责》便是一篇"来稿代论",作者署名林砥中。"闲评"栏目自1907年6月21日始设,起初为不定期,1909年6月18日以后,每天固定两篇:"闲评一"在"论说"后,"闲评二"在第二张头条的位置。"闲评"的特点是篇幅短小,一事一议,针对性强。"附件"是一个有特色的新闻评论栏目,始设于创刊之日,1908年2月7日起改为"白话",主要是针对社会上文化水平不高的读者而设置的,其内容主要是抓住社会上和日常生活中的某些现象、事件,通过一个故事、一个成语等,借题发挥,进行论述。

创刊号"论说"栏刊登署名"英华敛之甫"的《〈大公报〉序》。该文首先说明本报创办宗旨及"大公"报名的含义:

> 岁辛丑,同人拟创《大公报》于津门。至壬寅夏五而经营始成,推都门英华氏董其事。报之宗旨,在开风气,牖民智,挹彼欧西学术,启我同胞聪明。顾维浅陋,既惧且惭,兹当出报首期,窃拟为之序,曰:忘己之为大,无私之谓公。报之命名固已善矣。

接着声明说,本报名"大公",绝非只是"徒有其名",更非"妄为标榜",而是要贯彻于办报实践中,因此诚恳期望"海内有道,时加训诲,匡其不逮,以光我报章,以开我民智,以化我陋俗,而入文明";也希望"同人亦当猛自策励,坚善与人同之志,扩大公无我之怀"。"不负所学,但冀风移俗易,国富民强,物无灾苦,人有乐康,则于同人之志偿焉,鄙人之心慰已。"[①]

"附件"为白话言论栏,开始多出于英敛之手笔。英敛之自己说:"每日俱

[①] 《〈大公报〉序》,《大公报》1902年6月17日。

演白话一段，附于报后，以当劝诫，颇蒙多人许可，实化俗之美意。"①创刊号"附件"栏刊登的是英敛之用白话写的言论《戒缠足说》。

《本馆告白》则宣布了《大公报》"集思广益"的编辑方针和来稿选用原则：

> 日报一事全赖集思广益，不厌求详。本馆虽托有各处友人广咨博采，犹恐囿于耳目或偏执一见，有失实事求是之义。尚幸四方同志匡其不逮，凡有崇论伟议，及新政时事见告者，本馆亦为采登。本馆以开风气、牖民智为主义，凡偏谬愤戾、琐碎猥杂、惑世诬民、异端曲说等，一概不录。②

次日，即1902年6月18日，刊登《〈大公报〉出版弁言》，郑重其事地宣布并论述《大公报》的言论方针：

> 本报但循东西报馆公例，知无不言，以大公之心，发折衷之论，献可替否，扬正抑邪，非以挟私挟嫌为事，知我罪我，在所不计。窃见近年来，激昂义愤之士往往持一偏之论，不留余地，阻人以自新之路，使之实逼处此行铤而走险之计。孔子所谓：人而不仁，疾之已甚，乱也。吾惟责人以恕，如曾子之折狱哀矜，勿喜为之，委婉曲导，必期进于道而后止。设能翻然改悔，尽如吾辈意中所期望，不仅中国之福，而亦全球之福也。浸假守死不变，则吾亦不能如寒蝉之无声，漠视吾国沉沦而不救也，此即所谓公也。但又不胶执己见，党同伐异，徒沾沾于一人之恩怨，无端而雍容揄扬，无端而锻炼周内，此即所谓大公也。若必谓吾辈固执书生之迂见，徒肆无补之空言，不为原情之论，尽情丑诋以快一时之私愤，不复计所言之有无贻误天下。若此者，不惟有愧大公之名，且亦难对个人之私也。且本报又不敢意存趋避、拗曲作直、指鹿为马、任口雌黄，求悦当今一二人之耳目，不顾天下后世之唾骂，尚何得谓之公，又何有乎大公？③

"以大公之心，发折衷之论"这十个字，可视为英敛之办报立论、发言、处事所追求的最高境界。

《〈大公报〉序》《本馆告白》《〈大公报〉出版弁言》这三篇文章分别将《大公报》的创办宗旨、编辑方针及言论方针明确告诉读者，可以看作《大公报》登台

---

① 《英敛之先生日记遗稿》，第516页。
② 《本馆告白》，《大公报》1902年6月17日。
③ 《〈大公报〉出版弁言》，《大公报》1902年6月18日。

敲响的开场锣鼓。它们为新创刊的《大公报》破了题、立了意。

所谓"破题",就是解释了何谓"大公"。《〈大公报〉序》从原则上、一般意义上提出"忘己之为大,无私之谓公";《〈大公报〉出版弁言》则联系实际具体论述了何谓"大公":

其一,知无不言。庚子之殇,国将不国。八国联军刚刚撤离,"天津交还有期矣,恐当轴诸公疮愈忘痛,旧态复萌",百姓蒙昧照旧。报纸要警钟长鸣,扬正抑邪,"知我罪我,在所不计",不能屈服压力,"如寒蝉之无声,漠视吾国沉沦而不救也"。

其二,国是民依。报纸立论发言的立足点应该是国家民族,国是民依,非以挟私挟嫌为能事,更非"胶执己见,党同伐异,徒沾沾于一人之恩怨,无端而雍容揄扬,无端而锻炼周内"。

其三,折中之论。立论公允,不为书生之迂见,不发无补之空言,不为原情之私论,不言快一时之过激论,更"不意存趋避、拗曲作直、指鹿为马、任口雌黄,求悦当今一二人之耳目"的言论。

"大公"成为该报立言记事的立足点,而逐渐凝聚成为一种精神、一种灵魂、一种作为中华民族文化事业发展的传世之宝!

所谓"立意",就是明确公示办报宗旨:"开风气,牖民智,挹彼欧西学术,启我同胞聪明。"表明《大公报》既非保守性质的报纸,亦非革命性质的报纸,而是启蒙性质的报纸。并对如何启蒙,如何挹西学、开风气、启民智,在《本馆告白》中做了若干规定。

此番开题、立意,是"妄为标榜"甚至"济私假公",还果是"一秉大公"?英敛之希望"海内有道,时加训诲,匡其不逮",他还代表本报同人向社会表示,"当猛自策励,坚善与人同之志,扩大公无我之怀"。

报纸创刊,对报馆来说无疑是一件大事、喜事。创刊前夕,股东们于6月15日、16日两日的午后,在天津旭街的德义酒楼设宴①,一则为庆祝报纸创刊,二则为感谢一年多以来为筹备报馆成立劳心劳力的英敛之。此情此景使英敛之想起了1902年3月27日在新日记本首页上抄录的梁启超的一首七律:

献身甘作万矢的,著论求为百世师。
誓起民权移旧俗,更研哲理牖新知。

---

① 据《英敛之先生日记遗稿》第514、515页记载,15日出席的股东9人,16日出席的股东6人。

十年以后当思我,举国犹狂欲语谁?
世界无穷愿无尽,海天寥廓立多时。①

一切也果真实现了。英敛之"亲理十年"(1902—1912年),《大公报》在"起民权""移旧俗""研哲理""牖新知"等方面发挥显著作用,稳立中国北方报界之首。

---

① 《英敛之先生日记遗稿》,第395页。

第二章
横空出世(1902年6月—1906年9月)

从1902年6月《大公报》在天津法租界创刊至1906年9月报馆从法租界迁至日租界的四年,是英记《大公报》的草创阶段。在此阶段,英敛之尽心尽力,推动事业艰难起步,报馆克服内外阻滞,经营渐上轨道;报纸"爱国"性质凸显,"敢言"特色形成。《大公报》如一匹横空出世的黑马,从天津走向华北,纵横驰骋于中国北方报界。

一、有关内政的记事与言论

(一)庚子之殇①

在晚清诸贤心目中,"甲午"与"庚子"可谓两个极具转折意义的历史节点。如果说甲午战败、《马关条约》的签订,使中国爱国志士产生了前所未有的危机感,由此掀起轰轰烈烈的维新运动的话,那么庚子之殇对京津地区的广大民众来说,则是更具切肤之痛的灾难。英敛之的好友卢乾斋先生甚至把《大公报》的创刊与庚子之乱直接勾连起来,足见该事件对于《大公报》的影响②。1922年6月17日,翁湛之在纪念《大公报》创刊二十周年的文章《二十年之回顾》中也说:"本报自壬寅创立以来,迄今已二十年矣。吾人亦知壬寅之岁,于我国历

---

① 清光绪二十六年(1900年),义和团仇教灭洋,以致各国有所借口,以保护侨民为名,调军队来华,组成八国联军(英、法、俄、德、日、意、美、奥),攻打天津。旧历六月十八日破晓,津城陷于敌手,城破后,侵略军杀烧抢掠,惨绝人寰,造成空前的浩劫。见李然犀:《庚子沦陷后的天津》,北京市政协文史资料研究委员会、天津市政协文史资料研究委员会编:《京津蒙难记——八国联军侵华纪实》,中国文史出版社1990年版,第10页。
② 《卢乾斋先生〈也是集〉序》,《大公报》1907年8月9日。

史及国家之前途上,有何种深切之关系乎!壬寅之岁,盖前清光绪之二十八年也,其时距惊天撼地几亡吾国之拳乱才两年耳。"①后来者张季鸾亦同意这个说法:"在北方最著名之日报《大公报》,盖创办人英君敛之目击庚子之祸,痛国亡之无日,纠资办报。"②其对于《大公报》创办的最初提议和集资发起的叙述虽然不尽准确,但是对庚子巨创引发英敛之办报立言动机的描述却是很有道理的。英敛之自己对《大公报》创办背景也如是定位:"庚子变后,不肖创《大公报》于津门,斯时得于天者半,得于人者半。"③在英敛之的日记中,有关庚子之变的记载俯拾即是。所以在《大公报》创刊后的一段时间,庚子之殇便深深地融入《大公报》人的话语表述中。

1. 认清危局

《辛丑条约》的签订使中国彻底沦为任外国列强宰割的"俎上肉",然而很多民众,此时已变得麻木不仁。对此,以英敛之为代表的《大公报》人忧心忡忡,屡次刊登文章,大声疾呼,以图唤醒国民认清危局,激发其爱国之心:

> 甲午一役,偿日本兵费二百兆,庚子一役,偿各国兵费四百五十兆。④
>
> 今观我国一创于甲午,再创于庚子,大局至此,危迫极已。遂致矿产权、铁路权、税务权、审判权、宗教权、财政权、殖民权、租地权、邮政权、通商权、教育权,下至一切权利,皆被外人垂手而得之。⑤
>
> 庚子之变,京津继陷,惨剧弥烈,创巨痛深。⑥
>
> 庚子一变,国本动摇,勉强维持,苟延残喘。然丧权赔款,元气大伤,转弱为强,正未卜何年月日。⑦

然而,很多人无视当前九死一生的危局,官场酣嬉依旧,百姓一脸麻木。《大公报》认为,这是最大的"危局"。对此,《大公报》人屡次发文加以抨击。

1903年3月20日,在"论说"《警告吸烟缠足者》中说:"甚哉,我中国人之无血性也,詈之而不知羞,击之而不知痛,涕流满面而犹安之若素。何其冥顽一至于斯哉?"不仅被詈、被击后不知振作、嬉戏如常,而且与詈者、击者为友。

---

① 湛之:《论坛·二十年之回顾》,《大公报》1922年6月17日。
② 张季鸾:《〈大公报〉一万号纪念辞》,《大公报》1931年5月22日。
③ 英敛之:《〈大同日报〉发刊祝词》,《大公报》1908年3月25日。
④ 郭恩泽:《来稿代论·书游学会》,《大公报》1903年3月23日。
⑤ 张蔚臣:《言论·说权利与合群——解决我国能否之问题》,《大公报》1906年2月13日。
⑥ 《言论·记国民捐之发起》,《大公报》1906年4月28日。
⑦ 《言论·江西拳匪肇乱感言》,《大公报》1907年10月1日。

于是"外人"均以为中国人好欺。一人詈变众人詈,一人击变众人击。"谚有之,墙倒齐推,破鼓共挝,其殆我中国人之谓乎?"①

3月23日,以"来稿代论"的方式刊登合肥郭恩泽的《书游学会》一文,尖锐抨击道:庚子赔累,倾家荡产。"如此大创,而我国犹酣焉,嬉戏焉,不以为痛,若于己事毫不相涉也。"②

1904年1月24日,发表英敛之写的《呜呼派者言》:"甲申之役,外侮已不一来,人心自当深警。而乃积习不除,病根牢在,泄泄沓沓,振作毫无。甲申而后,复有甲午,甲午而后,更有庚子。至庚子,则社稷几屋,两宫西狩,人民涂炭,生机全无。遭此创巨痛深,天翻地覆,可谓万死一生矣!"③

5月1日,在"论说"《王照案之慨言》一文中指出:"自甲午庚子两次败衄,而国气丧;摊赔款,勒重捐,而民气丧;阻新机,起党祸,而士气丧;种种摧折压抑,国之元气荡焉无存,当国者宜如何猛醒奋兴,力图补救,乃犹斫丧其一丝仅属之余气,以速其死。呜呼!固不可痛哉!呜呼!固不可怪哉!"④

1905年,《大公报》出版一千号,3月5日刊登千号《征文广告》,英敛之设置选题的第一题便是"中国不亡,是无天理之问题"。乍一看,似乎是在说"昏话",实则用心良苦,含义深刻。4月13日,英敛之在《〈大公报〉千号祝辞》中专门对此做了论述:当下"时局日亟,国是愈艰。日言振作,而上下酣嬉如故;日言开通,而上下冥顽如故;其一切偷惰贪婪、骄奢残暴,无不如故。殊使鄙人悚惕乎天演之必不可逃,而劣败弱亡,奴隶牛马,我其永世沉沦此厄运耶?此中国不亡是无天理之问题,所由出也"⑤。国家危亡在即,上下酣嬉如故,中国不亡,是无天理,实乃气愤至极之言。

2. 促使幡然猛醒

1897年,在甲午海战惨败、中华民族沦落至危亡关头时,严复将英国生物学家赫胥黎的《天演论》翻译成中文,并在他主办的《国闻汇编》上刊出。一时间,"物竞天择,适者生存"很快被中国先进知识分子所接受,"天演"成为解说世界发展的核心词汇。真所谓"自有天演以来,则有竞争,有竞争则有优劣,有

---

① 《论说·警告吸烟缠足者》,《大公报》1903年3月20日。
② 郭恩泽:《来稿代论·书游学会》,《大公报》1903年3月23日。
③ 《论说·呜呼派者言》,《大公报》1903年1月24日。
④ 《论说·王照案之慨言》,《大公报》1904年5月1日。
⑤ 英敛之:《〈大公报〉千号祝辞》,《大公报》1905年4月13日。

优劣则有胜败。于是强权之义虽非公理,而不得不成为公理"①。晚清中国知识分子大抵深受《天演论》中社会达尔文主义意识形态的影响,几乎都是透过"物竞天择,适者生存"的认知框架,来理解世界的局势与中国的处境②。英敛之也接受了天演说,在《大公报》创刊之初,多次撰文和刊文阐释"弱肉强食"的观点,要求国人认清这个变化了的时代:世界万国并立,中国的国门已经被列强撞开,如果再不奋起图强,就必然会被强者蚕食,希望国人上下同心,努力改变目前的颓势。

1902年6月30日,《大公报》刊登英敛之译自上海《字林西报》上的一篇文章,题目是《论中国之机势》,试图借外国人之口提醒中国人:"拳匪之乱,各国待中国之政策若是其和平,许其自新,诱其变法,以为中国必能改弦更张矣。讵料时至今日,蔽塞守旧如故也,太后之握权如故也,荣禄及满洲诸顽固大臣安享利位莫不如故也。且太后之权反较未乱之先更有甚焉者。"大创之后,中国朝野上下,依然苟且偷安,内政泄沓如旧,对此文章警告说,"倘此后中国仍复酣睡,不能变法,不能自立","土耳其之覆辙不远"矣③。

11月28—29日,"论说"栏刊登《茶余闲话》,指出:"据理言之,劣者必败,弱者必亡;优者必胜,强者必存。劣者变为优也必胜,优者变为劣也必败;弱者变为强者也必存,强者变为弱者也必亡。以优者与优者较,极优者长胜;以强者与强者较,极强者久存。此天演之公例,即进化之公理也。"④《大公报》人与维新先觉者一样,指望以"天演论"作为启迪国人的理论武器。

特别是当此九死一生之际,《大公报》人急切希望"当国者宜如何猛醒,奋兴力图补救"⑤。1904年5月25日,刊登《论中国之内忧外患》,其中说道:"危哉!中国也!悲哉!中国也!夫有国家者,果能闭关自守与世无争,惟我独尊,睥睨一世乎?……然而今日为国与国竞争之时代……虽不愿争,而势之所迫,亦不得不争。"处于此弱肉强食的时代,"善为国者,必须改良政治力图富强,以为先声夺人之地,内忧不作,外患亦不战而自消也"⑥。作者凭着对国家

---

① 梁启超:《国家思想变迁异同论》,《饮冰室文集》第17卷,中华书局1936年版,第25页。
② 沈松侨:《近代中国民族主义的发展:兼论民族主义的两个问题》,《政治社会哲学评论》(台北)2002年第3期,第65页。
③ 《论中国之机势》,《大公报》1902年6月30日。
④ 《论说·茶余闲话(续前稿)》,《大公报》1902年11月29日。
⑤ 《论说·王照案之慨言》,《大公报》1904年5月1日。
⑥ 《论说·论中国之内忧外患》,《大公报》1904年5月25日。

危亡的特殊理解,深切感到灾难的深重性和救亡图存的紧迫性。

英敛之等《大公报》人认为,国人不仅要认清危局,而且要清楚当前危局产生的原因,从中吸取教训,增强振作向前的自觉性。早在1902年6月21日,英敛之在《论归政之利》中,劈头盖脸第一句话就是:"呜呼,今日之乱极矣!"随后指出,此"极乱之局",首先是"登大位秉国钧者"愚昧无知,盲目排外所致,他们"不顾大局,欲逞一朝之忿",致"拳祸所由起"。义和团的盲目排外行径带来"联军入京,郊庙陵寝多为外人驻兵,太庙神主以致转徙海外,宗社覆矣"。进而追述道:"自海禁开,外人所注意在通商,而往往战祸不在争商,而在传教割地赔款,年必数次。……降至今日竟至不可收拾。"①7月20日的"论说"《论赔款为义和拳之纪念》则尖锐地指出:"今外人本无索赔款之机,而义和拳实启之;外人本无索赔款之势,而义和拳实张之。"②几年后,《大公报》依然认为,割地赔款之灾,乃义和团盲目排外行为所致,朝野上下,"自遭庚子之大创,知野蛮之举动,最足以败事"③。《大公报》将庚子之祸完全归咎于义和团,肯定失之偏颇,但是指出由国民愚昧无知、盲目排外和朝廷"割地赔款"外交所造成的恶果,是值得重视的。

《大公报》的这种呼吁一直没有停止过。1908年,更是杜鹃泣血似的呼喊道:"如今我中国的国家,闹得这么又贫穷又软弱,到底等到多时才能够富强了呢?地土是由着外人的性子随便割占,人民是由着外人的性子随便欺负。……我中国的同胞们,可就都加上亡国奴的顶戴了,怎么我中国上上下下的人,还不知道快快的醒悟呢?"④

3. 启发爱国心

英敛之等《大公报》人指出,中国民众"处危不惊""临危不惧""昏迷不醒",几成冷血状态,大多数人对民族危亡置若罔闻,自私而不合群,为一己私利蝇营狗苟,不为国家利益挺身而出;人人关注之点均在于"我之私"与"我之利",尽管国家危在旦夕,他们却视而不见,"曰吾有富在,吾有贵在,父传子,子传孙。安富尊荣,世禄罔替,吁燕巢危幕,不知大厦将倾"⑤。《大公报》认为,消除这种麻木状态,必须启发国民的爱国心。

---

① 英敛之:《论说·论归政之利》,《大公报》1902年6月21日。
② 《论说·论赔款为义和拳之纪念》,《大公报》1902年7月20日。
③ 《言论·忠告争拒借款诸君》,《大公报》1907年12月1日。
④ 《白话·快醒醒吧》,《大公报》1908年5月6日。
⑤ 《言论·论自私自利之小结果》,《大公报》1912年9月27日。

而要启发国民的爱国心，首先必须通过教育，使民众树立"国民"概念，增强国家主人的观念和自身对国家的责任感。

中国自古以来，只有"子民"，没有国民，民众便难有真正的爱国心、责任感。维新时期，梁启超首先在中国阐述"国民"概念："中国人不知有国民也。数千年来通行之语，只有以国家二字并称者，未闻有以国民二字并称者。国家者何？国民者何？……国民者，以国为人民公产之称也。国者积民而成，舍民之外，则无有国。以一国之民，治一国之事，定一国之法，谋一国之利，捍一国之患，其民不可得而侮，其国不可得而亡，是之谓国民。"①英敛之等《大公报》人引用梁启超的观点，继续推动由维新人士开启的对民众的启蒙教育，多次发文指出：长期专制野蛮的统治，致使国家与国民分离，历代专制统治者"以国家为一人之私物，难责以人人真爱之"，"自古以来，国家意旨已乖，以官爵为施恩济私之具，培植涵濡一班圆熟软媚材料，使之歌功颂德、损下益上，只知误国殃民、为丛驱爵，使民安得而有爱国心？民安得不视国家危亡无关痛痒，且不惟无关痛痒，而竟睊睊胥逸，直有幸灾乐祸之情，凡此皆民无爱国之心之正原因也。今国家欲民皆有爱国心，必须尽反其所为，使上下情通，苦乐与共，毋纵狼以噬羊，毋视民而如畜，知民为邦本而善抚之，斯本固邦宁"②。"中国向为一王专制之政，小民崇拜一人之心甚坚，绩习相沿，遂不知国家为国民之公共物。"个人只管"眼前敷衍了事，吃点喝点，多弄几个钱，逍遥快乐"，他们甚至把那些忧国忧民的人，视作"杞人忧天，无故呻吟，不是疯子，就是傻子"，"国家在他们心中，仅是皇帝的私物"③，如果以国家为公共之物，则人人不得不爱之。因此，当务之急是改变政体，使民知道自己与国家的关系，激发国民的爱国心，"抖擞精神，以期进步！"④

《大公报》发文论述国与民的关系，如说："今夫集合亿兆黔首，而组织一大社会，曰国；为国之主人翁，而掌存亡机关者，曰国民。"⑤又说："国家者国民之积，国民者国家之分子。有国家无国民，国家无与成立，有国民无国家，国民无所依附。然则国家不可一日无国民，国民亦不可一日无国家，国家之与国民关

---

① 梁启超：《论近世国民竞争之大势及中国前途》，《饮冰室合集》（第2卷），中华书局1989年版，第56页。
② 《论说·爱国心》，《大公报》1903年5月27日。
③ 《附件·爱国论》，《大公报》1903年6月2日。
④ 《言论·恭读十一月二十一日论旨谨系以论》，《大公报》1907年12月30日。
⑤ 《论说·译东报论支那衰弱之风潮》，《大公报》1903年3月7日。

系若是其重且大哉。"①英敛之在天津游学会演说时号召国人要"以爱国保种为心,以不若人为耻,不达其目的不已,所谓锲而不舍,金石可镂,其日后之造就,又岂可以限量?"②

《大公报》还针对"新旧相仇""满汉相忌"的现实,提出:"我中国不欲保全则已,如欲保全,则宜平满汉之见,化新旧之争。"主张无论满族、汉族还是其他民族,都是中华民族的国民,都要爱自己的国、保自己的国。"国者何?民众团体之所由成也。爱国心者何?思所以固结团体,保持爱护之也。保持爱护者何?不使异族侵害我之自由,致失其权利也。谁人当具爱国心?凡属人类,无不当有之也。"③这就是说,国家是国人赖以栖身之地、安生之所,当外来异族侵犯时,无论汉族还是满族,每个国民都应舍生忘死保卫之。

为了使每一个老百姓都懂得这一点,1904年9月1日的"附件"栏刊登白话论说,提出:"国家是由人而成的,要是没有人,就不能成为国家。人也是仗着有国家,才能立站住了的,要是没有国家,就不能成一个完全自主的人。"文章举例说:"你们看犹太人和波兰人,自从他们国被人灭了之后,这两国的人,直到如今,无倚无靠,颠沛流离,无论住在那一国,全不能跟人家本国的民一例看待,你们看可怜不可怜?"④

在这种论述的逻辑中,民被定义为国民,被视作国家构筑的元素,也是国家成立的基础。国家与每个国民相互依存。国民须爱国,国家须保民。国民爱国为应有之义。

《大公报》不仅向国民灌输爱国道理,而且抓住一切机会,联系实际,对国民进行爱国主义教育。比如,1902年8月八国联军将他们强占的天津交还中国,《大公报》以此为例,向中国朝野好好地进行了一次爱国主义教育。

还在天津尚未交还之前,《大公报》便于7月15日发表题为"天津交还后问题"的论说,提出十二个"当问",拷问天津交还后中国政府的施政措施:一问海河如何疏浚;二问将如何遵守条约以藩篱北京;三问大沽炮台已毁,收回天津将如何守;四问天津不许驻兵,袁宫保(袁世凯)将何以自卫;五问小民困苦何以抚恤;六问天津交还后,是否又复旧观;七问外国银行流通已久,怎么办;八

---

① 《言论·论政府宜奖励国民》,《大公报》1906年5月24日。
② 英敛之:《论说·天津游学会演说》,《大公报》1903年4月5日。
③ 《论说·爱国心》,《大公报》1903年5月27日。
④ 《附件·说国家思想》,《大公报》1904年9月1日。

问天津铁路怎么收回;九问盐坨生产之盐仍否储存于租界;十问北洋学堂是否恢复;十一问天津还能否设兵工厂;十二问南漕禁运,津民无食,怎么办。

8月15日是八国联军正式向中国交还天津的日子,当日《大公报》发表"论说"《天津收复与诸乡人书》,提出,交还天津既是可喜,更是可惧的事情:"吾乡人勿以土地收复沾沾焉,为可喜也。仆请言其可惧者。夫今之所谓交还者,名而已。官司固如故也,胥吏固如故也,假权势以行其压制之术,藉征敛以遂其侵牟之计者,亦莫不如故也。而大沽等厂台则已削平矣;新城诸营垒则已拆毁矣,制造军械各厂则不得再设,距津二十里内之境,则我军不得屯驻矣,自京师通至海口之路,则归外人专制矣,附近铁路二英里内则听各国屯军管辖矣。险要已失,全境在人掌握,一有龃龉,直探囊而取之耳,故中国一日不强,则吾津一日不安。"①

天津交还后,《大公报》于8月19日刊登"来稿"《劝中国人合群保国》,又一次提出警告:"现在咱们中国实在是坏的不成样子了,不但比外国穷,并且还是比外国软弱,要是总按照这个样子,还不想法子整顿,就怕不几年的功夫,咱们全变为外国人的奴才了。你们没看见那印度人么,他们原本是一个极大的国,比咱们中国也不在以下,只因为他们的皇上合那些个官,不想法子整顿国事,那些民人也竟是随便找舒服,不知道长起精神来练练学问,合咱们现在的毛病是一个样,直到如今他们的国归了英国管了,他们的民人,不是给英国当兵去,就是当苦力去,再想找舒服万不能了。咱们中国人,要是再不提起精神合起拢儿来,想法子把国保住,恐怕不久也变成印度人的样子了。"②

天津交还过程中,有一个小环节——交还"城隍庙",市民对此反应热烈,表现出来的热情比收复整个天津还强烈。见此情景,《大公报》感叹道:"呜呼噫嘻,天津已失主权不可回矣,已伤元气不可回矣,已丧之土地不可回矣,削去之城垣不可回矣,拆去之民房不可回矣,失去之财产不可回矣,死去之人民不可回矣,而府县城隍之二泥像独回焉。呜呼噫嘻,当此天津初还之时,夫岂无应办之事急于泥像者哉?"③在市民心中,几尊泥像的重要性胜过整个天津城,中国人的爱国心到哪里去了?

在《大公报》人看来,中国人爱国心薄弱,主要原因是国民未开化,未进入

---

① 《论说·天津收复与诸乡人书》,《大公报》1902年8月15日。
② 《来稿·劝中国人全群保国》,《大公报》1902年8月19日。
③ 《论说·论天津收复城隍回庙事》,《大公报》1902年8月20日。

文明行列,人格不完全,何以能关心国家前途? 对此,该报一连发数篇文章加以评判。1903年3月27日的《悲中国之前途》一文,不惜用很极端的语言对国人加以刺激:"呜呼悲哉! 我中国人乎,即谓不如英美之犬亦无不可。"为何这样说呢? "英美之犬尚得博人之怜爱,为人所宝贵,我中国人则无论对于外界,对于内界,其为人之资格甚不完全,为外界所不齿,为内界所难容。"①半月后的4月11日,在一篇"来稿代论"《人畜之别》的文后"本馆附志"中又说,"今日世界上各国,欧美则日益进化,亚非则反形退缩。就我中国而论,政治风俗依然千余年前之旧,而不见长进",而"人(指欧美人)愈优而愈胜,我愈劣而愈败。我中国人行将失其为人之资格,此足为中国之前途忧也"。指出中国如不能进化,就面临着"与草木同腐,与禽兽同等"的危险②。4月21日,又在一篇"论说"中特别指出:"奴隶之特性,实亦我中国四万万人之特性。"③中国要与世界强国比肩,必须加强人格的养成和人的精神的提升,克服身上的"奴性"。国人若不改变奴隶之心、奴隶之性、奴隶之行为、奴隶之状态,国家之断送不远矣! 国人只有去掉奴性,"勉争人格",国家之振兴才可期④。

同时,针对中国旧式教育基本上为"奴化教育"的弊端,《大公报》相应提出极具该报特色的解决方案,即"以宗教教化国民"的方案:"东方之贫弱,西方之富强别无他故,只视其教化为何。如中国苟能得教化以释放实践文明之目的,则转瞬富强,与西方各国一律焉。"在《大公报》作者眼中,用宗教教化国民,国家"转瞬富强",宗教成为弱国变强的灵丹妙药,进而提出"宗教立国"的主张⑤。

英敛之和《大公报》屡次发文,要求国人认识宗教的力量和作用,认为中国图治,离不开宗教,他说:"西人来华传教,不惟无害,且有大益。何则? 宗教者所以养人德性,束人身心;国政之所不及者,宗教可以隐济之于无形也。"⑥他一方面试图以"与人为善"的精神救助灾民,为国家分忧;另一方面希望以"劝人为善"的思想教化国民,以教义维持人心,从而拯救国家。他主持的《大公报》宣传"宗教救国"的主张,与英敛之教民的身份及宗教信仰是分不开的,虽失之偏颇,但其中也包含了爱国之心。

---

① 《论说·悲中国之前途》,《大公报》1903年3月27日。
② 《来稿代论·人畜之别》,《大公报》1903年4月11日。
③ 《论说·说自立》,《大公报》1903年4月21日。
④ 廖廉能:《言论·亡国奴隶》,《大公报》1906年7月9—10日。
⑤ 《论说·录西报论文明野蛮之界说并书后》,《大公报》1903年2月26—27日。
⑥ 《论说·中国图治之三要策(续昨稿)》,《大公报》1903年4月7日。

英敛之知道,中国国民爱国心的启发是非常艰难的,因为"中国亲亲贵贵之治,用之者数千年矣。……其入于吾民之心脑者最深而坚,非有大力之震撼与甚久之渐摩,无由变也"①。面对如此"不开化、不觉醒"的民众,期其朝倡而夕喻是不可能的,得慢慢来。

4. 劝捐

庚子赔款,数额巨大。本来空虚的国库,哪来银子赔付列强的四亿五千万两白银?清廷便将这些负担分摊给民众——征收所谓"国民捐"。朝廷颁旨后,各级官吏趁机上下其手,层层加码,大捞好处。各种名目的捐,令人眼花缭乱。以江苏苏州牙厘局为例,单是它所经办的各种捐税名目就有百货捐、茶业捐、茧捐、丝经捐、用丝捐、黄丝捐、米粮捐、花布捐、烟酒捐、皮毛捐、牲畜捐、竹木捐、磁货捐、药材捐、厂纱捐、加抽二成茶糖捐、加抽二成烟酒捐、烟酒坐贾捐、续加二成烟酒捐、续加烟酒坐贾捐、烧酒灶捐、新加烟酒坐贾捐、船捐、随丝带抽塘工捐、随丝带抽工帐捐、随丝带抽饷捐、茧行分庄印照捐、机捐,计达二十八种②。这就极大地加重了民众负担,于是,全国各省纷纷掀起抗捐风潮。然而本来以关注民生为要的《大公报》这一次却完全站到朝廷一边,对民众进行"劝捐"。

《大公报》为何要"劝捐"?原来是他们牵强地将"劝捐"纳入爱国的行列。1905年10月5日刊登"专件"《天津国民捐之发起》,对实具"摊赔款"性质的所谓"国民捐"进行正面解读,劝说国民积极"认捐":(1)国民担国债,此为公理,"立一国于寰球之上,不闻其大小强弱,凡生长于其国内者,人人皆有国民之义务,即人人皆有负担国债之职任,此不可辜之公理也"。(2)国民认捐赔款,可以省利息:"吾国自庚子一役,赔款四百五十兆……约以三十年为完债之期,而此三十年中子母兼权,则须实偿银九万万两,是一本而取倍蓰之息也。夫以吾国四万万人之众,能各尽国民义务,群以负担国债为民任,则贫富平均每人当输银二元,已足偿此巨债而有余。而彼三十年所赢之倍息,即可以藉为举办新政之资。岂非吾国之最大利益乎?不此之务,愿以所赢之倍息,拱手授于外人,而一切新政创办费,则仍须要吾国人额外出之。其间利害轻重,孰得孰失,当不待智者而知之矣!"③

---

① 严复:《论说·主客评议》,《大公报》1902年6月26—28日连载。
② 《苏牙厘局捐项类别表》,《时报》1910年1月22日。
③ 《专件·天津国民捐之发起》,《大公报》1905年10月5日。

1906年3月4日,又刊登《论国民捐》,进一步号召国民踊跃参与缴纳"国民捐",认为发起"国民捐之问题发现,足征我国民知识开通、思想发达",是尽到国民责任:"民之负于国者,曰责任,国之畀于民者,曰权利。无无权利之责任,无无责任之权利,识乎此,则上求下应,各得其道,以中国之地大、物博、人众雄视乎环球何难?区区之国债又何足云?吾今再为赘一言正告我国民曰:国民捐者,国民之天职也,乌可不尽其天职,而求其权利,为强国之民,成民强之国哉?"①4月28日发表的"言论"《记国民捐之发起》,对各地积极缴纳"国民捐"的群体进行表扬:"国民捐之发起,倡始于京津,渐被于江南……近又有沪上吴芝瑛女志士创办女子国民捐……亦可谓爱国之热诚涨至极度者矣。近又有津邑温宗、徐陆、文辅、陶本玉、陶淑修、张祝君、安相君诸女士起而应之,互为呼应……诸女士皆所谓女中之豪杰者!"②一年半后,还在"言论"栏发表外间来稿,从国民与国家关系的角度号召认捐:"国之民,民之国,顺言之,莫可分。……国有治乱,民实受之,国有兴革,民必与之。扶一国之危弱,致一国之富强,其责任胥在吾民,对于私,是谓权利,对于公,是谓义务。"③总之,《大公报》找出各种各样的理由劝民捐款,以克国艰,其立足点是国,不是民。

必须指出的是,《大公报》的这些说教看起来有理,实则大谬。一是脱离实际。他们知道,"今天下疲困极矣,水旱连年,盗贼蜂起,暴敛横征,亘古未有。"④衣不蔽体、食不果腹的广大穷苦民众,哪来两元钱?二是偏离国情。数千年来,民众无国民之称,不负国家之责。现在要赔款了,便向百姓摊派。天下哪有这样只尽义务而没有权利的事?

(二)支持新政

庚子之变后,在越来越严重的民族危机刺激下,中国朝野上下包括刘坤一、张之洞、袁世凯等一些洋务大臣在内的许多开明人士认识到,必须实行新政,整顿政治、军事和教育,改弦更张,才有可能继续维持清朝的统治。同时,顽固保守派在义和团运动失败后遭到沉重打击,作为一种政治势力被严重削弱,从而大大减少了统治集团内部的改革阻力。清朝实际的最高统治者慈禧

---

① 《代论·论国民捐》,《大公报》1906年3月4日。
② 《言论·记国民捐之发起》,《大公报》1906年4月28日。
③ 郭心培:《言论·国民捐议》,《大公报》1907年10月20日。
④ 《论说·论归政之利》,《大公报》1902年6月21日。

太后开始接受改革派的主张,准备实行新政。

1901年1月29日,清廷以光绪皇帝的名义颁布上谕:"着军机大臣、大学士、六部九卿、出使各国大臣、各省督抚,各就现在情形,参酌中西政要,举凡朝章国故,吏治民生,学校科举,军政财政,当因当革,当省当并,或取诸人,或求诸己,如何而国势始兴,如何而人才始出,如何而度支始裕,如何而武备始修,各举所知,各抒所见,通限两个月,详悉奏议以闻……"4月21日,慈禧太后下令成立以庆亲王奕劻为首的"督办政务处",作为筹划推行新政的专门机构,另任命李鸿章、荣禄、昆冈、王文韶、鹿传霖为督办政务大臣,刘坤一、张之洞(后又增加袁世凯)为参预政务大臣,总揽一切新政事宜。自1901年4月开始,清政府逐步推出涉及吏治、军事、经济和教育各领域的新政。

清廷的新政诉求与《大公报》的办报宗旨是较为吻合的,所以《大公报》对清廷各项新政的推行均表示赞同并予以鼎力支持。

其一,支持办工厂、开矿山,发展实业。

新政实施后,《大公报》明确指出:"居今日而言,行新政,第一先从实业上做起,而其余一切皆后也。"①《大公报》支持办实业,把发展实业放在新政之首,其目的是期以"实业救国"。1904年9月24日,《大公报》"附件"栏发表白话文《实业可以救贫》,指出:"中国当下可谓贫穷已极了。国怎么贫的呢? 由于民贫的缘故。民怎么贫的呢? 由于没有实业的缘故。……有子弟的,全以念书考取功名为露脸,再不然就送到店铺学生意去。"其实,要想不挨饿,就要革除重空谈不重实业的弊病,"教各处兴办工厂,实在是眼前最要紧的一件事"②。

《大公报》还支持发展商业,认为商业与实业实为国家富强、相互促进之两轮。1902年夏,传闻有英国人提议把北京开为商埠。8月5日,《大公报》发表《开北京为商埠论》的"论说",对此提议极为赞成,并列举四条理由对国内外的反对者进行驳斥,说:"若我力拒此议,则坐失一输入文明之机会,且以阻全国之进步矣。"③《大公报》赞成开辟商埠,认为通过发展商业,与工业相配合,是国家求富之路:"无商业之竞争,国必不能富。无工业之竞争,商亦必不能兴。故欲求富国,必先求商业之发达,而欲求商业之发达,尤必先求工业之精良。盖商者以营运货品博取厚利,而货品实赖工业而成。是工实为商之本,工不振则

---

① 《论说·中国宜广设工艺厂说》,《大公报》1903年9月13日。
② 《附件·实业可以救贫》,《大公报》1904年9月24日。
③ 《论说·开北京为商埠论》,《大公报》1902年8月5日。

商必无功。"①

然而清廷口头上说发展商业,实际上依旧采取抑商而非保商政策,比如"反主为客、反主为奴之税法",弄得"吾国今日商业之现象如一囚徒然,寸寸受缚,欲动不得,长埋黑牢,不见天日"。对此,《大公报》发文呼吁改善税法,郑重指出:"今日现行之税法……一日存留,即吾国商业一日无生气,吾国商业无生气,即吾国农业工艺之发展永远绝望,而吾国长此不国矣!"②

为了发展商业,《大公报》还主张商家联合、设立商会。说:"民与民群则国立,士与士群则国强,商与商群则国富。"③不久,清政府谕令在各省设立商会、各州县设立分会,商部还奏定《简明商会章程》,规定设立商会之目的是保护商业、开通商情,并列有保护华商利益的专门条款。《大公报》对此持欢迎态度,还多次不惜篇幅搜集译载美国旧金山、纽约的商会章程,并介绍其现状,供中国商家办好商会"取法"和"考证"④,希望中国商家"诚能放远其眼光,充其能力之所至,由联群以自立,以建一民族主义最适于天演之国家"。

为了发展商业和工矿业,《大公报》呼吁提高工商企业家的政治地位。在稍后的立宪运动中,各地成立咨议局,所推举议员却主要来自绅、学两界,工商界的人很少。对此《大公报》予以严厉批评:"立宪国中最占政治上之势力者,莫如农工商界。"但是,"我国近数年来,新政繁兴,百端俱举,预备立宪之声,遍于朝野。然其间食宪法之福,蒙宪法之利者,绅界也,学界也,而农工商界无与焉……自有学校以来,农工商界但有出捐之义务;自有行政以来,农工商界但有纳税之义务;而其充学校职员、为新政领袖者大半出之绅学两界"。咨议局成立,"起视各局之议员,仍属绅学两界居多,而农工商界寥寥无几"⑤。《大公报》为缺少农工商界代表的咨议局表示悲哀,呼吁改变这种状况。

其二,支持教育改革,大兴新学。

《大公报》认为,教育是一个国家的基础,无教育则无国。因为"教育者,所以提振国民之精神,感发国民之志气,使人人得成为国民之资格,能担当国家之责任者也。国之有教育,犹蒸汽锅之有火。火力旺者,则水热而气足,教育

---

① 《论说·论天津考工厂》,《大公报》1904年11月16日。
② 《论说·鸣呼商困》,《大公报》1911年9月27日、28日。
③ 《论说·设商部宜先设商会说》,《大公报》1902年11月16日。
④ 《要件代论·美国金山商业会议所章程及现状》,《大公报》1904年8月11—13日;《代论·美国纽约商业会议所章程及现状》,《大公报》10月5—7日。
⑤ 《言论·为农工商界悲》,《大公报》1909年12月15日。

盛者,则民智而国强。旷观五大洲,横览十数国,凡其国之强与不强,恒视其国之教育为比例"①。强调指出,教育是"造就国民之基础,存立国家之命脉,不可须臾离者也";"人无教育,是曰非人,国无教育,是曰非国"②。"国力何以自强? 曰惟学堂。国步何以进化? 曰惟学堂。转积弱为图强,全国数万万人之视线,悉交集于学界之中心点。"尤其是在天演时代,"盖国际之竞争,不在于军备,而在于教育,故一国最上之资本,莫大于去发达国民之脑力"。教育之事业,无疑为当日救中国之"至切至紧,不可稍缓之要图也"③。

《大公报》所说的发展教育,是发展新式教育。虽然随着清末新政的推行,新式学校纷纷创办,但是科举制度还在顽固维持,作为一种守旧势力对抗新式教育的发展。《大公报》认为,科举教育于国家兴盛不仅无益,而且有害,必须严令禁止。1903年10月24日,《大公报》发表《论科举》,指出中国的科举使"百学之所以并荒,人心之日即于苟且",令人"深恶而痛绝之,不愿我少年之再受其毒也。科举与学校无并立之理",必须废止之。大兴新式学堂,实施真正的"国民教育",为强国保种的当务之急④。

中国的新式学堂兴起于洋务、维新时期,新政时期达到高潮。据统计,1903年全国有新式学堂769所,1904年猛增至4 476所,1905年达8 277所⑤。虽然如此,《大公报》还是认为远远不够,必须采取各种方式筹集资金创办更多的新式学堂。为了激发社会各界的办学热情,1904年9月4日,《大公报》刊登《日本学校总数表》,记载当时日本有学校29 000余处,在校学生510余万人,占日本总人口的百分之一。当日刊登的《书〈日本学校总数表〉后》一文中指出:"日本以弹丸小国,称雄亚洲,岂有他术哉? 不过视学为性命,深知夫万种生机,皆由此出。合全国男女少壮之精神皆贯注于学界中耳。"⑥相对而言,中国不仅新式学堂数量少,而且质量差,有不少学堂,名曰新,实为旧,因而《大公报》指出,中国办新学,不仅数量上要增加,而且要从各方面进行改革,使之成为名副其实的新学堂。

首先,要设定新的符合国情的办学宗旨。洋务时期创办的那几所学堂的

---

① 《论说·论中国教育当定宗旨》,《大公报》1902年11月7日。
② 《论说·论中国教育宜急图改良之法》,《大公报》1904年12月10—11日。
③ 耀枢:《言论·研究教育私议》,《大公报》1906年12月5日。
④ 《论科举》,《大公报》1903年10月24日。
⑤ 王笛:《清末新政与近代学堂的兴起》,《近代史研究》1987年第3期。
⑥ 林兆翰:《书〈日本学校总数表〉后》,《大公报》1904年9月4日。

宗旨仅仅在于"利交涉,缮军旅,知器械而已"①,而学堂所设的科目,也无非英文、算术、地理、历史等"有形式、无精神之科目"。即使"外国语学校到处林立,全省学务处次第兴办",实际上也徒有虚名,这些学校"每月仍考试策论矣。变易义塾名目,每日仍教授经书矣"。因此,《大公报》进一步指出,教育改革必须从厘定"教育宗旨"开始,否则"虽学堂林立,弦诵相闻,而其结果必至换步移形,与旧日之腐败教育,几无丝毫之异,不过于形式上一变其面目,至所谓造新国民,养成高尚人格,无非托诸空谈而已"②。文章还援引他国的教育实例,一方面说明世界各国教育都重视教育宗旨,一方面又说明,各国教育宗旨的确定均结合自己的实际,"或注重尚武精神,或激发爱国思想,或提倡合群以固其团体,或奖励公德以养其人格",中国教育宗旨的设定不可以机械地模仿与照搬他国:"若不察其原,徒李戴张冠,削足适履","恐造成之人才,必至崇拜外国,而蔑其祖国固有之特色,其弊害将来岂有涯哉"。针对中国传统的"闭塞其国家思想,训练其服从性质,将以供一人之驱策"的"奴隶教育"③,《大公报》明确提出,中国兴新学,必须以"开发民智、卫国强种"为教育宗旨④。在这种教育宗旨的要求之下,"儿童入学之初,即以道德浸渍其心脑中,又善牖启其知识,务养成心思灵敏,精神活泼之人格",而后,不管是政治、实业等后续教育,均可在此国民教育的基础之上开设相关的学科,"锐意研求,互相淬砺,遂得臻于美备,故国势扩张也"⑤。

其次,要改革人才培养目标。《大公报》指出,中国的科举是为有志于"公卿大夫"的读书人所创,与立志强国保种的志士无涉。若要使中国强盛,就要尽心竭力地创办新式学堂,培养有用人才。具体而言,就是"遍立学堂,妥定课程,无论贫富男女,俱当入学堂"⑥;并且,这种学堂是"制造国民之公所,非选拔人才之科场也;国民生活之根据,非进士举人之终南山也"⑦。

最后,还必须改革教学内容。千百年来,中国的私塾学校教的都是"四书五经",学生学的都是些"空而不实、缺而不全"的知识。这些所谓知识,脱离社

---

① 《论说·论惟立宪而后有教育》,《大公报》1904年10月8日。
② 《论说·论中国教育宜急图改良之法》,《大公报》1904年12月10—11日。
③ 锋镝余生:《论说·敬告天津教育界诸君》,《大公报》1904年3月15日。
④ 《论说·论中国教育宜急图改良之法》,《大公报》1904年12月11日。
⑤ 吕惠如:《言论·强国之根本果何在》,《大公报》1906年2月1日。
⑥ 《附件·有权者请看》,《大公报》1904年9月8日。
⑦ 《为创办北京公学事公启》,《大公报》1907年4月16日。

会实际,于国家经济发展和人类社会进步基本上没有什么用处,也不能够强国保种。1904年9月8日,《大公报》"附件"栏刊登一篇文章,描述了一个旧时教育不仅不能培养"强国保种"的人才,相反还闹出笑话的故事:"那中过举人,点过翰林,作了大官的,多有不懂什么叫地球,什么叫五洲,什么是国家,什么是宪政的。从前有个二品大员,问日本人说:到贵国里去,要坐火车,可以走几天?你说可笑不可笑?"文章指出,中国不仅要多办学堂,而且要改变教学内容,讲授新知识,"挹彼西学",开我民智。不仅引入西学中的生化光电技术层面的,更重要的是还要引进西方近代政治文明学说,培养国民独立人格和爱国精神①。

《大公报》从强国的目的出发,除了大力倡导兴新学发展国民教育之外,还极力倡导社会教育,强调发挥报纸的社会教育功能,并率先垂范。为了方便下层群众看报受教育,该报从创立开始,几乎每日于"附件"之下"演一篇白话"。英敛之对于演白话的缘由如此表述:"看报的大好处,还不在乎单单知道天下事,更能够长人的见识,增人的学问,那一样好,那一样歹,什么有益处,什么没有益处。往大里说,治国安邦,往小里说,养家费已。各事都可以比较比较,考察考察。人的见识,越经历越高,人的能干,越磨练越大。最苦的是我们中国文字眼儿难懂,所以有许多明白人,如今开了许多白话报馆,为的是叫识字不深的人也能明白。有人劝我,在《大公报》上,也要添上点儿白话,我不敢偷闲躲懒。以后得了工夫,就写几句,这是我们开导人的一片苦心。"②英敛之的做法得到社会的认可和好评:"中国华文报纸附以官话一门者,实自《大公报》创其例。以其说理平浅,最易开下等人之知识。故各报从而效之者日众。"英敛之备受鼓舞,决定从1905年8月21日起,《大公报》定期出版白话附张,名称沿用"敝帚自珍",每日"随报附送,不取分文"③。后来,这些白话被集结为《敝帚千金》出版,为了使更多的读者可以接受,定价极低,"每本售钱五十文"④,颇受读者欢迎。1908年2月7日的"本馆广告"称:《敝帚千金》亦已积至三十册,除附报奉送外,另行装订销售者亦至数万册之多⑤。

为了使报纸"抵达"更多的民众,使其阅读之、领会之,从而造就真正的"国

---

① 《附件·有权位者请再看》,《大公报》1904年9月8日。
② 英敛之:《附件·讲看报的好处》,《大公报》1902年6月22日。
③ 英敛之:《本馆特白》,《大公报》1905年8月20日。
④ 《英敛之先生日记遗稿》,第811页。
⑤ 《本馆广告》,《大公报》1908年2月7日。

民",北京街头出现了一种新鲜事物——"阅报处"。1905年5月30日,《大公报》刊文说:"我们中国的报纸,虽是不如外国多,到底也总算不少了:中国顽固的人多,阅报的风气不大开,你劝他花钱买报看,他是不肯的。就是买报看的,也不能买得许多。但靠着一两种报,考查天下的事,究竟所知道的事有限。要打算多买,又买不起,惟有设立阅报处最好。这阅报处,拣那极好的报,买些种,任人观看,不但于明白人有益处,就连那顽固人,也可以渐渐地化过来。"并希望天津的有志之士"仿照北京的办法,多立阅报处,不但是入学堂的可以开通,学堂以外的人,也可以得开智的益处"①。

由于报界的大力推动,建立阅报处在全国已成为一种风气。有资料显示,1904年以后,山东、河北、浙江、广东、江苏、福建、江西、湖北等地陆续设置了阅报处。至1905年、1906年之后,阅报社大量出现。这些阅报社多设在寺庙、茶馆等公共场所②。

其三,力主吏治改革,"拔凶邪,登良俊"。

英敛之等《大公报》人痛恨清廷官场黑暗、官员腐败,连篇累牍地对此予以抨击。1902年8月2日,《大公报》创刊不久即载文抨击道,民族危机已达极点,而"官场昏聩如故也,怠玩如故也,徇私舞弊如故也,钻营苟且如故也,听戏狎优宴会如故也"③。1905年4月13日,《〈大公报〉千号祝辞》尖锐地指出,国家遭受庚子重创后,"时局日亟,国是愈艰,日言振作,而上下酣嬉如故;日言开通,而上下冥顽如故;一切偷惰贪婪骄奢残暴,无不如故。"④同日,英敛之用白话写《千虑一得》说:"我们中国的政治,向来是不狠讲公理的,把官看得太尊贵,把民看得太卑贱,在上的人,任意纵横,没有敢说他们不是的,在下的人,不用说犯了法,倘或是稍有一点得罪了官长,或是违背了在上的意思,那可就了不得了,小者缧绁枷锁,大者破家亡身。"因此,"中国刻下要整顿一切,非改良政治不可"⑤。8月17日,英敛之在《说官》中指出,朝廷各级官员本应"为君上作股肱,为民庶作保障",责任极重,但是当下的官场是"逸人高张,佞幸当权",弄得"万民怨毒"。基于此,《大公报》坚决支持吏治改革,希望朝廷"拔凶邪,登

---

① 《附件·天津也当设立阅报处》,《大公报》1905年5月30日。
② 李孝悌:《清末的下层社会启蒙运动(1901—1911)》,河北教育出版社2001年版,第48—50页。
③ 津门清醒居士:《开官智法》,《大公报》1902年8月2日。
④ 《大公报千号祝辞》,《大公报》1905年4月13日。
⑤ 英敛之:《附件·千虑一得》,《大公报》1905年4月13日。

良俊","洗涤刮磨"那些占据高位而不为国家、民众办好事的人①。

(三) 对新政失望

然而一方面由于顽固守旧派的极力阻挠,一方面朝廷各级官员对新政阳奉阴违、敷衍塞责,新政不仅成效甚微,而且诸如吏治改革等政策甚至发生异变,走向反面。《大公报》对朝廷新政也由期望转为失望,认为此前几年实施的诸种新政乃治标之策,终究不可能触及中国问题的症结,一遇阻力,必然失败,于是提出:救中国得从根本做起,那就是去专制、立宪法、行宪政,从制度上进行改良。

1. 鼓吹"去专制,立宪法"

戊戌政变,顽固派又嚣张一时,维新时期时髦的废专制、立宪法的呼声几乎销声匿迹。庚子重创,国家命悬一线,逃到海外的康梁等人与国内一部分绅商和知识分子,以及少数开明的朝廷官员又重新开始议论立宪问题。1901年6月,梁启超发表《立宪法议》,重倡立宪。康有为也批评清廷新政没有抓住国是"本原",进而主张立宪法、设议院,1902年,他亲自拟折,以数百万华侨名义呈请代奏,批评朝廷推行的所谓新政"无其根本而从事于枝叶,无其精神而从事于形式",无以救国;欧美之法,"盖以民权为国,乃其根本精神之所在也"。他要求朝廷"立定宪法,以垂后世,立与民权,以保国祚"②。国内立宪派人士,尤其是江浙一带的一些资产阶级人士,如张謇、郑孝胥、沈云沛、沈懋昭等人闻风而动,响应康、梁的号召,倡言立宪。1901年,张謇就发表《变法平议》,提出要进行政治改革、设置议院。1904年,他刻印《日本宪法》分送各封疆大吏,并设法转呈慈禧太后;同时,他还代湖广总督张之洞、两江总督魏光焘撰写了一篇《拟请立宪奏稿》,随后又偕同汤寿潜联络张之洞、袁世凯等商讨立宪事宜。同年,清朝驻法国公使孙宝琦率先上书,提出立宪建议,并详尽阐述了立宪的必要性和紧迫性。到1905年,统治阶级内部已形成了一股要求改制的势力,在八位总督中,有云贵、两广、两江、湖广、直隶等五位奏请立宪,在中央政府,也有一些中枢重臣主张立宪,如军机大臣瞿鸿机就立宪事曾多次面奏太后。

一时间,中国政治思想界顽固保守派、立宪派阵线分明。英敛之虽然没有

---

① 英敛之:《论说·说官》,《大公报》1905年8月17日。
② 康有为:《请归政皇上立定宪法以救危亡折》,转引自王文泉、刘天路主编:《中国近代史(1840—1949)》,高等教育出版社2001年版,第150页。

参加立宪派,但是立宪思想非常明确。

英敛之的立宪思想是基于他对专制危害的深刻认识。《大公报》发文论述道,从一般意义上讲,"政体专制,百弊丛兴。权豪横行于上,民怨沸腾于下"①。从中国实际看,更是如此:"中国专制古国也,自政治、学术以至风俗习惯,无不受此专制之影响,故吾国无论何种机关,吾国人无论何种举动,皆俨有一专制之小影焉。"就国家而言:"国之君主,即唯一之专制者也,一国之人竭其终岁,勤动之所得以贡献于君主,而凡生杀予夺之权皆操自君主,故君主一颦一笑,动关于国计之安危,人民之生死。天下之仅有权利而无义务,莫有过于专制国之君主者。"故大小官吏争先恐后迎合一人喜好,得君主之欢心,然后得相当的权力。就家庭而言,"家之有家长,犹之国之有君主也"。家庭内,家长权力至高无上,其他人均处于被支配地位,只能唯家长是从。文章尖锐地指出:"专制者,世界之公敌也,推其所以致敝之由,无他,一人智而万人愚,一夫刚而万夫柔而已。故此一人者而善,则举国受其福;此一人者而不善,则举国蒙其灾。"因此,文章明确地说,国家如要从"一人之时代进而为国民之时代,由家族之本位进而为个人之本位",就必须废除专制制度②。因此,呼吁"去专制""立宪法",在一段相当长的时间内成了《大公报》记事立言的重要议题。

《大公报》创刊伊始,便对立宪主张立即予以响应,多次发表文章,强调必须"去专制""立宪法"。1902年8月4日,《大公报》发表《忧俗篇》,提出新政推行不力,朝廷大员罪责难逃。文章尖锐地指出,几个负责新政的中央要害机关完全是"挂羊头卖狗肉":"夫政务处者,为办理新政而特设者也,今且以不办事为宗旨矣。军机处者,枢要之地也,今且以交情之厚薄、行贿之多寡为用人之权衡矣。"③随后,又发文进一步分析道,朝廷所谓新政,玩的是假变法,敷衍国民的把戏:"我国日言学西法,而徒慕其表面之形式,而不取其里面之精神。""上以权力制国民,下以奸诈伤同类。"④《大公报》认为,造轮船、铺铁路、开矿场固然重要,但是这些不足以"救垂死之病夫"。救中国这个病入膏肓的病人的"极烈之药石"是"建善法"⑤。1902年10月8日"附件"栏中的《皮毛》说得更明确:"咱们中国时下可算是尽了变法的能事了,自以为这个法变的无以复

---

① 郁宪章:《今日所为尊经复古果否能挽风俗正人心且征其往效》,《大公报》1908年3月5日。
② 《言论·专制之流毒》,《大公报》1908年4月10日。
③ 《忧俗篇》,《大公报》1902年8月4日。
④ 《论说·论中外强弱不同之大源》,《大公报》1903年3月3日。
⑤ 陈公民:《论说·开民智法》,《大公报》1902年8月6日。

加了,无可再变了。究竟变的是什么法?"只不过是些"皮毛"。"外国的枪炮好,咱们也买好枪炮;外国的操法好,咱们也练洋操;外国有学堂,咱们也照样儿立学堂。在外面一看,居然是变了样儿了。"①可实际上,外国那些真正好的东西,一样都没有学到,国家病根未除。《大公报》认为,国家"图治之根原,首在立宪法,予民权,如此则上下相安,君民一德,联合大群以防外患之来,则中国之前途或犹可补救于万一"②。因此,甚至建议光绪皇帝亲自到西方国家考察新法:"居今日而欲深探西法,非认真游历不可,而认真游历,非请皇上躬自出游不可。"认为皇帝亲自出访泰西各国,可以"敦睦谊、树先声、振国气、辨是非、采新法、广见闻、察使臣、知民隐","夫今日不出游,是无以增才识也;不增才识,是无以得真宰也;不得真宰,是无以变新法也;不变新法,是无以强中国也"③。

在《大公报》人看来,国家的穷与富、发达与落后,全在于立宪与否。"世界无开通而不成立之国,世界亦即无不开通而可成立之国。无他,开通不开通之征,一视诸宪法成立不成立,而即以觇国家之成立不成立也。宪法不立,则虽其国强盛,终滋危殆之忧,如今日之俄土;是宪法苟立,则虽其国狭小,已固雄富之基,如今日之德日是。若是者,知宪法之与国家诚所谓不可一日或离者。"④在文章作者看来,中国应像德国和日本那样实行立宪。《大公报》对宪政,真可说是牵肠挂肚,百般呼唤:不仅专门发表言论,还在附件中、在国内评论与国际评论中大声疾呼。

1904年10月14日的"论说",在论述激进革新和专制政体均不可救中国后说,"惟有立宪而后可以救中国","苟立宪政体,行代议之制,通上下之情",中国才可能有救⑤。此后,又发文对此进行解释:"朝廷屡下恤民之诏,而今政何一不病民?非政之果病民也,奉行者非其人,善政亦为作弊之地,实缘上下阻阂、君民之情谊不通。""今日而欲求强国之道,必以宪法为体而以诸策为用。宪法立则君民之情谊可通,中间之隔阂尽去;设议院以重政要、伸民气以保国权……政体既定,国本自坚","若不揣其本而齐其末,虽有良策犹空谈耳"⑥。

---

① 《附件・皮毛》,《大公报》1902年10月8日。
② 《论说・论内乱外患有相因之势》,《大公报》1903年4月24日。
③ 胡协仲:《论说・中国维新第一要策》,《大公报》1902年8月14日、16日、17日。
④ 《论说・论立宪之要素》,《大公报》1903年11月3日。
⑤ 《论说・惟立宪而后可以救中国》,《大公报》1904年10月14—16日。
⑥ 《论说・书强华策后》,《大公报》1905年4月8日。

1904年至1905年的日俄战争以日本胜、俄国败而结束。中国立宪派抓住此事大做立宪的文章:"大哉!日俄之战,岂非天意所以示其趋向,而启中国宪政之萌芽者乎?彼俄之见衄于日也,乃专制国之败于立宪国也,是天犹未厌中国也。"认为日本战胜俄国的本质是宪政战胜专制。《大公报》更是借题发挥,发文鼓吹宪政。1904年8月7日(农历六月廿六日),为祝贺光绪帝三十五岁诞辰发表的《今皇上万寿祝词》,再次以日俄战争作为实例论证立宪对于国家的重要性:日本"所以能日见富强,行将与欧美各大国匹敌者,厥由和平立宪,以坚固其国家基础之故"。相对而言,"俄以雄跨两洲之大国,与区区岛族之日本战迭遭败,实其专制政体有以致之"。俄国在战争中败北之后,其国内亦出现了强烈的立宪呼声。故论者提醒中国当局道:"果如是也(指俄国实行立宪),则环伺中国者,皆立宪国,我中国独以专制之政体,孤立于列强之间,其不为各国所分割者,几希矣。"①1905年4月13日《大公报》在"千号征文"中有一篇题为"日俄战后中国所受之影响"的文章称:"此役诚为创举,不知日立宪国也,俄专制国也,专制国与立宪国战,立宪国无不胜,专制国无不败。"言下之意,中国要转弱为强,就得像日本那样实行君主宪政改革。此观点为英敛之赏识,该文被列为三等奖。而在这次征文中,获一等奖的两篇题目均为"振兴中国何者为当务之急"。署名"史彬"的文章写道:倘若要拯救国家于危亡,"非亟行宪法不为功,盖宪法为振兴邦国之本,举君国之威权,人民之义务,立法、司法之权限,行政、参政之机关,胥受成于宪法。宪法实国家之精神,而治平之模范也"。当今世界恰是专制与立宪两政体递嬗的时代,"征之列国,知世界必回归于立宪而后已"。"居今日而欲振兴中国,采五大洲之良规,剔四千年之积弊,贫一变而为富,弱一变而为强,其必以君主之国而行立宪之法,最为当务之急也。"②署名"效灵"的文章结合分析当时中国的内外形势,论述立宪变法的合理性、必要性和紧迫性,认为实行立宪政体乃是时势所趋,潮流所向,宪政为"启国民爱国之心而保民之参政权也"③,指出中国已经到了"生死之关头,存亡之分界","急治之则生,缓治之则死,治得其道则存,治失其道则亡"。因此,"改革之道第一着,即奏请宣布天

---

① 《论说·今上皇帝万寿祝辞》,《大公报》1904年8月7日。
② 史彬:《征文选登·振兴中国何者为当务之急》,《大公报》1905年4月13日。
③ 效灵:《征文选登·振兴中国何者为当务之急》,《大公报》1905年4月13日。

下改为立宪政体"①。

《大公报》还提出,要早日立宪,仅仅靠政府还不行——政府往往容易动摇,还必须采取多种形式,开启民智,向民众普及宪政知识,提升国民参政议政的能力。因而《大公报》十分注意向国民普及宪政知识。1903年11月发表的那篇题为"论立宪之要素"的长文即提出,国家要立宪,还必须通过教育提高国民素质,使国民具备三个要素,即"国民资格""政治思想"和"学术程度",否则国家"不能立宪"。

1904年6月20—21日刊登的《论中国立宪之要义》提出,中国要实行宪政,还必须要解决"定宪法"和"立议院"这两个关键问题,并强调"宪法、议院二者不能相离,各立宪国无不皆然":

> 夫文明之国,无不制定宪法,以维持于君民上下之间,一以顺舆情之正,一以图社稷之安。无论君主、民主,皆以宪法为立国之要素。故其国君民合德,上下一心,国乌得而不富强。……
>
> 一议院宜先立也。欲立宪必有所以维持宪法,而成为辅车之势者,则议院为要焉。盖议院者实立法权之机关也,宪法之立以国民公认为准,故必有代表国民者而会议决定之,乃可以颁行国中,无滞碍难行之弊。②

2."君主立宪"

当时的中国,立宪运动的支持者分为激进共和派和君主立宪派。激进共和派主张推翻封建专制,建立民主共和制;君主立宪派既对封建专制制度不满,又不主张用暴力推翻这个制度,而希望用温和的方式进行自上而下的有秩序的改良,建立君主立宪制。英敛之等《大公报》人在思想上倾向于君主立宪。他们认为,君主立宪与民主立宪相较,前者更适合中国。为何如此说?1903年10月8日的《说公》解释道:"查国之政体,分三大类,曰专制,曰立宪,曰共和。极公者为共和之政,极不公者为专制之政。我国一王代嬗由来已久",加之"国民之程度低浅",如果立即"改立共和之政,则极公可变为极私",欲速则不达,"国基必坏"③。文章因此认为中国立宪不可操之过急。另一篇文章中则明确地说:"民主国之宪法无庸论矣,中国不立宪则已,如立宪必宜取立宪君主国之

---

① 《论说·敬告政府诸公》,《大公报》1904年9月22日。
② 《论说·论中国立宪之要义》,《大公报》1904年6月20—21日。
③ 《论说·说公》,《大公报》1903年10月8日。

宪法参观而仿效之。"①

《大公报》创刊的第五天,英敛之即在报上连载长篇"论说"《论归政之利》,名为要求慈禧太后归政光绪帝,实则是唱响君主立宪的第一声。这篇长近两千七百字的论说,主线是论述如果太后将朝政大权归还"仁慈文明"的光绪皇帝,将对国家、对民族、对社会、对个人有"八利":中外利、汉满利、民教利、新旧利、宫闱利、草野利、君子利、小人亦无不利②。"八利"又可归于"一利",即利于君主立宪:已有一个圣明的皇上,使得君主立宪既为必要,又有可能。中国"上有贤明之君,以扩张民权,而限制官吏,则争权之祸,无自而生;下有忠实之民,以拥护君权,而监督政府,则政治之兴,计只可待"③。

故此,《大公报》在呼吁太后归政的同时,又大力进行"颂圣",即歌颂光绪皇帝。每年光绪帝生日④,《大公报》都要借祝寿之机,将祝寿、颂圣与立宪联系起来。

1902年7月30日(农历六月廿六日)为光绪帝三十三岁诞辰,《大公报》头版分别以中、日、英文刊登祝词。中文祝词道:"大清国大皇帝一人有庆,万寿无疆,卢牟六合,亭育八荒。"当日刊登的《万寿祝辞》说:"……义和拳肇乱之初,举国风狂难以理喻,惟我皇上一人知衅不可启……假令我中国从此得以变法自强也,则中国将雄视宇内。""戊戌变法之际,臣下阻挠变幻百出,而我皇上惟毅然决然,尽取中国之弊政——禽剃而兽狝之,除恶务尽。其英断实超越乎汉之孝武!虽俄之大彼得、日本之明治不是过也!"⑤

1903年8月18日为光绪帝三十四岁生日,《大公报》在头版刊登本馆贺词《恭贺大清国大皇帝万寿圣节》:"一人有庆,万寿无疆。宪法早立,国祚绵长。"当日"论说"《本日庆贺万寿之感情》采用问答式写法,问了"途人""孺子",皆称颂"皇上";"又尝见东人而问之曰:我皇上何如也?曰:中国之明治也。又尝见西人而问之曰:我皇上何如也?曰:东方之大彼得也。我皇上之声名为外

---

① 《论说·论中国立宪之要义》,《大公报》1904年6月20—21日。
② 英敛之:《论归政之利》,《大公报》1902年6月21日。
③ 《论说·论今日为政治竞争之时代》,《大公报》1909年2月7日。
④ 《清史稿》上只说光绪生于同治十年(1871年)。其他史书上大都说光绪帝生于同治十年六月廿八日,即公元1871年8月14日。而《德龄公主回忆录》记载,光绪帝的出生日原为六月十六日,因正好是先帝的忌日,宫中不宜举办庆典,于是改为每年的廿八日举行庆典。这也许是光绪生日为廿八日的来历。(参见裕德龄:《德龄公主回忆录》,东方出版社2012年版,第274页)《大公报》在宫外,不举行庆典,因而不必避讳,依然每年阴历六月廿六日刊发光绪生日颂词和言论。
⑤ 《万寿祝辞》,《大公报》1902年7月30日。

人所推重有如是者"①。

1904年8月7日是光绪帝三十五岁生日。当日发表《今上皇帝万寿祝辞》，表示"三祝"：一祝早亲政；二祝速立宪；三祝中国万岁②。

1905年7月28日为光绪帝三十六岁生日。《大公报》发表《今上皇帝万寿祝辞》，对清政府派人出洋考察宪政的行为表示赞扬，说这是"我今上皇帝伟业未成，而前功复绩之日"③。

以上四年的贺词中，或兼贺立宪与新政的种种筹划与成就，或将光绪帝与东西方著名变法君主彼得大帝、明治天皇并列，彰显了《大公报》借颂圣推动立宪改革的主张。

同时，为宣传君主立宪的优越性，并使其为国民所接受，《大公报》使出浑身解数，左右开弓，一方面批判顽固保守派，一方面驳斥激进革命派。如1903年在为庆祝光绪帝三十四岁生日发表的"论说"《本日庆贺万寿之感情》中批评共和派的"共和说"："当世维新诸少年，往往本其偏浅之见，逞其骄矜之气，以发为危险怪癖之词，污蔑今上，扰乱和平。其无乃大不敬乎！而况筹国事者宜顺民情，今国民所公认者为君主，而吾独号于众曰共和。共和不但有拂民情之公，而且徒逞空言，决不能见诸事实。"这里所谓"维新诸少年"，即资产阶级激进派。文章接着论述君主立宪的优越性："政体之沿革，由君主而立宪，由立宪而民主。阶级秩然，莫能陵踏。"最后满怀信心地希望："我皇上将来必可以立宪法，振国权，以救国民四百兆生灵之众，以奠我国家亿万年有道之长。"④

当然，相比较而言，当时主张专制政体的顽固守旧派仍然是君主立宪的主要障碍，故《大公报》多次发文予以抨击，力求使朝野认识到专制政体的危害。1904年10月10日，《大公报》转载《时报》⑤的"论说"《立宪平议》时，特附上"本馆附识"，称："本报素主持立宪，曾屡著论以发明之，今见《时报》登《立宪平议》一篇，喜其与本报宗旨相合，且足与本报昨日所登《惟立宪而后有教育一论》相表里，故录之。"《立宪平议》一看题目，就知道是一篇"折中之论"。该文在批判

---

① 《论说·本日庆贺万寿之感情》，《大公报》1903年8月18日。
② 《论说·今上皇帝万寿祝辞》，《大公报》1904年8月7日。
③ 《论说·今上皇帝万寿祝辞》，《大公报》1905年7月28日。
④ 《论说·本日庆贺万寿之感情》，《大公报》1903年8月18日。
⑤ 《时报》，1904年6月12日创刊于上海，创办者狄楚青。该报主张君主立宪制，提倡发展民族工商业，是康、梁在国内的喉舌。

了认为中国即"宜立宪"和"吾国之民固犹未具立宪国民之资格,不能猝以立宪之权利相许"的两种主张后说:"今中国之民,诚未可骤跻于立宪,而不立宪又万难语于革政,则莫若仿日本之故事,先行下诏,期以十年立宪(譬如今为光绪三十年则期以光绪四十年)。如此则通国之人,见立宪之政体已定,益知自重其品格,而求所以克享立宪之权利者。此十年之内常识渐开,旧习渐改,磨砺既久,当不难副此立宪国之风,其在今日既以此定国是,又可使一切变法之事,先循此立宪之旨以行,而诸事易举,成效立见,此诚最便之策也。"①

二、有关外交的记事与言论

(一) 对待拒俄运动的态度

1. 支持拒俄运动

沙俄对中国的侵略由来已久,19 世纪五六十年代,凭武力先后迫使清政府签订《瑷珲条约》(1858 年)、《中俄北京条约》(1860 年)和《中俄勘分西北界约记》(1864 年),共计强占了我国一百四十多万平方千米的领土;19 世纪 80 年代又通过《中俄伊犁条约》,将七万多平方千米土地强行纳入俄国版图。1900 年,在八国联军侵略中国的行径中,俄国又侵占了我东北地区大片领土。俄军所到之处,烧杀掳掠,制造一系列惨案。《辛丑条约》签订后,其他帝国主义列强的军队陆续从华北撤走了,只有俄国十几万大军仍然盘踞在东北不动,企图永久霸占那里。

《大公报》对俄国这一狼子野心早有觉察。1902 年 9 月 3 日,据"时事要闻"最新消息,俄国公使已奉其政府电谕,"允将山海关及关外铁路,随同辽河西南地面,定于华历九月初七日以前,一律交还,但须英国先将关内铁路退交中国,方能如约"。这则消息是告诉国民,要警惕俄国人在土地归还问题上耍花招。随后又报道称,俄国不但不履约撤兵,反而进一步窥视中国东三省主权——据闻,俄国政府已决定向中国东三省派遣税务人员,征收各项税务,似乎我东三省已经成为他们的领土了。1903 年 1 月 15 日,《大公报》"论说"栏发表《论俄人索要东三省税务》,指出:"俄人之于东三省也,所谓司马昭之心路人

---

① 《立宪平议》,《大公报》1904 年 10 月 10 日。

皆知之矣！乃自满洲开放后，变其强横占领之手段，而为扼制权利之密谋，明给中国以殖民虚名，隐收全省之财政利柄，如设税务，要矿利，驻俄兵，索海关及近日所索三款，皆其阴谋险计之彰明揭著者，东西各报载之悉而探之甚详焉。"文章愤怒道："就设税务一事观之，则其欺侮我中国，凌厉我中国，胁挟我中国，诚有令人心寒者。"进而分析说："夫税务财政上要著也，有管领土地之权者，始有经营财政之权。俄既退兵东三省，则东三省一切兴利除弊、整顿财政诸事宜皆属中国主权，岂容他人之干预？即中国贫困如斯，税务为理财之一，亦不劳俄人越俎。"并且指出，如答应了俄国，其他列强将纷纷"效尤，援利益均沾之条，群相要挟而至"，中国即成被瓜分之势。且俄人生性狡诈，"狼贪无厌"，有"往事斑斑可凭"。文章提醒中国"负外交财政之责者不可不熟筹之"——俄人视我东三省为其专制殖民地蓄谋已久，区区税务之设，只是其中一个环节。"为今日对待俄人计，宜执持定见，勿狃于俄国之强大，勿悚于俄人之势焰，勿怵于俄使之威逼，宁拒一狼贪无厌之俄人，以免为他国所藉口，逆来则顺应之，甘饵则谢绝之，专制压迫则竣论公理以申却之，俄人虽狡诈险鸷，其如计术不售何哉？"①

《大公报》对俄国的狡诈与外交手腕一直抱有高度警惕："今世界外交手段之最可畏者，实为俄罗斯，已为各国所公认。"而"我中国之外交家，最易受恫吓，最易受牢笼者"。上当受骗后，还"以为中国之最可亲者莫俄国"。如果还不觉悟，不认识俄国狡诈本质，"恐将我全国四万万人同入于俄国之势力圈中而莫能自拔"②。

果然不出所料，1903年4月，俄国撕毁中俄《东三省交收条约》，不但不从东北撤兵，反向清政府提出新增七项条件，迫使清廷接受并与其签订密约，妄图独占中国的东三省，把东北变成"黄俄罗斯"。俄国明目张胆的侵略行径激怒了中国人民，拒俄运动由此爆发。

《大公报》对广大民众的爱国举动予以积极支持。1903年5月2日，《大公报》"时事要闻"栏报道说，南洋大臣初三日（即癸卯四月初三日，公历4月29日）夜间电奏"东三省事不可轻易签押"等语。还说日本政府日前致电中国政府，谓东三省之事不可轻易与人，如中国不顾利害允许俄人无理之要求，恐各

---

① 《论说·论俄人索要东三省税务》，《大公报》1903年1月15日。
② 《论说·论中国之外交家》，《大公报》1903年6月28日。

国从此多事。5月3日,在"时事要闻"栏继续刊载有关中俄满洲条约的报道。5日,将"译件"栏特地改称"紧要译件"栏,并大量刊登世界各国对"满洲修约"事件的反应。7日,在"专件"栏刊登《京师大学堂师范仕学两馆学生上书管学大臣请代奏拒俄书》,并于"时事要闻"栏刊发"俄人密约"全文。接着,11日至12日,以"专件"代"论说",两日连载《京师大学堂师范馆全班学生请政务处代奏书》,提醒当局东三省被瓜分之祸即在眉睫,呼吁不能一误再误,并希望慈禧太后与光绪帝"上深念祖宗付托之重,下哀民生之多艰,力拒俄约,联盟英日,庶大局或可图存,得藉手以新政,宗庙幸甚,国家幸甚"。13日,"专件代论"《八旗生员公上外务部王大臣书》言东三省事,说近"有风闻俄人筹款千万两为贿赂清国官绅订结密约之用,并交此次赴京之俄大员带往云云",并上书外交部,力陈防内奸、顺民情之主张。6月15日,在"时事要闻"栏载有关俄约事,称有确实消息,俄使近日会晤军机大臣、庆亲王奕劻,仍然索要多款。庆亲王答以"东三省退兵载在和约,必贵国将兵撤退,然后可议他事。俄使无辞,惟于税项一事尚坚请照允"。言下之意,希望民众对清政府的对俄外交活动给予关注和监督。

随后,《大公报》又陆续刊发或转载多篇论说,对学生的拒俄运动予以支持。10月2日,《大公报》"论说"栏刊登一篇署名"浙西夷则子"的《论俄人新密约之用意》,对俄人侵华的狼子野心予以揭露:"俄人撤东三省之兵,载在约章,各国所共闻也。乃距初次撤兵之期,迄今已二年矣,不第原有之兵撤而未撤,且新添之兵,更有加无已焉。今第三次撤兵之期已在旦夕,更无可推诿,于是乎有要求之密约,以为得进步之计,并将借此以蒙蔽各国,其心计之巧,诚不可及矣。如此一观密约,不既真且确乎?然吾独谓其用意之诈,谓予不信,请揭其隐。夫今日榆关以东,纵横五千里之地,岂尚为中国政府权力之所及哉,已久在俄国独裁政体之下矣!营商埠,筑城池,建炮台,造兵房,迁穷民,以及伐木开矿,种种之设施,何尝一商于中政府?"俄人在中国国土上如此"任所欲为,不复顾忌",为什么如此区区小事"反故作谦逊未遑之态?不擅设施而必向中政府求之,且不敢显求而故为秘密之约以求之,此果何为者?"其中必然包藏祸心。俄人已经摸准清廷的软肋,认定其对俄人的要求既不敢拒,又不敢许,最后即可造成既成事实。"总之,俄人视今日之东三省已确为己之属土,其所以为此要求者无非掩各国之耳目。"文章作者最后沉痛地写道:"请视俄人之动作将如何,深虑予之不幸言而中也,挥泪书此,以审当世政治外交家之留意东事者。"①11月30日,在"时事要闻"栏的《俄调精兵来东》标题下报道俄兵在东三省之活动:驻军东三省之俄兵系西伯利亚士兵,率属野蛮,有勇无谋,使之打土匪固有余,与列强之兵相见于战场,则不足。现闻俄人忽由欧洲调来精兵数营,计由西伯利亚铁路载至东三省者,每日约有五百名之多。还有一则消息称"据沈友来函":现俄兵之在奉天城内者,共四千八百余人,南关有炮队八百余人,每门常有俄兵二十余人轮流驻守。

英敛之不仅在《大公报》载文对学生拒俄运动予以支持,而且在实际上关心参加拒俄运动的学生。1903年6月,中国留日学生"拒俄运动"发起人、日本拒俄义勇队领导者钮永建、汤尔和由日来津,代表民众面见直隶总督兼北洋大臣袁世凯及庆亲王,面禀一切。6月16日,英敛之进京办事,次日听人说"汤钮二人在津正法","闻之愕然"②。间日,得津来函,"知平安无事,杀汤、钮者误传耳"③,这才放心。英敛之心系汤、钮安危,一则出于人性,一则出于拒俄。

这里还必须指出,《大公报》的创办虽有法国背景,但不惜得罪法国人,也要发表抨击其盟友俄国人的文章。据英敛之日记,李敬宇几次来报馆告知说,法国人对《大公报》发表抨击俄人、支持日人的文章不高兴,英敛之不予理睬,依旧我行我素,"李敬宇来谈报事,欲阻止昌言俄事,闻之大不快"④。这也埋下了日后《大公报》与法国决裂的种子。

2. 反对"排满"

清廷对学生拒俄运动持首鼠两端的态度,既希望学生起来做点拒俄姿态,又害怕学生运动酿成革命,因而想方设法予以限制。尤其是当学生组织义勇队,准备走向前线时,清廷断然采取镇压措施。1903年6月初,驻日公使蔡钧密电代理湖广总督的端方说:"东京学生结义勇队,计有二百余人,名为拒俄,实则革命,现已奔赴各地。务饬各州县,严密查拿。"⑤随后,各地均有这类消息传出。据《大公报》6月12日登载"江宁专函"云,"日前江督接湖北来电云:上海爱国学社今日联结义勇队,名为北上拒俄,实则有谋叛之举动,特电请江督即速访拿"。6月28日"时事要闻"载:"驻日本钦差大臣蔡和甫京卿来密电云:中国留学日本之学生屡会议,以拒俄为名,实图不轨阴谋,并密置党羽于长江

---

① 《论说·论俄人新密约之用意》,《大公报》1903年10月2日。
② 《英敛之先生日记遗稿》,第664页。
③ 《英敛之先生日记遗稿》,第665页。
④ 《英敛之先生日记遗稿》,第728页。
⑤ 《苏报》1903年6月5日。

北洋一带之地,分派会党煽祸,纠合同志,以便起事,请速电致湖北直隶两江督抚严密查办"。

清廷一系列严拿学生的密电被披露后,学生义愤填膺。加之清廷不平等的民族政策①一直使得汉人耿耿于怀,于是这场本来用以拒绝俄国所提"修约"的运动迅速转化为反清排满运动。正如刊载于留日学生刊物《江苏》上的《革命其可免乎》所言,热心拒俄的青年学生被清廷"斥为党徒,目为悖逆……罗织搜索,防若寇贼"。学生们的"拒俄之诚","即蒙革命之名","盖几乎革命亦革命,非革命亦革命矣","迫乎哉,革命其可免乎"!上海爱国学社掌握的刊物《苏报》更是直截了当地说:"不顾事之成败,当以复仇为心。不顾外患之如何,当以排满为业。"②清廷限制学生拒俄,学生要有效"拒俄",就必须"排满"。

然而在英敛之心目中,反满革命是万万使不得的。著名的"苏报案"发生后,《大公报》一方面在"时事要闻"栏刊登有关事态发展的报道,另一方面又发表"论说",对学生提出批评。7月8日,《大公报》在"时事要闻"栏报道租界当局捕拿《苏报》馆人员的缘由与经过,在"论说"栏发表《论革命与破坏》,批评"以排满为业"的"维新诸青年"打着拒俄旗号"退学罢课",是不理智的"破坏主义",是改革不足,破坏有余③。7月10日,除在"时事要闻"栏报道邹容自行投案的消息外,还在"论说"栏发表《自由辨》,批评"维新诸少年"满口"自由平等",实际不懂"自由"的真意,滥逞"野蛮之自由"④。7月22、23日,又连载论说《爱国与害国之辨》,批评主张共和与革命的所谓"爱国者"声称要以流血冲突谋取"个人独立""社会共和",实则是"出其强狠外交政策以谋个人利益",指出革命党关于"非侈谈革命破坏之词不足以警愚蒙而资改革"的论调是"大谬不然"。文章高唱文明进化论,说:"夫国家之进运必由开化而文明,由文明而立宪,由立宪而共和,故世界大同,万无可一蹴可至之理。"况且中国处于"幼稚时代,于谋改良增进尚惟日之不暇",如果妄谈流血革命,"无以裨国家前途,转致促国家命脉"⑤。

《大公报》的态度是随着拒俄运动性质的变化而变化的:运动开始时反对

---

① 即使在新政期间(1906年11月6日)发布厘定官制上谕、正式改革官制后,11个部的13名大臣、尚书中,满族仍占了7人,蒙古族1人,汉族只有5人,满汉之间的不平等地位可见一斑。
② 《读严拿留学生密谕有愤》,《苏报》1903年6月10日。
③ 《论说·论革命与破坏》,《大公报》1903年7月8日。
④ 《论说·自由辨》,《大公报》1903年7月10日。
⑤ 《论说·爱国与害国之辨》,《大公报》1903年7月22—23日。

外来侵略的态度是坚决的,也是鲜明的;后来反对排满革命的态度也是坚决的、鲜明的。拒俄的对象为沙俄侵略者,英敛之和《大公报》毫不犹豫地支持;排满的对象是满清统治者甚至"满族",作为满族人的英敛之当然要反对,这是他内心深处,或者说与生俱来的宗族情结使然。

(二) 支持收回利权运动

所谓"收回利权运动",是指在清末新政背景下,中国人民要求收回被帝国主义攫取的铁路权、采矿权、邮政权、财政权以及航运权等利权所进行的群众性爱国运动。这场运动的主导者是新兴的工商业者,清朝一部分官员也曾参与其中,具有较广泛的社会参与性。这场运动肇起于1904年,1907年后进入高潮,并在此后持续了相当长一段时间。

19世纪末,帝国主义列强对中国的侵略重点由强占租借地和划分势力范围转向对中国的经济侵略,从商品输入转变为资本输入,所以他们热衷于通过直接投资或放高利贷的方式把持中国的铁路和矿山,并以此作为其巩固"势力范围"和扩张侵略势力的手段。因而,外国人对中国建铁路、开矿山过程中的"借款"一事十分"积极"。借款修路、贷款开矿,以致中国最早修建的铁路和现代采矿业基本都被外国人掌握,到1911年,列强控制了中国铁路总长的40%,煤矿机器开采量的90%以上①。这种状况让中国蒙受了重大的经济损失,不仅阻碍了中国民族资本主义的发展,而且严重地侵犯了中国的主权。当时的工商业者,对利权丧失的严重危害是有较为深刻的认识的。例如对铁路修筑权的重要性,江苏商人即曾指出:"路权一失,不啻以全省利权尽归外人掌握,及此不争,将来切肤之痛,固不独吾省受之,而直接在商界尤属不堪设想,此万万不可不出死力以抵抗者也。"②日本《朝日新闻》从列强角度对此说得更直白:"铁路所布,即权利所及。凡其他之兵权、商权、矿权、交通权,左之右之,存之亡之,操纵于铁路两轨,莫敢谁何? 故夫铁道者,犹人之血管机关也,死生存亡系之。有铁路权,即有一切之权;有一切之权,则凡其他官吏,皆吾颐使之奴,其地之民,皆我刀俎上之肉。"③矿业情况更甚,外资在中国所开办矿业并不是

---

① 王文泉、刘天路主编:《中国近代史(1840—1949)》,第143—144页。
② 《留日苏府同乡会致尤先甲函(光绪三十二年十月初四日)》,章开沅等主编:《苏州商会档案丛编》第1辑,华中师范大学出版社1991年版,第785—786页。
③ 宓汝成编:《中国近代铁路史资料》第2册,中华书局1963年版,第684页。

单纯的经济企业:"一处办有成效的矿区,可以很自然的成为一个独立的社区(community),像一处城镇一样。如果此一社区被置于外人的控制之下,加之外人在华又享有多项政治上和经济上的特权,其将发生的后果,自非单纯。所以,外资办矿一事,在实质上,并不仅仅属于投资牟利甚或矿冶技术的范畴,其中实包含有错综复杂的政治意义。"①

对这种严峻的形势,《大公报》多次发文警示朝野,如1906年2月13日即刊登文章称:"今观我国一创于甲午,再创于庚子,大局至此,危迫极已。遂致矿产权、铁路权、税务权、审判权、宗教权、财政权、殖民权、租地权、邮政权、通商权、教育权,下至一切权利,皆被外人垂手而得之。"文章进而指出,这种失权状况不可继续下去了②。

随着民族资本主义经济的发展、民族资产阶级力量的壮大和工商业者爱国意识的提高,收回利权,尤其是收回铁路主权和矿产主权的呼声日益高涨。

1904年收回粤汉铁路权是收回路权运动的开端。19世纪末,美国华美合兴公司同清政府先后签订《粤汉铁路借款合同》和《粤汉铁路借款续约》,攫取了粤汉铁路的修筑权。但合兴公司违背条约,自1902年起将大量股票私售给法、俄支持的比利时资本家;按《续约》规定,粤汉铁路工程应在五年内修成,但直到1903年秋,铁路仍未动工。这种侵犯与无视中国主权的行为,激怒了湘、鄂、粤三省人民,由此掀起"废约自办"粤汉铁路的斗争。从1904年开始,广东商务局首先决议,力争废约;湖南省绅民纷纷上书湖广总督张之洞,要求立即废除合同;湖北绅民亦群起响应;三省留日学生组成铁路联合会,积极声援国内的斗争。当年年底,美商摩根财团向比方收回被买去的股票,但仍拒绝废约。三省人民坚持斗争,积极自筹款项,准备自办。美国迫于压力,于1905年9月6日同清政府签订《收回粤汉铁路美国合兴公司售让合同》,中国以675万美元的代价将粤汉铁路赎回自办。

浙江、江苏人民要求收回苏杭甬铁路商办的运动,将路权收回斗争推向高潮。苏杭甬铁路是1898年英国驻华公使窦纳乐向清廷总理衙门要求准许英商承修的中国五条铁路中的一条,它起自苏州,中经杭州,迄于宁波。合同签订后,勘测工作一直没有进行。1905年,浙江绅商和江苏绅商相继成立本省铁

---

① 李恩涵:《晚清的收回矿权运动》,台湾"中研院"近代史研究所1978年版,第2、4页。
② 张蔚臣:《言论·说权利与合群——解决我国能否之问题》,《大公报》1906年2月13日。

路有限公司,要求自办铁路,并立即着手集股筑路。浙江修建杭州至嘉兴段,江苏则修建上海至嘉兴段。然而在英国胁迫下,清政府竟于1907年同英国订立《中英沪杭甬铁路五厘利息借款合同》,议定借款150万英镑,聘用英国总工程师筑路。消息传来,苏、浙人民大哗。杭州、苏州、绍兴、宁波相继成立国民拒款会或拒约会,两省学校也分别聚众集议,一致要求力拒借款,保全权利,有人甚至以死抗争。迫于苏、浙人民顽强不屈的斗争,邮传部尚书盛宣怀于1911年与英国银行公司协议,将沪杭甬铁路借款移作开封至徐州铁路借款。苏、浙人民终于取得了商办沪杭甬铁路的胜利。在此期间,四川人民也于1907年争得了商办川汉铁路的胜利;直隶、山东、江苏三省人民争取自办津镇铁路和云南人民反对法国修筑滇越铁路的斗争也先后开展起来。

争取矿权、邮权等斗争也渐次展开,并取得一定胜利:1907年江、浙两省拒借英款,山西收回英商福公司煤矿,奉天(今辽宁)收回锦西煤矿,山东收回峄县煤矿,四川收回江北厅煤矿,安徽收回铜官山矿权等。

在"收回利权"运动中,报刊在舆论方面予以积极配合。《大公报》和众多爱国报刊一道,密切关注收回利权运动,并积极予以舆论支持。粤汉铁路废约运动兴起时,《大公报》自1904年11月9日起,在"要件选录"栏连续四天转载《中外日报》题为"详志粤汉铁路废约始末"的文章,向民众报告事件原委和过程;11日,在报头"告白"栏刊登上海《时报》的广告,说粤汉铁路交涉案是今年外交界一件大事,现由湘粤两省公推王、邓两中丞力争废约,向为国人关注,但真相难得,"顷有友人由美国将全案始末抄得寄赠本馆(上海《时报》)……原文凡四万余言,本馆记者悉心校阅……加以案语凡万余言,令读者知其眉目所在,于此案之症结洞见无余"。1905年1月6日,《大公报》报道说,法部主事梁广照"主政力争粤汉铁路废约之请,探闻两宫已命张之洞、岑春煊等切实办理,务筹废约之后办法,以便实行收回路权"。10月30日,在第二版刊登一则山东旅京学界同人公启,指出:列强"昔之灭人国也以兵力,今之灭人国也以利权;昔之灭人国也夺其土地,今之灭人国也攫其铁路。铁路存则国存,铁路亡则国亡,铁路者,固国家存亡之一大关键也"①。11月11日,"要闻"栏刊登鄂督张之洞日前致外务部电,略云接驻美公使电,"称赎路之款业经交清,现已分派妥员在沪在粤接收路事。从此,粤汉路权归还中国,永断葛藤"。

---

① 《为津镇铁路敬告山东父老文》,《大公报》1905年10月30日。

收回路权运动全面展开后,《大公报》一再发表粤、湘、鄂等省商绅的公启和留日学生的函件等,坚决要求清政府从外国人手中赎回路权。1905年8月3日至9日,以"代论"形式刊登长文《山西留学日本学生为同浦铁路敬告全晋父老公启》,详述铁路为全省命脉之重要及影响,并建议速开办铁路学堂。8月11日至15日,再以"代论"形式刊登长文《留日本全体学生为津镇铁路事上政府书》,揭露德国对山东之野心和给山东人民带来的祸患,认为亡羊补牢尚未为晚,并将可废之理及收回自办之方案一并呈上。1906年3月9日报道云南留日本学生因传闻云南各官员与英人借债以筑铁路,致电外务部称,果如此,则大失路权,请即行制止。

《大公报》还发表评论和刊登来稿,积极支持浙江、江苏、直隶、山西、云南、四川等省的人民收回苏杭、津镇、同浦、津浦等路权的斗争。

同样,《大公报》也支持各地收回矿权的斗争,及时报道各地民众收回矿权的斗争及取得的成绩,并通过言论予以舆论上的支持。1904年12月23日,《大公报》发表题为"论商部宜赞成绅商开矿"的"论说",指出:"宁使矿产为民间所私有,必不使一金滓、一块煤落于外人之手。外人有指索矿产者,必据理驳之。宁伤睦谊,勿稍迁就。"①山西民众从1905年开始,经过几年艰苦曲折的斗争,最后于1908年收回被英国福公司掠夺的矿权。其间《大公报》多次发文章予以支持。如1907年先后发"代论"《北京全晋商界请都察院代奏收回矿务权》和《附录上海〈时报〉论山西福公司案原义》等文,促使清政府"据理力争,俾晋民得自行开采,以拒外患,而收公益"。1909年,《大公报》又不断发表言论,积极支持安徽民众收回铜官山矿权和河南民众收回怀庆矿权的斗争。

1906年2月21日,"各省新闻"栏报道东三省情况:"黑龙江将军程(德全)留守,现拟收回黑龙江岸之漠河金矿,刻下正与俄国交涉。查该金矿为中国最良之矿,未为俄国占领以前,光绪二十一年(1895年)出产之金约值一百十七万二千八百余两。"1910年4月17日,"各省新闻"栏报道:"安徽铜官山矿,经皖绅抵死力争,收回自办。英商凯约翰理屈词穷,不敢作强暴之占。惟以用费丧失,要求赔偿……再准津贴该洋商四十五两了案。"

然而随着路权、矿权相继收回,新的问题随之出现:是商办、官办,还是官商合办?是完全自筹自办,还是借洋款自办?围绕这些问题,收回利权运动进

---

① 《论说·论商部宜赞成绅商开矿》,《大公报》1904年12月23日。

入第二阶段。

大多数省提出"集资商办"的主张,并且得到了广大民众的拥护。从当时的记载看,对于商办"集资",民众积极性很高。例如在收回粤汉铁路修筑权的斗争中,湖南、湖北、四川等省各界广泛参与,热情很高。不仅绅商,而且下层民众也激于反侵略之义愤,节衣缩食争相入股:"农夫、焦煤夫、泥木匠作、红白喜事杠行、洋货担、铣刀磨剪、果栗摊担、舆马帮佣,亦莫不争先入股以为荣。"①

虽然如此,由于中国当时经济确实很困难,国库空虚,拿不出钱来修路和开矿;民间筹款杯水车薪,多数地方集资办铁路和开矿山都遇到资金不足的问题。于是,政府只能准许各地向外国银行借款。如此一来,筹款修路还是成了"借洋款修路",于是又出现了"拒绝借洋款"的斗争。

《大公报》对拒绝借洋款的斗争表示赞赏。早在1906年2月17日,该报报道说,两广总督岑春煊日前因筹办粤汉铁路路捐,与黎、梁等绅商发生冲突而被革职看管。次日,在"要闻"栏刊登香港消息"粤汉铁路大开总会"说:"现在该处绅商因粤汉铁路事会议,到会者约一万人。后经议定由到会诸人中自筹资本二百万镑,分作四百万股,每股计洋五百元。业已立定收支银行,凡一切办法俱由商人管理,不与官场关涉。"

1907年下半年,苏杭路款问题出现后,绅商学界群起,力争路权、国权和主权。《大公报》在"要闻"栏予以积极报道,在"言论"栏予以明确支持。11月12日,以"来稿代论"形式刊登《论外债之借得不偿失而于苏杭甬铁路尤为显而易见》;13日,在"言论"栏发表《关于苏杭甬铁路借款事汇录》,在"专件"栏刊登《为苏杭甬铁路借款事警告江苏同乡书》(江苏上海朱有濂来稿)。12月1日,发表题为"忠告拒借款诸君"的"言论",一方面赞赏拒借洋款的主张,一方面忠告民众:"自遭庚子之大创,知野蛮之举动,最足以败事。"提醒其在拒借洋款时应文明行事,不可鲁莽。

进入1908年,《大公报》对拒借洋款、铁路民办的问题继续予以关注,并不断发表意见。1月8日,"要闻"栏报道有关苏浙路款一事,提到日前外务部褚堂宪并盛宣怀与英国公使朱尔典在部磋商:军机处、外务部与英国人勾

---

① 林增平:《资产阶级与辛亥革命》,转引自朱英:《晚清收回利权运动新论》,《史学集刊》2013年第3期。

结,逼迫苏浙两省在三月内筹款归还英国银行旧款。8月13、14日,发表长篇"言论"《论官办铁路之恶结果,忠告邮部,警醒国民》,历述林榆、大冶、京津、龙州、卢保、淞沪、沪宁、粤汉等八条铁路的"官办"历史后指出,"此八路者,除粤汉绞尽志士脑血,糜千万巨款始挽狂澜于既倒外",其他均适得其反,有的"由官办而变为借款承办",有的"由官办而变为华洋合办",有的"由官办变为外国自办"。文章总结道:"自吾观之,与其谓为官办铁路,毋宁谓为官卖铁路为当也!"①

京汉铁路的路款问题一度闹得沸沸扬扬。据《大公报》1908年10月17日"要闻"栏报道:邮传部已奏准,由汇丰、汇理两银行借款,赎京汉铁路,"此次借款共计五百万镑,以十分之八为赎路正款,十分之二为养路余款,决定每年归还由直、苏、浙、鄂四省烟酒当契、砂糖及杂项等税提拨动用"。邮传部的方案遭到湘鄂民众的反对。他们决心集资自办。据《大公报》1910年1月9日的报道称,湘鄂铁路现已筹集巨款四百余万,约于次年春实行开工。唯工程师一缺尚未聘定,闻该铁路会会长与集股绅商等互议,拟仿照川路办法,公聘詹天佑为该路工程师,并为此事派代表进京请愿。《大公报》1月12日的"闲评一"盛赞鄂湘民众集款修路的决心:"鄂路代表之晋京也,学界中有断指以赠别者;湘省代表之赴沪也,军界中又有断指为血书者。夫一指何足惜,不过示吾民之决心耳,不知我政府诸公亦鉴及吾民之心,而顾惜吾民之指否?"②在随后的报道中称,"鄂省拒款甚力,诸大老始知民气可畏"③。1910年3月20日,《大公报》在"要闻"栏又揭露铁路总局局长梁士诒受某国"运动",千方百计阻挠邮传部尚书徐世昌对鄂路拒款的支持,并责骂道:"梁士诒甘为万人敌。"

"鄂路拒款"鼓舞了湘民,"湘路拒款"由此爆发并取得了胜利。6月9日,《大公报》在"要闻"栏以"湘路代表之凯旋"为题对此予以详细报道:"湘路拒款代表粟君戡、曾君继辉、石君秉钧、陈君炳焕等……齐集京师,专以拒绝外债、全归商办为目的,粟君曾断指上书,慷慨陈词,其事已宣传各报……昨二十九日准予完全商办。"④

---

① 《言论·论官办铁路之恶结果,忠告邮部,警醒国民》,《大公报》1908年8月13、14日。
② 《闲评一》,《大公报》1910年1月12日。
③ 《要闻·鄂省铁路之转机》,《大公报》1910年1月14日。
④ 《要闻·湘路代表之凯旋》,《大公报》1910年6月9日。

（三）支持反美运动

19世纪中期以后，美国为开发西部的需要，大量招募华工入境，但是，19世纪80年代初美国发生周期性经济危机，失业问题严重，引发广泛的工人运动。美国资本家为转移工人斗争视线，谎称美国工人之所以失业，是因为华工抢走了他们的饭碗，进而煽动排华。一时间，在美华工财物被抢劫，房屋被烧毁，生命遭到威胁，入境华人亦经常受到种种刁难、欺凌和侮辱。清政府迫于广大华工、侨商要求，曾就排华事件向美国政府提出交涉。1894年2月11日，美国国务卿葛礼山（W. Q. Gresham）与清朝驻美公使杨儒在华盛顿签订了带有明显侮辱性的《限禁来美华工保护寓美华人条约》。条约规定：居美华工离美期限超过一年者，不得再入美境；不准华人入美国籍；居美华工均须按照美国国会通过的苛待华工条例进行登记。此约以十年为期，使美国限禁华工、歧视虐待华人的做法具体化、合法化。1904年，"禁约"十年期满，国内舆论和各界民众均要求废约，旅美华侨十余万人联名上书要求清政府同美国交涉废约问题。清政府照会美国驻华公使，声明"禁约"期满即行废止，应另订新约。但美国拒绝废约，并于1905年春强迫清政府与之签订一个继续保留"禁止华工"条款的新约，由此激起中国各界人士的反美爱国运动。

1905年5月10日，上海总商会召开特别会议，讨论拒约办法，建议以两个月为期，若美国仍不允修改条约，则抵制美货。会议致电外务部，"吁恳峻拒画押，以伸国权而保商利"。国内各城市工商界以及海外华侨相继召开大会，响应上海总商会的建议，并印发传单广泛宣传，国内报刊纷纷发表抵制美约、不用美货的言论。

在这场风靡全国、声势浩大的反美爱国运动中，英敛之和他主持的《大公报》有突出表现。《大公报》一方面发动民众积极响应反对美国虐待华工的运动，一方面鼓动天津市民抵制美货、拒登美国商品广告。5月21日，《大公报》在"时事要闻"栏以"外部接连来电"为题，报道上海、广东以及美国各地的中国商民接连致电清廷外务部，提出"华工禁约一事所关者大，万不可轻易画押"。23日，刊登上海总商会发起抵制美货的通电。26日，"时事要闻"栏录载《上海人镜学社关于抵制美货的传单》。就美国续禁华工一事，上海绅商召开商务总会会议，经议定不销美货以为抵制，广东、福建等地在沪商民团体皆亦主张抵制美货。30日"要件"栏刊登《上海筹拒美国华工禁约一事的公启》，详细列举美国名为限制华工实则禁绝一切华人入境之不平等苛例多条,并加以解释,指出:"此等苛例有损国家尊严,玷污国民人格,失两国平等权利,损害我国通商利益,有百害而无一利。今美国政府既强我政府画押,危急迫在眉睫,事关全国荣辱,人人有切肤之痛,合群策群力以谋抵制。""古今各国,均无此等禁约","彼来受我保护,我往乃受彼苛禁虐待,天下不平事,孰有逾此!"①

6月7日,"附件"栏节录北京学堂传单,劝北京城里的人不买美国货,同时附有美国行销中国的货品一览表,并在"附志"中呼吁天津人也应抵制美国货。9日,"附件"栏刊文谈抵制美货事,认为学生如能结成团体与商会联合,则非空谈"合群爱国"。10日,在"附件"栏刊登张寿春等人同启《敬告天津学界中同志诸君》,说天津学界有光荣传统,号召天津学生界抵制美货。11至12日,连续在头版刊登《本报不登美商告白》:"美国续订华工禁约异常苛虐,激动我国民公愤,已相戒不买美国货。但报纸为美商刊登告白,即系为美商招徕生意。本馆拟定从本月初九(即日)起所有关涉美人之广告一概不登。已登者亦即行撤去,俟美国禁约作废后再行登载。"②12日"要件代论"栏刊登中国驻美国公使拟定中美修改工约的原稿全文,同时刊登《本报记者敬告天津商务总会文》,促其响应此前上海总商会的决议。16日,第一版"广告"栏刊登《敬请江浙同乡诸君十六日商务总会集议启》,公告江浙同乡会定于当日下午二时在北京路商务总会集议抵制美货事。天津府官立中学堂学生、天津私立敬业中学堂学生也于同日公告,将在18日下午二时在文昌宫西敬业中学堂共议商谋抵制美货。同日"附件"栏《论不买美国的东西》指出,抵制美货"并不是不买洋货,是专指不买美国的东西"③。

为适应国民合群抵制华工苛约风潮越来越大的需要,《大公报》于6月15日在"论说"后增设"抵制美约要闻"栏。开栏语称:"本报因国民合群抵制美禁华工苛约风潮极大,特添此一门,凡有关抵制美约之事均列入此门内。"

抵制美货运动兴起后,有《益闻西报》《京津时报》等外报刊文公开为美国的歧视华工行为辩护,对中国人民抵制美约的正义行为进行诋毁。《大公报》对此坚决予以批驳。6月15日,在"论说"栏发表"一心子来稿"《论〈益闻西报〉之华工禁约观》,针对《益闻西报》的禁约观进行逐条驳斥,斩钉截铁地说:"吾

---

① 《要件·上海筹拒美国华工禁约一事的公启》,《大公报》1905年5月30日。
② 《本报不刊登美商广告》,《大公报》1905年6月11—12日。
③ 《附件·论不买美国的东西》,《大公报》1905年6月16日。

人自问不用美货以相抵制,决无不合理之虞,且吾人亦自有权处此,谁能以力慑之哉?"号召国民"勿为其言所欺而持以定力",将斗争进行到底①。26 日,又发表"论说"《本报记者与〈益闻西报〉书》,对该报的谬论再次进行痛斥:"近日我国民因美国续订禁华工之苛约波及士商游历,于是群情愤激,思有以抵抗之,而其所以抵抗之法,其大要一端只在不购美货……既不伤中美两国之交情,并不碍在华美人之生命。"②随后,又相继发表《国人要发起爱国的热心》《檀香山华人被虐惨状记》《抵制美约与中美国交之关系》等文,揭露美国虐待华工、焚烧唐人街的暴行;介绍中国人民抵制美货运动的兴起,已使"地球诸国,咸瞠目结舌,奔走相告:中国不可侮,中国人不可侮";鼓励国人再接再厉,"实行而坚持之,不及半年,凯歌之来,吾操胜券以俟也"。

正值中国各界抵制美货的斗争形成高潮时,《大公报》收到一篇极力反对抵制美货的来稿,题目为《中国现今大势论》,作者署名"古燕平心子"。8 月 6 日,《大公报》加按语刊登此稿。按语说:"此稿由某某寄来嘱登,其中词旨,本馆不任其责。"③随后于 13 日至 14 日连载《驳古燕平心子〈中国现今大势论〉》,历数美国对华工实行的侵压欺凌政策,驳斥古燕平心子的谬论,明确指出,此文作者"矫同立异,于异族,则扬之唯恐不高,于同侪,则抑之唯恐不至,是真败类之尤也"④。

《大公报》一方面坚决支持抵制美货运动,一方面又反对抵制美货中的暴力行为,主张文明"反美"。6 月 15 日"附件"栏《千万别叫美国人抓着小辫儿》中即提醒道:抵制美国苛约,不买美国货物,我们应"专用工商抵制工商,可别掺杂别的事情,恐怕闹出别的岔儿来,可就叫美国人抓着小辫儿了",并提出两个"不可":(一)不可跟在中国的美国人为仇;(二)不可跟美国教会为仇⑤。前述 6 月 26 日刊登的《本报记者与〈益闻西报〉书》亦称:"近日我国民因美国续订禁华工之苛约"所举行的游行抗议"为我国第一次文明举动"。7 月 10 日,发表"论说"《北京学界同志敬告全国学生文——论抵制美禁华工续约的办法》,劝诫学生抵制美国禁约之法应做到三"明乎":当明乎一己之责任以实行抵制

---

① 一心子:《论说·论〈益闻西报〉之华工禁约观》,《大公报》1905 年 6 月 15 日。
② 《论说·本报记者与〈益闻西报〉书》,《大公报》1905 年 6 月 26 日。
③ 古燕平心子:《中国现今大势论》,《大公报》1905 年 8 月 6 日。
④ 《来函·驳古燕平心子〈中国现今大势论〉》,《大公报》1905 年 8 月 13—14 日。
⑤ 《附件·千万别叫美国人抓着小辫儿》,《大公报》1905 年 6 月 15 日。

法,当明乎国家之责任以实行抵制法,当明乎社会之责任以实行抵制法①。在"附件"栏再次刊出《敬告吾华同胞》,呼吁大家"只求与洋人争胜,不是与洋人为仇"。7月下旬,有传闻说,厦门华人在抵制美国"禁约"时,将美国领事署门前的美国国旗扯倒。对此,《大公报》十分不安,经过核实证明是谣传后,又于7月27日在"抵制美约要闻"栏对此传闻进行澄清:"扯旗"事件不实。8月11日,又在"抵制美约要闻"栏以"厦门商会赏格"为题,刊登消息说厦门商会悬赏擒拿"妄造谣言,借端生事,与美人为难或毁坏其物业,是破坏筹拒美约之盛举,而与我辈为反对"的奸佞之徒。到运动后期,《大公报》还发文规劝学生不要因参加抵制运动而荒废学业。

为了让抵制美约运动被广大民众所接受,《大公报》还将其列为征文议题。7月10日刊登的征文广告,其一题就是"修改美禁华工约宜达如何目的"。

运动的迅猛发展,震动了美国社会和清政府。据《大公报》报道,美国驻北京使馆多次照会外务部,希望中国政府出面干预各省民众的"抵制美货举动",并"解散抵约各会"②。《大公报》6月11—12日首页刊登《本报不登美商告白》之后产生很大反响。6月17日美国公使柔克义向中国清政府发出照会,要求清政府设法禁止。清政府一方面希望民众起来抵制美货,给美国政府一定的压力;另一方面又害怕民众借机闹事,故多次出面予以干涉。7月21日,清廷发布上谕,令各省对抵制美货者要"从严查究,以弭隐患"。《大公报》因积极支持国民抵制美约,遭到官府迫害。8月16日,直隶总督袁世凯以"有碍邦交,妨害和平"的罪名,下令禁邮禁阅《大公报》。8月下旬,美国驻华公使表示"本政府业经允为和平办理"禁工条约,并以此向清政府施加压力,要求尽快平息中国民众的抵制运动。8月31日,清政府正式发布上谕说:中美华工合约"业经美国政府允为和平商议,自应静候外务部切实商改,持平办理,不应以禁用美货辄思抵制……倘有无知之徒从中煽惑,滋生事端,即行从严查纠,以弭隐患"③。

这场国人第一次自发的反美爱国运动在中国近代史上写下了光辉的一

---

① 《论说·北京学界同志敬告全国学生文——论抵制美禁华工续约的办法》,《大公报》1905年7月10日。
② "要闻",《大公报》1906年3月21日。
③ 《1905年反美爱国运动》,中国科学院历史研究所第三所编:《近代史资料》1956年第1期,科学出版社1956年版,第16页。

页,《大公报》人不畏强权大力支持民众正义运动的举动也在中国新闻史上留下了骄人的一章。

三、有关社会改良的记事与言论

（一）戒陋习

英敛之在《〈大公报〉序》中阐明办报宗旨时说,本报要为"开风气,牖民智"做贡献。这一宗旨的确立基于这样一些思考:"我国民何为不速进于文明？我中国何为不能日趋于强盛？我黄人声价何为不能媲美于白人？"为何面对"列强环伺,祸机日伏于无形之中,抗之不敢抗,防之不胜防"？他认为,原因之一就是中国的社会存在许多陈腐、荒诞、残忍、与文明社会背道而驰的陋俗,比如妇女缠足、重男轻女、包办婚姻、迷信鬼神、不讲卫生、吸食鸦片等。要保种强国,必须"化我陋俗,而入文明"。为此,在英敛之主持时期,《大公报》在破除陋俗、树立新风、促进社会改良方面做了许多有益的工作。

1. 劝戒缠足

中国古代妇女缠足是男权社会一种对美的病态追求,是沿袭已久的陋习。经过紧密缠裹导致筋骨畸形的小脚竟被美化为"三寸金莲"而受到广泛赞美,男子为之倾倒,女子为之痴迷。晚清时代,随着西方文明传入中国,维新志士从救亡图存的高度首先提出废除妇女缠足的主张,梁启超、汪康年、谭嗣同等于1897年在上海成立"不缠足会",有些地方闻风响应,也创设"不缠足会",举办"不缠足"活动。在百日维新期间,光绪帝发布上谕,命令各省督抚劝诱妇女放足。由于百日维新的迅速失败,加之民间"中毒"太深,放足阻力太大,光绪帝关于戒缠足的上谕收效甚微。直到清末新政实施后,不缠足话题才被重新提起,并很快出现了一次规模不小的运动。在这次运动中,《大公报》发挥了积极作用。英敛之把妇女缠足列为应破除的陋俗之首,在《大公报》创刊号上刊登的第一篇白话"论说",就是出自英敛之手笔的《戒缠足说》。正如该报所言,"我们报馆,自从出报以来,因为劝戒妇女缠足这件事,不知费了多少笔墨,不知挨了多少咒骂。我们始终委曲劝导,立意劝化大家全除了这种恶俗"[①]。对

---

① 《附件·缠足的妇女请听》,《大公报》1905年3月31日。

"这件事本报攻击最早,连篇累牍"①。据不完全统计,《大公报》从 1902 年至 1911 年间,共刊载有关劝戒缠足的白话"论说"约五十余篇。

(1) 指出缠足的危害

英敛之和《大公报》对缠足恶俗深恶痛绝,指出"此缠足陋习为地球所独有,所以为五洲各国所轻笑,无一益有百害",实乃"自甘废二万万人种"之恶俗②。"中国数百年来,困男子者莫虐于八股,困女子者莫酷于缠足。"③

首先,该报指出,缠足是摧残女子的刑具,直接危害妇女身心健康。1902 年 6 月 17 日创刊号上那篇题为"戒缠足说"的文章即罗列了缠足的种种危害:第一,缠足"伤身体",缠了足,"血脉便不流通,行走不便,日久便成肝郁的病";第二,缠足"操作不便",做家务时酸痛不止,只能暗自悲伤,无人体恤;第三,缠足"与生育受害不浅",到了满月生产时,"往往有难产的危险"④。此后,亦不断发文对此进行阐述:"盖一经缠足如幽于暗室,不复见天日,如厄于牢狱不得为完人。自其幼时即入缠足之苦境,哀号迫切,寝馈难安。"⑤"盖女子既已缠足,则行走不便","而且筋折骨断,回血管自闭塞不通,周身血脉亦为之不畅,血脉既不畅,则脑气亦为之亏伤,脑气既亏伤,则智慧亦因之不足"⑥。缠足的妇女在干活时,如"困以至酷极惨之刑"⑦。

1904 年 1 月 10 日,在"附件"栏发表《缠脚的妇女多受脚的累》指出,缠足对妇女寿命也有极大影响,"凡缠足的妇女,多有得杂疾病的,活不到多大年岁就死了,那活到老的,也都是早早的腿上有了病,不能行动,竟在炕上坐着,整个儿的是一个活死人"。缠足妇女如"遇见变乱,不能快跑逃命","遇见火灾,不能快跑避灾"⑧。可见,在《大公报》人看来,是否废除缠足直接关系到女性的生死存亡。

《大公报》甚至将缠足的危害说到极致:"缠足"乃"伤天害理"的事,"虽桀纣残忍的刑罚,也没有如此之重的";给女儿缠足的父母,"比桀纣还要残忍"⑨。

---

① 《白话·这就是中国该当败亡的一条》,《大公报》1909 年 11 月 17 日。
② 《来稿代论·天津某茂才拟请袁宫保严禁缠足禀(续前稿)》,《大公报》1903 年 1 月 5 日。
③ 《苏州天足会公启》,《大公报》1905 年 1 月 9 日。
④ 《附件·戒缠足说》,《大公报》1902 年 6 月 17 日。
⑤ 《论说·妇女缠足之历史》,《大公报》1903 年 7 月 4 日。
⑥ 刘梦(孟)扬:《来稿代论·天足会演说》,《大公报》1903 年 5 月 1 日。
⑦ 《来稿代论·拟办徽州不缠足会公启》,《大公报》1903 年 11 月 12 日。
⑧ 《附件·缠脚的妇女多受脚的累》,《大公报》1904 年 1 月 10 日。
⑨ 刘桐轩:《白话·哭缠足》,《大公报》1910 年 10 月 13—15 日。

其次,《大公报》认为,妇女缠足直接关系到下一代的身体健康。缠足造成妇女体弱多病,她们"生育子女,多患抽风,婴儿不强,气血不盈"①。羸弱之种代代流传,从而造成中国种弱,成为中国贫弱的根源。

再次,缠足妨碍女性上学接受教育。《大公报》说:"中国女学不讲,固然是由于国家不提倡,到底中国的女子,也实有不能学的缘故。头一个缘故,就是缠足。比方小孩子到八九岁,就必须上学,这女子八九岁的时候,正是缠足加紧的时候,每天早晨,竟因为缠两只脚,就须费许多的功夫,缠紧之后,痛得难受,行走必须扶墙摸壁,请问就是有女学堂,这缠足的女孩子,每天跑来跑去,如何能够?"②有人说:"学自学,缠足自缠足,原属两不相妨。"《大公报》发文反驳道:"讵不知,既欲学必入学堂往返奔驰,缠足者实难为力,既不便每日以乘舆接送,势不能不徒步而行,而双足既缠万难致远,扶墙摸壁,空叹奈何。既或明定章程在堂食宿,试问学堂中能另延一缠足教习每早督令学生缠足乎?能别设一缠足之科目定准每日某时为学生缠足时间乎?此必无之事也,缘此种种不便,将来难普及,女学堂必多有以缠足之故而不能就学者,是女学难兴而终不能兴。"③进而明确地指出:"缠足者,破坏女学之洪水猛兽也,女学如舟而缠足是无柁楫也,女学如车而缠足是无軏轨也,女学如堂室而缠足是无栋梁与砥柱也。"④

最后,女子缠足后,不能进学堂受教育,势必不能担负起母教的责任,直接影响子女的成长。"女子是国民之母,母德既正,一国的教化没有不好的","苟母教不立,则国家教育终不能日进而有功"⑤。"原来人生最重母教,孩子们上学顶早也须七岁,七岁以前,专赖母亲教导,母亲要是通文明理,孩子们在未上学以前就得了好教育,既上学以后,造就的必快,女子既缠了足,不能通文明理,糊糊涂涂,到了为人母亲以后,不能教导孩儿,反倒把邪魔外道谬妄荒诞的见识遗传到孩儿身上,孩子们自幼受了这种毒,故此长大了不易开化,这不是女子缠足也能妨害男子的智慧吗?"⑥所以,"今凡讲求强种之道者,则不可不重体育之学,体强则其种强,体弱则其种弱,理有相因,事有必至也,我华人族类

---

① 《附件·妇女缠足于德育智育体育全有妨害(再续前稿)》,《大公报》1904年11月5日。
② 《附件·妇女缠足于德育智育体育全有妨害》,《大公报》1904年10月30日。
③ 《言论·论妇女缠足与现在时势之关系》,《大公报》1907年11月11日。
④ 《言论·论缠足与女学之关系》,《大公报》1905年11月19日。
⑤ 《言论·论妇女缠足与现在时势之关系》,《大公报》1907年11月11日。
⑥ 《附件·妇女缠足于德育智育体育全有妨害(续前稿)》,《大公报》1904年11月2日。

之于大陆也,其矮小不及欧西人之伟大,其屠弱不及欧西之人强固,一一推其生育之原因,半皆由于女子之体弱,缠足之为祸大矣"①。显而易见,《大公报》反缠足既出于对深受缠足危害的广大妇女的怜悯之情,同样也出于对于国家民族的长远利益的考虑。

然而劝戒者言之谆谆,缠足者吾行吾素。《大公报》虽竭力指出缠足的危害,"无奈毒入骨髓,病入膏肓,不论你怎么说,总是没有大效验的"。对此,《大公报》评论道:"我国的政府,凡事都肯用压力,惟独至于这关系种族的强弱,在人类里最妖淫的一件败坏风俗,绝不肯用一个雷厉风行的手段,叫国民去苦就乐,转弱为强。"政府推民间,民间更是无可奈何。《大公报》由此感叹道:"中国这么一件极坏的风俗都不肯改,你还盼望有什么起色么?"②

(2) 提出戒缠足的主张

虽然民间积习难改,但是《大公报》还得尽到社会责任,在指出缠足危害的同时,明确提出戒缠足的主张:"缠足是中国妇女的大苦处……务必舍命的要改过这风俗来。"并且,"缠足与女学不两立者也。自缠足兴则女学坏,女学废则缠足工,二者有相为盛衰倚伏之势,如水火如冰炭,终古不可合并"③。"缠足不变则女学不兴,女学不兴则民智不育,民智不育则国势不昌。"④缠足恶俗必须废除,戒除缠足"始谋一家之幸福,中以移一乡之视听,而终以刷一国之奇耻大辱"⑤。为废除缠足恶俗,《大公报》人做了许多努力。

首先,《大公报》仔细分析缠足陋俗形成的原因,为废除缠足陋俗扫除思想障碍。从历史的角度说,缠足既非孔孟所倡,"当初孔子、孟子家里绝对没有缠足的"⑥,又非自古就有,"中国古称文明之国,男则冠裳,女则副笄,雍雍肃肃,何其盛也。章华细腰实为荆楚之陋,当时固腾笑于四方,后世且遗讥于千载"⑦。妇女缠足与章华细腰一样,是由男性统治者的一种病态喜好所致,是"男子戏弄女子的办法"⑧。该报进一步考证称,缠足起源于南朝,"六朝陈后主在位,极欲穷奢,荒淫无度。后宫一窈娘,手制弓鞋为缠足之形式以取笑乐"。

---

① 《论说·妇女缠足之历史》,《大公报》1903 年 7 月 4 日。
② 《白话·这也是中国该当败亡的一条》,《大公报》1909 年 11 月 17 日。
③ 《言论·论缠足与女学之关系》,《大公报》1905 年 11 月 19 日。
④ 李增属:《专件·劝迁安遵化不缠足启》,《大公报》1904 年 6 月 16 日。
⑤ 《来稿代论·拟办徽州不缠足会公启》,《大公报》1903 年 11 月 12 日。
⑥ 刘孟扬:《附件·妇女不缠足不是学外国女人》,《大公报》1904 年 1 月 9 日。
⑦ 彭寿臣:《论说·劝戒缠足说》,《大公报》1904 年 1 月 25 日。
⑧ 《附件·演说女学》,《大公报》1904 年 11 月 11 日。

后来,"上行下效,一倡百随",久而久之,遂成风气①。因而,革除缠足恶俗,首先必须要克服男人的这种病态心理,养成健康的审美观念。

《大公报》还认为,废除缠足恶俗,还必须革除下层民众包括妇女自身不正确甚至被扭曲的观念,否则害人害己:世世代代的母亲自己饱受缠足之害,然而还要忍着眼泪,把女儿脚裹严实,为的是给她找个好丈夫。传统社会以妇女"脚小为美","以缠足为妇女之本分,若从此不缠足,轻则为乡里所羞,重则恐婚姻难定"②。《大公报》认为,要改变民众这种根深蒂固的心理,一定要耐心地反复劝说,并运用身边的榜样加以引导才能奏效。为此,该报多次发文对民众进行开导——有的文章明确指出,随着时代的进步和国民教育的发展,"将来的好子弟,全须从学堂里出,那好子弟们,既不愿意要缠足的女子为妻,那缠足的女子,又往哪里择好婿去呢?"③有的文章引导道:"一般少年皆以鄙弃缠足之女而不与为偶,恐缠足之女子将来必有难得佳婿之悲也。"④与此同时,一些文章还提倡新式婚姻观念,推动男性对反缠足运动的支持。1902年6月26日,《大公报》刊登了中国近代第一则征婚广告,其中称:"今有南清志士某君,北来游学。此君尚未娶妇,意欲访求天下有志女子,聘定之室。"征婚者对征婚对象的第一个要求就是"要天足",缠足者不与⑤。还有的文章从父母该如何爱子女的角度晓之以理,针对很多人对女儿以"缠足为爱"的思想,巧妙地说,缠足之女,长大后只能是"负床而嬉"的废人,其形象则只能成"欧美列邦人类馆中之陈设品"⑥。难道这是爱吗?值得为人父母者深思。

其次,《大公报》还从中国的社会现实出发,提出要有效废除缠足陋俗,须采取"官为提倡",辅以民间有识之绅民推动的方式。

《大公报》1904年9月5日刊文指出,中国长久以来受"官"本位思想的影响,加上统治者长期愚民政策的作用,下层民众形成了"不听善劝,专受强权"的扭曲心理,和"无论什么事情,要是没有在上的威力制服着",便"不肯自办"的思维定势⑦。故而认为,戒缠足这样的大事,必须由官府主导。为了引起各

---

① 《论说·妇女缠足之历史》,《大公报》1903年7月4日。
② 《专件·呈请直督奖励天足禀稿》,《大公报》1904年9月17日。
③ 刘孟扬:《附件·缠脚的妇女多受脚的累》,《大公报》1903年1月10日。
④ 刘梦(孟)扬:《来稿代论·天足会演说》,《大公报》1903年5月1日。
⑤ 《广告·求偶》,《大公报》1902年6月26日。
⑥ 《来稿代论·拟办徽州不缠足会公启》,《大公报》1903年11月12日。
⑦ 《财务处果肯提倡天足否》,《大公报》1904年1月5日。

级政府和官员的注意,多次在文章中引用慈禧太后在光绪二十七年十二月二十三日(1902年2月1日)明令要求废止缠足的懿旨:"汉人妇女,率多缠足,行之已久,有乖造物之和。此后缙绅之家,务当婉切劝谕,使之家喻户晓,以期渐除积习。"①

《大公报》一手拿着太后懿旨,一手凭着报纸舆论,"催逼"各地官员加大戒缠足的力度。1903年7月30日,在《劝戒妇女缠足必须官为提倡说》一文中写道:妇女缠足,被外国人耻笑,视为野蛮的表现。"自光绪二十七年十二月二十三日劝戒妇女缠足之谕旨颁布而后,各省男女志士以强种为心者均各恪遵谕旨,热心揭倡,以期挽救此恶习。"然而"中国人有服从官府之特别性质,无官以干涉之,虽有绅士倡导,其收效终不能广远"。文章进一步说:"官如尽忠于君则不可不提倡,官如施仁于民亦不可不提倡,官如欲为中国洗此一大耻更不可不提倡,苟或不然,吾恐各男女志士虽舌敝唇焦、热心劝导,终无可以收效之一日。"②文章将官府倡戒缠足视为尽忠于君、施仁于民、洗国之大耻的表现,其"上纲上线"可见一斑。

这一时期《大公报》的主笔刘孟扬是一个劝妇女戒缠足的活跃人士。他认识到官府带头放足的示范作用及宣传的号召力,便与官府作过一番互动宣传活动。刘孟扬曾写信给天津知府,禀告天津戒缠足的情况,称:津邑不复为女缠足者虽然已七十余人,唯风气尚未打开,进一步展开很困难,恳请"太守(知府)示喻"。天津知府凌福彭接刘孟扬信函后即发布示谕,并于1904年1月3日在《大公报》上以"天津府凌太守劝戒缠足示谕"为题刊登,称:关于戒缠足,朝廷早有谕旨,宫保督宪也出示劝谕,"尔等须知圣朝明诏必当奉行,大宪仁心亦宜仰体,但使诗书显族、仕宦名门倡率先行,则阖属士民自必闻风兴起"。并说:"现在本府子女概不缠足,以身示教,有厚望焉,除将宫保督宪劝不缠足文一千本再发府县两学,广为分送以资劝戒外,为此切切特示。"③这个示谕搬出了朝廷谕旨、督抚劝谕、本人示范,还是很有说服力的。

为了回应知府的示谕,刘孟扬于1904年1月5日在《大公报》"附件"栏发表《请遵谕劝戒缠足》,首先说明给县尊写信的原委和目的:劝戒缠足,事关重大,自己虽然做了一些工作,写了一些文章,但"因为风气不易大开,我一个人

---

① 《专件·呈请直督奖励天足禀稿》,《大公报》1904年9月17日。
② 《论说·劝戒妇女缠足必须官为提倡说》,《大公报》1903年7月29—30日。
③ 《天津府凌太守劝戒缠足示谕》,《大公报》1904年1月3日。

的力量有限,故此禀请县尊,蒙县尊转详督宪,蒙督宪批府出示,已于本月初九日蒙府尊刊发示谕,遍贴通衢,又由县尊将原详补报各司道衙门"。刘孟扬说,现在可好了,各位请看县尊的告示上,"前边是戒缠足的谕旨,中间说督宪袁宫保(袁世凯)也撰过不缠足文,刷印多本,各处分送,末尾说府尊子女概不缠足,你们看,连督宪及府尊,全从自己家里起,力戒缠足,听说县尊唐大令也立志不给女儿缠足"。刘孟扬最后说:众位现在如果还不改了缠足的陋习,就是"既抗旨又抗谕"的大罪①。

随后,刘孟扬又于1月8日、9日、10日三天,在《大公报》的"附件"栏连续刊登三篇文章,即《指明妇女缠足不是正道的凭据》《妇女不缠足不是学外国女人》《缠脚的妇女多受脚的累》,针对当时人们对于缠足可能产生的疑虑或诘难给予解答和回应。

《大公报》认为,戒除缠足陋习,除官府主导、因势利导外,绅士辅助、立会倡导也很重要。"凡事无人提倡则不能大兴,而提倡之责惟士绅足以当之。"绅士介乎官与民之间,有威望、有实力、有便利的条件,在戒缠足方面负有不可推脱的责任。文章进一步说:"宜由州县官各将其所属之绅士传集面谕,强迫其立会倡办,由绅士设立总会,其名目即称为奉旨戒缠足总会,其分会无论何人皆可立之……各立册簿,入会者各将姓名、住址、第几女、几岁详细注册,每一月分会将册簿呈送总会,总会将一切册簿呈送州县官,按名榜示署前照壁上,以便传播而示荣耀。"②当时的确有很多省督倡导成立以戒缠足为诉求的天足会,《大公报》对这些新闻都及时地予以报道。比如1905年4月9日《大公报》"外省新闻"报道称,江苏督、抚与绅民等相约:"如有劝谕得力之绅董,果能移风易俗,应准由各原籍州县详请奖叙,或给匾额或赏顶戴。其举贡分发教职等准予委署乡约地甲,或赏顶戴或赏银牌衣料或免差徭,其劝谕不得力者应由州县官随时诫饬乡约地甲等人,务期逐渐转移,以仰副朝廷谆谆告诫之意。"③

《大公报》还认为,缠足恶俗根深蒂固,既要废除,在倡导时,应晓之以理,动之以情。天津某茂才拟请袁世凯严禁缠足,采取"宽其既往,严禁将来"的做法。《大公报》在附注中指出:"中国数千年来之陋俗深入膏肓,纤纤楚楚,文人学士之所咏叹,袅袅娉娉,鄙夫俗子之所艳羡,势不得不驱一切妇女以矫揉造

---

① 《附件·请遵谕劝戒缠足》,《大公报》1904年1月5日。
② 《来稿代论·天津某茂才拟请袁宫保严禁缠足禀》,《大公报》1903年1月4日。
③ "外省新闻",《大公报》1905年4月9日。

做、残毁肢体为荣。驯至积习相沿,牢不可破,一若妇女不缠小其足有违天经地义者,此等流毒既深入骨髓",如要革除,"非以毅然悍然之手段万难有济"①。

《大公报》还提出了一个区别对待的劝戒原则,即把已缠足者和未缠足者区分开来,分别对待,说:"凡以前脚缠成了的,放不放听人自便,不必强逼着非解放不可。但是所有未缠足的女儿,从今以后不准再缠。如此的办法,既不强人所难,人自容易听从。"②如果强制让已经缠足的女性一律放足,那是做不到的,或许结果适得其反。从披露的事实看,不乏本不愿意再给女儿缠足的妇女,可当强要让她自己放足时,结果是她自己不但未放,逆反心理下反倒给女儿也缠上了。劝戒缠足,贯彻区别对待的原则,效果会好得多。《大公报》载文反复强调:"女人年纪大缠过脚的,愿意撤放随便,不愿意放的也随便",但年轻的女孩"一概不准缠脚"③。

《大公报》不满足于一般的讲理宣传,还大力进行天足行动的提倡。当各地有识之士组织一些不缠足会,动员女子不缠足时,《大公报》给予足够关注和报道,使不缠足运动的声势逐渐壮大,响应不缠足活动的妇女也越来越多。在《大公报》上,有关放足的新闻,从单篇报道到中外近事中都有涉及;有关放足的言论,从论说到附件均有;另外还对一些不缠足组织的活动进行追踪报道,以典型事例引导全国。

天津公益天足社初名独立天足社,是《大公报》主笔刘孟扬倡导成立的,以劝诫妇女不缠足为宗旨。该社从成立起,《大公报》就给予充分报道,此后陆续刊登其活动情况。

1903年3月16日,独立天足社改名为公益天足社。当日《大公报》不仅报道这一消息,还刊登了修订后的章程。该社为戒除缠足举行了两次征文活动。征文广告和获奖文章均在《大公报》上刊登。公益天足社取得了一些成效,成立不久即开办分社。天津"河东分社"成立广告称:"启者自本邑刘君创办公益天足社以来,投名注册已有三十余家,可见风气已开,妇女缠足之陋习不难逐渐刈除。"还说:"鄙人不知自量与刘君会商在本埠河东设立天足分社,其章程与刘君所刊订者同,社友亦已有二十余家,如仍有愿为社友者请将台衔居址开单掷下,以便注册为幸。"作者还特意在广告中加上皇恩帝令,以便扩大号

---

① 《来稿代论·天津某茂才拟请袁宫保严禁缠足禀(续前稿)》,《大公报》1903年1月5日。
② 《附件·力除恶习》,《大公报》1903年11月21日。
③ 《附件·也算自强的一件大事》,《大公报》1902年10月2日。

召力。

《大公报》还刊登各地一些戒缠足实例,引导舆论。1903年3月4日,刊登《来函》:"启者予有小女二人,已恪遵光绪二十七年十二月二十三日戒缠足之上谕不复缠足,并转劝他人以期同挽此恶习,上以遵朝廷之谕旨,下以拯妇女之苦情,予愿与他人共勉之也,现在先后戒止妇女缠足者已二十余家,予正喜此种恶习可以逐渐免除,不料外界谣传谓予小女又复缠足,以致纷纷传说,为劝戒缠足之美事加一层极大之阻力,不知果属何心,今特声明,如有不信予之小女不复缠足者,请随时到针市街南阁西小石道胡同南口路西第一门敝寓验看可也。"①以当事人现身说法的方式劝戒缠足,很有说服力。

1903年12月7日,《大公报》刊登一则录件《缠足渐革》,详细刊登了澄海县天足会的活动及其成效:"日前澄海绅士议联合同志禀革缠足陋俗并立章程以通嫁娶各节,顷悉彭孝廉珍等已联二百六十三人酌定章程,禀请董大令示谕矣,又澄城内谨祖祠前有某姓女届缠足期,因地方绅士议革此陋俗者,备言缠足苦况,女闻之懔懔危惧,抗命不从,然父母强之越三日,不堪其苦,自投于井,幸急救起,不致殒命。又港口乡某家女亦于日前备极缠足惨状,父母怜之为之解释,近日方开不缠足会,彼女子即有不自由毋宁死之志,自此家喻而户晓,相沿之流毒自此免乎?"②文中所述届缠足期女子以死抗争的实例,说明戒缠足之艰难。

在英敛之日记中,还记载了这样一件小事:英敛之夫人为了推动不缠足运动,奖励放足女生,不仅于1906年12月27日请放足之女学生来饭馆吃饭,而且还每人赠以纸本笔墨③。

同时,《大公报》密切关注并及时报道各地不缠足组织的活动情况,时常在刊登一些不缠足组织的活动或章程后,发表报馆的评论,对其给予支持;为鼓励那些缠足的妇女自愿放足,《大公报》还有的放矢地介绍了一些有效的放足方法,刊登简明易晓的"放足歌"之类,指导人们科学地放足。

有关戒缠足的题目还被列入《大公报》的征文活动。1903年11月27日的征文中,就有一题为"拟最易动人之劝戒缠足说"。12月15日,《大公报》还刊登了一则贾子膺写的《劝戒缠足说》,编辑在文章末尾写道:"本馆悲妇女缠足

---

① 《来函》,《大公报》1903年3月4日。
② 《录件·缠足渐革》,《大公报》1903年12月7日。
③ 《英敛之先生日记遗稿》,第1088页。

之苦楚,未能一旦除绝,虽曾舌敝唇焦,屡经劝导,无如言者谆谆而听者藐藐,或本馆所劝导之言未能动人亦未可知,故设一'拟最易动人之劝戒缠足说'之题,以冀同志之君子本其所见慨痛言之或可令阅者动心而革除此种恶习,今承贾君邮寄此稿颇为确切,令稍有人心者观之必誓不再与女孩缠足,然欲令顽石点头,恐仍不易,质诸贾君以为何如?"①

无庸讳言,同戒缠足主张本身一样,《大公报》的戒缠足宣传也曾遭受阻力。从1904年1月、2月报上两则《奉答来函》便可窥知一二:1月30日,《大公报》刊登《奉答来函》称:前天报馆接到一封匿名信,大意是说,劝贵馆诸君不必多管诸如缠足之类"闲事",以致劳动精神,刻下应多给国家办理艰巨大事。编辑在答复中指出,"缠足的风俗为国耻,上自太后,下至志士仁人,都在劝戒",这难道不是为国家办理艰巨大事? 编辑最后毫不客气地说:"总而言之罢,阁下于文明的程度尚低,故此信里的话,多是旧见识。"②2月3日又刊登了一则《奉答来函》,文中写道,有"一位非明白人"给报馆来信,说《大公报》劝戒缠足为多管闲事。编辑对此讽刺称,此来函之人,为南唐李后主之流,说他那轻薄之形,流溢于楮墨间,说的一点也不错。对于这等人,原无可教训,以后也不必理他了。"发愿劝戒缠足,同挽恶俗,实为要紧的事",与这种人争闲气是无用的③。

《大公报》不仅提出"力除缠足恶俗"的进步主张,而且坚持多年,也取得了一定的效果。关于这一点,《大公报》曾经于1903年和1905年两次谈及。

1903年11月21日,《大公报》在《力除恶习》一文中介绍称:"本报自从出版,头一张的白话就是劝人除绝了妇女缠足的恶习,后来又说过几次,就有不喜欢听这个话的,就有立意除这个恶习的,近来就说天津一处,已竟有了百余家,不再给女儿缠足的了,这还不算别处。"对于这些成果的取得,文章分析说:"不敢说全部是由本报劝过来的,到底本报常常鼓动人心,暗含着的力量,也自不小。"④这样的分析是符合实际的。

到1905年,"天津一带,风气大开"⑤,不缠足人数又扩大了。对此,《大公报》3月31日"附件"栏刊登《缠足的妇女请听》称:"我们的报馆,从出报以来,

---

① 贾子膺:《论说·劝戒缠足说》,《大公报》1903年12月15日。
② 《奉答来函》,《大公报》1904年1月30日。
③ 《奉答来函》,《大公报》1904年2月3日。
④ 《附件·力戒恶习》,《大公报》1903年11月21日。
⑤ 《附件·请看房山县毕大令劝戒缠足的白话告示》,《大公报》1905年6月12日。

因为劝戒妇女缠足这件事,不知费了多少笔墨,不知挨了多少咒骂,我们始终委屈劝导,立意劝化得大家全除了这种恶俗,好在我们这一番苦心,总算没白费了,我们开张今已三年,这三年的光景,天津妇女不缠足的风气开通多了,或有人天足会的,或有不入天足会也不缠足的,约略着算计,天津一处,总有三四百家,有这三四百家文明种子,渐渐发生,不愁将来不都改过来。"①《大公报》用数据说话,令人信服。

其他地方的戒缠足情况大致上也是如此。有研究指出:"1901年至1905年是中国近代史上不缠足运动的高峰阶段。"②《大公报》正是在这一时期发表了大量的戒缠足言论和文章,对于当时宣传和倡导不缠足运动无疑起到了积极的推进作用。它的文字宣传,它设立放足会、兴办女学等废除缠足的实际做法,对于天津、北京、山东、四川等地不缠足运动的开展乃至全国不缠足运动的进行起了示范作用,取得了良好的效果:山东暨属天足会成立后不多久,"入天足会者约有一千三百四五十人"③。报载"四川所以收效独大者,一则因西洋教会所立之天足会魄力极大,被劝入会者甚多;一则因州县官有奖以银牌者,有赠以匾额者,故闻与感,妇女以不缠足为荣"④。到1904年底,"中国十八省总督皆有戒缠足之示,所缺为闽浙与陕甘而已"⑤。

2. 破除迷信

专制导致国民愚昧,民众愚昧又必然迷信邪说。《大公报》谓,几千年愚民政策使得"我中国民智之闭塞久矣!(国民)好异端而不悟正理,信邪说而不入正途。其心思见解,日流于虚无缥缈之境,亦既相习而成风,每遇一种荒诞不经之风说,言者眉飞色舞,听者声入心通。久而久之,执迷愈甚。于是,毒虫畜类亦称仙,风云雷雨亦称神,焚香膜拜,举国若狂"⑥。老百姓的愚昧,加重了各种陈规陋俗的根深蒂固。"越是愚蠢人民,忌讳越多,越是野蛮国,信邪越盛。"⑦《大公报》进而指出:这种状况十分令人担忧,"中国贫穷软弱,不足为忧,可忧的就是糊涂,没有真见识,专信那异端邪说"⑧。迷信习俗一日不除,中

---

① 《附件·缠足的妇女请听》,《大公报》1905年3月31日。
② 尹美英:《中国近代不缠足运动》,《淄博师专学报》1998年第2期。
③ 《暨属天足会》,《大公报》1905年4月16日。
④ 《专件·呈请直督奖励天足禀稿》,《大公报》1904年9月17日。
⑤ 《附录·天足会来函》,《万国公报》1904年10月。
⑥ 《论说·论新闻纸与民智通塞有密切之关系》,《大公报》1903年9月12日。
⑦ 《附件·再说邪说不可信》,《大公报》1902年7月3日。
⑧ 《附件·讲妄信风水无益有害》,《大公报》1902年7月1日。

国一日不可自救,因此《大公报》坚决主张来一场破除迷信的运动。

中国自古以来流行看风水、相面、算命之类习俗,及至清末,社会的动荡和民众的苦难,各种天灾人祸的频发,更加剧了这类陋习的蔓延。而事实上,这些陋习非但无助于民众解脱困苦,反而成为社会进步的一大阻碍。为此,《大公报》在破除迷信方面下足了气力。

其一,批评各种迷信陋俗。如批判"排八字算命",指出那些认为人的生辰八字可以定一生的富贵贫贱、寿长寿短的观点,尤其可笑,算命排八字"不是真理,没有凭据,忽然而天,忽然而地,闹得人没有主意,从这里生出来的害处一言难尽"①。又如批判"相面",指出所谓相书,都是穿凿附会而编,"不过都是些个揣度的言语,拿些个仿佛相近的事情,添枝加叶,迷惑愚人"②。

其二,揭露迷信鬼神陋习泛滥的现实。《大公报》指出,中国朝野之间,无人不迷信:"河运官拜蛇,说他是河神,称为金龙四大王;行河海的拜天后神……小孩出天然痘,等到落痂之后,也都往天后宫许愿去,说是天后神也管小孩子出花儿。越闹越奇,不值一笑……又如做官的每逢初一、十五到城隍庙拈香,又有祭门、祭库、用兵时祭旗等等礼节。"③1902 年 8 月 20 日,《大公报》曾刊载过一篇题为"论天津收复城隍回庙事"的"论说",这篇出自英敛之手笔的文章借天津收复城隍庙一事,以辛辣之笔,将流行于民间尤其中老年妇人间的媚神陋习狠狠地批判一通。文章描述道:"十四日下午五点余钟,用彩舆将城隍像舁回庙中,并有一切仪仗及香炉等导其前。此际之往观者,红男绿女,拥塞道途,翘首而望,重足而立,皆以得复见城隍之颜色为幸。甚至有口念阿弥陀佛者。"作者感叹道:"呜呼噫嘻,当此天津初还之时,夫岂无应办之事急于泥像者哉?""可见此种信佛媚神的习气,深入中国人的脑子了。"作者进一步指出:"苟治之初,必以息邪说正人心,开民智,止乱萌,为当务之急。"④

其三,指出国民迷信和愚昧的危害性。"以狐狸、黄鼠狼、刺猬、蛇、鼠为大仙,以山林树木为有神"的迷信思想,生发出各种各样令人意想不到的愚蠢而怪异的行为。比如义和团,因迷信造成"国破家亡之奇祸",教训不可谓不深刻。《大公报》对此一直保持高度警惕,时常提醒国民注意。

---

① 《附件·再说邪说不可信》,《大公报》1902 年 7 月 3 日。
② 《附件·讲相面无益为学要紧》,《大公报》1902 年 7 月 4 日。
③ 《附件·学校与鬼神不能两立》,《大公报》1904 年 7 月 14 日。
④ 《论说·论天津收复城隍回庙事》,《大公报》1902 年 8 月 20 日。

其四,介绍科学知识。既然民众迷信是愚昧所致,故而《大公报》一方面批判迷信,一方面刊登一些知识性文章,向读者介绍关于彗星、地球、月亮、风、雨、雷、声、光、电等自然现象的科学知识,破除民众的迷信思想。如 1904 年 12 月 21 日发表《彗星绝不关乎吉凶》,在介绍彗星即民间所谓扫帚星的由来时说:据天文家考算,这种彗星"每到三年零一百一十天半,就出现一次,可见这种星是有一定出现的日期,并不关乎人事的吉凶祸福"①。

3. 戒食鸦片

自西方列强把鸦片输入中国之日起,就遭到我国朝野爱国人士的极力抵制。但是鸦片在中国一直禁而不止,且呈蔓延之势,极大地毒害中国人的身体乃至精神。同时,随着外国鸦片大量输入,我国白银大量外流,损伤国力。"鸦烟流毒,为中国三千年未有之祸。"此陋习不除,国将不国,这是不争的事实。随着爱国民众禁烟呼声日益强烈,在新政的环境下,清政府又一次发动大规模的禁烟运动。《大公报》与《申报》等报纸一样,成为此次"禁烟"运动的拥护者和推动者,并采取了以下措施:

其一,反复说明吸食鸦片的危害。1904 年,上海戒烟会成立,随即开展一系列劝戒鸦片的活动,《大公报》对此十分赞同,载文指出:"害四百余兆之性命,隘二十余省之土疆,毁数万万之身躯,惰数万万之志气,沉锢陷溺、病入膏肓者,其惟鸦片烟乎!"并在回顾鸦片禁而不止的历史后说:"每年购土巨款流入外洋,中国精华财源日竭,则害在民生也。中国自栽罂粟占地极多……夺米粟蔬棉之利,近七八年米价高贵,未必非种烟使然,则害在农政也。官吏禄俸、差役薪工、庶人在官本足自为赡养,及一沾烟瘾,则婪取弄权,不得不成贪酷,则害在政事也。"②

1911 年 5 月 11 日,《大公报》在"要闻"栏刊登一则《鸦片耗财之调查》,提出:自 1860 年(即《中英通商章程善后条约》确定鸦片贸易合法化之年)至 1910 年之五十年内,每年入口(鸦片)当有六万箱,五十年共入三百万箱,合三亿斤,即四十八亿两。如按每两鸦片价一元核算,此五十年来鸦片"洋药"耗财当在四十八亿元。又有人调查,中国五十年内自种之烟,按至少数算计,当有二百四十亿两,每两烟价照半元核算,须耗财一百二十亿元③。用数字说明吸食鸦

---

① 《附件·彗星绝不关乎吉凶》,《大公报》1904 年 12 月 21 日。
② 《论说·戒烟会议》,《大公报》1904 年 12 月 22 日。
③ 《要闻·鸦片耗财之调查》,《大公报》1911 年 5 月 11 日。

片造成的巨大财政损失。

总之,《大公报》指出,吸食鸦片,致使"国家元气日伤,人民贫弱日甚"①;再不禁烟,则有亡国灭种的危险。

其二,密切配合政府进行禁烟宣传。当时清政府颁布了一系列文件,从禁售、禁吸、禁种等几个方面禁止鸦片,《大公报》积极配合推行。1908年4月28日刊登直隶禁烟总局提出的禁烟措施:"清查种烟地亩,禁止开灯烟馆,严稽烟店,吸户发给凭照牌照,并设戒烟医院。"1909年8月17日,刊登《奉天禁烟公所发给购烟牌照章程》:"凡吸鸦片烟者,无论男女何项人等,均须领取牌照以为持购烟膏之用",此牌照从省城办起,每两个月更换一次,"每次递减一成,二十个月减尽","购烟时须持有牌照,未持牌照者不准购买","每日吸食之量至多不得逾一两","凡领有牌照者只准一人在室内吸食,倘有二三人聚在一处吸烟者,无论有无牌照,一律查拿,照章罚办"②。

其三,提出一些禁烟的建议。如1908年5月2日发表《禁烟刍言》称:"凡有嗜好者,一律报名编号注册,以备调查订定限期。既吸者遵限戒绝,未吸者不准沾染,如犯,准人禀控,由公会移请拘办严惩。"③

为了帮助吸食者戒烟,《大公报》还载文提供戒食鸦片的方法。该报分析说,吸鸦片烟之人大致分两种,一是因消遣而吸食,另一种因疾病而吸食。前者本无真瘾,戒食不难,"须立志坚定即不服药亦可戒绝";后者则中毒较深,"朝断其瘾病即暮发",所以这样的病人必须断瘾治疾相辅相成,遂介绍了一些"良方",如"大白菜(十斤拧汁备用),大生地、大熟地(各四两),白糖、冰糖、黑糖(各四两),上好潞党参(一两或二两),烟土(五钱),以上群药备用,白菜水熬透去渣再合下,除白菜水炼成膏,每日或服二次或服三次,每服半酒盅,开水送服,总以食前服为宜"④。这类"药方"是否有效姑且不论,《大公报》帮助吸食者戒烟之态度与推动力可见一斑。

除此之外,《大公报》针砭国人的陋习还有赌博、包办婚姻、不讲卫生等。概括言之,凡是社会上存在的陋俗、恶习,都在《大公报》的破除之列。当然,

---

① 《代论·禁烟刍言》,《大公报》1908年5月2日。
② 《奉天禁烟公所发给购烟牌照章程》,《大公报》1909年8月17日。
③ 《代论·禁烟刍言》,《大公报》1908年5月2日。
④ 钝铁:《言论·论戒烟良方之难得》,《大公报》1909年3月15日。

《大公报》不仅仅是"破除",还在"提倡"。为了破除朝野存在的各种陋俗,创立新风,从1903年12月至1904年初,《大公报》在"附件"栏刊登了一组十篇"移风易俗"的文章。

1903年12月5日刊登《移风易俗议》,称我国"王公大员好扶乩,好信佛媚神,不是进香,就是走会,久而久之……积成一个信邪的风俗。故此庚子年,义和团一起,全国响应,皆因是平日信邪的风俗,深入人心的缘故"①。

12月8日刊登《移风易俗议(续前稿)》,指出:"八角鼓子、二簧、莲花落,成了京旗(指驻守北京的京营八旗)的专门学了。"并举与此相似的不止一件事②。

12月11日刊登《移风易俗议(再续前稿)》,进一步称:"变易民间习俗之恶,必须先除官场习俗之恶。……官场的恶俗,是罄竹难书的。有一件最要紧普遍亡国有余的恶习,就是个官派二字。按白话而说,就是个衙门气。……衙门气……有三个,一是骄奢,二是庸陋,三是怠惰。中国官场不犯这三样病的,十里拨一。"③

12月14日刊登《移风易俗议(三续前稿)》,具体论说官场用人的恶习:层层用坏人,坏人办事,必然坏事④。

12月16日刊登《移风易俗议(四续前稿)》,指出官场的骄奢淫逸,已至极致⑤。

12月21日刊登《移风易俗议(五续前稿)》,指出官场的庸陋,罄竹难书⑥。

12月24日刊登《移风易俗议(六续前稿)》,指出官场的怠惰,超出想象⑦。

12月28日刊登《移风易俗议(七续前稿)》,提出整顿官场恶习,关键在上司。上行下效,上面做好了下面自然会好⑧。

12月30日刊登《移风易俗议(八续前稿)》,讨论破除官场恶俗的办法,调侃道,由于上司不可能带头、法律不执行,因而只有用一艘大船把中国官员装上开到太平洋炸掉方能破除官场恶俗,其他方式均不成⑨。

---

① 《附件·移风易俗议》,《大公报》1903年12月5日。
② 《附件·移风易俗议(续前稿)》,《大公报》1903年12月8日。
③ 《附件·移风易俗议(再续前稿)》,《大公报》1903年12月11日。
④ 《附件·移风易俗议(三续前稿)》,《大公报》1903年12月14日。
⑤ 《附件·移风易俗议(四续前稿)》,《大公报》1903年12月16日。
⑥ 《附件·移风易俗议(五续前稿)》,《大公报》1903年12月21日。
⑦ 《附件·移风易俗议(六续前稿)》,《大公报》1903年12月24日。
⑧ 《附件·移风易俗议(七续前稿)》,《大公报》1903年12月28日。
⑨ 《附件·移风易俗议(八续前稿)》,《大公报》1903年12月30日。

1904年1月2日刊登《移风易俗议(九续前稿)》，提出综合治理的办法：(1)立教(育)部；(2)订丧葬礼仪；(3)毁淫祠，改建学堂和工艺厂；(4)多立白话报；(5)编新戏；(6)编开智识的新小说；(7)绘印新纸画；(8)改良演说①。

(二)破陈腐观念

1. 破重男轻女的观念

英敛之曾说，中国有两句最坏的古语："一句是女子无才便是德，一句是女子自认命苦。"②这两句话之所以坏，其实质在于从精神上残杀女子，并在于剥夺女子进学堂受教育的权利。"重男轻女"的陈腐观念必须破除，否则妇女的解放便是一句空话。

而英敛之等《大公报》人之所以费如此大的气力进行戒缠足宣传，正是因为他们想以戒缠足为突破口，推动妇女解放运动的开展。

何以言之？1905年11月19日刊登的《论缠足与女学之关系》一文对此作了说明："今世抉缠足之弊者，连篇累牍，罄竹难书，综其大略可得而言曰，伤肢体也，败容仪也，弱种族也，废操作也，生疾病也，诲淫邪也。之数说者，信可谓深切沉痛矣，而独于女学之关系则言之不详，亦不过曰步履蹒跚不便于就学耳，于虖此犹就其形式言之而未得其精神论之也，此仅即其表面观之，而未探其内容说之也。"该文指出，戒缠足是形式、是表面，而妇女解放才是精神、是内容。

"女子无才便是德"，认为女人不需要学习知识、增长才干；"女子自认命苦"，认为女性甘愿为"贡媚"之物。女子小时候，被家长强迫缠足，长大之后，"父母不为之督责而必自残筋骨"，"果何为乎？不过为美观起见耳，不过为待字起见耳，吾得一言以蔽之曰，贡媚而已矣"。女人有了"贡媚思想"，"则惟有柔顺而已，服从而已，奴隶而已，囚禁而已，甘为陈列之品与玩弄之具而已"。"由是言之，则谓女学之牺亡实胚胎于贡媚之念可也，贡媚之说于何发表，则缠足其现象也。"③"贡媚"与"缠足"互为因果，可见《大公报》"戒缠足"之剑直指"重男轻女""贡媚"的陈腐观念。

---

① 《附件·移风易俗议(九续前稿)》，《大公报》1904年1月2日。
② 《附件·讲女学堂是大有关系的》，《大公报》1902年6月24日。
③ 《言论·论缠足与女学之关系》，《大公报》1905年11月19日。

2. 倡导兴女学

英敛之"久蓄兴女学之志"①,为有效地破除"重男轻女"观念,便以《大公报》为阵地,掀起了一股强大的"兴女学"风潮。创刊七天后,《大公报》即在1902年6月24—25日于"附件"栏刊出了《讲女学堂是大有关系的》,从家庭教育和家庭生活的角度提出女学的重要性。7月1日发表了《天津拟兴女学议》,从集款、延师、招生、课程、学费、堂规六个方面提出在天津兴办女学的建议。此后,宣传女子教育和办女学的文章陆续在"论说"栏或"附件"栏刊出,这些文章涉及兴女学的意义、办女子学堂的建议、办女学堂的精神和创办天津公立女子学堂等几个方面。

(1) 阐明兴女学的意义

当时的广大中国民众,没有女学的观念,对兴女学不仅不重视,甚至很反感。因而,要兴女学,首先必须大力宣讲女学的重要性,使广大民众树立女学观念。

《大公报》从国家、民族乃至人类的角度强调女性素质的重要意义:人世间,女子为万象阴阳之始、人类种族造化之基,世界无女不兴,国家无女不强,人类种族非女不硕大绵延。女子的作用如此之重要,女性的素质事关至要。要提升女子素质,必须重视女子教育,大兴女学。该报发文指出:"女胡为? 必学所以定其志趣,卓其神识,宏其智慧,完其体育,使知人身为左右世界之分子,非学莫以尽其职,女子为教育国民以肇造世界之幸福,非学无以广其传,而后本其精细辅以深沉,佐之文明开化,济刚以柔,达微于显,大之则千万亿兆之世界以立,远之则千百世纪之世界以绵,小之则飞潜动植之千百物理以昌,近之则种族国家之千百异处以合,如是为尽其义务之天然,如是为完其质禀之特色。"②女学的重要性不言而喻。但是,中国传统社会从来看不到女子教育的重要性,不懂得女学和女子受教育之间的关系,使广大女性处于愚昧状态,成为男性的附属品和玩物。"以生孩为妇女的天职,以刺绣为妇女的本分,以装饰美丽为妇女的人格,要说到读书识字,就仿佛女子不应该似的,如同一种本身的附属物,女子自视也以为理之当然。"③因此,"就一国言,教化不及于巾帼,妇女遂多愚蠢之流,就一家言,生活仰给于夫男,妇女备作奴隶之用,毕世幽囚,

---

① 英敛之:《吕氏三姊妹集序》,周萍萍编:《英敛之集》(上),第373页。
② 《论说·论女学关系之大纲》,《大公报》1902年11月26日。
③ 《附件·演说女学》,《大公报》1904年11月11日。

难邀恩赦,诸般压制备极酸辛,以故女人绝少开通,缺乏家庭之教育,国民半成残废,隐招外界之欺凌,中国之衰其原因未尝不在此?""世俗之见,每谓女子无才便是德,又谓女子多才命必苦,此等谬论"①不知害了多少人。思想上,女子教育得不到重视;现实中,女子仍处于内外诸般压制之下,在《大公报》看来,这也成为国家衰弱的重要原因。小到个人、家庭,大到国家,女子教育均事关重大。《大公报》由此得出结论:兴办女学刻不容缓。

接着,《大公报》又从有利于女子、有利于家庭、有利于国家等几个方面论述兴女学的意义。其论述的思维逻辑大致如下:兴女学利于女子自身、利于家庭教育、利于全体国民素质提高、利于国家复兴发达。

首先,兴女学利于妇女自身。英敛之从仁爱和平等的角度出发,提出女子与男子一样,有上学堂接受教育的权利。"人不论男女,全以智慧为要",而"智慧实从学问而生,故此无论男女全须学"②。英敛之在"附件"栏用白话对"女子无才便是德"的谬论进行批驳:难道许多做太太的都是不识字的?常见许多外国妇女比起中国许多男人还要出色,岂不都是从读书认字里学来的?要国家兴盛,男女都应上学学习,在世世代代存在重男轻女错误意识的中国当下,尤应广设女学③。1902年7月1日,《大公报》在"论说"栏刊登《天津拟开女学议》,旗帜鲜明地倡议天津应仿效上海,兴办女学馆。

其次,从教育后代的角度出发,提出女子上学的重要意义。《大公报》发文说,"女子为国民之母",国民素质的高低直接取决于母亲的素质。母亲是儿童的天然教师,"凡人自襁褓以至垂髫,保抱携持,饮食晏息,无贵贱贫富之分,靡不有恃于母也"④。其后,又用白话进一步阐释"女子为国民之母",一个人的学问、立身处世之道都由母亲定其根本,母亲的素质决定人才的培养,有贤女而后有贤母,有贤母而后有贤子。"女子要是不明白事理的人,糊糊涂涂的管教子女,不是任意纵容,就是朝打暮骂。他还能够管教出来好孩子吗?"⑤女子身为国母,不仅要接受教育,而且要接受良好教育。女子接受了良好的教育,成为贤母,"将来的国民,人人要是先受了家庭的好教育,就是造就完全的资格了,到了那个时候,我中国全国的同胞可就有另外一番精神气象了"。因而,

---

① 英敛之:《论说·读碧城女史提倡女学之宗旨书后》,《大公报》1904年5月22日。
② 《附件·妇女缠足于德育智育体育全有妨害》,《大公报》1904年11月2日。
③ 《附件·讲女学堂是大有关系的》,《大公报》1902年6月24日。
④ 《论说·论中国当以遍兴蒙学女学为先务》,《大公报》1904年9月27日。
⑤ 《白话·国民之母》,《大公报》1908年9月22日。

《大公报》盼望女师范学堂"早成立一天,将来愈推愈广,女学必兴旺发达,就是女同胞早蒙一天的幸福了,也就是中国国民的前途早蒙一天幸福哇"①。

《大公报》认为,"虽有学校教育而无家庭教育以为先,事之倍者功乃半"②,而家庭教育中,母亲仆妇又扮演主要角色。对此,其所刊文章作者引用亲见事例予以说明:

> 予有一十余龄之学生,每当与之讲解西学大意,伊辄诧为闻所未闻,告以地系圆体,伊则曰吾母亲不谓然也,告以风雨之理,伊则曰吾母亲不谓然也,甚且曰吾乳母当如何说法,吾仆妇当如何说法,吾聆先生说若将信将疑也。噫,殆矣,夫凡事皆以先入者为主,男子之始生也,亲母育之,乳母抚之,仆妇随之,行动言语皆学之于妇人也,知识好尚皆习之于妇人也。入于耳而印于心者,无非妇人之言谈,习之惯而成自然者,无非妇人之见解。其顽谬之病,已中于未尝学问之前,及一旦入书塾,讲新学,闻业师之议论,在在与之相左:吾母与乳母、仆妇皆谓地本方而平也,胡为先生谓其圆?吾母与乳母、仆妇皆谓风雨有神也,胡为先生独不信其信?业师之心反不如其信妇人女子之心坚,业师虽舌敝唇焦,奈其已先有一一成不变之见何?即此一端,已可见女学不兴之害矣。③

母教总是先入为主,通过言传身教对下一代影响至深,使得教师的教导与之相左时,学生多信其母,不接受新知新理。由此可见女子素质不高对下一代的负面影响。

女子进学堂受教育,不仅有利于子女的教育,还有利于对丈夫的开导和影响。从夫妇之间讲,女子读书与否,影响男子心灵开化与智识的长进。读书明理的妻子,对虽"父师朋友不能教诲"的丈夫,时常开导,久之未有不通悟的,因为在五伦之中夫妇之间最为亲昵,"盖凡人之性情罹至最亲爱者,乃肯平情虚心以受其言";女子若无学,则男子心灵不开,智识不进,遂"酿成一顽钝无耻、窒塞不通之中国"。概言之,妇女受教育,于相夫教子均有益处。

可见,男子不上学,愚昧一个人,女子不上学,愚昧一家人。"国之本在家,家之本在女,本之本谓何?女学是已。"④进化的迟速视国民程度为准则,而国

---

① 《白话·女师范学堂的关系》,《大公报》1908年3月23日。
② 《言论·女子教育平议》,《大公报》1907年7月4日。
③ 清醒居士:《论说·兴女学宜用音标字说》,《大公报》1902年9月21日。
④ 清扬女士:《言论·书端中丞奏兴女学事》,《大公报》1905年11月30日。

民程度的高低以女子的贤愚为基础。因此,国家办教育,应优先发展女学,若女学不兴,"虽通国遍立学堂,如无根之本,卒鲜实效"①。《大公报》进而提出"女学为国之本"的观点:"开智强国之策,在乎广设大小学堂以立之基,尤宜广设女学以正其本。"②"考东西各国之学章,最重蒙学之教育,而蒙学之基础尤必视家庭之教育以判优劣而定成败……故近日西国女学教育之发达,其剖析精微有突出男子之上者,盖其心思专斯学业进,学业进斯教育广,教育广斯人才多,人才多斯国力强,此天演物竞之公理,而非一二人之私见也。"③因此,"强国的法子,应先由女子教育入手"④。

然而,在中国,由于长期女学不兴,大多数妇女几乎成为只有感觉而无知识的"糊涂虫似的"动物,不仅自身受害不浅,而且直接危害下一代的成长。《大公报》发文指出:"我们中国妇女明白事理的太少,不能说全像无知识的动物,到底像这类的总占多一半。为何这个样子?总因女教不兴,女教既不兴,故此国民没有家庭教育,造就狠难,这是不讲究女学一件极大的害处。"⑤有的文章还列举日常生活中发生的案例来说明女学不兴的危害,把当时婆婆虐待儿媳、妻子害死丈夫、悍妇毒打儿子等凶残恶毒之事发生的原因归结于女子没受过教育,进而呼吁必须重视女学,并就兴女学问题撰文敬告官民七件事:

> 一官府当劝喻绅民,多立蒙小女学堂,以便广为造就。一女学堂多立之后,有女孩之家,务必就近送去上学。一女子从七岁到十四岁为上学之年。一女学堂多立,女教习不易多得,可以变通办理,聘请年高有德的老先生充当教习。一不必人人习洋文。一学科以浅近普通适用为主。一针黹不可不学。果能如此办理,十数年之后,全国的妇女,都可以识字明理,生下孩儿来,从幼时就受母亲的教化,自己家里就是蒙学堂,自己的母亲就是教习,等到够了岁数再到学堂读书,自然是容易造就的。将来人才自然是要多出的,人才既多,还愁国家衰弱吗?⑥

---

① 碧城女史吕兰清:《论说·论提倡女学之宗旨》,《大公报》1904年5月20日。
② 董寿:《论说·兴女学议》,《大公报》1902年8月12日。
③ 《言论·论缠足与女学之关系》,《大公报》1905年11月19日。
④ 《白话·国民之母》,《大公报》1908年9月22日。
⑤ 《附件·说中国不讲究女学的害处》,《大公报》1905年3月17日。
⑥ 《附件·演说女学》,《大公报》1904年11月11日。

文章所提之七件大事，从当时的社会环境看，不可谓不周全。

《大公报》还认为，兴女学亦可富国。如果妇女人人受到应有的教育，人人有职业，则可以同男人一样从事社会生产。这样一来，"非特通国之学艺兴作倍增，而男子亦无家累之苦"。而且在《大公报》看来，女子在职业方面优于男子，如从制造业上看，妇女有优于男人的地方，可兴大利、成大业："妇女用心胜于男子，由其性质凝静，善运巧思，一切专门之学，男子未遑专深者，妇女别出心思，研求新理新法。"①从经商的角度看，女子更有胜于男子的地方，一是细心，一是耐烦，"细心能辨货品的良楛，耐烦则能力任筹算之勤劳"，《大公报》以"西谚"为例，言"市肆而无妇女，商业必不兴盛"，因而主张创办商务女学堂，以造就商界人才，"凡商务中之历史地理、经济规则以及书札笔算，均令习之，以为他日相夫教子之助，以为他日谋生营业之途"②。

总而言之，"女学昌则国昌，女学衰则国衰，女学无，终必灭之"。这是"观五洲之国"的经验之谈③。

《大公报》对兴女学重要性的宣传，效果明显，不仅冲破了"女子无才便是德"的陈腐观念，更是激发了一些进步士绅投身新政、创办女学的积极性，一时间，全国各地兴起了一股兴女学的热潮。

（2）为推动办女校做宣传

为促进女学的创办与发展，《大公报》对有关创办女学的新闻，不惜笔墨和篇幅予以报道："本馆素以提倡女学为心，故不厌其详乐而志之。"④1902年《大公报》关于女学的报道尚只有几处；到1903年，以"女学起点""设女学堂""兴办女学"等为题的新闻报道有二十余处；至1904年，类似"创设女学""女学简章""建女学堂"的报道就有三十余处；到了1906年，关于女学方面的报道，不仅数量增至近百处，而且内容上更加丰富，包括"女学开办""女学招生""女学进步""女学扩大""女学发达""女学得人"等⑤。尤其是关于兴办女学的追踪连续报道，更值得一提。

以对天津女学创办的报道为例。早在1902年7月1日，《大公报》即发表了《天津拟兴女学议》，为天津兴女学出谋划策；两年后，继续对天津淑范女学

---

① 董寿：《论说·兴女学议》，《大公报》1902年8月12日。
② 《言论·论中国宜开办商务女学堂》，《大公报》1905年9月22日。
③ 清扬女士：《言论·书端中丞奏兴女学事》，《大公报》1905年11月30日。
④ 《言论·女志士将赴东》，《大公报》1905年8月5日。
⑤ 参见梁景和：《近代中国女学演变的历史考察》，《辽宁师范大学学报》1993年第6期。

堂的办学情况进行追踪报道。

1904年5月20日,该报报道该学堂改名为淑范女学堂及其运作情况,21日刊登该学堂的章程。11月28日,报道该学堂的兴办成就:"仲子凤、薛瑞堂二君在东门内设立之淑范女学堂,自开办以来颇见进步,其女学生之已缠足者亦渐次解放,现因房舍不敷所用,迁至鼓楼东大费家胡同中间路西芝阳仲寓院内,并添请英文女教习,如有愿习英文及愿习高等英文者俱可预先报名,以便安排班次云。"①这则报道在报道兴学成就的同时也对学校的招生予以宣传。1906年2月25日,又报道了该学堂的新进展、新成就:"东门内费家胡同淑范女学堂内学生因去腊保送高等女学堂数十名,又保送官立女学堂若干名,现因官立女学堂房间未齐,延于三月初间入堂,故各学生仍在淑范学堂肄业,以免荒废,大约该堂于保送高等女学生后补招新生以充学额。"同年10月5日,再次对该学堂作了报道:"淑范女学堂现拟筹措款项,组织淑慎女学校一区,现已出示招生,以十龄至十五者为合格,考准后定期入堂授以国文、历史、算学、家政各等课程。"《大公报》对天津淑范女学堂的办学情况进行几年的追踪报道,这在当时报界是罕见的。

在《大公报》的报道中,觉醒的女性形象更为突出,她们有的自办女学,有的捐款办学,有的将遗产捐赠女学,更有的为办女学而殉身。有些连续追踪报道在社会上产生强烈反响,比如关于浙江杭州惠兴女学堂的报道。

杭州女杰惠兴创办贞文女校,因经费短缺,学校难以维持下去,心中十分难受,于1905年12月21日在杭州家中服毒,以身殉学,留下遗书以上当局,请拨应有经费维持学校正常教学工作。刚开始,惠兴以身殉学的事情,既没有引起当地的重视,更没有引起社会反响。《北京女报》主持者张筠芗得知消息后,立即在陶然亭为惠兴开追悼会。《大公报》随即跟进,1906年2月4日发表消息《女追悼会》:"日前,女报馆张太夫人在陶然亭为周女士开追悼会。"惠兴的生平和以身殉学的事迹立即成为各报关注的热点,社会各界由此也纷纷进行捐助活动,报界、学界首先带头捐款助学,戏剧界踊跃响应,义演助学。3月13日,《大公报》预告:"都下鞫部代表因浙杭惠兴女士之问题,大动感情,禀请官府,定于三月初五、初八、十二计三日内,在湖广会馆演戏,所收戏价,悉数汇寄杭州贞文女学校,以资经费。"并趁机发挥,于3月14日在"言论"栏发表了浙江

---

① 《中外近闻·记淑范女学堂》,《大公报》1904年11月28日。

武备学堂总办三多的《记惠兴女杰为学殉身事》，对该事件的起因、经过等进行了详细报道。文后"记者识"在赞扬了北方伶人"悯女杰之殉身，慨学界之寡助，大动感情，担任义务"，并感叹说："江浙为财赋之区，以区区之女学，竟不能成立，致令惠兴女杰愤懑忧伤，牺牲生命，以身殉学，以冀人之一悟。"并进一步发出责问："岂其长江流域之士夫，不若大河流域之俳优欤？"①

在演艺界的义演活动中，北京玉成班主、京剧名演员田际云的表现尤其令人感动。他不仅发起成立了"妇女匡学会"，而且将惠兴女杰的事迹编成剧本《惠兴女士传》搬上舞台。此剧由田际云担任主角，多次在几个剧场演出。3月24日，《大公报》发表《妇女匡学会》，对此予以充分报道。"妇女匡学会"在每场演出前，都安排演讲，介绍惠兴女杰办学的事迹。《大公报》的报道称其为"演说创举"②。演讲和演出结合，产生了极好的效果，如 5 月 27 日的演出中，"忽闻哭声起于南楼下"，且"大号不止，警兵闻知，即前去劝解，方始停哭"，"细询原由，实因观剧触发感情之故"。《大公报》为此发表评论说："北京戏园二百余年，此乃感动之第一声也。"③该戏于 8 月 28 日、29 日应邀到天津连演两天，亦大获成功。《大公报》分别于 8 月 27 日、9 月 23 日的新闻中以"新戏来津""名优爱国"为题进行报道。此外，还在 7 月 19 日录载《内阁中书金梁拟请代奏为惠兴女士请旌折稿》，对惠兴的行为和精神进行了高度赞扬。

经过《大公报》的宣传，惠兴办女学的事迹和以身殉学的壮举在北方广为人知，使得社会上兴办女学的风气渐开，并出现纷纷捐款的热烈局面。对此，《大公报》发表评论说："自惠兴女士一死，北京女学逐渐发达。如江亢虎所设之女学传习所，大公主之译艺女学堂，近者设妇女匡学会，虽优伶歌妓，亦动热忱……风气之开，进而愈上，不禁为我中国前途贺也。"④对捐资场面，《大公报》予以具体报道。据 5 月 11 日的报道，仅时任盛京将军赵尔巽的夫人向妇女匡学会认捐就有二百两之多⑤。私人捐资加上官府拨款，使得该校在 1906 年 4 月得以重新开学。开学时，学校将校名更为"惠兴女学堂"，"以志不忘"。

在热情报道各地兴女学新闻的同时，《大公报》还就如何办女校，从办学目的、教学内容、教学方法等方面提出了具体的建议。

---

① 《言论·记惠兴女杰为学殉身事》，《大公报》1906 年 3 月 14 日。
② 《时事·演说创举》，《大公报》1906 年 5 月 30 日。
③ 《时事·文明戏剧之感动力》，《大公报》1906 年 6 月 4 日。
④ 《时事·女学发达》，《大公报》1906 年 4 月 3 日。
⑤ 《惠兴女学捐款之踊跃》，《大公报》1906 年 5 月 11 日。

关于女子学堂的培养目标，《大公报》明确提出，女学应以培养良母贤妻为目标。早在该报创刊不久，英敛之就撰文指出："夫今之讲女学者，莫不曰重男女之平权，逃男子之压制，力任天赋自然之职，不受男子玩具之侮，此言诚是也。然以此语之于北方女子程度太高，即北方男子亦未必能解，上士大夫偶有一二能解者，不指为新党之狂言，即目为西教之邪说，岂有北方女子而能尽通此议者？"①认为将女学培养目标定为平男权，似乎不切合实际，不宜被人接受，反而受到指摘，成为兴女学的障碍。在风气未开之时，如果贸然激进，"独标新异"，"必致阻力横生，困难百出"②。"故今之力致受获于女学者，宜顺其流而导之，不宜遏其萌而绝之，天下万事必无一跃而登峰造极之理，迂回险阻在在皆所必经。"③当下兴办女学，"我国今日暂勿求平权男子之女子，宜先求不累男子之女子；暂勿求超越社会之女子，宜先求裨益社会之女子；暂勿求具大学识之女子，宜先求粗受教育之女子。约而言之，不外所谓造成他日之良妻贤母者为近是"④。将"贤母良妻"作为女校培养目标，虽反映了论者对于妇女权利和性别平等认识的局限性，但在当时不仅可以减少阻力，而且符合这一时期的中国实际，能够促进社会进步。《大公报》还认为，对于中下层妇女来说，其兴趣不在兴国强种，而在于改善生计。在生计日蹙的条件下，培养贤妻良母，让女子有能力更好地相夫教子，分担家庭负担，在《大公报》看来是最实际不过的。

虽说"贤母良妻者为女子唯一之天职"，但是《大公报》这里所指的不是传统意义上的"贤母良妻"，所谓贤，所谓良，非尽在以前的"柔与顺"，而是"必有翘然独立自完人格，其道德、其智识、其能力足以为人母而克教厥子，为人妻而克相厥夫者"⑤。"贤母良妻者为其天职上负责任之事，非对于男子而荷义务之事。"⑥由此可见，《大公报》主张女学的培养目标，主要是有独立完善的人格、有知识的"贤母良妻"，她们能更好地相夫教子，通过服务家庭达于国家，而实现举国"咸与维新"⑦；认为女学培养"女秀才，女翰林，女洋学生"，甚至"女豪杰"是不切中国实际的。

---

① 《论说·天津拟兴女学议》，《大公报》1902年7月1日。
② 《言论·女子教育平议（再续前稿）》，《大公报》1907年7月6日。
③ 《言论·女子教育平议（续前稿）》，《大公报》1907年7月5日。
④ 《言论·女子教育平议》，《大公报（再续前稿）》1907年7月6日。
⑤ 《言论·女子教育平议（三续前稿）》，《大公报》1907年7月7日。
⑥ 《言论·女子教育平议（四续前稿）》，《大公报》1907年7月8日。
⑦ 《论说·中国现势筹女学初起之办法》，《大公报》1902年10月17日。

培养目标确定后,按照既定的培养目标,制订教学计划,选择教学内容,就是顺理成章的事了。"主旨既清,百绪就理,然后教科由此而定,学说由此而发。"①

培养"贤母良妻",关键在培养妇女的独立健全的人格,因此,关于女学的教学内容,《大公报》提出,要德、智、体全面发展。女校不排斥传授一些"妇德、妇言、针黹、烹调"知识,但是如果仅仅这些是远远不够的,必须注重讲授各类普通知识,使女子"具独立之气""收合群之效"②。1906年2月,《大公报》用八天时间连载吕碧城的长文《兴女学议》③,文中说:"今日女子之教育,必授以世界普通知识,使对于家不失为完全之个人,对于国不失为完全之国民而已。"如此坚持数年,"慈祥柔顺之女德本此以益加浑厉缜密,静穆之女性本此以益进完全,近之不触庸耳俗目之所忌,远之不贻人心风俗之隐忧,则今之持消极主义者,其芥蒂亦当涣然冰释,而女学之前途乃不可限量尔"④。

(3) 创办天津公立女子学堂

英敛之等《大公报》人不仅阐明女学的重要性,为兴女学大造舆论,而且还出面牵头创办了一所女校——天津第一所公立女子学堂。

值得一提的是,这所女子学堂的创办与一位名为吕碧城的女子密切相关。吕碧城(1883—1943),一名兰清,字遁夫,号明因,晚年号宝莲居士。祖籍安徽旌德,1883年6月生于山西太原,其父吕凤岐时任山西学政,官居三品,藏书三万多册。其母严士瑜是吕凤岐的第二任妻子。1895年吕碧城十二岁时,吕凤岐去世,家产被族人以无后(凤岐膝下无子,只有四女,依次为吕惠如、吕美荪、吕碧城、吕坤秀)为由霸占,吕碧城的母亲只得带着四个尚未成人的女儿投奔在塘沽任盐运使的舅父严凤笙(严朗轩)。1900年后,清政府力行新政,教育上提出"兴学育才实为当务之急"的主张,通令各省大力举办新式学堂。1902年,直隶总督袁世凯急召教育家傅增湘⑤任天津提学使,主持兴办天津女子学堂之事。这股妇女解放运动的潮流,激荡着住在塘沽的吕碧城,她拟去天津城内探访女子学校。1904年5月上旬的一天,严朗轩官署中的秘书方小洲的太太要

---

① 《言论·女子教育平议(四续前稿)》,《大公报》1907年7月8日。
② 《论说·论提倡女学之宗旨》,《大公报》1904年5月20日。
③ 碧城:《言论·兴女学议》,《大公报》1906年2月18日。
④ 《言论·女子教育平议(四续前稿)》,《大公报》1907年7月8日。
⑤ 傅增湘(1872—1949),字润沅,号沅叔,四川省江安县人,中国近代著名教育家、藏书家。光绪二十四年(1898)戊戌科进士,时为翰林院庶吉士。

去天津办事,吕碧城央求她带自己同往,以便探访在天津适合深造的女学堂。吕碧城在自己的要求遭到舅舅极力反对的情况下,一时激愤,第二天就逃出了家门,毅然"逃登火车",只身赴天津。身无分文、举目无亲的吕碧城,在赴津的列车中,幸遇佛照楼的老板娘为她寻找客栈住下,再做打算。当得知方小洲的夫人住在《大公报》馆后,吕碧城便给方太太写了封长信求助。此信正巧被《大公报》总经理英敛之看见。英对吕碧城的飞扬文采连连称许,随即亲自前往吕碧城下榻客栈拜访,问明来津情由后,更对吕的胆识赞赏不已,邀至报馆内居住。

吕碧城遇到英敛之后,她的生活翻开了新的一章。对此,英敛之日记有记载:1904 年 5 月 8 日"饭后,内人偕小洲夫人去聚兴园,并邀沈绥青之夫人。晡,接得吕兰清(即吕碧城)女史一束,予随至同升栈邀其去戏园。……晚,请吕女史移住馆中,与予夫人同住,予宿楼上。灯下闲谈,十二点……碧城女史书囊作《满江红》词一阕,极佳。附录于后:晦暗神州,忻曙光一线遥射。问何人女权高唱,若安达克。雪浪千寻悲业海,风潮廿纪看东亚。听青闺挥涕发狂言,君休讶。幽与闭,长如夜。羁与绊,无休歇。叩帝阍不见,愤怀难泻。遍地离魂招未得,一腔热血无从洒。叹蛙居井底愿频违,情空惹"①。5 月 10 日,英敛之便将吕碧城的这首《满江红》发表在《大公报》上。他对吕碧城的才华钦佩不已,事后写道:"吕碧城女士为前山西学政瑞田公之季女,甲辰暮春为游学计至津。"吕碧城不仅满腹经纶,才华横溢,其文章"清新俊逸,生面别开",而且"能开新理想,思破旧痼蔽,欲拯二万万女同胞,出之幽闭羁绊黑暗地狱,复为完整独立自由人格,与男子相竞争于天演界中"②。不久,英敛之聘吕碧城为报馆编辑。

就在吕碧城到津不久,严凤笙"被劾去职",吕碧城亦须随舅父离津南归。这对吕碧城来讲无疑是沉重的一击。她到津时间虽然不长,但是英敛之和《大公报》为她提供了一个学习和施展才华的大好机会,如果就此打住,深感"壮志难遂"③。她向英敛之表达"颇不欲回乡"④、希望留在天津读书的心思。英敛之对吕碧城的离开"亦为之怅惘",于是便多次与人商讨挽留吕碧城事,如 1904

---

① 《英敛之先生日记遗稿》,第 818—819 页。
② 英敛之:《吕氏三姊妹集序》,周萍萍编:《英敛之集》(上),第 372—373 页。
③ 《英敛之先生日记遗稿》,第 823 页。
④ 《英敛之先生日记遗稿》,第 826 页。

年5月20日英敛之日记记载:"方小洲来言,严朗轩已撤任记过,碧城非南归不可。是日早晚,各接碧城一函,晚函托代伊觅学堂,伊颇不欲回乡,寂寞黑暗世界也,情颇怅怏。……灯下,同内人、少秋、伯年楼上商碧城事。"①

一开始,英敛之夫妇拟为她找一所学校让其安心读书。5月21日,他们"为碧城谋读书事"亲自找过天津提学使傅增湘②。然而傅增湘想得更远,他认为吕碧城"才赡学博,高轶时辈",当年京、津已没有她可进的学校,于是提出邀人为其办一女校,以助其留津学习或任教。据英敛之日记:当天(5月21日)"晚饭后,润沅来言,明午前伊夫人来此,同碧城赴周缉之③处,商馆事,谈极久去"④。

对于傅增湘的提议,英敛之十分赞同。他认为,办女学堂,不仅可以解决吕碧城留津事宜,而且可以充分发挥吕碧城的才干。在英敛之看来,吕碧城不仅二十多岁就"博极群书",而且"尤好新学",希望办女学拯救衰弱之中国,这种先进的兴女学思想,是办女学堂的必备素质。再说,办新学,让女子上学堂接受教育,符合政府新政的要求,顺应时代潮流,可以为改造社会做贡献。加之办女学也是英敛之的夙愿,他自己曾回忆说:"予久蓄女学之志,惟苦于师范无人,不克开办,今得天假之便,乃奔走组织,获诸君子力,为天津公立女学堂。"⑤

英敛之是一个说干就干的人,与傅增湘已达成一致意见后,便立即着手筹办。一方面联络天津官绅商各界筹集资金,一方面在报上做舆论工作。1904年5月20日、21日,《大公报》以"来稿代论"形式发表了吕碧城的文章《论提倡女学之宗旨》,提出女学宗旨在于"普助国家之公益,激发个人之权利",指出"女学之兴,有协力合群之效,有强国强种之益,有助于国家,无害于男子"⑥。为造成声势,22日,英敛之又在"论说"栏发表《读碧城女史提倡女学之宗旨书后》,对吕碧城的主张大加赞赏,称"碧城女史""发明女学之益,其总纲为普助国家之公益,激发个人之权利二端,立言能见其大,析理不厌其详。以女子论女学故亲切有味,耐人深思。至理名言,非同肤泛",并向社会之男女发出兴女学、复女

---

① 《英敛之先生日记遗稿》,第826页。
② 《英敛之先生日记遗稿》,第826页。
③ 周缉之即周学熙。周学熙(1866—1947),字缉之,号止庵,安徽至德(今东至)人,中国近代著名实业家。时为袁世凯幕僚,负责主持兴办北洋实业,任直隶工艺总局总办。
④ 《英敛之先生日记遗稿》,第827页。
⑤ 英敛之:《吕氏三姊妹集序》,周萍萍编:《英敛之集》(上),第373页。
⑥ 《论说·论提倡女学之宗旨》,《大公报》1904年5月20—21日。

权的号召:"为男子者,闻女史之言,兴女学,复女权,共扶救国家之危局;为女子者,闻女史之言,知自惭,求自立,勿甘受蛮野之强权。"①在另一篇文章中,他满怀希望地说:"大兴女学,尽脱却女子之羁绊,扫除世俗之谬解,行见国无愚蠢之妇女,家有庭训之良师,国民文明之进步,必有异常勇猛者,不特中国之女界对于西洋文明国未遑多让,即全国之教化亦可从此而兴盛,其程度将达于最高点。"②

5月24日,《大公报》又刊登吕碧城《敬告中国女同胞》一文,尖锐指出:"'好古尊圣,因循守旧'八字遂使我二万万女子永沉沦,万劫不复矣。"号召有志女子勇敢地摆脱枷锁,走进学堂,用新知识"造未来女子之幸福,使之男女平等"③。

英敛之及其夫人以满腔的热情,全力以赴地投入到办学之中,克服重重困难,经过四个月紧锣密鼓的筹备,天津公立女学堂(后改名为"北洋女子公学")"议事八人小组"于1904年8月24日成立,标志着该校筹备完成。11月7日学堂正式开学,《大公报》次日的报道说:"昨日午后二点钟,由总教习吕碧城女师率同学生三十人,行谒孔子礼。观礼女宾日本驻津总领事官伊集院夫人……男宾二十余位。诸生即于是日上学。"女学堂由天津提学使傅增湘为学堂监督,吕碧城为总教习,负责全校事务,兼任国文教习。

四、英敛之"捐躯"办报

《大公报》这匹"黑马"横空出世,迅速在北方报业中打开局面,主持人英敛之付出了巨大的心血。1924年,英敛之在挽柴天宠的《联语》中写道:"庚子后,仆与柴君敷霖创设《大公报》于津门,伊担任招股,仆担任撰著。前岁,柴君逝世,仆乃挽云:溯《大公报》创设之初,君誓捐产,我誓捐躯,彼境彼情忘怀不得。"④英敛之为办报,"誓捐躯",置生命于不顾,此言不虚。

(一)"忙碌甚""甚操劳"

《大公报》创刊前一周,英敛之的日记中,几乎每天都有"忙碌甚""竟日忙

---

① 《论说·读碧城女史提倡女学之宗旨书后》,《大公报》1904年5月22日。
② 英敛之:《论说·读碧城女史诗词有感》,《大公报》1904年5月11日。
③ 碧城:《论说·敬告中国女同胞》,《大公报》1904年5月24日。
④ 英敛之:《联语》,周萍萍编:《英敛之集》(下),第528页。

忙""甚操劳""昨夜未卧""昨夜卧不成寐"等字句。由于人手不够,创刊出报时间一拖再拖:"原定初十日出报,因各项未齐,拟改十二日。"①最后终于在6月17日创刊出报了。16日,英敛之在日记中写道:"照料各事,如穿梭。九点大风雨,稿犹不齐,甚急。夜十二点,版尚未妥,甚焦急。近两点,折报,粘邮票,缘人皆外行,中用者太少,故甚操劳也。共印三千八百份。(次日)午始印毕。"②

报纸正式创刊后,英敛之更忙。6月18日,英敛之在日记中记载道:"昨夜未卧,天明始睡。竟日忙忙。"③6月19日又写道:"天明始卧,竟日忙忙。晚甚倦。"④6月20日则记载称:"昨夜子正睡。二日来少有头绪。"⑤

可以说,从试刊到正式创刊三个多月的时间里,英敛之几乎没有睡过安稳觉,每天都在"甚忙"中度过。

英敛之不仅要忙于事务性的工作,还有繁重的写作任务。因为第一任主笔方守六不甚称职——如果用德、能、勤、绩四条衡量方守六其人的话,德、勤似乎无可挑剔,但是能力尤其是文字能力不足,故主笔之绩乏善可陈。所以创刊后一段时间,报纸上的主要言论都得由英敛之操刀;另外,他每天还要演绎一篇白话文。

事实上,缺乏称职主笔一直是英敛之时期《大公报》面临的一大困扰。方守六干了不到一年,于1903年4月21日回上海后便再也没有回报馆,英敛之随即聘刘孟扬(伯年)为主笔⑥。刘孟扬(1877—1943),字伯年,天津人,天津著名女社会活动家刘清扬的大哥。1898年参加院试,以头名入县学附生,是清末争取"预备立宪"的地方知名人士。在英记《大公报》数名主笔中,刘孟扬算得上是令英敛之较为满意的一位。他自己曾坦言,在时任《大公报》主笔期间,"差不多每天要作一篇文言论说,一篇白话演说"。此外刘还很热衷社会革新运动,在天津发起成立了"公益天足社",宣传废除妇女缠足陋俗。总的来说,英敛之对刘孟扬在业务上比较认可,但是对刘经不起权力的诱惑,于1905年9

---

① 《英敛之先生日记遗稿》,第514页。
② 《英敛之先生日记遗稿》,第515页。
③ 《英敛之先生日记遗稿》,第515页。
④ 《英敛之先生日记遗稿》,第515页。
⑤ 《英敛之先生日记遗稿》,第515页。
⑥ 刘孟扬长期给《大公报》投稿,为英敛之看中。方守六离任后,刘孟扬即被聘为主笔,其正式到任时间是1903年5月31日。

月离开《大公报》出任天津南段巡警局值日所保长这一"改节"做官的行为似有些不满①。

刘孟扬走后,《大公报》主笔位置一度空缺,1907年2月26日方由叶清漪代理。叶干了不到半年,也便于当年7月9日辞馆进京。对于叶的辞职,英敛之没有半点挽留,因为此人毫无责任心可言:"每月薪水百元,只作论二篇,新闻编辑亦不着意,报稿未完即卧,实不知责任为何物。故未留彼也。"②英敛之对叶清漪本来就不满意,所以在叶氏辞馆前一周,就接受柴天宠推荐的张蔚臣为新的主笔人选。

张蔚臣有"天津文豪"之美誉,对"扬风气、开智识"的开明主张素来推崇,他还精通法文③,有较好的西学背景。从《大公报》诞生的那一年起,张蔚臣就常给报馆投稿,至他拟来报馆工作之前,已在《大公报》上发表文章十二篇④。纵观张蔚臣写的这些论说,无一不与英敛之所倡导的改良政治、开启民智有密切的关联。所以,一经柴天宠推荐,英敛之即刻应允。可是不知何故,张做主笔的时间更短,仅两月后的9月21日便离开报馆,又由刘孟扬回来接任。

英敛之此前虽将刘孟扬进官府视作"改节",表示其对于报人进入政界的"憎恶",但一年之后,迫于手中无可用之将,便只得同意接受他回馆:"前日刘伯年来信,复愿回《大公报》馆,予允之,彼辞差。"⑤这从一个侧面证明,当时《大公报》主笔人选的奇缺。刘氏回来干到1908年1月11日再度离开,王瀛孙(字葵若)、黄与之先后代理。1910年,樊子鎔、唐梦幻(樊子鎔笔名"无安",唐梦幻笔名"梦幻")入馆接任,英敛之亦于不久后隐退。

主笔走马灯似的频繁更换,导致许多时候报纸论说都是由英敛之自己动笔;馆务虽有英敛之的两个弟弟英实夫、英粹夫佐理,但是大小事情还得由英敛之拍板。因而报馆的经理、主笔二职实为英敛之一肩挑。他的生活,一个"忙"字以蔽之,并尤其体现于1902年至1903年的开馆草创时期。

---

① 英敛之日记:"八月初刘伯年改节,去巡局。终日更加忙碌,常夜阑始卧。"
② 《英敛之先生日记遗稿》,第1113页。
③ 张蔚臣曾翻译雷鸣远所述的《社会学讲义》。见雷鸣远述:《社会学讲义》,张蔚臣译,天津公教编辑部1912年版。
④ 据於渊渊:《"公论"论公——以英记〈大公报〉言论为中心的研究》,华中科技大学2013年博士学位论文。
⑤ 《英敛之先生日记遗稿》,第1128页。

（二）排除外阻内滞

开头难，还在于一个"阻"。报馆开张之初，各种阻滞纷至沓来。1902年8月26日，英敛之日记写道："报务颇有起色，而阻扰纷来，未出先料也。"①阻碍纷纷而至，英敛之既要排除各种烦恼，又要解决各种阻滞。

1. 排除外部阻扰

《大公报》首先遭遇的外部干扰是来自官场"巨公"的污名化。1902年8月27日，《大公报》"中外近事"栏登载一则新闻，标题是《纪大私报》，文中说："《大公报》开创以来，甫及两月，一纸风行，颇蒙海内推许。销路之畅，进步之速，初非本馆同人始愿所及。惟公论所在，不敢稍涉徇隐，致有某数巨公颇滋不悦。每与人论及本报，辄易其名曰'大私报'。……至有为本报解者曰：公者见之谓之公，私者见之谓之私。则未免反詈太过，直令某某诸公无容身之地，非本馆所敢闻命矣！"②这是说，《大公报》为"某数巨公"颠倒为"大私报"，遭到正义读者的反驳，令泼污者无地自容。接着在28日、29日两日，《大公报》又连续在头版刊登《本馆特白》曰："忌者不解以正理相胜，而设法诬毁。影响之谈，不置识者一笑。"

对于这些"忌者"的"诬毁"之词，英敛之可以一笑了之，但是对于其他一些内外阻滞和干扰，则不可等闲视之，必须认真对待。

《大公报》创办后，碰到的第一个真正的"阻扰"，是法国背景的股东们掀起的退股风潮。这股风来势很猛，一时间弄得报馆资金短缺甚至难以为继，为此英敛之很是苦恼。

毋庸置疑，《大公报》的创刊，无论是资金还是政治依靠，主要来自法国，其背后支持者不仅有法国驻华外交人员，还有法国在华天主教会。然而这种"蜜月"状况维持的时间很短，大致上在创刊后两个月就已出现裂痕。

英敛之是一位爱国人士，因而其主持的《大公报》在创刊伊始便表现出浓厚的爱国色彩。该报创刊之时，对庚子之痛记忆犹新，庚子与甲午一起，成了国族危亡的警示标，更成为《大公报》人担负国民责任、促进国家强盛的原点，因此，在《大公报》的"论说"中，庚子不仅是历史长河中的一个时间点，

---

① 《英敛之先生日记遗稿》，第534页。
② 《中外近事·纪大私报》，《大公报》1902年8月27日。

创伤记忆的一种表征。

《大公报》创刊后,一方面发文强烈要求慈禧归政,一方面载文宣传反对列强侵略。前者与法国政府一直支持慈禧训政的立场相左,后者更与法国等列强的侵略本质相悖。关于收回天津问题的一系列报道,已使得法国在内的列强大为不悦。在发表"论说"《论天津收复城隍回庙事》次日,即 1902 年 8 月 21 日,英敛之至北堂晤林主教,被告知"报上不合诸端"①——与谁不合,不用说是与法国教会方面不合,并且不是一点"不合",而是"诸端""不合"。几天后,法国领事馆也传出对《大公报》不满意的信息:8 月 26 日一大早,李敬宇来转达领事关于报馆"诸语",对刚刚创刊的报纸说三道四,还以"德义楼不准复开"相威胁②。法国教会和领事馆的干涉,使英敛之感到"世间尤复公道……不胜愤闷"③。

而法国人提出的有些问题,可以说完全是无理取闹。例如 12 月 17 日,李敬宇又来言"法领事说报上来函事"④,但事实上法国领事所谓"报上来函事"是一件很小的事:12 月 16 日,《大公报》"来函选登"栏刊载文章批评收复后的天津卫生局办事不力,致使市区"污秽狼藉,臭气熏蒸","管事之责者"应"扪心自愧"。天津当局看到《大公报》报道后,担心朝廷问罪,便将此事告到法国领事馆,希望领事馆出面干预——因为《大公报》馆在法租界,天津当局管不了,只得求助于法国领事馆,使得英敛之"时时且担忧领事馆之诘责,殊可叹也"⑤。

由于教会和法国领事馆对报纸不满意,教友股东和领事馆股东纷纷撤股,连李敬宇这样的教友兼朋友,又是最早鼓动英敛之主持报馆工作的人,对入股办报也"颇似有悔意"⑥。李氏也许是看英敛之的面子,并未立即撤股,但也仅坚持到 1906 年 3 月,最终还是撤股了事⑦。教友股是报馆创办之初主要的资金来源之一,法国领事馆股则是外国政治靠山的象征,他们的撤出,一方面可能造成报馆资金链断裂,另一方面也会使得报馆"腰杆不硬"。特别是前者,对于报馆的影响立显,报纸经营很快出现入不敷出的现象。据 1902 年 10 月 27

---

① 《英敛之先生日记遗稿》,第 532 页。
② 德义楼是当时日租界的一家饭馆酒楼,法国领事在谈《大公报》事时提"德义楼不准复开",是什么意思?英敛之为何对此事有"兔死狐悲"之感?此处需要进一步研究。
③ 《英敛之先生日记遗稿》,第 534 页。
④ 《英敛之先生日记遗稿》,第 585 页。
⑤ 《英敛之先生日记遗稿》,第 586 页。
⑥ 《英敛之先生日记遗稿》,第 585 页。
⑦ 《英敛之先生日记遗稿》,第 1018 页。

日英敛之日记记载:"晚,祝三来……账房细言生意情形,每日所出之报,不敷纸价。其人工饭食,每赔折千元之数。近日情形,众皆裹足,予为大忧。"①

此种情况下,甚至还有人故意以撤股要挟英敛之答应他们的无理要求。1902年8月8日,英日记记载了这样一件事情:一大早,柴天宠跑到报馆来说,"张寿峰以不用其所荐人,怒甚,欲将其股份提出",语言"极可笑"②。

这些事情使得英敛之颇为不安与不快。"不安"是一方面担心教会的责难,一方面又担心来自法国"领事官之诘责"③。"不快"是因为麻烦多,帮手少,"予因外来种种阻滞,甚不快。帮忙人无有,指谪人何其多也"④。

好在退股风潮造成的报馆经费方面的困难,《大公报》最终在几位大股东的极力支持下撑过来了。其中,表现最为突出的是王郅隆与柴天宠。1902年9月10日,王郅隆对英敛之表示,他与柴天宠商议,其他股友如有懈意、要撤股,"皆无关紧要,独我一人再出一二万金,亦甚愿也"⑤。到9月23日,柴天宠也到报馆说,他决定自己"增入股三千五百元",还说:"后去招致他人,尚有若干。"⑥此后,柴天宠安慰英敛之说:"自管放心,(经费)断不能一时中止,无论如何赔垫,必须设法周转。"⑦

在王、柴二位加大经费支持的同时,英敛之也加强内部管理,将不紧要的开支大加裁减,保证报馆正常经营。据10月21日英日记载:"(午)饭后议馆中整顿事,刻下非大加裁减不可,议极久。"⑧整治后,报馆经营状况略有起色,到12月4日,"(报馆)算清,(账面上)尚存银二百七十两"⑨。

除撤股问题外,对报馆生存造成威胁的还有一个"出名人"问题。所谓"出名人",就是确定报纸发行人,或者说"法人代表"。英敛之知道此问题的重要性——这个问题不解决,他这个"总办事"将不胜其重,故早在筹备期间的1901年11月22日就提出过这个问题,并且希望李敬宇任报馆"出名人"——李氏既是教友,又是法国领事馆中人,身份很合适。但这一建议遭到李氏的拒绝:"至

---

① 《英敛之先生日记遗稿》,第565—566页。
② 《英敛之先生日记遗稿》,第525页。
③ 《英敛之先生日记遗稿》,第586页。
④ 《英敛之先生日记遗稿》,第532页。
⑤ 《英敛之先生日记遗稿》,第543页。
⑥ 《英敛之先生日记遗稿》,第550页。
⑦ 《英敛之先生日记遗稿》,第568页。
⑧ 《英敛之先生日记遗稿》,第562页。
⑨ 《英敛之先生日记遗稿》,第579页。

镜(敬)宇处,言出名担任事,伊不胜。"①报馆开张前,此事还没解决,英敛之十分着急,于1902年5月28日早再次"与罗公说出名事"②;6月2日,罗氏告以"樊主教来函,京中无人可觅代出名者。意愿李(敬宇)代承"。次日,英敛之回头又找到李敬宇,令李找罗商量,但还是没商量出结果③。

问题之所以得不到解决,主要是因为教会和法国领事馆均想染指此事进而控制报纸。教会以出资较多为理由希望"出名";领事馆则因其政治地位态度强势,更想"出名"。柴天宠等人虽然感觉不妥,但是又不便明说,问题就一直拖着。报馆开张之后,"无定人出名,阻碍纷纷而至"④。

英敛之天真地认为,柴天宠和绝大部分股东均为教友,只要主教出面讲句公道话,问题便可烟消雾散,于是草拟"出名之合同,并与堂中所约两款","与毕至堂",请柴天宠过目⑤。而代表法国利益的领事馆担心报馆与教会方面联合起来控制报纸,于是先把事情挑明。8月30日,法国领事馆就指使李敬宇代表其来报馆"商出名事"⑥。随之,先后找来两个亲政府的法国人来为《大公报》"出名",企图使《大公报》如当时上海一些"挂洋头"的报纸,成为外国势力的代言人。

第一个人叫麦尔甘。据英敛之1902年10月25日日记:"敬宇来言,晚引法人麦尔戛(即后文的麦尔甘)商出名事。……近六点,敬宇引麦尔戛至,商合同。"⑦然而,双方一直达不成协议,主要是为麦尔甘的职责范围及其每月薪水等问题争执不下。《大公报》馆只答应聘麦氏任顾问性质的岗位,报酬每月四十大洋,主要工作是帮忙推荐工人和印刷、电器设备,招揽广告(广告费可按比例提成),不能让其"出名";而领事馆方面坚持麦尔甘"出名",月薪六十大洋。其间发生《大公报》因卫生局的报道与天津府发生矛盾,求法国领事馆出面调停,法国领事馆则指示麦尔甘处理之事。明眼人一看就知道这其中法国领事馆的意图。英敛之只得放下身段几次登门拜访麦尔甘。麦尔甘端着架子,逼英敛之就范。然而,英敛之在"出名"事上不肯退让,与李敬宇从1902年10月25日一直谈到1903年3月7日,仍难达成协议。英敛之在日记中写道:敬宇

---

① 《英敛之先生日记遗稿》,第367页。
② 《英敛之先生日记遗稿》,第509页。
③ 《英敛之先生日记遗稿》,第511页。
④ 《英敛之先生日记遗稿》,第534页。
⑤ 《英敛之先生日记遗稿》,第539页。
⑥ 《英敛之先生日记遗稿》,第538页。
⑦ 《英敛之先生日记遗稿》,第564页。

和麦尔甘"处处要挟,实难应允"①。柴天宠和王郅隆也表示不能接受麦氏合同,不能让麦尔甘"出名"。

为了打破僵局,英敛之于 1903 年 3 月 10 日进京,请北京天主教堂的林、樊两位主教拿主意。林、樊两人从教会利益出发,支持英敛之等的意见,甚至表示如果一定有人"出名"的话,允可"馆事改日人或英人"②。当然,由日人或英人"出名"是不可能的,只是主教们的一时气话而已。

麦尔甘"出名"事告败,法国领事馆仍不甘心,李敬宇又向英敛之推荐了一个叫昂利的法国人。李敬宇原打算推荐他进报馆做翻译,后来,此人自己要求为《大公报》馆"出名"。据英敛之 1903 年 4 月 29 日日记:"午后,李靖(敬)宇来言法人昂利事。"③次日一早,"敬宇来言法人昂利事"④。然而如果说麦尔甘争夺报馆"出名"的手段与态度颇具流氓习气的话,那么昂利之所为则更加不能容忍。其一,他把权和利均看得很重,"闻昂之意,锐欲办报,极怂恿其利益"⑤。其二,他凭着与法国驻北京大使馆有关系,完全不讲道理,以势压人,父子俩轮番到报馆闹事,对"出名事,极欲揽办"⑥。英敛之吸取麦尔甘的教训,快刀斩乱麻,与柴天宠统一意见后,1903 年 5 月 5 日,"至敬宇处,告其闫(痫?)病疯状"⑦,并立即招聘进一位英文翻译,不仅拒绝昂利"出名"要求,而且断了他进报馆当翻译的后路。

昂利被拒后,1904 年 2 月 14 日,李敬宇突然表示愿意"出名"⑧。但不知道什么原因,李"出名"事一直没有下文。此外,法国武官还推荐"梅尔晏可充本馆干事"⑨。但由于英敛之、柴天宠、王郅隆等人态度坚决,加上天主教主教的支持,法国领事馆"出名"的意图始终未能付诸实践。加之教会也没有提出"出名"人选,此事就一直这么拖着,《大公报》也就这么一直以董事会名义经营,大股东柴天宠、王郅隆对报馆经营原则过问,具体事宜委托经理英敛之总理其事。

此外,英敛之和《大公报》在创刊之初,还遇到了其他外部阻滞。比如外国

---

① 《英敛之先生日记遗稿》,第 621 页。
② 《英敛之先生日记遗稿》,第 623 页。
③ 《英敛之先生日记遗稿》,第 639 页。
④ 《英敛之先生日记遗稿》,第 640 页。
⑤ 《英敛之先生日记遗稿》,第 640 页。
⑥ 《英敛之先生日记遗稿》,第 642 页。
⑦ 《英敛之先生日记遗稿》,第 643 页。
⑧ 《英敛之先生日记遗稿》,第 770 页。
⑨ 《英敛之先生日记遗稿》,第 642 页。

人到报馆寻事:1903年1月发生"德人搅扰事"①;1904年初又发生过一起"法人印报事件"。后者最为滑稽:法人德木兰在中国办了一张法文报,找到《大公报》馆,要求代印。代印外件是报馆一项正常的经营业务,英敛之照例应允。但1月上旬,不断传来领事馆的意思,说《大公报》馆代印"法文报不合事""法文报不佳"。至1月29日,终于由租界巡捕长来报馆直接传达了领事的意见,说领事"不欲其(指德木兰)出报,又不肯明言",便指令英敛之"设法阻之"。英敛之只得按照领事指令,"辞德木兰印报事"。当晚,德木兰来馆,大发脾气,"甚暴躁",还说"明早去见领事"。法国人于是自己将官司打到法国大使馆。最终,由于其本国法律规定政府无权干预出版,法国使馆也不能明令拒绝德木兰出报,所以只好再给中国代印方施加压力。2月1日,"柴先生来,告以北京法钦差(法国公使)有信致北堂,不准与德木兰代印报事,如印,将将予押监,并罚佛郎数千云云"。英敛之感叹道:"何其可笑之甚。法人印报,而法官府不能阻止,当面且以好言谀之,而背地则恫吓中国人,如此,何其无理?"②次日,德木兰仍催《大公报》馆工人再为出报一次,英敛之只有"暗令工人避去";饭后,他自己也"出游避之","晚十一点归,乃见德木兰",告知实情。德木兰说:"明日进京,将以胶板出报,誓与钦差做对。"③此后,德木兰又将事情闹到法国本土,但已与《大公报》无关。

2. 清除内部阻滞

这一时期《大公报》发展的内部阻滞主要来自印刷厂员工。《大公报》馆与同时期其他工厂一样,存在劳资矛盾,致使印刷厂不时发生由工人原因导致的电路损坏、电灯不亮、胶辊损坏、机器运转不灵等事故。1903年7月,报馆还发生了一起工人损坏机器、集体不辞而别的严重罢工事件,造成了较大的经济损失和不良的社会影响。7月2日,值了夜班的英敛之尚未起床,便有人来报告:印刷厂的王景宽率其弟及张姓等七名工人不辞而去。由于当日报纸还没有印出来,英敛之十分着急,遣人四处寻找,自己也亲自寻找。当得知"大小机器及要件有损坏缺失者"时,英敛之内心十分痛苦:"人心阴恶如此,实出予意料之外,因待彼等从无刻薄处也。"④令英敛之百思不得其解的是带头闹事的王景

---

① 《英敛之先生日记遗稿》,第597页。
② 《英敛之先生日记遗稿》,第764页。
③ 《英敛之先生日记遗稿》,第765—766页。
④ 《英敛之先生日记遗稿》,第673页。

宽,此人是他亲自招进报馆的老人,当年曾带其到上海购置设备。春节前,王说家中有事,要提前北返。英敛之再三挽留不住,临行前还为他购买衣物手表等。报馆开工后,王景宽任印刷厂领班,英敛之常与之商量印刷厂事宜①,对他信任有加。故英敛之感叹"待彼等从无刻薄处",他为何出此下策,干出这等损人不利己的事情呢? 事后看来,王景宽的行动应与同一时期柴天宠等人正在商量改换工人的事情有关,也许王景宽等人知道了此事,害怕被"换掉",便先下手了。虽然事出有因,但王景宽的举动还是给与人为善的英敛之以沉重打击。

7月3日,英敛之"黎明即起。本日报勉强印刷,但是模糊不堪",不能送至读者,打算次日将印刷清晰的报纸再补送一次。午后,机器修理工王世廷来审视机器,"数时之久,究不知其病之所在。人来往看视者甚夥"。近六点时,英敛之意识到印刷厂已经无法印制次日所需的报纸,于是便四处寻找"外援"。由于英氏人缘极好,大家都肯施以援手。然而,"北清、鸿昌,皆印架太小",不能印报纸;只得到《天津日日新闻》社找到该社社长兼主笔方药雨求助,方与英是好朋友,一口答应代印《大公报》。英敛之"遂即归,催装版"②。事后,英敛之派人给《天津日日新闻》社送去二十元印费。方药雨不肯收,"言明日再议。次日,工头送回,只留十元"③。

7月4日,英敛之早起,看到工厂负责人景融已经在审视机器,修理工王世廷等来,人甚多,但始终未能找到机器的问题。他于是到李敬宇处,商量在领事馆立案。所幸上午九点后,英敛之同景融、张八等仔细审看机器,"至十一点后,得知其病之所在,略加推紧,试之,果然照常,心大快"④。看来,王景宽等人还是手下留情,机器损坏不大,只是松动了个别螺丝,略加推紧便可。鉴于机器损坏不大,又事出有因,加之后来王景宽认错态度较好,英敛之决定不将其等送官究办,只将介绍他进馆的中介人李九珍从北京找来作证,要求他们赔偿相关损失,并写出保证即可。这件事情平稳解决后,印刷厂再没有发生类似问题。

1903年2月,报馆内还发生过一件让英敛之十分难堪的事:20日,"账房

---

① 1903年4月16日,英敛之日记载:与王郅隆、柴天宠商量完事情后,又"同王景宽议良久"。《英敛之先生日记遗稿》,第635页。
② 《英敛之先生日记遗稿》,第673页。
③ 《英敛之先生日记遗稿》,第675页。
④ 《英敛之先生日记遗稿》,第674—675页。

言刘贵赚邮票事,屡加劝诫,毫无悛改,情理难再容忍"。刘贵是英敛之1900年在上海雇用的家仆。当时英夫人生了孩子,家务事较多,便雇用刘贵。刘贵为人本分,做事认真,如当时在上海发生一件事,令英敛之印象极深——刚试用时,英给刘月薪二元,刘说,原雇主每月只给一元,便要退还一元,英坚持支付,刘才收下①。后来,刘贵一直跟着英敛之,主仆关系也一直很好。现在出了这等事,而刘贵对账房的指责"无可置辩"。英敛之只得"令之去"。英夫人"见其无归情形,良为不忍,乃将所存一元五角洋钱与之"②。刘贵被辞退后,久久不肯离去,仍在津打工,直至这年5月16日才回上海。后来在1906年9月《大公报》馆迁入日租界时,刘贵又回到英敛之身边,"旧仆刘桂(贵)复行投来"③。

(三) 备受病痛折磨

英敛之"自二十七岁(1893年)忽患半身痿痹,不能观书作字,后虽少愈,但行不数里,便疲惫不堪"④。至1902年办报时,又过去近十年了,受邀主持报馆大计以来,从筹备到创刊,英敛之长期超负荷运转,得不到片刻的休息,导致腿疾复发,痛苦不已。1902年12月18日日记载:"连日腿痛不利行,心大忧闷,恐成痿痹之症。"⑤

于是,英敛之又增加一项烦心事,就是四处求医治病。比如,1903年1月15日,英敛之随李道衡乘车"至三德轩,寻医院不得,往复行极久。予腿痛甚,久之,人引至四合轩胡同橡村,家极隘小,伊看腿后,敷以艾典,后与一小瓶,遂同李(道衡)车回馆"⑥。

即使如此,英敛之没有能稍事休息,依旧整日忙碌。下面摘录英敛之1903年1月19日日记,看看他一天的工作:"早如常。写白话一段。午前至堂晤罗公,取合同归。束敬宇云:与麦⑦月薪水四十元,令其招揽印工,作二八成扣用。(写信)发时若处,挂号一角,内照相两张,一送致尧,一送云鹏。晡,富明同何世文来,皆不识,言来京售炭事。许久始忆二十年前后曾在前庄子刘处相

---

① 《英敛之先生日记遗稿》,第199页。
② 《英敛之先生日记遗稿》,第615页。
③ 《英敛之先生日记遗稿》,第1063页。
④ 《英敛之先生日记遗稿》,第188页。
⑤ 《英敛之先生日记遗稿》,第585页。
⑥ 《英敛之先生日记遗稿》,第597页。
⑦ 麦即前述麦尔甘。

识,款以酒,良久去。晚,发各处催账单。校对后,过十二点卧。"①这一天是英敛之最平常的一个工作日,从早起到深夜十二点,处理了多件常规事和一件突发事。如此大的工作量,即使身体强壮者也受不了,何况一个患有严重腿疾的人呢?

为了克服因腿疾行走不便的困难,英敛之于1903年4月20日花五元购半旧女式脚踏车一部。之后,试学骑脚踏车。但一则无时间练习,二则腿不得力,练习进展慢,还时不时摔跤,用将近一个月的时间才勉强学会骑车,5月中旬方可骑车上街。5月13日日记载:"六点起,洗漱讫,骑车至日界一游。"此后,英敛之很多时候就用这辆旧女式脚踏车作为交通工具往来天津各地办事。

但腿疾经常复发,甚是折磨人。据英敛之日记记载,其中最严重的两次,分别发生于1903年10月和1908年5月。

1903年10月17日,英敛之因"母病重甚,回京家中",21日返津,当天就腿疾复发。日记载:下车回家,"家饭后,踝肿痛,痛竟夜"。22日,"腿痛,不能下地。……敷以艾与酒,痛如故,竟日卧床"。23日,"令三弟取药水敷,略止痛,仍不能下地"②。

1908年5月脚病发作时的几则日记则如下:

5月25日,"脚气作,腿亦因之肿。竟日未出房"③。27日,"昏昏如病,不能步履"④。30日,"竟日不能行动"。"连日脚病不能行动,敷药洗涤亦不能见速效,直至十四日(6月12日)缓缓行动,初次下楼。"⑤前后将近二十日未能下楼。

(四)去留之间

内外掣阻,加上病痛缠身,使得本来事业心很强,并誓为报馆"捐躯"的英敛之,有时不免烦闷不快,甚至心灰意冷。这在他日记中有真实记载。

1902年8月23日,英敛之"至堂,与柴先生话馆事",抱怨:"因外来种种阻滞,甚不快。帮忙人无有,指谪人何其多也。"⑥10月5日,英敛之在日记中写

---

① 《英敛之先生日记遗稿》,第599页。
② 《英敛之先生日记遗稿》,第719—720页。
③ 《英敛之先生日记遗稿》,第1187页。
④ 《英敛之先生日记遗稿》,第1187页。
⑤ 《英敛之先生日记遗稿》,第1188页。
⑥ 《英敛之先生日记遗稿》,第532页。

道："连日疲倦甚,心中郁郁,犹不快。因事皆不顺,旁助无人也。"①26 日,英敛之"与朱致(志)尧作一长函,言以刻下艰苦情形"②。12 月 18 日,英敛之在日记中又写道："心灰意怠,颇思他去。自秋徂冬,未得畅心一日也。……大不快,颇有灰心,劳心费力受苦,而人不谓然……殊可叹也。"③这种"不快"的状况,至 1904 年初达到极点。1 月 14 日英敛之日记记载："连日不快甚。馆事、家事,无一少可适意。"

长期的心情"不快",使得英敛之不时萌生"退意"。据考,自 1902 年 9 月至 1904 年 6 月不到两年时间内,英敛之萌生"退意"共计四次。每次都遭到柴天宠、王郅隆二位大股东的竭力反对和极力挽留。

报纸创刊两个多月,教会和法领事馆接连传来不满之词,英敛之心中郁郁。1902 年 9 月 25 日,他对柴天宠说："如有能者,甚愿推让此席。"为了安慰和挽留英敛之,柴天宠打算自己出钱为英敛之代购五股,使其成为股东。英敛之连忙推辞道,自己答应主持报馆事宜的本意不在金钱。柴天宠接着说："此后万不可作此语,再作此想,如害我命。"柴氏把话说到这个份上,英敛之知道,柴天宠的邀请和挽留是真心实意的,便不再坚持,并表示："余意良不忍,然为此羁绊,只得死而后已。"④

在处理麦尔甘的"出名"和"德人搅乱事"问题后,英敛之筋疲力尽。1903 年 3 月 17 日,他同柴天宠、王郅隆商量馆中事情时,第二次表白"退意"。柴、王二人"皆劝阻"⑤。4 月 12 日,柴天宠又专门到报馆英敛之住处,与之长谈,"坚留予,并慰良久"。⑥ 英敛之也便没有再坚持。

1903 年 12 月,英敛之与柴天宠为"股票改易数字"事发生分歧。柴天宠以"众股友集议"为由主张改易数字,英敛之"大疑"。王郅隆站在英敛之一边,"不以众位然",不同意改易。12 月 16 日,英敛之至王郅隆处谈馆事,谈到股票数字改易事,还谈到所谓"谤语",再次流露"退意"。王郅隆闻此,发狠话说,如果英敛之离开报馆的话,则其"定将全股撤出"⑦。柴天宠也唯恐英敛之离馆,

---

① 《英敛之先生日记遗稿》,第 555 页。
② 《英敛之先生日记遗稿》,第 565 页。
③ 《英敛之先生日记遗稿》,第 585—586 页。
④ 《英敛之先生日记遗稿》,第 551—552 页。
⑤ 《英敛之先生日记遗稿》,第 625 页。
⑥ 《英敛之先生日记遗稿》,第 634 页。
⑦ 《英敛之先生日记遗稿》,第 742 页。

当天委派张少秋作为代表前来其住处表明"绝未闻人谤话",千万不要再说离馆的话①。既然两位股东做此姿态,英敛之还能说什么呢?

1904年初,英敛之为解决法人德木兰与法国使馆之间为印法文报所发生的激烈冲突,"诸多掣肘","欲罢不能",两头受气,"意懒心烦"②。2月2日晚,"邀柴先生家饭,(予)欲辞总办事",但是没有得到允许③。但英敛之心中的疙瘩并未解开,加上法国领事馆欲控制《大公报》的贼心不死,多次在"出名"上打主意。这就使得英敛之的"去意"更加强烈。不仅"颇思他去"④,并且"去志愈笃",连"内人亦以为然"⑤。不仅有去意,而且还"与内人议去就",连"就"处都想好了,可见此次是动了真格的。因而,柴天宠、王郅隆的劝说也恐怕要无效了。

然而英敛之这一次的"退意"却很快由"志笃"到不了了之。这可能是与办女学堂的事情有关。如前所述,为挽留吕碧城并发挥其才干、实现她女性解放的抱负,英敛之夫妇以极大的热情、付出大量时间和精力出面为她"量身定做"创办女学。估计此时英敛之打算离报馆的"就"处,就是"专职"去办女学。但同时,他可能又考虑到办学与办报都是"启发民智"的重要阵地,两者可以相得益彰,因而报纸不可或缺,并且此时的《大公报》已经成为北方颇有影响的大报,不可轻易丢失。加之随着办学事的推进,几个积极分子之间出现分歧,甚至英敛之与吕碧城之间也出现摩擦,以致不得不从女学理事会退出,他的"就"处没了。所以,在1904年下半年之后,英敛之再没有提退馆之事了。

联系英敛之第一次从上海购设备回天津时的情况⑥,我们对英敛之多次萌生"退意"的问题可从多个方面进行理解。其一,从筹备到草创,各方面的确关系复杂、困难重重,有些困难非常人所能体会得到,英敛之在这一情形下出现"懊悔"和"退意"十分正常;其二,从人物角色看,柴天宠、王郅隆等人是大股东、是老板,而英敛之只是被邀请来"主持其事"的"经理",所以他因干得不顺心而请辞,也无可厚非。然而,英敛之又是一个想为国家做点事的人,而办报

---

① 《英敛之先生日记遗稿》,第742页。
② 《英敛之先生日记遗稿》,第767页。
③ 《英敛之先生日记遗稿》,第768页。
④ 《英敛之先生日记遗稿》,第843页。
⑤ 《英敛之先生日记遗稿》,第847页。
⑥ 1901年下半年英敛之赴沪购置设备和选聘主笔,由于办事不尽如人意,因而心中"甚悔此行自取其恼""深悔此行孟浪"。但是这种颓意并没有影响他的行动。详细情形可参见本书第一编第一章第二节"沪上奔走(一)"。

是一个做事的理想平台,尽管干扰不断,麻烦丛生,但是这里面有他的汗水和心血,因而不到万不得已是不会轻易离开的。"懊恼"也好,"请辞"也罢,只是一时之牢骚,所以,在其表露出"退意"时,柴、王二人一旦挽留,英敛之也便没有坚持,不仅留下来,而且照样操劳不辍。从报馆筹办到报纸草创,直到1912年退隐香山,英敛之每天基本上都是在忙碌和辛苦中度过的。

英敛之总揽报馆诸事,超负荷运转,但薪水微薄,对此,他毫不计较。1902年12月9日晚,李敬宇来谈报馆的事情,说英敛之"薪水太菲,不敷用销",准备"向众人议增"①。李敬宇是否向柴等反映过,柴等是否为英的薪水讨论过,不见后话。从前几年日记记载看,英敛之是一个很节俭的人,李敬宇说他"不敷用销",原因是其薪水太菲,应该是事实。英敛之生活拮据的状况直到1905年才有所好转,其标志是他开始有钱为自己购股。据载,这年10月30日,英敛之从日本横滨正金银行兑洋,回报馆后为自己"添入股票"②。

(五)访问日本

此外,在《大公报》创办初期的诸事中,值得一提的还有英敛之1905年对日本的访问。这次访问虽然只有短短的两个多月(4月23日至7月2日),但是无论是对于他本人,还是对于《大公报》馆,都是一件十分重要的事情,因而在此处单独做一说明。

1. 日本急邀英敛之访日

在日俄战争期间(1904—1905年),《大公报》从立宪宣传的需要出发,发表了不少扬日抑俄的言论,表现出较明显的亲日立场,加上《大公报》事业的发展,遂引起日本人的高度关注。他们认为,把《大公报》拉到自己一边是大有好处的;同时,他们也注意到,《大公报》与法国人关系越来越紧张,决裂是早晚的事。于是日人决心"趁虚而入",抓紧做英敛之的工作。其第一个举措,就是"热忱"邀请英敛之访问日本。

《大公报》是以法国天主教会和法国驻华外交机构作为经济和政治上的依靠筹办起来的,报馆始设于法租界,创办之初有明显的亲法倾向。比如《大公报》创刊的1902年,于7月14日法国国庆日便在第一版头条刊登"本馆敬祝"

---

① 《英敛之先生日记遗稿》,第581页。
② 《英敛之先生日记遗稿》,第989页。

广告,"恭贺大法国改立民主纪念令节:十八周伟功,亿万民幸福",并发表题为"述本日法国庆贺之缘起"的"论说":"津沽一隅法租界,三色旗飘飏半空,云日争辉,陆离耀目,过其下者,昂首徘徊,称叹不置。"①显示了该报与法国的密切友好的关系。

然而如前所述,《大公报》创刊不久,就受到来自法国领事馆和法国天主教会方面的种种阻滞,与法国的友好关系只是保持了一个短暂的"蜜月期"。这其中的原因有固有的,也有后发的。所谓固有的,是指英敛之本来就是一个坚定的爱国主义者,对包括法国在内的一切列强的侵略行为皆持不容置疑的反对态度,这一矛盾是无法回避的。所谓后发的,就是拒俄运动和日俄战争中《大公报》言论的抑俄扬日立场。

英敛之和《大公报》对沙皇俄国的侵略我国行径十分愤怒,极力支持东北民众于八国联军侵华战争后要求沙俄撤军的爱国呼声。1903年学生拒俄运动兴起后,《大公报》发表一系列文章为之助威叫好。这一点早就引起作为沙俄盟友的法国的不满。1903年11月12日,英敛之日记记载道:"早起,未能下地。李敬宇来谈报事,欲阻止昌言俄事,闻之大不快。"②日俄战争前夕,法国关照《大公报》要谨慎宣扬这场战事。1904年1月8日,英日记记载:"敬宇来,言法领事有言相告。遂同出,自至领事处,知为昨晚照会事,嘱以当小心。"③所谓"照会事",是指1月7日晚,英敛之在新闻社遇见日人高尾夫妇,"高出视关道④照会,着领事嘱各报勿宣扬东事"⑤。可见日本人、法国人都很在乎《大公报》的态度。

《大公报》对沙俄的厌恶在接下来的日俄战争期间又有明显反映,也使得法国人更加不满。虽然在日俄战争期间,清政府宣布采取"中立"立场,但是在战争进行过程中,《大公报》和多数中国人一样,心理上是偏向日本的。因为当时国内立宪运动正烈,立宪思想正浓,而日本是立宪政体,俄国还是沙皇专制政体。因而在他们看来,日俄战争实际上是立宪国与专制国的交战,他们在思想上自然希望立宪国能赢。正如战争结束不久,《大公报》在一篇《时事杂感》中所说,日俄战争中,日胜俄败的根本原因在于"日本立宪国,而俄专制国也。

---

① 《大公报》的这一做法一直维持到1905年。
② 《英敛之先生日记遗稿》,第728页。
③ 《英敛之先生日记遗稿》,第754页。
④ 此处应指清廷负责在天津与外人交涉的津海道道。
⑤ 《英敛之先生日记遗稿》,第753页。

立宪国为国民战,将士知有国,不知有身,故其气胜;专制国为君战,将士知有身,不知有国,故其气馁"。文章提醒中国朝野说,专制之国,"国虽强大,不足恃也,况不强大者乎,忧国者可以鉴矣"①。

也正因中国民间的此种态度,俄国被日本击败后,反过来把气撒在中国头上,竟布告各国,颠倒黑白称清政府未信守承诺,破坏中立,声言要为自由行动以保其国家利益。清政府外务部据理力争,对俄国所指各条逐一驳斥。1905年1月24日,《大公报》就此作了报道。2月9日,又在"要件"栏全文刊登日本致各国文书,就俄国致各国书中议论中国中立事进行批驳。此后,为表示"一碗水端平"的态度,从3月26日起至3月30日止,《大公报》还连续刊登了《十年间日俄交恶大事表(1895—1905)》。

但《大公报》对俄国的厌恶之情,尤其是在日俄战争中明显的偏日立场,惹得法国相当不满。第二次工业革命后,西方列强重新争夺世界市场,俄国与法国结盟对付德国,为了拉拢清政府,他们的对华政策是支持掌权的保守派慈禧。《大公报》创刊之初,英敛之在报上发表《论归政之利》等一系列文章,就已经使法国深感不满了,现在又明目张胆地反对俄国,作为俄国的盟友,法国自然不能容忍。据王芸生、曹谷冰在《英敛之时代的旧大公报》中分析说:英敛之的基本立场是满族保皇,反后反俄;而法国与沙俄同盟,俄法都支持慈禧。英敛之与法国的关系隐藏着这个矛盾,在开头几年还没什么。等到日俄开战了,法国人对英敛之的做法就不能容忍了,于是采取种种方式,向柴天宠、英敛之表示不满情绪,直至1906年3月直接下"逐客令"。据1906年3月6日英敛之日记:"柴先生遣人来唤,晤,告以馆房转主事。"②法国人令《大公报》搬出法租界。

法国人对《大公报》的冷落和排斥,给日本人以可乘之机。由于历史的原因,《大公报》创刊初期,与大多数中国人一样,对日本的看法并不好,并且对此也并不掩饰。1902年8月5日,《大公报》在"论说"《开北京为商埠论》中表现出了对日本人予以抨击的明显痕迹。文章力主开北京为商埠,对非议者予以驳斥说:"若我力拒此议,则坐失一输入文明之机会,且以阻全国之进步矣。"并专门指出:"某国人不助此议,盖亦有故。"唯恐读者看不明白,还解释说"其国

---

① 《论说·时事杂感》,《大公报》1905年2月13日。
② 《英敛之先生日记遗稿》,第1018页。

人性情状貌,颇近华人",赁屋设肆,甚为方便。显然"某国人"是指日本人。

在《大公报》创刊之初,指名道姓地批评日本和日本人的报道与言论在版面上也屡见不鲜。日俄战争前夕的1904年1月1日,"时事要闻"栏即刊登消息称,日本政府上月曾致电清廷外务部,决议与俄国开战,询问清政府是否愿意助饷或助兵。据说外务部并未回复——在中国土地上打仗,还要中国助兵或助饷,其嚣张气焰可见一斑,报道的字里行间流露出了对日人的强烈不满。1月28日,"时事要闻"栏报道,日本公使内田康哉照会中国外务部,指俄国既能派兵在东三省保护铁路及该国利益,日本亦将援例派兵保护日本人的利益,促"速示何处可为我日军屯驻之所",揭露了日本政府明目张胆地计划向中国派兵的野心。

然而如前文所述,出于立宪宣传的需要,《大公报》在拒俄运动和日俄战争中的言论,又表现出明显的扬日倾向。由此日本认为拉拢《大公报》的时机已到。为了实现侵略中国的目的,工于心计的日本人是不会放过任何一个机会的。早在《大公报》创办之初,一位署名"瀛客牧卷次郎"的日本人就发来贺词,呼吁《大公报》"去畛域之私",以"大公"之心对待日本这个"友善"邻邦。经过三年的发展,《大公报》已经成为北方的舆论重镇,报纸的扬日抑俄倾向使日本人不仅越来越感觉到将这份报纸"拉过来"的重要性,而且看到了拉拢成功的可能性。于是,日本人对英敛之和《大公报》的笼络一天比一天紧。

日俄战争还未结束,日本人就迫不及待地向英敛之伸出"橄榄枝"。1905年4月2日,英敛之日记记载道:"(出游)回馆,闻是日高尾亨及小村俊三郎连访二次,且邀神户馆晚食。七点至彼,尚无人至,旋,高尾亨及小村俊三郎二君至,又有时,方药雨、速水一孔、钱邵云等至。席间,高尾、小村力劝予游日本,并言内田公使、伊吉源总领事①为予作函介绍。十二点散归。"②高尾亨及小村俊三郎为日本驻天津总领事馆官员,一日连访英敛之两次,可见日本人亟须与《大公报》搭上关系;邀其至神户馆晚餐,还约了日文报纸《天津日日新闻》主编方药雨等人作陪,又可见日本领事馆对此次餐叙的重视程度。餐叙五个小时,主题很明确,就是邀请英敛之访日。

餐桌上,高尾的邀请让英敛之很动心:日本在19世纪60年代开展明治维

---

① 此处的"伊吉源"应指时任日本驻天津总领事伊集院彦吉。
② 《英敛之先生日记遗稿》,第980页。

新运动，成功地建立起君主立宪政体，从此走上现代化道路，迅速跻身世界强国行列。向往立宪的英敛之很想到立宪成功的日本看看。4月4日午后，英敛之来到日本天津领事馆晤高尾、小村。高尾亨进一步表示，希望英敛之于当月中旬访日，并说明日方邀请英敛之访问的意图，即考察日本政界，以便着手讨论"日俄战争后，中东联盟，整顿东三省事宜"。高尾倒很"坦率"，说出了日本急邀英敛之访日的真实动机，还说《大公报》"系北方清议之望，较他报不同，此行于两国实有所关云云"①。双方有意，一拍即合。当天英敛之在日本领事馆谈了很久才告辞回家。

4月14日晚，日本领事馆给英敛之送来日本政府的邀请函。15日晚，日本驻津总领事馆在义和成酒店为英敛之访日饯行。领事馆官员几乎倾巢而出，总领事伊集院彦吉以下六人参加，宴会从六点一直进行到十一点。次日，英敛之在高尾陪同下抵达北京，到日本驻华公使馆商讨访日的具体事宜。据英敛之日记记载："至日本使馆，晤高尾、小村，并晤学生西田耕一，即随予东游作译者。"②日本使馆为英敛之访日安排得很周到，连随身翻译都安排好了。19日英敛之返津，离京时，"高尾和日本使馆诸人亦在车站"送行。21日午后，英敛之收到高尾来信，告知"礼拜日（4月23日）有船，明日可招西田耕一来津"③。23日，英敛之拿着日本驻华公使内田康哉和日本驻天津总领事伊集院彦吉的介绍信，携日本使馆安排的随身翻译西田耕一如期启程，乘船向日本进发。

从1905年4月23日出发到7月2日回到天津，由于英敛之访日期间的日记阙如，对他在日本的详细行程我们无从得知。但从他一年以后，即报馆迁至日租界前夕的1906年8月在《大公报》上发表的两篇游记④中可略知一二。这两篇游记，一篇记载游览西京（即京都）见闻，一篇记载游览日光见闻。他在《西京游记》前言中说明了发表这两篇游记的原因：

> 仆于客夏东游日本，多所闻见。拟归时将此次游记都为一编，颜曰借镜录，盖欲以备考镜之资也。迨旋津后，琐务纠缠，日鲜暇晷，此事遂因循不果，稿书盈箧，漫无甄叙，尘封蠹蚀，收拾愈难。……今偶检敝箧中得旧

---

① 《英敛之先生日记遗稿》，第981页。
② 《英敛之先生日记遗稿》，第986页。
③ 《英敛之先生日记遗稿》，第986页。
④ 一篇题为《西京游记》，发表于1906年8月5日，一篇为《日光游记》，发表于1906年8月6日。

稿数纸,忽忽经年,渺同陈迹,录之聊存鸿爪,更为他日橐笔重游之张本。

此次访日所见所闻,令英敛之感慨良多。他在《西京游记》中写道,该国不仅"山川之秀,人物之美,文采之盛,街市之繁,啧啧挂人齿颊",而且重视激发人的爱国心,"剧场所演日俄战状,惟妙惟肖,不独亲切有味,且使人爱国之心油然而生,激国民敌忾之情,寓教育游戏之内,尤为动人"。日本国内到处都设立博览会、美术馆,使国家的富强之根扎于文明进步之中;"武德会之设,所以振国民尚武精神";特别重视教育,"中小学校林立,无人不入学,无学不致用"。因此,日本人的素质高,社会文明程度高:"街市之整齐,人民之乐和,商不欺诈,人无游惰且诚,有路不拾遗,夜不闭户之风。总之,凡百人治无不整饬精勤,蒸蒸日上,讵不大可异哉?"

而令英敛之"尤为可惊异者,当此日俄凶战之秋,征兵筹饷旁午不遑。不知者,必谓其骚扰,民不聊生。而乃入其市,攘攘如故也;游其野宴,恬如故也,不知有兵事者。比询之走卒竖子,则又言东三省事甚详,非麻木痿痹冥顽无灵也,其果何道以致此哉?日本自维新以来,步武西法而进步之猛,万国所惊。……然日本之有今日,效果固收获于西法,尤在善能舍短取长,实事求是,而教育普及,实植其根基焉"①。

2. 英敛之访日后的变化

英敛之访日后,思想发生深刻变化。他在惊叹日本社会欣欣向荣之余,又深深感到中国的可悲:"独我中国狃于故常积习难返,人心学术日益颓靡。"②回国后,每当看到国内秕政时,他便很自然联想到日本的宪政。1908年9月,英敛之专门发表言论,对比日本宪法与清廷刚刚颁布的《钦定宪法大纲》,认为二者差距甚大,《钦定宪法大纲》上面规定的"所谓权利、自由,只一纸之空文耳"③。是年冬天,英敛之访问东北,十多天里,所到之处,所见所闻,无不令他"伤心""痛哭"。于是他想到日本——以邮政、电报、银行为例,中国与日本"莫不条条相反,大相径庭"。为什么有如此大的差别?英敛之的结论是:"中外政治之异点,于根源处迥不相谋。一则用人行政,量才称能,顾惜舆论,自不得不以国利民福为目的。一则用人行政,情面贿赂,不恤人言,量资本之多寡,视情面之轻重,以为相当之补偿……呜呼,一国而演成此鬼蜮世界,人人自私,同群

---

① 英敛之:《西京游记》,《大公报》1906年8月5日。
② 英敛之:《西京游记》,《大公报》1906年8月5日。
③ 《读日本宪法感言》,《大公报》1908年9月25日。

相贼,欲竞争列强,生存大地,得乎?"①他渴望中国也能像日本那样,走上宪政发展之路。

王芸生、曹谷冰在《英敛之时代的旧大公报》一文中把1906年9月报馆从法租界搬到日租界,视为英敛之和《大公报》由亲法转变为亲日的标志,这种说法不一定准确,然而有一点可以肯定,那就是访日之后,英敛之更加坚定了对立宪的向往,并且将日本作为立宪成功的参照系,因而增强了"中日友善"的紧迫感:"中日两国诚有唇齿辅车之势,合则两美,离则两伤,自不待赘言。我两国士夫稍明时局者,必知和亲辑睦之不可缓。"②

英敛之访日归来后,《大公报》上关注和报道日本的内容明显增多,并且在口气上有明显的赞扬之意,甚至有时还替日人的野心开脱。比如,日俄战争结束不久,为谋求俄国在我东三省的特权,日本外相小村寿太郎在美国与俄国签订《朴次茅斯和约》以后,又到北京与清廷会议东三省事宜,以获得清廷对其取代俄国拥有在我东三省特权的承认。1905年11月17日,小村在北京与清政府开议,11月20日《大公报》"要闻"报道:"京友函云,此次小村男爵到京,开议满约问题,甚为和平。且云中日本唇齿之邦,以后甚愿两国联盟,以维持东亚之大局云云。大约议定后即可实行联盟之约云。"这位"京友"估计是日本使馆的人,他之所云与半年前日本驻天津总领事馆的高尾亨邀请英敛之访日时所讲的话完全相同。21日,"要闻"继续报道:"京中传出消息云,此次小村大使会议满约问题,以保全中国利权为宗旨,绝不干涉他事。并对中国政府云,嗣后中日两国当永固邦交,同恤患难,惟中国之幸,亦我日本之福也。语次,笃睦之情溢于言表。"这些话几乎完全是站在日本立场讲的。小村北京之行后,民间流传了许多关于东三省的说法。11月29日,《大公报》发表题为"论中国人心浮动之可忧"的"论说",为日本"辟谣"、替天皇张目:"中国之人,风气未开,无识者多,最易起谣,亦最易信谣。故谣言之多,莫过于中国。""此次日本之与俄战本为中国东三省之事而起。而兴师之始,日本天皇即先行声明,谓将来战事告终,必以东三省还诸中国。斯言既出,皎如天日;仁声义闻,播于寰区。……光明磊落,轩天动地;环球各国,莫不钦服;矧在中国,亲蒙其惠。"③《中日会议东三省事宜条约》及附约于1905年12月22日签订,1906年1月23日互换文

---

① 英敛之:《关外旅行小记》,《大公报》1908年12月8日。
② 英敛之:《西京游记》,《大公报》1906年8月5日。
③ 《论说·论中国人心浮动之可忧》,《大公报》1905年11月29日。

件,2月23日《大公报》刊载了这个条约及附约全文。其内容规定,日本完全拥有中国东三省特权。

同时,英敛之本人与日本公使馆和日本驻天津总领事馆的交往也有增多。1905年11月13日,英敛之"偕少秋至义和成",在这里会见日本海军大尉曾根俊虎及梶村去路等,饭后,曾根还向英敛之"赠匕首一柄,书图数本"①。三日后,曾根大尉来《大公报》馆回访英敛之,英敛之"款以茶点,坐有时去"②。

前面所提到的英敛之1905年10月30日"正金兑洋,写予添入股票"③一事,之所以值得重视,一则是英氏经济状况的好转,二则是这件事发生的时间是在他访日归来不久。

英敛之访日对于《大公报》事业发展的影响也是明显的。1906年3月6日,法国人将《大公报》"撵出"法租界,柴天宠、王郅隆和英敛之当日便决定移居日租界建筑新馆房。这么复杂的一件大事,就这样轻而易举地商定下来了,应当同英敛之访日后与日本关系的逐渐密切不无关系。

从现有资料看,《大公报》新馆从选址到建筑都由日本人一手包办——租日租界"四面钟"对过的地皮,请日本建筑公司承办建筑工作,甚至办理建筑物契约、占路执照这样的具体事务,都是由日本人出面或协助办理的。此外,日本驻天津总领事馆的人还经常对建房事予以"关心"。据英敛之日记记载,1906年3月24日,"早起,高尾君来,柴先生来谈有时。柴先去,与高谈建造事,并令字事旋去"④。5月4日"午,赴日本领事馆,拜内田公使略谈,复与高尾谈有时,归"⑤。11日午后,"西田耕一来,同至建物公司,谈开工事讫,出至祝三处,留字及房图归"⑥。14日"晡,西田以建物会社契约来,少时祝三来,同至建物会社商定妥"⑦。

工程建筑进展迅速,只用了半年时间,新馆于当年8月下旬完工。9月1日,《大公报》搬出法租界旧馆,搬进日租界新馆。当日,英敛之日记记载:"予自辛丑春由申北上组织《大公报》于天津,至壬寅五月始出版,至今四经寒暑。

---

① 《英敛之先生日记遗稿》,第992页。
② 《英敛之先生日记遗稿》,第993页。
③ 《英敛之先生日记遗稿》,第989页。
④ 《英敛之先生日记遗稿》,第1023页。
⑤ 《英敛之先生日记遗稿》,第1032页。
⑥ 《英敛之先生日记遗稿》,第1034页。
⑦ 《英敛之先生日记遗稿》,第1035页。

今夏始议建新馆于日本租界,地基二百五十余坪,楼为三面共十八间,较旧馆大半倍。七月中旬始迁竟,家属亦移住新馆。收拾打扫,连日不休。"①为了庆祝报馆搬迁,9月2日王郅隆还设家宴,请英敛之等人吃过一顿饭。次日,英敛之日记载:"早,微雨。王祝三处赴午饭约,为彼移居新房后第一次开贺也。"②因为报纸报头上馆址的更改始于1906年9月5日,故有人也将9月5日定为《大公报》正式搬迁的日子。后来,报馆后门要增添一小楼,也必须经日本领事馆同意,并请求帮助。为此事,英敛之亲自到日本领事馆商量。1907年5月18日,英日记记载,"早至日本领事馆,谈建后门小楼事"③。

《大公报》搬进日租界后,英敛之与日本总领事馆的交往更是家常便饭,或到总领事馆拜访,或设饭局餐叙等,继伊集院彦吉之后的加藤本四郎、小幡西吉等历任总领事及家属都曾被邀做客。1906年10月30日,英敛之专门购新衬衣换上,"至日本领事府,晤新领事加藤氏"④。1907年4月14日,英敛之还"邀日本总领事加藤夫妇在馆饭",为表示重视,"约梅生、碧城二人作陪"⑤。

英敛之访日归来后,《大公报》与日本新闻界也有了深度合作。这主要表现在《大公报》与日本在天津的媒体发起成立了中国新闻史上第一个职业团体。1906年6月,英敛之与《北洋日报》的发行人足立传一郎、《北支那每日新闻报》的主笔木村笃、《天津日日新闻》的社长方药雨等人发起倡议,成立"报馆俱乐部",作为"研究报务,交换知识"及"燕息欢娱"之所。7月1日,《大公报》"专件"栏发表了英敛之起草的《告天津各报大主笔》,称:"中东两邦,兄弟之国也。现遇西力东进之机,风潮日迫,旦不计夕。两邦报馆处此际,宜如何提倡及论以联两国之欢,而塞异端之觊觎。""事物之理,待纷争而始明;社会之事,赖合群而始成。报馆一业,何独不然?……查东西文明之国,莫不有报馆俱乐部之设,以为集思广益之地。犹中国各帮中皆有公所,各业皆有会馆,各报主笔及办事之人,以时齐集,研究报务交换知识之余,诗酒征逐,尔汝欢洽。平生辩难攻击如水火者,握手拍肩,情如兄弟,共话党同之间,而去门户之异……某等近有所感于时局,拟于天津纠集同业,开设俱乐部,以为燕息欢娱地。"⑥当天

---

① 《英敛之先生日记遗稿》,第1063页。
② 《英敛之先生日记遗稿》,第1063页。
③ 《英敛之先生日记遗稿》,第1106页。
④ 《英敛之先生日记遗稿》,第1080页。
⑤ 《英敛之先生日记遗稿》,第1097—1098页。
⑥ 《告天津各报大主笔》,《大公报》1906年7月1日。

下午六点，多家报馆代表在天津日租界旭街芙蓉馆集会，宣布成立"天津报馆俱乐部"。英敛之将此事视为中日"两邦报馆"合作办的一件大事，今人对这个俱乐部也给予了较高的评价，说它是"中国近代第一个新闻团体"，在"积极促进中日两国的邦交"上起到了一些作用。①

另外，英敛之从日本回来后，《大公报》的业务有了较大发展。1905年8月21日报纸版面调整：原"论说"改称"言论"，原"时事要闻"改称"要闻"，原"中外近事"改称"时事"。同时新增"杂志""公牍""奏议"等栏目。每日另出附张，专门刊登白话文，并在报头前标明"另出附张不加分文"②。随后，报馆又更新印刷设备，"一律改换新字，以期豁人心目"。此外，从1905年12月27日起，增加新闻两版，以扩大篇幅，以后逐渐改良，"精益求精，总期阅报无数诸君之雅意"③。

以上情况表明，英敛之访日，无论是对于英敛之本人，还是对于《大公报》馆，确实都是一件十分重要的事情。于英敛之而言，增加了他对日本的了解，尤其是对日本明治维新后实行宪政所取得成绩的了解，从而加大了他追求宪政的决心；于《大公报》而言，拉近了当时与日本的关系，尤其是该报与法国关系破裂后的一段时间内，对报馆事业的发展也有积极的作用。

然而，需要指出的是，日本政客邀请英敛之访日是蓄谋已久的，是为其侵华政策服务的。具体而言，是为了拉拢在中国北方影响越来越大的《大公报》。从英敛之访日后对日态度的变化看，日人此举产生了一定的效果。但是也必须看到，即使在英敛之访日归来后与日人来往增多的情况下，《大公报》对日本的侵略挑衅行为，也予以了足够的关注与必要的抨击（第三章第二节有详述，此处不赘）。在真正的爱国者面前，侵略者的一切伎俩都是徒劳的。

---

① 方汉奇等：《〈大公报〉百年史（1902.06.17—2002.06.17）》，第18页。
② 见《大公报》1905年8月21日。
③ 《本馆谨白》，《大公报》1905年12月27日。

第三章
舆论重镇(1906年9月—1912年2月)

从1906年9月迁址日租界至1912年2月英敛之退隐香山静宜园的六年是英记《大公报》的发展和成熟阶段。这个阶段,《大公报》在内政外交方面大胆发言,与各种顽固势力作斗争,愈战愈勇;英敛之报业思想的成熟与贯彻,引领着《大公报》成为北方公认的舆论重镇。另一方面,英敛之和《大公报》非议革命、排斥共和的保守心态也暴露无遗,为日后英记《大公报》的衰落埋下了伏笔。

一、有关内政的记事与言论

(一) 推进预备立宪

随着新政以来"去专制""立宪法"的宣传不断掀起高潮,宪政观念逐渐被朝野所接受。清廷对此也被迫做出回应,于1905年7月连续召开御前会议,讨论立宪问题,决定仿效日本明治维新,设立"考察政治馆",派员出洋考察宪政①。英敛之和《大公报》由对新政的失望转而推进仿行立宪、支持立宪请愿。正如该报1910年4月13日在一篇告白中所言:"本报发行数载,关于一切宪政事宜记载最详。"②

1. 支持仿行宪政

(1) 希望与担忧

1905年12月,载泽、戴鸿慈、端方、尚其亨、李盛铎分别前往欧美和日本。

---

① 1905年9月24日,朝廷选派的载泽、戴鸿慈、徐世昌、端方、绍英等五位大臣自京启程时,遭到革命党人吴樾投掷的炸弹袭击,绍英被炸伤,吴樾当场死亡;后调整以山东布政使尚其亨、顺天府丞李盛铎替代受伤的绍英与因事务繁忙无法抽身的徐世昌,形成了最终的出洋考察名单。
② 《本报紧急告白》,《大公报》1910年4月13日。

出洋五大臣用半年左右时间游历了十四个国家,考察了这些国家的议院、行政机关、学校等机构,请政治家、学者讲解宪政原理,调查各项制度,搜集翻译各类图书和参考资料。通过考察,五位大臣的思想都发生了明显改变,他们认识到,中国与列强的根本差别在于政治制度的差别,即专制与宪政的差别。不革除专制政治制度,中国就不可能缩短与列强的差距,从而进入富强国家的行列。考察大臣回到北京后,向朝廷反复陈述了立宪的必要性和紧迫性,并一再阐明立宪之利与拒绝立宪之害。在听取考察大臣们的建议并征求亲贵大臣的意见后,清廷于1906年9月1日颁布了仿行立宪的上谕:"时处今日,惟有及时详晰甄核,仿行宪政,大权统于朝廷,庶政公诸舆论,以立国家万年有道之基。"上谕还说:"目前规制未备,民智未开",不能立即实行宪政,应先从改革官制入手,逐步厘定法律、革新教育、清理财政、整顿武备、普设巡警,"使绅民明悉国政,以备立宪基础",待数年后预备立宪初具规模,再定立宪实行期限。

仿行立宪上谕颁布后,立宪派一度欢欣鼓舞,额手相庆。他们纷纷成立宪政团体①,开展各种活动,如立宪教育活动、组织国民运动等,以推动立宪的实现。

对于朝廷仿行立宪的声明,英敛之与《大公报》既高兴又担心。早在1905年7月,清廷决定派员出洋考察宪政时,英敛之就发文指出,此举"为改良政治之起点,中国之转弱为强、化危为安或此是赖"②,还说"中国近来政治威信力图整顿,于是钦派五大臣出洋考求政治,以为将来改良取法之资,中外人民无不额手称庆"③。提出"派员出洋考察宪政事",兹事体大,遴选什么样的人出洋就显得格外重要,必须选对、选准。英敛之于8月10日发表题为"论出洋考求政治要在得人"的文章对此进行专门论述。他认为,出洋考察的大臣必须是"学贯西中、识超庸众"者。对如何选人,他建议朝廷"痛革相沿之陋,破格用人,但问其才品长短,不拘其官职尊卑",甚至明确提出,"侯官严又陵(严复)、丹徒马相伯、南海何沃生(何启)、三水胡翼南(胡礼垣)"等是胜任此事的"最相宜之人"。此"数人者,深通西文利器,在抱负天下重望,怀用世婆心,倘假以大权,俾独当一面,其建树必有卓然可观者,其必不至汶汶汩汩,合污同流,升斗是

---

① 如1906年12月,江浙立宪派郑孝胥、张謇等人在上海组织成立了"预备立宪公会",梁启超、蒋智由等人1907年10月在日本组织成立"政闻社",杨度等人1908年3月在北京成立"宪政公会",等等。
② 英敛之:《论说·论出洋考求政治要在得人》,《大公报》1905年8月10日。
③ 《言论·论出洋五大臣临行遇险事》,《大公报》1905年9月26日。

谋,有孤委任也"①。在1907年9月25日"言论"《论续派三大臣出洋考察政治事》文后发表"本馆附志",再次表达了这个意思:"我国改行宪政为中国开国以来未有之创举",因而必须在选派人选上要特别注意,考察别国政治精要,"非素知各国政要者不能办"。认为达寿、汪大燮、于士枚等在朝官员不堪重任,明确提出,对严复、马相伯、何启、胡礼垣等在野维新人士,应破格选拔,"优其礼而重用之"②。

考察大臣回国后,朝廷将如何动作,是否能按原计划立宪,《大公报》对此也十分担忧。1906年7月24日发表题为"考政大臣归国后之问题"的文章,称"此次考查政治之问题实于国际之存亡安危,民族之兴灭继绝"有着紧要关系③。期盼考察大臣回国后,研究立宪之急务,并早定立宪之日期。

1906年9月1日,清廷发布《预备立宪先行厘清官制上谕》,宣布仿行宪政。人们张灯结彩上街游行,表示支持。英敛之与《大公报》的喜悦之情更是溢于言表,9月3日在"要闻"栏以"中国立宪之志贺"为题及时将此消息明告天下:"月之十三日明降谕旨,约期立宪,中外士民视线咸集……探悉此次政策,其原动之主力,实由于两宫锐意改革,独振乾刚,而庆、醇两邸赞成之力良亦甚巨,故如此决然宣布,以明告天下。"④随后,《大公报》还陆续刊登各地立宪的准备情况,公布政府大员关于立宪的要折和各地的要件,并以言论和闲评的形式发表各界人士的评议,陆续刊登论说向国人宣传立宪精神,解释立宪内涵,以激发其参政意识和民主觉悟。

发布上谕是一回事,如何实施又是另一回事。9月4日至5日,《大公报》发表署名"傲霜窟陈人"的文章《论立宪制度》,表达了此刻复杂的心情:"病见乎外者易治,其在内而未见者,庸医之所误,良医之所疾首而痛心也。宪章制度,治其外者也,庠序学校,治其内者也。""故闻此次宣布立宪,及各大员开会决议,定期数年,实行立宪政体,大喜中国发达之速。虽然,言之匪艰,行之惟艰,望中国政府,以勇决之力,而辅之以慎重之思,其庶几乎。""夫立宪制度,名实良美,虽然,亦非易称实行者也。"⑤

---

① 英敛之:《论说·论出洋考求政治要在得人》,《大公报》1905年8月10日。
② 究竟:《言论·论续派三大臣出洋考察政治事》,《大公报》1907年9月25日。
③ 《言论·考政大臣归国后之问题》,《大公报》1906年7月24日。
④ 《要闻·中国立宪之志贺》,《大公报》1906年9月3日。
⑤ 《言论·论立宪制度》,《大公报》1906年9月4—5日。

为推进"仿行立宪"的实施,1906年9月29日、30日和10月1日,《大公报》三天连载长篇"言论"《立宪问答》,以客问主答的形式向民众详细宣讲立宪知识。其主要内容有:订宪法、改官制,确定君民同治的政体;立宪,须从定国民资格入手;在中国,定国民资格,除必限以纳税外,"尤有一要法则,能办一学堂、创一实业、兴一公益之事,亦得为国民是也"①。

随后,《大公报》还刊文专门介绍西方宪政国家的三权鼎立:"宪政体有三大权,曰立法权,曰行政权,曰司法权",其中,"立法者,制定一国之法律也;行政者,措施一国之庶务也;司法者,为议会之事,而以君主之名判行之"。"此三者,皆掌一国之大权。其权分,则政平,而国治;其权合,则政乱,而国不治。"②

(2) 痛斥伪立宪

《大公报》担心的事很快就随着官制改革"泡汤"而成为现实。

立宪的基础是官制改革,故清廷仿行宪政的上谕发布后,于1906年11月6日宣谕进行官制改革。其主要内容有:(1) 改巡警部为民政部,改户部为度支部,改兵部为陆军部,改刑部为法部,改理藩院为理藩部,改大理寺为大理院等;(2) 将太常、光禄、鸿胪三寺并入礼部,工部并入商部,名农工商部;(3) 增设专管轮船、铁路、邮政的邮传部;(4) 内阁、军机处、外务部、吏部、学部等部门不变;(5) 拟设海军部、军咨处、资政院、审计院等。《大公报》对清廷的这一决定,先是表示认可,后又提出疑问。

《大公报》之所以认可,是因为官制改革是革除专制弊端、实行"立宪之始基"。"专制之国,唯恐其权之移于下,故凡地方一切事务,无巨无细,无重无轻,必使受治于政府权力之下;而地方自治之说,遂阒绝无闻。"官制改革可使政府的专制性质变为"契约性质":"其集议也,尚众;其处事也,尚公;而其立心也,不以自利为利,而恒以利群为利。"③除评论之外,《大公报》还拿出版面,在"专件""要件""奏议"等栏目刊登有关官制改革的文件。如11月15日"要件"《民政部官制清单》,11月16日"奏议"《奏为厘定官制先将京官编定折》,11月18日"要件"《资政院官制清单》,11月28日"要件"《理藩部官制清单》,11月30日"要件"《吏部官制清单》,等等。

从表面看,此次官制改革,气势之猛,为世界少有,然而《大公报》凭着报人

---

① 《言论·立宪问答》,《大公报》1906年9月29日—10月1日。
② 《言论·三权鼎立论》,《大公报》1907年1月24日。
③ 《言论·论地方自治有专制立宪之别》,《大公报》1906年11月9—10日。

的慧眼,透过"声势浩大"的官制改革评判出"朝廷立宪之真伪":虽然清廷试图建立三权分立的政治体制,内阁操行政权,法部掌司法权,大理院掌审判权,拟设资政院掌立法权,但是又规定"大权统一于朝廷",仍以军机处为"行政总汇"。这样的"官制改革"基本上是换汤不换药,万改不离其宗,即仍由朝廷掌大权,"徒易其名而未变其实"。《大公报》指出,官制改革为立宪改革之基,基始是假,整个立宪改革便不可能真,只能是"伪立宪"。

为了帮助民众辨别立宪之真伪,《大公报》不断发文对虚假的官制改革予以揭露。1907年1月6日,《大公报》专门就"内官改制之利弊平议"这一主题征文,其广告语曰:"自七月十三日预备立宪之明诏颁布后,海内士民欢欣鼓舞,或开会庆贺,或聚众演说,报馆倡之于前,士民和之于后,盖以数千年黑暗世界有从此大放光明之望。论者谓转弱为强,去亡为存,在兹一举。迨九月二十日发表厘定之新官制,则向之欢忻鼓舞者及此大有怅惘失意之状。若政府此举为徒易其名而未变其实,或自相抵牾,甚多疏漏,非果真能为立宪之预备也者,本馆学识浅陋未敢妄加评议,然于此革故鼎新得未曾有之创举,安危存亡所系之重大问题置之不论不议之列,未免坐误时机,有负天职。"因而"爰循曩例,设题征文,倘海内明达不吝雅教,各抒宏议,以副朝廷明诏庶政公诸舆论之旨,且对国家兴亡而尽匹夫有责之议"①。1月31日,《大公报》发表来自焦琴山人的应征文章《内官改制之利弊平议》称:"举凡阁部司曹、衙门别号,不过改头换面,仍属依样葫芦。"②

朝廷官制改革完全是敷衍,上上下下都在作假、假作,愤世嫉俗的英敛之对此十分心寒,丁未新年春节过得很不安神,假立宪的状况使他陷入深深的思考。思于心际,发于笔端,于是"连作论数篇"③。丁未新年复工伊始,英敛之接连在《大公报》上抛出"重磅炸弹",向假立宪"开战"。1907年2月18日(阴历正月初六),英敛之在《大公报》"言论"栏首先刊登出《新年颂》,文中写道:新年到来,举世皆欢,"独我国则不然。当叠辱屡创之余,值物弊民凋,而后主权半失,疮痍未平,此诚卧薪尝胆之秋,岂复踵事增华之日"。然"观于朝廷,则敷衍如故;观于百官,则泄沓如故;观于讼狱,则黑暗如故;观于人情,则虚伪如故。虽有去岁七月十三日预备立宪之诏旨,九月二十日厘定官制之新章,而识者则

---

① 《设题征文·内官改制之利弊平议》,《大公报》1907年1月6日。
② 焦琴山人:《言论·内官改制之利弊平议》,《大公报》1907年1月31日。
③ "初六出报,连作论数篇。"见《英敛之先生日记遗稿》,第1095页。

病其变虚名,并未变实事,袭皮相而竟遗精神,百罅千孔,敷衍因循,补苴张皇,终无是处"①。一连串排比,愤懑之情跃然纸上。间日,英敛之又刊出一篇专门批判官场上虚假恶习的"言论"《说假》,在文中,作者心中的愤懑之情如火山爆发:"人情之虚假每起于自私。"由于传统之积习,致使"君逞骄奢,民习窳惰,道德日落,风俗日偷,重虚文而不重实事,尚空论而不尚实行,酝酿熏蒸,遂成此痿痹麻木之国众,然而国众之私欲嗜好固在也,憧憧扰扰,各谋己私,巧取暗算,机诈百出。在上者,以假笼统其下,在下者,以假欺骗其上。浩诫不过具文,条教无非套语。至于臣下之章奏,部署之牍函,粉饰谄媚,空中楼阁,视为固然,恧不知怪"。时至今日,中国乃成了"假之制造场""假之出产地"。他说,中国衰败的原因,全在一个"假"字②。英敛之的这篇文章,现在读起来,仍不禁令人身出冷汗,不能不佩服先哲入木三分的笔力!

6月8日至9日,《大公报》发表长篇言论《论责望政府》,表达民众对"预备立宪"和"更定官制"的失望:"我国民近来最大之希望,无如立宪。然自豫备立宪宣布以来,事事适得其反,北辙求南,愈趋愈远。""内官官制,改头换面,犹以为未足,不数月而萌悔志。我国之昏天黑地,盖将长此终古矣。""外官官制,反复电商者数月,属望正殷,划然终止。"③6月13日的"言论"《近日新政平议》指责当局只会耍嘴皮子,对新政改革只说不做,"居今日而望改革,惟忧其言之不行,不复忧其行之不善"。举例言之:"今试就现象征之。内官制改矣,而不出数日,未见其利,徒见其弊。"更有甚者,"一切新政徒为害民之具,而无救国之价值"。"若上之人,惟执成见,不求改良,徒以新政为粉饰之具,尤不可也。"④10月26日至28日"言论"栏发表外间来稿《中国新政之感言》,表达民众对宪政的失望:"屈指立宪之诏已二年,而朝廷之苟安如故,臣下之酣嬉如故,内官制虽改革,而内容腐败如故;外官制虽已颁,而不能实行如故;资政院虽已立,而今日会议、明日会议,一事未决,一善毫无,其纷杂芜乱,各存意见,如散沙,如乱丝。无一人能奋起而整理之,无一人能承认而仔肩之。"

《大公报》进一步指出,改革成假、立宪成伪,究其原因,其一是朝廷本身就根本不想改革、不想立宪,"悠悠忽忽执政者"一味"苟延残喘,乐享余年,保其

---

① 《言论·新年颂》,《大公报》1907年2月18日。
② 安蹇:《言论·说假》,《大公报》1907年2月20日。
③ 《言论·论责望政府》,《大公报》1907年6月8—9日。
④ 《言论·近日新政平议》,《大公报》1907年6月13日。

禄位",没有"丝毫之热心为吾民计"①。"政府愚弄国民,国民甘为政府愚弄。"政府"所谓开诚布公、锐意立宪者,不过粉饰新政,皮毛剿袭陈腐成文,以搪塞天下人民之希望耳"②。其二是朝廷用人不当,各级政府官员既无立宪精神,又无立宪能力,尽是一些"老耄昏聩"之辈。《大公报》发文质问道:"其有立宪之精神而具立宪之能力者能有几人?以枢臣之老耄昏聩,疆臣之畏葸不前,但足以亡国而有余,绝不足以唤起沉疴、挽回危局以共臻于立宪之一境。"并且"一面提倡新政,一面任用旧人,南辕北辙,怅怅何之"③。

"伪改革""假改革"致使官场越来越腐败,上自军机处,下至州府县,"岌岌之势,日蹙一日。综观二十行省之中,均现黯败之色,无一活动之生机"。1907年4月13日,《大公报》刊登一篇外间来稿,列举所谓"保定新政"④,造成"吏治腐败""教育界腐败""陆军界腐败""警察界腐败",几乎"全线腐败"⑤。英敛之对朝廷的伪立宪、假立宪深恶痛绝。武昌首义打响后,清王朝垮台已成定局,《大公报》发文将这一结局归结为"伪立宪":"赫赫堂堂之政府,平日威权自擅,生杀随心,假立宪之面具,行专制之淫威,贿赂苞苴,苛敛重征,犹复标其名曰政策,饰其制曰改革,而内容之黑暗,有索诸九幽而不得,比诸森罗而更甚者。……以二十世纪之世界,乃容有此横行暴戾恶劣之政府,其不国奚足疑哉?"⑥这样的朝廷、这样的政府,不垮台是无天理的。

为了防止舆论对伪立宪的抨击和揭露,清政府对报界严加管控,对报馆动辄查封。这从一个侧面证明,朝廷的立宪确为假立宪。著名立宪派人士汪康年创办的负"敢言"之名的《京报》,于1907年8月26日被清廷勒令停刊。28日,《大公报》以《记停刊京报》为题报道此事件,并大做文章,将《京报》被查封与立宪联系起来,揭露政府立宪之假:"该报自出版以来,多就事实著论,不为张大其辞,颇称日报体裁。乃刊行未久,遽予停止。其个中原因,本报虽无从摸索,然今日报界,为人所大好之者,即为官场大恶之;为人所小好之者,亦即

---

① 皖南翠微居士:《言论·中国新政之感言》,《大公报》1907年10月26—28日。
② 《言论·阅西报志慨》,《大公报》1909年10月11日。
③ 《言论·论政府无立宪之能力》,《大公报》1909年12月13日。
④ 指清末新政时期任直隶总督袁世凯在辖区内推行的一系列新政改革,因改革主要集中于直隶总督府署所在地保定而得名。
⑤ 雪中赤霆:《代论·保定之四现象》,《大公报》1907年4月13日。
⑥ 《代论·革命之前因后果》,《大公报》1911年11月16日。

为官场小恶之,是其比例也。呜呼,预备立宪之效果,如是如是。"①

《大公报》还发文表达报界对立宪的失望:"去岁之报章,其对于立宪也,为企望,以企望之故,因以对于凡百政治,皆为积极的而长言之,且主张之;今岁之报章,其对于立宪也,为失望,以失望之故,因以对于凡百政治,皆为消极的而羞言之。"②

2. 推动立宪请愿运动

(1) 把立宪成功的希望寄托于民众

1908年8月27日,清政府迫于各方压力颁布《钦定宪法大纲》,该宪法文件仿照日本"明治宪法"制定,却删去了其中限制君权的条款,仅规定了臣民的义务,使"大权统于朝廷"。这一维护君主专制的文件,使立宪派对清政府大感失望:"政府其不可望矣,其望之我国民。"③本来,立宪政治应视民众为至高无上,政府和各级官员按契约为民众办事,但是中国历朝历代,政府和各级官员高高在上,视民众为草芥,他们当然不愿意立宪行政。"吾固言之,政府之立宪仅可为其被动者,而不可为其主动者,主动者系谁?则吾国民是矣。"④要成功立宪,必须发动民众,使民众参与到立宪中来。"夫立宪问题所包含者至广,使此问题而解决,则各种问题皆随之解决……吾今请正告国民曰:立宪政体者,非经国民做激烈运动之一时期,未有能成立者。"⑤

《大公报》认为,经过前一个时期启发民智的教育,民众的思想观念开始渐进文明阶段,爱国之心也逐渐发达,他们有了一定的议政能力和议政激情,政府在制定宪法时应该多倾听民意,而不应该一味压制。然而,此次清廷制定宪法时,立宪操办者依旧按专制思维,自以为政府"万知万能",立宪大事不许国民闻问,"毫不容人民之置喙",置民意于不顾,完全违反立宪精神:"以朝廷之上,日日言维持民气,而于遏抑民气之官吏不闻加罪也;日日言尊重舆论,而于摧残舆论之官吏不闻惩处也;日日言开诚布公,而于国权得丧之要件、民命存亡之大计,方秘密断送而不许国民之闻问也。"⑥这种违背立宪精神做法的后果必然是南辕北辙。《大公报》指出,"今日政府以一纸预备之空言"是不可能"收

---

① 《要闻·记停刊京报》,《大公报》1907年8月28日。
② 《言论·危言》,《大公报》1907年6月24日。
③ 《言论·狂言》,《大公报》1907年6月25日。
④ 《言论·论立宪之责任在国民》,《大公报》1908年2月20日。
⑤ 《闲评二·裙带议员》,《大公报》1909年12月12日。
⑥ 《言论·朝廷立宪真伪之评决》,《大公报》1910年1月16日。

立宪之美果"的①。只看各省纷纷奏报立宪成绩,不可谓不巨大,然而并无实效:"倘若无一国民之结合,与之并立提出国民之请愿书,为国民谋治安,则是永无实行立宪之期望也。"②

《大公报》还通过中外制宪过程的对比,说明动员民众参与立宪的重要性。"吾人观于东西各国立宪之陈迹,殊有大不然者。在君主立宪之国,未尝不用协定之宪法,即在钦定宪法之国,亦未尝不容人民之要求,如以为一有人民之请愿,必有损于君主之大权,是不过保存专制之见,究于立宪前途有何补哉?"③即使是"君主立宪之国",在宪法"钦定"之前,也是容许人民发表意见的,否则就会"背君主立宪之实",就是打着立宪旗号继续搞专制。《大公报》指出,在此次清廷颁布的《钦定宪法大纲》中,根本没有规定民众在政治上监督政府的权利,这样的宪法势必得不到民众的拥护,也必然不能导国家于进步:"夫立宪云者,将以组织民义之机关也,使于未经立宪之前,不许人民参议政事,彼政府虽有执行之权,而人民无监督之实,如是而望宪政之进行盖亦难矣。"④《大公报》还列举土耳其苏丹不真心实意实行宪政,而是假立宪之名,以愚弄天下耳目,漠视民意,恣意妄为,最终致使土耳其国内出现动乱的例子,劝诫清廷必须真心实意行宪政,必须在制宪过程中尊重民意,在宪法中必须"确立国民之地位"。这一点"是为我国立宪成败之问题,亦即我国家存亡之问题也"⑤。

(2) 呼吁选好议员

《大公报》指出,要尽快召开国会,制定宪法,依宪行政,首要的是选举议员与国会代表。

在"庶政公诸舆论"理念压力下,1907年10月,清廷谕令各省督抚设立咨议局,使之成"为一省舆论之机关,而咨议局议员即有代表一省舆论之责"。设立咨议局是立宪过程中重要的一步。如何发挥咨议局的作用,选好议员,是一个关键。

《大公报》认为,要选好议员,首先应端正选举态度。发文《敬告有选举权者》:(一) 不可存自私之心,(二) 不可受运动之误,(三) 不可存慕名之心,

---

① 《言论·阅西报志慨》,《大公报》1909年10月11日。
② 《言论·论各省奏报宪政成绩》,《大公报》1908年4月20日。
③ 《言论·论国会请愿之无效》,《大公报》1908年9月18日。
④ 《言论·论中国政治之因循》,《大公报》1908年9月4日。
⑤ 《言论·论国民宜注意宪法大纲》,《大公报》1908年9月20日。

(四)不可存附和之见,(五)不可有矜异之心,(六)不可存玩视之意,(七)不可存畏势之心,(八)不可因投票生方域之见,(九)不可误认初选当选人为复选当选人之预备。并强调说:"有选举权者即为吾民请命选择良医,一疗吾数千百年之沉疴,而冀得长舒吾民郁结之气,大开吾民拘促之心者也。"①

其次,议员指标的分配要合理。议员指标分配不合理,最后选出的议员结构自然也不会合理。各省咨议局之议员,"仍属绅学两界居多",而"立宪国中最占政治上之势力"、主要担负纳税任务、为新政贡献巨大的"农工商界寥寥无几"。《大公报》由此甚为"我预备立宪时代之咨议局,我预备立宪之农工商界"感到"悲哀"②。

再次,尤其要严肃选举纪律,防止舞弊。据《大公报》揭露出来的各地议员选举中出现的"怪事""丑事",证明此次选举确实存在诸多舞弊现象。比如湖南长沙投票时,选举人员要求乡人"写我之名投入瓯中,即所谓之投票"③。河南选举中,有人冒领选票,按照家产分赠他人④。由于选举舞弊,自然有许多不合格的议员当选,比如"裙带议员":"我国之官吏往往有以亲戚攀援而得者,故名之曰裙带官,不谓近来公举之议员亦有自裙带而来者。"⑤更加不能容忍的是,"各省咨议局议员有赞成赛会以迓神庥者,有以裁胥吏为伤阴功者,有谓黄河为神河非人力所能治者"⑥。《大公报》质疑道:靠这些"敬礼神道迷信风水"的议员能为国是出谋划策、能有效监督政府吗?

(3)推进请愿运动

在包括报界在内的社会各界努力下,立宪运动多少总算有了一些进展:至1909年10月,全国除新疆缓办外,二十一个行省均设立了咨议局。各省咨议局成立后,要求开国会的请愿活动走向高潮,连续发生了几次大规模的请愿运动。对于这几次请愿运动,《大公报》积极报道,呐喊助威,扮演了极其重要的角色。

第一次请愿运动是预备立宪公会副会长、江苏咨议局议长张謇于1909年10月发起的。他在《请速开国会建设责任内阁以图补救书》中提出缩短预备立

---

① 贺培桐:《言论·敬告有选举权者》,《大公报》1909年5月18—21日。
② 《言论·为农工商界悲》,《大公报》1909年12月15日。
③ 《各省新闻》,《大公报》1909年6月24日。
④ 《各省新闻》,《大公报》1909年7月5日。
⑤ 《闲评二·裙带议员》,《大公报》1909年12月12日。
⑥ 《闲评二·神权之发达》,《大公报》1909年12月19日。

宪期限，要求1911年召开国会，立即成立责任内阁。对于缩短预备立宪时间的问题，《大公报》早就提出过。1908年8月27日，清廷颁布《九年预备立宪逐年推行筹备事宜谕》，当年12月初，清廷以新皇帝的名义颁发谕旨，仍重申九年立宪："自朕以及大小臣工均应恪遵前次懿旨，仍以宣统八年为限，理无反汗，期在必行。"虽然预备立宪是一种进步的表现，但是，由于朝廷对于"预备""筹备"的提法翻来覆去，并且对于"预备""筹备"时间规定太长。《大公报》十分着急，担心夜长梦多，这么拖下去，最后不了了之，于1908年9月4日发表《论中国政治之因循》，首先质疑"预备"之"无止期"："我国议行立宪既已有年，始则曰预备立宪，继则曰筹备立宪，今则预备立宪时代业已终了，而筹备立宪时代复又开始"；接着对清廷所定立的"期限"表示怀疑："吾人虽不敢谓九年之后，其所筹备者毫无进步。假使限期已满，而所筹备之各事并未完竣，彼时将宽展日期，改筹备为预备乎？抑或停止立宪，仍为专制之准备乎？"论者甚至设想到立宪不成的结果："吾恐彼时，虽惩戒一二大臣，撤参三五小吏"，即把责任推给少数小吏，这样做"于宪政之前途，果何补哉？"①

1909年11月底，江苏、浙江、安徽、江西、直隶、山西、奉天、吉林、黑龙江等十六省咨议局的代表五十多人陆续到达上海，连日讨论，并推举三十三人组成的请愿团上京请愿。《大公报》发文给予支持："今者各省咨议局特派议员赴沪会议，拟代表全国人民呈请政府缩短预备立宪之年限，猗与盛哉！我国宪政之成败将于此一举基之矣！"②1910年1月中旬，各省咨议局代表相继到达北京，《大公报》发表"闲评"盛赞各省各界代表的请愿热情："鄂路代表之晋京也，学界中有断指以赠别者；湘省代表之赴沪也，军界中又有断指为血书者。夫一指何足惜，不过示吾民之决心耳，不知我政府诸公亦鉴及吾民之心，而顾惜吾民之指否？"③1月16日，《大公报》针对十六省代表向都察院呈递请开国会的请愿书一事发表"言论"《朝廷立宪真伪之评决》，指出虽然如今立宪形势"俨然有若决江河，沛然莫御之势矣"，但中外人士对于政府的立宪诚意均表怀疑。如今十六省代表请愿，为政府表明态度提供了机遇，若"政府而果知立宪为今日救亡之至计也，政府而果知立宪以维持民气、尊重舆论、开诚布公为原则也"，则"此次代表晋京，吾政府诸公必深表同情，将四万万人集合之公心扬于王

---

① 《言论·论中国政治之因循》，《大公报》1908年9月4日。
② 《言论·论速开国会之理由》，《大公报》1909年12月24日。
③ 《闲评一·千钧一指》，《大公报》1910年1月12日。

庭",并"慨然允诺,以慰薄海苍生之望"。希望政府乘此机会,开诚布公与请愿代表交换意见,以显示中国此次立宪是真的;如果政府无理拒绝代表要求,那就只能说明政府"平日之举动无非欺饰吾民之意",立宪之说是假的①。

群情激愤,要求合理,群众发动面也广。不但绅商学界,而且"军人宜与闻国会请愿之事"②。然而,朝廷仍以"国民知识不齐"为由,拒绝代表提出的"缩短预备期"的要求。

1910年6月,立宪派又组织了号称二十万人的十个请愿团上京递交请愿书。对于这第二次请愿活动,《大公报》多次发文予以支持。主要的有1910年5月30—31日在"言论"栏连载"黄子康来稿"《敬告第二次请愿国会代表诸君》,6月27日在"言论"栏发表署名《竹园》的《忠告国会请愿代表》等。

然而,清廷又以"财政困难,灾情遍地"为由再次发谕拒绝请愿团的要求。对此,《大公报》于7月5日发表"言论",愤慨言道:"呜呼,国会已矣。谕旨一颁,第二次国会之请愿全归无效。雷霆震耳,心神迷离,冷水浇背,手足战栗,凡有血气者,莫不向天搔首,慷慨而悲歌。"③当此国势日危之时,《大公报》希望代表千万不要心灰意冷,必须要重整旗鼓,作第三次请愿。

实际上,请愿的再次失败并没有使立宪派气馁。各代表团接"奉上谕"后立即商讨对策,决定扩大代表团的组织,不以咨议局议员代表为限,将范围扩大到各界在京代表。9月2日,《大公报》发表《第二次忠告国会代表》,支持继续进行第三次国会请愿,称:"今日之中国,一将亡之中国也,今日之时势,一垂危之时势也……亡国惨剧已在目前……此所以国会代表不得不为卷土重来,再接再厉之举。……今日之时势,国会开则存,国会不开则危……此第三次请愿所以不容已也,国会之开幕所以不容缓也。"并且举出了此次请愿的有利条件——原来阻挠国会的老臣"今则皆退出于军机处矣……天假良机,此其时矣"④。9月8日,又发表《论中央集权之非》,指出:"日俄协约成立,日本并韩实行,正值外交紧迫之时,且近值资政院开院之期,各枢臣权贵中人也多有早开国会者,应趁此时机组织第三次之国会请愿。"⑤12日,《大公报》报道第三次

---

① 《言论·朝廷立宪真伪之评决》,《大公报》1910年1月16日。
② 《论军人宜与闻国会请愿之事》,《大公报》1910年1月18日;《倡办义捐以促开国会论》,《大公报》1910年1月20—24日。
③ 省庐:《言论·忠告国会代表》,《大公报》1910年7月5日。
④ 省庐:《言论·第二次忠告国会代表》,《大公报》1910年9月2日。
⑤ 《言论·论中央集权之非》,《大公报》1910年9月8日。

请愿进展情况,说三次国会请愿书已由代表团拟定,年内上呈。"兹闻日昨监国特召各军机大臣、各部尚书会商国会问题。赞成速开者七,反对者三。"还说,"俟三次请愿书上,即下谕暂缩三年,以宣统五年为召开国会之期"①。18日,《大公报》报道了全国报业俱进会在南京集会的情况,北京各报代表雷继兴在会上演说,称"报纸为民之口而民为心,必须心口如一始成有效之言论",强调作为"民口"的报纸,必须支持请愿活动,表达民心。此外,《大公报》还刊载了各地人民对于请愿团的支持情况。

当年10月,作为中央议会准备机构的资政院正式成立,国会请愿团孙洪伊等二十余人向资政院呈递请愿书,指陈外国列强日逼,国内民变蜂起,国家危亡在即,请求资政院迅速提议于宣统三年(1911年)内召开国会,解散象征集权专制的军机处,组建责任内阁,以挽危局。10月19日,《大公报》刊载题为"三次国会请愿之感言"的"言论",对这些合理要求予以支持,摆出事实说明这次请愿提倡者、参与者的来源十分广泛,完全可以代表全国民意:"内而亲贵以及识时之大臣拟联合研究,力图献替者……外而各省督抚方函电纷驰,联衔签奏者……近而直省人士大张旗帜环谒长官者……远而海外华侨各举其秀纷纷内渡者……诚毅如代表奔走号泣请谒于大老之门者……激烈如学生割肉剁指喋血于京华之馆者,何事乎?曰请愿国会!请愿国会!猗欤休哉!"据以上事实,文章得出结论:"夫此次之请愿,不啻全国人民之请愿也。"据此驳斥朝廷拖延立宪的种种借口:"犹得曰国民之智识不齐也,今则云合影从几几乎全国一致矣;犹得曰国会仅利于民而未必利于官也,今则内外有识之大臣联袂而为国民之后援矣;犹得曰国会或仅利于一般之官民而未必利于皇室也,今则天潢贵胄登高而为国民之表率矣。"文章最后指出,如果朝廷还拒不听民意,那么"革命党且得利用其时机相为鼓煽,则各省不逞之徒,因是蠢动,而大局立见其危。迨至乱象已成,始幡然萌悔祸之心",则大势已去,为时已晚②。尽管《大公报》等支持立宪派的言论如此"连哄带吓",无奈清廷固执己见,仍以"惟我国幅员辽阔,筹备既未完全,国民智识程度又未画一"等为借口,又一次驳回了代表团的合理要求。

虽然如此,资政院依然于1910年11月3日开会通过了《请开国会案》和

---

① 《要闻·三次国会请愿允准有望》,《大公报》1910年9月12日。
② 《言论·三次国会请愿之感言》,《大公报》1910年10月19日。

《陈请速开国会具奏案》。清廷迫于资政院和各省督抚的压力,做出相应让步,当月颁布上谕:缩短预备立宪期限,拟于宣统五年(1913年)召开国会;在国会未开之前,设立责任内阁。

一拖再拖,一延再延,清廷已经丧失了立宪时机。革命烈火已经燃烧起来,各省督抚对中央政府也已经不再信任。此时召开国会,已经没有什么意义了,实属"多此一举"。

然而即便"大限将至",清廷还在耍手腕。1911年5月8日,清廷颁布《内阁官制》,并公布了第一届内阁的名单。这届内阁由十三人组成,庆亲王奕劻担任内阁总理大臣,那桐、徐世昌为内阁协理大臣。十三人名单中只有四名汉人,其余有七名皇族和两名满洲贵族,因此被立宪派称为"皇族内阁"。在立宪派看来,这简直是糊弄全国民众。于是,各省咨议局投递都察院代递《关于亲贵不宜充任内阁总理之奏折》,《大公报》于1911年6月11—12日发表题为"朝廷应成全庆内阁之退志"的"言论",对咨议局的奏折表示支持。6月23日,再次发表"言论"指出:"皇族内阁以立宪之名行专制之实",照此而行,"立宪之真谛以为根本之取消"①。7月15日,又在《读庆内阁演说辞有感》的"言论"中尖锐指出,皇族内阁"除搜括民财、剥夺民权纯用积极主义,收回国有、大借外债一以进取为宗之以外",其他行政、宪政问题"徒恃纸片之粉饰",均不能积极推行,贻误国政民依。8月9日的"闲评一"揭露说:"政府组建的新内阁、新政府、新法制院、新军咨府等,实际上都是新瓶装旧酒,换汤不换药。"②27日的"闲评一"嘲讽道:"内阁大臣职任重要,非皇族不得与焉;军咨府大臣职任重要,非皇族不得与焉……凡系职任重要者无一不用皇族……"全国各督抚等职何不尽用皇族?如此这般,江山"弄坏不至于抱怨他人"了。

当时,出现了一个新情况:1910年11月,关于缩短预备立宪期限并在召开国会前建立责任内阁的上谕颁布后,立宪派内部发生分歧,以张謇为首的一部分人认为,请愿取得了胜利,可以就此收场;而汤化龙等人认为,必须坚持宣统三年召开国会。湖南、河北、福建、直隶、陕西等省咨议局致电国会请愿团,要求继续努力,争取速开国会,准备第四次请愿。12月,东三省请愿代表前往北京,要求早开会,议定收复东三省主权。面对群情激愤的请愿活动,清廷

---

① 《言论·鲁抚反对皇族内阁之拙见》,《大公报》1911年6月23日。
② 梦幻:《闲评一》,《大公报》1911年8月9日。

态度变得强硬,命令有关部门将东三省请愿代表押回原籍,并宣布,各省如果再有"聚众滋闹事情",该省督抚应即"查拿严办",致使请愿运动流产。《大公报》对继续开展的请愿活动,尤其是东三省人民请愿给予了积极的支持。12月29日发表"闲评",用冷嘲热讽的笔墨对政府动用军警阻挠镇压东三省请愿团的做法进行抨击:"当东三省代表之启行也,绅商学界之送者几数千人,甚有截指割股以做赠送品者,何其荣幸之甚也。比其反也,民政部之警兵,步军统领之护军,同车而送者又数十人,沿途观者几至不可数计,又何其威武之甚也?虽然警兵也,护军也,平时所用以捕治匪人,押解盗犯者也,今乃以之送代表,不知代表诸君何以为情也,东三省人民见之更何以为情也!"并叹道:"吾为东三省之代表哭,吾更为各省之代表危。"①

3. 从"热心"到"伤心"

(1)"宪政事宜记载最详"

无论是"力挺""推进"还是"揭露",《大公报》对于清政府仿行宪政的活动十分上心,也十分热心,随着立宪进展,不断发文予以鼓动和推进。正如1910年11月30日《〈大公报〉三千号出版辞》中所说,本报在"宪政萌芽尚未发动之时"就开始大声呼吁立宪,以"达其唤醒国民之目的,以遂其希望立宪之热心"②。不仅如此,《大公报》还有每年设题征文,其中数次涉及宪政,以进行宪政宣传:

1907年1月6日"设题征文":为庆祝"预备立宪之明诏颁布",设题为"内官改制之利弊平议"。

1908年2月,《大公报》刊行二千号,正值"颁发预备立宪之诏旨,计时已逾朞年",征文"设题"八个,第一个为"实行立宪之政体如何"。

1909年5月,征文设题八道,第一道为"实行立宪期限应如何始能缩短"。

1910年11月,为纪念创刊三千号,征文设题八个,第一个也是关于宪政的:"立宪之要素一曰国会,一曰宪法,然当预备立宪之时,抑应先国会而后定宪法欤? 抑应先颁宪法而后开国会欤?"

清王朝灭亡前夕的1911年11月20日,英敛之还专门设一题征文,题目是"君主民主立宪问题之解决"。在《征文小启》中,英敛之说:"统观中国之历史,

---

① 梦幻:《闲评一》,《大公报》1910年12月29日。
② 《〈大公报〉三千号出版辞》,《大公报》1910年11月30日。

宗教区域习惯,各方面较诸世界列强确有特异之点,究竟适用何种立宪政体,方足以拨乱反正,转危为安,光大国家,造福国民?热心志士,主张君主者为一派,主张民主者为一派。各具理由,相持未解。本社同人智识浅薄,孰得孰失,未敢辄下断语。"①其实,《大公报》还是认为君主立宪能使中国"拨乱反正,转危为安"。

可以这样说,《大公报》确实与宪政结下了不解之缘:"本报一千号出版,正五大臣出洋考察宪政之年;二千号出版,正颁发筹办宪政清单之年;今当三千号出版,又值缩短国会期限之年;将来四千号出版,适值实行开设国会之年,前后十年间,皆得附国家特别之大典,以作为纪念,伸其祝贺。而本报与宪政之开始,宪政之成立,宛若有固结之缘。"②因而《大公报》不无自豪地说:"本报……关于一切宪政事宜记载最详。"③

(2)"哀莫大于心死"

尽管如此热心,但英敛之和《大公报》所做的这些努力终究白费。清廷顽固派、保守派是根本不可能真心立宪的,他们表面上承诺立宪,骨子里死抱住专制不放,口头"预备",实际"拖延",并且还用假立宪欺骗民众。《大公报》于1911年1月24日刊登题为"今年宪政之成绩"的"言论",历数"自九年筹办立宪④清单"后说,"发现吾国之宪政,于是逐年有例行之事宜,即逐年有印板之成绩,各督抚有第几届第几届胪陈之折,编查馆有第几届第几届考核之折。凡此扬厉铺张如火如锦之文字,涌动于世人之脑海,炫耀于世人之眼波者,亦已数见而不鲜。虽其中秩序错乱虚伪泰半,然姑认纸片上之装潢,为事实上之预备,吾人已不胜为宪政前途惧"⑤。九年宪政"预备"路上,"成绩"的确不少,但尽是些"如锦之文字""纸片上之装潢",而事实上,官场黑暗依旧,吏治腐败依旧,官场乌烟瘴气弥漫,魑魅魍魉横行。《大公报》将这些"鬼蜮"划分为十派:冥顽派、威势派、牟利派、权诈派、排外派、媚外派、油滑派、奴隶派、假正经派、假振作派。并用"九如"给这些鬼怪画像描形:如虎之猛、如狐之媚、如蛇之狡、如虿之毒、如无知之偶、如钻泥之鳅、如黑暗之洞、如无底之渊、如谷木之蠹虫⑥。

---

① 《征文小启》,《大公报》1911年11月20日。
② 《闲评一》,《大公报》1910年11月30日。
③ 《本报紧急告白》,《大公报》1910年4月13日。
④ 指1908年8月27日清廷颁布《九年预备立宪逐年推行筹备事宜谕》。
⑤ 无妄:《言论·今年宪政之成绩》,《大公报》1911年1月24日。
⑥ 《论说·官场九如颂》,《大公报》1904年5月5—8日。

1911年4月29—30日,《大公报》在"言论"栏刊载了一篇题为"说妖孽"的文章,将覆灭前夕的清朝官场淋漓尽致地痛骂了一通:

> 国家将亡,必有妖孽……黑暗政府,妖孽之首领也。聚三五衰朽于一堂,旅而进焉,旅而退焉。聆彼口头禅,未尝不私忧窃叹云:大局之阽危,救国之不容稍缓,然而呈之于事实者,无一不颠倒错乱,为图危图亡之谋。以言内政,则一面言预备立宪,一面仍拥护专制也;一面言严禁苛敛,一面仍搜括民财也;一面言发扬民气,一面仍增益官权也。以言外交,则一面言自保主权,一面又曲徇要求也;一面虑外资充斥,一面又恣借洋债也;一面言慎重领土,一面又断送山河也。对于内,则为滑稽之政府;对于外,则为柔媚之政府。其变态之灵便,虽狐蛊不能喻其神。外此,则惟是揽权舠法罔上营私,声色宴游为平章军国之重事,子女玉帛乃进退人才之权衡。既自任以天下之重,而为国为民之念,曾未尝一动于中。靡论其识之不济也,就令有一事焉,明明知为国利民福,然或以不便于己之故,从而阻扰之。且不肯显言破坏,必出之以旁敲侧击,或嗾他人之争论,而阴为主持;或托慎重之常谈,而徐图销灭。己不居反对之名,而实较反对者之阻力为尤烈。衮衮诸公,所恃为唯一之方针者,如是焉耳矣。此妖孽中势力最大之一种也。

> 仕宦之场,一妖孽荟萃之区也。天下熙熙,皆为利来,天下攘攘,皆为利往。上自卿相之尊,下逮一命之士,何尝有丝毫图治之心。其所以孳孳矻矻,漏尽钟鸣而不肯暂止者,无非为保利禄长子孙计耳。自破格用人之说起,而官吏之流品杂,自卖差鬻缺之风盛,而官吏之心理变。以奴颜婢膝为手段,以白璧黄金为代价。在上之权贵,更依托之以为招徕之术,且美其名曰运动。遂令热中者流,载宝而朝,辇金而市,胥皇皇焉以为进身之媒。人才之保,保以此也;卓异之荐,荐以此也。有若金店,有若妓寮,有若饭庄,有若寺观,有若骨董鬼,有若婢媪仆妾。举万有不齐之人类,悉变为官吏投资之场。甚至公署堂皇,大庭广众,昌言评骘曰:某也,运动某大老而得之;某也,运动某贵人而得之。对于运动而已得者,则群羡其能;对于运动而无效者,则竞笑其拙。万其人一其心,百其途一其准。斜对墨敕,大开倖进之门;红粉朱提,尽是显扬之具。纷纷扰扰,几不知人间有羞耻事。及其既得,乃不得不谋利市三倍之赢。于是害民贼出其中,卖国奴

出其中。互相倾轧、互相朋比之事，无一不出其中。鬼耶，蜮耶，罗刹耶，灵狐耶，吾又何从而定之。此妖孽中蕃衍最盛之一种也。

除官场的妖孽外，还有"混迹于社会"上"变幻最多之"妖孽、新出现于学界的"意气最雄"之妖孽、出自新闻记者中"最险"之妖孽、混迹"下流社会机械变诈之种种小妖孽"①。

妖孽充斥的王朝，妖孽横行之国家，何药可救？

（二）痛斥"保存国粹"

新政告败，宪政成伪。为何在西方国家行之有效的东西，在我国不是被抵制，就是被阉割？英敛之和《大公报》对此深感困惑，并进行了深入思考。

由于封建专制社会的长期延续和传统文化的影响，思想界存在一种强大且根深蒂固的守旧势力。这股势力在庚子之变后一个短时期内略有收敛。但随着新政的实施和宪政的提出，其支持者就坐不住了，唯恐"国本摇动"，因而纷纷跳出来指责"挹彼西学，启我同胞"是"叛圣离经，种灭亡国之渐"，进而"奔走相告"，大声疾呼："吾圣道其坠哉，吾国粹其亡哉！是不可不急图挽颓波而遏狂澜之道也。于是嚣嚣塞于途、盈于耳者，无不曰：保存国粹，保存国粹！"②

对于这种荒谬的主张，《大公报》不遗余力地予以痛斥。

"保存国粹"的首倡者当属洋务派人士张之洞。虽然他在1905年9月2日与袁世凯、赵尔巽联名上疏"请废科举制"，但是仍然强调学堂教育应"以经学根柢为重"，认为大学堂通儒院更应设有经学专科，"保存国粹"。1906年，朝廷宣布官制改革，编纂宪法大纲，实行"预备立宪"，张之洞对此持反对态度，称"（宪政）若果行之，天下立时大乱"。1906年，他在湖北首设存古学堂，1907年向清廷正式进呈《创设存古学堂折》，称其办学宗旨"重在保存国粹，且养成传习中学之资"。称"中国圣经贤传"为"国粹"，必须保存，绝不能"听其衰微，渐归泯灭"。

张之洞兴办保存国粹之学堂的想法和做法，其用意有两项，一是为摇摇欲坠的清廷"救时局"，一是为遭众人唾弃的儒家"存书种"。其"良苦用心"得到清廷认同，许多省督也竞相效法，纷纷创办存古学堂以保存国粹。对此，《大公

---

① 《言论·说妖孽》，《大公报》1911年4月29—30日。
② 《言论·论保存国粹》，《大公报》1906年7月6—7日。

报》于1906年6月1日发表"言论"《论官场保存国粹之热心》,指名道姓地批评张之洞,说"某省大员、顺德某太守等倡言保存国粹",其中某省大员即指时任湖广总督张之洞。一个月后的7月6日至8日,又连载出自英敛之之手的《论保存国粹》长文,从背景、实质、危害等方面对新政时期出现的所谓"保存国粹"之说予以全方位抨击。英敛之指出:"夫国粹之当保存,固也,然吾独不解,所谓粹者,究系何若? 使果足巩固邦国,康济群生,跻吾民于富强,进吾民之幸福者,则造次于是,颠沛于是,须臾不离可也。"然而,"查近日保存国粹之说"的"国粹"与此刚刚相反,"使果推彼所论,凡相传最古,为他国所无者,不问事之损益,理之是非,皆称国粹,则缠足一事,实为吾国独擅之长,各国诧为奇特者也。何则? 骨断筋折而不惜,奇痛虐苦而能甘,以朽腐为神奇,诚好人之所恶,吾人独居之特色,各国甘拜其下风,称为国粹,岂不尤愈于强牵古义,厚诬古人,为直捷了当,昭著彰明哉! 今嚣嚣之口,相与矜持保存者,诚有类是"。文章愤怒地写道,当此朝廷推行新政之时,高唱"保存国粹"之主张,无异于"灭国":"嗟乎,使若辈保存国粹者,果得达其目的,底厥成功,吾恐粹虽保而国不存。"①所以,所谓"保存国粹"说的提出与泛滥,完全是反对朝廷新政,将时代拉向倒退。

随着立宪运动声浪的高涨,"保存国粹"的逆流浪潮也有增无减,尊孔学堂纷纷创设,形势令人担忧。1908年2月10日,《大公报》出版第二千号,发表题为"论议立尊孔学堂之谬"的"言论",十分严肃地指出政府提出设立尊孔学堂之谬,说尊孔学堂的"特别尊孔"之处,"不过于拜跪而外,减去他种科学功夫,加多读经讲经功夫已耳。果如此云云,不但于尊孔之实际绝不相关,即推尊孔之效力之及于风俗人心者,亦无毫末裨益。徒于孔庙而外,增一似是而非之孔庙;于学堂而外,增一似是而非之学堂。遗神而取貌,买椟而还珠,其亦可以不必矣!"并从育人的角度"正告"官方"主持学务者":"以我国现势之危急,人民程度之低劣,知书识字者什中不获一二,即号称学子士夫,亦大半泥古而不通今,是非锐意进步,于未有之学堂竭力推广,于已有之学堂大加改良,恐前不见古人,后不见来者,数年以后,人才消乏,学术盲晦,尊孔之道,亦将与之俱穷矣。……为他年教育史上留一笑柄。"②

---

① 《言论·论保存国粹》,《大公报》1906年7月6—8日。
② 《言论·论议立尊孔学堂之谬》,《大公报》1908年2月10日。

1908年5月14日,《大公报》发表题为"保存国粹说"的"言论",论述"保存国粹"论的不能存立。文章首先指出,"保存国粹"这个新名词,成了守旧官绅"钳塞一般新少年之口"的武器。接着问道:到底"咄咄国粹何物?保存国粹何事"?曰:"凡己国所独有而非他国所共有者斯为纯而不杂,斯可称曰国粹。"而所谓"己国所独有而非他国所共有"的国粹,已经"不适用于今日,而有岌岌可危之虑者,乃不得不言保存"。可见"保存国粹"说的不合理性。接着,文章罗列中国的所谓"国粹":"节寿之大礼,拜跪之缛文";"水旱之祈祷,日月蚀之救护,蒙人之迎活佛,河员之供大王";"讲地下之风水,亲亡可停而不葬,重先人之香烟,生女可溺而不举";"以五世同堂为瑞,则成婚不必及年,以一夫多妻为荣,则纳宠不妨数十";"婚姻自由邪说也,故民间有髫龀之童养媳";"宫府内外大防也,故朝廷有无罪而刑之太监";等等①。如此荒谬的"国粹",显然"不适用于今",为何要保存?谬论不攻自破。

此外,还有人提出以"尊经复古"来挽救不古之人心。为批驳此种谬论,英敛之在《大公报》创刊二千号征文中专设一题"今日所为尊经复古果否能挽风俗正人心且征其往效"。后征文评选揭晓,该题文章入选者有两篇。其中"阳羡长溪潘氏"的文章写道:"今日风俗人心之患,正不在乎经之尊不尊耳。政体专制,百弊丛兴,权豪横行于上,民怨沸腾于下,于是求逞之徒乃得树其反对之帜,布其说以风行天下,为世局之隐忧。果能革专制,去弊政,分上下之权限,定宪政之实行,使地方有自治之能力,人人具爱国之心思,则所以为风俗人心忧者,将不禁而自戢。"潘氏进而指出,"通经致用之说,久已为不鸣之鼓、无弦之琴",现在"各省尊经、存古等学堂后先开办",必然会妨碍新式学堂的学生"研求实学之进步,是为中国前途生一绝大阻力"。对于作者的观点,编者深以为然,文末"本馆附志"称:"居今日而犹言尊经复古,何异夏裘冬葛,是本馆主持之宗旨也。作者能痛快言之,不顾腐儒咋舌,令人倾佩!"②

另一篇入选文章亦如是说:当世"学者方汲汲撷取欧美一切文物制度及诸哲学家之蕴奥新发之事业,竭蹶摹仿",期望"有以自存于此物竞天择、炎炎勃勃之世界,不为列雄之强权所压制、所支配。而在上者乃忽倡尊经复古之说,

---

① 《言论·保存国粹说》,《大公报》1908年5月14日。
② 《征文选登·今日所为尊经复古果否能挽风俗正人心且征其往效》,《大公报》1908年2月10日。

似欲使学者拒绝一切有裨民生日用、国家社会之科学以从事于治经,如竹垞(朱彝尊)、西河(毛奇龄)之徒,何其谬耶!"①

还有些遗老贼心不死,如御史李灼华1909年2月上奏朝廷,说兴办西式学堂后,"国文将废,中学将湮",并请奏恢复科举。《大公报》随即于2月13日发文针对"李灼华请复岁科两试一折"驳斥道:"如按此折实行,势必驱全国之学生,相率而入童子之场,举一线开明之机,遮尽断绝,而复为黑暗世界,其为害尚忍言耶?"②之后于4月3日又发表一篇署名为"寒啸"的《李灼华奏议之批评》,称其奏议是"冒天下之不韪",称其人为"丧心病狂之人"。

还有人逆潮流而动,在民众疾呼宪政之时,居然提出强化君权,企图"凭藉君权而延国祚"。《大公报》发文驳斥说:"专制时代之君主虽有万知万能之力,立宪时代之民气实有百战百胜之权。当此宪政进行之际,苟不利民气以救亡而欲凭藉君权而延国祚,岂非天下至危极险之事哉?"③

在所谓"保存国粹"的逆流中,还有一种迷惑性很强的观点,就是所谓"中体西用"论。这种观点也是张之洞根据洋务运动的实际总结出来的。他们也主张学习西方,但是这种学习只囿于"用"与"术"的层面,反对学习近代政治制度和思想,以保存中国的专制政体,因而在中国朝野有广泛的市场,深得顽固守旧派的欢迎。《大公报》对其实质早已洞察。在创刊不久后的第一次"设题征文"时,就有"中学为体西学为用辨"一题。1902年7月28日,刊登"京都不甚读书生"的文章指出,"中学为体西学为用"说的实质便是"保存国粹",而其误国程度更甚于"保存国粹":"尤足悲者,莫如中学为体、西学为用二语。之二语为普学堂中之宗旨,亦宗旨中之谰言。顽固大臣所深喜,贤督抚有司莫敢或逆也。绎其语意,若一习西学,便昌言民权、自由、革命、流血,极至无父无君而后已。中学则最纯最正,敦品励行,犹其小焉,极其功用,仁义礼智可为甲胄,可为干橹,格有苗而仪凤凰。"④

张之洞除了提出中体西用论之外,对宪政不热心、不支持,故英敛之对其很不以为然,称他为"有学无术"之人,并认为他的"学"也非经世致用之"实

---

① 郁宪章:《言论·今日所为尊经复古果否能挽风俗正人心且征其往效》,《大公报》1908年3月5日。
② 《言论·论李灼华之荒谬》,《大公报》1909年2月13日。
③ 《言论·书秦崧年拟请都察院代奏呈后》,《大公报》1909年10月5日。
④ 京都不甚读书生:《论说·中学为体西学为用辨》,《大公报》1902年7月28日。

学"①。1909年7月19日,《大公报》刊登题为"异哉,某国相"的"言论",说张之洞"为专制时代之功臣,而亦不免为立宪时代之罪人"。是年10月5日,张之洞病逝,《大公报》发表题为"对于张国相死后之论定"的"言论",对张之洞"盖棺论定",称其虽"历仕三朝,知遇之隆,先后如一日",实则为"毫无宗旨,毫无政见,随波逐流,媚主以求荣之人也"。对有人颂扬张"公忠体国",文章驳斥道:"使相国果明忠君之义,何对于戊戌之政变,忠于后而不忠于帝?对于各国之借款,忠于外而不忠于内?"最后特地对张之洞做了一个"总清算",说张氏"执掌文衡历有年所,至今门生故吏遍满天下,诚哉学界之泰斗也。然自中外交通文明输入,世界之大势已变,而相国之脑筋不变,一劝学篇之作,流毒于海内外已深。复有学部章程之规定,几于趋天下人才尽为奴隶……当此民智大开、宪政进行之日,相国以顽固之头脑、专制之精神,立足于此二十世纪之世界,亦可谓危险之甚焉"②。

(三)支持"保路运动"

前文已述及,在清末新政背景下,中国人民进行了一场旷日持久的以路权为主的"收回利权运动",并取得了较为明显的成效。在利权收回过程中,中国社会各界表现出了极大的热情,为了筹集赎金和赎回后商办,社会各界不仅踊跃筹款,而且为自办铁路和矿山出谋划策。但是好景不长,软弱无能的清政府一方面屈服于列强的压力,继续出卖中国路权;另一方面想方设法与民争利。1910年,清政府在列强的逼迫下,与英、法、德、美四国银行团签订借款修路合同。1911年5月9日,打着立宪旗号成立的"皇族内阁"在5月9日颁发"上谕",宣布实行"铁路国有"政策,将已归商办的川汉、粤汉铁路收归国有。5月18日,清政府任命端方为"督办粤汉、川汉铁路大臣",令他强行接收湖南、湖北、广东、四川四省的商办铁路公司。5月20日,"皇族内阁"的邮传部大臣盛宣怀同英、美、德、法四国银行团签订六百万英镑的《湖北湖南两省境内粤汉铁路、湖北境内川汉铁路借款合同》,把湖北、湖南、广东三省人民在1905年收回路权运动中从美国商人手中赎回的粤汉铁路和川汉铁路的修筑权,又重新"出卖"给帝国主义。加之"铁路国有"政策实施后,国家收回了铁路,但没有退还

---

① 《言论·闻岑宫保起用之感言》,《大公报》1909年2月8日。
② 《言论·对于张国相死后之论定》,《大公报》1909年10月7日。

或补偿先前民间资本的投入,民众利益受到极大损失。因此,清政府的"铁路国有"政策招致广大民众的强烈反对,与粤汉、川汉两干线相关的湖南、湖北、广东、四川四省掀起了一场声势浩大的保路风潮。

对于铁路"收归国有",清政府蓄谋已久。早在 1908 年,清廷一方面谕令邮传部查验商办各路工程,一方面谕令张之洞督办粤汉路、川汉路,为官夺商路做准备。当年张之洞直言不讳地承认,"各省商办铁路……将来皆须由官收回"①。皇族内阁成立后,便开始对商办铁路全盘下手。对于这场政府和民众利益的斗争,《大公报》理所当然站在民众一边,坚决支持民众的"保路"行为。1908 年 8 月 13、14 日,《大公报》发表长篇"言论"《论官办铁路之恶结果,忠告邮部,警醒国民》,在历述林榆、京津、粤汉、卢保、淞沪、沪宁、大冶、龙州等八条铁路"官办"的历史后,尖锐指出"官办铁路"必然导致"官卖铁路":"纵观以往,默计将来,凡官办铁路,无一不与外人有密切之因缘,既无一不得丧失权利之恶果。吾言至此,不禁愈为伤心。盖政府以畏惧外人为天职,以压制国民为万能者也……呜呼,官办铁路欤,官卖铁路欤!"②

果然,"铁路国有"政策正式出台前夕,政府便打着"修路"旗号大肆向国外银行借款。《大公报》1911 年 5 月 1 日发表题为"论资政院亟宜要求宣布外债合同及其用途"的"言论",首先批评"代表人民的资政院"对借外债一事"可置而不问,一任政府之独断独行"。进而指出,"今日国家重要之事无过外交,借款亦外交之一,稍不审慎,其贻误于外交者甚大";"今日浮糜之弊莫如财政,借款亦财政之一,稍有弊混,其影响于财政者必多"。并在"要闻"栏公布上一年清政府与四国银行团签订的《四国借款合同》全文。

在中国与英、美、德、法四国银行团签订借款合同后,日本以"机会均等"相要挟,逼着清政府向日本借款。该借款合同共计十六款,1911 年 3 月 24 日于北京签押,借日洋一千万元。《大公报》1911 年 5 月 15、16 两日公布《中日借款合同》之全文。外务部屈服于日本的压力、向日本借款的头一开,其他国家纷纷跟进。据 6 月 14 日《大公报》"要闻"栏报道,有"某某两国又欲承借路款",此为外务部最棘难之交涉两件,均属路款问题。一为某国要求承借蒙古干线,一为某国要求承借由云南到贵州路款。报道说,外人的措辞极其强硬,声称如中

---

① 詹文琮等编:《川汉铁路过去及将来》,第 47 页,转引自李新主编:《中华民国史》第 1 卷,中华书局 2011 年版,第 573—581 页。
② 《言论·论官办铁路之恶结果,忠告邮部,警醒国民》,《大公报》1908 年 8 月 13—14 日。

国不允所请,嗣后未便再由他国承借。

中国有关官员热衷借款,一个重要原因是可以借机中饱私囊。当时,邮传部大臣盛宣怀是一个借外款成瘾的人,《大公报》把攻击的矛头对准他,称其为"鲁乱之庆父","中国不亡,某尚书万万不死"①。谴责邮传部"厚于外人""仇于商民","而为此倒行逆施之事"②。《大公报》发文揭露称,盛宣怀不仅用心险恶,而且手段卑劣,"奸毒贪恶,笔不胜诛"。盛氏在"大借外债,上受阁臣之埋怨,下受国民之痛詈"之时,便"请颁谕旨为诿过,而欲借谕旨以压服国民,立宪国政府乃容此玩弄朝廷之蟊贼,煞是可怪"。并嘲笑道,盛氏"既有作恶之手段,毅然自负其责,又不失为小人之雄,乃必以己所当负之责推诿于君主","小人枉做小人,煞是可嗤"③。

《大公报》反对政府将商办铁路收归国有,站在民生立场上明确指出,国家实行"铁路国有"政策,表明政府"非但不为民兴利,反欲与民争利"④。当清廷颁发"抗拒官收干路者从严惩办,其有聚众滋扰者格杀勿论"的谕旨后,《大公报》十分恼怒,于1911年5月31日发表"闲评"说:"格杀勿论四字在专制时代只准施之巨盗乱匪,乃立宪时代竟一施诸江苏饥民,再施于浙江饥民,今且施诸铁路股东,岂立宪国之对于饥民股东固当与巨盗乱匪一律看待乎?""民犹水也,官犹舟也……水能载舟亦能覆舟,万一激之过甚,怒涛骇浪席卷而来,巍巍枯槎不遭淹没几希。"⑤6月5日至6日发表"言论"说:政府的铁路国有政策致使"四川人民为山九仞,功亏一篑",在此"灾荒迭告"、革党蠢动之时,"复以强迫收路之事",是"不啻为欲弥乱而速乱也"。并建议道:朝廷应"俯顺民情奏请,收回成命或改为官督商办以促其成",并速颁谕旨,"补偿商民损失",千万不可"以强硬手段""强迫从事",致大局不可收拾⑥。

然而朝廷根本不纳民意,一意孤行。1911年8月派遣李稷勋到四川,强行接收川汉铁路宜(昌)万(县)工程,公然抢夺民众利益。新任四川总督赵尔丰到任后,为使保路风潮群龙无首,于9月7日诱捕保路同志会、咨议局和铁路公司首领蒲殿俊、罗纶、颜楷、邓孝可、张澜等人,并查封了同志会和铁路公司。

---

① 《闲评》,《大公报》1911年5月8日。
② 梦幻:《言论·论邮传部收回铁路之棘手》,《大公报》1911年5月17日。
③ 无妄:《闲评一》,《大公报》1911年5月27日。
④ 梦幻:《言论·论邮传部收回铁路之棘手》,《大公报》1911年5月17日。
⑤ 无妄:《闲评一》,《大公报》1911年5月31日。
⑥ 梦幻:《言论·论政府对待湘鄂等省路争风潮》,《大公报》1911年6月5—6日。

赵尔丰的高压手段激起了人民的强烈反抗，川民怒不可遏，纷纷罢课罢市。清廷生怕民众闹起来危及政权统治，一不做二不休，又指令四川总督赵尔丰"严惩首要"，并饬令铁路督办大臣端方带兵入川查办。9月7日，赵尔丰竟下令军警向手无寸铁的群众开枪，当场打死三十多人，造成骇人听闻的"成都血案"。对此次流血事件，《大公报》予以高度关注。9月8日，《大公报》"要闻"栏以"川省抗路罢市之风潮"为题予以报道：四川路事风潮，日益激烈，保路同志会各会员及川省各界极力反对，省内实行罢市之州府县共计二十余处，"反对国有，不达目的不止，现将有燎原之势"。

面对如此局势，《大公报》一方面希望尽早平息"川乱"，另一方面又反对清廷向民众动武、滥杀无辜，为此而不断建言。9月11日，"时事要闻"栏引用监国摄政王载沣之言，称："川民亦朝廷赤子，只宜善言劝导，如果系为路政争执，宁可朝廷稍受委屈，断无与百姓为敌之理。"9月15日，在《对付川乱之正当办法》中建议，"目前第一要紧办法必当分别民匪，统筹利害"，既"不可姑息养奸"，更不可"恃强军以弹压"，最好是"简派素有民望大员前往，镇压转为剿抚，则路事自路事，乱事自乱事，绝不相混"，尤其是做到"不至冤杀良民，激成巨祸"①。9月18日，"要闻"栏载《三省大吏联电志闻》，报道内阁接粤、鄂、湘三省督抚联衔要电一则，详陈对待川路乱事一切办法，力请从速平息风潮，否则影响所及，他省路事亦将因之棘手。同日《廷寄端大臣纪闻》则谓此次派端方带兵入川，属朝廷不得已之举，希望他抵川后务当查看情形，详慎办理，不得专恃兵力、杀戮无辜，以致激成巨变。9月19日的"言论"《论人心思变之原因》指出："为今之计，惟有结合民心，挽狂澜于将倒"；在平乱时避免乱杀无辜，以安抚为主。如果政府能"牺牲少数人之利以矜全多数人之利"，则"不待剿而风潮自息"②。9月25日的"言论"《论民乱之祸甚于匪乱》提出，政府切不可强兵镇压，再次提出用和平安抚的办法平息川乱，不致"官逼民反"③。

总而言之，英敛之和《大公报》一方面反对政府的"铁路国有"政策，支持民众的保路行动，一方面又不同意民众聚众闹"风潮"，担心闹风潮扰乱政局、危及朝廷政权；一方面主张平息风潮，一方面又坚决反对政府对民众动武。英敛之和《大公报》希望政府体恤民生，收回铁路国有的成命；也希望民众不要采取

---

① 梦幻：《言论·对付川乱之正当办法》，《大公报》1911年9月15日。
② 无妄：《言论·论人心思变之原因》，《大公报》1911年9月19日。
③ 梦幻：《言论·论民乱之祸甚于匪乱》，《大公报》1911年9月25日。

过激行为,主张政府和民众(代表)双方协商解决,既维护民生,又能保持政局稳定。然而形势至此,官民之间的对立已无法转圜,保路风潮成了"压死骆驼的最后一根稻草"。"川乱未已,鄂乱又生。乱机之伏,几如遍地火星,随处可以触发。"一心想为清廷补台的英敛之和《大公报》只有仰天长啸:"吁嗟!革命。吁嗟!川乱。民何苦以满腔颈血,为肉食者升官发财之资料乎!噫!可以休矣!"①认为革命、"川乱"的参与者是在做"肉食者升官发财之资料",这一认识显然存在误区。

(四)反对革命

英敛之的政治主张为君主立宪,他始终站在为清王朝补台的立场上着力呼唤和主张立宪,因而,他对待革命的认识存在偏见,在力挺立宪之时,便反对革命。武昌起义前和起义中,《大公报》对革命的报道和言论明显地站在非议甚至反对的立场上。

1.《大公报》反对革命的表现

(1)武昌起义前,《大公报》发文对革命的性质予以根本否定

早在1905年9月,《大公报》借出洋考政五大臣临行前在车站遇革命党炸弹袭击一事大作文章,对革命党大加污蔑:"中国近来政治威信力图整顿,于是钦派五大臣出洋考求政治,以为将来改良取法之资,中外人民无不额手称庆。"然而"竟有匪党于火车开行时混迹人丛掷以炸弹希图谋害,此真出于人情之外而莫能索解者"。还说什么"革命党之所切望者,朝廷腐败,人心涣离。彼党乃得以扩大其势力",因而见不得"朝政有更新之象,民情有固结之形"②。随后,《大公报》继续发表非议革命的文章,1906年6月5日发表的《论革命军必不能达其目的于二十世纪之支那》认定,当下之中国,革命"为最危最险最凶最恶最可惊最可怖之重大问题",并且断定,革命军推翻清廷的目的不可能达到。在作者看来,革命军受外国势力的操纵,不仅不会达到其建立新国家的目的,反而会使中国落入白种人(外国人)之手。文章写道:

> 试问革命兵起,能保外人不干预乎?试问革命兵力,能保外人不破坏乎?试问革命排满,即使排尽满族,所谓支那者果能入汉人之手乎?不能

---

① 无安:《闲评一》,《大公报》1911年10月13日。
② 《言论·论出洋五大臣临行遇险事》,《大公报》1905年9月26日。

入汉人之手,而使支那沦亡于白种人之掌中,则所谓排满者乃自排,所谓革命者乃革汉命也。呜呼,革命排满之目的在保全支那之主权,乃夺之于黄种人之手,而纳之于白种人囊橐之中。其主义,其宗旨,其意识,其希望,不亦千悖万谬而无丝毫纤微之当哉!①

1908年4月7日的"言论"《论中国宜立宪不宜革命》,将立宪与革命对立起来,认为革命不适用于中国;此后,刊登设题入选征文《君主民主立宪问题之解决》,从历史、地域、外交、财政、宗教、政党等六个方面论证革命的不可行性与君主立宪的合理性。溥仪继位后,有人提出开放党禁,宽赦党人。《大公报》在一篇题为"论宽赦党人之利害"的"言论"中,一方面主张宽赦党人,但是另一方面又说,对"立宪党人"和"革命党人"要区别对待:立宪党"与政体为敌",在"预备立宪之际",应"大赦立宪党,不论首从,概予宽免";而对与国体为敌的革命党人的处理,可采取"解散其胁从,严诛首要"的政策②,可见《大公报》排斥革命程度之强烈。随着革命运动的发展,《大公报》这种非议、排斥革命的情绪越来越强烈。

(2) 武昌起义中,对革命行动的非议

1911年10月10日革命党领导的武昌起义打响后,相较于上海等地南方报纸的强烈反响,京津地区的报纸反应则较为冷淡,《大公报》也是如此,对这场"千年变革"的革命似乎不以为然,缺乏应有的新闻敏感。直到起义后的第五日,《大公报》才对武昌起义给予足够重视,开始使用各种形式,拿出大幅版面,刊登相关内容。当然,这些报道和言论完全是站在反对立场上的。

《大公报》上第一则报道武昌起义的消息是刊登于10月12日的一则"电旨":"探知革党潜匿武昌,定期十九日(10月10日)夜间起事,正饬防拿。"还称,"据齐耀珊电称……与统制张彪等督派弁兵在省城内先后拿获匪目匪党三十二名,并起获军火炸弹多件……该督弥患初萌,定乱俄顷,办理尚属迅速"。这则"电旨"不仅在时间上完全过时,而且在立场上黑白颠倒。

13日,《大公报》才开始重视对武昌起义的报道。继续刊登"谕旨",提及对瑞澂平定武昌乱事不力进行处置,"着即行革职,戴罪图功","以观后效",以示朝廷平息事态的决心。在"要闻"栏,《大公报》详细报道了武昌首义的情况:

---

① 《言论·论革命军必不能达其目的于二十世纪之支那》,《大公报》1906年6月5日。
② 《言论·论宽赦党人之利害》,《大公报》1909年1月30日。

"华历八月十九日夜(公历十月十日)革匪余党勾结工程营、辎重营猛扑军械局,纵火辎重营,斩关而入,分数路来攻,其党极众,来势极猛,瑞澂退登楚豫兵轮,以往汉口,已电调湘豫巡防队来鄂会剿,并请派大员多带劲旅赴鄂剿办。"同日在"闲评一"中发表一则有关起义的小言论。此文虽然篇幅不长,但是内容不少:一是阐述时局紧迫。"粤乱甫平,川乱旋起。川乱未已,鄂乱又生。乱机之伏,几如遍地火星,随处可以触发。"二是提醒当局注意,"鄂乱"不似粤乱、川乱,要认真对待,不可"以一件黄马褂、一张大保案了之",也不是"仅拿获数人"能够奏效的。三是对起义参与者进行"策反",劝他们不要"以满腔颈血""为肉食者升官发财之资料"。这篇言论,无论是对起义者行为的评价,还是对起义的定性,都有失"公允",更有失"正义"。

此后,《大公报》开始以较大篇幅追踪报道起义相关事件。

14日的"要闻"栏报道称:"日昨政府以武昌失守,革党势甚汹涌,京师不得不事先预防……政府深虑新军之不可靠,拟将陆军速调来京,以资防卫。该军统领姜翰卿军门奉召,昨晚已秘密到京。"自是日起,《大公报》在"要闻"栏开设"武昌乱事近闻一束"子栏,专门报道武昌起义见闻。

16日,"要闻"栏《禁止租界报纸登载鄂乱报道》称:"陆军、外务、民政三部昨日会议,以鄂省军情紧急,最宜严守秘密,故所有京内外各报馆已严饬对于此项问题须遵守报律,暂缓登载,惟查租界内各报纸非报律所可范围,拟先照会各该领事转饬本管界内各报缓刊,如有不遵,即停止其发行权。"

21日,"要闻"栏《武昌乱事近闻一束》称:"城中告示又云:凡属旗人尽行杀戮,又凡容留旗人者斩立决。故武昌所有旗人多数被害",污蔑革命军称"未满月之婴儿亦被杀戮,其惨忍可知"。同日"白话"栏刊登《再讲不可自取扰乱》,指责革命党"用种族的问题作根本,用赃官污吏的苦民害民为借口"发动乱事;说革命是"以暴易暴,反更加上杀戮之惨,不过多涂炭些个黎民百姓";还指责革党以谣言乱民心,"凡是乱党,都是利用谣言,编造出种种叫人担惊害怕的事来,编造出种种似是而非的事来",如果轻信了这些谣言,便是"把一个无事的地方变成了一个惊惶离乱的地方"①。

28日,发表"言论"《论上海市面之扰乱》,指责革党扰乱市面,造成上海金

---

① 《白话·再讲不可自取扰乱》,《大公报》1911年10月21日。

融界、商界、生计界的恐慌。①

武昌举义,全国震动,各省革命党人纷纷响应。从首义打响到11月9日,短短一个月,有湖南、陕西、江西、山西、云南、上海、浙江、江苏、贵州、安徽、广西、福建、广东等十三个省先后发动起义并宣布独立,清王朝的统治岌岌可危。面对如此形势,《大公报》对革命的态度由非议、排斥变为诋毁。

《大公报》于11月13日发表的"言论"《乱事久延之最可虑者》,将民众的财产不保、食物短缺都归结为"革命造乱",并称若乱事久延,会有更大的问题:"内则迫成军队之哗溃,外则惹起外人之干涉。"②17日,发表"言论"《论排满排汉之谬见》,批驳孙中山的"排满"主张,大唱"满汉调和论":"比年以来,不逞之徒倡导革命,以标识仇满为惟一之目的",殊不知,"满族、汉族,名虽分界,实则同胞","普天率土,一视同仁"。认为革命者把"排满"作为救国"起死回生之绝妙药"的主张是荒谬的③。

到了12月,《大公报》对革命的诋毁几乎连篇累牍。12月5日,"闲评一"说:"人皆谓此次革命,谋造中国之幸福,对朝廷而泄宿怨;吾谓此次革命,实断送中国之前途,为外人代除后患。"并挑拨性地说:"自革党起事,战死奚止数万,真正革党实寥寥无几。效死前敌尸骸枕藉者,无非可爱之学生。""革党筹备数十年,自必有可恃之实力,精锐之军队,然后乘机而动,乃茫无所有,专以口舌上之虚荣鼓动青年子弟,利用其未定之血气,驱而纳诸硝烟炮烬之中。为问重人道造幸福之大人物,而可残贼民命、荼毒人才至于如此其极乎?"④

11月20日至12月3日的光复南京起义,造成官军、革命军和商民死者若干。对此,《大公报》发表的"闲评"对残酷镇压革命军的张勋赞赏有加,而对革命军则大加指责:"当革军未起事时……南京之市面繁盛如故",南京一战,"革命军糜千万人之膏血换一空城,亦觉于心太忍","况以张勋一人,革军合三江之财力与兵力,血战经旬,仅乃克之"⑤。其言论完全将是非颠倒,将死伤流血的账完全记在革命军头上。

12月10日至11日,发表题为"对于革命军之忠告"的"言论",指责革命军

---

① 《言论·论上海市面之扰乱》,《大公报》1911年10月28日。
② 《言论·乱事久延之最可虑者》,《大公报》1911年11月13日。
③ 《言论·论排满排汉之谬见》,《大公报》1911年11月17日。
④ 无妄:《闲评一》,《大公报》1911年12月5日。
⑤ 梦幻:《闲评一》,《大公报》1911年12月6日。

"持种族主义不计大局,不顾民生",其行为只是为争"民主之虚名"与"个人之功业"①。

11日的"闲评一"在分析政治局面后说,革军"以兵力占据者不过江、鄂两省,其余虽宣告独立,然或主保守,或主观望,其宗旨已不相同,况浙则分东西,粤则分南北。以一省而立两大都督,其势已不能并立,就必成为割据以行其吞并之谋"②,并以此断定革命不可能成功。

13日的"闲评一"矮化孙中山,用类比和反问的方式论证其不具备革命领袖的资格。首先说:"革军以君主立宪问题前曾质问政府曰:满人非具有特体必欲临我四万万同胞之上,不知是何理由,真驳得无词可答。"据此,文章反问道:"孙文、黄兴亦非具有特体,必欲举为大统领、大元帅以临我四万万同胞之上,又不知是何理由?"进而以离间口吻说:"此次革命发起者为军队,响应者为人民,并非孙黄之能力,乃倡义之黎元洪、程德全辈反瞠乎其后,更不知是何理由?"③

16日,发表题为"此次革命时期国民之损失"的"言论",用大量篇幅历数革命之"罪行":

> 两月以来,革军中所伤之性命,所耗之军需,共见为国民之损失者,已不在少数,而官军中所伤之性命,所耗之军需,何莫非国民之肝脑之膏血乎?不但此也,兵乱各省,百业废歇,土匪横行,暗中之损失,尤属不赀,即最号安靖之北方数省,因受乱事之影响,而士休其学,工辍其业,商贾停其贸易,以及金融之困滞,迁徙之耗费,非经五年十年之休养生息,不能回复其元气。加以事定之后,外人之赔偿,军备之蒐集,城郭宫室之缮完补葺,其连带发生之损失,又不知几千百万。④

22日的"闲评二"指责革命党人,称其以共和号召同胞,在目的难以达到之时,反使外人借口调停,借此干涉⑤。

28日的"闲评一"则用一连串对照句式,证明革命党与清政府是"一丘之貉":

---

① 梦幻:《言论·对于革命军之忠告》,《大公报》1911年12月10—11日。
② 无妄:《闲评一》,《大公报》1911年12月11日。
③ 无妄:《闲评一》,《大公报》1911年12月13日。
④ 无妄:《言论·此次革命时期中国民之损失》,《大公报》1911年12月16日。
⑤ 梦幻:《闲评二》,《大公报》1911年12月22日。

> 政府以北省铁路,抵借洋债,民军亦以南省铁路,抵借洋债,是谓同一政见;政府以某国援助,接济军火,民军亦以某国援助,接济军火,是谓同一外交。政府以鼓吹民主,仇视报馆,民军亦以鼓吹君主,仇视报馆,是谓同一专制;政府以爱国公债,强迫亲贵,民军亦以爱国军饷,强迫商民,是谓同一手段;政府以停战期内,违约进兵,民军亦以停战期内,违约进兵,是谓同一计画;政府欲以君主政体,运动外人承认,民军亦欲以民主政体,运动外人承认,是谓同一心理。呜呼!政府乎,民军乎,现象如此,其将为一丘之貉乎?①

这篇闲评只看现象,不看"一为专制,一为共和"这个本质,得出政府与民军"将为一丘之貉"的结论,肯定是错误的。

2.《大公报》反对革命的原因

英敛之"非革命"的主要原因,大致有三:一是所谓的"宗族情结",二是所谓的"公",三是所谓的"爱"。

英敛之为满族后裔,因而有一种与生俱来的宗族情结。这一情结,使得他不分青红皂白地反对任何性质的"排满"运动。这一点在上一章"对拒俄运动的态度变化"一节已有论述,此处从略。

英敛之认为,国家是"公",政府是"公",因而推翻政府是"私",进行党派活动是"私",进行以推翻政府为目的的党派活动更是"大私"。因此,他坚决反对颠覆政府,反对党派活动,无论是什么性质的党派均予以反对。

早年,《大公报》便发表过一系列反对党派的文章,如1902年7月第一次设题征文时,就设有"和新旧两党论"一题。当年8月26日发表署名"林砥中"的入选文章说:"吾谓顽固未必尽旧党,凡自私自利,无国家思想者,皆顽固也;汉奸未必尽新党,凡为鬼为蜮以倾轧种类者,皆汉奸也。"②9月10日发表"热心热血生"的入选文章,从戊戌政变以来国内各派"倾轧百端,势同水火,始则不相和,继则不相下,终则不相容"的局面"推原党祸之来由"③。1903年2月,在一篇题为"书守旧维新之真伪论后"的"论说"中明确地说:"苟欲求强国保种之道,第一当化其新旧之见,但问其能实心爱国、实力办事与否。无所谓守旧,无

---

① 无妄:《闲评一》,《大公报》1911年12月28日。
② 林砥中:《论说·和新旧两党论》,《大公报》1902年8月26日。
③ 热心热血生:《论说·和新旧两党论》,《大公报》1902年9月10日。

所谓维新,直除去新旧之名称可也。"①

英敛之的立宪主张非常明确,也非常坚定,但是他始终没有参加立宪派,更没有宣称自己为"立宪派"。他认为立党组派,无论是组"立宪派"还是立"革命党",都是为了一党一派的私利,互相倾轧,这样做的结果必然是自取灭亡。"譬如沧溟大海,巨浪狂飙,一叶孤舟,摇荡其际,生死相系,呼吸之间。凡属同舟者,于此时也,当齐心努力,互相救助乎? 抑应互相倾轧,同室操戈乎?"② 1907年5月,《大公报》发表一篇题为"和平改革与破坏改革者皆当以救国为目的论"的文章说:"当今言改革者,党派淆乱,宗旨纷歧,人异其说,家出其喙,互相倾轧,互相争胜,美其名曰救国救民",实际上是败国害民。该文抨击革命党,说他们"不惜牺牲学派,牺牲名誉,并牺牲其天良,牺牲其宗祖",根本不可能"救国",更不可能"保种";文章也批评立宪派不是真心实意拥护立宪,而是"始以立宪抱守其个人主义,显以释国民之疑,即阴以收集权之制"③。

后来,英敛之接受西方议会政治学说,逐渐从立宪需要出发,认为组建政党也是必需的。1908年3月13日《大公报》"代论"栏刊登《马相伯先生于政闻社披露会席上演词》,提出"以政党之力要求立宪"是"我国根本上救治法门",赞成组建政党完全是为立宪、为选举。此后,该报两次以"政党与选举之关系"为题发表"言论",对这一主张进行论述。1908年10月15日的文章说,"政党者有一定之政见",为"一国舆论之导线,即可以为选举之标准者也","其政见为社会所欢迎者必得多数",因而说,"此则当选举之事不可以无政党也",并且"我国今日既欲断行立宪",必须组建政党④。1909年4月的文章则强调指出,组建政党对中国立宪具有特别重要性:当下,中国国民有选举资格而无政见思想,而"政党者对于政治上有一定之意见者也,平日以其政见输入国民之脑中,一届选举之期而国民始有所择别"。因此,各省咨议局必须要推进组党,"无政党则舆论不能一致,即宪政难以进行"⑤。

《大公报》还发表专文,对为选举而组建的"党"进行解释,说这种为选举的政党"发轫于今世立宪各国",其建党的目的是代表民众收集舆论以"监督政

---

① 《论说·书守旧维新之真伪论后》,《大公报》1903年2月17日。
② 《论说·苟延残喘之〈大公报〉》,《大公报》1905年8月18日。
③ 卢懋功:《言论·和平改革与破坏改革者皆当以救国为目的论》,《大公报》1907年5月31日—6月1日。
④ 《言论·政党与选举之关系》,《大公报》1908年10月15日。
⑤ 《言论·政党与选举之关系》,《大公报》1909年4月19日。

府",是为公的"公党",而非"私党"。"政党者,其性质公而无私,以国家为目的,凡可以福国家者,牺牲身命财产以趋之;凡可以祸国家者,奔走号呼以救之,其视线总集于国家而无自利之心存乎其间,其主张足为国家所依赖,足为苍生所托命。"①

在英敛之的思想里,为立宪、为选举而组建的政党"为国家之利益,以平和之手段,达所怀抱之主义而政治上之团结"②,是"公党";而为推翻政府成立的革命党是"私党"。"公党"是值得提倡的,"私党"是应该反对的。

此外,英敛之排斥革命和革命党还有一条原因,那就是出于天主教的"博爱精神",站在人性的立场,反对暴力革命、反对杀戮、反对流血。他所主持的《大公报》"向主博爱合群之宗旨,从未一涉偏激残忍狠戾诸说……夫爱者,合群之要素;诚者,立身之本基,东海西海,此理此心,无能或二者也。……乃有人无端要倡杀人主义,不分良莠,不问善恶,皆在诛锄之列"③。也正是基于此,英敛之排斥革命。在他看来,革命倡暴力,嗜杀戮,不拒流血,"其惨忍可知"④。

还是基于反对暴力和杀戮的思想,英敛之和《大公报》虽排斥革命,却也反对清政府对革命者进行惨无人道的屠杀。早在1903年,《大公报》就公开披露清政府杀害爱国人士沈荩之暴行,在国内引起强烈反响。沈荩生于1872年,原名克诚,字愚溪,湖南长沙人。戊戌变法期间,他与维新人士谭嗣同、唐才常、梁启超等人相交,变法失败后,追随唐才常东渡日本,次年又随之归国。1903年,在沙皇俄国的淫威下,清政府欲与沙皇俄国缔结《中俄密约》,满足沙俄在我东三省及内蒙古一带享有路政税权及其他领土主权的欲壑。岂料《中俄密约》尚未签署,其详细内容就通过沈荩交由新闻媒体进行公开报道,从而被暴露在光天化日之下。沈氏与英敛之素有交往,《大公报》创刊前后,他多次到报馆访问,座谈。沈氏被害后,《大公报》报道得格外详尽,字里行间,寄托了对烈士的哀思和敬意。

沈荩被害后的第五天(1903年8月4日),《大公报》"时事要闻"栏报道沈荩遇害一事:

> 拿交刑部之沈荩,于(六月)初八日被刑,已志本报。兹闻是日入奏请

---

① 《言论·论政党》,《大公报》1908年4月28—29日。
② 《言论·政党之意义》,《大公报》1908年4月15日。
③ 英敛之:《苏报案之感情》,周萍萍:《英敛之集》(上),第325—327页。
④ 《要闻》,《大公报》1911年10月21日。

斩立决,因本月系万寿月(光绪帝生日),向不杀人,奉皇太后懿旨,改为立毙杖下。惟刑部因不行杖,故此次特造一大木板,而行杖之法又素不谙习,故打至二百余下,血肉飞裂,犹未至死;后不得已,始用绳紧系其颈,勒之而死。

9月14日,"时事要闻"栏对此事再次报道:

探闻政府自杖毙沈荩以后,各国公使夫人觐见皇太后时,谈及沈之冤抑。皇太后亦颇有悔意,已面谕廷臣,会党要严拿,万不可株连良善,致离人心。

16日,"时事要闻"栏又作了详尽报道:

探闻刑部司官自杖毙沈荩于公堂后,托故告假者颇多,皆以杖毙之惨,不忍过其地。出而述其始末,照录于后,以补各报之缺。当杖毙时,先派壮差二名,打以八十大板,骨已如粉,始终未出一声。及至打毕,堂司均以为毙矣。不意沈于阶下发声曰:"何以还不死,速用绳绞我。"堂司无法,如其言,绳绞而死。

《大公报》还全文刊录了沈荩"绝命词"四章,其末章云:"今年三十有一岁,赢得浮名不值钱。从此兴亡都不管,灵魂归去乐诸天。"

1907年7月,清廷先后杀害了革命党人徐锡麟、秋瑾。7月30日至8月1日,《大公报》发表题为"党祸株连实为促国之命脉"的"言论",极力反对"株连"和"残杀":"近自皖抚被刺案出,警电纷驰,南北大吏咸有戒心。而一般趋承小人,邀宠冒功,多方株连。风声鹤唳,举国骚然……乃不旋踵而女教习秋瑾以正法闻,旬日间各处以捕获余党闻。风之所靡,波及全国。来轸方遒,正不知其所底止!"说到徐锡麟被害,文章写道:"乃既杀而犹剖其心,啖其肉,此等野蛮凶残行径,不期见于二十世纪之中国!"说到秋瑾被害,文章道:"以一女子身,有何能力,有何设施,而谓为党于革命,以猛狮搏兔之力擒之……既无证据,又无口供,遽处斩刑。斯岂非野蛮已极,暗无天日之世界乎!"并指出政府"预备立宪",就必须摒弃"野蛮"①。翌年,清廷御史常徽奏请平毁秋瑾墓,并要"查办葬秋之人",《大公报》听闻后,连续发表评论表示反对,指出政府处置案件,必须按法律办事,"保全无辜,勿再罗织,成此莫须有之狱诬"。

---

① 《言论·党祸株连实为促国之命脉》,《大公报》1907年7月30日—8月1日。

可见,英敛之与《大公报》以天主教"博爱"的立场反对具有暴力性质的革命,虽有所偏颇,但在针对清廷镇压革命者的报道中也采取了相似立场,倒也体现了其内在的一致性。

(五)排斥共和

心怀君主立宪的政治理想并终身追求,决定了英敛之对民主共和的排斥。

武昌首义的胜利推动全国各地的革命运动,南方各省纷纷宣布独立,1911年12月29日,南方十七省代表在南京开会表决,建立中华民国临时政府,并推举孙中山为临时大总统。对此,《大公报》发表了一连串的文章,对临时政府成立和孙中山作为临时大总统的合法性表示质疑。

1912年1月1日,"要闻"栏刊载《南京公具总统消息》:"南京初十日(公历上月二十九日)选举大总统一事已纪前报。又据上海电谓:举孙文为临时总统,到会投票者十八人,孙得十七票当选就职。"4日"要闻"栏《民军以十七票选举孙文为大总统》说革命党对孙的大总统身份"多不愿承认",外国人"藉为笑柄"。当日的"闲评二"用嘲弄的口吻说:"以十余代表之公举托为四万万人之公举,是谓举重若轻;以少数党人之希望作为四万万人之希望,是谓物稀为贵……"①

8日,发表题为"论政府迁延和议之非"的"言论",称"民国之总统已受任,政府已组成",表明革命军对于和议"不过标共和之名,以实行革命而已",这是攻击南方没有和议的诚意。

10日,继续发表"言论",攻击临时政府为"专制的变相":十七票选举大总统,"少数人之推戴,可强多数人以公认",政治见解上"党同伐异",以"一党之势力括尽天下人之势力",无异于共和专制②。

11日的"闲评二"说民国临时政府中多半为粤人,因而不能称为"全国共和",至多为"一省共和""一党共和"③,以质疑其代表性。

15日的"闲评二"继续拿十七票说事:"十七票之总统可以称民国,三百年之京师不可以称首都。"④

---

① 《闲评二》,《大公报》1912年1月4日。
② 《言论·论专制法之变相》,《大公报》1912年1月10日。
③ 梦幻:《闲评二》,《大公报》1912年1月11日。
④ 梦幻:《闲评二》,《大公报》1912年1月15日。

18日发表题为"论大总统应兼具破坏建设之能力"的"言论",对孙中山领导建设的能力提出质疑。该文首先泛论政体,称中国当下为"专制政体","已达极点",说南方的共和,仅仅"移头换面,徒窃共和之名,未得共和之实,仍不过袭自古帝王之故智,专制之根,不能铲除,专制之毒,必将复发","缔造共和国家"终成泡影。因而,只有兼具"大破坏、真建设之能力"者,"始可为新共和国之总统"。其次具体论孙中山:"孙固以洪秀全第二自命者,频年飘泊外洋,屡起屡踬,是其才尚不足言破坏,何论建设?观其受任之始,首以排满为唯一之目的,以改历为伟大之政策,仍不脱易姓改元之旧知识",认为其不免有帝王思想;"而且党见太深,省界太重",功高不如程德全、黎元洪,人望不如章炳麟,"新致如此,则将来之建设可知"①。

中华民国临时政府成立后,《大公报》总是横竖看不顺眼,对其批评的言辞充斥版面。1912年1月下旬,对共和由质疑发展到开骂的程度,26日的"闲评"和29日的"言论"可谓典型。26日的"闲评"什么道理都不讲,什么论证也不用,直指革命军肆意杀戮、制造混乱:"何谓共和?曰手枪炸弹……曰发坟掘墓……曰强剪发辫……曰争夺都督……曰强迫选举……曰勒用纸币……曰捕拿无辜……曰捣毁报馆……曰擅收路款……曰滥骂满奴……"②诚然,这类问题有些在革命军中是存在的,但是《大公报》的批评是一种攻击性的批评,甚至是无理指责。29日的"言论"借评价上海《大共和报》的名义,将革命军和共和指骂了一阵:"民军起事以来,攘夺权位,蹂躏富绅,以指派之代表,妄称全体,以少数之选举,武断公权,而且党界、省界之争,牢不可破,勒捐派捐之事,时有所闻。甚至流贼、土匪,肆无忌惮,弹丸剡注,布在市间,人民未被其福,先受其祸,至于政治上之得失,国际上之利害,绝不注意。"由此认定革命军是"假托共和,实行专制"③。在此期间,《大公报》还发表了《论美国共和政体之流弊》《立宪国诏旨之调查》《中国之立宪与革命》《君主立宪与民主共和的利害》等数篇文章,极力非议共和。

1924年,英敛之为柴天宠所写的挽语中有这样的话:"前岁,柴君逝世……迨共和国成立,而后俗益日偷,人益日坏,此时此际瞑目为佳。"④其意是说柴氏

---

① 梦幻:《言论·论大总统应兼具破坏建设之能力》,《大公报》1912年1月18日。
② 梦幻:《闲评二》,《大公报》1912年1月26日。
③ 《言论·读上海〈大共和报〉书后》,《大公报》1912年1月29日。
④ 英敛之:《联语》,周萍萍编:《英敛之集》(下),第528页。

死得其时：共和国成立后"俗益日偷，人益日坏"，人死了，眼不见，心不烦。一句挽语显露出英敛之对共和国的敌视心理。

（六）为清廷"招魂"

虽然从新政到预备立宪，英敛之和《大公报》对清廷已经失望至极；虽然推翻这个王朝的枪声已经打响，临时共和政府已经成立，使英敛之和《大公报》感到"大势已去，回天乏术"，但是他们还是要为这个朝廷做一番最后的"招魂"。

1."川乱用岑，鄂乱用袁"

1911年10月13日，《大公报》"要闻"栏刊发《武昌革命党起事之警点》，报道各种关于武昌起义的消息。湖广总督瑞澂对起义事先失察，起义打响后，仓皇逃到停泊在江面的"楚豫"号兵轮上，因其"平乱不力"致使起义军一夜间占领武昌，取得首义的胜利。清廷对其严词申斥，并"着即行革职，戴罪图功"。《大公报》对此进行报道，希望瑞澂拿出行动来，不负朝廷。

武昌起义的第三天，即10月12日下午，内阁大臣们被召集到摄政王载沣所在的南海开会，商讨对策，并调兵遣将。当日，清廷颁布上谕进行应急部署，调集重兵，或派往湖北，或驻守京畿。《大公报》于16日发表"闲评二"，建议朝廷紧急起用岑春煊、袁世凯，说："川乱急，起用岑；鄂乱急，起用袁。"岑、袁二人此前皆被朝廷闲置①，文章认为，"若岑、袁者，真可谓治世之弃物，乱时之能臣"②。

2."镇静乎"，"惟京师"

武昌枪声传到京城，首先知道消息的官员不仅束手无策，而且一片惊恐。《大公报》对此发文，呼吁朝廷官员务必镇静，不要自乱阵脚。10月18日的"闲评一"说："近闻京官之财多而胆小者，纷纷购买金磅；或竟送眷南下。以致金价骤见高涨，海轮倍形拥挤。"指出："此举最足以摇惑人心"，建议朝廷"严定罪

---

① 岑即岑春煊，1900年八国联军侵华战争爆发，岑春煊率军至北京"勤王"，并护送慈禧太后和光绪帝至西安，因功擢陕西巡抚，次年任山西巡抚，创办山西大学堂。后署理四川总督，旋署两广总督，任内积极推行新政，与直隶总督袁世凯并称"南岑北袁"。1907年入京任邮传部尚书，与军机大臣瞿鸿禨等发起"丁未政潮"，反被庆亲王奕劻、袁世凯一派弹劾而罢官，遂以养病为名，寄居上海。袁即袁世凯，因参与清末新政，编练北洋军，势力大大扩张，1907年到北京任军机大臣兼外务部尚书，成为中枢重臣。1908年光绪与慈禧相继病逝，袁世凯被摄政王载沣解除官职。袁称疾返回河南老家赋闲。
② 无妄：《闲评二》，《大公报》1911年10月16日。

罚,庶为杜渐防微之至计"①。21日又在"闲评一"中呼吁镇静:"镇定乎,此正今日安危治乱之符矣。""尤宜镇定者,则惟京师。京师为全国所观瞻,一露慌张,人民即倍加惶急。"②

然而《大公报》的呼吁根本不起作用,清政府官员几乎都被革命的枪声吓破了胆,满朝文武一样丑态。京城一乱,很快波及全国。对此,《大公报》丧气地说:乱事之初起,"得信最早、戒备最严"的京师,"而慌张亦最甚",于是乎"乱党之势力未能骚扰全国,而政府自先骚扰也;乱党之气焰未能慑天下之人心,而政府反助之扩张也"。由于政府官员先乱阵脚,致使"人心浮动,各省靡不皆然"③。

面对京城和全国各地官员的惶恐状,《大公报》回过头来规劝天津本地官员和民众不要惊慌。10月29、31日发表题为"为本埠人心慌乱正告大吏与居民"的"言论",说天津之所以民心慌乱者实唯受北京之影响,这种惊慌是"由人民智识之浅陋"和地方大吏没有"负守土保民之任"所致。文章正告天津地方官吏自己保持镇静,采取措施以尽守土保民之责。同时正告居民:"革党一起而举武汉,其势虽可畏,其祸虽甚烈,然根本未坚,缮备未完,岂肯轻离其基础。"④该文强调北方安定、天津安定。《大公报》虽有为清廷稳住阵脚之热忱,但在当时举国汹汹的局势下,也只是说些自欺欺人的话了。

3. 为清廷苟延残喘支招

武昌起义打响二十天后,清廷迫于内外压力,于1911年10月30日宣布取消皇族内阁,颁布《宪法重大信条十九条》,几乎毫无保留地接受了立宪派曾经提出的种种要求。这似乎又使《大公报》看到了一线"君主立宪"的希望,立即于11月4日在"要闻"栏以"监国对于皇族之宣言"为题报道说:"监国近来连召各皇族王公贝勒贝子等在西苑密议。初十日下午曾宣言,近来大局紧迫,朝廷已成孤立,现决计允准军民之请,不以皇族充当国务大臣,尔皇族各王公与朝廷休戚相关,不得私行出京,急谋逃遁,如有政见,尽可随时进言,以资襄赞。"随之发表数篇打气的文章:"政府苟幡然悔悟,实力改革,与国民相见以诚,俾知朝廷奋发有为,凡立宪国民应享之权利,不难安坐而获,则夺去革党之标帜,

---

① 无妄:《闲评一》,《大公报》1911年10月18日。
② 无妄:《闲评一》,《大公报》1911年10月21日。
③ 《言论·受鄂乱之影响者》,《大公报》1911年10月26—27日。
④ 《言论·为本埠人心慌乱正告大吏与居民》,《大公报》1911年10月29日、31日。

而弥天大祸或可挽回。"①还说,武昌起义以来,朝廷协赞宪法、下诏罪己、开放党禁、黜退皇族,表明其真心"实行立宪","慨然以公天下之心与民更始"。并预言说,朝廷"经此番大改革,既可杜革党之口实,而人民亦憬然于朝廷实行宪政,不终为群小所蒙"②,认为国家即可转危为安。

《大公报》还具体提出建立所谓"中华联邦帝国"的建议:"以帝统归之朝廷,改为中华联邦帝国。由各联邦公举代表,晋京组织联邦国会,改造联邦政府,编订联邦宪法。皇帝除代表国际外,所有外交、军事、财政、交通诸大端,均由国会议决,政府执行。"认为实行如此政体,"既可达人民之志愿,仍不失皇帝之尊严,而万世一系之基,因之而固,种族相仇之祸,因之而消"③。

英敛之还以"君主民主立宪问题之解决"为题,于1911年11月下旬组织了一次专题有奖征文。征文小启事说:"今者专制之勒已如距脱,立宪之基亦渐确定,所争者,在君主民主两问题耳。然统观中国之历史宗教区域习惯,各方面较诸世界列强确有特异之点,究竟适用何种立宪政体,方足以拨乱反正,转危为安,光大国家,造福国民?"虽然是请诸位热心志士就"君主立宪"与"民主共和"发表高见,但是最终评选的获奖征文基本上均持"君主立宪"论④。其中,12月5日《大公报》"言论"栏刊登的第一名是署名"第三者"的文章,该文从历史上之关系、地域上之关系、外交之关系、财政上之关系、宗教上之关系、政党上之关系等六个方面,论证了民主共和的不可行性与君主立宪的合理性。

此外,《大公报》还通过各种方式不断为清廷作垂死挣扎支招,如开放党禁,重用党人:"速颁上谕,将党人孙汶、黄兴、黎元洪等召京重用,其党中军兵即责成孙汶等招抚编入新军。"⑤又如呼吁朝廷赶紧自我革新,以"不待党人之革我而先自革之"⑥。

虽然《大公报》不断支招,但是清王朝已成土崩瓦解之势,无可挽回。武昌起义打响后,"不逾月而响应半天下";清王朝"大势去者什九,存者什一。各省

---

① 无妄:《言论·读二十、二十一两日上谕赘言》,《大公报》1911年10月14日。
② 《言论·恭读连日上谕感言》,《大公报》1911年11月4日。
③ 梦幻:《言论·论今日政体上之解决》,《大公报》1911年11月18日。
④ 此次征文获奖者,除一篇获三等奖的文章(作者张省庐)赞成民主立宪以顺民心外,其余获一、二等奖的均为主张君主立宪政体。
⑤ 《要闻·各亲贵联请重用党人》,《大公报》1911年11月3日。
⑥ 无妄:《言论·祸乱其渐有消弭之望乎》,《大公报》1911年11月3日。

无可调之兵,无可筹之饷"①。绝望中的《大公报》只能将满腔怨气发泄到各级政府官员身上,说朝廷"大小臣工除一二有人望者外,皆不学无术,非临战而逃则残民以逞,与之同享富贵则有余,与之分担患难则不足"②,并不无嘲笑地写道:

> 官吏报效国家的义务也有个一字诀,曰弊;
> 官吏处置国家的土地也有个一字诀,曰送;
> 官吏闻得革党的风声也有个一字诀,曰抖;
> 官吏见了革党的踪影也有个一字诀,曰逃;
> 官吏预防革党的方法也有个一字诀,曰躲;
> 官吏辨别革党的眼光也有个一字诀,曰辨;
> 官吏盼望国民的心理也有个一字诀,曰哑;
> 官吏收拾国民的财产也有个一字诀,曰刮;
> 官吏超度国民的生命也有个一字诀,曰杀。③

4. 力主南北议和

正当清王朝瓦解之时,局势却在悄然发生某些变化:1911年10月27日,在河南老家疗养"足疾"的袁世凯被清廷任命为钦差大臣,节制湖北水陆各军,抵制革命军北上。11月2日,北洋军发起反攻,从革命军手中夺回汉口;同时袁世凯回到北京,于11月16日成立以袁世凯为总理大臣的责任内阁。此外,武昌首义打响后在旁窥视的列强一直在寻找机会与清廷联手,以阻滞革命的发展。11月下旬,在革命军于军事上暂时失利的情况下,英国驻华公使朱尔典与袁世凯密商,电令英国驻汉口总领事葛福出面向湖北军政府提出关于与清廷停战议和的建议。在清军将领冯国璋于11月27日攻下汉阳进而向武昌发动炮轰的情况下,湖北军政府接受葛福的建议。12月初,南北双方达成停战协议。

《大公报》对政局的这一变化,反应非常敏感,及时予以报道:

11月6日,在"闲评"中透露袁世凯出山信息:"于尸山血海之中涌出一旧店,新招聘之人物曰袁世凯。"

---

① 《代论·调停政府与革命军之政见书》,《大公报》1911年11月23日。
② 《代论·调停政府与革命军之政见书》1911年11月23日。
③ 无妄:《闲评一》,《大公报》1911年10月24日。

13日"要闻"报道:"顷闻袁项城(袁世凯)自接资政院公电之后,自知总理一席难退却,乃遍电各省咨议局、商会、教育各团体,略谓朝廷决议实行立宪,采用资政院之议,颁布宪法信条十九条。"

15日"要闻":"内阁总理大臣袁世凯,由孝感北上,已于10月13日下午5时25分抵京。闻袁内阁系主抚不主剿。"

21日"要闻":"黎元洪有电致袁内阁,请再派人赴武昌协商条件,盖实有就抚之意。"

《大公报》极力赞成议和,专门发文批驳反对议和之谬,称"斥议和为非策者,必其无人心者也"①。

23—24日,发表"代论"《调停政府与革命军之政见书》,分析双方阵势,认为合则两利。29日,发表"言论",劝说双方为了和议成功做些让步:"朝廷能承认民主","革军能承认君主",使"战祸自消",然后讨论"立宪",便"可解决"了。文章还劝双方"不慕共和之虚名,但求共和之实际,为国家贻无量之福,植自强之基,则中国前途之幸也"②。《大公报》特别劝革命军以国家利益、民众利益为重,就此罢手、见好就收。说朝廷已经实意立宪,与民更始,革命军应顾及国计、民生,"息战祸而利民生",切不可"仍持种族主义,不计大局,不顾民生"③。

12月18日,清廷代表唐绍仪与革命军代表伍廷芳在上海公共租界市政厅正式开议。议和的中心问题为政体问题,即是君主立宪还是民主共和。对此,在谈判初期双方代表各不相让。《大公报》对此议题已经无话可说,当日的言论只能是顾左右而言他:"今政府与革军,得英公使之介绍,已各派代表,在沪公开谈判矣。"接着说,经过谈判,"无论政体如何,名号如何",只要能"达和平解决之目的,则两方面之战祸,从此可以永息,非但人民之福,亦中国前途之幸也"。最后提出,双方议和成功后应解决好选举内阁总理、位置革党首领、统一南北官制、剿抚各省匪乱、整理全国财政、抵制外人干涉等六大难题④。

20日,《大公报》发表"闲评一",说了几句立于民族立场的"公论"之言:"此

---

① 无妄:《言论·驳反对议和之谬》,《大公报》1911年12月14日。
② 梦幻:《言论·论中国现在及将来之大势》,《大公报》1911年11月29日。
③ 梦幻:《言论·对于革命军之忠告》,《大公报》1911年12月10—11日。
④ 梦幻:《言论·议和后种种为难问题》,《大公报》1911年12月18—19日。

次南北议和……盖自外人居间调停,南北两方已由主位而移入客位,而外交团则以客位而竟居主位。南北两方之主张,非经外交团之承认,即不能成立。试观日昨袁世凯与伍廷芳,彼此以违反停战条约之说,互电诘让,英使即啧有烦言。谓彼既出而调停,两方即不得直接交涉。聆其口吻,俨然以盟主自居,欲苴两造而执牛耳……窃愿双方以国家为前提……毋以阋墙始以破家终,则庶几我中国之主权,不致尽为外人所左右乎?"①《大公报》认为,中国人之间为中国事协商谈判,外人却从中调停,显然是反客为主,实在不成体统。几天后,又发文申述这一观点,希望谈判双方审外势,察内情,"相与和平解决,不令外人参议其间,保中国之主权,杜列强之口实"②。

但《大公报》的劝和,可谓收效全无。"南北议和,革命军坚持共和政体不退让,若不允,和局必将决裂。"③"夫议和业经匝月,始则为君民问题之争,继则为开会地点之争……时期愈延缓,主见愈纷歧,而去根本问题愈远而愈非。"④

大清王朝气数已尽,《大公报》招魂、支招、劝和都不管用了。1912年1月31日,英敛之化名"无望"在《大公报》发表"闲评一"说:"仆于十年前,盱衡时局,默察人心,为直捷了当之一言曰,中国不亡是无天理,诚以朝野上下,四维荡然,道德扫地,直无国于大地之资格矣。乃不幸言中,今秋革命事起,海内沸腾,不匝月间,摧枯拉朽,大势竟去……"⑤2月12日,隆裕太后主持御前会议,并以幼帝溥仪的名义颁布退位诏书,授权袁世凯组织"临时共和政府"。13日,《大公报》刊发了清帝退位诏书,至此,统治了中国二百六十多年的清王朝宣告结束。同日,《大公报》刊登唐梦幻的文章《辛亥年回顾录》,称南北议和辗移多日,"政府知非改建共和不足以挽回人心、保全领土,皇太后亦力顾大局,不忍以一姓之尊荣陷生灵涂炭,慨然允行虚君共和国体,以政体让之国民"。并说,"今年为专制、共和过渡之年","兹当本报年假之期,适当值宣布共和之日,敬援笔而为之颂曰:辛亥年万岁,新中国万岁"⑥。至此,《大公报》在一片无可奈何中完成了朝代的送旧迎新工作。

---

① 无妄:《闲评一》,《大公报》1911年12月20日。
② 梦幻:《言论·论此次和议关系中国存亡》,《大公报》1911年12月29日。
③ 《要闻·关于和议之种种消息》,《大公报》1911年12月29日。
④ 无妄:《闲评一》,《大公报》1912年1月9日。
⑤ 无妄:《闲评一》,《大公报》1912年1月31日。
⑥ 《言论·辛亥年回顾录》,《大公报》1912年2月13日。

二、有关外交的记事与言论

这一阶段,国家发生的外交事件多与日本有关。虽然这一时期英敛之与日人的关系甚是密切,但是在处理与日本国的关系问题上,《大公报》仍然鲜明地站在国家民族立场上记事和发言。

英敛之对日本的侵略野心早就持警惕态度。据《大公报》报道:1903年下半年,传闻英国国王有致中国皇帝表文一通,"显揭瓜分中国之意,将实见之施行。两宫(慈禧与光绪)览表,相对痛哭,政府诸公亦一筹莫展"①。几天后,又传日本政府确有倡瓜分中国之意,《大公报》1903年12月27日在"时事要闻"栏立即予以披露:"驻日杨钦使枢②初四日又来电云,日本政府确有倡瓜分中国之意。……按日本政府向来主持保全东亚,何以忽倡瓜分中国?其已改变方针乎?抑传闻之失实乎?姑援有闻必录之例登之,以质诸国民。"1904年1月28日,《大公报》在"时事要闻"栏又刊消息称,日本公使内田照会中国外务部,指俄国既能派兵在东三省保护铁路及该国利益,日本亦将援例派兵保护日本人的利益,促"速示何处可为我日军屯驻之所"③。此时正值日俄战争爆发前夕,日本人的蛮横态度,激起《大公报》的不满情绪。

对于英敛之的对日立场,其写于1905年访日期间的《西京游记》末尾一句话很值得玩味:"夫中日两国诚有唇齿辅车之势,合之两美,离之两伤,自不待赘言。我两国士夫稍明时局者,必知和亲辑睦之不可缓,予不敏,聊贡愚见,质之贵邦明达诸君子,其亦以为然否?"中日关系成"唇齿辅车之势",两国"合之两美,离之两伤",英敛之之所以拿这个简单明了的道理"质之贵邦明达诸君子",似乎是感觉到了发达起来了的日本,看起来彬彬有礼,实际上包藏祸心,所以他希望日本"明达诸君子"将中日两国"合之两美,离之两伤"的原则牢记于心。因而,即使在英敛之访日后与日人来往增多的情况下,《大公报》对日本的挑衅行为也予以足够的关注与必要的抨击。

---

① 《时事要闻·显揭瓜分传闻》,《大公报》1903年12月24日。
② 指时任清政府驻日公使杨枢。
③ 《时事要闻》,《大公报》1904年1月28日。

（一）警惕日本效俄占我东三省

在1904年至1905年的日俄战争中，中方持中立立场是有条件的，那就是日俄双方无论谁胜谁负，东三省的领土主权仍然属于中国，战争胜利者不得将东北据为己有。但是，日本人不守信义，在取得战争胜利后，按照他们的既定方针，一步一步地取代俄人攫取在东北的利益。英敛之与《大公报》对日本人的一举一动予以密切关注，并有所警惕。

日俄战争结束不久，正值《大公报》发行千号纪念日，1905年4月13日，该报主笔刘孟扬在《〈大公报〉千号贺辞》中将"日军战胜，尽逐俄人""奉天已足泄我国民数年不平之气""东三省已经易其主"列为三条"可贺者"之首。当然，其前提是日本人要兑现其所言"固无据我满洲土地之心"①。

然而，日本的阴谋是既定的，并且是步步展开的。继1905年12月22日《满洲善后协约》在北京签字后，日人又与俄国人勾结，谋求在中国东北更大的利益。1907年7月和1910年7月，日俄先后两次签订协约，约定维持中国东北现状和确保日俄两国铁路权益，日本承认俄国在中国东北北部和外蒙古的特殊利益，俄国承认日本在中国东北南部和朝鲜的特殊利益。

对此，《大公报》连续发表言论，痛斥日人完全不讲诚信，痛呼中国"亡国惨剧已在目前"②，指出"日俄协约成立，日本并韩实行，正值外交紧迫之时"③。并将此次"日俄协议"视为"本年外交史上最可惊心之事也。各省人民睹此现象方且号呼奔走，冀筹抵制之方针。而秉国钧者，乃如燕雀处堂，不知大厦之将覆"④。

第三次国会请愿运动过后，在关内立宪派酝酿第四次请愿的同时，东北代表请愿的主要诉求就是要求朝廷早开国会，早定国策，及早解决日本在东三省的问题。对此，《大公报》予以了坚决支持。1910年12月19日的"言论"《论东三省人民请愿国会之强烈》说："自日俄协约宣布，其吞并东三省之谋昭然显露……若不早图将为三韩之续矣！覆巢之下焉有完卵？"⑤然而清廷不但无视东北民众的爱国心情，反而对请愿代表采取镇压行动，派军警将请愿代表押解

---

① 刘孟扬：《〈大公报〉千号贺辞》，《大公报》1905年4月13日。
② 省庐：《言论·第二次忠告国会代表》，《大公报》1910年9月2日。
③ 《言论·论中央集权之非》，《大公报》1910年9月8日。
④ 梦幻：《言论·庚戌年之大纪念》，《大公报》1911年1月26日。
⑤ 《言论·论东三省人民请愿国会之强烈》，《大公报》1910年12月19日。

遣返，文章对此表示了极大愤慨。

自此以后，日本人在东三省更加为所欲为。1911年1月23日，《大公报》报道说，东三省新旧交涉层出不穷，政府对外纯用敷衍：既乏解决之术，更无制胜之能，苟且偷安，正不知如何了结。1911年，在中国与英、美、德、法四国银行团签订借款合同后，日本以机会均等相要挟，逼着中国政府向日本借款。对此，《大公报》5月27日在"要闻"栏以"外部对于中日交涉之态度"为题报道指出："日本以中国之四国借款，关系东三省之处甚多，现已出面干涉，询问用途及一切抵押之办法。"

(二) 抨击日本制造"二辰丸事件"

1908年2月5日，日轮二辰丸装运军械，在澳门附近的九洲洋海面卸货时，被中国海军巡船抓获，将船械扣留，将日本国旗卸下。次日，两广总督张人骏将此事电告外务部："顷据水师巡弁李炎山等由澳门电禀：日商船第二辰丸装有枪二千余只，码四万，初四日已刻到九洲洋中国海面卸货。经商会拱北关员见证，上船查验，并无中国军火护照。该船主无可置辩，已将船械暂扣，请示办理前来。查洋商私载军火及一切违禁货物，既经拿获，按约应将船货入官……一并带回黄埔，以凭照章充公按办。谨先电闻，并请照知日使。"①由此引起了中日交涉，史称"二辰丸事件"。

中国的正当行动，反而引起日本的无理抗议：日本驻华公使林权助于2月24日照会中国外务部，对二辰丸被扣一事提出抗议；3月13日，林权助向外务部提出解决该案的五项要求：(1)立即放回二辰丸；(2)在放还二辰丸时，中国兵舰鸣炮示歉；(3)扣留的军火由中国购买，货价为21 400日元；(4)处置对扣留二辰丸负有责任的官员；(5)赔偿此事件所造成的损失。林权助声称，只有全部答应这五项要求，二辰丸案才能和平了结。葡萄牙与日本勾结向中国清政府施压，葡萄牙公使称二辰丸被拿，有违该国在澳门所属"沿海权"，并且有碍其主权，阻碍澳门商务。在列强的高压下，软弱的清廷外务部于3月15日答复日使，表示接受日方提出的全部条件。

关于"二辰丸事件"和事态发展，1908年3月10日《大公报》报道称："日本

---

① 转引自王芸生：《六十年来中国与日本》第五卷，生活·读书·新知三联书店2005年版，第146页。

第二辰丸号运载军火,在中国海界被扣一案,是否走私乃在查。现闻日本态度强硬,索船之外还要索取被扣之赔偿。"18日,继续报道称,辰丸号事件据闻外务部与日使议结,其条件四项:中国军舰在辰丸号碇泊海面附近鸣炮致谢并惩罚当时扣船官员;立即释船;赔偿;辰丸号上之军火由中国收买。

对此辱国丧权的外交结果,《大公报》一连两日发表"言论"表示愤怒,分别向政府和国民提出"敬告"。3月18日的"言论"《为辰丸事敬告政府》称:弱国无外交,中国必须增强国力和兵力。如何办呢?文章认为,"今日之外交非口舌所能争,必须有强大之兵力盾夫其后"。同时认为,"外交势力之基础在国民",政府应懂得利用民气与列强抗争,使之"不敢复肆其恫喝凭凌之惯技"对待民众①。这篇言论中提出的办好外交必须增强兵力与发动民众两点,是两个根本性的问题。3月20日的"言论"《为辰丸事敬告国民》继续说道:国民必须密切关注国家存亡,不要对外交的失败"执一冷淡态度"②。

3月24日,《大公报》报道了民众的高涨情绪:3月23日下午8时,因政府将二辰丸号释放,广东省民气大哗,聚众三千余人,请政府保护张人骏家眷出省,以免遭日人报复;同时,民众还决计"禁买日货,倘日人稍有异议,即与日人抵死开战"。字里行间透露出国人的正义气概。

3月27日,披露内廷和官员的错误立场:"广东乱事,因释日本走私船而起,军机处闻变大惊。内廷特召唐绍仪中丞询问,粤民何以如此胆大妄为,唐绍仪回答说是教育未能普及所致。闻慈禧有拟派唐绍仪前往查办之意。"

清政府在处理"二辰丸事件"上的妥协退让态度,以及答应的丧权辱国条件,引起了广大绅民的极大愤慨。有人提出罢市,还有人提出进行抵制日货之法。对于广大绅民的激愤,《大公报》表示理解与支持。4月1日的报道称,粤商自治会因日辰丸号案无理了结,于3月20日开国耻纪念会,总计是日到会演说者二十余人,与会者"十数万人",无不摩拳擦掌、泣不可抑,有人携有日货往华林寺大雄宝殿点火焚毁,"红光烛天",愤激至不可名状而无暴力之举。《大公报》对此评论称,"此殆国民程度日进,办事者亦知事先预防"。

4月2日,又在"附件"栏刊登《吴敬荣禀陈缉获二辰丸起卸情形》,向民众报告二辰丸事件的来龙去脉。4月11日,再次发表"言论"《论第二辰丸案敬告

---

① 《言论·为辰丸事敬告政府》,《大公报》1908年3月18日。
② 《言论·为辰丸事敬告国民》,《大公报》1908年3月20日。

我国人》,严肃指出:"第二辰丸一案,我外部已屈于强邻而和平了结矣。我国官吏以适合公理之行动而颠倒变幻,结果乃至于是,在人则为失人格,在国家则为失国家之资格。今日既种此因,吾不知后日复成何果也?"①

1909年10月,日本前首相、侵略中国和朝鲜的元凶伊藤博文访俄途中在哈尔滨车站被朝鲜爱国志士安重根刺杀。《大公报》历来反对来自任何方面的、出于任何形式的暴力行为,唯独这次例外,在报道"安重根刺杀日本伊藤博文"这一件暴力事件时,对刺客安重根采用了赞赏语气。1910年2月19日,《大公报》"各省新闻·东三省"《安重根之供状》称:"旅顺日本法院开庭审讯伊藤暗杀一案。安重根受审时状颇从容",声称伊藤行韩帝之废立,妨碍韩国之独立,破坏东洋之和平,"吾之目的在东洋平和及韩国独立,并不在仇杀一伊藤。故伊藤虽死,我之目的尤不能谓之达到……安重根判定死刑,其余三人受一年以上之惩役"。这从一个侧面反映出《大公报》对日本侵略行为的看法。

（三）批评政府"割地赔款"的外交政策

英敛之和《大公报》对清廷的外交政策,与对国内时政一样,批评有加,称其为只知"割地赔款"的外交。该报称每当外交冲突发生时,清廷的外交使臣"缺乏锐利之眼光,敏活之手腕",一味"被外人所玩弄","无往而不败"。"中国向来之办理外交,除割地赔款以外,无他能事,可谓着着失败者矣。"②1909年,摄政王载沣开缺袁世凯,那桐等人出面保袁,说他"办理外交,有功北洋"。《大公报》9月11日发文,针锋相对地抨击袁世凯的外交政策,指出:"无前日之袁世凯,今日北洋之权利未必多授外人。"③袁世凯之后,清廷的外交表现更为糟糕,9月18日、19日,《大公报》发表《外交家之手段如是》一文,对政府的外交手段予以批评:"现政府之魄力不如项城（袁世凯）,而其巧诈诡辩之术则有过之。项城之所失者,一意媚外之主义耳,今之政府既欲排外而不敢,又欲媚外而不能,故其一举一动既不敢反对项城之所为,而又不能尽效项城之所为。现政府本此心理,故对于外界之手段先后歧异,变幻无穷,以此而当外交之局,其有不令举国寒心者未之有也。"④

---

① 《言论·论第二辰丸案敬告我国人》,《大公报》1908年4月11日。
② 《言论·舆论与外交之关系》,《大公报》1908年1月19日。
③ 《闲评一·袁世凯之保语》,《大公报》1909年9月11日。
④ 《言论·外交家之手段如是》,《大公报》1909年9月18日。

当然,《大公报》人也深知外交是件很复杂的事,更知道弱国无外交,所以不仅限于批评和指责,更多的是提出一些建设性的意见和建议。

其一,建议加强军事力量,尤其是加强海军建设,以资为外交之后盾,从而改变外交上的被动局面。"我国近年来外交失败,政府则受困于上,国民则呼号于下,遇事坚持均不能收完美之效果。其故为何?曰无海军以为之后盾也。"于是,有识之士提出加强军备,尤其是加强海军。《大公报》深以为然,并"亟亟为海军恢复之计"。但是,筹建海军绝非易事,"军港之难筹,人才之难得",此外,"最切要且最困难者尤莫如海军经费问题",并提出解决这些问题的办法"有数端:其一则恃美国退还之赔款以充开办经费也。……其二则恃各省旧有之水师以省开办经费也"①。

其二,呼吁舆论配合外交,民众支持外交。英敛之创办《大公报》的宗旨之一就在于开民智,启发中国民众的爱国心,另外,他在谈到媒体监督政府时认为,碰到外交事务,不要"打横炮",要一致对外。所以在谈到办理外交时,他主张媒体必须支持外交,民众舆论必须做政府的后盾。"舆论者,主张公理者也,对于政府则代表国民之意思而贡献之,对于外交则为政府之后盾而拥护之,此舆论之天职也。"②

其三,认为办理外交应该有原则、有底线,不可一味退让。虽然弱国在与列强办理外交事务时发言权不大,但也不能完全没有底线地屈从外人压力,一味退让。1911年2月4日的"要闻"栏在报道"今年外交之方针"时说:"闻枢府诸公集议,以我国外交事件一再失败,非妥筹补救之方,则丧失利权,将来不知伊于胡底。因决定知照外部,转知各出使大臣及各省交涉使,嗣后无论何项交涉,务须根据法律切实解决,不得任意出入,致多损失。"《大公报》对"枢府诸公集议"的观点表示赞同与支持。

1911年7月9日,"要闻"栏报道"外部与各使商定之条款"时说:"外部以近时内外交涉事繁,凡有碍主权及有损国体者,必须据理力争。故日昨该部特将关系紧要各端,与驻各国使臣商定,并通行各省一律遵照。"并详细列举了几条具体意见:(1)不得私运军火入内地,以保两国治安;(2)不得任由乱党在属地团聚,听其筹饷运械为自由之运动;(3)军舰不得游弋内河致生事端;

---

① 《言论·海军经费论》,《大公报》1908年6月23—25日。
② 《言论·舆论与外交之关系》,《大公报》1908年1月19日。

(4)招募工人应先知照核定章程方准应招;(5)两国所订条约逾期,却作无效,不得延宕要求;(6)教案当持平办理,不得以国力相要挟。

其四,主张加强资政院对外交事务的监督。《大公报》认为,虽然外交事务有它自己的规律,但是也必须接受代表民意的资政院监督。1911年上半年,邮传部以修铁路干线为名动辄向国外银行借款,对于这个既涉及国内交通又兼具外交性质的问题,《大公报》发文说,邮传部之所以能随随便便地向外国银行借款,是因为监督机制缺位。所以文章提出,资政院为国民代表,岂可置而不问,一任政府之独断独行耶?

三、有关民生民瘼的记事与言论

(一)发起救灾活动

英敛之心怀一颗仁者爱人之心,其前辈教友马相伯曾评论称:"当其(指英敛之)在天津《大公报》,凡救灾劝募等,必首首然不辞。"[①]他自己也说:"久拼身世等浮沤,贵贱悲欢一例收。独有天人悲悯念,未能一日去心头。"[②]英敛之本着"悲天悯人"之心,积极倡导《大公报》从事社会公益活动,每逢水旱大灾,《大公报》都要发起赈灾活动。

1. 为江北水灾募赈

自1906年4月起,江淮地区持续暴雨,洪泽湖、高邮湖以及运河等水域水位迅速攀升。据奏报,"洪泽湖积至一丈六尺一寸","至六月二十八日,高邮玉马头涨至一丈六尺九寸","上游沂、泗诸水,叠次长发,悉入江北运河,为数十年罕有之奇涨"。江苏、安徽两省遭此水灾,灾情遍及八府一州。对于此次江皖地区的严重灾情,《大公报》不仅及时报道,而且设法进行社会动员,募捐赈济。据现有资料,英敛之和《大公报》是1907年1月中旬开始为江北水灾募赈的。是年1月15日,英敛之午后"至(方)药雨处,商以书画出售助江北赈捐"。商量后,他雷厉风行,立马"至文美斋购纸料",准备写联出售[③]。次日,早起"写

---

① 马相伯:《万松野人言善录序》,周萍萍编:《英敛之集》(下),第6页。
② 英敛之:《安蹇斋丛残稿・诗钞》,周萍萍编:《英敛之集》(下),第255页。
③ 《英敛之先生日记遗稿》,第1092页。

联十余付",然后"至(方)药雨处,商登书画会告白"①。

1月17日,《大公报》出现有关江北水灾的第一则报道,称:"本年(丙午)江苏、安徽大水为灾,据各官绅调查,难民通共不下千万,其被灾处所广袤,约四千里,实为近数十年水灾中之最巨者。"②

灾情报道后,英敛之和《大公报》采取多种形式发起募捐赈灾活动。1月17日,《大公报》"英华、顾越"与《新闻报》"方若、张颐"等四人发起在《大公报》刊登举办慈善书画助赈启事:"窃以江皖浩灾,饥荒待赈。私忧方切,五内俱焚。与同人谋,都是寒儒,无可分之义谷",于是决定发起"小小慈善书画会",以书画助赈,并征集会员③。

为了更有效地开展募捐,1月22日,英敛之又同方药雨发起成立"书画慈善总会","并定十四日(1月27日)起开会"。为举办书画慈善会,英敛之与方药雨等人四处奔波借房,柴天宠也在"各处招揽,颇为出力"④。

"书画慈善总会"于1月27日中午准时开会。"人来颇多。是日售入一百数十元。"⑤次日,英敛之与方药雨以发起人的名义在《大公报》上刊登《书画慈善开会广告》:"本会定于本月十四日起至二十日止(1月27日至2月2日)在日本租界旭街天仙剧院迤南路西,陈列诸书法家赞助之书画,任人择购,入款悉数充江北赈捐。"⑥经多次筹集,至2月7日,书画慈善总会初步结算,共筹集捐款1217元。所有捐款由英敛之和倪竹生由户部银行向灾区汇出⑦。此汇款情况还于次日在《大公报》上刊布,告知社会。同日,《大公报》刊登《书画慈善会售出字画账单》。

2月8日,《大公报》刊登户部银行告白:"腊月二十五日(1907年2月7日),又收到书画慈善会汇江北赈款大洋一千一百四十五元,小洋十五元二角,湘平银四十一两,如数电汇灾区,特此声明。"

英敛之夫人淑仲也是一位社会公益活动的热心倡导者和参与者。1月18日,淑仲以中国妇人会驻津会员的名义在《大公报》刊登启事,呼吁捐输共赈灾

---

① 《英敛之先生日记遗稿》,第1092页。
② 《译报》,《大公报》1907年1月17日。
③ 1907年1月22日,会员征集了13人,2月2日增至30人,3月13日增至49人。
④ 《英敛之先生日记遗稿》,第1094页。
⑤ 《英敛之先生日记遗稿》,第1094页。
⑥ 《书画慈善开会广告》,《大公报》1907年1月28日。
⑦ 《英敛之先生日记遗稿》,第1095页。

黎。到1月26日,妇人会募集捐洋四百七十元;至2月7日又筹得捐款三百九十五元。2月8日,户部银行称:"腊月二十五日,收到中国妇人会汇江北赈款大洋三百九十一元,小洋三十八角,铜子八枚。"

春节过后,天津社会各界于2月22日在李公祠召开公益善会,继续商讨为筹江北赈捐事。英敛之与夫人淑仲"及弟实夫夫妇连日到会募捐"。开会七日,筹捐近七千元。此会共汇去一万五千元以上。英敛之等人为灾区捐赈的行为"为中国北方之创举"①。

进入3月,劝赈活动继续进行,并且形势上有所发展,即开始发动艺人进行义演助赈。

据《大公报》3月1日在"本埠"新闻中报道说:"此次在津绅商为江北灾民筹赈,组织公益善会于李公祠开演新戏电影七天,承巡警总局派军乐队助善,并派巡警料理一切,下天仙戏园园主并诸名角各尽义务,不取分文",加上利威洋行等大力协助。"是日,卖票收入大洋一千一百五十九元零二十三枚以上;七日戏票共收入大洋四千六百五十八元,小洋九十五角;妇人会共收大洋一千七百七十六元,小洋九百四十四角五分,铜元四千四百三十七枚……统交于户部银行电汇灾区。"②

另据《大公报》3月16日公告,李公祠广益会还特邀京都名角德珺如、谢宝云、金秀山、谭小培、王瑶卿、谭鑫培等来津演戏赈灾,《大公报》也进行了相关报道。

此次为江北水灾劝赈活动至4月中旬结束,大致有以下特点:

其一,英敛之等人不仅是发起者、倡议者,也是亲力亲为者。1907年1月15日,英敛之与方药雨商量以义卖书画形式为江北水灾劝赈事后,就直接"至文美斋购纸料",第二天一大早就起床"写对十余付",后"连日为慈善会忙,写联甚多"③。慈善总会成立后,英敛之继续到"慈善会接应",而且连日写联,"出售各件"④。春节之后,英敛之更忙,"正月内续开书画会一星期",仅他"一人所售入价六百元以上,入款分文不动充江北赈捐"。另外,为赈灾所办各会,如书画慈善会、公益善会、艺善会,内分(一)天福茶楼、(二)宝和轩、(三)三德轩、

---

① 《英敛之先生日记遗稿》,第1096页。
② 《本埠·李公祠开办公益善会之尾声》,《大公报》1907年3月1日。
③ 《英敛之先生日记遗稿》,第1093页。
④ 《英敛之先生日记遗稿》,第1094页。

(四)聚合楼、(五)天泉茶楼、(六)兴益善会、(七)聚庆园、(八)忠和园,还有永顺茶园,皆由英敛之演说募捐①。

其二,办事公开,账目清楚。每次劝赈的账目有专人负责,活动结束后,将筹赈入款及开销清单在报上公布。据记载,"李公祠第二次广益善会,因办理不善,发起人陈念新过于糊涂",英敛之发现后,只到会演说一次,便立即停止。后来,"果涉讼,因(经办人)马三侵吞赈款事"②。

其三,千方百计,形式多样。英敛之得知江北水灾灾情十分严重后,"五内俱焚",与同人谋,欲设法救助。由于他和朋友"都是寒儒,无可分之义谷",只能以书画义卖形式劝赈。后来扩大至演说、电影新戏助赈、请名角义演助赈等多种形式。

其四,发动面广。书画助赈慈善会1907年1月17日发起成立时会员仅四人,到1907年3月13日增加到四十九人。每次劝赈活动,民众都踊跃捐款,最典型的是连乞丐都主动捐款。据《大公报》报道,3月13日,天津小小艺善会为赈江皖水灾之曲艺表演后,英敛之登台演说助捐,正在收捐之际,"忽从门外来二丐妇,一妇怀中抱有幼儿,声言我辈虽无衣无食,以乞丐度日,然每日尚可得饱,且不在水中浸灌,较比江北灾民已有天渊之别。今日我等丐得铜元四十九枚,请贵会勿嫌微少,附充赈捐"③。

其五,将救灾与国民公德教育结合起来。英敛之一方面发动募捐活动,一方面在报上发表言论,对民众进行互助友爱的公德教育。1907年2月24日,英敛之在《大公报》上发表题为"闻北京中国妇人会劝捐事有感而书"的"言论",指出人与人之间的友爱、人群的黏合力对于国家的重要性:"国之所以为国者,更有一最要之元素,为人群之黏合力,作社会之生命魂者,此元素若一缺乏,则人群不成其人群,社会不成其社会。"东邻日本"步武西法,进步骎骎,近数年中,善会林立",举办"各种合群之义举",体现"爱群益世"的精神,"助社会之发达";反观"吾中国,素最自称为礼仪之邦者,于此等益世爱群之事,反阒焉无闻"。文章最后说,今有北京妇人会"一般妇女,不辞劳瘁,为此苦心孤诣之劝捐"。参与其事的成员"声望未必高,识见未必远,学问未必深",但是她们的

---

① 《英敛之先生日记遗稿》,第1096—1097页。
② 《英敛之先生日记遗稿》,第1097页。
③ 《本埠·小小慈善会竟出特别新闻》,《大公报》1907年3月13日。

行为值得"推尊溢美",值得全社会各阶层的人学习①。3月28日,《大公报》以"代论"形式刊登录自《时报》的《中国妇人会募赈余谈》,4月2日发表女教员陈作新的《说公德》,联系劝赈实际,论说"国民公德的完善""友爱团结之力的增加"对社会文明、对国家发展的重要性。每个人都必须"知社会之所以为社会,国家之所以为国家者,皆赖人民结合团体以成立者也,人民之所以结合团体者,舍公德莫由矣"②。

由于有以上特点,此次劝赈取得显著效果。据英敛之日记,"至二月底(即1907年4月中旬),与户部银行结算,经予手汇去江皖赈捐共三万以上"③。而非经英敛之手募集的救灾款更无法统计,如仅4月26日《大公报》即刊登消息:初九,"由户部行汇妇人会助江皖赈洋二千二百七十八元三角"。

2. 为其他地方灾民的劝赈

(1) 为直隶水灾赈捐

为江北水灾赈灾募捐活动刚刚结束,1907年夏天,永定河决口,直隶发生水灾,英敛之和《大公报》一如既往,发动募捐赈济。

8月10日中午,丹桂戏园派人到英敛之家商谈演戏助直隶水灾捐事,英听后,立即"约刘子良来商同办",并且找到相关人员协商后,"同子良至丹桂商定演戏日期"④。

8月14日起,《大公报》连续刊登《丹桂戏园开演新戏筹办直隶水灾赈捐》,说:"近日永定河决口成灾,数百里庐舍淹没,人民流离,惨苦万状……本同人等义切同胞,不忍坐视,今特议定于本月十一十二两日白昼演戏两天,所入票价全数充赈。"发起人为张玉顺等十四人,赞成人员有刘子良、英敛之等八人,承办人为万铁柱和郑玉焜。此两位承办人应是丹桂戏园的负责人⑤。当天午后,英敛之不顾劳累,到牡丹戏园演说筹赈,以增强效果:"予登台演说,并挨客劝捐。是日热甚,挥汗如雨,共收三百余元。"⑥第二天,英敛之毫无懈怠,继续到丹桂园登台演说。有一个叫陆亮臣(字光熙)的人听后十分感动,邀英敛之

---

① 安塞:《言论·闻北京中国妇人会劝捐款事有感而书》,《大公报》1907年2月24日。
② 陈作新:《言论·说公德》,《大公报》1907年4月2日。
③ 《英敛之先生日记遗稿》,第1097页。
④ 《英敛之先生日记遗稿》,第1122—1123页。
⑤ 《丹桂戏园开演新戏筹办直隶水灾赈捐》,《大公报》1907年8月14日。
⑥ 《英敛之先生日记遗稿》,第1124页。

叙谈,并答应"晚间送捐百元"①。

据载,自此至9月中旬近一个月的时间,英敛之除了处理报馆日常事务外,基本上都是为直隶水灾奔走:

8月22日,邀集数人继续商量筹赈事宜②。

26日,朱连魁、马少华、刘子良等人同至英敛之家,与之"商办赈事"③。

29日,从午后至晚上,均为赈捐事忙碌:"午后至刘子良处,告以开会事。归,路经广东会馆一看,回馆。晚赴聚庆成,朱景沂约商下天仙筹赈事。来人数起,商筹赈。"④

9月3日至5日,连续"三天晚间在广东会馆戏法助赈"。4日至5日,连续"两白日在下天仙演戏助赈,俱由予登台演说,除买票外,复劝捐。计下天仙两日,入一千九百余元。广东会馆三日,入五百五六十元"⑤。

《大公报》为直隶赈灾,一个多月间刊登有关赈捐的广告、告白近十次,仅9月3日就刊登有三则广告:《同仁善会电影、戏法开演广告》《慈善会演戏助赈告白》《下天仙戏园演戏助赈广告》。

据载,英敛之9月19日将最后一笔捐款交商会⑥,可见为直隶水灾赈捐一事一直持续到9月中下旬。

(2)为两广水灾赈捐

1908年夏天,广东、广西发生水灾,英敛之和《大公报》得知消息后,立即在报上发出救灾呼吁。7月6日至7日,发表题为"移国民款以救水灾议"的"言论",希望政府拿出一部分为支付赔款而筹集的国民捐救助两广灾民,一则可以联络各省民众的感情,二则可以提倡国民之道德心⑦。

之后,《大公报》开始全面报道灾情,并全力发起募捐活动。7月14日,《大公报》在"时事"专栏以"广东水灾汇志"为题报道两广水灾情况,并发出急救呼吁:"缘于两广水灾,自桂林以下,梧州、肇庆,西南三水,并沿东北二江一带乡

---

① 《英敛之先生日记遗稿》,第1124页。
② 《英敛之先生日记遗稿》,第1124页。
③ 《英敛之先生日记遗稿》,第1125页。
④ 《英敛之先生日记遗稿》,第1126页。
⑤ 《英敛之先生日记遗稿》,第1126—1127页。
⑥ 《英敛之先生日记遗稿》,第1130页。
⑦ 《言论·移国民款以救水灾议》,《大公报》1908年7月6—7日。

村均被淹没数百,百万生灵,延喘待救。望仁人君子度量捐输,共襄善举。"①

同日,刊登香港助赈水灾的东华医院、先施、真光公司、泰盛号、新昌轮船公司及皇仁书院教习、学生等的义助、捐款详情。15日至16日,陆续刊登广东水灾赈济情形。

22日,《大公报》在报道中强调广东此次水灾,灾区广、灾情重。同日刊登旅津广东绅商的谢启及成立赈灾收捐处,并报道北京亦发起筹款助灾的情况。

8月初,《大公报》连续刊登有关募赈广告,进行募赈呼吁。如8月3日的《书画慈善会义卖启事》写道:定于8月6日起至9日止,"每日午后一钟起,在李公祠陈列各品出售,所入之款全数充赈,本会不扣分文,并将购者姓名、钱数详细登报,以彰公德"②。8月6日,英敛之等以书画慈善总会发起人的名义在《大公报》上刊登广告中说:"南省水灾,如两广如安徽如湖北如浙江,而尤以粤省为巨。前在广东会馆集议时,鄙人等提议,仍办书画慈善会,各尽心力,以期众擎义举,得款即寄灾重者先。惟愿赞成诸君仍如去年之踊跃,以匡不逮,鄙人幸甚,灾民幸甚。"

同以往一样,英敛之将博爱之心付诸行动,运用一技之长,拼命写联义卖。这次广东救灾,适逢英敛之腿病发作,但他不顾疼痛,写联不止。据7月29日日记记载:"三日等连日作大字联,为书画慈善会赈灾用。入款全数充赈,分文不取,一如去年。"③7月31日,英敛之一早到河北女校教课,午后,至李公祠,"以自书出售……(写联)共售去十余联。六点后归"④。8月1日,英敛之一大早起来"写对联。连日热不耐,至夜中亦不能成寐。午后,内人来,马车至河北劝捐,五点归"⑤。8月6日,"九点后,赴李公祠开书画慈善会,为赈广东水灾也。各件皆由赞成员捐出,入款不动分文,全数充赈。坐落于水阁中廊陈列字画,是日卖入二百余元"⑥。8月7日,"慈善会移于戏楼下,在彼写联甚多,向晚极热,归,甚倦"⑦。8月8日,"饭后至李公祠。是日尤热,作大字甚久,遍身

---

① 《时事·广东水灾汇志》,《大公报》1908年7月14日。
② 《书画慈善会义卖启事》,《大公报》1908年8月3日。
③ 《英敛之先生日记遗稿》,第1196—1197页。
④ 《英敛之先生日记遗稿》,第1197页。
⑤ 《英敛之先生日记遗稿》,第1197页。
⑥ 《英敛之先生日记遗稿》,第1198页。
⑦ 《英敛之先生日记遗稿》,第1198页。

皆疥子。三日共售四百余元"①。从后来《大公报》公布的书画慈善会义卖助件者、购买者名录看,英敛之遥遥领先。

可能是由于灾情发生在南方,加上近年频繁赈济,此次两广募赈的情况不甚理想,购者不算踊跃,赈款因而不够多。比如书画慈善义卖原定8月9日止,因存件尚多,特延长展期至8月12日止,后又一次延期至8月19日,共延期十天。8月20日,英敛之偕同刘少平、刘子良至新闻社核算款项,"拨粤赈一千二百元零,送交海关道拨皖赈四百元"②。对此,英敛之十分着急,在报纸上不断刊文予以启发教育。8月15日,《大公报》在"白话"栏发表《奉劝买画助赈》,其中称:"说句得罪人的话吧,这次买画助赈的,不算踊跃。"文章指名道姓地批评"士农工商"各界人士,建议他们"贵临书画慈善会一看,倘若发了怜悯的心,买点字画,赈捐岂不更多一些吗?积少成多,如此何虑灾民不活?与其烧香求福,莫如救人一命!"③

由于英敛之等人再三劝赈,募捐数有所增加。1908年9月3日,《大公报》刊登《书画慈善会发起人同白》为此次两广劝赈作结,首先说:"我区区书画会,以措大生活,作秀才人情,一而再,再而三",才募捐到如此的灾款,"实为初想不及"。告白特别表扬"赞成诸君,不辞劳瘁,当此溽暑,毫汗齐挥,一念之诚,殊堪钦佩",最后提出希望:"倘人人能各就所长,尽国民一份子,即爱国合众之实际,所得不其多乎?"④英氏等苦口婆心之形象,跃然纸上。

(3) 为北乡水灾赈捐

两广水灾劝赈还未结束,又闻"北河已决岸成灾"⑤。1908年10月3日,《大公报》刊出由英敛之作为发起人之一的一则《劝赈启事》:"北乡一带,水灾甚重,附近居民田地庐舍尽被淹没无存,啼饥号寒之声,惨不忍闻,亟宜设法筹济以施拯救。兹公同酌议,创办救急善会,劝募赈款,藉惠灾黎。敬乞诸大善长多多筹劝,送至北马路商务总会代收,随时汇放。特此登报宣布。灾民幸甚。"10月25日至11月1日,有英敛之参与的三十八人发起,连续八天在报上刊载北乡水灾劝募赈款启事,继续为灾民乞捐。

---

① 《英敛之先生日记遗稿》,第1198—1199页。
② 《英敛之先生日记遗稿》,第1200页。
③ 徐忠鉴:《白话·奉劝买画助赈》,《大公报》1908年8月15日。
④ 《书画慈善会发起人同白》,《大公报》1908年9月3日。
⑤ 《英敛之先生日记遗稿》,第1203页。

因此次北乡水灾的劝赈时间比较短,所募捐的钱数报上没有报道。

（4）为甘肃灾民请命

1907年以来甘肃连续旱灾,到1909年夏天,旱情发展到顶峰。受灾面积广,持续时间长,灾情十分严重。"粒谷皆无,且饮水亦至枯竭,今竟呈尸骸相食之现象。"1909年7月6日,《大公报》在"各省新闻"中报道:"甘肃三年不雨,苦旱成灾待赈孔亟,已拨库币及各省协助,约有十五六万之谱,再行公同议定。"①9日,又报道说:"日前某大臣在内廷宣言,甘省近年之所遭旱灾,未必如各报所传之甚。"《大公报》对此愤慨地指出,在朝野商讨如何赈济甘肃省灾民时,某大臣说这种话,简直是"毫无人心"②。

对于甘肃民众遭受长时间的灾难,《大公报》不可能坐视不管。7月23日,《大公报》在《速救灾黎》标题下刊登"筹办甘肃赈捐处""天津救急善会""艺善会"的启事,说"现值甘肃奇荒,赤地千里,小民易子而食,其惨状实不忍闻,亟应劝办义赈以协解济",并报道天津、上海等地为甘肃省募捐情况:"甘省旱灾,日前天津慈善团体已作筹赈之举,今上海继新舞台演戏助甘赈后,复又有发起女伶演戏助赈,假座丹凤茶园连演两晚。"

《大公报》此次对甘肃民众劝赈,表现出一个明显特点,就是一方面募款,一方面抨击不顾民众死活的封疆大吏,其批评言论直指陕甘总督升允,代理总督毛庆藩、上海道台蔡乃煌等。

时任陕甘总督升允③为了保住自己的乌纱帽,不顾人民死活,不但匿灾不报,而且继续征收田赋。《大公报》对此也进行了报道④。

上海的革命派报纸《民呼日报》本着为民请命的宗旨,对升允的罪行进行揭露和批判,代理陕甘总督毛庆藩勾结上海道台蔡乃煌诬指《民呼日报》社长于右任吞没救灾款,向上海公共租界提起控诉。对此,《大公报》于8月8日发表一则"闲评"指出:"今日《民呼报》因甘肃赈捐事（被起诉）,为著名汉奸之蔡乃煌所诬陷。"⑤租界当局受理该案后,经过十四次研询,查明纯属诬陷,但还是做出《民呼日报》停刊的判决,对此《大公报》于11日发表一则"闲评"厉声斥

---

① 《各省新闻·甘肃省》,《大公报》1909年7月6日。
② 《要闻》,《大公报》1909年7月9日。
③ 升允,多罗特氏,字吉甫,号素庵,蒙古镶黄旗人。1909年于陕甘总督任上因反对立宪和隐瞒灾情而被摄政王开缺。
④ 《要闻·甘督升允开缺》,《大公报》1909年7月17日。
⑤ 《闲评一·汉奸之气焰》,《大公报》1909年8月8日。

责:"上海《民呼报》之设,原为大声疾呼,为民请命之义。乃自蔡乃煌推倒该报,吾知自此以后,官吏之气焰日大,而民间之呼吸无闻,蔡乃煌可谓大吏之功狗矣!"①

8月14日《民呼日报》被迫停刊,15日《大公报》"各省新闻"栏报道,"旅沪陕西同乡会为于右任被拘事于本月五日上午十二时开临时大会。到会者八十余人,共议电甘督申辩。电文称,甘赈系刘定荣等办,与本会会员于伯循无涉。沪道言奉宪电拘于,究甚。乞赐湔雪"。同日,就此事发表两篇"闲评"。"闲评一"替于右任喊冤:"于右任之办《民呼报》,筹赈甘肃旱灾,此亦人之所共知也。而孰意竟有以此诬于右任者!于右任之冤案难平。"②"闲评二"从三方面质问蔡乃煌:其一,据称蔡乃煌于日前致信北京威胁说,北京报界如再"干预"《民呼日报》案,必对于右任不利。《大公报》称"蔡乃煌其恫吓报界,欺凌于伯循(于右任),气焰嚣张"竟一于此耶?"其二,责问于右任所犯到底何罪,为何一经报界之干预,其罪反难宽免? 其三,进一步责问北京报界所犯何罪,乃一干预于右任案而其罪反可加增?"此为我报界之全体所急欲质问蔡道者也。"③

8月19日,《大公报》"来函"栏刊登一则来稿,揭露蔡乃煌钻营得上海道一缺,"专为权要走狗,剥民脂民膏数十万金……先以七万金夺《中外日报》于商务印书馆,继则自开报馆多家……本年三月,有《民呼报》出现,大声疾呼,拒绝贿赂",蔡乃煌遂借查甘肃筹赈公所账目之名,而逮《民呼报》总理于君伯循入狱,赈灾所撤散④。

9月11日,《大公报》又发表题为"论朝廷不去蔡乃煌无以服舆论"的"言论",首先指出:"沪道蔡乃煌不顾公理,不恤人言,竟以其一手遮天之伎俩,显然与朝廷立宪之宗旨相反对。"要求朝廷立即将其"立予罢斥,以慰人心"。接着说:"蔡乃煌之诬陷于右任,推翻《民呼日报》,我报界笔伐口诛,不遗余力,而蔡乃煌竟得逍遥海上,无毫末之损伤。"最后据此质问道:"是岂蔡乃煌之势力果足以动政府耶?毋亦政府轻视蔡乃煌而优容太过之故耳?不知蔡乃煌自任沪道后收买报馆,贿通言路,内而军机,外而督抚,大半恃之为爪牙?"⑤

为捍卫民众利益,《大公报》与革命派人士及革命派报纸合声而发,这是很

---

① 《闲评一·民不呼矣》,《大公报》1909年8月11日。
② 《闲评一·希望于午帅者四》,《大公报》1909年8月15日。
③ 《闲评二·敢问蔡乃煌》,《大公报》1909年8月15日。
④ 灾民九:《来函·为中国灾民讨上海道蔡乃煌上〈大公报〉书》,《大公报》1909年8月19日。
⑤ 《言论·论朝廷不去蔡乃煌无以服舆论》,《大公报》1909年9月11日。

少见的,自然也是很可贵的。这也说明,在《大公报》眼里,只有是非,没有派别,认为是则赞同,认为非则反对。

(5) 为湘鄂水灾赈捐

与甘肃连遭旱灾相反,湖南、湖北等省连年水灾。1909 年夏秋之交,"鄂省各属,凡滨临江河湖港者,无不淹没,秋收业已绝望,灾区甚广,饥民不计其数";湖南也因夏季雨水过多,"沅、湘、资、澧诸水并涨",滨江滨湖各州县田禾概遭淹没,"均罹巨灾"。流离转徙各地的数十万饥民,"靠剥树皮、挖草根,勉强过活"。

《大公报》发起为湘鄂水灾劝赈,于 1909 年 11 月 2 日刊登"湘鄂两省旅津同人会同英敛之方药雨等"发表的《劝赈湘鄂灾启》:"鄂湘两省连年水旱偏灾,筹赈筹捐,几无虚岁。"在历叙灾情后,"为全楚生民请命。素仰仁人君子好施乐善,见义勇为,具己饥己溺之怀,宏爱国爱民之愿。伏望仁浆义粟,济彼饕飧"①。

12 月 5 日,再刊登"告白"说:"湘鄂赈灾久已布告。今定于(本)月之二十四晚与二十五日早晚,借座南市丹桂茶园演戏助赈。将登台名角热心为善发起与赞成芳名登录于后,义务演戏。"此活动的发起人为孙菊仙、杨小楼,英敛之为赞成人之一。

水灾导致粮食奇缺,1910 年春季,湘鄂灾区饿殍遍野。湖南巡抚岑春萱无视民瘼,采取错误的粮食缓运政策,导致抢米风潮一波接一波。《大公报》对此更为关注。刊文分析抢米案发生原因:"查此次肇事由于米贵,米贵由于出口,出口由于缓禁,缓禁由于岑抚无视民瘼。"5 月 6 日,在"来稿"栏刊登"旅奉湖南同乡会寄湖南咨议局"的《湖南救灾善后提议案》,说去年湖南水旱两灾交煎,全省饥民数十万,官吏不纾民困,仍将米粮出口而激起饥民暴动,为数十年来所未有也;并提出一些办法帮助解决灾民的吃饭问题②。

总之,英敛之和《大公报》做到了有灾必赈,赈必以诚;至于效果的大小,则视各种因素而有所不同。

(二) 关注下层社会

虽然英敛之自视"愤世嫉俗"、博爱众生,但总体而言,由于自身的社会地

---

① 《劝赈湘灾鄂灾启》,《大公报》1909 年 11 月 2 日。
② 《湖南救灾善后提议案(旅奉湖南同乡会寄湖南咨议局原稿)》,《大公报》1910 年 5 月 6—8 日。

位,其关注视野仍主要集中于社会上层,所以《大公报》上也是关注朝堂的事多,关注社会底层的事少,即使是提倡办学、倡议戒缠足和革除各种不良社会风俗,也主要从提高国民素质、增强社会文明的角度出发的。总体而言,英敛之对中国社会底层缺乏了解。比如新政期间,社会和政府组织人员到农村支教,义务教孩子们读书识字,可是,教师到后,空有教室,而没有学生。对这种现象,英敛之很不理解,"怪而问之,则曰:教习至此月余,村中无一人入学者,教习遂归矣。而其余之有教习在者,亦不过仅仅守生徒二三,此初等小学之现象也。至高等小学内之学生,不过仅二十余人,甚或有不足十人者"①。

1907年冬天的北京视察、1908年冬天的关外之行,是英敛之仅有的两次亲自接触下层社会、眼睛向下看社会的经历。

1907年11月15日,英敛之偕同王郅隆到北京公干,事毕后,王回津,英敛之继续留北京,于22日返津,并撰写《北京视察识小录》《续北京观察识小录》。

《北京视察识小录》于1907年11月26日至27日在《大公报》"言论"栏登载。前言说明"小录"的两个特点:一是文中记录的均为"小事","贤者识大,不贤识小";一是文中记录的均为"问题","吹毛求疵,于西施面上故索瘢痕"。何故如此?"爱护本乡之意远矣!"爱之深,责之切。

《小录》的内容大致如下:

道路之平坦。北京道路虽然坦平,"然都中人士惰懒性成,凡事因陋就简,只求苟安,不能勤加修治,以致马路遽观颇似平坦,乘车行于其上,则震摇颠簸,亦较昔日不甚相远"。

巡警之尽职。"近虽修有官厕,然在厕外便溺之人时有所见,此则不能不为巡警咎也。"

侦探之勤敏。"京津车站一带,侦员密布,盘查行旅不遗余力……然北京车站放炸弹者,安徽刺恩抚者,都非洋装之人,诸君未免错认题目过于尽职矣。"

车站卖票人之精核。"本国钱不通行,重视外国钱。此极可怪之事。"

宣讲员之明通。"自治会、宣讲所、研究处、阅报社触目皆是,此亦进步之一端也。一晚偶至一处听讲,讲员登台大有说评书之神情。学问深浅固亦不必深论,而其中谬理乖论,不一而足。甚至演讲风从艮地起及五行生克,各端

---

① 刘宝环:《论普及教育必先筹及贫民》,《大公报》1908年8月8—9日。

然此。"

报界之繁盛。北京文言各报,"近日不知因何妙悟,忽插入花丛一门。婉娈万状,媟狎满纸,为嫖界作前驱,充妓女之忠仆。……趋时妙诀,盖一有此门,不惟报纸藉以多销,且无穷之利益,皆源源自此而出。……此等腥秽之钱,凡稍具人格者,所必呕吐。"

饭馆之发达。"南城外一带之酒楼饭馆,每至夜间,车马盈门……最可怪者,每至一馆,经行窗下,无意中充入耳鼓之声浪,此等济济人才,翩翩时彦,所欢呼而乐道者,非戏园之品评,即娼寮之谈判。再不然,则官缺之肥瘠,运气之优劣。"

烟卷之盛行。"上自王公贵官,下至走卒乞丐,莫不人口衔一枚以鸣得意。……此即中国变法之现相。"①

《续北京观察识小录》刊载于12月25日的《大公报》"言论"栏。"前言"重申写"小事"的用意:"勿以善小而不为,勿以恶小而为之。宜德之言,可为明训。语云,此言虽小,可以喻大,亦正吾识小录之谓也。"进而上升到报纸职责道:"报纸者,其所职司,政府耳目、国民喉舌者也。知而不言,曷对社会?"

《续小录》的内容只写了一点:宽严两面之特别法度。"立法贵一,执法贵严,此古今中外立国之要点也。且立法必自贵近始。贵近而不守法,徒于贫贱小民严峻以绳之,未有能悦服人心、久安长治者也。……只许州官放火,不准黎民点灯,中国政治大都如此。又岂仅赌博一事禁小民不禁贵官乎?"《续小录》列举事实,说明中国执法对贵近宽,对百姓严,对外人宽,对华人严②。

相比北京之行后,以讽刺语调批评社会陋习,1908年冬天的关外之行,所到之处所见所闻令英敛之"伤心""痛哭"的事情则太多了。他将此次旅行见闻写成《关外旅行小记》,署名"安蹇",于1908年11月28日至12月8日在《大公报》"代论"栏刊出。

英敛之在《小记》中首先说明此次旅行的缘由:"岁戊申初冬,柴君敷霖以仆日就尪羸,食量锐减,拉同作关外之游。乃于初九日清晨赴金汤桥步,登小火轮赴塘沽,并购搭赴营口之船票。"然后记载逐日见闻,及触景生情的感想:"由我国火车之不及外人,乃忆及邮局……由邮政而推及电报而推及银行,(与

---

① 《言论·北京视察识小录》,《大公报》1907年11月26—27日。
② 《言论·续北京观察识小录》,《大公报》1907年12月25日。

日本相比)莫不条条相反,大相径庭。"什么原因使然?"中外政治之异点,于根源处迥不相谋。一则用人行政,量才称能,顾惜舆论,自不得不以国利民福为目的。一则用人行政,情面贿赂,不恤人言,量资本之多寡,视情面之轻重,以为相当之补偿。"作者最后痛呼道:"呜呼,一国而演成此鬼蜮世界,人人自私,同群相贼,欲竞争列强,生存大地,得乎?"并说:"有如许可伤心可痛哭者,倘知而不言,则天良有所不忍,但言之,无济则罪不在我。"

这次关外之行,的确使英敛之眼光朝下,看到了一些社会底层的疾苦。他为此而痛哭和伤心。英敛之在文尾的"旅行记之结束"云:"英伦百年前,庶政之窳,无异中国,特水师强耳。迭更司(狄更斯)极力抉摘下等社会之积弊作为小说,俾政府知而改之。"他呼吁,中国也应有一个狄更斯,"举社会中积弊著为小说,用告当事耳",改革积弊,以图振兴①。

四、履行"天职"

作为一个"愤世嫉俗"的文人,英敛之办报,以"兴利除弊"为宗旨,并且在办报实践中始终牢记这个宗旨,外争言论自由,内修职业操守,履行"监政府,导国民"的天职,使得《大公报》"具有崇高的声望,在各个历史时期都产生过重大影响,是中国新闻界的重镇"②。

(一)拒做"斯文败类"

1904年,《大公报》在批评中国报界乱象时坚称自身一定牢记"兴利除弊"之宗旨,履行"监督政府,向导国民"之天职,说:"报纸者,为政府之监督,国民之向导,其责至大,其力最宏。"③是年9月1日,"附件"栏刊登的《说国家思想》一文更明确写道:"论报馆的责任,一为国民的向导,一为政府的监督。"④1908年,英敛之连续两次将"监政府,导国民"提高到报纸"天职"的高度。一次言:"报纸之天职,所以为君耳目、作民喉舌者也。若夫民之冤苦、官之贪邪,知而

---

① 安塞:《代论·关外旅行小记》,《大公报》1908年11月28日—12月8日。
② 方汉奇等著:《〈大公报〉百年史(1902.06.17—2002.06.17)》,第2页。
③ 《论说·论今日中国之三大怪相》,《大公报》1904年3月2—3日。
④ 《附件·说国家思想》,《大公报》1904年9月1日。

不言,则有负天职。"①另一次说:"夫报纸者,虽亦商务之一端,究非商家之孳孳为利者比。监政府,导国民,本其天职之所在。"②

诚然,在中国,首先提出"监政府,导国民"为报纸"天职"的不是英敛之,而是梁启超。1902年10月,梁启超在《敬告我同业诸君》中就说"某以为报馆有两大天职,对于政府而为其监督者,对于国民而为其向导者是也"③。然而由于办报诉求的重点的不同,梁启超并没有在自己的实践中实行这一思想,反而是英敛之不仅接受了梁启超的观点,并且将其贯彻于办报实践中,体现其真实的价值。英敛之明确倡导,中国报纸应该像英国《泰晤士报》那样履行报纸天职,而不能做"以种种罪孽,种种痛苦,奸淫邪佞,臃肿溃烂,流毒传染,污我报界"的"斯文败类"④。

以英敛之为首的《大公报》人拒做"斯文败类",为履行报纸天职而作了各种不懈努力。

1. 苦口婆心,"导国民"

国民为何需向导?英敛之认为,从一般意义上讲,民众是需要精英加以引导的;而中国由于其特殊的历史与环境,民众更需要向导:由于中国长期奉行专制制度,养成成千上万的奴才官员,各级各类官员都是皇帝的奴才,而官员又视民众为奴才,使得"中国如此之大,没有一个不是奴隶,也没有一个不甘心自居为奴隶的"⑤。

更为严重的是,中国历代教育,亦为"奴隶教育",使学生"闭塞其国家思想,训练其服从性质,将以供一人之驱策"⑥。《大公报》发文说:"夫世界上最下贱、最卑鄙、不顾名誉、不顾廉耻者,非奴隶哉?"变成"奴隶"的中国老百姓,其身上既具有"一种天然服从性质,且具有一种天然骄纵性质"——对上的服从性,对下的骄纵性。"此奴隶之特性,实亦我中国四万万人之特性,我中国人所以能自立者少也。"⑦《大公报》甚至极端地表示:"我中国人乎,即谓不如英美之犬亦无不可。"为什么这么说呢?因为"我中国人则无论对于外界,对于内界,

---

① 《闲评》,《大公报》1908年9月28日。
② 《闲评》,《大公报》1908年10月14日。
③ 梁启超:《敬告我同业诸君》,《新民丛报》1902年10月2日第17号。
④ 《论说·说报》,《大公报》1904年1月6日。
⑤ 《附件·说中国风俗之坏》,《大公报》1903年8月12日。
⑥ 《论说·敬告天津教育界诸君》,《大公报》1904年3月15日。
⑦ 《论说·说自立》,《大公报》1903年4月21日。

其为人之资格甚不完全,为外界所不齿,为内界所难容"①。

另外,历朝历代愚民政策的实施,使"我中国数千年来,文明之教化,亡国民之生机,塞其思想,日流于稚嫩而不克表异于人群,观念日混于纷歧而不能扩充其脑,国家之政教亦半为弱民之术,半为愚民之方"②。如此一来,中国民众就变成了"弱民"和"愚民"。弱民受人欺,任人摆布;愚民则"好异端而不悟正理,信邪说而不入正途"③。

《大公报》指出,如果"愚民""弱民"和"奴隶"充斥的状况得不到有效改善,国家富强便渺无希望,因而"向导国民"非常之重要。

如何向导国民?一言以蔽之:开民智。通过考察世界各国强弱变化,英敛之得出"开民智"与"强国家"紧密相连的结论。他在《敝帚千金序》中指出:

> 中国这几年来,外辱内乱,岌岌可危。自庚子以后,更弄得国不成国了。推求这个根源,总是民智不开的原故。民智不开,故此见识乖谬,行为狂妄,有利不知兴,有弊不懂除,恶习不能改,好事不肯做,更加上信异端,喜邪说,没有远大的志气,就知道自私自利,绝没有合群爱国的意思。有这样样的坏根子,才生出那种种的恶苗儿。如今弄得是民穷财困,国乱邦危,那知道起首不过是失于教化,民智不开,才成了这个结果。④

虽然他把"民穷财困,国乱邦危"的原因归结为"失于教化,民智不开"显得有些片面,但是,中国"民智不开"确实是"国家不强"的一个重要原因。国家要求强,首须开民智。

作为一家报纸的主持者,英敛之强调,在开民智诸端中,新闻纸不仅责无旁贷,而且应走在前面。因为,第一,报纸刊载各种新信息新知识,可以增广读者见闻:"惟彼报纸,记事物之蕃变,而不胶一格,言天下之至动,而不主故常。读之者既能增拓见闻,感发志气,外以观物,内以自审。浸淫久之,遂有无数新智识、新理想出于其中。然后思想之力恢张于无穷,而将来之结果,必且超冠乎古今,笼盖乎中外焉。"⑤第二,报纸上发表各种新思想,可以破除民众的迷信思想:"新闻纸者,开民智之物也。有妨害民智之事,新闻纸疾之如仇,则立论

---

① 《论说·悲中国之前途》,《大公报》1903年3月27日。
② 《论说·论中国亦重德育》,《大公报》1903年8月26日。
③ 《论说·论新闻纸与民智通塞有密切之关系》,《大公报》1903年9月12日。
④ 英敛之:《附件·敝帚千金序》,《大公报》1904年4月16日。
⑤ 《论说·论阅报之益》,《大公报》1902年7月7日。

以辟之,务使之不留余孽,庶可以破愚民迷惑之心。"①总之,"国民的智识未开,报可以开智识;国民的见闻未广,报可以广见闻"②。

英敛之还认为,报馆多寡、政府对报馆欢迎还是打压与国家强弱有必然联系:"凡是强盛的国,没有不是成千过万报馆的,凡是禁止报馆、压制报馆的国,没有不一天比一天败坏的。"③又说:"报馆之多寡,验国家之盛衰,报纸之销数,验人民之愚智,报馆多,国必强,报纸畅,民必智。""西人所以智识日开,学问日进,阅历愈广,技艺益精者,报之功也。"西洋强盛之国家报馆也多,"英七千家,法五千家,德六千家,意大利一千,奥地利亚八百,瑞士四百,荷兰三百,比利时三百,西班牙九百,希腊六百,日本二千,美利坚三千,秘鲁、智利、古巴合共一百六十";相比之下,中国的报馆数,真可谓是相形见绌,少得可怜,"中国南北纵横,报馆仅有二十余家;南居二十,北得余数,四五家而已"④。中国不仅报馆少,而且看报的人更少。因此,英敛之希望在中国向西方国家学习,多开报馆,广启民智;同时多办学堂,提高人民的文化水平,培养更多的读者,使报纸在开民智方面充分发挥作用。

英敛之创办和主持《大公报》,以开启民智作为办报宗旨,并始终坚持之。创刊号上所刊登的署名"英华"的《〈大公报〉序》即明确宣布:"报之宗旨,在开风气,牖民智,挹彼欧西学术,启我同胞聪明。"1902年7月13日《本馆特白》中亦称:"本报以牖民智、化偏私为目的。"在《敝帚千金序》中,英敛之说得更明确:"我等无权无位,又无才学,偏不自量,妄想担这个重大的责任,所以创办《大公报》,那报上的总意思,就是为开民智。也不论见效不见效,也不管讨嫌不讨嫌,但是尽我们的这点血诚。"⑤

1905年,《大公报》出版一千号的时候,英敛之在《〈大公报〉千号祝辞》中回顾办报经历后说:"《大公报》自出世,至今已一千号矣。自念区区苦心,始终坚持者,其宗旨开风气、牖民智,通上下之情,作四民之气。其目的在救危亡、消祸患,兴利除弊,力图富强。"⑥1909年,《本报三千号征文叙言》说:"本社自创

---

① 《论说·论新闻纸与民智通塞有密切之关系》,《大公报》1903年9月12日。
② 《附件·说国家思想》,《大公报》1904年9月1日。
③ 《附件·说报》,《大公报》1902年9月13日。
④ 《论说·原报》,《大公报》1902年6月22日。
⑤ 《附件·敝帚千金序》,《大公报》1904年4月16日。
⑥ 英敛之:《〈大公报〉千号祝辞》,《大公报》1905年4月13日。

办至今,区区苦衷,夙以启牖民智、鼓吹人群为宗旨。"①

英敛之始终都把"牖民智""启民智"作为《大公报》的重要主题,并围绕这个主题,想了很多办法,采取了诸多形式。比如,从创刊号开始,就专门为开启民智开设白话专栏"附件",英敛之在十分繁忙的情况下,每日仍抽时间用白话撰写一篇论说。他在日记中写道:"每日俱演白话一段,附于报后,以当劝诫,颇蒙多人许可,实化俗之美意。"②在《敝帚千金序》中说:"报上所写的那些议论,虽然不是十分深奥,然而平常读书不多的人,也不容易懂得,故此想了一个方法,时常在报后面加上一段白话。后来屡次接到外边的来函,很多人夸赞这白话好,说是用意正大美善,句法浅近明白,妇女小孩子略认得几个字的也可以看看,是开民智最相宜的。"③《大公报》将这项工作持之以恒,从"附件"到"白话",再到"敝帚千金",越办越好。

在英敛之心目中,还有一点是十分明确的,那就是报纸开民智不可用传统的儒家文化,而应用西方近代文明。在《〈大公报〉序》中,英敛之明确地说:"挹彼欧西学术,启我同胞聪明。"④

挹彼西学,启我民智,是英敛之和《大公报》人基于对西学的本质认识而提出的主张。《大公报》创刊不久,即于1902年6月26日至28日连续三天连载严复的长篇论说《主客评议》指出,西学中的"自由、平等、民主、人权、立宪、革命诸义","为吾国六经历史之不言",是"古人论治之所短",必须好好地学习之。中国"今开关与五洲之人类相见",就应"策新机之动",与时俱进,"读西书、治新学",如果"据一时之国柄,而逞其禁锢剿绝之淫威,则无异持丸泥以塞孟津,势将处于必不胜",惹下"滔天之祸"⑤。

2. 铸造舆论,"监政府"

政府为何要监督?英敛之认为,因为中国的集权专制制度一则易为"秕政",二则易养一大批身居高位不仅不为老百姓谋福祉反而以欺压盘剥老百姓为能事的庸官、贪官甚至恶官。秕政、庸官、贪官、恶官对国家、对国民有百害而无一利,因而必须对秕政和这些庸官、贪官、恶官进行抨击和监督。英敛之

---

① 《本报三千号征文叙言》,《大公报》1910年12月4日。
② 《英敛之先生日记遗稿》,第516页。
③ 《附件·敝帚千金序》,《大公报》1904年4月16日。
④ 英华:《〈大公报〉序》,《大公报》1902年6月17日。
⑤ 严复:《论说·主客评议》,《大公报》1902年6月26—28日。

在《说官》一文中指出:"自嬴秦以来,一统天下,专制之政,兴人主之权,日渐尊崇,遂至高无纪极,而官之一途,亦不得不水涨船高,与民隔绝矣。故君门万里之外,复有侯门如海之谣。嗟乎,天泽之分别既严,人事之乖违日甚,降至今日,而官遂得蠹国殃民、擅威作福之专利商标矣。"①所以需要创办报纸、聚集民意、扶植舆论,对政府及其官员进行监督,否则中国永无复兴之日。

那么,报纸如何监督政府?英敛之指出,监督政府不是处处与政府作对,更不是与政府为敌,而是站在公正立场,扶正祛邪。因而,监督政府从本质上说,是一种"补台"思想,不是一种"拆台"思想。1904年9月1日,英敛之在《说国家思想》一文中称:"政府有不对的事,报可以驳论之,政府有没见到的事,报可以提醒之。"②这与梁启超所谓的监督政府是"其不解事也,则教导之;其有过失也,则扑责之……非谓必事事而与政府为难"的说法是完全一致的。英敛之还特别强调,对于政府之监督,要内外有别,在"遇见国家有当跟外国争回国权的事,如果国家的理直,我们也当帮着政府说话,不可一味的总挑国家的错儿,架着炮望里打"③。

《大公报》还提出发动民众以监督政府。"中国之所以积弱至于如此者,其远因在于数百年以前,而其近因则在于今日不负责任之政府。政府何以不负责任?曰惟吾国民放任之而不监督之,斯政府得以逃其责任也。"④在发动民众监督政府这一点上,《大公报》尤其强调发动商绅、扩大绅权以监督政府。因为在英敛之看来,商绅有足够的经济实力和社会地位,是普通民众与官方的中间地带,他们比普通民众更有能力监督政府,"扩张绅权云者,换言之即监督官府之谓也"⑤。

监督政府,除了监督官僚机构外,还应监督具体的政府官员。晚清官场黑暗的原因,除了吏治腐败之外,就是经过日渐僵化的科举选拔出的官员,个人素质太低,无论是道德、习惯,还是行为、能力,尤其是民主意识等方面与近代西方国家相比,都存在明显差距。因此,《大公报》在力主吏治改革的同时,还接过梁启超"开官智"的呼吁,做了许多"开官智"的工作。

在英敛之看来,中国的为官者,对为何做官的认识完全错位,所以"开官智其难百倍于开民智"。1902年7月29日,《大公报》刊登《开官智法》,在其"附

---

① 英敛之:《论说·说官》,《大公报》1905年8月17日。
② 《附件·说国家思想》,《大公报》1904年9月1日。
③ 《附件·说国家思想》,《大公报》1904年9月1日。
④ 《言论·论速开国会为救亡之惟一要策》,《大公报》1908年2月21日。
⑤ 《言论·论扩张绅权必要之条件》,《大公报》1909年4月30日。

志"中说：

> 本馆前得友人书，谓开官智其难百倍于开民智。盖近今之官，其流品太杂，其习气太深，总而言之不外乎自大自是自私自利八字，不知强存弱亡为何解，不知国计民生为何事。其品行之卑，其见识之谬，甚至有不如平民者。日在睡梦之中，惟以顶翎袍褂为美观，惟以舆马仆从为荣耀，以媚上削下为能事，以贵己贱人为威福，其志止于如此而已。

《大公报》寄希望于为官者能启发自己的良知，增强自身修养，以提升其品行，增长其见识，改变"自大自是自私自利"的丑恶形象。文章提出，"天下兴亡，匹夫有责"，匹夫尚且有责，何况为官者？当此危急存亡之秋，为官者"尚一昧颂扬阿谀，为希宠邀荣之计者，是卑鄙无耻丧心病狂也"①。进而指出，顾炎武其言的意思，是要求人人践行这句话。日本人尚知道"中国的积习，往往有可行之法而绝无行法之人，有绝妙之言而无践言之事"，国人尤其是为官者更应该好好听听，好好想想②。

为了帮助为官者自觉开智，1902年9月30日，《大公报》又刊发《开官智论》，列举出官员的十二大"不智之由"："一不读书，二不亲民，三不阅报，四重则例，五重习气，六重书吏，七好作威，八好严刑，九好行贿，十少讲劝，十一少稽查，十二少议院。"③针对这种种"不智之由"，英敛之和《大公报》提出了一系列"开官智"的建议。

其一，官员必须讲诚信。首先，官员与官员之间要讲诚信。《大公报》发文指出，中国官场，历来笼罩着蒙骗之风，州县蒙蔽道府，道府蒙蔽督抚，督抚蒙蔽朝廷，层层蒙蔽，层层欺骗。文章认为，无论是小官对于大官还是大官对于小官，都要诚实相待；小官要真实上报社会混乱、民情疾苦状况，大官要使朝廷的治理措施顺利下达，不徇私情，不谋私利。唯有如此，才可以救民于苦难之中④。其次，官员对老百姓也要讲诚信。《大公报》列举道，在现实生活中，政府经常对老百姓撒谎，比如甲午战争明明被打败了，却要把前方败军之将说成智勇无双的盖世英雄；明明天灾人祸，民不聊生，地方官员却说是太平盛世。《大公报》认为这样粉饰太平、欺瞒人民的做法有害无益，其结果只能是造成民众

---

① 寓津绩溪胡协仲：《论说·开官智法》，《大公报》1902年7月29日、31日。
② 《附件·践行》，《大公报》1902年9月7日。
③ 蒿目生：《论说·开官智论》，《大公报》1902年9月30日。
④ 《论说·论官员虚夸之害国》，《大公报》1903年9月3日。

对政府、对官员的不信任①。

其二,官员必须戒奢侈。由于军事、外交的失败,接连签订不平等条约,巨额赔款,国家财政十分困难,百姓生活苦不堪言,但是,各级政府官员奢侈依旧,"靡酬之侈,挥霍之豪,竞靡争华,穷奢极欲,又似铜山金穴处于不涸之源也"。官员出门,前呼后拥,排场颇大,仅仅算"四个亲兵、两班轿夫、顶马、跟役、小伺、马夫、执帖的、喝道的",就将近二十人,这些人员的经费当然不在少数②。这种讲排场求奢侈的官场坏习,不仅加重了民众负担,而且败坏了社会风气。《大公报》屡次发文对此进行批评,并从国家存亡的高度,希望各级官员注意戒奢。

其三,官员必须戒昏庸。《大公报》指出,清廷官员中,有不少昏庸愚昧、无知无识之辈。他们对世界形势一无所知,对西方近代政治完全不了解。朝廷"以不知政者柄政,以不知法者司法,以不知礼者典礼,以不知兵者治兵,以不知学者监学,以不知律者修律,以不知业者劝业,以不知路者办路,以不知界者办界,以不知赈者筹赈"③,致使昏庸之辈充斥仕途。《大公报》指出,接受新知识是官员戒庸的主要途径,并向官员提出了接受新知识的几种途径:(一)读报,最好读民办报纸。津门清醒居士在《开官智法》中说,官员阅读官报不如阅读民报,因为官报没有民风民气,也没有新知识,而民间私立的日报就可以一秉大公,绝无粉饰偏袒,官员读此类日报,一则可以知民情,清除官民隔阂,二则可以了解官场以外的情况,接受电学新知。(二)读书范围从四书五经转向世界近代知识图书。1902年10月24日,《大公报》刊登《尽人宜习地理说》,特别提倡为官者要学习地理知识。清廷官员,很多人除了知道中国外,至多仅了解东亚的一小部分,"初不知此外尚有欧美非澳若干地也,初不知此外尚有白红黑棕各种人也",因而,长期沉浸于自己天朝上国的梦境之中。后来,海禁大开,这种愚昧状态不仅严重阻碍中国的发展,而且经常在外交场合闹笑话。因而,《大公报》提出,中国人,尤其是官员必须好好补习地理,学堂必须"以地理一科为重"④。

为此,《大公报》认为,应鼓励官员出国游历,"以练其才识,以扩其心思,以

---

① 《附件·败坏的缘故》,《大公报》1902年11月14日。
② 《附件·移风易俗议(四续前稿)》,《大公报》1903年12月16日。
③ 《闲评》,《大公报》1911年8月12日。
④ 《论说·尽人宜习地理说》,《大公报》1902年10月24日。

广其见闻"①。官员出国游历,考察外国先进的"内政、外交、海陆、军备、农工商各项实业及其章程办法"②,开阔眼界,增长见识。甚至还提出劝说"皇上躬自出游",出国看看:皇上出国游历,不仅可以"敦睦谊,树先声,振国气,辨是非,探新法,广见闻,察臣吏,知民隐",而且可以知道中国与外国的差距,"有一分见识就有一分猛醒之心"。否则,"无以增才识也,不增才识是无以得真宰也,不得真宰是无以变法也,不变新法是无以强大中国也"③。

其四,官员尤其应该增进民主意识。本来,中国古代书本上有"民为贵,社稷次之,君为轻"的说法,但是实际上是颠倒的:官员高高在上,视百姓如草芥,称百姓为"贱民"。西方发达国家早已经进入民主文明社会,中国依然在封建专制时代。中国官员民主意识缺乏的一个突出表现就是视敢于表达民意的报馆为眼中钉、肉中刺,任意打压,甚至查封,对此,《大公报》深恶痛绝,多次发文予以痛斥。

英敛之强调,必须明确一点,就是报纸对政府的监督,在性质上属于舆论监督。《大公报》也发文指出,既然报纸监督是代表舆论的监督,那么报纸必须注意"铸造舆论之精神,而后可以有代表舆论之价值"。如何能铸造舆论之精神?就是立于"公"的立场,即民众立场、国家立场,凝练出一定政见,贡献国家:"既曰报纸,则必有正大之宗旨,有确实之政见,不为官场之机关,不为私人作辩护。每遇一事,必审核精当,而后出之如是者,始不失代表舆论之身分,始可以有铸造舆论之能力。"④

报纸要具备代表舆论取得"监政府、导国民"的资格,就必须经受两方面的考验,在经济上不被利益稍玷报誉,在政治上不因高压稍亏报节。

(二)不被利益稍玷报誉

英敛之虽然认为报纸为商业机构,但是,报馆"究非商家之孳孳为利者"。1907年,他在谈到邮局与报纸的关系时说,报纸与邮局皆"商业性质之事"⑤,然而,两者的营利方式是不同的。报纸以消息灵通为第一天职,故各大国最有

---

① 津门清醒居士:《论说·开官智法》,《大公报》1902年8月2日。
② 《要摘·奖励出洋游历游学》,《大公报》1904年1月24日。
③ 绩溪胡协仲:《论说·中国维新第一要策》,《大公报》1902年8月16日。
④ 《言论·舆论代表之责任》,《大公报》1909年7月14日。
⑤ 《言论·邮便与报纸之关系》,《大公报》1907年4月18日。

价值的报馆,往往于紧要消息常不惜多掷金钱以争顷刻之先。1909年,他在谈到报馆与学校的关系时也说:学校与报馆两者"皆擅通德之称、负先觉之任,作人群楷模,为社会向导","其点有不同者,则报馆本商业性质"①。但是,英敛之又特别指出:"夫报纸者,虽亦商务之一端,究非商家之孳孳为利者。"②报馆不可如一般的商家那样,"唯利是图",以营利为唯一之目的。报馆与学校一样是"通德"的机关,名誉最重要,不容因言利而玷污。

因而,报纸必须要把社会责任放在首位。早在《大公报》创办三个月的时候,英敛之谈到他们"赔钱受累,吃苦操心"办报的目的时说:

> 《大公报》出世已竟三个月了,整天的鼓着一团精神,拿着一支破笔,东抹西涂,说长道短,究竟有什么益处呢?到底是什么意思呢?要说是为贪利,请问拿出这些本钱,用上这点精神,有什么买卖不可做,什么利不可求呢?……我们常想,东西洋各国强盛的缘故,虽然是兵强财富,其实那个根子,是在乎人人明白,上下情通。我们中国败坏的缘故,也没有什么罪大恶极,不过是人人糊涂,上下不通就完了。怎么能够人人明白、上下相通呢?最妙最快的法子,就是多立报馆。……所以我们宁愿意赔钱受累,吃苦操心,作这个事情。③

这就清楚地表明英敛之"吃苦操心"主持《大公报》的目的不是为了谋利,而是通过报纸以"开民智","上下情通",老百姓"人人明白",为国家尽力,最终使"国家富强"起来。1905年4月13日,《大公报》创刊一千号,英敛之在"附件"栏所刊登的《千虑一得》中说:

> 自从出报到而今,差不多三年的光景。作报的人一番苦心,无非是盼望中国强盛起来,并没有别的意思。故此每天苦苦的对着各等人,说长道短,讲今比古,凡是可以劝善惩恶的事,没有不按着公理论断的,也不管人家爱听不爱听,横竖凭我们的天良,尽爱群的本分,虽然我们没有什么高才远见,到底这一片好心,自己是对得起天地鬼神的。④

为了摒弃"孳孳为利"的商家理念,英敛之在《大公报》创刊号《本馆告白》

---

① 《闲评·报馆与学堂》,《大公报》1909年4月29日。
② 《闲评》,《大公报》1908年10月14日。
③ 《附件·说报》,1902年9月13日。
④ 《附件·千虑一得》,《大公报》1905年4月13日。

中就明确宣布:"本馆以开风气、牖民智为主义。凡偏谬愤戾、琐碎猥杂、惑世诬民、异端曲说等,一概不录。"下决心办一张干净的报纸。在往后的办报实践中,英敛之严格要求自己,亦严格要求报馆同人,十分爱惜《大公报》的声誉;同时,对业内同行的不正当营业理念与行为,也毫不留情地予以斥责。1907年11月,英敛之发现北京报界的文言各报,为了"多销"以谋取"无穷之利益",竟然"插入花丛一门。婉娈万状,蝶狎满纸,为嫖界作前驱,充妓女之忠仆"。对此等为赚"腥秽之钱"的做法,英敛之评价道:"凡稍具人格者,所必呕吐。"①

当然,这并不是说英敛之不注重营业。他既然承认报纸有商业性,自然必须做好营业。当时的民营报馆一般设总经理和主笔,实行总经理负责制,全面负责报馆经营;主笔则主要负责每天一篇言论。《大公报》也一样,开始时英敛之受柴天宠等人邀请,"主持其事",全面负责筹备事宜;报馆开业后,英敛之的职务为总理,全面负责报馆大政方针和具体经营,当然主要工作是从事经营。实践证明,由英敛之任总经理的《大公报》馆不仅重视营业,而且做得很不错。

《大公报》创刊不久,就开始搞多种经营,其中有印刷部门代印社外出版物的记载。为了招揽生意,英敛之还在报上多次刊登承印告白。创刊伊始的版面区域划分中,广告占有较大的篇幅,报馆每天拿出足够的版面刊登告白,创刊当天就刊登十四则广告。《大公报》的广告开始叫"告白",第二天就以"告白"命名这个区域,并把它与其他栏目相区隔,以便引起读者注意。"告白"栏与其他栏目一样,被固定在一定的位置。为了招徕广告和方便广告客户,6月24日还在左报肩位置登出广告收费标准:"本报刊登告白,短行以五十字起码,长行以二百字起码,多则以千字递加,第一日每字取洋五厘,第二日至第八日二厘五,论月每字四分五,论年每字四角。"

当时实业不发达,与西方报纸上广告多为工商业不同,中国报纸广告以医药为主,《大公报》亦然。对此,《大公报》曾发表言论说,"一方报纸上之告白,可以觇一方实业之兴衰。津沪各报之告白,争奇角异,三分之二皆属大药房"。

《大公报》注重刊登广告,但拒登污染社会的不健康广告,也拒登欺骗读者的虚假广告。《大公报》上的广告大都做得很朴实,无特殊的广告词,只对广告对象做简单明确的介绍。为了醒目,有些加花边或图片,或对广告栏的字体和字号做大幅度变换。广告版一般整版通张印刷,不按照新闻版的书册样式,版

---

① 《言论·北京视察识小录(续昨稿)》,《大公报》1907年11月27日。

面要比新闻版面活泼、多样、多变。《大公报》不仅做到自己登载广告时的严肃和干净,而且对别家报纸上广告的不良现象也提出善意批评。"立宪"运动高潮迭起时,有个别报纸用广告追风、造势。1909年5月,天津一家报纸刊登了一则所谓"立宪牙粉"的广告,20日,《大公报》发表一则题为"奇怪之广告"的"言论",对这种"追风"邪气进行批评,指出根本无此"立宪牌牙粉",该报发表的纯属假广告。

(三)不因高压稍亏报节

英敛之不仅主张报纸言论的"秉公持中",而且还主张"直笔书之"①。1904年1月6日,英敛之在《说报》中又提出:"夫报者,所以存三代之直也。"报人难能可贵,就在于继承中国"三代之直"的传统②。当时,中国没有言论自由,办报风险很大,遇见官长有误国害民的事,仅稍有论及,便不是报馆封门,就是主笔被拿。因此有人建议,办报可仿效写史,用"春秋笔法"隐晦表达。对此,英敛之不以为然。他用白话著文说:"据我看起来,日报比《春秋》还强,《春秋》是说已往的事,日报是说现在的事;《春秋》讲笔法诛心,在乎一个字的褒贬,不容易懂得,日报是平铺直叙,说的明明白白,最容易懂得。所以,要是日报盛行,人人看重他,不论什么样儿的乱臣贼子,他也不敢横行霸道,也都要有点忌讳。这岂不是维持世道人心的一个大关系么?"③之所以办日报,日报之所以能够"监政府,导国民",就在于直言现实,能够平铺直叙,把事情说得详细明白,使读者最容易懂得,从而在维持社会公平、世道良心上发挥作用。

在新闻实践中,英敛之和他主持的《大公报》就是秉持"公""中""直"这三条立言原则,仗义执言,知无不言,"扬正抑邪","知我罪我,在所不计"④。

《大公报》创刊伊始,斥太后,斗宫保,诟官场,表现出超乎他报的胆略和勇气,赢得"敢言"的美誉,并由此形成该报的一大传统。

对于1902年6月21日至23日发表的《论归政之利》一文,后人通常认为,文章只是在骂刚毅,骂义和团,骂旧党,骂宫禁左右,骂李莲英,而对慈禧不作正面攻击,把国家遭灾的责任都推在别人身上。的确,英敛之在字面上确实只

---

① 《言论·论报界之堕落》,《大公报》1907年5月23日。
② 《论说·说报》,《大公报》1904年1月6日。
③ 英敛之:《说报》,周萍萍编:《英敛之集》(上),第59—62页。
④ 《〈大公报〉弁言》,《大公报》1902年6月18日。

骂了刚毅等人——痛斥刚毅为"国贼"①,斥责"谄媚之小人",说这些人为保一己私利,阻挠太后归政。但是必须看到,全篇文章的骂点都落在慈禧身上:刚毅的"祸国殃民"之举,是奉太后懿旨,名为骂刚毅,实则斥太后。同时,全篇通过不同方式或直接或间接斥责慈禧:(1)通过颂光绪来贬慈禧。联军侵犯时,光绪下"罪己诏",替慈禧顶罪。"谢罪玺书无不归过于己,罪己之诏至再至三,令人流涕,不忍卒读,至各国君相,亦相戒其师徒曰:此非清国皇帝之过也",因为"皇上无政权""皇上无权力"。既然皇帝无权,那么罪在谁人?在有政权、有权力的太后。(2)摆事实说明慈禧言而无信。两宫"西狩"时,慈禧有归政意,回銮东归后,慈禧又不言归政事,是"持之于前而悔之于后",言而无信。(3)直言太后昏庸。"太后为人挟持,诸事蒙蔽,因循苟且,百事无一获,当草野汹汹,欲溃为乱者已非一日",若不及早归政,恐日复一日,年复一年,败坏日甚。(4)借骂谄媚小人而诅咒慈禧。"太后年事已老,安能千年万年为此辈常保其福?"这篇两千六百多字的长篇政论文,言辞犀利,态度恳切,虽然批评有限度,但还是反映出作者十足的胆量和勇气②。

《大公报》1902年在天津创刊时,恰值袁世凯任直隶总督兼北洋大臣,主政天津,此后十多年,《大公报》对袁世凯这个"最有权力之长官"的种种恶行进行了不懈揭露与长时期的抨击。1905年,中国民众反对清廷与美国续定限禁华工新约,并掀起声势浩大的抵制美货运动,《大公报》不仅与报界一道支持民众的爱国行动,还号召报纸拒登美货广告。袁世凯以"有碍邦交,妨害和平"的罪名,下令禁邮《大公报》。面对袁世凯的淫威,英敛之和《大公报》针锋相对,奋起抗争。8月17日,《大公报》总经理英敛之与主笔刘孟扬联名在第一版刊出《特白》:

> 抵制美约一事,倡于上海,各省风应,凡华字报纸,无一无之。敝报当仁岂能独让。故随诸君子后,亦尽国民之一分之天职。诚以此举关系中国前途者既远且大也。今不幸敝报独触当道之怒严禁世人购阅,不准邮局寄递,为不封之封。窃思本总理、主笔等宏愿无穷,人力已尽,今暂与阅

---

① 1900年义和团进入北京时,刚毅等人出于极端的排外心理,主张招抚义和团,希望能利用义和团的"仙术"达到"扶清灭洋"的效果。6月,刚毅等前往良乡、涿州一带察看义和团虚实,回朝后报告"其术可用",遂被任命为统率义和团大臣,率领义和团同外国军队开战,最终使国家遭受庚子之殇。故英敛之骂他为祸国殃民的"国贼"。
② 《论说·论归政之利》,《大公报》1902年6月21日、23日。

报诸君辞,此即《大公报》停歇之原由也。至几时复生,日期尚未能预定。想海内不乏明达豪杰之士,今遇此摧折芟夷我国民者,非由外人,实为我最有权力之长官也。①

这差不多是指名道姓地说"摧折芟夷我国民者",不是外人,"实为我最有权力之长官"袁世凯也。

《大公报》视袁氏禁令于不顾,于 18 日照常出报,将报头"大公报"三字变为一句话——"苟延残喘之《大公报》,且度今朝,谁管明朝",并发表题为"苟延残喘之《大公报》"的"论说":"语云,一息尚存,此志不容少懈。""良知未泯,稍具一线光明,不忍嘿而不言,遑计开罪于彼于此。"② 19 日,第一版加框刊登两句警语:"一息尚存,此志不容少懈";"从前种种譬如昨日死,以后种种犹如今日生"。"附件"栏刊登《一息尚存勉尽天职》说:"诸位知道天津禁阅《大公报》是什么原故,因为《大公报》得罪了天津的官府,故此遭这个不幸。"但是,《大公报》誓言要斗争到底,声言还"要更加精彩,更加改良,凡是力之所能尽,我们总要对得住国民"③。只要一息尚存,也要勉尽天职。

21 日,《大公报》又刊登题为"言论自由"的"论说",继续谴责袁世凯对《大公报》的无理禁邮行为,说文明国民皆享有言论、出版和集会自由的权利,袁氏对《大公报》禁邮,"为野蛮专制"之举④。

就在《大公报》不惧袁世凯淫威,与之做坚决斗争时,9 月 22 日,北京有报纸发文污蔑,说《大公报》'恳恩开释,递秉悔过求恩'云云"。英敛之对此十分生气,24 日署名在报头刊登《谨白》予以驳斥道:"抱道自守,何得云悔?直道在人,何得云恩?……名节所在,声誉攸关,是不得已不辩。"说:"本报于此是非混淆世界,窃不自量,力持公理,作中流砥柱,凡世之蔑理丧良、诡媚阿谀等事深恶痛绝,尽情斥伐,想久为海内明人所共鉴。"⑤

英敛之至此似乎还意犹未尽,当年 11 月 22 日又发表题为"论驻粤美国领事函请岑督封禁报馆事"的"言论",说:"阐发公理也、激扬公论也、开通民智也、维持国力也之数者,皆执笔之士,临死生患难、刀锯鼎镬而不易其宗旨者

---

① 《特白》,《大公报》1905 年 8 月 17 日。
② 《论说·苟延残喘之〈大公报〉》,《大公报》1905 年 8 月 18 日。
③ 《附件·一息尚存勉尽天职》,《大公报》1905 年 8 月 19 日。
④ 《论说·言论自由》,《大公报》1905 年 8 月 21 日。
⑤ 英敛之:《谨白》,《大公报》1905 年 9 月 24 日。

也。"①表示自己为正义而办报发言、宁死不辞的决心。

这次与袁世凯的抗争,是《大公报》"敢言"史上的一件大事,也是该报史上引以为骄傲的一件事,事后每每回忆起来,都足以令《大公报》人的自豪感油然而出。1908年1月21日,《本报二千号征文广告》载:"犹记乙巳(1905年)之秋被禁之时期,而售报转增,其多数置之死地而后生,天下事大抵然欤。固知文字之生命坚逾金石,虽万劫千魔、酷炎毒疠,而不能损害其丝毫者也。当飞沙昼冥,怒涛山立,正不知危险奚似,犹有风静潮平,安致今此之一日?"②

1908年11月,摄政王载沣将袁世凯"开缺回籍养病"。1909年1月16日,《大公报》发表题为"对于政府退袁宫保之确评"的"言论",历数袁氏恶行:

> 袁世凯之开缺果何为也?曰:怨毒之于人也深,虽阅世而不改;罪恶之所极者大,虽有功而不抵。戊戌政变,袁世凯之获罪于景皇帝深矣。景皇帝以天纵之圣,明断英武,千百年以来,环球中外,未有伦比。设非袁世凯变节于中途,则中国今日当为世界之第一等国矣。今中国不能与各国比肩,袁世凯迟之也。景皇帝之忧郁终身不得其志,袁世凯致之也。③

并发表"闲评"指出袁氏外交、内政均一无是处:办外交,使得北洋之权利多授予外人;办内政,使得北洋之财政如此困难,北洋之冗员如此之多,北洋之民气如此之缓④。

然而武昌首义后,袁世凯伺机而动,受命钦差,迅速攻陷革命军占领的汉口汉阳,继而当上内阁总理大臣。对此,《大公报》发文讥讽道:"天发杀机,龙蛇并起,于尸山血海之中涌出一旧店新招牌之人物焉,曰袁世凯。武昌陷而袁世凯总督湖广,长沙陷而袁世凯钦差大臣,山陕陷而袁世凯总理内阁,是大清帝国之命运与袁世凯之命运适成一反比例……袁真时会之骄儿哉……"⑤袁世凯算是新派人物,他当然不满足当摇摇欲坠的清廷总理大臣,而企图谋取民国总统之位。对袁氏的野心,《大公报》在"要闻"栏予以披露:袁氏指使直豫咨议局致电孙中山,询问"能否举袁世凯为头任大总统"⑥。《大公报》还发表言论予

---

① 《言论·论驻粤美国领事函请岑督封禁报馆事》,《大公报》1905年11月22日。
② 《广告·本报二千号征文广告》,《大公报》1908年1月21日。
③ 《言论·对于政府退袁宫保之确评》,《大公报》1909年1月16日。
④ 《闲评一·袁世凯之保语》,《大公报》1909年9月11日。
⑤ 大心:《闲评二》,《大公报》1911年11月6日。
⑥ "要闻",《大公报》1912年1月23日。

以进一步揭露：豫咨议局"要求袁世凯为大总统一事"，不过是"受意于袁，甘为爪牙心腹"①；还发表"闲评"，称袁氏乃翻云覆雨的小人："出将入相……忽而君主，忽而共和，忽而强硬，忽而畏缩"，不过是为了以秘密手段实现其政治野心罢了②。

此后，袁世凯通过玩弄权术如愿以偿当上中华民国大总统，继而复辟帝制，当上皇帝，《大公报》依然不畏强权，与之做不懈的斗争，直至把他送进坟墓。1916年6月6日，袁世凯病故，次日《大公报》发表两篇言论为袁世凯"送终"。一篇题为"对于袁总统出缺之善后希望"，对袁世凯逝世表示"惊且喜"。一篇"闲评"则是对袁氏的"一生功罪"盖棺定论：

> 综计袁总统之官运，国家每经一次危劫，彼即高升一步。盖始终逢凶得吉、遇难成祥者。屈指回溯，甲午战败议和，实为袁氏发轫之始；戊戌之变，于是乎一高升；庚子之役，于是乎再高升；及辛亥大革命，于是乎大高升。总统之位既固，皇帝之瘾忽发。于是乎惹起全国唾骂，引动遍地干戈，生灵涂炭，国是阽危，至不可收拾之下，及以一瞑不视了之。虽亦由命尽禄绝，然神龙见首不见尾，其解决大局之手段，亦狡狯矣哉！……然而今日之事，已成不可解决之势，乃毅然以一死解决之，快刀乱丝，一朝断决，论其一死之有功民国。殆较四年余之辛苦经营，盖尤万倍也。吾闻京电，敬为袁公吊，且为民国贺！③

8月24日，袁世凯下葬，《大公报》又发表"闲评"，尽情地对其嘲弄了一番："今日为阳历八月二十四日，袁前总统即于是日安葬。按袁生于阴历八月二十日，得意于阴历八月十九日（辛亥八月十九日武昌事起），今又安葬于八月二十四日。三八确为二十四，岂袁前总统八字中造定为三八欤？不然，何既生于八月，而又得意于八月，而又安葬于八月。"并不无嘲笑道："吾兹对于前总统，不禁怜之曰，可惜满腹雄心，尽埋蒿草。"④

与袁世凯斗争十年，是《大公报》不畏强权、敢言敢斗的一个缩影。在整个刊行过程中，《大公报》与社会各种邪恶势力的斗争、与国内外反动势力的斗争，一直没有停止过。1910年12月，《大公报》出版满三千号时，英敛之自豪地

---

① 梦幻：《言论·阅知豫咨议局与民国总统来往两电书后》，《大公报》1912年1月24日。
② 梦幻：《闲评二》，《大公报》1912年1月23日。
③ 《闲评一》，《大公报》1916年6月7日。
④ 心森：《闲评二》，《大公报》1916年8月24日。

说:"本社同人秉一片至诚心,操七寸无情管",无论世界发生怎样的变化,"本社勉尽天职之热心,则始终未敢少变"。尽管遭"强有力者之忮忌,百计摧残","满腔热血几化寒冰,巨万资金将随流水",本报亦"认定罗针,稳把柁机,以溯洄于险恶风涛之中者数阅月,至诚之心弥屈而弥挚,无情之管愈激而愈奋"①。更有读者来函赞扬道:

> 英君敛之创设《大公报》于天津适值二十世纪之初,其时国民智识尚未开通,宪政萌芽尚未发动,专制之余威未替,社会之势力尤微。英君独于旋涡震荡之中、巨浪掀腾之际,稳持篙橹,把定方针,不为势力挠,不为威权慑,不因艰难而变其方向,不因摧折而阻其进行,再踬再起,愈挫愈厉,以达其唤醒国民之目的,以遂其希望立宪之热心,得于中国报界中放一异彩。②

另一篇"白话"也说:"《大公报》出版至今日,无时无事不痛论利害,真称得是劝善惩恶,不避嫌怨,不畏强横。"③

(四)外争自由与内修操守

英敛之认为,报纸有效履行"监政府,导国民"的天职是有条件的,其一是外部有充分的言论自由环境,其二是自身有过硬的新闻职业操守。因此,在主持《大公报》期间,英敛之十分注意对外争取言论自由,在内修炼新闻职业操守。

1. 外争言论自由

英敛之认为,报纸乃"近世文明之一大原动力也。其笔锋之所至,则有利用人类所禀有之喜怒哀乐爱憎,以左右之……其记述之所及,则有陶冶国家所固有之政治、风俗、人情,以转移之"。"凡势力所能及、感化所必到者,皆莫非新闻纸活动范围之内。"报纸的影响力之大,为宗教、权势等不能及。然而,如果没有言论自由,报纸的这些强大的功能是发挥不出来的。"言论自由者,世界所公认也。"④

1902年冬天,某道员反对报纸监督政府,上条议建议朝廷"严设报律,以肃

---

① 《言论·本报三千号征文叙言》,《大公报》1910年12月4日。
② 唐莲荪:《言论·贺〈大公报〉第三千号出版辞》,《大公报》1910年11月30日。
③ 耐久:《白话·这也算是三千号的祝辞罢》,《大公报》1910年12月4日。
④ 《言论·论新闻纸之势力》,《大公报》1908年8月24—25日。

视听",禁止报纸刊登不利于政府的言论。《大公报》于11月23日至25日三天连载题为"严设报律问题"的长篇"论说",对某道员的"条议"逐一进行批驳,指出:一直以来,中国存在"枢府之举动,讳莫如深;督抚之设施,秘维恐泄;以颂扬为得体,以指斥为妄攻;以清议为蟊贼,以正论为妖言"等官府恶习,此"条议"就是这些恶习和顽固思想的产物。文章说,报纸原本是"通利国民教学之良药",若以中国官律为基础设报律,根本达不到"厘正报体"的效用;欲通过严设报律钳制舆论的做法完全是"以期售阻扰之术,以图博顽固之快"。中国千年"官场之情状"是"舍攻讦不可以升官,舍贿私不可以发财……以若斯之官律,定若斯之报律,且欲效各国之厘正报体,是何异绘虎类犬、画竹成柳,匪难振报界之精神,实徒贻外人以笑柄也"①。文章还进一步建议放宽报律限制,还报界以自由。

报律,各国皆有,只是各国所定报律的目的不同。世界各文明国家的报律以保护报纸履行自己的职责为原则,独有清政府制定的报律与之背道而驰。1903年10月31日,《大公报》在《论中国定报律》中尖锐地指出:

> 夫报律诚宜定也,特恐我政府诸公定报律之用意,欲藉此以钳制天下人之口,以遂其一二人之私,与外国定报律之本意,已大相悬殊。外国之定报律也,盖先允民间之自由出报,先予民间以言论之自由,然后,再设以范围,使不致过流于悖谬。中国之定报律也,盖极不愿民间之自由出报,极不愿民间得言论之自由。于是,托以仿照外国之例,趁此严加束缚,使业报者渐即消亡。②

1905年5月11日至18日,《大公报》以"代论"形式刊登《报界最近调查表》,指出,"我国自通海以来,顽风渐化,日报、旬报岁有增加,惜政府不知保护,仍视为仇敌,或徇外人之请而封闭,或逞一己之私而禁止"。民间因政府之仇视而难以发展,报纸名目虽多而销路不多,"经办者不堪赔累,每多功废半途"③。据调查,除《大公报》外,计得报刊268种,已停者占其半数。英敛之认为,清政府如果不是本着保护民间自由出报、保障民众言论自由这样的立法本位制定报律,那么,所制定的报律必然成为报纸克星,成为各级官员任意

---

① 《论说·严设报律问题》,《大公报》1902年11月23—25日。
② 《论说·论中国定报律》,《大公报》1903年10月31日。
③ 《代论·报界最近调查表》,《大公报》1905年5月11—18日。

查封报纸的凭证,或者使报纸名存实亡,根本不可能履行"监政府,导国民"的职责。

在全国"行宪"呼声中,朝廷调整以往的文化政策,于1906年7月颁布了《大清印刷物件专律》,10月颁布了《报章应守规则》,1907年9月颁布了《报馆暂行条规》,并于1908年3月颁行、1910年修订、1911年1月正式批准颁布了专门管理报纸的法律《钦定报律》,试图将报业的管理纳入法制管理的轨道。同时,政府一些部门和一些地方政府也相继颁布了有关管理新闻出版的条例和规则,如1906年10月,清政府巡警部公布了《报馆应守规则九条》,1907年1月,两广总督周馥颁发了《暂行报律三条》等。一般来说,按照法制管理新闻业是一种进步,可以使新闻事业发展有法律依据,新闻从业者可以在法律许可的范围内自由地行使自己的权利和承担相应的责任,但是清政府所颁布的这些法律不是以规范为本位,更不是以保护新闻业为目的,而是以控制为本位和目的,限制逐渐发展起来的报业,钳制人们日益活跃的思想,以挽救他们濒于崩溃的政治统治,因而,朝廷所制定的这些报律遭到报界普遍的质疑、抵制和批判。

英敛之和《大公报》积极地加入质疑、抵制和批判的行列。1907年1月26日,《大公报》发表题为"粤督周玉帅所颁报律书后"的"言论",对两广总督所颁布的报律条例进行严厉抨击,指出其所颁布的条例"最为缺点之处,曰笼统,曰含混","如该律所云,毁谤国家与议论政治之类是也。例如讥政府之腐败,论倚托之非人,此议论政治之事也。然深文而周内之,即以为毁谤国家,抑又何辞以解?"真是"欲加之罪,不患无词"①。

针对《钦定报律》(时称《大清报律》),1908年2月9日《大公报》首先发表《闻定报律之感言》进行评论。文章从言论自由的重要性说起:"夫莽莽五洲,凡所以放任言论之自由者,非注重言论也,察舆情耳。察舆情即所以作民气固民志耳。概要言之,则强国而已矣。世界万国,决未有君德不下宣、民情不上达能长治而久安者也。故言论之自由与否与国家强弱存亡有秘切之关系。"进一步指出,如果政府制定报律是为了拔眼中之钉,去背上之刺,那么,"报界言论自由之灵魂,已飞散于云雾之外矣;至湛精烂缦之舆论,更刍狗不如也"②。

---

① 《言论·粤督周玉帅所颁报律书后》,《大公报》1907年1月26日。
② 《言论·闻定报律之感言》,《大公报》1908年2月9日。

随后又于 2 月 17 日刊登《欢迎新报律》，列举报律限制言论自由的条款进行驳斥，文末不无讽刺地喊一声"新报律万岁"，实则指出中国报界将永无兴盛之日。

事实上也是如此。1907 年底，苏杭路款问题暴露之后，绅商界群起，力争路权、国权和主权，学界亦发声支持，政府却横加干涉。对此，《大公报》发文指出："立宪之国家，人民有三大自由，一曰言论自由，二曰出版自由，三曰集会自由。"作为国民一分子，学生挺身而出，是应有之自由与权利。政府以"干预政事"为由，"禁止学生争拒路款一事，非但夺国民之言论自由、集会自由权，是并夺其一切固有之权也"①。文章进一步指出，这说明口喊立宪的政府，其专制思维没有一丝改变。

1909 年春，《湖北日报》因刊登了一则插画和一篇题为"中国报纸于官场有特别之利益"的文章，官方认为有讥讽湖广总督陈夔龙之嫌②，遂以"不守报律"为由，饬令立行封禁。当年 2 月 17 日，《大公报》发表题为"论封禁《湖北日报》事"的"闲评"，将此案与宪政、报律联系起来评价："观今日之当道，忠言逆耳，讳疾忌医，竟至于此！"一般民众都知道"有则改之，无则加勉"的道理，鄂督难道不明白？对一则讥刺、几句箴言都行查禁，说明朝廷所定之报律完全是禁言的工具。文章指出，报律本应一面约束报馆，一面也应限制官吏者。然而视此时报律，"但有毁谤宫廷应行封禁之明文，而无讥刺大吏便可勒闭之严令"，因之不禁叹曰："呜呼！报律云乎哉！强权而已！"③

2. 对内提升职业素质

英敛之认为，要办好一份报纸，必须赖有高素质的报人。他们在学识上虽不能"淹贯中西"，但必须具有远见卓识，能"秉中持正"，尤其笔政主持者，绝不能是"斯文败类"。英敛之指出："报馆掌文职，国民之向导，启迪诱掖，影响于社会者，甚速且大。居斯席者，虽不必淹贯中西，然识见亦须加人一等，或烛事于几先，或消患于萌始，不能同流合污，取媚俗人。倘滥厕匪人，以其昏昏，使人昭昭，则贻害于社会者曷极。"④

对中国报界的乱象，英敛之早就看到了。他在 1898 年的文章中指出："今

---

① 《言论·此之谓预备立宪时代》，《大公报》1907 年 12 月 4 日。
② 参见中国人民政治协商会议湖北省委员会编：《辛亥首义回忆录》第三辑，湖北人民出版社 1957 年版，第 164 页。
③ 《闲评·论封禁〈湖北日报〉事》，《大公报》1909 年 2 月 17 日。
④ 英敛之：《言论·论保存国粹》，《大公报》1906 年 7 月 6—8 日。

各报议论庞杂,记述猥亵,不足广人闻见。"①《大公报》创刊一周即1902年6月23日,英敛之便用白话对当时报界的一些不良风气提出批评:

> 许多报上,不是弄些冷字眼儿的虚文,就是写些个邪僻不堪的话,在开人的见识不足,在乱人的聪明有余;或是合谁不合式,就造做他几句,坏他的名声;或是遇点小事,言过其实,乌烟瘴气;再不然云山雾罩,不是东家婆媳吵嘴,就是西家夫妻打架;再不然拿些苟且下贱的事,当作美谈。请问,这有什么益处呢?所以我常听见人指着新闻纸说,不过是谣言传罢咧。②

之后,《大公报》每年都发文对报界的恶习进行多方批评:

1903年9月12日,《论新闻纸与民智通塞有密切关系》说,本来"新闻纸者,开民智之物也。有妨害民智之事,新闻纸疾之如仇,则立论以辟之,务使之不留余孽,庶可以破愚民迷惑之心",但是中国有些报纸"不但不能开通民智,且于愚民所迷信之邪说异端从而推波助澜,津津乐道"③。

1904年1月6日,英敛之《说报》一文,参照一向被誉为"政府监督"的西方报章,对当时被讽为"斯文败类"的中国报界进行了淋漓尽致的揭露与抨击:"以卑鄙龌龊之身,滥厕笔削清议之席,恩怨偏私,糊涂满纸,恫吓敲诈,拉杂成篇,人乐放僻邪侈也而复助桀为虐,民信异端邪说也而更推波助澜,鄙俚芜词,互相标榜,狎亵丑态,自鸣得意",如此报界,被耻为"斯文败类"不为过分。文章同时指出,中国报界的这些污浊,必须采取有力措施予以清除,否则就会像"栏有瘟牛,群牛皆病;邻有疯犬,村犬皆灾。不灭星星之火,燎原堪虞,不塞涓涓细流,溃堤必见"。面对报界如此之现实,英敛之不懈教诲,为全国报人进一言:"猛着先鞭,力反恶习旧染污俗,咸与维新。"④然而,诸多报馆完全置若罔闻,继续作恶,尤其是一些"主持笔政者,聋其耳、瞽其目而且盲其心……问其宗旨,则曰兴利除弊也,而其见诸报纸之宗旨,则为诱嫖诲淫,直等于所谓妖狐之献媚"⑤,致使报界风气越来越糟。

后来,在"伪立宪"的背景下,本来就有"斯文败类"之恶名的报界更加堕落。对此情况,《大公报》指出,秉笔者"其能力薄弱,眼光短促,于社会之真相、

---

① 英敛之:《推广日报论》,《益闻录》1898年第1744期。
② 英敛之:《附件·再讲看报的好处》,《大公报》1902年6月23日。
③ 《论说·论新闻纸与民智通塞有密切关系》,《大公报》1903年9月12日。
④ 英敛之:《论说·说报》,《大公报》1904年1月6日。
⑤ 《论说·论今日中国之三大怪相(续昨稿)》,《大公报》1904年3月3日。

政府之阴谋,十中不能得其一二"。如果仅仅能力弱,尚能"不为势屈不为利诱,尽其力之所能,及事事以直笔书之,则虽程度不完而有报究胜于无报"。但是,有不少秉笔者"以高贵之事业而出以至卑劣之手段,如谈风月而败坏礼化,希禄位而模棱两可,揆诸新闻德义之名词,已觉贻羞无极,而甚者则以贿赂而颠倒黑白……翻云覆雨,上下其手,徒使阅者不知是非之所在,颠倒错乱,如堕五里雾中"①。尤其是近两年,京津两处五花八门的画报勃兴,"千部一腔,千人一面"不说,令人不能容忍的是"无一篇不载娼窑公案者"。这些画报"逐日向各处喊卖,而略识之无之学生,最乐购阅。使其脑筋中所印者,非南朝金粉,即北地胭脂;非醋海生波,即金屋贮美",这能说是"利国益民"吗?英敛之尖锐地指出,编辑出卖这种画报者"如蝎蛇也"!②

本来报纸应该是秉持公理,主持公道,立论有一定之规,可是中国报界势利心态十分严重,谁得势誉谁,谁失势毁谁。《大公报》予以指斥,并以袁世凯开缺前后报界的表现为例予以说明:"袁(世凯)未开缺之先,举国之报纸无毁袁者,袁既开缺之后,举国之报纸而又无誉袁者。"袁世凯"并非庸庸碌碌之辈,何以一经失势,毁之者有人而誉之者无人?"结论只有一个,那就是"报界之势利心",使得袁氏开缺前,一片奉承,开缺后,"举国中皆下落井之石"③。《大公报》指出,这种情况在世界报界中可以说独一无二。

1909年5月,《大公报》发表一篇"闲评",将中国报界特别是京津报界的"报病"归纳为六种:

> 访事无多,新闻失实,谓之聋报;力避权贵,缄默不言,谓之哑报;捕风捉影,见地不明,谓之盲报;销数无多,推行不远,谓之跛报;喜笑怒骂,不中情理,谓之疯报;满纸烟花,引人入胜,谓之魔报。④

中国报界这些问题的出现,固然有其外部原因,即主要是专制制度高压造成言论自由的丧失,但英敛之认为,新闻从业者自己职业素质太差也是重要原因。因此,他一再强调新闻界内部要加强职业道德修养,并要求《大公报》馆同人严格自律自省,与馆内外有损报馆名誉的人和事进行坚决斗争。

《大公报》创刊后,有人用造谣的方式向该报泼污水。为此,英敛之于1902

---

① 《言论·论报界之堕落》,《大公报》1907年5月23日。
② 英敛之:《论画报》,周萍萍编:《英敛之集》(上),第474—475页。
③ 《言论·论近日报界之真相》,《大公报》1909年2月25日。
④ 《闲评·报病》,《大公报》1909年5月10日。

年8月28日在报首刊登了一则他自己起草的告白：本报"公论所在，有目共赏，乃忌者不解以正理相胜而设法诬毁……同人等原以维持公理、开通民智为怀，故不屑沾沾以一人私忿互相攻讦，致踏龌龊卑鄙陋习……今特声明，此后无论何项谣诼，概等飘风过耳，恕不奉答"。

1904年3月19日，英敛之日记上记载了这样一件事："晡，张云衢来函，托代登颂洪翰香德政，予以函辞云，本报不能以一字褒贬，受海内指摘，洪之父子，声气过大，恐人疑本报受其贿嘱云云。"①洪翰香，名恩广，安徽人，是当时天津的政坛要员，任直隶候补道，后官至长芦盐运使。《大公报》不惧"声气过大"之洪翰香，拒登为他歌功颂德的文字，以免"受其贿嘱"的嫌疑。英敛之和《大公报》之职业道德，由此可见一斑。

1905年4月，外间传闻说有人假托《大公报》主笔之名在外收受贿金。英敛之听到后，立即以大公报总经理、主笔联名特登告白："本报总理、主笔等向来洁身自爱，一秉大公，从未收受一文私贿。此可对世人、可质天日者也。"坊间传闻，"殊属有伤报馆及本主笔等之名誉"，特此声明，绝无此事。"并请事主将索贿人姓名函告本馆总理人是祷。此后如有假托本馆之名诈骗人财者，请即将该人扭交本馆或投函示知，以凭送官严为究办。"这份告白从4月14日连续刊登至4月19日，足见《大公报》对自身声誉之重视。

1909年7月，《大公报》馆收到一匿名揭帖，说该报在李顺德一案②的报道上有偏袒倾向，当月8日，英敛之署名发表《答匿名揭帖诸君子》："今敝报对于津浦铁路一案，不过立于中立地位而已，不过未尝呵墙骂壁，吠影吠声，如诸君之愤戾汹汹而已，不过欲诸君批隙导窾，扼其要害，无为不根之言，自供鄙陋，终陷劣败而已。"还自证清白地说："鄙人自办报以来，即矢志公正，不阿流俗，与诸君异，尝谓若假文明招牌，而暗施其邪僻贪私，受人一贿者，即男盗女娼，乱臣贼子之不若。"③

对他报有损报格的做法，英敛之亦不留情面，予以抨击。1908年，"道路风传，有某报馆向某富绅要索包年之奇闻"，对此种"娼妓"行为，英敛之愤怒撰文斥责道："呜呼，异哉！报业中竟有包年之举，诚为花样翻新、生财有道者矣。

---

① 《英敛之先生日记遗稿》，第791页。
② 指1909年6月摄政王载沣以贪污罪名免去津浦铁路总办李顺德本职，并以满人替代的事件。当时舆论多认为此案实则为载沣开缺袁世凯后进一步垄断权力，任人唯亲之行，因而多予以批评。
③ 《答匿名揭帖诸君子》，《大公报》1909年7月8日。

吾闻之,为神经不宁者终夜,非妒其能而羡其利也。以吾措大眼孔,老生肺肠,不能不痛心疾首,为吾业悲也。"并痛称:"夫报界以清华高贵之品,所以主持清议、维持公理者也,乃竟出此卑污苟贱之流,要挟索贿,颠倒是非,吾诚欲焚君苗之砚矣。倘按元朝区南人十等之例(大元区南人为十等,七匠八娼九儒十丐),则此类报馆,当在贱娼之下、强盗之上,斯文败类云乎哉!斯文败类云乎哉!"①

五、英总"外出"不复归

《大公报》自1912年2月14日(辛亥年腊月廿七日)起按例休假停报,至1912年2月23日(壬子年正月初六日)复刊出报。当日,头版刊登《〈大公报〉馆白》称:"本馆总理英敛之外出,凡赐信者,俟归时再行答复。"此条一连刊登十二天,可见其重要性。然而不同于以往,此次英敛之的"外出"表明了两点:其一,十分讲信用的英敛之这次没有讲信用,说"俟归时再行答复",可是他此次是出不复归;其二,以前虽多次"生退意",屡屡"言退",然均非真退,可是这次英敛之是真退了。

(一)政治理想破灭

1. 失去奋斗动力

英敛之是一个有政治理想的志士,他的政治理想是在中国建立君主立宪制,并一直为之做不懈努力。然而时至今日,国家共和了,君主退位了,宪政无望了,英敛之也就失去了奋斗的动力。

当初,英敛之应允主持《大公报》筹办事宜,不惜以身体健康为代价主持馆务、报务十年,都是为了"国是民依",国强民富。尽管奋斗一再受挫,但还是有一线希望——为朝廷实施新政推波助澜,鼓吹办工厂、开矿山、办新学,但是几年下来,新政成了"旧政";接着又鼓吹"去专制、立新法,实行宪政",1910年11月30日,为纪念创刊三千号发表言论说:"本报与宪政之开始、宪政之成立,婉

---

① 英敛之:《报馆包年之奇闻》,周萍萍编:《英敛之集》(上),第496—497页。

若有固结之缘。吾既窃为国家前途颂,且私为本报荣遇幸。"①

但是,英敛之念兹在兹的宪政在哪儿?从派员出洋考察,到颁发仿宪谕旨,再到一波又一波的国会请愿,到头来却成"伪"宪政。检阅九年宪政所取得的成绩,不过是一些"如锦之文字""纸片上之装潢",根本没有实际效果。武昌城头义旗动,各省纷纷独立,"为十数亲贵所钳制,为三五权奸所玩弄"的朝廷立成分崩离析之势,英敛之无心无力再言立宪。而在英敛之等人看来,革命党"不计大局","仍持种族主义",所争者"只在共和之名,不在民主之实"②;十七票决总统、中华民国临时政府组建,名曰共和,实际是"一党之势力括尽天下人之势力"③,是"假托共和,实行专制"④。

清廷"当权的就知道擅作威福,恨不能把天下的福乐,一网打尽;在下的就知道苟图一时,混吃等死,久而久之,所以造成了这一个若存若亡、不痛不痒的老大帝国。"⑤那么,革命党能救这个国家吗?《大公报》主笔唐梦幻认为,孙文"频年漂泊外洋,屡起屡踬",对中国的国情根本不了解,"其才尚不足破坏,何论建设"?⑥唐梦幻从能力上否定革命党领导者,英敛之从人格上看不上革命党人。1912年初,他在一篇"闲评"中写道:"静观革命中人物之举动,则尤嗒然气丧矣。缘彼乖张愤戾,残忍贪淫,邪僻卑污,丑态百出。"其他人如何?英敛之继续写道:"今观于我国南北新旧各人物……(尽是些)贫贱而思富贵,富贵而贪权势,忿而争,尤而悲,穷则滥,乐则淫,凡百所为,一任血气(之辈)。……以此人格而望其造福斯民、强盛宗国,何异缘木求鱼、炊沙作饭?"⑦这篇闲评署名"无望",表达了此时英敛之对政治局势绝望的心情。

2. 失去了生命依托

英敛之内心深处的宗族情结,不仅使得他反对"排满"革命,而且更加坚定了他的"保皇"立场,在实践中便是全方位地维护光绪皇帝,不失时机地为他唱赞歌。

在英敛之看来,光绪帝爱新觉罗·载湉由于目睹甲午战争失败的惨象,痛

---

① 无妄:《闲评一》,《大公报》1910年11月30日。
② 梦幻:《言论·对于革命军之忠告》,《大公报》1911年12月10—11日。
③ 《言论·论专制之变相》,《大公报》1912年1月10日。
④ 梦幻:《言论·读上海大共和报后》,《大公报》1912年1月29日。
⑤ 《白话·恭贺新禧》,《大公报》1908年2月7日。
⑥ 梦幻:《言论·论大总统应兼具破坏建设之能力》,《大公报》1912年1月18日。
⑦ 无望:《闲评一》,《大公报》1912年1月31日。

定思痛,极力支持维新派变法以图强,成为维新派的"总后台","百日维新"虽短,却也彪炳史册。戊戌政变后,光绪帝虽被幽禁于西苑瀛台,成为无枷之囚,但庚子之祸后,顽固保守派有所收敛,维新派重新崛起,因而英敛之在新创办的《大公报》上发表著名的《论归政之利》,列举光绪帝的贤德大能,为光绪帝亲政造势,将政治理想的实现全部寄托在光绪帝身上,然而正是这位他衷心拥戴的、英明的、寄托了无限希望并曾经给中国政治改良带来一缕阳光的光绪皇帝却于 1908 年突然去世。

光绪帝逝世后,英敛之又将希望寄托在小皇帝溥仪身上。1909 年 1 月 27 日,即宣统元年正月初六,《大公报》于新年出报第一天就为宣统纪元祝词,表示对宪政的厚望:"宪政其将兴兮,百口称诵。法权其收回兮,四方风动。幸财政之清理兮,惟爱人而节用。祝裁判之改良兮,务使民而无讼,兴自治以图地方之利益兮,须知团体之公共。改官制以求吏治之整顿兮,勿糜皇家之厚俸。普及教育不嫌其强迫兮,使知礼耕而义种……"①直到武昌起义前夕,《大公报》还在发表赞扬小皇帝的"言论",说"我皇上性特好武……积弱之中国天特笃生尚武精神之圣天子,以唤起其国魂,此尤薄海人民所倍深庆幸者尔"②。为了君主立宪,英敛之一心想保留君主,没有成熟的君主,年幼的君主还可培养。但是,革命军"造乱"武昌,"奸雄"袁世凯乘机逼宫,隆裕太后不得已下诏书,宣布皇帝退位,连小皇帝都没了,英敛之与生俱来的宗族情结彻底瓦解,他眼前一片茫然,甚至连活下去的勇气都没有了,哪还有心思办报?于是在 1912 年 2 月 13 日《大公报》刊登清帝退位诏书的当天亦刊登春节照例"休刊十日"的告白。而后便是 2 月 23 日《大公报》复刊后宣布的"本馆总理英敛之外出"的告白。1912 年 4 月 22 日,英敛之所作的一副联语准确地描述了他在清帝退位后的心境:"何必嗟困穷,但看眼前温饱,犹多不及我;无须伤老大,莫论身后生存,尚作未亡人。"③在往后的日子里,英敛之便以清廷"未亡人"身份苟活着。

(二)办报理想成灰

英敛之的初衷虽然不是做职业报人,但是对报纸的性质和社会功能有深刻的认识。他认为,报纸之天职是"监政府,导国民"。这种认识显然是建立在

---

① 《言论·宣统纪元之祝词》,《大公报》1909 年 1 月 27 日。
② 《言论·皇上典学志庆》,《大公报》1911 年 9 月 10 日。
③ 方豪:《英敛之先生年谱及其思想》,李东华主编:《方豪晚年论文辑》,第 402 页。

他政治理想的框架内。本其天职之所在,他是想办一份如英国《泰晤士报》一样的报纸,"以大公之心,发折衷之论",于"国是民依"有所建树。

十年来,英敛之为了实现自己的这一办报理想,不顾内外阻滞,克服重重困难,做了不懈努力,但是到头来却费力不得好,政府不能相容,国民不能理解。

1908年,有人这样质问英敛之:"子之报名大公,果能指伏摘奸,不畏强御,为国家策治安,为人民除祸患,毫无顾忌,一秉大公乎?"针对如此尖锐的质问英敛之作了如下回答:

(1)"乃若其志愿则未尝不大公矣。"这是说,"大公"初心,本报一直未曾忘记,并时时记住"监政府,导国民"为报纸天职所在,从没做过以下的事——"敷衍铺张,取容官府,于一切误国殃民之秕政,凡所以斩国脉、铲生机者,皆缄口不一言,不过日播弄无关痛痒之陈言以塞责,或毛举无权势者之琐碎以卖直,不惟使观者欲睡,直灰国民之心,助凶顽之焰。"虽然本报在具体问题处理上确有"事与心违,实难名副"之处。

(2)"君今但以大义相诘责,未免不谙时局,不识利害,徒为局外之皮相论矣。"这是反击质问者的质问是不谙时局、不识厉害,完全不顾中国国情。当时的中国,正值"晦盲否塞之秋,风俗人心浇漓已极,其欺诈奸贪、阴险狠戾直为五洲之独有"①。在这样的国家,办报者稍有不慎,就会遭"官场深恶痛绝",于是,各种打压纷沓而至,"官场恨之忌之不已,又从而封之、禁之、钳束之,不遗余力也"②。"务快其报复而后已,此鄙人数年中屡经小试其端者也。"③

(3)办报本身就是一件难事,访事难免"百密一疏",立言难免"千得一失",并且众口难调:

夫报纸者,传疑传信,断不免百密一疏,论是论非要不无千得一失。指伏摘奸,虽极正当,而弄权者则情有不甘;口诛笔伐,虽甚精严,而负屈者则犹嫌不切。偶触权贵之忌,则借诬祸患堪虞;稍事平和之谈,则傍观者督责交至;对于官长,则有莠言乱政,妄事攻击之嫌;对于社会,则有畏避权贵,依阿取容之诮。直是进退失据,嬴角跋胡,亦安能批隙导窾,每人

---

① 《闲评》,《大公报》1908年10月14日。
② 《闲评》,《大公报》1908年9月28日。
③ 《闲评》,《大公报》1908年10月14日。

而悦乎?①

君不见"宪政编查馆前此奉旨核订民政部重定报律……内有一条,即各报章登载关于个人之事,无论失实与否,一经本人出首控告,即当处以二百圆以内之名誉赔偿金"这样"悖谬之极"的规定吗?② 办一份有报格、有立场、有主张并且敢说话的报纸,本来就很难,在中国办报,更是难上加难,"报业中人皆政府之罪人":

> 报馆股东……开报馆以树政府之敌,其罪一;报馆经理人……组报馆投政府之忌,其罪二;报馆编辑……借报馆以暴政府之奸,其罪三;报馆探访人……假报馆以泄政府之秘,其罪四;报馆发行人……借报馆以广售抵触政府之物,其罪五;报馆印刷人……投报馆以排出讥讪政府之文,其罪六。③

报人"罪名"之随手拈来,报人言行动辄得咎,焉能不难?

(4) 在中国办报,不可逞一时之勇,图一时之快。"仆闻之,乃愤然而告之曰,天下兴亡匹夫有责者,是不识轻重之謷言也。大厦将倾一木难支者,是大有阅历之至论也。"如果不顾现实,不看条件,"倘燃牛渚之犀,铸禹王之鼎,则握虿撄蜂,祸患立见,不惟将巨万之血本,浪为一掷,且不欲存一线光明于黑暗世界矣"。英敛之认为,办报敢言是应该的,也是必须的,但是不可不计后果地一掷"巨万之血本"。当然,"倘一掷而有补于危亡,则吾何惜而不掷,岂惟血本之不惜一掷,即吾头颅亦何惜其一掷!"④

(5) 满腔苦水向谁吐? 英敛之自述办报中屡经打击,已成"惊弓之鸟""经露寒蝉"⑤,身心疲惫,心力交瘁。在办报初期,他就多次产生"退意",一方面是柴天宠、王郅隆两位股东执意挽留,一方面是心中的理想支撑,因而坚持下来了。办报的艰难困苦、焦神劳思,只有他自己知道,因而一遇难处、一遭打击,不免"牢骚愤懑,废然思返":"夫以巨万之血本,博得焦神劳思,不遑寝处,且日在畏惧法网中,人非至愚,何乐出此? 此吾之所以牢骚愤懑,废然思返,直欲蒙袂入市,披发下荒,又谁能荆棘林中打盹睡、面糊盆里耍玻璃耶?"⑥

---

① 《闲评》,《大公报》1908 年 9 月 28 日。
② 《要闻》,《大公报》1910 年 9 月 27 日。
③ 《闲评二》,《大公报》1911 年 7 月 25 日。
④ 《闲评》,《大公报》1908 年 10 月 14 日。
⑤ 《闲评》,《大公报》1908 年 10 月 14 日。
⑥ 《闲评》,《大公报》1908 年 9 月 28 日。

除了来自官场的压力打击外，还有社会上一些"昧良瞎眼者流"出于妒忌等原因，不时寄来诬告匿名函进行骚扰，弄得英敛之很不开心，极大地影响了其情绪。1909年7月，英敛之收到一封匿名来函，以卑贱鄙陋之词，捕风捉影，进行人身攻击，英敛之生气已极，挥毫对此予以坚决反驳道：

> 鄙人办《大公报》，八年于兹，虽学疏才浅，不无汲深绠短之虞。然丹心一片，热泪两行，清夜自思，可告无罪于社会。乃一般昧良瞎眼者流，不识邪正，不辨是非，每以卑贱鄙陋之词，捏风捕影，来相诬蔑。此等鬼蜮伎俩，本不值识者一笑，又何足劳吾笔墨。但报纸者本辨别是非之物，倘概置之不理，则此辈必自信得理，愈将肆其狂吠。今与诸君约，凡有妒恨鄙人、不满鄙人者，不妨堂堂正正，出以真姓实名，来相诘责处置，鄙人日日在馆拱候，绝不畏避也。不然，但能为此匿名揭帖，暗中诋谤，则断非正人君子之所为，且为中西法律所不恕，鄙人亦绝不甘受也。①

回想英敛之1902年3月27日在上海于日记上录写梁启超的那首七律，何等的英雄气概②。然而十年办报，劳神费力，呕心沥血撰文章导国民，国民却不识不买账，更有宵小诋毁诬陷；费九牛二虎之力"倡立宪""起民权"，然立宪成泡影；千方百计"破恶习""移旧俗"，然恶习旧俗我行我素；一片忠心"监政府"，却为"官场深恶痛绝"，必欲打杀而后快。清夜自思，丹心一片，热泪两行。对于英敛之来说，虽可谓无罪于社会，无愧于良心，但是这又何苦呢？

再说，英敛之本来就无意做一个职业报人，他在报纸业务改良上下的功夫并不多。仅就形式而言，《大公报》说是报纸，实际上像一本书，每个版面的文字都是整版直排，版面分成上下两栏，两栏分别加上边框，栏和栏之间留一白条，对折便可以装订成书。此外，虽然几次招聘访事（记者），但是报纸上的新闻栏目相较其他报纸实属平淡，缺乏独家新闻和内幕新闻，新闻通讯更是少之又少。英敛之时期的《大公报》主要靠言论支撑，但即便是言论方面，也基本为策论，时论不多。要将《大公报》向现代化报刊再推进一步，靠英敛之个人的观念和能力，恐怕难以实现。这一点，英敛之也有自知之明，"江郎才尽"，退出为上。

---

① 英敛之：《匿名来函者鉴》，《大公报》1909年7月3日。
② 见《英敛之先生日记遗稿》，第395页。

(三)病体难承其重

英敛之退隐,除了以上两个主要原因外,身体难以承受其重也是一个不可忽视的因素。长期以来,英敛之一直带病坚持工作,并且是超负荷运转(第二章第四节有详记)。从1901年接受邀请"主持其事"以来,整整十一年间,仅有数日"汤山养疴"①,其余时间几乎没有节假日,夜以继日地工作。以往在政治理想和新闻理想的支撑下,他尚能支撑。然而随着民国成立,英敛之的政治理想和新闻理想双双破灭,失去了精神支柱后,病弱的身体便一下子垮掉了,再也难以承受繁重的馆务和编务。1911年,他在《题刘文清公真迹》中写道:"辛亥之岁,患病于津门,约两月之久,未尝下楼,日惟以批玩各帖作消遣。"②虽有"铁肩担道义,辣手著文章"之志和笔锋"尚健劲"之能③,但病体难以支撑,于是英敛之便交出《大公报》总经理的实权,只保留一个"社长"空名,于1912年2月退隐北京香山,在那里一方面修养身体,一方面办慈善教育,并在力所能及的情况下过问一下《大公报》事务。

---

① 此次"汤山养疴"往返九日,从1907年12月26日至1908年1月3日。"养疴"期间,英敛之每日探察古迹,寄情山水,洗温泉三四次,效果良好,有日记为证:"是日,食量颇加,为两月来未有。"见《英敛之先生日记遗稿》,第1163页。
② 英敛之:《题刘文清公真迹》,周萍萍编:《英敛之集》(下),第276页。
③ 《英敛之先生日记遗稿》,第1188页。

第四章
大公圆缺(1912年2月—1916年9月)

从1912年2月英敛之退隐香山到1916年9月他将《大公报》售予王郅隆的四年半是英记《大公报》的存续阶段。由于英敛之的"遥控"得法和几位主笔的行为得力①,《大公报》敢言风格犹存,对内政外交事务大胆发言,对民国官场的抨击和与新当权者的斗争锋芒不减,对外交事务的发言国家立场坚定;在收买成风的年月,《大公报》拒绝包括袁世凯政府在内的各种政治势力的贿赂,整体上保持了独立发言的立场,维持了北方舆论重镇的地位,同时报馆经营也在平稳发展。但另一方面,由于英敛之清廷"未亡人"情结和保皇思想作祟,《大公报》在对某些内政问题的报道与发言立场上出现明显的偏颇,版面上发表了不少观点落伍的文章,无可避免地影响了"大公"形象。

一、有关内政的记事与言论

1912年2月23日,即《大公报》春节年假后复刊出报第一天,刊头右边的清朝纪年改用西历、旧历(阴历)和中华民国三种纪年并列。此外,对版面进行大幅度调整:原第二版版首刊邸抄、谕旨,改为刊新选总统布告、命令;原"要闻"栏多报道朝廷、皇室活动,改为报道临时大总统袁世凯的活动。

(一)哀叹漏尽钟鸣

进入中华民国之后,《大公报》在报道国内时政方面遇到的第一个问题是

---

① 1912年2月23日,总经理英敛之登报宣布外出后,在北京以社长名义遥控《大公报》,实际报务和笔政由樊子镕、唐梦幻等人维持。

如何对待国体改变,如何看待共和。

《大公报》首先明确表示了对共和的失望。共和伊始,《大公报》便发文指出,国体变更"足以召意外之"两大祸事:其一,政治问题。共和之后,只变其名,未变其实:"利国福民者其口,徇私专制者其心。凡诸设施,好人所恶,恶人所好,无一不以亡清之覆辙为前事之师,不过稍变其名目而已。"其二,法律问题。"民国法律,尚未编行,然杀人越货罪在不赦……溺职之官吏,依然养尊处优,政府无只言片语之责备……法律既无,人道亦将随之而灭熄。"①至1913年2月共和刚满一年,《大公报》又发文说:"共和民国成立既一年,举凡吾民所企踵延颈,以为政治当修明,法律当完备,财政基础当稳固,外交交涉当胜利,数者皆不有功。"②何以至此?主要是有人打着共和的幌子谋取私利,搞"假共和"。《大公报》承认,"共和二字,为世界最优美之政体,亦为世界最难得之政体",然而纵观世界,真正的共和"必有法律以为之范围,有道德以为之团结;以政治为竞争,不以权利为竞争;以国家为观念,不以名位为观念;使人人知有国而不知有身,知有公而不知有私,知有是非而不知有毁誉。是为共和之真精神,即为共和之真解释"。但是看看中国,许多人"徒侈共和之名词,视法律为敝屣,鄙道德为迂谈,不但帝制自为者,固足以破坏共和,即民权偏重者,亦足以扰乱共和"。如此一来,"共和不足以利国,而反以病国,不足以福民,而反以祸民"③。在《大公报》看来,那些"揭橥共和以号召国人者",尽是"醉心利禄,同室操戈,或且厉行专制,自便私图"之徒④。

其次,《大公报》在失望之余,便从各个方面揭露"共和乱象"。

(1) 说共和使"纲纪凌乱,道德败坏"。共和伊始,《大公报》就发文称:"慨自国体改革以来,人心风俗,几于一落千丈,苟有以道德相劝勉者,辄视为迂腐不经之谈,而相与目笑存之。"⑤中国社会,"横流滔滔,江河日下,所谓日暮途远、倒行逆施者非耶?选举之怪象……纲纪凌乱,廉耻丧亡,百王以来,于今为极!"⑥

(2) 指官场依旧黑暗,官员依旧腐败。《大公报》认为,民国政府行政用人,

---

① 《言论·时事痛言》,《大公报》1912年3月12日。
② 《言论·闵时篇(选)》,《大公报》1913年1月14日。
③ 梦幻:《论国民误解共和之害》,《大公报》1913年2月22日。
④ 无妄:《言论·清隆裕太后崩逝哀辞》,《大公报》1913年2月23日。
⑤ 无妄:《言论·论道德与共和真理》,《大公报》1912年9月24日。
⑥ 《言论·闵时篇(选)》,《大公报》1913年1月14日。

既不看政治品质,又不看伦理道德,致使内阁中不乏"前清之龌龊官吏",议会里更有"前清之走狗议员"①。三年后的1915年,情况更糟,官场的官吏尽是些"善于奔走"和"善于营私舞弊"的人。"中国官吏善于营私舞弊,世界所未有,普通人民所不及",这些靠"奔走运动"所得的官吏,"毫无心肝",多置国难于不顾,中饱私囊、监守自盗,致使国家流弊丛生。《大公报》不无警惕地指出:"前清之亡,不亡于君主,不亡于人民,实亡于一般官吏。所以亡于一般官吏的原因,就是亡于'奔走运动、营私舞弊'这八个字。现在虽然民国,号称共和。究其实际,有名无实,不成为国家。而一般官吏们,又人人具有这两种特征。不能划除,国能不亡,种能不灭吗?"②

(3) 说共和不注意改善民生,民国政府不仅没有为人民解除疾苦,反而加重了。政府以国家的名义,以各种捐税形式加重人民负担:"近来中国之捐税名目,不可以偻指计。有印花税,有屠宰捐,有房铺捐,此外尚有种种,皆近年所增加者也。"这些众多的捐税,"一言以蔽之,皆人民之脂膏血汗而已"。"以国家之名义,吸收人民之膏脂血汗,用处果尽当,办理果尽善,无论用何种名目取之,人民断无怨言。用处不尽当、办理不尽善,无论去何等名目、留何等名目,殆犹五十步与百步耳!"③

进入民国后的每年国庆日,《大公报》均有言论发表,这些言论有一个共同的主题,就是讨论共和与民生之关系。第一年的"闲评"中,《大公报》称民国不仅没有使民众摆脱水深火热的困境,反而水益深、火益热。"举行国庆庆典",应是全国"无一夫不庆而后可",然而"环顾中原,熟观人海,果已皆出水火而登衽席耶?抑入水益深入火益热耶?吾恐尚有吊之不暇者,庆于奚有?"④第二年的"闲评"则称,今日之"普天同庆"仅为正式大总统的"普天同庆"。接着反问道:人民真的值得庆贺吗?"人民所希望之共和幸福,果能从此长享乎?"⑤ 1914年国庆,《大公报》希望政府检讨一下,"国利民福已实见实行乎?"⑥ 1915年10月10日的"言论"可谓"算总账":忆第一个国庆日,"志士伟人,充盈朝野,政党政客如鲫如林,别户分门,互相标榜,自由平等,气焰熏天,即求之先进

---

① 无妄:《闲评一》,《大公报》1912年3月16日。
② 《白话·中国官吏之特征》,《大公报》1915年7月9日。
③ 心森:《闲评二》,《大公报》1915年12月20日。
④ 无妄:《闲评一》,《大公报》1912年10月10日。
⑤ 梦幻:《闲评一》,《大公报》1913年10月10日。
⑥ 无妄:《言论·对于国庆日之感想》,《大公报》1914年10月10日。

欧美诸邦,所谓政党政客,亦鲜如斯之盛"。实际上,这些人"利己则争,国与民悉抛之九霄以外"。思第二个国庆日,"武人干政,光焰熊熊,独立将军,东南比比。于是乎,中央张挞伐之师……数月功夫,将预与赣宁之事者,痛加剿洗,杀者杀,拿者拿",民众大遭其罪。思第三个国庆日,全国沦为战场,"白狼亦思尝鼎,仲八亦知逐鹿,由豫而鄂而晋而秦,为白狼蹂躏之区,由淮而徐而扬而海,为仲八盘踞之地。双峰对峙,百姓惊慌,焚掠奸杀,如入无人之境"①。民国进入第四年,命运更糟糕,"终不敌新帝国新皇帝之天威。新皇帝一旦御极,新帝国万无以民国国庆日为国庆日之理"②。

要特别指出的是,此时的《大公报》对待共和的心态是复杂的。君主立宪的一贯政治主张使它排斥共和,遥控者英敛之的"遗老"心态使得他不免戴着有色眼镜看待民初问题。辛亥革命后,中国结束专制进入共和,社会随之发生巨变。社会转变之初,出现"乱象"是必然的、不可避免的。由于《大公报》人戴着"遗老"眼镜,便只看到"非"的一面,看不到"是"的一面,因而不免有抹黑共和之嫌。

然而《大公报》毕竟不是一张封建顽固的报纸,当革命成功后,它又不得不承认辛亥革命推翻专制建立共和是中国历史上的一件"大事""成事",说:"语云,谋事在人,成事在天,我中国成事之最大者,莫如辛亥革命。民军一起,全国响应,曾不数月,清廷退位,民国成立,专制之毒,如距斯脱,共和之号,如芽新萌。"因此,虽然它看到共和存在严重问题,但也不是一味地指责,还提出了一些解决问题的方法,希望变"假共和"为"真共和",并真诚地"为国家祈祷……求诸人事":(1)愿早定宪法,有共和立宪之真精神;(2)愿选出正式总统,为才全德备之大英雄;(3)愿国家实行代议制,淘汰捣乱分子,克举其监督与立法之职;(4)愿今后之政府,恪守公理,顺从民心,勿延专制之余臭;(5)愿今后之官吏,痛改前非,力图振作,勿为地方之禄蠹;(6)愿元勋伟人,从事于赞助建设,勿以醉心权力,做混世之魔王;(7)愿全国军人,服从纪律,勿妄干政治,充野心家之傀儡;(8)愿法律完备,可谓人民之保障;(9)愿教育普及,改革社会,人人尽趋于道德;(10)愿百业振兴,为国家足财源,且以辑游民

---

① 心森:《言论·国庆日中思国庆》,《大公报》1915年10月10日。白狼(白朗)与仲八皆为民初反对北洋官绅统治和压迫的农民运动领袖。前者一度活跃于鄂豫皖陕甘五省,于1914年8月在同北洋军的战斗中身亡;后者活跃于苏北鲁南一带,后被政府收编。

② 心森:《言论·国庆日中思国庆》,《大公报》1915年10月10日。

而裕生计;(11)愿全国上下,激发天良,实事求是,俾国家雄飞东亚,有完全自立之实力,勿受外人维持保全之辱惠①。十一件大事,面面俱到,可见《大公报》为共和祈求的心是真诚的。

同时,《大公报》亦不愿意共和短命夭亡。袁世凯称帝的次日,《大公报》发文为共和夭折而叹惜:"回忆共和初建,掷几许头颅,费几许唇舌,才能勉强成立,何等凶残艰难。今日君主重生,不过几篇文章,几通电报,便尔轻轻成就,何等安和闲雅。……所可怜者,此短命之共和,不知尚有人焉为之开追悼大会否?"②一个半月后再次惋惜道:"共和诞生,于今四载,此四载中,自呱呱坠地以迄四周,迭经三灾九难,内邪外感,病情屡变,识者早忧其不寿。至今年秋冬以后,童痨已成痼疾,盖虽在乳臭之日,俨同风烛之年,其为国殇,其为短命……"③《大公报》还是希望"共和"能够随着时代向前发展,能够"长命百岁",它没有忘记在"专制、共和过渡"时喊过的两句口号:"辛亥年万岁,新中国万岁!"

然而《大公报》对共和的感情毕竟没有对清廷那样深。当共和面临夭折之时,《大公报》并没有像在清王朝灭亡时那样为之再三"招魂"、千方百计"支招",而只是为之"惋惜"了几句,并认为"共和"已经病入膏肓,无可救药,"民国之寿命,业届漏尽钟鸣"④。袁世凯复辟帝制三个月后,《大公报》于丙辰春节后出报的第一天照例发表一篇"白话",题目是"新年第一个梦",说,有人拿来报纸说,欧洲大战正在海牙和平会议签约,今后实行和平主义,尤其是对于中国要实行优待:第一条,各国取消庚子赔款;第二条,中国向各国借款,允许分五年还清;第三条,各国在中国的租界限三月归还中国;第四条,各国停放中国口岸货物,一律按中国土货纳税;第五条,各国在中国开办铁路矿产,所有财政权用人权悉听中国政府指挥。听者欣喜若狂,最后还有一条,即这些条件实行一月前,各国派军队来中国监视全国人在二百四十小时内不准喝水、吃饭。"鄙人一听这话,如同青天白日在头上打了一个霹雳的一般,吓的我出了一身冷汗,睁眼再看,孤灯一盏,秃笔一支,仍在目前,哈哈,原来是一个梦"⑤。它以讽刺之笔告诉国人,新政失败,立宪踏空,共和夭折,中国人对美好的追求,永远都只是一个梦。

---

① 《言论·吾亦为国祈祷》,《大公报》1913年6月1日。
② 无妄:《闲评一》,《大公报》1915年12月14日。
③ 无妄:《闲评一》,《大公报》1915年12月31日。
④ 无妄:《闲评一》,《大公报》1915年12月31日。
⑤ 行素:《白话·新年第一个梦》,《大公报》1916年2月9日。

（二）"他人业已公推，吾人亦应承认"

袁世凯是《大公报》的"老冤家"，然而就是这个"老冤家"从前清的重臣摇身一变，成了中华民国的大总统。进入民国后，《大公报》对于国内时政，碰到的第二个问题就是如何对待袁世凯当政。

1. 评判袁氏：操纵雄才，东亚第一

武昌首义打响后，清政府急遣陆军大臣荫昌率北洋军南下镇压。但是北洋军是袁世凯在新政时期仿照西法编练的一支新式军队，荫昌根本指挥不动。清廷只得启用此前被摄政王开缺回家的袁世凯。袁世凯则乘机玩弄手段，以"足疾未愈"为借口拒不出山，反而首先向清廷提出再度出山的条件。袁世凯大权在握后，便与帝国主义勾结，策划与南方的革命军"和谈"，并通过英国公使朱尔典向南方革命军转达朝廷"议和"的条件。老谋深算的袁世凯一方面利用南方"革命形势"向清廷"逼宫"，一方面又以清帝退位为筹码诱南军妥协，最终达到他获取全国最高权力的目的。

对袁世凯的政治品质，《大公报》是十分了解的。在临时参议院选举其为临时大总统后，南京临时政府派专使蔡元培到北京向袁世凯呈递南京委任状，对此《大公报》发表题为"论袁项城被选总统"的"代论"，对袁世凯的所作所为进行嘲讽。首先极尽"抬举"之能事，说"项城者，才足以济变，识足以通时……其知人不在曾湘乡（曾国藩）之下，而得人尤在李合肥（李鸿章）之上"。抬举中又略带几分讥刺，说他"不避毁谤，不恤人言，虽以政学淹贯、负海内重望之张南皮（张之洞），亦且不能及……顾尤所难者，孙中山则谓其熟有政法经验，以和平手段达到目的，黎宋卿（黎元洪）则谓其化干戈而讲揖让，大功所在，国人称道不置，黄克强（黄兴）则谓其苦心孤诣，致有今日，其功实不可没"。最后笔锋一转，指出袁氏之所以令孙、黎、黄等革命元勋、民军之功首者对其钦佩，是因为他擅长"操纵"："项城真能操纵天下之人，而天下之人又无不为其操纵。其雄才大略，真廿世纪中东亚第一等人物矣！"[①]

袁世凯宣誓就职后，立即发布《临时大总统命令》，特任南北议和之北方代表唐绍仪为国务总理，与此同时，还将自己的亲信和旧部塞进政府各部门。3月30日，唐绍仪内阁组成，《大公报》对此评论说，"以内阁总理之重任，而授之

---

① 《代论·论袁项城被选总统》，《大公报》1912年3月1日。

于出尔反尔之唐绍仪。郑五作相,时事可知!"以"出尔反尔之唐绍仪"为总理,"利国福民者其口,徇私专制者其心。凡诸设施,好人所恶,恶人所好,无一不以亡清之覆辙"①。随后发文对唐绍仪内阁及整个袁世凯当局进行抨击,说"公署之中,无非前清之齷齪官吏。议会之内,无非前清之走狗议员",致使"贤者既羞与为伍","观今日时局,有最可虑之一事,则稍有骨气之人,不愿与闻国事"②。

应该指出,英敛之和《大公报》对于唐绍仪和唐内阁的看法带有较大的偏见。事实上,唐绍仪少年留美,已接受民主共和思想的熏陶。民国初年,唐绍仪的思想立场便向民主共和方面转变,由黄兴、蔡元培介绍,并由孙中山监誓,加入了同盟会。当酝酿新政府总理人选时,唐得到革命党人和袁世凯的共同推选,成为中华民国第一任内阁总理。唐绍仪出任总理之初,怀有很大的政治抱负,他挑选宋教仁、蔡元培、陈其美等同盟会骨干成员入阁,担任农林、教育、工商总长,并在内外政策上与大总统袁世凯多有抵牾,袁世凯对此很不高兴,于6月借故制造事端,迫使唐绍仪辞职,任命陆徵祥组阁,并胁迫临时参议院通过。不久,陆亦称病辞职。9月24日,袁又任命亲信赵秉钧为内阁总理。赵内阁完全按照袁的旨意行事,至此责任内阁成为"袁氏内阁",为袁世凯的个人专权提供方便。

对于袁世凯一系列明目张胆的专权行为,《大公报》予以密切关注。8月25日,在"要闻"栏对袁胁迫临时参议院通过弹劾唐绍仪一事,以"总统府密议对待弹劾案"为题做了如下报道:"参议院弹劾总理案通过,内阁又将摇动。闻大总统于此事极为焦灼,特别秘书厅通知国务院,本日会议闭会后,均请赴总统府开特别秘密会议,表决最紧要之问题。"③9月24日,袁世凯关于赵秉钧为总理的任命发布,25日《大公报》发表"言论",抨击袁世凯任人唯亲,借组建"人才内阁"之名,明目张胆地安插亲信,扩充自己的政治势力:"当唐绍仪出走,陆徵祥尚未投票,同盟会国务员相继辞职,政党内阁、混合内阁、超然内阁,聚蚊成雷之际,大总统曾排绝众论,独标己见,曰,内阁在乎得人",组建"人才内阁"。但是"合全阁人物而观,泰半皆前在北洋时,钻营容悦于大总统,而为大总统之牛溲马勃,以备不时之需者",最终"内阁既成为大总统之内阁,参议院

---

① 《言论·时事痛言》,《大公报》1912年3月12日。
② 无妄:《闲评一》,《大公报》1912年3月16日。
③ 《要闻·总统府密议对待弹劾案》,《大公报》1912年8月25日。

亦不过大总统之参议院焉耳"①。

袁世凯虽然一步步得逞,但是他还是担心自己的权力不稳,总想借革命领袖孙中山的威望与影响为自己造势,巩固和扩大自己的政治势力和刚刚获取的权力。早在3月,在黎元洪连电孙中山邀其赴汉口会晤之际,袁世凯便致电黎元洪,诚请黎氏劝说孙继续北上至京。《大公报》3月24日"要闻"对此报道说:"日前,袁大总统致湖北黎副总统要电一道,探系请劝说孙中山北上。词意甚为谦恭,愿以师生之礼相待,无不惟命是从。且云,彼游于外洋多年,阅历甚深,民国成立,全系彼一人功力。"虽然袁世凯言辞恳切,孙中山却似不领情,以"急回故乡"为名未能北上。孙中山从广州到上海后,袁世凯电报相催,孙中山遂决意与黄兴于8月18日北上。

对于此次孙中山北上进京一事,《大公报》做了比较详细的报道并发表了相应的言论。

8月5日,《大公报》"要闻"栏报道:"孙中山已于七月三十日由沪启程北上,兹探闻其此行宗旨有五:一调停党派之攻击;二改组同盟会;三运动单独借款;四与袁总统会商要政;五在北京开《民生报》,鼓吹民生主义。"

袁世凯为了造声势,不惜财力,为欢迎孙、黄准备盛大欢迎仪式,并对此大势宣传。但是孙中山并不以为然。8月14日,《大公报》在"各省新闻·北京"栏以"孙黄力辞欢迎仪文"为题报道说:"孙中山、黄克强两君来京,大总统已预备特别欢迎。孙黄甚不以为然,已谢绝兵轮,改乘新铭商轮北上。昨闻初九日又致电大总统,力请免去各项欢迎浮文,以撙靡费。大总统不愿重拂盛意,已交饬……接待专员将前拟欢迎仪文分别裁减。"②

几经推让,最终孙中山于8月24日进入北京时,袁世凯依然举行了规模盛大的欢迎仪式。《大公报》26日在"要闻"栏以"北京欢迎孙中山纪盛"为题报道说:"孙中山先生于前日下午五点四十分到京……大总统特派梁士诒、梁如浩、蔡廷干诸君代表总统预到车站迎迓,陆军总长段、内务总长赵均到车站。(孙乘特别马车)……入石大人胡同外交部迎宾馆,即前袁大总统所住之总统府也。该胡同及堂子胡同一带均驻扎拱卫军以资保护。"③

袁世凯借重孙中山为己张目的目的似乎很快达到。孙袁第一次会晤后,

---

① 无妄:《言论·其斯以为人才内阁乎?》,《大公报》1912年9月25日。
② 《各省新闻·北京·孙黄力辞欢迎仪文》,《大公报》1912年8月14日。
③ 《要闻·北京欢迎孙中山纪盛》,《大公报》1912年8月26日。

孙中山对外盛赞袁世凯"可与为善,绝无不忠民国之意",并希望国民对袁世凯不要心存猜疑、动辄攻讦。27日,《大公报》"要闻"栏在"大总统之借重孙中山"的标题下报道说:"孙中山此次来京已声明决不干预政治,故与大总统初次会晤并未及于政治,惟闻大总统之意,仍有借重中山之处。"①

孙中山此次在京居留至9月17日,其间曾多次与袁世凯晤谈。由于孙袁会谈是秘密会谈,参与人员极少,事后又未公布谈话记录,因此缺乏详细的史料,但根据有关报刊发表之部分内容,至少涉及政务、财政、实业、铁路等方面。9月9日,袁世凯宣布授孙中山以"筹划全国铁路全权"等职权。袁世凯极尽笼络之能事,使孙中山对此次北京之行很是满意,对袁氏个人的印象也很好。对此,《大公报》9月23日于"要闻"栏报道说:"袁大总统所拟八大政纲已得孙中山、黄上将、黎副总统之赞同,现袁已将该政纲特派梁士诒详加解释,说明其间种种关系,并由袁总统将第七条主旨自行注释,盖该条系关于集权问题。日内即行密电各都督矣。"②

《大公报》对孙袁的会晤多有微词,不仅抨击袁世凯对孙中山的利用,而且批评孙中山同袁世凯做交易。孙中山离开北京后,《大公报》发表文章说,在袁孙这交易中,袁世凯赢得了政治上的支持,而"孙中山得了全国铁路权,黄克强得了全国矿务权,今闻陈其美又欲得全国邮电权。在大总统固有求必应,在诸君亦如愿以偿,可谓身入宝山,不空手而返矣。"并言道:"诸君固日以国利民福挂诸齿颊者也,今大总统既以路矿邮电为酬庸之具,不知果能以利身者利国,福己者富民乎?"③直到1913年2月,《大公报》还在"要闻"栏刊载消息,揭橥袁孙两人为解决联日和借款问题的密电:

> 总统府二十四日拍发加急密电于孙中山,据闻系关于两项要件:一联日问题,政府全体赞成,请由中山妥谋进行之策;一借款问题立待解决,请由中山作稳健之主张。又闻大总统昨又接到孙中山自日本来密电一道,字码极长,约及千字之谱,内容约分三项问题:一系密陈中日两国最近之国际关系;一系请袁总统迅速厘定预备正式国会及大总统之大政方针,以

---

① 《要闻·大总统之借重孙中山》,《大公报》1912年8月27日。
② 《要闻·大总统八大政纲将颁布》,《大公报》1912年9月23日。
③ 梦幻:《闲评一》,《大公报》1912年10月9日。

定国是,不可敷衍观望;一系哀悼清皇太后之仙辂升遐,请为转致清帝云。①

袁世凯在获得孙中山的好感后,随即着手谋求临时大总统的"转正"工作。1912年12月16日《大公报》"要闻"栏在"临时政府展期一节已经打消"的标题下报道说:"现大总统对于此事(由临时大总统转为正式大总统)特别注重。昨闻特召各国务员密议,拟即设法赶筹提前成立办法。已拟定通饬京外各机关,迅将在正式政府成立以前之应筹各政务,于一星期内一律检齐,以便入手赶筹一切。"②这则消息的用词将袁氏迫不及待"转正"的心态表露无遗。

孙袁北京会晤甚欢,孙中山对袁世凯完全放下戒心,甚至号召全国民众拥护袁世凯。1913年2月,孙中山到日本考察铁路,并积极进行借款活动,准备回国后在国内大兴铁路。而此时国内政治局势却"山雨欲来风满楼"。虽然保持着形式上的民主共和制度,总统下设内阁和临时参议院,但是一方面临时大总统袁世凯手握大权,并且经过内阁三次变动,赵秉钧内阁已经成为"袁氏内阁",唯袁世凯之命是从;另一方面,临时参议院政党林立,其中两大政党国民党与共和党形同水火,进一步削弱了临时参议院对政府的制衡能力。各方势力皆将关注重点转向1912年12月至1913年2月举行的第一届国会选举。然而在国民党所获席位遥遥领先其他党派,取得国会选举"大胜"后,该党重要领导人宋教仁却于1913年3月20日在上海遇刺身亡。

《大公报》对宋教仁遇刺一事一则表示愤慨,二则充满疑问。在宋案发生后的第三天,即3月23日,《大公报》在"要闻"栏以"宋教仁在沪被刺之确耗"为题报道此事:"宋教仁久拟来京,因事中止,乃于二十日拟由沪乘车赴宁,以便由宁乘津浦路来京。及是日晚十时半,偕同黄兴赴沪宁车站,正与新议员等谈话至十时四十五分,突有匪徒连放三枪,宋君受伤甚重。"③为说明消息的确切性,又转载一则路透社电云:"昨夜十一点钟,宋教仁中一弹,由胁骨穿入直至小肠,立时送入医院,凶手由火车站大厅突出大门逃逸。"还发表一则"宋教仁因伤逝世之确电":"昨接沪电云,宋君已于二十二日早四点余因伤逝世。"

隔日,《大公报》再发表言论,称"宋(教仁)为革命巨子",说他"固主张政党

---

① 《要闻·大总统与孙中山往返密电》,《大公报》1913年2月27日。报道中最后一句系指前清隆裕太后于1913年2月22日去世,孙中山致电慰问。
② 《要闻·临时政府展期一节已经打消》,《大公报》1912年12月16日。
③ 《要闻·宋教仁在沪被刺之确耗》,《大公报》1913年3月23日。

内阁,有国务总理之希望者也,此次被举为参议院员,由沪赴京,车轮未展,枪弹骤来,以致因伤殒命",甚为惋惜,并对宋的被刺原因提出三种可能:"其为政治上之关系乎？或为党派上之关系乎？抑为交际上之关系乎？三者必居其一。"并分析说:"夫以沪宁车站,为沪北繁盛之地,冠盖如云,警探如织,乃竟被刺客阑入,一击遽中,当场脱逃,岂非奇事？"提出"为今日计,惟有迅速捕凶,究出有无主使,有无通谋,有无仇怨,以释国民之疑。否则,因疑成嫌,因嫌成隙,恐暗杀风潮将与民国相终始矣"①。3月30日、4月27日,《大公报》"要闻"栏还在继续报道"关于宋教仁被刺案之种种":凶犯武士英虽被捕获,但是幕后主使到底是谁,一直都是"正调查"。

宋教仁遇害后,袁世凯便更加放肆地镇压国民党。之后,又指使赵秉钧与英、法、德、日、俄五国银行团签订两千五百万英镑的"善后大借款",其中大部分用作扩充军事的费用。等到孙中山"醒悟"过来,为时已晚:他号召国民党人立即兴师讨袁,进行"二次革命",无奈党内意见分歧,只有江西都督李烈钧、广东都督胡汉民、安徽都督柏文蔚等少数人响应。袁世凯首先下令免去李烈钧、胡汉民、柏文蔚的都督职务,然后又以"兴风作乱"的罪名下令进行武装"征伐"。很快,"二次革命"遭到袁世凯镇压,孙中山、黄兴等人逃往海外。

袁世凯镇压"二次革命"之后,抓紧"转正"之事。他一方面笼络国会内共和党议员、收买国民党议员,一方面又采取恐吓办法,使反对他的议员不敢发声,并积极为大总统"选举"做准备。1913年10月6日,国会开会选举大总统,便衣军警、地痞流氓随即包围会场,迫使议员们从早上8点至晚上10点,三次投票,终于"选举"袁世凯为中华民国正式大总统。

《大公报》对袁世凯的这些劣行十分反感。10月8日在"要闻"栏除详细报道选举得票情况外,还不惜篇幅以《关于总统选举之怪相》为题,详细报道国会现场出现的怪象。10日又发表"闲评"说:"今日为民国国庆日,又为正式大总统就职日。""普天同庆,率土胪欢",并不无讥讽道:"一为中华民国贺,一为袁大总统贺,一为民国全体人民贺……贺人民从此得享共和之幸福也。""人民所希望之共和幸福,果能从此长享乎？"②

---

① 梦幻:《闲评一》,《大公报》1913年3月25日。
② 梦幻:《闲评一》,《大公报》1913年10月10日。

2. 支持袁氏镇压"二次革命"

《大公报》虽对袁氏窃国所使用的鬼蜮伎俩十分反感,但是对其镇压"二次革命"一事,却十分赞成乃至欣赏。

对袁世凯免去李烈钧、胡汉民、柏文蔚之职,《大公报》不仅赞同,而且向李等人泼污水。1913年6月16日,《大公报》"要闻"报道说:"自江西都督李烈钧免官后,大总统与黎副总统之密电甚多,兹据传闻数端撮举如下:一李烈钧亏用公款甚巨,亟应查明令其如数补偿……一李烈钧卸任后不可令其在赣逗留,对于各项军队并须预加防范,免被煽惑……"①21日"要闻"称:"大总统两致陈炯明(新任广东都督)密电……(令其)密切注意下列各端:一胡汉民是否有亏空公款情事;二胡汉民免官命令到粤后,胡之私党是否有违法及不轨行为……"②

对李烈钧等人被迫起兵讨袁,《大公报》称其为"内乱",是"同室操戈",甚至是地方挑衅中央,还说无论结果如何,中国从此"兵连祸接,危乱将无已时"③。而对袁世凯出兵"征讨"南方革命军,《大公报》却称其为"平乱",在袁军攻克南京、镇压"二次革命"时,《大公报》更是在"要闻"栏以《政府对于南省善后之计画》为题报道:"京函云,南京捷电来京后,袁总统极为欣慰。前日会议后,袁以现在乱事将平,所有各省都督于乱事期内或请愿从征或担任防务,苦心筹画,殊堪嘉佩,应即分别奖谕,以资劝勉……并对各省军队一律奖谕。"④9月3日,还发表"闲评"说:"前得南京克服之电,为之快慰者累日。"⑤5日的"言论"更是为袁世凯软硬兼施平息"南方乱事"大唱赞歌:

> 自南方乱事发生,以迄于今,前后不足两月,而独立者反正矣,负固者克复矣。大军所至,如风扫箨,如汤沃雪,滔天大乱,弹指敉平。世之抱乐观主义者,举欣欣然有喜色而相告曰,此政府之处置有方,用能制敌死命也。……命将出师,海陆并进,大有一鼓而擒灭此朝食之概。……自古平乱之结果,未闻有如是之儿戏者也,未闻有如是而得长治久安者也。吾无词以论定之,名之曰不可思议之战事终局。⑥

---

① 《要闻·大总统关于赣事之密电》,《大公报》1913年6月16日。
② 《要闻·大总统两致陈炯明之密电》,《大公报》1913年6月21日。
③ 《言论·南北果开兵衅耶》,《大公报》1913年7月15日。
④ 《要闻·政府对于南省善后之计画》,《大公报》1913年9月1日。
⑤ 梦幻:《闲评二》,《大公报》1913年9月3日。
⑥ 无妄:《言论·不可思议之战事终局》,《大公报》1913年9月5日。

1913年11月4日,袁世凯发布解散国民党总部的命令,6日《大公报》刊登了这个"解散乱党"的"大总统令",并发表"闲评",用欣赏的口吻说:"大总统解散国民党、斥革国会中该党议员之命令,如疾风迅雷,破空而下,一年来轰轰烈烈之国民党,从此销声息影,将不复出现于国中。"①次日又在"要闻"栏刊登"追缴国民党议员徽章证书"的新闻,说"四日解散国民党本部之令,于是日晚五时执行。所有该党议员徽章、证书大半由警士面向索取"②。还报道了"关于国民党解散后之种种"消息:"京内国民党党员限于令下十日内将徽章党证送缴本区警署;京外国民党党员于令下十五日以内将徽章党证送缴本县警署;在此期限外倘获有个人携此徽章或党证者,与乱党一律处治。大总统于昨日(六日)邀请驻京各国公使商酌此事,拟电令驻外各公使与各该国政府商议,协同将海外国民党支部一律解散,勿贻后患。"③

当时,袁世凯为了控制舆论,一方面挥舞"大棒"对反对派报纸大肆镇压,一方面慷国家之慨,大肆收买民营报纸以为己用。由于此时《大公报》站在袁政府立场上讲话,所以必然招来非议,说《大公报》已为袁氏收买。对此等有关报节之大事,《大公报》连忙发表文章进行声辩。首先承认当时报界确有被收买现象:"自民国成立以来,报馆林立,报纸风行,言论界之发达,几有一日千里之势。然究其内容,或由政府收买,或由政党收买,或由一机关收买。故一言一论,必须随买主之旨意,而不能自由。"接着声明,本报初心不改,本色不变:"以纯粹营业性质,为代表舆论机关,故所抱宗旨,必求吻合多数人之心理,维持一地方之公安,不为谀言以结政府之欢,不因威吓以堕党人之术,始终如一,有目共知,固不待本报之喋喋自辩也。"并说:"其有卓然独立,而不为金钱利用者,又不免为两方所忌,此报界所以日趋黑暗也。"言下之意,《大公报》受到攻击者,是因"卓然独立",反为被收买者"所忌"。最后,针对"每日要闻中,首列总统府各事,(被)诬为政府机关"的情况,申辩道:"总统府既据中央,既为政事发生之地,况大总统为民国首领,不论为甲为乙,他人业已公推,吾人亦应承认,此为法律所当然,至于行事之是非得失,则有言论以判别之。此体例也。"④

说《大公报》为袁世凯所收买,成了政府机关报,当为不实之词,但是在对

---

① 无妄:《闲评一》,《大公报》1913年11月6日。
② 《要闻·追缴国民党议员徽章证书》,《大公报》1913年11月7日。
③ 《要闻·关于国民党解散后之种种》,《大公报》1913年11月7日。
④ 梦幻:《闲评一》,《大公报》1913年6月16日。

待"二次革命"的态度上,《大公报》确实表现出鲜明的"政府立场"。这应当主要是出于其固有的"正统观念"。正如其自辩之词所言:"诸君如能取消袁氏总统,别举他人总统,以确立中央政府,本报亦赞成之,而愿尽监督之责焉。"①《大公报》也确实如其所言,一方面支持袁当局讨伐革命军,一方面对于官军纪律涣散与扰民之行表示了强烈不满,并进行了严厉批评:"连日中西电报述官军克复南京后之焚掠淫杀,骚扰已极,而以张军为尤甚,近且因害及外人,惹起恶感之交涉。是张勋之纵兵残民,固以无可讳言。"还说:"乃堂堂国军,公然效强盗之行为,贼梳官箧,南京人民殆亦有水益深火益热之痛乎?"②

(三)抵制洪宪帝制

袁世凯当上了中华民国大总统,还不满足,要当"终身大总统",于是图谋修改国会通过的《大总统选举法》。该法规定:大总统由国会选举,总统任期五年,如再被选,得连任一次。此种规定自然不符合袁世凯当终身总统的心愿。为扫除障碍,1914年1月袁氏下令解散国会;5月废除《中华民国临时约法》,公布有"袁氏约法"之称的《中华民国约法》,改责任内阁制为总统制,把权力全部集中到总统手中;接着,根据"袁氏约法",袁世凯成立代行立法机构职权的参政院,任命七十余名亲信为参政。12月29日,参政院通过《修正大总统选举法》,规定大总统任期十年,可连选连任,并可以推荐继承人,这实际上是以法律形式承认了总统世袭。对这种明目张胆践踏民主的做法,《大公报》发表言论抨击道:"此项法案,实为世界共和国所未有。"并以讽刺口吻向袁氏"贡一言:今大总统既能上契天心,下孚众望,不妨一连任再连任,一连百连,乃至无疆连。连至不高兴更连时,但由现总统指定一人以继其任。盖三之数虽少,尚不免有得失之争。定之于一,何等简捷,何等光明。若总统肯效法祁奚,内举不避亲,尤可杜绝野心家之觊觎,而免运动竞争之怪剧"③。

然而袁世凯成为终身大总统后还不满足,希望当上世袭罔替的皇帝。于是他一面授意他的美国顾问古德诺(Frank J. Goodnow)1915年8月发表《共和与君主论》,宣称中国民众知识水平太低,只适合君主制;一面又授意亲信成立所谓"筹安会",为袁氏复辟帝制大造舆论,并四处活动,拉开了帝制自为丑

---

① 梦幻:《闲评一》,《大公报》1913年6月16日。
② 无妄:《闲评二》,《大公报》1914年9月11日。
③ 无妄:《闲评一》,《大公报》1914年12月29日。

剧的帷幕。

曾经对皇上顶礼膜拜、力主和热望中国实行君主立宪制的英敛之和《大公报》对袁世凯复辟帝制一事,将如何落笔、如何发声?这是《大公报》此时对于国内时政必须应对的第三个问题。

1. 质疑筹安会

筹安会宣称其宗旨为"筹一国之安治",是杨度、孙毓筠、严复、刘师培、李燮和、胡瑛①诸人发起组织的专门为袁世凯复辟帝制进行鼓吹的所谓"私人团体",1915年8月14日发起筹备,23日正式成立。筹安会发起筹备的隔天,即8月16日,《大公报》"要闻"栏不仅报道杨度等人发起筹安会的消息,还引用杨度的话,说发起筹安会,是为了研究古德诺博士倡言的"世界国体君主实较民主优,中国尤不能不用君主国体"的观点,而且不惜版面照录所谓"发起词",详述成立之理由:

> 民国创始,绝续之际,以至临时政府、正式政府递嬗之交,国家所历之危险,人民所感之痛苦,举国上下皆能言之,长此不图,祸将无已……我等身为中国人民,国家之存亡,即为身家之生死,岂忍苟安默视,坐待其亡?用特纠集同志组成此会,以筹一国之治安,将于国势之前途,及共和之利害各摅所见,以尽切磋之义并以贡献于国民。②

针对筹安会自称"为私人之团体"的说法,《大公报》则于8月18日发表"闲评"质疑道:

> 据筹安会之所言,该会为私人之团体,与政府并无关系,吾信之。据政府中之所言,该会为私人之团体,与政府并无关系,吾亦信之。然除此两方面之言可信外,吾犹有一最大疑团……盖即近在都城之下,居然有私人团体之集会?居然有关系治安私人团体之集会?居然有名为私人团体与政府无关系,而实则皆政局中之人物之集会?异哉异哉,吾是以疑思问。③

针对筹安会又自称为"以研究君主民主团体二者以何适于中国,专以学理

---

① 此六人史称"筹安六君子"。
② 《要闻》,《大公报》1915年8月16日。
③ 心森:《闲评二》,《大公报》1915年8月18日。

之是非与事实之利害为讨论之范围"的学术研究团体①,《大公报》则以事实说明其实际上是专为袁世凯复辟帝制服务的机构:8月23日,筹安会正式成立伊始便通电各省军民两长及各政治团体派代表来京讨论国体问题。六天后宣布各省代表"一致主张君主立宪","废民主而立君主"。9月1日参政院开会时,便有所谓山东、江苏、甘肃、云南、广西、湖南、新疆、绥远等省区代表纷纷呈递请愿书。筹安会自成立到组织请愿团,前后不到十天,真可谓"神速"。这样的事实说明,筹安会不仅属官办,而且有很强的组织能力。

为使全国民众认清筹安会的庐山真面目,《大公报》一方面不惜版面刊登该会主要成员杨度等人的文章,一方面刊登相反观点的文章予以反驳。9月2—4日、5—6日、7—8日分七天全文刊登杨度的长文《君宪救国论》,在杨文刊登完的次日,又于9月7—9日用三天在第十版"录件"栏转载梁启超反对帝制的名篇《异哉所谓国体问题者》②。

在复辟的舆论工作渐次展开的时候,袁世凯忍不住亲自登场。9月6日,袁世凯派政事堂③左丞杨士琦到参政院,代表袁氏发表宣言,表达对变更国体、恢复帝制的态度,称:如果全国人民"硬要强迎他做皇帝",他便只能"服从民意"而不便有所反对。9月10日,《大公报》"要闻"栏以"筹安会之积极推行"为题报道说:"筹安会对于变更国体问题,已决定无论若何艰难,必使中国恢复君主为唯一之目的。闻该会全体意见极主张确定中国为纯粹君主立宪政体,将来宪法之制定,即以日本成法为根据,以英德等国宪法为参考。"④这就告诉人们,变更国体问题已定,无论遇到怎样的艰难,都必须推进。袁世凯6日的所谓宣言,实际上是登皇位前半推半就的把戏。11日,《大公报》发表明确反对复辟帝制的评论。评论以造字为例对袁世凯和一帮帮闲文人翻云覆雨的做派进行嘲笑:

> 吾观于今日之时局,而益古人造字,其取义之精之博之巧妙矣。有如"國"字,曷为而于四方之中,嵌一"或"字。"或"者,无定之谓,明明示

---

① 《要闻·筹安会之通告及启事》,《大公报》1915年8月16日。
② 梁启超的这篇明确反对帝制的文章8月20日首先在上海《大中华》月刊发表,《申报》《时报》等大报迅速转载。
③ 政事堂为袁世凯执政时期的国家行政机构。1914年5月3日,袁世凯改国务院为政事堂,设于总统府之下,成为总统府办事机构。该机构于1916年复辟帝制失败后取消。
④ 《要闻·筹安会之积极推行》,《大公报》1915年9月10日。

> 国之为国,乃一无定之物。可随人心之所欲,爱什么样便什么样者也!是故国之主体,或君主,或民主,或共和,或立宪,或专制,无不可也。居是国者,或为总统,或为帝王,或为大官,或为平民,或为奸盗,无不可也。或行仁义道德,或作鼠窃狗偷,或装神弄鬼,或拍马吹牛,无不可也。或说人话,或放狗屁,或作狮吼,或发豺声,或效狐媚子,均无不可也。①

12日,又发表言论,指名道姓地抨击"筹安六君子",指明他们不是袁世凯的"腹心之故旧",就是"佐命之元勋",骂他们"悍然以发难""冒天下之大不韪",提出变更国体、复辟帝制,其目的是"以建非常之勋劳,而博非常之酬报"②。

15日,《大公报》在"要闻"栏刊登东京学界来函:

> 此间自闻北京组织筹安会以来,一般爱国志士愤激欲死。昨在美士代町青年会开留日华侨大会,到会者不下千余人,对于此筹安会莫不同声反对,经全体议决,以全体名义致电国内各报馆、商会以及各重要机关,请死力抵制此筹安会之倡言而维持铁血换来之共和国体。并印刷宣言书,宣布首倡者之罪状,以昭示天下。③

此后,《大公报》不断揭露筹安会的丑态:(1)"争首功"——筹安会分湘粤两派,"兹闻某派之团体欲争改变国体之首功,现正极力进行,俟其组织就绪后,即跳出筹安会范围之外,另行改组为宪政讨论会云"④。(2)"拉赞助"——"运动友邦赞成君主";"联络蒙古王公及清皇室不生异议";"网罗海内名士及清室遗老"⑤。

2. 反对袁世凯复辟帝制

1915年10月下令停止"国庆阅兵",标志着袁世凯帝制自为丑剧进入高潮。10月10日《大公报》"要闻"报道,因军人以国体将改不愿庆贺共和成立之日,故统率处奉大元帅谕,此次国庆停止阅兵,至于赏勋之典礼亦拟停止。此后,有关变更国体的各种活动紧锣密鼓地进行,《大公报》予以跟踪报道:

10月14日"要闻"栏以"竟筹备实行帝制种种"为题报道:"十二日上午,大

---

① 无妄:《闲评一》,《大公报》1915年9月11日。
② 无妄:《言论·对于国体问题之预测》,《大公报》1915年9月12日。
③ 《要闻·国体问题现势志闻》,《大公报》1915年9月15日。
④ 《要闻》,《大公报》1915年9月27日。
⑤ 《要闻》,《大公报》1915年9月30日。

总统办公后在澄衷堂内厢特召集临时密议。又闻宪法起草委员会特邀某参政于十二日下午在该会茶话,所议均关系改建君主体后组织临时政府机关制度。又闻国体解决之期日益逼近,政府现已拟组织两项筹备机关,一为同议会,一为筹备国体委员会。"①

17日"要闻"栏刊登《国体声中之礼乐忙》:"更变国体已决计于国民代表大会投票解决之,政府诸人表面上似颇镇静,实际上筹备各项手续甚为忙碌。昨闻礼制馆现已奉交筹议新天子登基朝贺祭天各大礼,内务部所属之乐部乐舞生等,亦演习登基朝贺各大乐,均限于三礼拜内预备告成云。"②

23日"要闻"栏报道:"闻政府中要人所提议者,系凡清室大员愿立新君之朝者,则授以相当位置,或当元老院议员,或充行政官署顾问、咨议之职,皆免其称臣,并免拜跪。"

在各省筹安会的运作下,各地"劝进表""推戴书"纷纷传进京城,拥戴袁世凯当皇帝。这些拥戴书对袁世凯的吹捧可谓肉麻之至。《大公报》报道称:"闻鲁人有刘河清等二十四人近组成一会,名曰山东公民劝进筹备会。兹录所布公启如下:伏思我大总统手戡大难,力持危局,丰功伟烈,中外同仰。拟于国体确定君主之日,立请俯顺舆情,即正九五,免过渡之危险。"③其余所谓拥戴书应大同小异。

在"变更国体问题,付诸国民代表,投票解决"的最后时刻,《大公报》于1915年11月1日发表了一篇这一时期罕见的"言论"《君主复活与专制复活》,提请那些赞成帝制的国民注意:赞成君主复辟,不可忘记"立宪"二字,警惕有人在复活君主的幌子下复活专制。文章指出,君主可以有,专制不能有。中国自古以来,有两种专制者,一为专制君主,一为专制圣人,无论哪种专制者,均为"愚人"之人;无论哪种专制,其本质均是剥夺人的权利、牢笼人的思想、束缚人的自由,把人变成奴隶:"专制君主者,务剥夺人之权利而制其生命,专制圣人者,务牢笼人之思想而制其灵台。于是人人目君主如帝天,视圣人如日月,一举一动,一颦一笑,若舍君主无所托,舍圣人无所从。君主以术愚天下,圣人以道愚天下,君主戒人之恒言曰安分,故刑赏者君主之利器也,圣人训人之恒言曰安命,故毁誉者圣人之迷药也。慑其利器,饮其迷药,人遂恂恂然以自保

---

① 《要闻·竟筹备实行帝制种种》,《大公报》1915年10月14日。
② 《要闻·国体声中之礼乐忙》,《大公报》1915年10月17日。
③ 《要闻·异哉东鲁之劝进筹备会》,《大公报》1915年10月28日。

为重而入其樊笼,其方法虽异,而其束缚自由则一也,其厉行专制则一也。""中国数千年来,蜷伏于此二种专制之下"。辛亥革命推翻君主制度,满以为"从今以后,永无专制存留之痕迹,永无专制复活之时期矣。不意茬苒四年,余威仍烈,至于今日,君主居然复活,而专制之是否还魂,尚在未定之天"。文章尖锐地指出:"国民此后之所兢兢危惧者,已在专制复活问题。"①这篇言论在袁世凯帝制自为闹剧甚嚣尘上时发表,有其特殊意义,它似乎在向袁世凯表明"心迹":《大公报》不反对复活君主,只反对复活专制;只要你袁氏搞"立宪",当皇帝也是可以的。这无疑体现了英记《大公报》"君主立宪"政治主张在这个特殊年代所处的两难局面。

帝制复辟在北方进展"顺利",在革命兴起的南方则不时传来"不靖之风声"。这种"不靖之风声"既有"二次革命"之"余波",还有一些西方"友邦人士"的"劝告"声。对于后者,《大公报》分析说:"帝制问题中,有同声异词、同词异趣之两语焉,一曰劝进,一曰劝告。""劝进之意味,是顺心的,劝告之意味,是逆耳的。劝进之原则,是子臣效忠忱,劝告之原则,是友邦尽睦谊。劝进之发现,有数十百起,劝告之发现,只三四五国。劝进之作用,是积极的捧场,劝告之作用,是消极的预言。劝进之心理,是热辣辣的,劝告之心理,是冷飕飕的。""同样是劝也,两相比较,其性质绝对不相容,此当局者所以大费踌躇而莫决从违欤。"②

袁世凯既不顾革命者的抗争,也不听友邦的劝告,一意孤行,决心将帝制自为的丑剧进行到底。为达目的,施展"阴阳"两手:一方面,抓紧登基筹备事宜,比如用借款办法,向英、俄、德、法、日五国银行团"息借一千万元",筹措"改更国体特别之用款"③;成立"政事堂筹备帝制国礼典礼处",暂以梁士诒为处长,着手进行各项登基筹备工作④。另一方面,主要是散布"民意难违"论和"帝制延期"说。据《大公报》11月15日"要闻"栏报道:

> 兹闻陆(徵祥)总长正式答复四国公使,略云:我国政府本无恢复帝制之意,惟因全国国民不愿共和,一致主张恢复帝制,政府不得已顺从民意,举行决定团体之投票。但由共和变为帝制,其间之种种预备以及一切法

---

① 《言论·君主复活与专制复活》,《大公报》1915年11月1日。
② 无妄:《闲评一》,《大公报》1915年11月24日。
③ 《要闻·财政部又有提议借款之消息》,《大公报》1915年11月1日。
④ 《要闻·中华新皇帝举行登极典礼日期》,《大公报》1915年11月24日。

律手续，不能急遽从事。将来实行帝制，自应审时度势，选用适当之时期，无可延缓，亦无可急遽云云。政府将于日内派国务卿出席参政院，即本此意，表示不得不延期之理由。①

同时，对南方的反对帝制者采取武装镇压：政府探悉南方传出"不靖之风声"后，"特调北方军队开往长江下游一带驻扎，以资镇慑。闻陆续调往者现已有十三旅之多"②。

为了使变更国体具有合法性，袁世凯指示改组后的参政院制定《国民代表大会组织法》，规定由"国民代表大会"决定"国体"。《大公报》报道称：首先由各省在军政长官监督下选出的"代表"在当地进行所谓国体投票，以求完全达到"预期"："现各省国民代表投票，除一致赞成君宪外，并推袁总统为皇帝。斯时各界即呈递劝进表，其中以军人之劝进为最要。盖一经军人劝进，即为最后之一步。"③然后，在袁世凯亲自指挥下，各省选出的1 993名国民代表于12月4日在北京举行决议国体问题投票："国民代表大会中央特别选举会，已定于下星期举行选举。各选举人曾于四日午后二时在铁安门庆会馆开预备会，一致主张君主立宪，并推举袁世凯总统为皇帝。"④

12月9日，《大公报》"要闻"栏载《正式宣示帝制期之预闻》："顷得京讯，政府前议改行帝制之期，讨论数次迄未确定。于七日总统府会议始行议定，本月二十五、六两日一准发表，其手续系由今大总统依照国民代表大会投票结果，一致赞成君主立宪，并勉徇代行立法院代表全国臣民劝进帝位之旨，改中华民国为中华帝国，并宣告允承帝位，其程式仍用大总统之申令云。"⑤根据总统府的这一议定，代行立法的参政院于12月11日上午以"国民代表大会总代表"名义上袁世凯"推戴书"，"谨以国民公意，恭戴今大总统袁世凯为中华帝国皇帝"。袁世凯"照例"表示"推让"，当天下午再上"推戴书"。在经过三次恳请、三次劝进后，袁世凯遂于12月12日发表接受帝位申令，在"民之所欲，天必从之"自我欺骗下，成为中华帝国的新皇帝。

袁世凯帝制自为的丑剧达到高潮时，《大公报》接连发了数篇言论，从道德

---

① 《要闻·关于帝制延期实行之种种消息》，《大公报》1915年11月15日。
② 《要闻·长江下游不靖之风声》，《大公报》1915年11月14日。
③ 《要闻·军人之劝进办法》，《大公报》1915年11月6日。
④ 《要闻·国民代表大会选举》，1915年12月6日。
⑤ 《要闻·正式宣示帝制期之预闻》，《大公报》1915年12月9日。

层面抨击袁世凯：

12月12日的"闲评一"说，"屈指星霜，于今四载，域中万象，又届更新，慨人事之无常，信沧桑之易变，无可奈何花落去，似曾相识燕归来，殆不啻为今日咏焉。但念大总统缔造共和之初，经营擘画，中外倾仰，畴不以东方华盛顿相期。讵料民意忽回，群思旧制，书曰：黎民于变时雍，其即此之谓欤？"①这是感叹"人事无常"，"经营擘画缔造共和"的"东方华盛顿"，时隔不久，却做了帝国皇上。

13日的"闲评一"针对袁世凯"申令"中"大命不易惟丰功盛德者始足以居之"一句评论道："今试环顾国中，功之丰者孰若大总统？德之盛者孰若大总统？此道德上所无容推辞者。又云，前曾宣誓，愿竭能力发扬共和，今若帝制自为，则是背弃誓词，不知宣誓事小，救国事大，发扬共和与发扬帝制，同是竭力于国家，何背弃之足嫌？"②这是在指着鼻子骂袁世凯为"背信弃义"、无德多变的小人。

袁世凯宣布"听从民意"登上皇帝宝座后，《大公报》还同他开了一个玩笑，12月22日在"要闻"栏以"转录京报反对帝制之风说"为题报道说："据昨日《顺天时报》载，据京师某处所接之电报称，云南、贵州、四川、广西等各省，联合反对帝政，由云南将军唐继尧、巡抚使任可澄等致电政事堂及统率办事处"，要求将筹安会的领导者杨度等按"紊乱国宪"之罪杀掉。人人都知道《顺天时报》是袁氏复辟帝制强有力的推手，《大公报》如此做，显然是回击所谓"听从民意"之说，所以在文后加了一段"本报记者附注"："按《顺天时报》所记两消息其确否虽未可知，但时事多艰，何堪再有此种惊扰？记者亦深愿其出自传闻之误，只以事关重大，姑照录之，俟访明真伪，再行续志，以释群疑而免谣诼。"③

而"袁皇帝"比"爱新觉罗皇帝"更威风、更奢华。据《大公报》1916年1月16日"要闻"栏报道《新皇帝龙袍之异彩》："大典筹备处昨日又进呈皇帝龙袍一领，系用真赤金丝绣成盘龙六十四条，下铺寿山福海，光彩炫耀，装饰极为华丽，每一龙眼全以极大珍珠镶嵌。"④

袁世凯宣称自己顺应民意、为国家计而称帝的谎言不攻自破。逆历史潮流而动者，必无好下场。在全国声势浩大的反袁护国运动中，袁世凯被迫于

---

① 无妄：《闲评一》，《大公报》1915年12月12日。
② 无妄：《闲评一》，《大公报》1915年12月13日。
③ 《要闻·转录京报反对帝制之风说》，《大公报》1915年12月22日。
④ 《要闻·新皇帝龙袍之异彩》，《大公报》1916年1月16日。

1916年3月22日宣布取消帝制。

3月24日,《大公报》"要闻"栏载《元首急流勇退之传闻》一文,报道了袁氏决定取消帝制的过程:

> 自广西独立,南中数省震动,元首渐悟前此之民意确难凭信,复于二十一日召见安武将军倪嗣冲,垂询政见,闻倪将军于表见其军事政策之外,复痛言时局阽危,人心浮动,万不可拘泥成见,恐大局将陷于不可收拾之地,请元首明断,勿一误再误。……二十二日,遂由元首亲嘱内史处草出命令,取消帝制,并拟辞去大总统之职。①

复辟闹剧结束后,《大公报》发文对官场官员的丑态做了一番辛辣嘲讽:"当帝制盛倡之时,帝制派人物在政府中大出风头,及帝制取消以后,非帝制派人物,又在政府中大出风头。出风头一也,而其人物异也。""当帝制盛倡之时,非帝制派人物纷纷潜逃出京,及帝制取消以后,帝制派人物又纷纷潜逃出京。潜逃一也,而其人物又异矣。""出风头人物虽异,而其所以出风头者,非为国家,非为政府,只为一己之功名富贵计,则固两派人物之所同也。"②

纵观《大公报》关于袁世凯复辟帝制的报道,可以看出:该报对这一事件极为关注,自始至终在要闻栏予以详细报道,在报道中虽略带几分嘲讽,但基本上比较平和地报道事实;发表的言论基本上没有长篇,只是随着事态的发展发表"闲评"这样的小"言论"。不过,这些一事一议的小"言论",中心观点依然是很明确的:从道德层面抨击袁世凯"翻手为云,覆手为雨",为当皇帝不惜采用各种卑劣手段;警惕袁世凯打着"君主立宪"的幌子恢复"专制",警惕袁世凯复活"君主"却丢掉"立宪",最后成为"君主专制"。

二、有关外交的记事与言论

在国内新旧政权更替之际,帝国主义列强纷纷变换手法,希望在华得到更多的利益;同时,袁世凯上台后,为了取得国际支持,大力推行媚外政策。1912年3月11日,即他就任临时大总统的第二天,就指示外交部照会各国政府并致

---

① 《要闻·元首急流勇退之传闻》,《大公报》1916年3月24日。
② 《闲评一》,《大公报》1916年3月30日。

电荷兰海牙万国和平会议说:"所有满清前与各国缔结各项国际条约,均由中华民国政府担任实行上之效力。"①1913年10月,又发表正式宣言,对上述意思进行确认。袁世凯不仅从整体上给了帝国主义国家一粒"定心丸",而且在具体事件上也照此原则办理。比如,对辛亥时期沙俄唆使外蒙古王公脱离中国宣告独立这样明目张胆的分裂行为采取妥协态度;对英国公使朱尔典提出四川矿产开采权和实际上使西藏分裂出去的要求取模棱两可的态度;于1915年接受日本政府提出的妄图独占中国的"二十一条",以换取日本人对他复辟帝制的支持。对于这一时期的国际风云,《大公报》密切关注,对袁世凯的媚外政策和丧权举动,旗帜鲜明地予以反对和抨击。

(一)反对"妥协外交"

1. 批评袁世凯政府对英俄妥协

1911年10月武昌起义爆发后,全国各省纷纷响应,宣布独立,以摆脱清政府的统治。然而与此同时,在沙俄的唆使下,外蒙古王公贵族于10月18日亦宣布独立,并在12月1日发布"独立宣言"。12月29日,十七省代表在南京开会商定成立统一的革命政府时,外蒙古却已经变成沙俄的"保护国",脱离了民国筹建过程。当时整个蒙古地区共有近二百四十旗,其中外蒙古占一百零八旗,其独立将拉走近一半的旗和一百五十多万平方公里的辽阔土地,这是任何一个负责任的政府都不会答应的。中华民国政权由孙中山转到袁世凯的手中后,便开始了与沙俄的艰苦谈判。然而由于袁世凯需要沙俄的支持以巩固统治,因而在这个事关祖国领土的原则问题上与沙俄"相互让步":沙俄承认外蒙古是中国的领土,中国同意外蒙古实行"自治"。"相互让步"的结果是外蒙古虽然在名义上仍属中国,实际上其内政与外交却已掌握在沙俄的手中。对于这一结果,一时间舆论哗然,《大公报》亦愤慨不已。

1913年7月13日,《大公报》"各省新闻·北京"栏以"参议院密咨政府之传闻"为题对7月10日临时参议院在袁世凯施压下通过所谓"中俄条约"一事进行揭露:闻参议院于10号咨送政府密封紧要文件,据政界人士云,中俄条约已获参议院多数通过。并在"条约"栏以"转录"形式刊登"中俄蒙古条约"全文,其正文六条,第五条之下附件十六条,至16日登载毕。当日发表"闲评一"

---

① 《中国大事记》,《东方杂志》1912年第8卷第11号。

说:"中俄条约,既通过于国会,外蒙之脱离中国,乃竟成为事实。"指出袁世凯政府此举为"丧心卖国",并警告说:"外蒙已矣,中国危机无限。"①

本来《马关条约》签订后,英国就试图借机夺取四川全省和山西以及河南的矿产开采权。民国成立后,英国又趁新政权立足未稳,进一步要挟。1914年5月6日《大公报》在"各省新闻"栏报道四川当地消息说,"近顷英国要求四川矿山采掘权事,中外纷纷喧传"。在追索历史后断定英国觊觎我国四川的矿产采掘权"由来已久",现在旧事重提,又一次显示英国在华活动"野心尤未已,今更伸其巨腕于四川……以为垄断巴蜀天富之计画"。提醒朝野对此保持高度警惕。

2. 提醒袁政府警惕日本野心

1914年7月第一次世界大战爆发后,日本帝国主义趁欧洲列强互相撕杀之机,出兵占领原德国占领下的青岛,伺机取代德国在我国山东的地位。由于袁政府在对待日德两国为青岛租借地之交涉问题上采取中立国条规,充当"局外人",致使中国的领土任凭日德两国宰割,仅"指派将军蔡锷前往观战"②。"青岛地方已由日军接管,兹闻大总统昨特电饬蔡志庚巡按等将日军接受之地面关于布置上一切情形,详细探查,电复来京,以备核办。"③

一年后的1915年10月17日,《大公报》又发文提醒政府,对"一战"结束后日本对我国的领土野心应早做准备:"中华民国天然得参与会议,则事前之准备,不可不为未雨之绸缪。"还说:"试观日本政府,对于议和条件之准备,业已大致楚楚,乃我中国,全不以此为意,而内外大僚群殚精奋力于国体问题之捣乱,急其所当缓,而缓其所当急,诚不知其是何心也。"并指出:"夫此次列强议和,对于远东问题,必有若何之解决,切言之,即与我中国有死生存亡之关系者也。我国而欲保存其国家资格也,则必先要求参加会议而后可,欲参加会议,则必先为参加之准备而后可。"而三年后事态的发展印证了这一预料。文章最后警告那些忙于争权夺利的当政者:"国家重乎,君位重乎,国之不存,君位将焉附乎?愿我当局者一审思之。"④

(二)抵制"二十一条"

日本帝国主义出兵占领我青岛后,于1915年1月18日向袁世凯提出了妄

---

① 《闲评一》,《大公报》1913年7月16日。
② 《要闻·德俄法宣战之情形》,《大公报》1914年8月5日。
③ 《要闻·大总统电询日军接管青岛情形》,《大公报》1914年11月16日。
④ 无妄:《闲评一》,《大公报》1915年10月17日。

图独占中国的"二十一条"①。该秘密条款条件之苛刻,世人惊骇。袁世凯在接到日方"二十一条"后,一度也很激愤,他仔细研究了日本提出的条件,并逐条做了批注,表示了"不予答应"的意思,采取"拖延时间,谋求转机"的处置办法。为此,他重新任命陆徵祥担任外交部长,指派他主持对日谈判,并对陆交代说,谈判时应逐项逐条商议,不可笼统并商,以达"尽量拖延"的目的。应当说,中方的谈判策略和坚决态度取得了一定的效果:中日"二十一条"交涉谈判自1915年2月2日正式开始,至4月26日日本提出最后修正案止,历时八十四天,前后会议达二十五次,会外折冲不下二十次。

《大公报》对此次中日谈判的报道,虽然不如同一时期胡政之在《大共和日报》上刊出"独家新闻"那样"风光",但是其报道的详尽性和全面性在当时的报界也是可以称道的,不仅将谈判的全过程、二十五次会议的内容及时记录下来,并且随着交涉的进展发表言论。择其紧要者,汇录如下:

1915年2月2日,中日秘密交涉正式开始。由于是"秘密交涉",外界很难获知详情。7日,《大公报》"要闻"栏首先对中日交涉新闻以"政府秘密交涉之不得已"为题做了概述性报道:

> 此次中日交涉,政府严守秘密,各界虽均极力探询,仍均不能得其头脑。昨闻有某军界要人曾谒见国务卿,质问此事真像,并云,政府抑何懦弱至此,即谨遵日使之要求,严守秘密如此。国务卿答以此次交涉秘密,并非纯依日使之要求,其中实有最困难之处不得已而出此,将来诸公自可明悉。②

接着具体报道《中日交涉之第二次谈判》:

> 中日交涉现于五日下午一点在迎宾馆开第二次正式谈判,中国列席者为陆子欣总长、曹润田次长、某秘书、某参事及某翻译;日本列席者为日置益公使、小幡参赞及某书记、某某翻译。会谈至四点四十余分始各退散,关防仍极严,秘其详情,未易访悉。略闻陆总长发言仍极简单而有力,曹次长则力辩不能承认要求之理由极为充足,日使态度虽仍强硬,然亦渐

---

① "二十一条"主要内容有:中国承认日本享有德国原来在山东的一切权利,并加以扩大;延长旅大及南满、安奉铁路租借期限至99年,承认日本在东三省南部及内蒙古东部的权利;中日合办汉冶萍公司;中国沿岸港湾及岛屿,一概不让与或租与他国;中国中央政府须聘用日本人为政治、军事、财政等方面的顾问;中日合办警政、军械厂;允许日本在中国内地设立医院、寺院、学校等;允许日本享有武昌至南昌、南昌至杭州及福建境内的铁路修建、管理权;等等。
② 《要闻·政府秘密交涉之不得已》,《大公报》1915年2月7日。

有可趋商榷之意,仍无正式解决。①

23日在"要闻"栏称中日交涉案"已决定由大总统直接解决",并说大总统"对于此次中日交涉连开特别密议讨论相当办法,而态度极为镇静","声明无论何项交涉必须兼顾公理","决不轻即更变方针"云云。

3月4日,"要闻"栏载《大总统详检中日交涉要案》:

> 本月二日,大总统在办公室特召国务卿检查中日交涉之谈判记录及某某项要案良久后,遂交陆总长及曹次长严缄密函一件,闻系关于现在中日交涉之山东方面问题,已研究其中紧要者三节,饬令于谈判时务须特别注意,断勿稍涉含浑,致发生损失主权之纠葛云。②

9日,"要闻"栏载《大总统批出中日谈判说明书》:

> 中日交涉现已经过七次谈判,闻所议者系为关于东蒙、南满之条款,其中关系中国主权,至为重要。陆总长曾依据两次谈判纪录各条款并附以说明书呈请大总统查核。七日晚已经批出。陆总长所主持各办法尚均得体,未经批驳,即饬依照进行交涉云。③

20日,"要闻"栏载《大总统连次召集紧急会议》:"大总统以中日交涉问题日来又渐趋于紧急,因于十六七两日连次会议,筹画外交紧迫时种种办法,闻已略具端倪矣。"④《大总统交令严守外交秘密》:"昨闻大总统曾又交饬陆总长、曹次长亲笔密函一件,略谓现在中日交涉各秘密尚无泄漏之处。"并强调:"惟中外之极力调查者极多,所有最近筹画之某某等要端关系非常重要,倘稍有宣泄,贻误无穷,应责成随时慎重云。"⑤

29日,"要闻"栏载《大总统改订中日第十四次谈判案》:

> 中日交涉第十四次应行谈判之件,业经拟定草案。二十六日大总统复将该案提出复核,大略以原拟各节,揆诸第十三次会议情形尚有应行改革之处,因预告陆总长等于二十七日一律齐集澄衷堂开特别密议,俾资讨论。⑥

---

① 《要闻·中日交涉之第二次谈判》,《大公报》1915年2月7日。
② 《要闻·大总统详检中日交涉要案》,《大公报》1915年3月4日。
③ 《要闻·大总统批出中日谈判说明书》,《大公报》1915年3月9日。
④ 《要闻·大总统连次召集紧急会议》,《大公报》1915年3月20日。
⑤ 《要闻·大总统交令严守外交秘密》,《大公报》1915年3月20日。
⑥ 《要闻·大总统改订中日第十四次谈判案》,《大公报》1915年3月29日。

4月4日,"要闻"栏载《大总统慎核十六次谈判录》:"中日交涉第十六次谈判关系极为重要,闻将谈判录草案呈递总统府大总统详加核阅……十四、十五两次谈判案业经大总统核阅发还该部。"①

8日,"要闻"栏载《大总统密示驳议之件》:

> 第十七、十八两次中日会议一切事宜,大总统刻已详加覆核,于初五日将全案批还陆总长,闻指示之件共计六端,皆系关于主权上一切问题,并闻此外尚有密示要点数件,系十四、十五、十六三次会议未决之案云。②

14日,"要闻"栏载《大总统召议外交要件》:"中日交涉第十九次会议情形,业经陆总长报告总统府,闻袁总统详核该案,以某项问题双方争执颇有危险情状,因特召关于外交方面人员一律于月曜日出席办事处,切实讨论。"又载《大总统再批核二十次谈判录》:"中日交涉第二十次谈判录(即十日所开议者)前经大总统批出一次,因条款均关切要,十二日上午又将原案调回办公室,覆加参核,即于是日下午又为二次批出,闻已有切决之办法。"③

16日,"要闻"栏载《规定中日交涉进行手续》:"中日交涉刻已开议二十一次,所有案中正纲亦将一律议及,昨大总统复将该案收束手续亲为厘定,密谕陆总长查核,并闻此次所指者凡三项,其略如左:一各项细目之审查,一难决问题之筹议,一争持及退让要点之研究。"④又载《二十一次谈判之鳞爪》:"中日交涉又于十三日开第二十一次正式谈判,仍延至下午七点余始经散会。当日日公使态度变幻无常,忽提出此款,又提出彼款,词意之和平、强硬亦颇不一。陆总长始终抱定惟一宗旨,不认轻就最后结果。"⑤

22日,"要闻"栏载《中日交涉之停议》:"中日交涉第二十五次会议本定于二十日开议,适因日本公使日置氏接到本国政府训电,内容亟属紧要,故日使不克赴外交部,致日昨会议竟作停议,并闻此后开议尚无确期云。"⑥

25日,"要闻"栏载《外交密议提出要案》:

> 中日交涉现虽停止谈判,政府仍连开密议为各种预备之讨论。二十

---

① 《要闻·大总统慎核十六次谈判录》,《大公报》1915年4月4日。
② 《要闻·大总统密示驳议之件》,《大公报》1915年4月8日。
③ 《要闻·大总统再批核二十次谈判录》,《大公报》1915年4月14日。
④ 《要闻·规定中日交涉进行手续》,《大公报》1915年4月16日。
⑤ 《要闻·二十一次谈判之鳞爪》,《大公报》1915年4月16日。
⑥ 《要闻·中日交涉之停议》,《大公报》1915年4月22日。

> 三日下午，大总统又特开密议……提出四项意见：第一为中日交涉如果牵动世界外交之办法；第二为列强对于此事态度之悬揣；第三为日本如果出于强压之对待；第四为日本或旁生支节之对待。①

此外，在交涉过程中，袁世凯还通过相关渠道，将交涉情况透露给西方记者，又通过他们转告各国官方，以期西方出面干涉或调解。其中，英国驻华公使朱尔典、美国驻华大使芮恩施等均出面调停过。对此种情况，《大公报》也做过报道，如《中日交涉牵动各国之见端》："现驻京英使朱尔典君与日公使日置益已开秘密谈判两次，昨闻美使芮荫修（芮恩施）君亦与日公使谈判，特开密议，其地点系在美国使馆，所谈之内容虽不其详悉，大致则确为中日交涉之关系云。"②然而各帝国主义国家只顾自己的利益，不可能真心为中国考虑，即使调停也只是站在自身立场，甚至与日本沆瀣一气，串通起来欺压中国。这一点在后来事态发展情况中得到证实。

26日，日本提出最后修正案。30日，《大公报》"要闻"栏对此进行披露。中国政府亦于5月1日提出最后修正案。在此修正案中虽承认日人在南满之居住、营业及土地租借权，但不允许永租，并要求日人服从中国警章，与华人纳同样之各种税课，且关于土地之争讼，无论中国人与日本人，或日人与日人，均归中国官吏审判；于东部内蒙古，则拒绝中日合办农业及经营附随工业之提案；对于山东问题，不但要求胶州湾之无条件归还，并允许中国参加未来战后的日德讲和会议，更要求日本政府负担中国因日德战役所生损失之全部，并即时撤废日本因战事在山东设立之军事设施，先行撤退占领地之守备兵；此外，对于第五号③之各条款，则全行拒绝。对于中方的据理力争，日本终于恼羞成怒，于5月7日向中国下"最后通牒"，限四十八小时内答复。

与先前的据理力争截然不同，在接到日本的"最后通牒"后，袁世凯立即于

---

① 《要闻·外交密议提出要案》，《大公报》1915年4月25日。
② 《要闻·交涉牵动各国之见端》，《大公报》1915年4月25日。
③ 第五号共七款：第一款，在中国中央政府，须聘用有力之日本人，充为政治、财政、军事等各顾问。第二款，所有中国内地所设日本病院、寺院、学校等，概允其土地所有权。第三款，向来日中两国，屡起警察案件，以致酿成缪轕之事不少，因此须将必要地方之警察，作为日中合办，或在此等地方之警察署，须聘用多数日本人，以资一面筹划改良中国警察机关。第四款，中国向日本采办一定数量之军械（譬如在中国政府所需军械之半数以上），或在中国设立中日合办之军械厂聘用日本技师，并采买日本材料。第五款，中国允将接连武昌与九江、南昌路线之铁路，及南昌、杭州、南昌、潮州各路线铁路之建造权许与日本国。第六款，在福建省内筹办铁路、矿山及整顿海口，（船厂在内）如需外国资本之时，先向日本国协议。第七款，中国允认日本国人在中国有布教之权。

5月8日决定与日签约。这种急转弯前后判若两人,对此,后世评论不一:有人认为是袁世凯屈服于日本人的压力,也有人说是袁世凯面对中日两国强弱悬殊不得已的选择,还有人说是日本与英国勾结迫使袁世凯屈服。一种较普遍的观点则是袁世凯企图用丧权辱国的条款换取日本对他复辟帝制的支持。

袁世凯政府与日本在1915年5月9日晚上11时签约,接受日本提出的"二十一条"中一至四号的要求。消息传开,举国群情激愤,纷纷感受到奇耻大辱,进而掀起了一系列抗议活动。如全国教育联合会即议决,将5月9日定为"国耻日"。《大公报》不仅愤慨不已,而且履行媒体责任,密切关注事态发展,不断反映并引导舆论。

9日,《大公报》"要闻"栏发布信息:"昨日午后得北京电话云,日本公使呈递最后通牒后,大总统邀集国务卿徐世昌、外交总长陆徵祥、次长曹汝霖、各部总长、各顾问及参政院长黎元洪,参政熊希龄、赵尔巽、李盛铎、梁士诒、杨度、严复、联芳、施愚等八名密议,即已大致承认,所未允者,学堂、铁路、兵工厂、军警权、顾问数条而已……又据一函云,总统接到通牒后,列强亦劝总统暂且应允云。"《关于交涉之又一要电》云:"昨夜九点余,得北京来电云:……政府已决派曹汝霖于当夜八时将正式承认书提交日使馆。"并对此发表"闲评"称,与日本交涉案实为"亡国至痛之事"。"至于今日,而妖梦殆将践矣……呜呼,天下事不知而误蹈之,犹可说也,若既明明知之,且常常言之,而仍不求所以自拔之道,其痛也,其惨也,又安能免欤?"①

11日发表"闲评",对外交当局极尽指责之能事:"我外交当局忠于谋国如是,已出吾民意料之外,又复亲劳玉趾,将承认书双双恭赍至日使馆。似此鞠躬尽瘁之忠良,求诸中外古今,除五代冯氏、汉末谯氏、三韩李氏外,有几人哉?"接着嘲笑道:"公等劳苦功高,正宜休养政躬,以备他日再遇盘根错节时出而为送终之医国手。"②

12日的"闲评"则鼓励民众化悲痛为力量:

> 中日交涉解决后,我全国人心,除庞大官僚及无知愚氓,不知有何感触外,其余普通人民,凡略知时事者大都不外两种口吻:一则曰,我国外交如此失败,即为实行瓜分之动机,大可吊也;一则曰,我国经此巨深创痛,

---

① 无妄:《闲评一》,《大公报》1915年5月9日。
② 无妄:《闲评一》,《大公报》1915年5月11日。

实为瞑眩瘳疾之转机，虽可吊而亦可贺也。①

同日在"录件"栏刊登《外人在中国租借土地之历史》，告诫民众不忘祖国的屈辱史，知耻后勇。

接下来的15日、17日、20日、21日《大公报》继续跟踪报道签约、换约详情。之后于23日发表一篇题为"痛告朝野勿再偷生苟且"的"代论"，作为对此次外交事件的总结。文章严正指出，中国朝野，尤其是当政者，一定要牢记此次外交惨败的教训，奋发图强，国是尚可有救，否则只有"亡国亡种"，当亡国奴：

> 此次邻邦之意外要求，我外交当局，费尽如许心思口舌，卒以利权奉送，而后得以苟安。再三思维，难咎当局之失败，实时势使然也……自甲午之役，庚子之变，日俄战争之后，我国屡受挫折，实天演之道，冥冥作我国之当头棒喝，使我国卧薪尝胆，早趋大同，以期自存矣！不谓每值危祸甫过，而根尚未除，当局者又因循，在野者又苟安，所谓国耻者，又放之脑后。一旦意外复来，又束手无术，以退让主权损失领土为外交之目的。吾知至让无可让之时，势必送尽主权，丧尽领土，四万万黄帝之圣裔，相率为亡国之贱种而后已……亡国灭种，祸在眉睫，我上下宜一致发奋，共襄国是，庶可免于淘汰之列也。②

此后，《大公报》继续报道全国各地民众对签订中日条约的愤怒。6月1日，《大公报》"各省新闻·湖南"刊载《湘省志士之热血与生命》的报道说，湘省自中日交涉解决后，发现血书九纸："一以身殉国王洪润书，一立志不愿国破家亡彭超书，一永永毋忘胡镇群书，一至死不变周乃武书，一毋忘此仇宋子植书，一爱国同胞勿忘国耻李书田书，一誓雪国耻张道书。又有两纸，一为雠仇宜复，一为为国捐躯真男子，均袁宗元书。并闻张道为湖南造币分厂之工人，十六号为休息日，该厂工人开工人国耻会，由工匠黄开运等先后演说，后有张道登台，极言中国之屈辱，痛哭流涕，旋出小刀将手指砍破，用血涂书'誓雪国耻'四字，同人大为感动"③。

针对全国民众的愤怒，《大公报》于6月10日发表一篇题为"论人民爱国心"的"言论"，说："自中日交涉解决后，中国一般人民，奔走呼号，救国救国之

---

① 无妄：《闲评一》，《大公报》1915年5月12日。
② 施振模：《代论·痛告朝野勿再偷生苟且》，《大公报》1915年5月23日。
③ 《各省新闻·湖南·湘省志士之热血与生命》，《大公报》1915年6月1日。

声,遍于道路。一种悲痛愤慨之情状,实为前数年所无,此何故耶?"因为现在是民国了,"人民为国家主体,有国而后有家之义,已共了然于胸中,我数千年文明之古国,四万万神明之胄,遽甘为他人之奴隶、为他人之牛马也哉?"①这篇言论反映了该报政治认识水平的提高,认为国人对签订中日条约愤怒情绪表达如此广泛、如此激烈是国体变更的结果,肯定了民国体制:民国了,共和了,人民成了国家主体,爱国心自然而生。

三、有关社会改良的记事与言论

(一)斥责孔教会

在《大公报》看来,袁世凯帝制自为时出现万民欢呼现象,是"三纲五常"之陈腐观念沉渣泛起的反映。这些陈腐观念虽然在清末新政教育,尤其是辛亥革命之后,已经有所收敛,但是出于对民国初年社会"道德滑坡""乱象丛生"的不满,一些人不免对旧礼教、旧道德有所怀念;而一些顽固分子则乘机煽动并成立各种组织,使得维护专制统治的旧礼教、旧道德得以借尸还魂。孔教会的建立与活动就是一个典型。对此,《大公报》高度重视和警惕,并不断予以斥责。

"孔教会"由康有为弟子陈焕章秉承师意,在上海联络沈曾植、梁鼎芬等,模仿基督教会建制,于1912年11月15日(农历十月初七日,即孔子诞生日)发起成立。次年9月27日,该会在曲阜召开第一次全国大会,举行大规模祭孔活动,推康有为为总会会长、北洋军将领张勋任名誉会长、陈焕章为总干事。1904年,孔教会由曲阜迁至北京,在上海、北京各设一总事务所,并在各地成立分会、支会,一时成为气候。

辛亥巨变,民国创建,民主共和的理念开始在中华大地成为一种先进的思想;相对应的,儒学衰退,三纲五常沦为被批判的对象,这使得远在海外的康有为痛心疾首。1912年7月30日,他在《致仲远书》中提出了创立孔教会于国内的想法,宣称孔教会成立是以"昌明孔教,救济社会"为宗旨,以"挽救人心维持国运"为目的。

---

① 《言论·论人民爱国心(选)》,《大公报》1915年6月10日。

然而实际上并非如此。孔教会与袁世凯互为利用,不仅在思想文化领域造成一股尊孔复古逆流,在社会上产生极坏的影响,而且直接推进了袁世凯复辟帝制活动的进行。袁世凯帝制计划展开后,孔教会中许多人直接为之出谋划策,如总干事陈焕章即被聘为总统府的顾问。

英敛之和《大公报》对孔教会倒行逆施的言行进行了多方面斥责。

第一,指出孔学没资格称"教"。英敛之是一个虔诚的天主教徒,宗教在其心目中自然神圣,因此在他看来不是任何学术都可以称为"教"的。早在陈焕章等请愿临时参议院,希望仿意大利、阿根廷、土耳其等国宪法明定孔教为国教时,《大公报》即发文率先明确指出,"孔子之教,不足完全宗教之资格,海内外名儒,久有定论"①,并且认为孔教不为"中国大多数国民所信"②。孔教不为大多数国民所信,怎么能定为国教?

第二,认为定孔教为国教祸害甚多。在《大公报》看来,民国以后,社会确有道德滑坡现象,但是用孔学加以挽救只能是南辕北辙。因为孔学是以往千年之专制政体养成之旧道德、旧礼学,"曲学小儒,附会粉饰,辄举孝悌忠信礼义廉耻,以迎合君主之淫威,以便利专制之作用"③。《大公报》明确指出,定孔教为国教不仅不能"挽救世道人心",而且适得其反,会出现很多问题:

其一,定孔教为国教"有悖乎五族共和的真理"④。中华民国为五大民族的共和国,五大民族均有各自的主流信仰,提出定孔教为国教的做法实际上是"挑衅五族之感情,违反信教自由之约法……种宗教相争之祸根,以纷扰五族共和之大局"⑤。民国"约法宣布信教自由",并且凡国民所信之教都是平等的。《大公报》还刊登天主教徒的文章现身说法称,即使天主教这样"道贯中西、风行六洲之圣教",也"决不为一教之私,而出请定国教之非分干求"。"吾人,国民也;他教同胞,国民也。吾人爱自由,他教同胞亦爱自由;吾人爱宗教,他教同胞亦爱宗教。吾何人斯?敢思凌驾同胞之上,而破坏平等耶?"孔教会"欲定其教为国教",乃"复生独揽特权之野心,破坏共和平等之大局",实质是行"宗教专制"。定一教为国教,必然会"挑衅他教,使素所崇奉者,为他教之公敌,生五族之恶感,起阋墙之分争,授强邻隙,召瓜分祸,使数千年祖国,不亡于专制,

---

① 竹轩:《言论·斥孔教会请愿之非当》,《大公报》1913年8月31日。
② 竹轩:《白话·忠告请求国教者》,《大公报》1913年8月24日。
③ 无妄:《言论·论道德与共和真理》,《大公报》1912年9月24日。
④ 竹轩:《白话·忠告请求国教者》,《大公报》1913年8月24日。
⑤ 竹轩:《言论·斥孔教会请愿之非当(续)》,《大公报》1913年9月1日。

而亡于共和,不亡于叛徒暴民,而亡于诗礼发塚之辈哉? 此吾教之静观默察,惊心怵魄,惧流祸之无已,所以主张信教自由不定国教者也"。①

其二,定孔教为国教,悖法乱治。在《大公报》看来,即使君主立宪政体,也必须讲求法治,在进入共和时代后,居然还有人公然提出定孔教为国教,此等阴谋如若得逞,会使专制由制度层面深入思想层面。"若规定一教,以干涉国民之心灵,虽曰防范其放任,而专制之毒,实已逼入骨髓。"②此种危害是最大的危害。

其三,定孔教为国教,会伤及众多无辜的生命。如果宪法起草者接受了孔教会的提议,将孔教作为国教写进宪法,那势必遭到众多国民的反对。照孔教会的荒谬建议,反对国教者得处刑,那么很多无辜者就会遭受刑罚。"幸而国教否决,未定于宪法之上",否则"将来苟有反对孔教者,吾知必且凌迟赤族矣!"③《大公报》更以实例论证孔学本身就是虚伪之学,说的是仁义道德,行的是男盗女娼:君不见孔教会的名誉会长张勋杀人如麻吗? "剿灭""二次革命"时,张勋就丧尽天良,放纵官军在南京城内乱杀无辜。《大公报》披露:"连日中西电报,述官军克复南京后之焚掠淫杀,骚扰已极,而以张军为甚,近且因害及外人,惹起恶感之交涉。是张勋之纵兵残民,固以无可讳言。"④

其四,定孔教为国教,会开历史倒车。孔教会既不能"挽救世道人心",也不能"补救国家残局",相反,只能加速国家走回头路。1914 年 11 月 6 日,《大公报》在"闲评"中透露,为复辟帝制的需要,袁世凯指示有关部门制定了一整套旧礼节——"典制馆现拟五礼,有已经决定者……其所最汲汲者,为官与官相见礼,官与民相见礼"。该"闲评"讽刺道:

> 窃为借箸而筹,要不难以最简单之仪文,定最紧要之礼制。曰,小官见大官,则行叩头屈膝礼,大官对小官,则行点首招手礼,平等官相见,则互行请安礼。至之官与民,相字实系赘文。民见官则叩首蒲伏,官对民则竟掉头不理可也。如此庶合于官场之心理,而为民国所适当之礼乎?⑤

---

① 竹轩:《言论·拟天主教全体公民请愿信教自由不定国教上参政两院书》,《大公报》1913 年 9 月 24—27 日。
② 《代论·中华民国定国教意见书》,《大公报》1913 年 11 月 7—9 日。
③ 无安:《闲评一》,《大公报》1913 年 11 月 4 日。
④ 无安:《闲评二》,《大公报》1913 年 9 月 11 日。
⑤ 无安:《闲评一》,《大公报》1914 年 11 月 6 日。

（二）倡导新道德

从"维新"到"新政"再到"立宪"，经过有识之士的一路奔走呼喊，总算给古老的神州大地吹进几丝"新风"，近代"民主""平等"思想开始被国民知晓。然而民国初年，这仅有的一点新道德意识，在几拨政客翻雨覆云的折腾后，已然沉沦——共和变异，民主变味，道德缺位："自国体改革以来，人心风俗，几于一落千丈，苟有以道德相劝勉者，辄视为迂腐不经之谈，而相与目笑存之。"① 加上旧道德的死灰复燃，使得国民道德建设一时迷失了方向。于是《大公报》提出加强国民新道德建设的命题，呼吁"中国第一步当提倡道德以正人心"：

> 国于天地，必有与立，与立者何？非土地之广袤，生聚繁夥之谓也，必其国内上下一般人民，具有一种光明正大抽象的特性，而后可以团全国之精神，定一世之民志，作轨物之指南，巩国家之基础。此种特性非他，即道德心是也。管子曰，礼义廉耻，国之四维，四维不张，国乃灭亡。韩非子曰，安危在是非，不在于强弱。②

《大公报》指出：不仅社会道德滑坡，"官界道德堕落"甚至达到极致。当今之世，上上下下"对于共和真理，大都在十里雾中。上焉者，借共和二字为攘权夺利之媒介；下焉者，借共和二字为奸淫贼盗之护符"③ 为官者只顾及升贬，不知道是非。袁世凯称帝前后官场之丑态即为其突出表现。在《大公报》看来，帝制派人物与非帝制派人物，忽而你出风头于京城，我潜逃出京城；忽而我出风头于京城，你潜逃出京城，熙熙攘攘，没有一个是为国家的，都是"为一己之功名富贵计者"④ 对此，《大公报》明确提出应将适于"专制帝王所用以苦人之道德，铲除务尽"⑤。

英敛之一直念念不忘社会改良与道德建设。他在《大公报》上发表的最后一篇文章说，"中国社会之不良，数千年于兹矣。他事姑勿论，即以一小事论之，我国普遍习惯，如与友人约，定钟点相会，往往错迟一点两点，而不以为爽约"。还说："中国腐败之原因，固属极为复杂，惟就在下看来，其原因之最大

---

① 无妄：《言论·论道德与共和真理》，《大公报》1912年9月24日。
② 笑生：《言论·论中国第一步当提倡道德以正人心》，《大公报》1916年7月9日。
③ 无妄：《言论·论道德与共和真理》，《大公报》1912年9月24日。
④ 《闲评一》，《大公报》1916年3月30日。
⑤ 无妄：《言论·论道德与共和真理》，《大公报》1912年9月24日。

者,约有两端。一人人无认真研究是非之心,二无身体力行、勇往前进之心。……是二者实为中国腐败之大病根。"①

如何加强国民道德建设以改良社会、拯救国家?英敛之和《大公报》一如既往地提出两点:办教育与兴宗教。

其一,办教育。兴办教育是英记《大公报》刊行过程中孜孜以求的大事,可以说是始终不渝,也正因此,在论述民国后的社会改良时,仍然强调社会教育。1914年11月《大公报》以"代论"形式发表长文《论社会教育为当今之急务》,强调社会教育的重要性。认为人才培养、人民公共心的培养,必在教育,而教育分普通、家庭、社会三种,"以我国现在社会之状况言之,社会教育则尤为重要"。因为社会教育可以"用力少而收效多,可以用极简便之方法,极短少之时间,开示之、指导之,能使多数年长失学之人,有国民之资格,知国民之责任,而对于国家有公共之观念焉,此国民教育治标之要策也"。接着,文章用主要篇幅论述何谓"社会教育"以及为何社会教育可以有如此大的收效:

> 所谓社会教育之事业者何?即报纸演说、补习学校、露天学校、改良戏曲、改良唱本、改良小说,以及天然戏新剧团诸种事业,皆社会教育所经营,以发表宗旨作用之机关也。夫小说、唱本、新戏,能将使中等以下之人民,感化于不知不觉之中,所谓因其势而利导之者也。其改良风俗之效力,真有一日千里之势……无论何国,下等社会之人,必居多数,而我国为尤甚。使此等多数人,竟无国家观念,其为富强之阻力无大于是者。窃愿有维持秩序之责者,于此等事业,奖劝而兴起之也。

文章重点论述了报纸、演说的教育作用:

> 拿(破仑)氏曾云,一张报纸胜似三千杆毛瑟枪。日本某氏曾云,报纸、演说、学校为文明三利器。以此可知报纸演说之价值矣!夫报纸、演说,皆社会教育所有事也,其为功用于国家,实较之普通教育,有过之无不及焉。所谓社会教育之范围者,当取其广义的,无取其狭义的。夫分门类、限年龄、限程度,非合格者,即不能施以教育,此狭义的范围也。若社会教育则不然,不限年龄,不拘资格,妇孺负贩,皆予以裁成,无赖狂且,不吝其指示,凡有人民之处,即为社会教育所及之处。

---

① 英敛之:《代论·社会改良会演说词》,《大公报》1915年6月26日。

文章最后再次强调我国发展社会教育乃当务之急："我国人数四万万",由于学校教育不发达,绝大部分国民不能进学校受教育,亟赖于社会教育提高他们的素质。"予有感于此,故希望社会教育之发达,认其为救国之急务,并希望我国之热心教育者,莫不认其为救国之急务而赞成之也。"①

至于英敛之本人,从改良社会、培养社会道德的高度重视教育的良苦用心和实践业绩,更是可圈可点。他亲理《大公报》十年,对办教育不仅提倡了十年,而且积极牵头、亲自操持,创办了天津公立女学堂。从报馆退隐后,他向皇室请求保存静宜园的主要目的就是为了办学校。在《跋静宜园全图》一文中,他写道:"香山静宜园,为清皇室五园之一。自庚申遭兵燹后,残毁殆尽。岁壬子,由喀拉沁王福晋及英淑仲女士等向皇室请领保存,藉以兴小女学、女工。蒙前隆裕皇太后慨然付畀,众乃推英华经理其事……"②英敛之与夫人在这里首先办起了一所"静宜女中"。该女校贯彻新式教育方针,其校歌唱道:"通都早得文明化,独惜山村学未兴。事当创始诚非易,幸有皇园旧址存。女工既为家之本,女学尤为国之根。既化无用为有用,保存古迹爱国心。他年成效昭然著,为我女界增光荣。同胞努力要奋兴,万事有志功竟成。"其教育成效显著,受到马相伯的高度赞扬和社会的高度认可。女校第一周年之际,学校举办学生制作展示会,会场摆设学生制作的各式工艺品,供人参观,男女来宾二千数百人看后,赞不绝口③。

其二,兴宗教。如前所述,在虔诚的天主教徒英敛之看来,中国之所以贫弱,根本原因在于没有宗教,国民不相信真主和上帝,缺乏认真精神,凡事不能身体力行,而是敷衍了事,得过且过。晚年时,他在一次演讲中说:"就在下的经验论,中国所以不能强盛者,在于不认识真主,或曰,中国亦未尝不知有上帝也。然试问之曰,汝能顺上帝之命身体而力行之乎? 请问中国四五千年来,何时为身体时代,何时为力行时代? 中国人因凡事不认真,以致演成今日之衰象。"④

早在1903年3月,《大公报》就提出了"以宗教救中国"的主张⑤,至1914年4月,英敛之应邀到公教救国会发表演说时,继续重申这一主张,说"中国无

---

① 杜权:《代论·论社会教育为当今之急务》,《大公报》1914年11月9—11日。
② 英敛之:《跋静宜园全图》,周萍萍编:《英敛之集》(下),第279页。
③ 《专件·香山静宜女学周年纪念会纪盛》,《大公报》1914年5月17日。
④ 英敛之:《代论·社会改良会演说词》,《大公报》1915年6月26日。
⑤ 《论说·以宗教救中国说》,《大公报》1903年3月17日。

宗教不能立国,不能救人心、维风俗,此语为近今普通所承认"。但是,他认为不是所有的宗教都可以救国的。比如鼎立于中国的儒释道三教就不能救国:释道二道"降至今日,世衰道微,二氏之徒,高明者如龟毛兔角";唯有孔子之道,如日中天,历来为中国统治者所提倡,为国人所信奉,但是,"中国数千年来世道人心如何,不过一治一乱之局,终未能到一德同风的地步"。何以至此?因为孔子之道是教人"明哲保身",教"门徒也要危邦不入、乱邦不居"的学说,怎么能救国?① 在英敛之看来,这种学说只能导致国人完全没有社会责任感,事不关己,高高挂起,而那种"国家兴亡,匹夫有责"只是统治者愚弄老百姓、驱民为他们卖命的说辞——国家是皇帝的私产,与老百姓无涉,老百姓何故要对它负责? 次年,英敛之在社会改良会演讲时又说,孔子之道,"只讲变通,不守信用"。"孔子曰,言必信,行必果,硁硁然小人哉。言信行果,何等诚实,乃反被斥为小人,又何怪乎演成今日之习惯乎!"②凡事办不成就要滑头,找出各种理由推脱责任,一个教人不守信用的"教",怎么能"救心",又怎么能"救国"?

英敛之明确地认为,只有天主教方能救国家、救民心。因为天主教教人"舍身救世",其教徒要仿效耶稣的牺牲精神。与"孔教之道,人性之道理"不同,"天主教,超性之道理";与"孔道以人的眼光看天下"不一样,"天主的道以天主眼光看天下……凡天下顶天立地的人没有不是同胞的。故此见有一夫不得其所,自己是如背负芒的,必要设法救了他,才去这心病"。他认为天主教的真谛在于"爱群"和"救国",因而希望民众"虚心察纳,毕竟究个真假、是非、邪正,然后热心毅力,特立孤行,当仁不让,见义勇为,所以成己成人,由近及远,这真是为天地立心,为生民立命,为往圣继绝学,为万世开太平"③。

为了推广其"宗教救国"的主张,英敛之授意《大公报》从1915年6月10日起,逐日重刊天主教经典——汤若望著《主制群征》,还专门发表《阅报诸君注意》的广告,称:"《主制群征》一书系□西汤若望所著,阐道精深,实操天人之元钥,清初诸大佬叹为奥博宏赡,置之周秦诸子中亦为别开生面之杰作。惜近世流传绝少……三十年来见真理日晦,人心日非,非有切实精当之名言不足以唤

---

① 英敛之:《代论·公教救国演说会之演说》,《大公报》1914年4月22—23日。
② 英敛之:《代论·社会改良会演说词》,《大公报》1915年6月26日。
③ 英敛之:《代论·公教救国演说会之演说》,《大公报》1914年4月22—23日。

醒尘梦而挽回狂澜。"①

两个月后，英敛之又在《大公报》上发表《重刊〈主制群征〉序》，回复世人对天主教的诸多责难，说这些责难"虽皆持之有故、言之成理，然不失之茫昧诬枉者概寡"。英敛之进一步指出："仆敢以三十年之阅历，悍然断之曰：仇忌天主教者，无他，私欲而已矣！诬枉而已矣！"②不仅如此，《主制群征》重刊后，英敛之还令其与马相伯合办的天主教会学校辅仁社（辅仁大学的前身）中的求学弟子分别写序，在《大公报》"言论"栏刊出，一方面向广大读者介绍该书，一方面推广天主教精神。如1915年9月11日刊登辅仁社杨葆初的《拟重刊〈辩学遗牍〉序》，称当初汤若望先生"不避艰险，九死一生，而布道是邦。又广著书说，发明真理，俾人识至道之所在"；当下"吾师安蹇先生"所以重刊《主制群征》，就是为了"明邪正而告同胞"，"皆得归根返本，以无负公牺牲救人之志愿也可"③。

劝人为善是英敛之一辈子魂牵梦绕的大事。他退隐之后随着年龄的增加，劝人为善之心更切，他说："人之将死，其言也善，我以一念回光，乐取于善。"于是他编纂《万松野人言善录》，在《自序》中诉说编撰此书的初衷：

> 回忆十数年中，朋友队里，或是聪颖特达，或是精明强干，或是心思机警，或是魄力雄健，只因一味同流合污，恣情纵欲，把真道正理看作迂腐无用，甚至讥为愚呆，斥为谬妄，目为自寻苦恼。这等人总想世间光荣富贵即为人一生最要目的，果能达此目的，无论奸贪险诈，倒行逆施，谄媚卑污，无所不至。世上一切事物，全凭他血气作用，全由他私意摆布。呵呵，谁知他正在兴高采烈中，就一命呜呼，长眠地下，不再向人争意气矣。论起年龄，许多比我小，论起聪明，许多比我大，虽然，此等时髦，大都是不肯虚心从善，总是自作聪明，妄逞意气，奉一己之私欲，如神圣不可侵犯，故落得如此结果。

看到那些人由于私欲作怪，走上邪路的下场，英敛之痛心不已，于是，下定决心，"将我所见之善言，所发之善念，不论长短，不拘雅俗，一一录于纸上，使人共见，相互磋磨，相互勉励"④。

---

① 英敛之：《阅报诸君注意》，《大公报》1915年6月13日。
② 英敛之：《代论·重刊〈主制群征〉序》，《大公报》1915年8月18日。
③ 杨葆初：《代论·拟重刊〈辩学遗牍〉序》，《大公报》1915年9月11日。
④ 英敛之：《〈万松野人言善录〉自序》，《大公报》1915年12月4日。

四、"不愿再向社会中摇唇鼓舌"

（一）报界极为惶恐

虽然《大公报》等报刊在进入民国后依然努力履行"天职"，监督政府，向导国民，然而随着袁世凯大权独揽，为了巩固政权而采取各种手段控制舆论，报纸的生存环境越来越险恶。

1913年，政党纷争，内乱不已，袁世凯政府"内务部取缔报纸，天津警察厅亦取缔报纸。报纸之厄运，至今为共和时代而极矣！"《大公报》对此自嘲称："则自今以后，吾辈对于中央，但当颂扬威德不当指摘瑕疵；对于战争，但当刊布捷书，不当登载警耗。"不如此，就不能"苟全于乱世"。然而如此作为，这样的报纸留存后世，也只能是一部虚伪的"民国史"①。

1914年4月2日，袁世凯政府以清除报界"败类杂种"等理由颁布了专门报律《报纸条例》。此条例条款共三十五条，规定十分苛刻，比如禁止报纸刊登"混淆政体""妨害治安"和各级官署禁止刊登的一切文字，每天的报纸在发行前须呈送报样给警察机关备案，对报纸创办实行批准兼保证金制等，从政治、经济两个方面限制新闻事业的发展。对此，《大公报》报道说："新报律一经颁行，北京报界极为惶恐，而保证金七百元一款最为碍难，恐倒闭者不止一家。……严苛报律若实行，报界难堪属小事，民情之涣散则实大巨矣。"②此条例于1915年7月10日再加修正，变得更为"严密"，报界生存环境之艰难更甚。

此外，袁政府还公布了《出版法》（1914年）、《新闻电报章程》（1915年）等法律条例，这些法律规定十分苛刻，使报纸等媒介动辄得咎，生存和活动的空间越来越狭窄。《大公报》发文感叹道：

> 至近数年来，我报界之厄运，尤堪悼叹。束之缚之之不足，又从而摧锄之虐刈之，政府发其踪，官吏逢其恶，报纸之刚健不挠者，既摧折殄灭相随属。其黠懦无耻者，或且利其金钱，作彼喉舌，狺语猇声，违心而发，以博当涂之赏，而淆社会之听，盖至是而言论界之黑暗，与执政者之用心，殆

---

① 梦幻：《闲评二》，《大公报》1913年7月23日。
② 《要闻·北京报界大惶恐》，《大公报》1914年4月9日。

如涂涂附焉。①

在如此环境下,一般报馆都难以生存,像《大公报》这样"敢言"的报纸,就更难以生存下去了。

(二)本报刊行五千号

虽然这一时期的《大公报》出现过这样或那样的问题,关于某些内政问题的报道和言论亦失之偏颇,但是它既没有被收买,也没有被压垮,总体上还是守住了"营业性质""所抱宗旨"和"舆论机关"的底线②,并保持了北方舆论重镇的地位,读者数量有增无减,经营平稳发展。如1915年11月16日至19日,《大公报》头版刊登一则《本馆紧要启事》说:"本报自出版以来,颇蒙各界欢迎,销路日增一日,而在北京尤多。现自本年阳历三月起,京奉路由津至京,每日增加夜车,报纸当晚即由该次夜车邮寄到京,每早准九时即可派送北京阅报诸君。欲先睹为快者,幸注意焉。"这则启事既说明了报纸因坚持正确的办报方针受到读者欢迎,因而销量日益增加,又说明了报馆相应地采取积极的经营措施以满足读者需要。

销量的增加自然使报馆经营获得了不错的经济效益。1915年3月1日起,《大公报》连续十天刊登一则英敛之以《大公报》馆总理名义发布的《本馆股东诸君台鉴》:"有股诸君务请于一个月内(由旧历正月二十日起至二月二十日止)将股票交下,改换新票并分派红利。愿查详细帐目者,请来本馆。"这则"告白"说明两点:一是英敛之隐退后依旧掌握着报馆财政大权;一是报馆经济收益较好,年底可以向股东派分红利。

然而仅一年多后的1916年9月,英敛之却将他千辛万苦操持发展起来、至今仍受读者欢迎且经营状况不错的《大公报》出售了。

早在1912年2月隐退时,英敛之就已随着清帝的退位而心灰意冷,只是作为清廷"未亡人"生活于世上。正如他1914年在一次演讲中所说:"鄙人数年以来,身体多病,精神大减,又因时局日益危机,故此枯木死灰,厌世之心,已达极点。"③现在报界的环境越变越坏,像《大公报》这样以言论取胜,以"敢言"著

---

① 无妄:《言论·本报五千号纪念》,《大公报》1916年8月3日。
② 梦幻:《闲评一》,《大公报》1913年6月16日。
③ 英敛之:《代论·公教救国演说会之演说》,《大公报》1914年4月22—23日。

称的报纸要保持自己"卓然独立"①之报格并继续生存下去,实在是难上加难了。也正因此,"恹恹一息,苟活人间"的报业同样已为英敛之所厌恶,实在"不愿再向社会中摇唇鼓舌,励袭模仿,逞其一知半解,博热心爱国虚名誉矣"②。

英敛之在香山一方面休养生息,一方面寻找彻底退出报界的合适时机。而到了1916年,随着报馆内外两件大事的发生,英敛之全面隐退的契机也随之到来:

外部之事,即卑鄙狡诈、无德多变的袁世凯不仅帝制自为的闹剧破产了,而且在万民唾骂中于1916年6月6日一命呜呼。

报馆内部之事,是指《大公报》创刊五千号。《大公报》从1902年6月17日创刊,到1916年8月3日刊行五千号,可谓一段不平常的历程。虽然主持者以"大哉言乎,公而无私"的精神办报,使报纸赢得"报界巨擘,五洲所师"③的声誉,但是其间太多的艰难困苦,只有作为主持者的英敛之自己知道。当日《大公报》发表的《本报五千号纪念》,在回顾十四年来报纸生存环境遽变的历史后说:"本报于此惊涛骇浪之中,惟秉一片天良,牢握罗针,逆流而渡,始终所持之宗旨,惟在扶植民气,牖迪民智,诱掖民德而已。始终所认之目的,惟在救济国危,消弭国患,振强国本而已。"当下环境险恶,"巽懦无耻"之徒,出卖人格报格,而本报"不敢同流合污,渺焉存精卫填海之心,毅然效愚公移山之举,持中正之态度,发平允之论调,任群魔之波云诡谲,而吾行吾素,一本其悲悯苦衷,以勉为世道人心之保障,居然由千号、二千号、三千号、四千号,绵绵延延以递进至于五千号,常保我庐山之真相"④。这对于为之奋斗过的《大公报》人,尤其是英敛之而言,不能不说是一种欣慰。

此时,英敛之认为"功成身退"的机会已经成熟了。在纪念报纸发行五千号后不到一个月,亦即在埋葬袁世凯不到一周后的1916年9月,英敛之将《大公报》的股权全部转手给了王郅隆⑤。

此后,《大公报》进入了另一个发展时期。

---

① 梦幻:《闲评一》,《大公报》1913年6月16日。
② 英敛之:《公教救国演说会之演说》,《大公报》1914年4月22—23日。
③ 《〈大公报〉五千号祝词》,《大公报》1916年8月3日。
④ 无妄:《言论·本报五千号纪念》,《大公报》1916年8月3日。
⑤ 英敛之将《大公报》转手王郅隆的具体时间无考,这里权从王芸生、曹谷冰之说:"1916年9月,英敛之将《大公报》盘售于安福系财阀王郅隆。"参见王芸生、曹谷冰:《英敛之时期的旧大公报》,《文史资料选辑》第9辑,第17页。

第二编

王祝三传承『大公』与王记《大公报》
（1916年9月—1925年11月）

所谓王记《大公报》，是指1916年9月王郅隆从英敛之手中盘购报馆的全部资产和股份起，至1925年11月该报停刊期间的报纸。王郅隆盘购《大公报》之后，自己经营到1920年8月，又将资产全部转手给其子王景杭（王景杭，字宝鑫，王郅隆长子，民国元年开始参与王氏家族产业经营，此后参与程度逐渐加深），故王记《大公报》九年零三个月的历史以1920年8月为界分为前后两个阶段，之前为王郅隆阶段，之后为王景杭阶段。王记时期《大公报》的主要领导人物为王郅隆、胡政之。

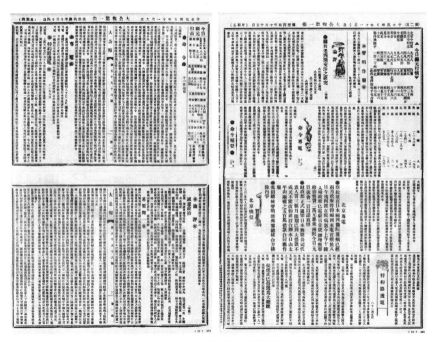

《大公报》1916年11月9日(左)、10日(右)第二版版面对比

1920年8月20日改组后的《大公报》报影

导言 "舍王其谁"

如前所述,英敛之1912年2月归隐北京香山后,除了掌握报馆的财务状况外[①],将具体馆务和编务工作交给别人。由于已没有雄心与精力顾及《大公报》的实际事务,他想在适当时机物色合适人选,将报馆出售。

《大公报》倾注了英敛之十多年的心血,英敛之的名字与《大公报》几乎融为一体了,故出售《大公报》不仅是一桩简单的买卖,而且是事业的交接,更是理想的托付。他必须为《大公报》找到一个可靠的下家。

英敛之要找的人就在身边,那就是王郅隆。在报纸发刊五千号、功德圆满之时,他于1916年9月把报馆股份全部卖给了王郅隆。

英敛之为什么肯把他倾注了满腔心血的《大公报》馆托付给王郅隆?

一、王郅隆其人

在英敛之眼里,王郅隆不仅是英记《大公报》的"梁柱",而且是一位有能力、讲交情的人。1924年,英敛之在《联语》中写道:"前岁,柴君逝世,仆乃挽云:溯《大公报》创设之初,君誓捐产,我誓捐躯,彼境彼情忘怀不得;迨共和国成立,而后俗益日偷,人益日坏,此时此际瞑目为佳。去岁日本地震,一友(指王郅隆)竟压毙于横滨某旅馆楼中,仆乃为挽嶂四字云:梁柱其摧。又一联云:伤心一炬,玉石俱焚,乐土竟成焦土;慨想劫灰,龙蛇同尽,有生何若无生。"[②]两条挽语,前挽柴天宠,后挽王郅隆。

通过主持《大公报》刊行的实践感受,英敛之从内心深处敬重这两个人。

---

① 1915年3月1日,英敛之以总经理的名义在《大公报》刊登告白,通知股东前来查账、分红。
② 英敛之:《联语》,周萍萍编:《英敛之集》(下),第528页。

从上面两条挽语看,在英敛之心里,王郅隆和柴天宠对《大公报》的贡献似乎不分伯仲,甚至在情感上,王可能还略高于柴:英氏写此挽语时,王郅隆已经经营《大公报》七年,英敛之看见了王郅隆接办后《大公报》发展的成就,应当是感到欣慰的。对王郅隆的高度评价,是他对王作为《大公报》前大股东和现任老板叠加认识的结果。

作为《大公报》的开创者之一,王郅隆与柴天宠熟识是在后者负责兴建天主教堂工程的时候。柴氏承包了天主教堂及教堂房产的整个工程,王郅隆则揽到分包木料的生意。在这次生意往来中,王郅隆不仅赚了一大笔钱,而且结识了不少天主教的朋友,因此,当柴天宠集资办报时,王郅隆第一个响应,慷慨出资襄赞盛举。王郅隆的出资数额目前已无从考证,但从当时的各方记述来看,王氏为仅次于柴天宠的第二大股东应是确定无疑的。

王郅隆不仅出资办报,而且在报纸创刊之初法国投资者掀起退股风潮,给《大公报》生存造成极大困难的时刻,还与柴天宠一道从资金和精神两方面鼎力支持,并诚心挽留英敛之,最终帮助报馆渡过难关。1902年9月10日,英敛之日记中有这样一条记载:"王祝三来言:顷与柴公商议,他股友有懈意,皆无关紧要,独我一人出一二万金,亦甚愿也。"王郅隆的慷慨表态使英敛之"闻之为之气壮"①。

此后,在办报过程中,英敛之每当遇到内外阻滞而产生退意时,王郅隆总是与柴天宠一道再三极力挽留,其态度有时甚至比柴天宠更坚决,心情更真切:

1902年9月,英敛之因承受不了多方指责提出离馆请求,被柴天宠、王郅隆劝阻。次年3月,英敛之又因德人闹事被弄得精疲力竭而生退意,再一次被柴天宠、王郅隆挽留住。至1903年12月,英敛之与柴天宠为"股票改易数字"事发生意见分歧,柴主张修改股票数字,众多股东都同意柴的意见,英敛之反对,并因此事招来"谤语"而流露"退意"。在这种情况下,独有王郅隆明确站在英敛之一边,"不以众为然",不同意"股票改易"。王甚至对英敛之表示,一旦英氏离开报馆,他也"定将全股撤出"②,这一态度最后迫使柴天宠等人改变意见。

---

① 《英敛之先生日记遗稿》,第543页。
② 《英敛之先生日记遗稿》,第742页。

不仅如此,王郅隆还多次到报馆与英敛之商量报馆经营工作与办报事宜。

1902年12月4日,柴天宠到报馆清查账目,发现账面上"尚存银二百七十两"①。王郅隆知道后,心里很着急,建议立即催促股东们缴纳股款,并希望各位尽可能支借若干,保证报馆正常运营。第一大股东柴天宠考虑到"数百金白用一年之久,不惟无利,而零星使用,且甚吃亏,伊反觉受损甚大",因而只送"所欠洋来"而"未肯多借些许",英敛之对此慨叹道:"人情之薄如此,可慨也。"②柴氏形象在英敛之心目中由此大打折扣,英敛之甚至发出"人情之薄如此"的感慨。英敛之似乎感到柴天宠重钱财轻交情,相比之下,王郅隆尚看重交情一些。这也许成为若干年后,英敛之将报馆托付王郅隆,并对王氏评价与柴天宠不分伯仲,甚至在情感上略高一等的主要原因。

据英敛之日记记载:1903年4月16日,王郅隆偕同王善卿邀请柴天宠一起到报馆中商讨"馆中章程"。在商量过程中,英敛之主张由王善卿"经理一切,生意共作若干股"③。王善卿为《大公报》早期股东之一,与王郅隆熟识。可以看出,王郅隆十分关心报馆事宜,尤其是报馆经营方面的工作;而且英敛之不仅信赖王郅隆,甚至"爱屋及乌",信赖王郅隆的朋友。

至1906年上半年,《大公报》馆由于各方面原因与法国领事几乎闹翻,最终被迫搬出法租界。英敛之、柴天宠随即与王郅隆"商定移居建房事"④,并决定借款五万元,于日租界内租地自建馆舍。从事与建筑材料相关生意的王郅隆自然主动请缨承担,并立马着手具体经办。事情进展很快:

4月9日,计划就有眉目。"日西,王祝三略谈造房事。"⑤最终成功租下了日本租界四面钟对过的地皮,并请日本建筑公司承办建筑。5月11日,"午后……西田畊一来,同至建物公司,谈开工事讫,出,自至祝三处,留字及房图归"⑥。可见建筑图纸也已备齐。5月14日,"西田以建物会社契约来,少时祝三来,同至建物会社商定妥"⑦。至9月5日,《大公报》正式搬进新馆。

1904年,英敛之发起创办女校,事情千头万绪,忙得不亦乐乎。在他眼里,

---

① 《英敛之先生日记遗稿》,第579页。
② 《英敛之先生日记遗稿》,第580页。
③ 《英敛之先生日记遗稿》,第635页。
④ 《英敛之先生日记遗稿》,第1018页。
⑤ 《英敛之先生日记遗稿》,第1027页。
⑥ 《英敛之先生日记遗稿》,第1034页。
⑦ 《英敛之先生日记遗稿》,第1035页。

办女校与办报纸同等重要,都是为了开启民智,虽然困难重重,还是乐此不疲。王郅隆对办女校或许兴趣不大,但是当英敛之请他帮忙寻找校舍时,他仍爽快应承,并充分发挥自己之专长,把事情做得很有成效。

通过办报和办女校的接触,英敛之与王郅隆的关系越来越密切。1907年9月王郅隆访问日本时,英敛之亲自前去送行:"六点后赴车站送王祝三赴日本游历。"①王郅隆从日本回天津后,英敛之又偕同他进京活动:1907年11月15日,"晚车偕祝三乘头等车进京,祝宿瓦岗利饭店。……(自)进城回家"②。16日午,英敛之"至瓦岗利候祝三,移时,始归。谈,嘱予往晤淑舫,至,谈有时,复出城……"③

简言之,王郅隆投资创办《大公报》,而且在几个关键时刻、关键问题上支持英敛之办报,使英敛之认为王郅隆不仅有足够的资金支撑报馆的运行,而且对《大公报》有深厚的感情,对英敛之亦颇具"义气"。因而,他决定把《大公报》托付给王郅隆。

二、王郅隆身份界定

英敛之决定把《大公报》售予王郅隆,那么王郅隆是否有购买《大公报》的愿望? 如果有,动机又是什么呢?

既往观念认为,王郅隆购买《大公报》是安福系授意的行为,是为了将之办成"安福系机关报"。如1960年王芸生、曹谷冰即宣称:"王郅隆购得《大公报》,自任总董,聘胡政之为经理兼总编辑,以后变成了安福系机关报,言论编辑表现出浓厚的亲日卖国色彩。"④1981年张篷舟在《〈大公报〉大事记》中也说:"1916年9月,英敛之将《大公报》盘售与王郅隆。王自任总董,聘胡政之任经理兼总编辑,成为安福系机关报。"2002年出版的吴廷俊著《新记〈大公报〉史稿》绪论中也如是说:"王郅隆盘接《大公报》,实际上是安福系的意思。王郅隆自任《大公报》总董,经徐树铮推荐,聘请胡政之担任主笔兼经理。从此,《大公

---

① 《英敛之先生日记遗稿》,第1128页。
② 《英敛之先生日记遗稿》,第1143页。
③ 《英敛之先生日记遗稿》,第1144页。
④ 王芸生、曹谷冰:《英敛之时期的旧大公报》,《文史资料选辑》第9辑,第17页。

报》成了安福系的机关报。"①甚至直到2004年7月出版的《〈大公报〉百年史》仍继承前说,认为:"王郅隆最初接办时期的《大公报》是'安福系的机关报'。"②其他相关著作和论文的看法也大致如此。

果真是这样吗？为了弄清前述两个问题,首先有必要理清王郅隆的身份。以往人们谈起王郅隆,都说他是安福系的"要人"、"财神"、"十大祸首"之一③,要准确界定其身份,须从对王郅隆身上这三项"罪名"的考辨开始。

（一）事实考辨

所谓"安福系",可溯源至1917年张勋复辟期间,北洋军皖系军阀领袖段祺瑞"马厂誓师",自任"讨逆军"总司令,平息复辟乱潮之时,经过此次行动,段遂以"再造共和"的"功臣"身份重掌此前"府院之争"期间失去的内阁大权。段祺瑞重新上台之后,拒绝恢复《中华民国临时约法》和民元国会,实行皖系军阀专制。段祺瑞这种破坏民主共和的举措,与之前以允许日本训练中国军队和控制兵工厂为条件向日本借款的劣行,十分不得人心。为了挽救颓势,段祺瑞便打起国会的主意——他一方面拒绝恢复民元国会,一方面动员改选成立新国会,力图通过控制新国会达到控制中央实权的目的。为便于活动计,段祺瑞指使其亲信徐树铮组织自己的政客集团。是年冬,北京临时参议会开会期间,徐树铮在北京西城安福胡同布置了一处房间,内设棋具、麻将等娱乐用品,类似俱乐部,作为接近他们的议员聚会之所。次年3月,在徐树铮、王揖唐的策划下,一个由皖系政客、官僚等结合而成的利益集团在安福胡同宣告成立,故名"安福俱乐部"。徐树铮、王揖唐是其核心人物,段祺瑞则为幕后领袖。

安福俱乐部是一个典型的政治利益集团。1918年8月,中华民国第二届国会选举成立,因选举过程受到安福俱乐部操控,加之不少当选议员皆为该俱乐部成员,故名"安福国会"。当然,作为一个具有代理人性质的政治组织,安福俱乐部虽然一时间势焰熏天,备受世人关注,但实际上最多算是"一个议员招待所,不是一个政党,既无党纲,又无政策,仅是大部分议员每月受徐树铮、

---

① 吴廷俊:《新记〈大公报〉史稿》,武汉出版社2002年版,第6页。
② 方汉奇等:《〈大公报〉百年史(1902.06.17—2002.06.17)》,第167页。
③ 安福"十大祸首"为徐树铮、曾毓隽、段芝贵、丁士源、朱深、李思浩、王郅隆、梁鸿志、姚震、姚国桢。

王揖唐招待而已"①。

那么王郅隆在这个俱乐部扮演了什么角色呢？

据当时的记述，安福俱乐部成立之初下设干事部、评议会和政研会。干事部主任王揖唐，评议会主任田应璜，政研会主任李盛铎。评议会是真正有权力的部门，成员有徐树铮、曾毓隽、李思浩、丁士源、姚国桢、陆宗舆、曹汝霖、姚震、段芝贵、吴鼎昌、吴炳湘等②，正是这些人合力操纵着安福国会和中央政府。而王郅隆则在干事部担任会计科干事，该科仅是安福俱乐部的一个内部核算机关，既不能真正掌握财权，也毫无决策权。因此可以说王郅隆虽名列其中，却不能起到实质性作用；更何况他并不常到俱乐部办事，因此在安福俱乐部中不属"要人"。

另据1919年9月上海《民国日报》所载《安福世系表之说明》一文："本身：徐树铮。祖：日本人。父：段祺瑞。兄：倪嗣冲。弟：曾毓隽。子：朱深、王揖唐、方枢。继子：龚心湛。义子：张弧。私生子：徐世昌。孙：刘恩格、乌泽声、康士铎、郑万瞻、梁鸿志、王印川、光云锦、李盛铎、田应璜、黄云鹏、胡钧、邓镕。继孙：袁荣叟。"③虽然文章注明"某君戏作"，然而知时局者颇以为然，在这份安福世系表中，连"孙"辈、"继孙"辈都没有排上的王郅隆，自然在安福系中没有什么地位，有人称其为"安福系要人"恐怕言过其实了。

而且从入会目的上看，安福俱乐部内部"譬之一家商店，徐树铮是财东，臧荫松是内柜的掌柜，王揖唐是外柜的掌柜。王揖唐对于金钱，并无权随意开支，一切支出须经臧荫松核准。王揖唐对此甚不高兴，然在徐树铮钳制之下，无如何也"。当时"徐树铮炙手可热，国务总理、国务员亦须屈意与之联欢，因国会议员掌握着同意权及弹劾权也"④。有人将当时奔走于安福财东徐树铮宅之人士约分为四类："老学究""势利鬼""各省代表"和"少数不安分议员"。王郅隆名列"势利鬼"之列："以升官发财为目标者，当然趋附恐后，此类最著者为曾毓隽、李思浩、姚震、梁鸿志、龚心湛、王郅隆、丁士源、姚国桢。"⑤而在这些"势利鬼"中，绝大多数又是以"升官"为目标，而王郅隆没有什么政治追求，他

---

① 刘冰天：《关于徐树铮和安福俱乐部》，《文史资料选辑》第26辑，中华书局1962年版，第115—121页。
② 浊物编辑：《安福大罪案》，信史编辑社1920年版，第12—13页。
③ 《安福世系表之说明》，《民国日报》1919年9月15日。
④ 刘冰天：《关于徐树铮和安福俱乐部》，《文史资料选辑》第26辑，第115—121页。
⑤ 刘冰天：《关于徐树铮和安福俱乐部》，《文史资料选辑》第26辑，第115—121页。

参与安福俱乐部与追捧徐树铮,目的主要是为"发财",是一个想通过此种手段达发财目标的"势利鬼"。这里有一事例:1918年,段祺瑞以编练参战军①为由扩大自身的武装力量,此项费用巨大,向日本的借款远远不够,于是段氏找王郅隆帮忙。王郅隆立即应允,充分发挥自身的长项,以办运米粮出口的手段帮助段祺瑞筹集经费,"购米四百万石卖于日本某洋行,每石提取二元利润。"当时,政府米禁甚严,王郅隆一面"以商人名义按月采办,以二三十万石为限",一面"复以参战处名义,购运军米若干万石",按计划,既可为段筹款七八百万元,王郅隆自己也可从中谋得不少的银子。后来事情败露,筹款泡汤,而王郅隆却"久已中饱,段闻之大怒,遂拘禁追款"②。由此可见,王郅隆加入安福俱乐部当是其唯利是图、投机趋利的本性使其不惜冒政治风险。

当然,王郅隆也确实经手为安福俱乐部提供过小额费用:这对他而言是有利可图的,能为他自己的银行带来业务和利润。当时,"人第知安系之金融机关,如发两院岁费,如发任重致远费,皆在王郅隆所经营之金城银行",但"小徐(徐树铮)之大活动仍在日人所设陆宗舆所主持之汇业银行"③。由此来看,王郅隆仅能为安福系日常活动筹措较小数目的资金,即只管"小钱",不管"大钱",还够不上"财神"的资格。

1920年7月19日直皖战争结束后,被直奉军阀控制的北京政府打着处理善后事宜的旗帜,于7月29日下达通缉令,通缉安福"祸首"徐树铮、曾毓隽、段芝贵、丁士源、朱深、王郅隆、梁鸿志、姚震、李思浩、姚国桢等十人,并分别褫夺官职、勋位、勋章,指其犯有"包办新国会选举"、"靳云鹏政府重新组阁"、挑起"南北战争"、破坏"南北议和"等项所谓"营私误国"之罪。

而在安福俱乐部这些"营私误国"的罪行中,王郅隆都做了什么呢?

首先看安福国会选举中王郅隆的活动。1918年8月新国会成立后,王郅隆得到了一个参议员席位。当时国会候选人分为四类:第一类为有学识者;第二类为退职大总统等及勋三位以上者;第三类为资本家;第四类为华侨。1918年6月11日公布的国会选举候选人名单中,在第三部列有"王郅隆(直隶)"④。

---

① 参战军系1917年12月段祺瑞担任"参战督办"后,以对德参战的名义利用日本借款组建的一支军队,该军于1918年"一战"结束后改名为"边防军",最终于1920年直皖战争中覆灭。
② 《王郅隆被拘原因》,《益世报》1920年7月12日。
③ 《国内要闻·北京通信》,《申报》1919年12月9日。安福系列名议员每月受津贴三百元,因支票上刻有一个"任重致远"图章而名之曰"任重致远费",此系王揖唐的主意,意在"勉励"议员。
④ 《中央选举近讯(续)》,《申报》1918年6月11日。

据媒体报道,在第三类投票时,"闻某方面所推出之当选人为梁士诒、陈邦燮、倪道煦、任凤宾等四人,某俱乐部所推出之当选人为唐理淮、王郅隆等二人,然此六人中必须有一人列入候补当选名额内(因该部名额仅五人),方不致发生阻滞"①。待 22 日公布当选名单时,第三类中有王郅隆,而唐理淮则候补当选②。由此来看,王郅隆是以资本家、企业家的身份被安福俱乐部推荐,从而入选国会议员的。

1918 年 6 月初,"倪嗣冲已出洋一百万元,由王郅隆交王揖唐为包办选举费用,拥段为正,举彼为副,王(揖唐)为众议长"③,这是现有资料中有关王郅隆参与安福系包办国会选举相关活动的唯一记录,但是很显然,这纯粹是王郅隆在替倪嗣冲办事,不能理解为王氏为自身政治升迁而采取的行动。

资料显示,王郅隆自从当选参议院议员后,所参与的国会政事很少,且基本都是与诸议员一起行事④。作为参议员的王郅隆参与国会活动,仅仅是安于程式、随众附和而已。直皖战争两年后的 1922 年 10 月间,王郅隆在《大公报》《益世报》数次登载的启事言及:

> 鄙人在津经商垂四十年,首创实业,艰苦备尝,无非为桑梓谋利益,为人民广生计,苦心孤诣,人所共知。民国七年,以商界上之资望,被选为参议员,原非本愿,经辞不获,故虽滥竽充数,仅于要案出席数次,随同画诺,仍然肆力工商,未尝干预政事。⑤

这或许是王郅隆为自己狡辩,但仍有几分真实。

其次看由安福系主宰的两次内阁改组中王郅隆的活动。第一次改组是 1918 年 3 月下旬段祺瑞内阁复活后的改组。这次改组,财政总长人选共有梁士诒、张弧、王郅隆三人,后因保荐人倪嗣冲态度有所变化以及其他原因,王郅隆"入阁无望"。第二次是 1919 年 11 月初靳云鹏就任总理后的改组。此间,王郅隆主要是充当军阀政要和安福议员之间的"疏通人"角色。对于这项工作,王郅隆本不愿意,后不得已应段、靳之请勉强答应。组阁事宜因为财长人选未

---

① 《中央选举会之怪象》,《申报》1918 年 6 月 24 日。
② 《续纪中央选举之状况》,《申报》1918 年 6 月 25 日。
③ 《大选举竞争之一》,《申报》1918 年 6 月 8 日。
④ 如 1918 年 8 月 30 日,王郅隆等议员拟请修正本院议事细则及委员会规则案;1918 年 10 月 3 日,参议院各股常任会业已组织,财政股委员十五人,列名有王郅隆;1919 年 4 月 20 日,对于南北和议涉及之国会问题,王郅隆等国会议员三百三十余人联合通电,要求维护国会和国法。
⑤ 《王郅隆启事》,《大公报》1922 年 10 月 4 日。

定而一度搁浅,核心问题缘于中央财政借款背后的国际势力。控制国会的安福系依赖日本势力所设之汇业银行,而大总统徐世昌的亲美派依赖美国所设之懋业银行①。财长归哪方,哪方就掌握了"钱袋子",同时也预示哪方背后国际势力在中国占据了优势。面对这等具有复杂背景的冲突之事,王郅隆知难而退,一溜了之。

从此次疏通、调停事看,王郅隆完全持"能做就做、不能做则溜"的原则,不似其在生意场上的生猛与精干,可见其心思确不在政界。

最后看在南北问题(包括南北战争和南北和谈)上王郅隆的举动。

随着广州"非常国会"和"护法军政府"的成立,全国掀起了一场轰轰烈烈的护法斗争。掌握北方政府实权的段祺瑞坚持"武装统一",对西南各省进行"征讨",而短暂担任代理总统(1917年7月至1918年10月)的直系军阀领袖冯国璋则提出"和平统一"的口号,主张用和平方式解决西南问题。在北京政府内部矛盾冲突中,王郅隆再次担任军阀与政要的沟通中介人。从1918年7月中旬至9月下旬奔走于安徽督军倪嗣冲、攻粤军总司令张怀芝、陆军总长段芝贵和总理段祺瑞之间,缓和张怀芝、段芝贵之间的矛盾,解决了段祺瑞面临的难题。

1918年10月徐世昌在各方势力的拉锯下被安福国会选举为大总统。他标榜偃武修文,下令对南方停战,次年2月召开南北议和会议。王郅隆曾经一度成为北方的和谈代表人选之一。1918年12月9日,北洋政府拟派出北方代表的名单中有王郅隆,至12月10日,阁议正式决定代表名单中,又"取消王郅隆"。

在南北和谈中,王郅隆唯一与和谈相关的记录,是针对和谈中的国会、约法问题以及和谈代表的法律权限问题,参与了安福国会议员集体通电。

以上事实表明,说王郅隆为安福系"十大祸首"之一,确乎有些勉强。

况且所谓"祸首",也只是直皖战争后获胜方直系军阀攻击败方皖系军阀的一种说辞。至于"祸首"几人,更是具有很大的随意性。据《申报》1920年7月28日登天津电,"直军要求惩办段祺瑞、徐树铮、曾毓隽、丁士源、陆宗舆、曹汝霖、章宗祥、段芝贵、倪嗣冲、张敬尧、吴光新、朱深、梁鸿志、姚国桢、王郅隆、王揖唐、李思浩、姚震、曲同丰、张树元、傅良佐、马良、李盛铎、光云锦、陈文运、

---

① 《国内要闻·北京通信》,《申报》1919年12月9日。

卫兴武、田应璜、屈映光、张敬汤、王印川、汪立元、袁翼、陈树藩、李厚基等,并没其家产"①。这个名单包括段祺瑞在内共计三十四人。次日,被直系控制的北京政府下达通缉令,通缉名单中,只有"安福祸首"徐树铮、曾毓隽、段芝贵、丁士源、朱深、王郅隆、梁鸿志、姚震、李思浩、姚国桢等十人;此外,《申报》8月3日报道:"长辛店吴营方面调查议员之罪迹卓著者,计二十人,已开单,请按名拿办,其顺序如次:梁鸿志、臧荫松、光云锦、汪立元、康士铎、乌泽声、田应璜、郑万瞻、克希克图、王郅隆、汤用彬、解树强、李盛铎、黄云鹏、张宣、倪道烺、张敬舜、李俊(湖南)、余(姚)国桢等二十人……更闻天津方面尚有第二批祸首名单,为王郅隆、吴鼎昌、翁之麟、光云锦、权量、胡筠(边业行长)、傅良佐、饶孟任、方枢、张弧等,日内即可向政府提出"②,在这篇报道中,直系军阀首领之一吴佩孚要求通缉的议员就已有二十人之多,而仅天津之地又列出所谓第二批祸首共十人。三份名单相比较,可见通缉范围之随意性。

虽然这几份名单中,皆有王郅隆,但是1922年10月4日,他在《大公报》上刊登《启事》,对于"祸首"一说还是进行了解释:"直皖之役,不幸竟因误会,致被株连恐惧以来,已逾两载,虽法律检查无据,而误会迄未谅解。"又说道,近来"年老多病,精力日衰,近更加剧,几废食眠,迫不得已,乘机离京择地就医,静待昭雪,誓不再闻世事,亲友中如有枉顾者,恕不接待,承惠函件,亦不作复,谨此声明,诸乞鉴原是幸"③。

总之,王郅隆确为安福俱乐部成员,也参加了其中的一些活动,但既非"要人",亦非"财神",至于"祸首"身份,仅为派系斗争的"说辞",具有极大的随意性和"株连"性质,亦失之偏颇。

(二)身份界定

王郅隆既不是安福系"要人""财神",更不是"'十大祸首'之一",那么,他的身份是什么?1947年,胡政之在一次关于民元报业的讲话中谈到王郅隆,其中一个看法倒是颇为中肯:"王(郅隆)是学徒出身,人极能干,善于赌博。后来袁世凯为北洋大臣时,倪嗣冲等人都请他来管私账。他与北洋军阀的关系极

---

① 《专电一》,《申报》1920年7月28日。
② 《惩治祸首令发表后所闻》,《申报》1920年8月3日。
③ 《王郅隆启事》,《大公报》1922年10月4日。

深,这也只是个人的关系。"①即王郅隆作为一个精明能干的商人,他与北洋军阀的往来仅限于个人关系,并且只是为了利用这种关系来赚钱。

王郅隆赚钱的意识和本领似乎是与生俱来的。他1863年出生在天津县阮家庄,其父王鸣礼以撑船为业,生有五子,王郅隆排行第三,故字祝三。王氏早年曾和五弟王蕴隆到东北粮店当学徒,曾为外柜兜揽生意。此后,他做起粮、木商的"跑合"(业务员),攒了些积蓄后离开东北,回到唐山开设了义发祥杂货铺,零售兼批发。后开办了元庆木行,经营木材生意。这时正好天主教徒柴天宠负责兴建天主教堂,他得以以木材供应商的身份与柴结识,并利用本次所赚利润开设了荣庆号米庄。再后来王氏还兼营金融业和纺织业,并一度担任金城银行总董,在华北地区与中国、交通和盐业三大银行并驾齐驱。王郅隆名下的各色企业非常之多,据《北洋时期工商企业统计表》列出的北洋军阀时期企业清单,王郅隆参与创办的企业有五家②。

甚至可以说王郅隆从一个粮店学徒到成为天津举足轻重的新财阀,直至生命的最后一刻,始终盘算着赚钱之道。1923年春,王郅隆为避通缉逃到日本时还在盘算如何东山再起,打算先向日本大仓商行洽谈借款三百万元,并已向日本其他大财团商谈借款事宜,据说已谈得差不多了。然而天有不测风云,1923年9月1日日本发生关东大地震,王郅隆身遭不测,致使功败垂成。时人评价王郅隆"嗜货如命,凡可猎财者,无所不为"③,此言不虚。

作为一个商人,王郅隆深知在当时要发大财,必须要有政治背景,于是通过各种方式一步一步靠拢军政要员,最后跻身"安福系"。王郅隆早年即与皖系实力派倪嗣冲结交,1913年倪嗣冲当上了安徽督军后,不忘王郅隆,次年便任命其为安武军后路局总办,为王氏发大财提供了一个极好的机会。王郅隆利用这个职务,从财政部领出安武军军饷后,以军饷作为周转资金,大做投机生意,获利颇丰。因为有利可图,王郅隆甚至于1917年6月推脱一切杂务,专为安武军后路局转运局办事。是年6月12日,他在《大公报》上刊登一则启事说:"郅隆曩在京津经营商业,兼办理安武军后路局转运事宜。近以时事纠纷,丹帅(倪嗣冲)驻扎蚌埠,凡京津遇有与各方面接洽事件往往托郅

---

① 《胡政之谈民元报业》,《人物杂志》第二年第11期,1947年11月15日。
② 据沈家五:《北洋时期工商企业统计表》,《近代史资料》总58号,中国社会科学院近代史研究所近代史资料编辑组编,中国社会科学出版社1985年版。
③ 鸿隐生:《安福秘史》,上海宏文图书馆1920年版,第99页。

隆转达。昨接丹帅庚电云,绍帅(张勋)到津时①,一切问题自有正当解决,我军转运事,烦请兄仍专办局事等语。此后,郅隆除专办安武军后路局事外,他事不再与闻。"②

倪嗣冲作为封疆大吏,平日忙于处理军政事务,财务上无暇顾及,因此在财产打理方面亦由王郅隆全权处理,王郅隆也随之成为倪嗣冲的代表。依据《倪嗣冲年谱》记载,王郅隆跟随倪嗣冲或代为倪嗣冲办事的明确记录就达十六次。另依据《申报》报道的内容统计,王郅隆跟随倪嗣冲或代为倪嗣冲办事的报道次数更是高达五十三次。几年之间,王郅隆或代表或陪同倪嗣冲与几任总统、总理面议多次;还曾以倪嗣冲代表的身份就奉军入关、总统辞职、组阁问题、南北问题等在京、津、奉、皖四地连续奔波,沟通调解。王郅隆虽然是个商人,但是很讲交情,"受人之托,忠人之事",在代办倪嗣冲财产、政事等方面尽心尽力,因此两人私交甚深,倪嗣冲每次由皖赴京途经天津时,虽然在津自有宅邸,却多次寓居王郅隆宅或在王郅隆宅召开会议。难怪1923年9月1日王郅隆在日本大地震中罹难时,重病中的倪嗣冲闻此噩耗,痛哭不已,以致病情加重,于次年7月病死于天津③。

在结交倪嗣冲后,王郅隆又与安福系骨干徐树铮来往,亦渐渐成为好朋友。1918年8月末,因徐树铮经手办理某项事务挪用奉军军饷三百余万被发现,段祺瑞得知后,即派王郅隆等前往解说,谓"暂行挪用,将来定即设法拨还奉省",此事得以解决。王郅隆既为徐树铮解围,也为自己日后的生意铺了一条路。1919年6月,徐树铮就任西北筹边使,王郅隆经手为徐树铮借了百万款项,以供徐氏所部一时之军饷。王郅隆自己也从借款中获得了丰厚的利润。徐与王相互勾结,互为利用,谋取利益。如徐树铮为王郅隆重新掌控长芦盐业的营运业务出力不少,他在王郅隆经营的产业中有诸多投资,也从中获得不错的收益。此外,王郅隆与王揖唐、曾毓隽等皖系人物也有一些交往,在此不赘。

王郅隆几家大企业的创办和发展,以及他手中巨额资产的积累,与他善于结交军政大员这样的背景应当是有密切关系的。

---

① 张勋时任安徽督军,1917年5月受大总统黎元洪之邀进京"调解"府院之争,并于6月14日率军由津至京,随后即发动了复辟闹剧。
② 《王祝三启事》,《大公报》1917年6月12日。
③ 李良玉等:《倪嗣冲年谱》,黄山书社2010年版,第260—261页。

（三）商机、舆论与感情

当然，王郅隆无论怎么混迹官场、结交军政要员，他在本质上还是一个商人，他待人处事，着眼的是商机。明确了王郅隆的身份，弄清他购买《大公报》的动机就比较简单了。当英敛之欲将报纸股权全部转让与他时，他从商人的视角看到了办报盈利的绝好商机。

办报可以盈利，这一点在他当初投资入股创办《大公报》时已经亲眼看到并尝到了甜头。1916年以前《大公报》究竟为柴天宠、王郅隆等股东赚了多少虽无法考证，但是从英敛之经济状况的变化可以看出某些端倪。如前所述，《大公报》创办之初，英敛之只是被柴天宠等人邀来主持办报事宜的"高级打工人"，没有一份股权，并且其"薪水太菲，不敷用销"①。四个月后，柴天宠为挽留英敛之，自己出钱为他代入五股。直到1905年10月30日，英敛之才开始自己拿钱买股权②。后来，英敛之的经济状况慢慢好转，渐成大股东，并有控股权，故最终王郅隆还要从英敛之手中购买《大公报》股权。英敛之经济状况的变化尚且如此，柴天宠、王郅隆等大老板们的收益之丰可想而知。

如果说十四年前王郅隆投资创办《大公报》时，尚有若干"投机"成分的话，十四年后他买下全部股份独资经营《大公报》，则完全是看到《大公报》已发展成了一份受广大民众欢迎的大报。加之王郅隆虽然是一个一心趋利的商人，但是他混迹于政军两界，对时局的变化心知肚明：1912年元旦中华民国在南京成立，共和制替代延续了两千多年的封建帝制，这对于一心向往"君主立宪"的英敛之来说是绝望，而王郅隆却从中看到了新的希望，所以他一如既往地看好《大公报》，没有如英敛之那样有消极的表现。

继民国成立、中国政治制度发生巨变后，1915年一场前所未有的思想解放运动即新文化运动在全国如火如荼地兴起，这场运动如同欧洲文艺复兴和法国启蒙运动，其目的是改造国民性，摧毁旧传统；几乎与此同时，袁世凯帝制自为失败后一命呜呼，一时间"城头变幻大王旗"，军阀混战所制造的分裂与混乱削弱了中央集权力量，却为思想的多元化和对传统观念的攻击提供了绝好的机会。尤其是黎元洪、段祺瑞府院之争时，为了笼络人心，表面上强调宪政，尊

---
① 《英敛之先生日记遗稿》，第581页。
② 《英敛之先生日记遗稿》，第989页。

重舆论，宣布取消袁世凯统治时期钳制言论出版自由的一些政令，并先后解除了对《时事新报》等多家报刊的禁令，使新闻环境相对袁氏当国时期较为宽松。再者，当时负责新闻出版管理事务的内务部警政司第四科在政府中地位低下、力量薄弱，便使报刊自由发展"有机可乘"，不仅原有报刊有了新发展，而且出现了一批新报刊。据统计，到1916年底，全国新老报纸达289种，比1915年增加了85%。具体到天津，新文化运动时期当地新闻业大发展，出现了九十多种中外文报刊①。如著名的《益世报》于1915年10月10日创刊，成为天津近代报刊史上的奇葩。

另外，1914年7月"一战"爆发后，西方列强无暇东顾，中国民族资本经济获得发展，特别是工商业的进步促进了广告的发行和相关行业收入的增加，也从根本上增强了报业良性发展的经济基础。同时，世界上最先进的轮转印刷机引入中国、新闻采集渠道拓宽等技术因素，使报刊由政论时代转到新闻时代，推进了中国报刊业的现代化发展。

正在这个时候，王郅隆与新闻界发生的一次摩擦使他倍受刺激。1916年5月，中国银行、交通银行出现危机，暂停兑现。中央政府令各地筹设保市银行。天津当局发函指令王郅隆经办此事，以"维持国家，有利地方"，王郅隆欣然照办。但是，不久后天津商会机关报《商报》发表一篇时评，攻击王郅隆，指责他"以保市为掩护"谋私利。王郅隆十分生气，给天津商会写了一封语气强硬的信函：

> 准国务卿艳电，筹设保市银行，纯用商股，发行纸币，呼收现款，流通市面，活动金融，由贵会邀集绅商会同筹办等语。郅隆闻命之下，奔走经营，不遗余力，屡经会议，多表赞成，组织手续，粗有端倪……郅隆情关桑梓，谊不容辞……不意本月五日（6月5日），《商报》时评以保市为掩护之谋，以郅隆为万矢之的……惟《商报》乃贵会之机关，事之真相岂有不知，理之是非安能附和，且贵会赞成之举，该报出而反对，殊属不解。况肆口谩骂，损人名誉，尤为报律所不许。郅隆对于保市银行，无非为公益起见，可行可止。无端遭此横逆，未免不平。尚祈贵会彻底查究，该商报是否为人指使，严加取缔，以免淆乱而重名誉。幸甚幸甚。②

---

① 马艺等：《天津新闻史》，天津人民出版社2015年版，第80页。
② 《王郅隆为筹设保市银行遭〈商报〉时评肆口谩骂致商会函》（1916年6月10日），天津市档案馆编：《北洋军阀天津档案史料选编》，天津古籍出版社1990年版，第308页。

直隶巡按使朱家宝随即致函天津商会,对《商报》进行严肃指责,说《商报》攻击王郅隆筹设保市银行,是"居心叵测,显系有意破坏。值兹时事多艰,人心易惑,该商报不顾大局,信口雌黄,影响所及,为害匪浅",并"饬知商会,查明该报对于保市银行何以妄加评论,损人名誉,抑系有人主使,彻底根究,严加取缔,以维公益而免阻扰等情"①。这件事使王郅隆更加认识到报纸舆论的重要性,掌握和办好一份报纸不仅可以获利,而且可以为经商造舆论。所以,当英敛之欲将报纸股权全部转让与他时,王郅隆当然是求之不得。当然,这其中还有他与该报馆的感情,《大公报》能够发展到今天,其中也有王郅隆的心血。如前所说,王郅隆不是一个薄情寡义者,而是一个重感情的商人,此处不再赘述。

由此可见,说王郅隆接办《大公报》为安福系的意思,完全站不住脚。实际上,至今为止,也没有发现安福系某人授意王郅隆接办《大公报》的资料。至于说王郅隆时期的《大公报》成了安福系机关报,也是一种妄断——王郅隆接办《大公报》时,安福俱乐部尚未成立,安福系亦尚未形成;王郅隆接手之后,《大公报》既没有接受安福系的资金补贴,更没有接到安福系政治指令,仍保持独立出版;至于到王景杭掌控《大公报》时期,虽然报纸政治派性越发凸显,但是安福系此时却早已瓦解了。

三、王郅隆的作为

(一) 王郅隆聘任胡政之

王郅隆虽然看到开报馆、办报纸的好处,但是他不懂办报,也不想成为报人。再说他本就有很多政治或商业上的事务需要打理,也没有时间和精力顾及报馆事务。正如前述,他接办《大公报》后不久在报上刊登的一则启事所说:"郅隆曩在京津经营商业,兼办理安武军后路局转运事宜。"②事务纷繁,他根本忙不过来。所以,在买下《大公报》全部股权后,首先要物色一个既懂报馆经营又懂报纸业务的人为他打理报馆,仿效前一个时期"柴天宠—英敛之"的管理

---

① 《直隶巡按使朱家宝为〈商报〉时评毁谤王郅隆筹设保市银行事饬津商会》(1916年6月16日),天津市档案馆编:《北洋军阀天津档案史料选编》,第309页。
② 《王祝三启事》,《大公报》1917年6月12日。

模式。

　　王郅隆买下《大公报》馆后不久，胡政之就进馆做了该报经理和主笔，总理报馆全部事务。关于胡政之进《大公报》馆一事，有两点需要辨析：其一，是英敛之聘请胡政之后留给王郅隆，还是王郅隆自己聘请的？其二，是王郅隆自己物色，还是安福系推荐的？

　　关于第一点。王瑾、胡玫认为胡政之是由英敛之先予以聘任，连同《大公报》馆一起转给王郅隆的："(1916年)10月，胡政之在天津与英敛之面洽，接任《大公报》的主笔兼经理。"①然而当年9月英敛之已经将报馆股份全部转让给王郅隆，因而他不可能再聘报纸主笔兼经理；再者他这一时期主要住在北京香山静宜园，不大可能来天津与胡政之面洽，即使要面洽，也应是身为晚辈兼应聘者的胡政之到北京见英敛之，而不是相反。因此可以断定，胡政之进《大公报》馆应不是英敛之聘后留给王郅隆的，而是王郅隆购得《大公报》后自己聘请的。前引张篷舟与王芸生、曹谷冰的记述亦证明了这一观点，而胡政之自己也如是说："民国六年(实际上是民国五年)乃由旧股东王祝三先生全部接收，聘请我任经理兼总编辑，力加整顿，浸复旧观。"②

　　关于第二点。吴廷俊著《新记〈大公报〉史稿》绪论说王郅隆盘接《大公报》后，"经徐树铮推荐，聘请胡政之担任主笔兼经理"。笔者的这一说法在当时没有经过自己考证，仅随众人说，似不确。

　　为了准确起见，对于这一问题的考察须从胡政之如何来天津说起。胡政之1889年6月25日出生于四川成都，原名嘉霖，后改为霖，字政之。他的父亲胡登恩是甲午(1894年)科举人，捐官知县，在安徽做官，先代理天长县知县，1906年卒于五河县知县任内。他的母亲是一个粗通文字的家庭妇女，故政之从小便在母亲的指点下读点唐诗，识些字词。1897年，少年胡政之随父亲来到安徽，先入私塾，念了几年"四书五经"后便进了安庆安徽省高等学堂。安徽省高等学堂是一所新式学堂，在这里读书十分用功的胡政之打下了扎实的外语基础，开始接触到西方文明，并很有兴味地读了严复翻译的《天演论》，接受了"物竞天择，适者生存"的进化论观点。此外，他非常喜欢桐城派的文章，尤其对方苞、姚鼐的文章下过功夫，不仅打下了良好的古文基础，而且在思想上接

---

① 王瑾、胡玫编：《胡政之文集》(下)，天津人民出版社2007年版，第1162页。
② 胡政之：《回首一十七年》，《大公园地》1943年9月5日第7期。

受桐城文化的影响。同时,他在这里结识了不少儿时的朋友,成为"半个安徽人",对皖人有一种自然的亲切感。不幸父亲病逝,17岁的胡政之只得退学,扶柩入川,与寡母及兄弟姐妹五人寄居于成都老家。好在胡家薄有田产,加上历代积蓄,不仅生活有着,还为他继续求学提供了条件。1907年,胡政之告别母亲,远离家乡,自费赴日本留学,进东京帝国大学学习法律,由于他具有良好的语言天赋,加上原来的英语基础,故很快掌握了多国语言①。1911年,二十二岁的胡政之学成回国。

胡政之早年的人生经历为他事业的发展打下了良好的基础:中西文化的融通、对日本社会的认知、情感上桐城派人文脉络、多门外语的掌握、法律思维的养成等,无一不为他的事业发展开启了一扇又一扇门窗。

从日本返国后不久,胡政之与人合伙开了一家律师事务所,由于国人法律意识阙如,很少有人通过法律手段解决问题,故而门前冷落,业务萧条。为生活所迫,他便"四处出击":先于1912年受聘于章太炎主持的《大共和日报》,担任新闻栏日文翻译,兼写评论,并于当年4月15日发表第一篇译文《日本政客中国时局谈》;同时还到于右任组织的上海民立图书公司做日文翻译,并一度出任江苏省清江浦高等法院第二分院刑庭庭长。1913年10月,胡政之辞去庭长职务,受聘《大共和日报》总主笔,并到上海中国公学任法律教员。1914年冬,胡政之来到北京,担任《大共和日报》驻京特派记者,并在大学教授法律课程。1915年,袁世凯称帝野心大白于天下,随着反袁运动继起,亲袁的《大共和日报》于6月30日停刊,胡政之只得北上吉林,在当地法院任推事。不久,合肥籍的王揖唐出任吉林巡按使,具有皖系经历与情结的胡政之被委任为巡按使署秘书长;次年又随王揖唐返回北京,任段祺瑞政府内务部参事。后来王揖唐因段祺瑞内阁改组而去职,胡政之也按照当时的惯例辞去公职,于1916年9月迁家至天津,住宏济里。

事情凑巧,胡政之迁家天津之际,正是王郅隆购买《大公报》之时。对此,史家给出了多种解释:或说王郅隆已和胡政之达成聘任协议,使胡政之迁家天津;或说胡政之退出京城官场,按当时惯例移居天津,被正在寻找《大公报》主持人的王郅隆看中,两人一拍即合。

---

① 胡政之通晓中、日、英、法、德、意六国语言。参见胡济生、黄敏:《回忆父亲》,见王瑾、胡玫编:《胡政之先生纪念文集》,内部出版2002年版,第178页。

这里又回到前面所说的那个问题：胡政之受聘《大公报》是王郅隆相中，还是安福系干将徐树铮居中推荐？前面已说，此时安福俱乐部尚未成立，安福系尚未正式形成，加之王郅隆此时与徐树铮结交似尚浅，安福系干将推荐的说法应不成立。

这里必须强调一件事，即胡政之担任《大共和日报》驻京特派记者期间做了一件在当时新闻界产生重大影响的事情，即独家报道袁世凯政府与日本签订"二十一条"的新闻。

日本帝国主义出兵占领我青岛后，于1915年1月18日向袁世凯提出"二十一条"，其谈判之艰难与最终妥协前已述及。这件事情的重大性和神秘性为中外新闻界高度关注。由于"民国四年二十一条交涉的时候，不准发出任何新闻"①，故要采访到相关新闻，难度是相当大的。但是《大共和日报》驻京特派记者胡政之从1915年3月21日起到3月31日止，以《万目睽睽之日本要索》为栏目总题目，先后发出八十多条消息，比较及时而全面、准确地向国民报道了日本逼迫中国接受"二十一条"的过程，以及英、美、法、德、俄等国对此事件的态度。

此次追踪采访和独家新闻报道，充分展示了胡政之从事新闻工作的才华，包括新闻敏感性、语言沟通能力和新闻写作能力。首先，胡政之利用自己良好的外语能力，一方面通过与外国记者接触，获得新闻线索，一方面于参与会议的外交官处打听会议进展情况，相互验证。胡政之事后回忆说，"余因与外籍记者常接触，所获消息较详而确"②。从现在可查阅到的1915年《大共和日报》中可以看到，胡政之采访了中日交涉会议的"日使书记官小幡氏（西吉）""德使辛慈氏""日本使署船津氏（辰一郎）""英使署参赞""美使署参赞"等，其新闻来源比较广泛；同时与《德文新报》、英文津京《时报》等各外报消息相互印证，保证了新闻的客观真实性。

胡政之所写的报道，除了准确告知新闻事实外，还加以简洁而带有评价取向的标题，以表明记者自己的立场。如"此间日人皆谓日本不久恐有限期解决之要求，否则将有自由行动之通告"的新闻，标题为"汝安则为之"；"有日人询予，中国能与日本一战否"的新闻，标题为"图穷而匕首现"；"安奉铁路租借期

---

① 《胡政之谈民元报业》，《人物杂志》第二年第11期，1947年11月15日。
② 《胡总经理致哀悼词》，《大公报》（渝版）1941年9月16日。

展为九十九年现已确定,惟日人似以为无足轻重,仍肆要挟",标题为"得步进步之日本人"。

对"二十一条"的独家新闻采访,使胡政之在新闻界脱颖而出。作为京津地区政商两界的活跃人士,王郅隆对这些不可能不知道,他购买《大公报》时,也许早就瞄准了胡政之。王郅隆看中胡政之,可以视为胡政之受聘《大公报》的主要原因。

再者,胡政之在吉林被王揖唐聘为巡按使署秘书长,除了他的才干之外,安徽人文情结起了一定的作用。毋庸置疑,随王揖唐从吉林到北京短期生活后,胡政之身上的"皖人"色彩更甚。1916 年 3 月,袁世凯被迫取消帝制,由段祺瑞组织内阁,王揖唐因同乡关系被段氏委任为内务部总长,1918 年安福系成立时又被举为干事部主任,王郅隆便成了干事部会计科的干事。与皖人来往密切的王郅隆,虽然没有直接与胡政之打交道,但很可能从他周围的皖人口中听说了胡政之的一些情况。当王郅隆要购买《大公报》时,皖人们也可能向王郅隆推荐了胡政之。基于此可以推断,王郅隆聘任胡政之,不能肯定就是由于徐树铮的推荐,但也不应排除由其他皖人引荐的可能。

(二)"王郅隆—胡政之"模式

既有对胡政之才干的认可,又有皖人联系的关系,王郅隆对胡政之信任有加,把报馆经营权和报纸编辑权全部交给他,自己乐当"甩手掌柜"。这就形成了"王郅隆—胡政之"管理模式。如果说 1916 年以前王郅隆对《大公报》的贡献,是他作为大股东鼎力支持英敛之办报,那么 1916 年以后王郅隆对《大公报》的贡献,则是他作为该报的独资老板,放心放手让胡政之办报,使胡政之有职有权。胡政之全面主持《大公报》工作后,大力推行改革,把该报推向了现代化的进程。张季鸾在《本报一万号纪念辞》中说:《大公报》"入民国后,英君渐老,社务中衰,民国六七年,曾经整理,营业再振,复因顿挫,至十四年冬而休刊。"①《大公报》能在"民国六七年,曾经整理,营业再振",既是胡政之"大干"的结果,更是王郅隆放心放手实施"王郅隆—胡政之"管理模式的功劳。关于这一点,胡政之后来曾回忆说,"他(王郅隆)对我极尊重,到我们接办后,他从不

---

① 《本报一万号纪念辞》,《大公报》1931 年 5 月 22 日。

加以干涉。"①

王郅隆对胡政之本人"极尊重",对胡政之的工作从不干涉,这两点无论对于《大公报》还是对胡政之来说,都是非常重要的。

就前者而言,胡政之的确不负重托,使出浑身解数,拿出全部本领,使得《大公报》不仅生存下来,而且日益兴盛,再度出现辉煌。就后者而言,王郅隆年长胡政之二十六岁,聘用胡政之时已经年过半百(五十三岁),而胡是二十七岁的青年人。王郅隆将报馆全权托付给胡政之,使得他可以按照自己的想法办事,这对于一个有才华、有思想的青年才俊来说,何尝不是人生的一大幸事?王郅隆聘用胡政之全面主持《大公报》的工作,使得这位中国现代新闻史上的巨子,"报业祭酒,论政权威"在成功路上向前迈出了坚实的一步,显示出全面主持一家大报的才能。曾琦曾说:"余知政之先生不徒长于办事,且亦擅长文笔,尤其国际问题,往往剖析入微;往日《大公报》仅出津版时,大概论内政者多为季鸾之文,谈外交者多为政之之文。"②"王郅隆—胡政之"模式是《大公报》事业发展和胡政之才干展示的双赢模式。纵观《大公报》的事业发展史,胡政之在任时间最长、功劳最大,往后新记《大公报》时期的很多思想和做法,包括著名的"四不"方针和创办副刊等,在他所主政的王郅隆时期就已见雏形。

虽然王郅隆对胡政之的工作"从不加以干涉",但是"《大公报》却不能说不多少受他一些影响"。胡氏此处所言的这种影响主要体现了皖人的影响,而这种影响又是不知不觉、潜移默化的。

这里所谓的"皖人"是指军政界中出身安徽籍或者与他们走得很近的一批人。这些人在安福俱乐部成立前投靠段祺瑞,在安福俱乐部成立后大都成了安福系中人。他们会通过各种手段对《大公报》施加影响。比如先后出任段祺瑞内阁财政次长、总长的李思浩③曾回忆说:

> 在(任财长)这期间,要结交几个新闻界的朋友,也要应付一般新闻界的需索,给他们一点津贴,在朋友中,胡政之和段芝泉、徐树铮关系很深,和我们都很熟,自非一般可比,可以说是我们团体中的一员,除《大公报》

---

① 《胡政之谈民元报业》,《人物》第二年第11期,1947年11月15日。
② 曾琦:《敬悼毕生尽瘁新闻事业之张季鸾先生》,转引自陈纪滢:《胡政之与〈大公报〉》,掌故月刊社1974年版,第3页。
③ 李思浩,字赞侯,浙江慈溪人。1916年6月段祺瑞组阁时,李思浩经徐树铮的推荐出任财政次长兼盐务署署长,得到段祺瑞的欣赏,逐渐成为皖系中坚人物之一。

（当时由王郅隆出面主办）以及胡后来办的《新社会报》要给相当数目的资助外，对胡本人，我记得在我当财政部总、次长的几年间，每月送他三四百元，从未间断。①

这些皖人或皖系中人对《大公报》潜移默化的影响，加上王郅隆、胡政之个人的皖人情结，就使得《大公报》转手王郅隆之后具有明显的"亲段（祺瑞）""偏皖"色彩。并且实际上，这段时间《大公报》上"亲段""袒段"的言论，也大多出于胡政之的手笔。

虽然如此，也不能说此时的《大公报》成了皖系机关报。老《大公报》人曹世瑛曾言王郅隆接手".之前，《大公报》是清王朝帝党的机关报，在盘售之后，就成为安福系的机关报了"②。这一说法多少是将"机关报"这个概念泛化了，前文已有详细的分析，此处不赘。

---

① 徐铸成：《李思浩生前谈北洋财政和金法郎案》，杜春和、林斌生、丘权政编：《北洋军阀史料选辑》（下），中国社会科学出版社1981年版，第233页。
② 曹世瑛：《胡政之与〈大公报〉》，查良镛等：《胡政之：一笔一天下，一报一世界》，第98页。

第一章
现代转型——王郅隆时期的《大公报》
（1916年9月—1920年8月）

王郅隆购得《大公报》后，自任总董，聘胡政之为总经理兼主笔，保留英记《大公报》时期编、经两部及印刷厂的原班人马，因而《大公报》从英记转手王记，从版面上看不到任何一点痕迹，基本上是无缝衔接。其中"闲评""言论"栏还是樊子镕（笔名无妄）、唐梦幻（笔名梦幻）的"地盘"，社外来稿亦多为英记时代的老人。直到两个月后的11月7日才出现了一点变化，就是大言论的栏目名由"言论"改为"论评"，并于当日发表了署名"冷观"的"论评"《财政与外交》。"冷观"即胡政之的笔名，由于大言论一般由本报主笔负责，这可以看作是胡政之就任《大公报》主笔后的首次亮相。

胡政之曾留学东洋，是一个通晓中西文化的现代文人。《大公报》转手王记后，在胡政之的操办下，不仅继承英敛之时期的"大公"精神和"敢言"传统，而且在报纸业务方面有所发展，将该报推上由传统文人办报向现代文人办报转型的历史进程。但是与此同时，如上一章所述，由于王郅隆、胡政之与皖人有着千丝万缕的联系，加之王郅隆本身就是安福系中人，以及胡政之身上的"安徽情结"，所以这个时期《大公报》关于国内时政的记事与言论表现出明显的"亲段""偏皖"立场。

一、有关内政的记事与言论

1916年下半年以后的国内局势用一句话概括，就是军阀割据、混战不已。各地割据的军阀主要分为北洋军阀和西南军阀两大势力。其中北洋军阀主要有皖系、直系和奉系，他们轮流控制着北京政府；西南军阀主要包括独立于北洋军阀的滇系、桂系和粤系军阀；此外还有山西的阎锡山、湖南的谭延闿等一些势力较小的军阀。各派军阀各霸一方，为了一己私利，上演了一出出纷争闹剧。对此状况如何报道、发言，对《大公报》而言既是对现代转型的挑战，也为转型提供了难得的机遇。

（一）吁停"府院之争"

1916年6月袁世凯病亡后，副总统黎元洪继任大总统，段祺瑞为国务总理，徐树铮为国务院秘书长。黎元洪依托国民党和南方地方势力的支持，段祺瑞的背景则是研究系和北洋督军。段祺瑞和研究系以责任内阁为旗号，反对省制入宪，主张缩小国会权力，改两院为一院，从而巩固已经掌握的北京政府的实权；黎元洪则不愿当傀儡，因而主张扩大国会权限，以限制段祺瑞的专断独行。两派不仅在国会、宪法等问题上分歧严重，而且从1916年9月至1917年6月，围绕着"组阁""对德宣战"等内政外交问题展开激烈斗争，史称"府院之争"。

《大公报》非常关注"府院之争"，不仅有对关键问题的跟踪报道，而且有言论配合跟进：

"组阁"是府院之争的第一回合。在这个回合中，焦点是外交总长的人选。段祺瑞、黎元洪两人经过几次"磋商"，最终确定了内阁成员人选。但是在唐绍仪就任外交总长时，出现了一场风潮：唐绍仪在到北京就任时，却遭到张勋等人的通电抗议，因而未及上任便被迫于1916年9月29日宣布辞职。10月1日，《大公报》发表"闲评"，对随便变更阁员的行为表示不满："外交唐总长已奉令准其辞职矣。……卒之莅津经旬，仍未入都门一步，遂有力请免职之举……抑飘然而来，悠然而去，故示人以不测欤。虽然，阁员易人，又不知须费若干之手续，始能再观厥成矣。"①内阁成员之变动形同儿戏，政局如何可见一斑。

唐氏既免职，谁来补缺？政府先提出陆徵祥，结果被国会否决，又拟提曹汝霖、陆宗舆、汪大燮等人选。这些人皆是袁世凯当国时段祺瑞的旧僚，尤其是陆徵祥、曹汝霖二人均曾在1915年初作为袁世凯的全权代表同日本公使秘密谈判以致签订丧权辱国的"二十一条"，因而在当时名声不好。《大公报》发文认为，"夫此数人者，论其外交上之经验，与平日之资望"，均不足道。并说：

---

① 无妄：《闲评二》，《大公报》1916年10月1日。

"屈指民国改建以来,内阁屡次重组,而居外交上重要地位者,始终不外陆、曹等数人,而此数人办理外交之成绩,国民虽甚健忘,当亦犹能忆及,则中国外交人材之缺乏,亦可见矣。"①

虽然如此,《大公报》依然希望国会尽快通过外交总长人选以解外交之急,因而当得知汪大燮又未获通过时,便直言劝告"当其事者顾全大局,勿始终吹毛求疵也"②。外交事务急迫,外交总长不得不暂交次长夏诒霆代理。时值中法老西开案③交涉,《大公报》警告道:"如何而保国土,如何而张国权,新硎初试,一雪国耻,窃不禁于夏次长有厚望焉。"④然而短短几日后,夏诒霆便因老西开案处置不周而请辞,《大公报》因此再度呼吁"外交亟矣……愿我政府速选通才,以障国家,以折强邻,以慰民望也可"⑤。当得知政府拟提伍廷芳⑥出任外交总长的消息时,《大公报》发文表示赞同,称"故使伍氏之长外交,本人既能同意,国会亦表同意。樽俎折冲间,得此老研轮手,为敏妙之肆应,我国种种牵藤蔓葛之交涉案,不难次第结束,而外侮于以渐消矣"⑦。11月13日,伍廷芳的提名终于获得国会通过,《大公报》发表论评,对此寄以满腔希望:

> 尤有望者,伍君既承认担任,国会又多数推许,则当念今日外交形势十分危亟,迅宜启程北来,出其伟画,以纾国难,以张国权,万不可如唐氏(唐绍仪)之迁延观望,贻人以畏难之讥,盖事机多停顿一日,外交上即多生一日之变端,而办理即多增一分之困难。勖哉!伍君好自为之,毋负我国民倾倒属望之热诚也。⑧

组阁不易,内阁的运行风波不断。先是具有国民党背景的内务总长孙洪伊在诸多问题上向段祺瑞发难。1916年9月下旬,孙洪伊在黎元洪支持下,在内务部大行裁撤部员,以达到排除异己、扩充实力之目的。国务院秘书长兼参

---

① 无妄:《闲评一》,《大公报》1916年10月6日。
② 心森:《闲评二》,《大公报》1916年10月17日。
③ "老西开案"即中法老西开事件交涉。1916年,天津法租界工部局借老西开天主教堂落成,企图将该地区一并并入租界,遭到中国民众强烈反对,进而引发中法交涉。对于事件具体情况及《大公报》相关报道,见本章第二节。
④ 无妄:《闲评一》,《大公报》1916年10月26日。
⑤ 无妄:《闲评一》,《大公报》1916年11月2日。
⑥ 伍廷芳,清末民初外交家和法学家,是中国近代第一个法学博士,曾任清政府驻美国、西班牙等国公使,中华民国政府外交总长,南京临时政府司法总长,护法军政府外交总长等职。
⑦ 无妄:《闲评》,《大公报》1916年11月7日。
⑧ 无妄:《论评·对于新外交总长之责望》,《大公报》1916年11月13日。

战军参谋长徐树铮对孙氏所为则极力反对。为了表示"公正",黎元洪下令将孙、徐二人一并免职。对此,《大公报》发表胡政之写的"论评",其中对徐树铮免职未做评论,只将孙洪伊免职说成是除去"害群之马",并建议段祺瑞以后慎选阁员,同时也劝告国会议员勿轻予否决段祺瑞所提人选:

> 段内阁自成立以来,政潮起落无常,国事大受其弊,推原其故,皆由内阁组织分子杂糅混合,与责任内阁之性质绝不相容。今孙洪伊免职,害群之马虽去,后继之者尚不知定为何人,吾望段总理以孙氏入阁事为鉴,慎选内务总长,勿再用调和敷衍之手段,轻于援引,致再种他日纷扰之因,尤望国会议员诸君明察大势,当知段公既不可去,则凡段所提出之人慎勿轻予否决也。①

鉴于国会几次否定段祺瑞提出的外交总长和内务总长人选,《大公报》1916年11月15日发表"论评",批评国会滥用弹劾权:

> 敬告诸君,国会乃国家立法之机关,国会议员之法权乃全国人委托诸君以整理国家大政大法之具,非诸君得以任意舞弄者也,吾观于国会提出查办弹劾案之屡屡自起自倒,不禁惜议员之自侮,而转以侮庄严神圣之国会也,比者常会之期将满,势必续行延会,国事方殷,诸君其勉之哉。②

两个半月后,又发表一篇《冷观小言》,对议员进行无情嘲笑,说他们"居高尚地位,其发言行事",不知"慎重自爱",称:"乃观于议员诸公,提出宪法条文修正案之无意识,与其讨论宪法时,凌乱叫闹顿足瞪眼之怪状,何异聚村学究与下流社会人于一堂?"③

针对国会提出的内阁总理弹劾案,《大公报》发表题为"弹劾国务总理"的"论评",首先指出,在"在行政党内阁制度之国家","国会议员提出弹劾内阁案,乃欲实行其法定之职权"。"政府若与议会多数党立于反对地位,则或由政府解散议会,而另行选举,或因议会弹劾而内阁辞职,以让贤路,是皆有政治一定轨道可循也。"然而,"今国会中既无显明之政党,有何多数党可言?政府又非政党内阁,益不足语于世界政治之常轨。是今日政治纯是事实问题而非法律问题。若以法律问题论,则外交总长两次否决,内阁总长一次否决,议会既

---

① 冷观:《论评·望政府慎选阁员》,《大公报》1916年11月22日。
② 无妄:《论评·国会不可自侮其特权》,《大公报》1916年11月15日。
③ 《冷观小言》,《大公报》1917年2月3日。

已不信任总理,总理宜决然隐退矣。然而总理不去者,正可证明其不可以世界政治之常轨相绳也"①。胡政之从法律视角批评中国国会不明国情,效法西方政党国会模式,滥用职权,干扰内阁正常工作。

面对总统府和国会针对内阁的不断打击,胡政之以"政治之中心点"为题,发表了一篇主旨鲜明的"论评":

> 国家为有机体之组织,故政治上之活动必赖机关以资表现,而为统一国家之意思与敏活政治之运用计,尤须有确定之政治中心点。今中国之政治中心点果何在乎?就法律言,现行政制系内阁制,则政治中心点当然应在内阁,然事实上,今之内阁内部,意思尚不统一,外部障碍又复至多,政治失其中心,于是运用不灵,而政潮乃纷纷起矣。窃以为今日解决时局,第一当先令政治中心点确定不动,运掉自如,其他问题自当迎刃以解,若不从此大处着眼,决不足以除政局纠纷之病原。②

这篇"论评"的要害是提出国家的"政治中心点应在内阁"的主张。与前面那一篇"论评"《弹劾国务总理》联系看,胡政之的观点很明确,即抬高内阁地位,维护国务总理的"领袖"地位。该文认为,中国内政不稳、政潮不断的"病原"就在于这个问题没有明确,因此该文提出,"今日解决时局,第一当先令政治中心点确定不动",然后再明确"国务总理内阁之领袖"的观念。民国成立后,《中华民国临时约法》中规定责任内阁制,国会主立法,政府主行政,"北京政治基本上是以行政主导","在行政主导的情况下,除了袁世凯当政时期之外,多数时间又是内阁居于主导地位,大总统则不过是名义上的国家元首而已,实际发挥的作用有限"③。共和重建后,总统黎元洪不甘心当摆设,便与国会势力联合起来对抗内阁,"内阁主导"就被打破了。《大公报》言论的意旨,固然在于重建"内阁主导",然而力挺总理段祺瑞的意图也很明确。

胡政之和《大公报》一方面挺段、挺内阁,一方面又不断批评国会,指出,国会与内阁对立,主要原因是国会中的政党代表不从国家、民族和民众利益出发行事,一味以谋私为能事,并对此屡次发文进行批评。1916年11月28日,胡政之在"论评"《箴政党言》中对国会里的党派代表明确提出:"循世界立宪国家

---

① 冷观:《论评·弹劾国务总理》,《大公报》1916年11月30日。
② 冷观:《论评·政治之中心点》,《大公报》1916年12月20日。
③ 汪朝光:《北京政治的常态和异态——关于黎元洪与段祺瑞府院之争的研究》,《近代史研究》2007年第3期。

政党公例,有二事为最要。其一,即努力自修,以求得国民之同情;其一,即平心静气以尊重异党之人格。"敬告"组政党者,第一勿自杀……第二勿杀人"①。12月8日的"论评"《望办党者自爱爱人》更加明确地指出:

> 近来政党之潮流方起,党派之攻击遂炽。甲党诋乙党为阴谋,乙党骂甲党为暴乱。各拾捕风捉影之谈,互斗排斥,倾诈之计充其所极,将蹈元二年之覆辙。小之坏社会之风纪,大之危国家之生存,两败俱伤,各贬人格……夫办党非秘密结社,故行动应当光明,办党非专利事业,故异党应许存在。苟如是也,则各标具体的政见以相争,犹足为国人所赞许,若置政治于不讲,而各揭阴私,互相谣诼,虽若言之成理,实已自损价值。吾前箴政党勿自杀,勿杀人。日来有感于党争之轶乎范围,故敢再劝办党诸公,自爱爱人。②

12月13日的"论评"《意气之害》批评并呼吁道:

> 今议会两派,趋于极端气之作用也。政界风潮,日形急迫,气之作用也。循是以往,理为气所蔽,各不相下,互激互煽,则全国宁有平和可望?……吾愿当事者双方,回复其理性,平定其意气,尤望全国上下,立于第三者地位之人,勿更辗转激煽,益长彼双方意气之作用,则天下幸甚。③

是否"对德宣战"是府院之争的第二个回合。"一战"爆发后,中国对德外交的争论由来已久。开始时,中国朝野上下基本上均不同意中德断交和中国参战。后来在研究系,特别是梁启超的分析鼓动下,段祺瑞同意与德断交,进而对德宣战。1917年2月7日,黎元洪召集段祺瑞、徐世昌等人开会讨论对德断交问题,府院间尚不能对是否与德国断交持一致意见。对于断交、参战这样的实质性外交事务,《大公报》没有发表意见,只是对政府这种拖拖拉拉的作风不断发文予以抨击,并催促早作决断。2月11日的"论评"说:"吾人观于数日来政府之徘徊不定……值此空前未有之时局,亟宜谋举国一致之实……望政府其速图,望国民其猛省。"④2月13日的"社论"更进一步说:

> 吾国数千年来,囿于闭关主义,举国以泄泄沓沓相尚,较诸英人之保

---

① 冷观:《论评·箴政党言》,《大公报》1916年11月28日。
② 冷观:《论评·望办党者自爱爱人》,《大公报》1916年12月8日。
③ 冷观:《论评·意气之害》,《大公报》1916年12月13日。
④ 冷观:《论评·吾人将何以应付此艰难之时局乎》,《大公报》1917年2月11日。

> 守持重,尤远过之,遂至一与外力接触,则败衄相循,失望之极,卑怯之念随之发生,益以多一事不如少一事为信条。虽世界潮流相逼而来,吾则一以消极主义应之,然国际形势不容我久于消极,乃有本月九日对德抗议之提出,此实与国民精神上一大刺激,正可利用为改造国民性之机会。①

这篇论评显露出对政府"消极"态度的不满。

3月3日,段祺瑞主持国务会议通过对德绝交案,并决定电令驻日公使章宗祥与日本政府商讨"切实赞助中国参战"事宜。次日,段氏到总统府请黎元洪在对德绝交案咨文上盖印并签署致章宗祥的密电,然而黎元洪以府院间意见不一为由拒绝盖印。

对德外交本来是一个具体问题,但是由于历史与现实的原因,引发出了一场府院之争的大风波。段祺瑞对黎元洪的态度和做法十分不满,便愤然提出辞职,并于当晚离开北京到达天津。《大公报》于3月5日发表题为"段总理来津"的"论评",愤然指出:

> 异哉,外交风云日紧一日之时,而总理乃以辞职出京,闻此实实国家之大不幸也……夫国家意思既已表示于外,则循是贯澈,义不反顾,今乃有藉外交问题以快私愤者,使所闻果确,岂非欲破坏国家意思,自即于灭亡之途耶?呜呼!外交之难如彼,内政之危又如此,诚哉祸至无日矣。②

此外,《大公报》同日还以大字"段总理到津"做标题,并分"出京原因纪闻""出后之北京""到津时情形""抵津后之状况"几个部分详报段祺瑞离京到津之事,为段造势。

鉴于外交紧迫之际不宜更动内阁,加上各省督军更是通电力主挽留段祺瑞,黎元洪不得不做出让步。国会政团和副总统冯国璋纷纷赴津与段祺瑞调解,以完全尊重段氏主张为条件劝段回任。对此,《大公报》于3月6日发表"论评",对段氏辞职一事表示了看法:

> 段总理自辞职来津,都中挽留之使络绎于途,以段公责任心之重、意志力之强,苟非万不获已绝不能毅然决然掉头竟去。今既离京,似其出处之间,必不能忽去忽留,如悻悻然小丈夫之所为。都人士虽望段公回任甚

---

① 冷观:《社论·国民性与时局》,《大公报》1917年2月13日。
② 冷观:《论评·段总理来津》,《大公报》1917年3月5日。

殷,以记者自段公性格上观察,又就过去数月间经历事实观察,则欲其回任自非真能贯澈其主张不可,且今兹之事虽起于意见之冲突,而自记者观之,则固数月来,几经弥缝调和之府院问题酝酿而爆发者。兹后如不从病根上设法,则仍系弥缝一时之局,不可久安也。……记者从人生之价值立论,从真理之是非立论,甚望执调和论者勿再用敷衍弥缝之术苟且转圜,以种第二次爆发之因,不知希望段总理回任者,其于此种要点,有所计画否?①

该文一方面赞扬段祺瑞的"责任心之重、意志力之强",一方面指出段祺瑞辞职的原因系"数月来,几经弥缝调和之府院问题酝酿而爆发者",并希望调停者要从"病根"设法解决"府院之争","勿再用敷衍弥缝之术苟且转圜",否则"仍系弥缝一时之局,不可久安"。何谓从"病根"解决?就是确定"内阁主导"的地位,确定段氏"国务总理内阁之领袖"地位。

为了应付国际形势的变化,胡政之建议彻底改组内阁,增选"常识丰富,头脑明晰之人"入阁,以加强政府力量:

> 吾之主张改组内阁,故自有条件,即阁员之选择:第一须有世界眼光。勿又将前世纪之旧人物请出,致不能与今日之时势需要相应。第二须为有气骨之人。凡人居于有责任之地位,自当侃侃谔谔,本其确信之主张,以求实行。不当含意不吐,退有后言,更不当一无所主,随势附和,此两种性格,官僚中具者固多……第三须为明白之人。②

应该肯定,胡政之选用阁员的标准是确有见地的。

迫于各方面的压力,黎元洪做出让步,最终由国会投票决定对德断交,段祺瑞在这次府院之争中大获全胜,于3月6日回京复职。次日,《大公报》在"冷观小言"《段总理回京》中,对总统、总理、副总统和议会政团等各方"从大局着眼"的态度均赞扬了一番,并希望从此之后,府院"和衷共济,外交局面不日必有新发展"③。

然而,在府院之争中获胜的段祺瑞得寸进尺,于5月上旬对德参战案提交国会之时,又指使人大肆干涉,以致触犯众怒。于是黎元洪乘势而为,抓住段祺瑞私自向日本借款一事,于5月21日下令撤销其总理职务,任命李经羲接

---

① 冷观:《论评·余之段总理辞职观》,《大公报》1917年3月6日。
② 冷观:《论评·吾所希望于改组内阁者》,《大公报》1917年2月23日。
③ 《冷观小言·段总理回京》,《大公报》1917年3月7日。

替，"府院之争"矛盾由此再度激化。段祺瑞被撤职后再次离京至津，并且根据《中华民国临时约法》指出总统无权撤销总理职务，不承认黎氏的免职令，并在天津成立"独立各省总参谋处"，唆使皖、豫、奉、鲁、陕、浙、晋、闽等省督军与北京政府脱离关系。一时间"天下大乱"。

大乱局面出现之初，胡政之于5月下旬在《大公报》上连发三篇态度比较客观的文章，劝举事者冷静，不要受人鼓惑，千万以国家利益为重。5月24日的"论评"《疑问》主要是对黎元洪免段祺瑞职务分别从"法律"的三个层面和"事实"的三个层面提出质疑。当日，另一篇题为"国民对于时局之觉悟"的"时评"首先指出事变的由来："数月以来，政治潮流无一日之宁，推求其原，皆由多数大政客大野心家不顾轻重逞快一时，妄施其纵横捭阖、离间挑拨的手段，以致风潮迭起，愈演愈烈，卒成今日之时局。"然后提醒当事者应"持冷静之头脑，以观察此艰难之时势，勿为一时中热狂走之政潮所摇惑，令地方秩序，添一重纷扰"①。5月27日的"论评"《国之大忧》主要针对总理更换而言，说"执政更替，国所常有，正轨正多"，不须采取"诡术策略"，更无须军人干涉②。

进入6月，《大公报》的立场明显地站在北京政府一边，称各省独立是一场"政变"。6月1日在"紧要新闻"栏以"大政变之爆发"为题对此进行报道，"自皖、豫、奉、鲁宣布独立，政界风云腾地陡起，本报连日……从各方面探得真确消息，一一纪之于次"③。并于当日发表胡政之写的"论评"《政变之真因》，认为此次政变"实国会与军人冲突之真因所由起"④。6月7日又发表题为"告独立军各当局"的"时评"，对"独立各省"提出劝告，指出，独立各省虽标救国救民之帜，实则"因此贻国家以大祸，陷斯民于浩劫"。警告说："如因内政问题引起外交困难，则外人操左右之权，国命于以危殆"，"兴师各省当局……岂能逃现在将来之清议？"提醒当事诸公，不要"一意孤行，趋于极端……时机危急，意气宜戒，为功为罪，存于一念"⑤。

在此次院府之争中，《大公报》的立场，前半部分是站在内阁（段祺瑞）一边，随着局势的变化，在后半部分转而站在中央（黎元洪）一边。基本态度是呼吁双方以国家利益为重，停止权力之争。

---

① 冷观：《论评·国民对于时局之觉悟》，《大公报》1917年5月24日。
② 冷观：《论评·国之大忧》，《大公报》1917年5月27日。
③ 《紧急要闻·大政变之爆发》，《大公报》1917年6月1日。
④ 冷观：《论评·政变之真因》，《大公报》1917年6月1日。
⑤ 冷观：《论评·告独立军各当局》，《大公报》1917年6月7日。

（二）抨击"张勋复辟"

府院之争闹得不可开交，黎元洪无力平息事端，只有请求张勋出面调解。由此又引出了一场复辟"大清帝国"的闹剧。

张勋，江西省奉新县人。清末历任云南、甘肃、江南提督。清朝覆亡后，张勋为表示效忠清室，禁止所部剪辫子，因而被称为"辫帅"。张勋醉心于复辟清朝，早在1916年8月27日，他就将保皇党魁康有为邀至其所控制的徐州，并在其道台衙门活动长达半年之久。康氏在徐州黌庙大搞祭孔活动，起草请定孔教为国教的电稿并以张勋的名义发表，为复辟制造舆论。1917年，在北京府院之争激烈时，张勋感到有机可乘，答应黎元洪的请求，打着"调停"的幌子，堂而皇之地率领五千"辫子军"北上进京，并发动复辟。

7月1日，张勋带着一帮遗老拥护十二岁的溥仪在养心殿复位，随即又逼黎元洪"归还国政"。张勋的倒行逆施遭到举国上下的一致反对。段祺瑞在天津发表讨张的通电和檄文，组织讨逆军，自任讨逆军总司令，4日在天津马厂誓师，5日对张勋"辫兵"正式开战，12日拂晓即攻进北京城内。"辫子军"一触即溃，张勋仓皇逃到荷兰使馆躲藏起来，至此复辟闹剧只演了十二天便结束了。

对于复辟皇权专制，《大公报》历来深恶痛绝。英敛之时期，对于袁世凯帝制自为，《大公报》就明确表明过态度；王郅隆盘购后，继承这一传统，在袁氏复辟破产一周年之际，就于1916年12月25日发表胡政之撰写的题为"去年今日之回顾"的"社说"，对袁氏的倒行逆施继续声讨："袁氏当国，怀秉雄才，不为国利民福是谋，而乃包藏祸心，觊觎帝位，伪造民意，假托劝进，群小荧煽，正士钳口，九县飚回，三精雾塞，共和之运，不绝如缕。"并对反复辟的英雄进行歌颂："蔡公松坡，独于是时，沉机先物，志存护国，定策津门，运筹海外，奋起滇池，转战南蜀，滇黔景从于前，川桂趋附于后，不出旬日，袁势遂蹙，且愧愤以殁，民国卒得保全。"进而告诫国民珍惜这来之不易的共和制度："今日吾人方欢欣鼓舞以迎此纪念日，讵知去年今日，正护国诸贤劳心焦思，排难冒险，以为吾国民争人格，为吾国民护共和，吾人此日得以安然为共和平等之民，受庇于五色国旗之下者，皆为吾护国诸贤丹心铁血所赐，则居今日，而回顾去年之今日，能不有感于中耶！"①

---

① 冷观：《社说·去年今日之回顾》，《大公报》1916年12月25日。

然而袁氏复辟阴影未消,张勋复辟闹剧又起。对此,《大公报》态度依旧,不仅在新闻报道上高度关注,而且发表言论,旗帜鲜明地予以反对。

在张勋拥清废帝溥仪复位的次日,1917年7月2日,《大公报》开设"共和果从此告终乎"专栏,专门报道张勋复辟事件。当日的报道分"实行复辟的情形""处置黎元洪的传闻""任命官吏的种种""北京的秩序""清皇室的态度""外交界的反应"等几部分。其中写道:

> 三十晚定武军即陆续移驻天安门一带;天安门大围墙内,业为张军驻满,天安、东华两门,禁止交通……十二时始,入宫拥宣统复位……闻昨日(一日)下午一时半顷,江朝宗等同到公府,出代草之奉还之大政折底稿,逼黎签字,黎坚辞……传闻大内得复辟消息,世太保清太妃等均大哭云,每年四百万元恐亦难保云。①

是日,发表两篇言论,一篇是胡政之的"论评"《复辟》,全文如下:

> 复辟之说传之久矣,自张大帅拥师入京,康圣人秘密北上,识者固已窃窃,然虑其事之终不可免,果堂哉皇哉挟幼帝以统治民国矣,吾不知民国伟人巨子睹此事变其感想何如。六年来涵育于共和空气中之共和国民,其感想又何如。吾人读法国革命史,诚知此举为必经之阶级,吾人观袁帝时代之往事,又不难推定其结果,然则又何必戚戚?②

此文断定张勋复辟的结果必然会同袁氏帝制自为一样,很快失败。

另一篇是署名"无妄"的"时评"《革命与复辟》,揭示张勋"复辟之举"的实质是"悍然倒行而逆施"。

7月3日,"共和果从此告终乎"专栏报道十九条消息,全部是关于反对帝制复辟的。其中《外交界之态度如此》载:外交使团一致主张保护总统安全,竭力不使其受暴力之侵犯,不赞成中国复辟帝制。《昨日召见之状况》载:昨日清帝共召见两次上殿庆贺者一百二十六人,无论有无发辫,均翎顶袍褂行跪拜礼,张勋并率侍卫多人携械随同上殿。《冯河间又电倡反对》载:冯国璋在南京通电反对复辟,声言如不取消复辟,他将以武力解决。《青木中将保护总统》载:日本军事顾问青木中将,昨早八点由黎总统入公府,以保护黎总统。《内阁

---

① 《共和果从此告终乎》,《大公报》1917年7月2日。
② 冷观:《论评·复辟》,《大公报》1917年7月2日。

宫廷现状纪闻》载：清宫内部已开始为权位而争，瑾太妃等痛哭不已。《黄陂自戕说不实》澄清黎元洪自杀的传言。

这一天的"论评"《两日来之成绩》，列举"复辟后两日之成绩"："一、恢复红顶花翎；二、恢复三跪九叩；三、恢复总督巡抚大学士；四、新增忠勇亲王一尊；五、骇走北京住民数千；六、骇倒北京报馆十数家；七、骇跌中交票价。"①"时评"《旧怪剧又新开幕》以六个"怪哉"排比句式，将张勋复辟之闹剧概括无遗，并预示中国从今往后，"千奇百怪之戏文必且层出不穷"②。"紧要新闻"栏还刊出梁启超反对复辟通电的全文。

7月4日，《大公报》设置"讨贼之师起矣"专栏。当日刊登十七条各地反对复辟的消息，报道段祺瑞发表反对复辟的通电及以讨逆军总司令名义发布的布告，另外还登载了政界势力如汤化龙、蒲殿俊、蓝公武、宪法研究会、宪政讨论会等个人或团体发出的通电，曾支持袁世凯称帝的杨度也发表了反对张勋复辟的电文。当日，发表胡政之写的"社论"《敬告国人》，指张勋的军队为"半人半兽之辫子军"，称辫子军进京拥帝复辟，此乃"中华民国国民之奇辱大耻"，"张逆之踌躇满志"，"连日龙旗飘揭于共和之城，红顶花翎飞驰汽车，群妖议政，孽军逞威，国家人格扫地几尽，人类价值因以锐减，此诚人世之大变，民国之巨殃"③。

7月5日，发表"时评"《同声讨逆》称："遍国中凡有血气之伦，莫不骂张勋为逆贼。"④

7月6日，《大公报》"讨贼之师起矣"专栏改名为"薄海争传讨逆声"。该栏事无巨细地刊登各地反对复辟的通电。当日胡政之在题为"请诸公注意"的"论评"中说："今日乃军人拼命之会，非吾侪弄笔之时，做文章、打电报均是多事。"并"乞当事诸公注意"：

> 第一，张逆俨同穴鼠，剿除何难，□挟清帝以逃蒙古，固难保其必无，宜加堵截免生枝节；第二，复辟宣布总统幽囚，民国政府几已中断，今总理遵令就职，宜告友邦以正名义；第三，讨贼之举公义之所当为，无论何人不得挟此为功，别惹反动，须知物不平则鸣，天眷中国，亦既屡矣，全国精神

---

① 冷观：《论评·两日来之成绩》，《大公报》1917年7月3日。
② 无妄：《时评·旧怪剧又新开幕》，《大公报》1917年7月3日。
③ 冷观：《社论·敬告国人》，《大公报》1917年7月4日。
④ 无妄：《时评·同声讨逆》，《大公报》1917年7月5日。

之统一,今日乃惟一之机会,失此不图,纷扰更无已时,敢于举世奋兴之会,豫陈警诚告勉之辞,有心人当能察之。①

此外,"时评"《仵看取消复辟》指出,在各路义师进攻下,"逆军进退无路,已如瓮中之鳖"②。

7日,闹剧即将告终,张勋四面楚歌,惶惶不可终日,欲乞降而不得。《大公报》"薄海争传讨逆声"专栏改为"逆贼无死所矣"专栏,报道称"逆贼张勋现已处四面楚歌之绝境。……昨又据天津某方面确息,张逆昨曾……向段总理恳求投降,当经段总理完全拒绝。盖段总理已具决心,不将张逆枭首于国门,不足以平天下之愤"。当日"时评"称"辫子军之末日至矣",讥讽道:"逆军一战即溃,如此不经斗,何苦闹这大乱子?"③

8日"紧要新闻"栏《今日可大告成功》报道称:"昨日逆军腹背受敌,本已难支,现闻西路、中路、东路各军今早将开始总攻击,合围兜剿,今日必可大功告成。"④并发表"南京特电":"冯副总统鱼日(六日)在南京依法就代行大总统职务,已通电宣布。闻并宣布责任内阁由段总理全权组织。"

9日"紧要新闻"栏《便宜了张勋矣》称张勋现已失去踪迹,据闻已逃至英国使馆;又有一说称张勋混杂在由京开往津之头等专车中逃去。

7月11日,"时评"栏《圣帝同休》,以诙谐之笔调,讽刺"康文圣"(康有为)、"张武圣"(张勋)倒行逆施,"人人欲得而诛之",警示"自今以后,尚有抱帝王野心作圣人迷梦者,可以休矣"⑤。

7月13日,《大公报》以"讨逆功成"的特大标题发布了张勋逃入荷兰使馆、残余辫子军被遣散等消息。

"讨逆"结束后,对于如何善后,《大公报》也提出了不少建议:

战事刚过,胡政之就提出"讨逆不难,善后实难"的命题,请"有识之公"注意;并就"国会问题""清室问题""军队问题","仅述私见以告国人"。他特别指出,军队问题实为"善后问题中最有关系者",希望段祺瑞"以清介之资负军界重望,所应尽力于国家者",应大力整饬军队;希望"国中各方面有力者不以私

---

① 冷观:《论评·请诸公注意》,《大公报》1917年7月6日。
② 无妄:《时评·仵看取消复辟》,《大公报》1917年7月6日。
③ 无妄:《时评·辫子军之末日至矣》,《大公报》1917年7月7日。
④ 《紧要新闻·今日可大告成功》,《大公报》1917年7月8日。
⑤ 无妄:《时评·圣帝同休》,《大公报》1917年7月11日。

利蔽公理,不务伸己而绌人,秉推诚相与之量以周旋",妥善解决善后问题①。

张勋败逃后,其所部"徐州辫子军溃败,流寇之势已成",政府应"思患预防,出先发制人之策",防止"辫子军"变为流寇②。《大公报》甚至提出,中国对于德奥既已宣战③,与其让"辫军四处抢掠",不如乘此机会,将他们"重行编练成军,运往欧洲战场,以备交战之用"④。

《大公报》还提出要惩办所谓"文圣"康有为,认为此次复辟事件之所以发生,康有为罪责难逃,应给他定罪:"复辟逆谋实行者张勋,而实取决于康有为,论叛乱民之罪,张康应处于同等,无首从之可分也。今千夫所指,咸集于张,而揭康之罪者殊鲜。文武两圣,同恶相济。"不能只惩办"武圣"而放走"文圣",称"圣人死则大盗止,今日为正本清源计",更应惩办"文圣",杜绝复辟思潮"死灰以复燃之根"⑤。

此外,这一时期《大公报》还有许多言论,所关注的远远超出事件本身,不仅对张勋等人的复辟行径进行批判,而且论及了许多深层次问题,发人深省:

其一是收束军队,以绝后患。《大公报》提出:"讨逆之役已将告竣,筹善后策者方注意于收束军队问题,以图长久之安宁。"并尖锐地指出:"今日已遍地皆兵矣,且到处为祸矣,当局者将何法以弭?"⑥

其二是全民忏悔,吸取教训。《大公报》认为"张勋复辟固死有余辜,然使张勋敢为今日之举者,则历来之政府,各派之政客,有智识之国民,要皆不能辞其咎。故今日实予吾人以忏悔之机。今后国中智识阶级之人,务当各养实力,各尽职责,勿图利用他力以排异己,勿更逾越常轨以致两伤"⑦。尤其是各党派领袖,应放大气量,遇事要协商、调和、融洽,避免因政争导致国家"越轨"。

平定张勋复辟逆流后,社会舆论造势,使段祺瑞获"三造共和"之"殊誉"。7月20日,《大公报》发表胡政之一篇题为"新内阁成功与失败之键"的社论,寄托了他对段祺瑞及段内阁的殷切厚望。社论首先说:"自段合肥违法被免后,

---

① 冷观:《社论·善后问题》,《大公报》1917年7月14日。
② 无妄:《时评·何不防患未然》,《大公报》1917年7月24日。
③ 平息张勋复辟后,代总统冯国璋与段祺瑞在对德宣战问题上达成一致,于1917年8月14日正式发布大总统布告,对德国及其盟友奥匈帝国宣战。
④ 无妄:《时评·辫军自效之机会》,《大公报》1917年8月18日。
⑤ 无妄:《时评·两圣可同罪异罚乎》,《大公报》1917年7月17日。
⑥ 无妄:《时评·兵祸未有艾也》,《大公报》1917年7月15日。
⑦ 冷观:《论评·忏悔之机》,《大公报》1917年7月5日。

民国久成无政府状态,今者复辟幕终,合肥席三造共和之功名,重膺揆席,内阁人才,或为抱负伟大之政客,或为经验宏富之官僚,提携共济,政治上之设施,当有以大慰吾人之望。"社论希望段政府"能于荦荦大端有所振作",接着向段氏具体提出两点建议:第一,全力整顿各省政治,多用活泼有为之少壮政治家为外省长吏。第二,全力整肃武人政治。指出:"民国军队乃国家之干城,非个人之利器,尤望段总理勿辜负其军界泰斗之资格,宜于此时整肃军政,裁汰改编,悉归一律,不令再有不规则之制度存于中华民国之军界。"①其中虽有逢迎之嫌,却也体现了《大公报》人对于频繁变乱后国家恢复正常的殷切希望。

(三)主张"南北统一"

平息"张勋复辟"乱局后,段祺瑞以"再造共和"之名重新出任北京政府国务总理,实际执掌北方政权,但是他拒绝恢复《中华民国临时约法》和民元国会,提出召集由各省军阀指派人员组成"临时参议院"以代替国会。段祺瑞破坏民主的做法激起全国民众的反对。孙中山在广州打出"拥护约法,恢复国会"的旗帜,召集在广州的议员于1917年8月成立"非常国会",同时联合西南各省地方势力,于9月成立"护法军政府"。护法军政府成立后,南方及西北各省护法势力也相继出现,湖南、四川、湖北、陕西等十余省宣布"独立",组织"国民军""靖国军"等武装,推动护法运动。段祺瑞不顾代总统冯国璋的反对,坚持"武力统一"政策,并以对德参战的名义向日本借款训练军队(参战军),实则对西南各省进行"征讨"。对于此种政局和各方行动,《大公报》予以高度关注,并随着形势的变化表明观点、提出主张。分析《大公报》的这些报道和言论,其态度是泯除南北对峙,实行南北统一,但是在具体问题上又各有不同,大致上可归纳为:"坐北朝南",主张统一,协商和解,不排除"武力统一",但政府的政策要始终如一、全力贯彻。

1."坐北朝南"

"坐北朝南"为《大公报》对待南北双方的政治态度,即站在北方一边指责南方。

(1) 斥责西南军阀

胡政之和《大公报》对西南军阀的声讨由来已久,称他们混战为私、危害民

---

① 冷观:《社论·新内阁成功与失败之键》,《大公报》1917年7月20日。

众,主张"中央"对他们"声罪讨伐"。1916年9月,原四川督军兼省长蔡锷因病离任后,川地旋即成为滇、黔、川三省军阀混战之地。《大公报》对这里的局势极为关注,指出川中各军混战是非正义的,他们为争夺地盘而给四川人民带来灾难。1917年4月12日,胡政之以蔡锷葬礼为由在《大公报》发表一则"冷观小言",对这位再造共和的伟人表示怀念,称蔡锷之死,"从此铁血功名,长垂天壤,而青磷碧草,幽闷年年"。然而一心爱国的伟人速速离去,满脑私念的军爷混战正酣,对此《大公报》只能叹道:"吾人追念蔡公再造民国之功,更放眼一观,今日之国事,诚不能不疑天绝吾民。"①4月22日的"时评"《川祸何日靖耶》对入川滇军和本地川军均予以批评,指责他们"身为军政长官,负保卫地方之重任,乃只为一己之权利问题,不恤卤莽灭裂,以荼毒同胞"②。指出军阀们为了一己私利,"无端起斗,既使川省糜烂,且将影响及于全国也"③。

同时,《大公报》指出,四川局势混乱至此,很大部分原因是"中央政局麻木不仁",对川事的政令前后不一、"进退失据",致使"中央之威信何此卤莽灭裂之过也"④。起初,北京政府漠视四川的争斗,名之曰"无办法"。《大公报》直言道:"川事之必糜烂,川人知之,政府亦畴不知之?知之而不为之,此所政府之罪过也!呜呼!举世之人皆可以'无办法'三字为政治抱悲观,独政府则责任所在,不可以此三字自解。"⑤后来,北京政府终于过问川事,然而府院意见不合,导致川中局势更加恶化。"四川之事,误于中央府院之意见不合,此举国所共知者也。"⑥1917年7月,川军第一军军长刘存厚同蔡锷旧部、省长戴戡为争夺四川军权在成都激战,刘存厚部击败戴军并杀死了戴戡。《大公报》对此发表评论说,"刘存厚恃其兵力竟敢戕杀中央命官,其跋扈凶狠,实为从来所未有",并希望中央对刘存厚"声罪致讨",切不可"仍持敷衍主义",使"国法军纪将荡焉无存"⑦。四川军阀混战的事,尤其是戴戡被杀的消息传到北京,引起国会的高度重视,研究系议员要求政府严惩刘存厚。8月,北京政府决定派员前往四川调查,胡政之于7日发表"论评",对"今政府已派吴司令为四川查办使"

---

① 《冷观小言·悼蔡》,《大公报》1917年4月12日。
② 无妄:《时评·川祸何日靖耶》,《大公报》1917年4月22日。
③ 无妄:《时评·谁与为戎首者》,《大公报》1917年4月29日。
④ 冷观:《论评·正告段总理》,《大公报》1917年4月27日。
⑤ 冷观:《社论·无办法》,《大公报》1917年4月24日。
⑥ 冷观:《时评·中央与川祸》,《大公报》1917年5月13日。
⑦ 无妄:《时评·政府将何以处分川事》,《大公报》1917年8月1日。

一事表示支持,"望政府更就四川各种情形为精密之调查,公平之判断,然后立周到之计划,岂惟川人之幸,实国家之利也"①。

然而《大公报》对西南势力的指责受其"皖人情结"的影响,不可避免地带有偏见乃至私心。

1917年5月府院斗争进入白热化时,全国许多省宣布脱离北京政府,而《大公报》撇开蛊惑者段氏不说,单单点名道姓地指责南方:

> 民国成立六年,革命之事三见于南方。此次不幸军人政客恶感固结,而政客不自敛抑,兴致过豪,遂至一人倡议数省响应,此固政客离间挑拨、任情播弄之所激成,实为国家极不幸之事,吾人惟望举事诸省以保国卫民为信条,勿使人民因此受一丝之苦痛。②

6月12日,黎元洪受张勋胁迫解散参众两院,《大公报》更是不问事实,乘机大做指斥"西南"的文章。6月14日的"社评"《敢问今之登台奏乐者》给西南各路护法军加上"违法食言""地方威胁中央""妨碍外交""军人干政"等罪名。首先说国会问题已经解决,"护法"已无目标,独立各省还不撤兵并恢复原状,可见其兴兵目的不在护法,而在"排除异派,同床异梦,各有所怀"。随后提出四个问题,质问不肯撤兵的西南各省当局:其一,违法食言,公私两失,威信堕地,你们自己何以施治?其二,地方势力威胁政府,"枢府要人""内何以致疆吏之钦崇,外何以得友邦之信赖?""政府之机能一失,将置国家于何地?"其三,国会既散,国家"已无交议同意之机关",对德宣战案尤无可着手,只能就此搁置,"则国家人格,政府信用,对于友邦均不免丧失"。其四,重组国会,重制宪法,乃百年大计,非一日之功。尤其难者,在于消除党派之猜嫌、军人之干宪、党人之私见,否则必然难以成此大业,中国局势必然陷入"反动循环,祸患靡止"的境地③。6月19日的"论评"《西南举兵说》说:"国人今日急务,惟当敦促政府速行改选,重召议会耳。"然而西南势力"借辞兴兵,希图南北分立,果何为者?"进而指责西南兴兵目的不纯:驻粤滇军兴兵乃因"饷糈久已无著,呼吁迫于无门",于是"粤人怀以邻为壑之心,诚愿滇军开出境外以轻负担"。更有一派人,希望"藉举兵筹饷之名,偿其大开赌禁之欲。要不外乘火打劫,分一盏革命饭

---

① 冷观:《论评·川事感言》,《大公报》1917年8月7日。
② 冷观:《论评·时局感言》,《大公报》1917年5月31日。
③ 《社评·敢问今之登台奏乐者》,《大公报》1917年6月14日。

而已"。而云南执政唐继尧的心理,是希望川粤之滇军出兵北伐,勿回云南与他分享地盘①。

"南北对峙"局面出现后,《大公报》更是严厉批评西南。8月18日的"论评"《应付西南》说"云南宣布脱离中央关系一事"是一部分党人"力图于西南方面从事破坏事业"。文章建议"政府于此宜拿定主意,一以保全统一为职志,断不能容居心破坏者逞其奸谋";进而向政府提出"应付西南"之策略——"防守""抵制",而非"攻伐"。具体而言,在军事上可倚重四川查办使吴光新、川边镇守使熊克武为"首居抵制之冲者";"湘省地位足以牵制黔贵两省,防堵广西派兵赴湘","黔与滇不容离异,宜布置军队入黔,以助刘督(指时任贵州督军刘显世)牵制滇军";政府用人行政宜以"民心为后盾"②。

《大公报》批评西南军阀,既有成见的因素,也有报人政治敏感的因素。西南各省军阀本来无心"护法",只欲借护法声浪向湖南等地扩张势力,并利用孙中山等人的声望号令广东、称霸西南。桂系不以两广为满足,滇系唐继尧则一直希望将四川纳入自己的势力范围,不允许北洋军阀势力将四川"抢走",于是才于8月11日发表拥护约法和否认非法内阁的通电,联合西南其他军阀共同对抗北京政府。《大公报》发文指出,西南某些主持者"野心无止境",如西南地方实力派中最有影响的桂系首领陆荣廷、云南督军唐继尧为了争夺地盘,充当老大,自称"大广西""大云南",相持不下时,又拟联合建立一个"西南各省联合会"(于1917年12月20日以"中华民国护法各省联合会"的名义正式成立),北拒北京政府,南抗"护法军政府",完全是"夜郎自大,横心奋臂以冥行"③。次日,又发文章,借"妾妻争长"的俚语对此种"大主义"者们的丑态进行讽刺,说他们争来争去,弄得"国无宁日",最后非把"大中华闹消灭"不得停止④。

(2)否定南方军政府

如前所述,南方"护法军政府"在广州成立后,《大公报》从法律的角度,认为孙中山联合西南地方势力揭起"护法"旗号不能成立。7月29日发表"论评"《护法者之言如是》指出,孙中山等人的护法行为本身就"不合法",是"标护法之帜",行"反对政府"之实。说"海军自由行动""议员到粤开紧急会议""推大

---

① 冷观:《社评·西南举兵说》,《大公报》1917年6月19日。
② 冷观:《论评·应付西南》,《大公报》1917年8月18日。
③ 无妄:《时评·好大主义》,《大公报》1917年12月12日。
④ 无妄:《时评·究竟是谁大》,《大公报》1917年12月13日。

元帅""设内阁"等言行,"无一合于法律之轨道",并批评革命党人因"政治失势",便"相率以武力竞争,破坏秩序",此非"政治之正轨"①。

对于"非常国会",《大公报》发表"时评"表示异议,认为会议不合法定人数,其通过的决议是没有法律效力的;并断定"广东之非常国会,不过一时之结合,决不可以持久,则非常国会之运命只一刹那耳,是谓临时之非常"②。

2. 主张统一

"主张统一"是《大公报》处理国内政局的主张。胡政之反感"南北对峙",希望南北尽快实行统一,从而结束这种分裂的政局。1917年8月下旬,胡政之在《大公报》"论评"栏连发三篇对政局的《感想》,对这种混乱局面表示痛心。"六稔以还,政潮迭起",所有变革,皆与民众愿望背道而驰,民众对此"失望之极而生怨"③。称"民国六年来之历史,一失望与怨嗟之历史也"。府院之争、政客捭阖、军阀混战,使得国家复兴"不知失去多少机会,社会不知毁丧多少人才,所余者,外债若千万,土匪若千万,冗兵若千万,与夫国民精神上之无量苦痛而已。虽然往者已矣,今日能否逃出此失望与怨嗟之公式,吾人实不敢持乐观之言"④。指出,国家情势之所以如此糟糕,"盖国民特性、社会缺点、个人能力,三者相合,遂成兹象"。所谓国民特性,是指"国民人人脑海中,咸有一种专制思想,各务伸己而绌人,不承认有平等对立关系之存在"。"所谓社会缺点者,肤浅浮薄,对于是非善恶,无研究心,誉人往往逾其度,毁人往往过其真,论断看得太易,批评下得太快",致使"社会毁誉,失其权威;舆论制裁,遂无能力"。"至于个人能力云者,盖吾国所谓人物,其在野也,日以毁人为务……其在朝也,日以自杀为务……"⑤这三篇感想,层层深入,均为作者实感。

10月25日,胡政之在一篇题为"无意义之兵争"的"社论"中,用"无意义"三个字对"民国成立以来"的"国内兵争"做了一个小结。文章在历数"民国成立以来国内兵争"的事实之后,称这些兵争"始终以个人权利为目标,引动兵争,扰乱大局"。文章希望政府拿出决心和行动,不可"再苟且求安,纵容个人主义横行,以国家供私欲角逐之牺牲,辗转争杀",弄得"宇内没有片刻治安"。当然,文章没有忘记重点批判西南"野心武人"和"新人物"的"割据主义"和"个

---

① 冷观:《论评·护法者之言如是》,《大公报》1917年7月29日。
② 无妄:《时评·临时与非常》,《大公报》1917年8月24日。
③ 冷观:《论评·感想(一)》,《大公报》1917年8月25日。
④ 冷观:《论评·感想(二)》,《大公报》1917年8月26日。
⑤ 冷观:《论评·感想(三)》,《大公报》1917年8月27日。

人主义":"方今欧战方酣,俄都愈陷,野心之国家方幸吾国之糜烂破裂,藉收渔人之利,乃西南诸帅私利是耽,不惜破坏大局,起无意义之兵祸,而自命具有新思想之大人物,且匍匐于三数野心武人之下,歌颂功德,乞求容纳。"①该文虽然持北方政府正统论观念,但是对不顾民众生死,只顾自己私利的军阀、政客本质的揭露,真可以说入木三分。

《大公报》热切希望全国统一,针对有人提出"西南""南北"论作为分裂国家的理论根据,胡政之于1917年7月28日在《大公报》发表题为"西南　南北"的"论评"予以辨析与批驳。全文如下:

> 近人动言西南,一若西南真足以吓倒中央者;又动言南北,一若南北真能成对抗之势者。其实西南方面惟唐继尧怀抱封建时代之思想,欲侵略四川,为云南大土扩张销路,此外固无人肯附和之也。南北之间,则南方军民长官,固多北籍之人,北方执政诸公又多南省之贤,行迹绝无扞格。然而,西南、南北之名称,所以屡屡腾于说士之口者,或外人藉为挑拨离间之资,而国人习焉不察,相与传说,黠者则更假借以供纵横游说之用,其实揭破真相,不值半文,望国人注意于此。须知,吾民所日日叩祷者,秩序平安而已,西南不足吓人,南北尤不应分别也。②

文章虽然不长,但是有力地批驳了这种制造分裂的谬论。

胡政之还认为,南北统一,应尽可能用协商和解的方式进行,不应"武力统一"。早在府院之争期间,面对各省地方势力的独立行动,段祺瑞主张"武力统一",积极主张对西南各省进行"征讨"时,胡政之就表示反对。如1917年6月22日,胡政之发表《今后之时局收束策》,抨击讲"力"而不讲"理"的人及其做法。首先说:"盖宇宙间支配人群心理者,一曰理,二曰力,三曰术,理可以成力,力不可以掩理。"并以袁世凯为例,说明仅靠力和术是不可以成事的:"袁世凯挟力与术以御天下然,卒不免身死名灭。"进而指出,"当知今后收束时局,不当用力与术而当归束于理";"今之时局,盖不可以反于理矣"。国家的一切问题,"非合全国优秀分子之智力,悉袪力的观念术的作用,而一诉之于理,胥不足以泯未来之大患,纳政治于轨道?"③击退张勋后,政客中又有人谓"南北统一

---

① 冷观:《社论·无意义之兵争》,《大公报》1917年10月25日。
② 冷观:《论评·西南　南北》,《大公报》1917年7月28日。
③ 冷观:《论评·今后之时局收束策》,《大公报》1917年6月22日。

终无可望,而主张实行流血"。胡政之对此种言论尖锐而明确地指出,这是一种"危险的思想":

> 国家不幸,迭遭变故。各省不苦于兵,即苦于匪。富者不能安业,贫者无以求生,颠连困苦,盖达极度。无论朝野之人,今日均当一德一心谋秩序之安宁,促政治之入轨。乃近来一部分政客中,颇有人谓南北统一终不可望,而主张实行流血者。近阅内务汤总长对某外人谈话,亦公然有诉之武力之言。此等思想,可谓危险已极,而在政府负责任者,怀抱此种成见,尤为危险。①

然而"树欲静而风不止"。一则南北政府主张迥异,一则各路野心家欲壑难平,致使战事不断扩大。打退张勋之后,副总统冯国璋于1917年8月1日从南京抵达北京就任代理大总统,随后发布大总统布告,正式对德、奥宣战。而以段祺瑞为首的皖系军阀以参战为借口,大借外债,购置军火,装备其嫡系部队,准备发动对西南的"讨伐"。至9月,皖系将领傅良佐到长沙接任湘督,桂军亦进驻湘边。湖南战事一触即发。

战端一开,血流成河,这是《大公报》最不愿意看到的。10月26日,该报发表题为"湘中之血世界"的"时评",对"刘林在零陵肇乱"做评述,称"已成一片喋血场矣",借所闻"该省宝庆县有天雨血水之事"发出感慨,"殆上天悯兵祸之惨而先示之兆乎,惜彼弄兵者冥顽而不知儆也","天既雨血,兵方洒血,民皆泣血",痛言战争带来的惨祸②。10月31日,发表胡政之所撰题为"国事危言"的"社论",称"川湘之战"使"数千年实爱和平之国民,今乃于对外宣战之时期,操同室之戈","斯真爱国之士所当泣血痛心者也"。指出,军阀政客们的"政治之争"实乃"权利之私,地域之见",致使"兵连祸结","何异于骨肉相残之时置家庭秩序、子女病痛于不问?"文章说:"吏治不修,民生之根本乃益废隳,长此放任,虽虎贲之士奏凯于兄弟相残之场,而国家之不免于土崩瓦解也。"③这两篇文章的基调是强调战争造成的灾难:不仅使两军将士骨肉相残、血流成河,而且使广大民众饱受战乱之苦。

关于"南北统一",《大公报》的主张是很明确的,就是"北统南",而非"联

---

① 冷观:《论评·危险之思想》,《大公报》1917年7月26日。
② 无妄:《时评·湘中之血世界》,《大公报》1917年10月26日。
③ 冷观:《社论·国事危言》,《大公报》1917年10月31日。

合",更不是"南统北"。所以在南北混战时其所登载的文章主要是为北京政府辩护,称政府诉诸武力是不得已而为之,如11月7日,《大公报》发表胡政之的"论评"《川粤湘形势之新观测》说:"西南问题发生已久,政府费许多苦衷,不得已而诉之武力",因而"吾人虽希望和平,至此亦不能不希望有武装的解决之办法"。这就是说,统一问题和平解决不能实现时,只有用"武装解决之"①。

（四）希望"方针如一,全力贯彻"

对如何结束"南北对峙"的局面,即"和统"还是"武统",北京政府内部一直存在分歧。这种分歧发展到南北战端开启时矛盾激化,演变成第二次府院之争。代总统冯国璋依然主张和平解决,而实权在握的总理段祺瑞仍旧坚持"武力统一"。冯、段意见不一,导致战场前线的分裂。1917年11月14日,听命于冯国璋的直系将领王汝贤不愿让所部为段氏卖命,径直通电停战议和并撤出前线。段祺瑞对此十分恼火,于11月15日向冯国璋递交辞呈,以迫使冯氏就范,转而支持"武统"。《大公报》就此事于11月17日发表"论评",一方面指出:"政府因西南诸帅不能尽以理折,乃不得已而用兵。当此对外宣战之时期,起无意义之国内战争,虽至愚,亦知其不当。然而,理穷则不得不诉诸力,此固事之无可如何者。"一方面希望政府内部"各方面人物痛自猛省,将个人主义、村落思想一概涮除,各以国家为前提,正义为标的,庶可维现在之秩序,免后来之纠纷"②。

随着王汝贤等人停战并撤防,战事急转而下:南军乘机迅速反攻,兵锋直逼长沙,迫使湖南督军傅良佐仓皇逃离。11月18日,冯国璋以总统令罢免傅良佐,改任王汝贤为湘督出面调停。就在当天,长沙城内南北军开始交火。王汝贤调停失败,也不得不趁乱慌忙逃出长沙。

至11月20日,段祺瑞见"武力统一"计划将要告吹,再度提出辞职。22日,冯国璋接受段祺瑞辞呈,执行议和之策。虽然胡政之反对"流血",希望用和平手段解决南北对峙问题,但是面对冯、段之争态势的变化以及段氏去职,胡政之又反过来站在段的一边,质疑冯国璋的和议政策。11月20、21日的《大公报》就此连续发表两篇均出自胡政之之手的"论评",对冯国璋的"和统"主张以及有相同主张的人提出批评,称"调和"为痴人说梦。20日的"论评"《所谓调

---

① 《论评·川粤湘形势之新观测》,《大公报》1917年11月7日。
② 冷观:《论评·调停说之真价》,《大公报》1917年11月17日。

和者如是》说:"平和者人人所希望者也,然而得之当以其道";在南军无"求和之诚意"的情况下,"满心期望平和"的王汝贤前往"调停",自然会"狼狈被逐以去","此诚足以唤醒吾人爱慕平和之大梦而为自相倾轧者垂鉴戒矣"①。21日的"论评"《诸公欲为王汝贤第二耶》先是抨击王汝贤,说"王汝贤赴湘后,即觊觎督军一席。故勾串敌军,逐走傅氏。乃傅氏甫去,王亦不克安于长沙,虽向陆荣廷申调和之请,竟不能邀陆氏之一顾",后又批评四督军及其"通电议和"之举②,"是何平和之念深入于高级军人之脑若斯之甚耶"? 并警告他们的愿望必将落空,"欲为王汝贤第二者,其勿太兴头也"③。

1917年11月28日,胡政之在"论评"《究竟如何》中对议和的前途提出几种设想和应对办法:"目下重要问题,欲和则宜莫过于议和之条件,军事之收束,善后之整顿。"认为段祺瑞辞职后,无论谁做总理,都应好好考虑"大局之何以善后";"或和或战,均当研究办法"④。次日,发表题为"平和之疑问"的"论评",重申上文观点,再次对政府的和议方针、南北和解的前途表示怀疑:"今者调和之说,诚哉最合时宜",但是"滇黔川之战绝非一道命令所可停止,党人攻闽图浙之野心又岂陆荣廷辈所可制抑"。希望政府当局对此有足够认识和充分准备,不要使民众和平梦想之实现"终为一大疑问"⑤。之后,《大公报》又连续发文,对南北议和进行质疑⑥。

11月30日,冯国璋以王士珍署理国务院,重新组阁,12月7日任命谭延闿为湖南督军,12月25日下达停战令,随即发布停战布告。但是冯国璋威令不达,隔日,《大公报》发表胡政之的"论评"《停战布告与时局》说:"停战布告下矣! 时局之不能解决,当无以异于前日。盖元首停战之电令,前此盖已两下。然而粤军之攻闽,滇军之攻渝,初未因之而停止也。"⑦

此后,《大公报》一直关注停战令和停战布告的效力。12月28日,发表无妄的"时评"《仔看停战令之效力》,对"议和"之策再次提出质疑:"交战明明出

---

① 冷观:《论评·所谓调和者如是》,《大公报》1917年11月20日。
② 指1917年11月18日直隶督军曹锟、湖北督军王占元、江西督军陈光远、江苏督军李纯发表联名通电,主张南北罢兵、和平解决南北问题的事件。
③ 冷观:《论评·诸公欲为王汝贤第二耶》,《大公报》1917年11月21日。
④ 冷观:《论评·究竟如何》,《大公报》1917年11月28日。
⑤ 冷观:《论评·平和之疑问》,《大公报》1917年11月29日。
⑥ 冷观:《论评·维持原状特梦想耳》,无妄:《时评·所谓停战议和》,《大公报》1917年12月5日;《时评·和声鸣盛》,《大公报》1917年12月7日;无妄:《时评·都不喜欢这调调儿》,《大公报》1917年12月11日;无妄:《时评·和战之争之比较》,《大公报》1917年12月14日。
⑦ 冷观:《论评·停战布告与时局》,《大公报》1917年12月27日。

于两方之意思,则今日饬令停战,必能使双方服从始为有效,不知此令颁布后,西南果肯不再进攻乎?北方主战派不再出头告奋勇乎?此中央威信所系也,敬仛观其后。"①

所"敬仛观"者若何?《大公报》29日"北京特约通信"栏在"停战布告所得效果竟如此耶"的标题下分述各方情形,表明前方依旧战伐不已,"照现状看来,恐一碗清净饭终无法吃"。30日的"北京特约通信"栏载《停战布告之效力究竟如何》,称各方"依然一片杀伐声"。是日的"时评"亦揭示停战令之无效:"不谓命令方饬停战,而某处某处开战之耗、某处某处告急之电,转雪片而来,较未令停战时反形险恶,岂布告令之效力,实隐类于催战符乎?"②纵观这些报道和言论,明显看出其中含有对冯国璋"停战布告"和"停战令"的嘲讽,与其说是关注停战令和停战布告的效力,不如说是在等着看代总统冯国璋的笑话。

"仛观"十天后,《大公报》直言"振师旅"。1918年1月7日在"论评"栏发表胡政之写的《一误不可再误》,称"停战布告之发布已十日矣",依然效果甚微,表明冯国璋"和议"之策行不通。面对此种局势,北京政府只有一途,那就是"振我师旅为国家体面、政府威信、国民安全计,同心合力以惩此曹不顾大局、徒急私利之少数人物而已"。作者立场态度十分鲜明,不仅是站在政府立场上指责西南地方势力是"不顾大局、徒急私利"之人,而且明确为段氏"武统"正名,指责冯氏"和议"之策为"误国"之策,并希望"负全国政治责任者"当机立断,"振我师旅",扫平西南,"勿再彷徨中道,自误误国也"③。

冯国璋一方面迫于主战派督军的压力,一方面看到西南方面不肯罢休的态度,只得于1月10日下达局部讨伐令。对于冯国璋在解决西南问题上政策多变、于和战之间游移不定的态度,《大公报》十分反感。从1917年12月8日至1918年2月2日,一共发表十三篇言论④,反复申述一个观点,即"今日时

---

① 无妄:《时评·仛看停战令之效力》,《大公报》1917年12月28日。
② 无妄:《时评·停战后乃有是乎》,《大公报》1917年12月30日。
③ 冷观:《论评·一误不可再误》,《大公报》1918年1月7日。
④ 《论评·解决时局宜先明各人之态度》,《大公报》1917年12月8日;冷观:《论评·时局感言》,《大公报》1917年12月10日;冷观:《论评·时局之责任者》,《大公报》1917年12月17日;冷观:《论评·一误不可再误》,《大公报》1918年1月7日;冷观:《论评·政府之责任》,《大公报》1918年1月11日;无妄:《时评·究竟如何》,《大公报》1918年1月11日;冷观:《论评·和议成立后之预想》,《大公报》1918年1月23日;无妄:《时评·解决乎》,《大公报》1918年1月24日;冷观:《论评·总统回京与时局》,《大公报》1918年1月29日;无妄:《时评·且看总统返京后之时局》,《大公报》1918年1月30日;冷观:《论评·时局之真相》,《大公报》1918年2月1日;冷观:《论评·诸公与人民何仇》,《大公报》1918年2月2日。

局,或和或战,均无绝对的是非。既非敌国相争,讵无持平之道",因此希望当政者"权衡利害,决定方针,公示天下,率全国以共成斯志,俾大局早一日解决,人心早一日底定"①。

应该指出,《大公报》"从速解决"论的出发点和立足点是民众本位。1918年1月12日一篇题为"兵战乎战民也"的"时评"指出,数月来"国内兵斗"的理由花样翻新,"惟一事相同者",就是"每战之结果,从未闻此军击死彼军几千几百人或彼军击死此军几千几百人,只闻两军交绥之下,某军溃败时或某军进追时沿途大肆焚掠,杀商民数千百人,刮商民数千百户而已"。文章质问交战双方:"此之谓为国家而战,此之谓为法律而战,此之谓为人民生命财产而战?"②2月2日,胡政之的"论评"《诸公与人民何仇》,更是指着那些"表里訾谬,阴险谲诈,以国事为儿戏,玩国人于股掌"的"诸公"说:你们的"一念游移,国家之财力,虚糜不知其数;心存巧取,小民之生命财产损失弥多",你们"与国民何仇,奚为重苦吾民至此?"③

纵观《大公报》有关"南北对峙"的报道与发言,其政府本位、民众本位的立场仍可谓一以贯之。

(五) 关注"国会竞选"和"总统选举"

1. 揭露"国会竞选"

第一次护法运动失败后,南北矛盾一度缓和。而此时,北京政府又开始热闹了起来。1918年10月,冯国璋的代总统任期届满,段祺瑞为掌握更大的权力,便在新国会和总统选举上大做文章,于是安福系粉墨登场。

从时间上看,安福系形成及安福俱乐部成立与新国会选举相继进行。这两件事是段祺瑞打出的两张牌,其目的就是重新掌控北京政府的大权。张勋复辟时期旧国会遭到解散;张勋被驱逐后,段祺瑞重任总理,他接受梁启超、汤化龙等研究系要人的提议,"仿照第一次革命先例,召集临时参议院,重定国会组织法及选举法后,再行召集国会"④。为了掌控国会选举,并使选举出来的新国会成为政府手中的"橡皮图章",段祺瑞便指示徐树铮出面组织安福俱乐部。

---

① 冷观:《论评·诸公与人民何仇》,《大公报》1918年2月2日。
② 无妄:《时评·兵战乎战民也》,《大公报》1918年1月12日。
③ 冷观:《论评·诸公与人民何仇》,《大公报》1918年2月2日。
④ 李剑农:《中国近代百年政治史》(下册),商务印书馆1947年版,第502页。

这一点在本编导论中已有详细介绍,此处不赘。1918年3月,安福俱乐部成立,4月份启动国会选举,安福系人马便全力以赴投入大选。

新国会选举,既是当时国内头等政事,也是安福俱乐部成立后的大事,作为北方舆论重镇的《大公报》不能不高度重视。据统计,《大公报》有关国会选举的言论一共有三十二篇,贯穿于选举的全过程。

按照新公布的《国会选举法》,正式选举前,须先进行"选民资格调查"。因有安福俱乐部明目张胆的"运动"选举,所以有一些"志行高洁之士"自愿放弃选举权。《大公报》闻后便发表言论予以劝阻。1918年4月17日的"时评"《放弃选举权之非》一方面称"运动选举作种种丑态"的做法实"为贤者羞",一方面又指出自愿放弃选举权的做法"大不可也"。并分析放弃选举权会造成"议会中将益少优秀分子,而无耻钻刺之徒更易夤缘当选,将来选举结果,愈不堪闻问"的恶果,并表明态度说:"故吾人对于运动选举者,既不惮口诛笔伐,而对于放弃资格者,尤不禁为议会叹惜也。"①

5月,选举正式开始。此次选举分两阶段进行。第一阶段各省推选选举人,这些选举人稍后开会再选举国会议员。地方选举人之选举分为初选和复选,初选为直接选举。在安福系操纵下,选举场上,各种丑态应有尽有。对此,《大公报》予以揭露道:"县公署为初选之选举场,日昨举行选票时,万头攒动,毫无秩序,书记与选民屡次混打,而从中呐喊之声又轰轰如雷,此真极选场之奇观也。""今其初出茅庐,即如投身恶浊之殴斗场中。"②选举中的运作,"各处之怪现状,业已罄竹难书"③。对于这些,《大公报》见诸报端,并且不断发文,一一予以抨击:

"雇人投票",这是选举舞弊中"最普通者"。"受雇人物,或则家属亲友,或则佣工店伙,或则全校学生,或则沿路苦力,甚而至于乞丐龟奴,亦得厕杂其中,以冒充有选举权之国民";"其受雇之代价,或以金钱,或以酒筵,或仅铜元数枚,或仅肉面一碗"④。如涞县有选举资格者六千余人,实际到场投票者只三百余人,而"开票之时,票数决不止三百"。《大公报》发文指出,这其中"必有所谓七出七入之票友,在其中各献其好身手也"。并说:"选举舞弊,随地皆然,似

---

① 无妄:《时评二·放弃选举权之非》,《大公报》1918年4月17日。
② 无妄:《时评二·直把选场作战场》,《大公报》1918年5月22日。
③ 无妄:《时评一·选举可得人乎》,《大公报》1918年6月4日。
④ 无妄:《时评二·选举秽史》,《大公报》1918年6月2日。

此情形者,恐不仅一浉县为然也。"①

"制造伪选票",这是选举办理者所采用的一种舞弊手段。"如开出空匦也,开出成卷的选票也,甚至有勒写人名自造伪票也。"《大公报》指出,选举办理者的丑态与选举人之丑态,"同时呈五雀六燕之奇观者也"②。

"运动选举"。选举中之丑态,"虽觉千奇百怪,而提要钩元,则可以一言蔽之曰,运动而已"。完善合理的选举政策竟被糟蹋至如此"龌龊不堪",究其原因是有大背景、大人物的手在"运动"。于是,"运动与选举,此两种名词于事实上,殆真如蚕蛆之不能相离、蛤蚧之不能分处者乎"③。明眼人一看就知道,这里的大背景、大人物是指安福系及安福俱乐部中人。

由于安福系干将徐树铮等人强力包办、严密操控,安福系大获全胜。参议院143个议席中安福系议员占100个,众议院329个议席中安福系议员占237个,故此次国会被称为"安福国会"④。

1918年8月12日,新国会开幕。《大公报》发表胡政之执笔写的"论评"《新国会》。文章首先论述国会的作用:"凡立宪国家设置议会,所以集合国民优秀分子监督政府,使国民因议会而对于政府感精神上之联络。故议员代表人民,而政府则赖国会之维持,间接受人民之拥护,当局政治家因得凭此后援,展其怀抱,为国家策发展之计。"后历数旧国会(民元国会)的问题:"吾国自开国会,因上下皆无政治之训练,政府以议会之束缚为苦,议会以滥用其权力为能,双方相持,互怀敌意,重以党派之偏私、意气之激越,卒致不能并立。国会两受解散,迄今尤为南北相争之一口实。在他国视为神圣之机关,在我国则几视为乱国之祸水。"随即对新国会提出希望:"政府与议员其能顾念设置国会之精意,推诚相与,各尽切磋扶持之谊,一洗旧国会之污点,而树新民意机关之真精神。"并说:"南北舆论将翘首以觇公等今后之活动矣!"⑤本文起承转合,逻辑严密,立意深远,表达全国舆论对新国会的督察与希望。

同日,《大公报》还发表"时评一"《新国会开幕》,从另一个角度提出对新国会的警告:"新国会虽告成立,而旧国会仍藕断丝连","一个国家中竟有两个国

---

① 无妄:《时评二·选举舞弊》,《大公报》1918年5月23日。
② 无妄:《时评一·选举可得人乎》,《大公报》1918年6月4日。
③ 无妄:《时评一·选举与运动》,《大公报》1918年5月27日。
④ 来新夏等:《北洋军阀史》(上),东方出版中心2011年版,第542页。
⑤ 冷观:《时评·新国会》,《大公报》1918年8月12日。

会对峙……不知济济多士(的新国会),果能一洗捣乱之旧污,力展富国利民之伟划,以表示有正式国会之程度,而慰国民之望否?"①

胡政之和《大公报》关注国会选举,但是对安福系操纵选举表示愤慨,对选举中出现的"罄竹难书"的丑态给予了毫不留情的揭露与评判,展示了这一时期《大公报》尚能秉持"公"的精神。

2. 伫看"总统选举"

新国会成立后,立即着手两件事,一是"制宪",一是"选举总统",后者对于当时的政坛来说更是重头戏。《大公报》对制宪只在国会开幕后的隔天发了一篇题为"国会与制宪"的"论评",提出继承旧时宪法草案中有关条款的建议,"供议员诸君之参考"②。而关于总统选举,则从8月23日到9月10日,除新闻报道外,还发表言论十篇,仅胡政之执笔的就有七篇。

选举前,《大公报》连发数篇言论,就总统选举的重要性、总统选举与时局的关系、总统的人格等问题进行论述:

8月23日,《大公报》发表胡政之的"论评"《新国会与新总统》,提出国会选举总统之重要性,希望各界不可掉以轻心:"今国会完全成立,总统亦将选举,法律上、政治上胥有一种中枢机关与人物出现。今后解决时局,不无一线新希望。""望今日之国会与将来之总统,先自觉其责任之重大,而不仅以被动尸位为能事也。"③

针对有人提出先解决时局再选总统的主张,《大公报》25日发文指出:"总统选举有法律之规定,时局解决系政治之问题,法律地位苟得一适当之人物,则政治难局之收拾悉能有正当之归宿,本末先后,所关至巨,不容倒置也。"④

9月1日,胡政之的"论评"《总统与人格》,强调总统应当具备高尚的人格:"总统一职,等为公仆",只有那些"才迈众流、志存匡济,愿为国家任此重责者"才能参与竞选。"今值第二任总统公选之时,实为万世楷模所系。正当取法先进,力戒轨道外之竞争。"文章对道路传言的异说进行了严厉批判:"觊觎大位者,至欲以诈欺恐喝手段,巧攫重权,不惜造作奇谣,挑动政潮,鬼蜮百出,罔顾信义。此真民国之败类也。夫诈欺图利,律有常刑;恐喝得财,法必所治。矧

---

① 无妄:《时评一·新国会开幕》,《大公报》1918年8月12日。
② 冷观:《论评·国会与制宪》,《大公报》1918年8月14日。
③ 《论评·新国会与新总统》,《大公报》1918年8月23日。
④ 冷观:《论评·解决时局与总统选举》,《大公报》1018年8月25日。

以元首位置之重要,讵可以流氓拆梢、穿窬暮窃之小术得之?"并指出:"凡百问题无不可以迁就,独此一事关系全国国民荣辱,断断不能令此等人格卑下、用心奸险者得售其计,永为国民之奇耻大辱。"①2日,继续发表胡政之所写"论评"《总统选举与就任》,首先表示对即将选出的新总统寄予新希望:"总统选举已有定期,国民所仰望为德望兼备之大总统,克日当即选出。兹后,解决时局统一南北或可易于着手矣。"其次提出,新旧总统交接要慎重,以保持局势的稳定:"虽然大总统任满之期日实为十月十日,故在十月十日以前元首职权尚不能嬗代。新总统虽经选出,尚不能遽尔就任。在此新旧交替之时,人心难免不安。是在内外当局之有以善保秩序也!"②

9月4日为国会选举总统的日子。《大公报》发文对选举结果进行"预测":"从大多数议员之心理观测之,元首一席自当属诸德望兼隆中外信仰之徐东海(徐世昌)。如是,则此第一步之重要问题已算告一段落,自今以往,将入解决时局之时期。"并说:"今日幸而有此南北属望之徐东海,其人将以天与人归之势克膺天下重寄,全国统一,政治一新,目下实为唯一之机会,失今不图,更将何望?"③当日"北京特约通信"报道则称:"昨日之总统预选会,为安福部最大盛会。"

不出各方的预料,作为各政治派系妥协的人选,徐世昌果然顺利当选为总统。5日,《大公报》就此事发表两篇言论。一篇是胡政之写的"论评"《徐东海果当选大总统》,该文首句即说:"徐东海果当选大总统矣!"进而论述徐世昌当选总统的意义在于结束了中国"久为世病"的"武人政治":"徐公夙以学者的政法家得名,其所以受举国欢迎者,亦正为系文治派人物,谓足以挽武断政治之狂澜。"希望徐公以"统筹全局之方针,绵密周到之办法,秉其所信,负责而行",切实解决中国"政治之痼疾",实行全国的"和平统一",不可再使国人失望④。另一篇题为"伫看新总统之新猷"的"时评"指出:"年来水旱兵匪,人民之困苦颠连已达于极度",切望新总统拿出切实可行的办法,迅速"振苏之"⑤。

徐世昌当选总统后即通电南北,"拳拳以颠连困苦之民生为言",以谋求南北和谈。对此,《大公报》于9月10日发表胡政之所写"论评"《民生主义》,肯定

---

① 冷观:《论评·总统与人格》,《大公报》1918年9月1日。
② 冷观:《论评·总统选举与就任》,《大公报》1918年9月2日。
③ 冷观:《论评·总统选举与时局》,《大公报》1918年9月4日。
④ 冷观:《论评·徐东海果当选大总统》,《大公报》1918年9月5日。
⑤ 无妄:《时评·伫看新总统之新猷》,《大公报》1918年9月5日。

徐的"民生主义",说此为"仁人之言,其利溥哉! 即此爱民之声已足令普天下颠沛无告之人民苏其垂尽之气矣"。但又尖锐地指出:未定根本政见,仅曰民生主义,实为"书生空谈,无裨实际"。徐世昌就职总统后,国人喁喁望治。然而观其所为,除二三爱国保民之文章外,别无具体之事实。"望东海坐言起行,终有以起吾民于沟壑也。"①此后,胡政之又针对总统发布撤销张勋通缉令一事,发表题为"徐大总统始政固如是耶"的"论评"指责其对"颠覆国家,变更国体之元恶,亦公然置之不问","东海始政之第一事"即向国人表明,"民国无法度"②。该报再发文指出,徐东海特赦张勋是"眷念旧情,曲与特赦"③。

从报道与言论看,对待总统选举一事,《大公报》持平和态度。能通过正常程序选举国家元首当然是件好事,但是鉴于国会成立时的丑闻,故对这样的国会能否选出合格的总统,似乎不抱太大希望;徐世昌以法学家身份当选总统,《大公报》一方面予以高度评价,称其结束了"武人政治",一方面对徐氏抓小放大、不得要领的治国理政方针并不看好。

(六)寄望"南北和议"

有"文治总统"之称的徐世昌上任后的第一件大事,便是谋求南北和解,结束内战。而此时恰逢"一战"接近尾声,西方列强回过头来关注其在华利益。在英、美推动下,直系军阀新首领曹锟、吴佩孚与西南军阀加紧往来。9月13日,直系通电主和,西南军阀唐继尧复电赞成。26日,南军将领谭浩明、程潜等与北军将领吴佩孚、冯玉祥等联名通电主和。10月13日,吴佩孚致电徐世昌,请速发停战令。24日,徐世昌申令尊重和平,并于11月16日正式向前线北方军队发布停战令。23日广州军政府亦发布停战令。12月2日,英、美、法、意、日五国公使向北京政府提出正式文件,"劝告"和平统一。同日,五国驻广州领事亦向广州军政府提出同样的"劝告"。12月10日,北京政府派出朱启钤为议和代表。17日,广州军政府派出唐绍仪为议和代表。1919年2月20日,南北议和代表在上海正式举行"和平会议"。然而由于各派军阀之间争夺激烈,南北代表不能达成妥协,导致和谈于1919年5月14日以破裂告一段落。

这次南北和议的持续时间虽短,但事关重大。《大公报》认为,国家分裂,

---

① 冷观:《论评·民生主义》,《大公报》1918年9月10日。
② 冷观:《论评·徐大总统始政固如是耶》,《大公报》1918年10月25日。
③ 无妄:《编辑余沈》,《大公报》1920年7月13日。

长期征战，极大地损害国计民生，如果能用和议办法解决，当然是天大好事，故高度关注。当然，其立场依然是"坐北朝南"。

会前，关于"和议"地点双方争论不休。北方主张在南京，南方唐绍仪主张在上海租界，坚决不来南京，称不能在军阀包围之下开会。争论由南北双方引起，而《大公报》发文单单只讽刺南方军政"伟人"："不注意于议案中之重要条件，而惟地点之是争，伟人无聊之态可哂矣。"①

对于"会议规则"，双方亦有分歧。《大公报》发文批评南方："盖地点问题，北方已表示迁就，而会议规则，南方又发生争执。"并引申批评说："所最难堪者，南方所要求之端，北方偶有不顺从，即责言曰无诚意，假使北方代表反唇相稽，亦必以事事顺从为诚意之表证，则和议永无成就之望，而诚意二字，反为和局之障碍矣。"②

关于会议名称，双方意见也不一致，北方拟称为"善后会议"，南方认为这是清代在绥靖地方土匪时用的字样，主张采用"上海会议"，并坚持对等议和。对此几经磋商也未能得到一个令双方都满意的正式名称，结果在发表时各用各的名称。北方称为"南北和平会议"，南方则称为"上海会议"。

会议开幕后没几天，2月25日，《大公报》突然发表一篇题为"南方伟人未来之位置"的"论评"，对南方进行无端指责："此次会议，南方实抱有一种权利思想，所云国利民福，护法正义，种种名词，悉是门面装饰之语。"并以道听途说为据指责南方的所谓"和议"并非真正谋和而是求取个人权力："据来自沪上者，谓唐绍仪于开幕前，已召集党徒预筹南方诸要人未来之位置。现为外间所闻知者，则胡汉民之粤省长，于右任之陕省长，徐谦之司法总长，伍朝枢之驻外公使，刘光烈之川边镇守使，冷遹、蒋尊簋之护军使（冷驻徐州，蒋驻衢州），张钫之陕南镇守使……"③

至3月初，和议因"陕西问题"不能达成协议而宣布停顿。所谓"陕西问题"，系指陕西督军陈树藩所辖部将胡景翼于1918年1月在陕西三原宣布独立，成立陕西靖国军，拥护"护法"。同年6月，孙中山派于右任入陕宣抚民军，8月，各路民军共同推举于右任为靖国军总司令。为支持陈树藩，段祺瑞派兵"援陕"，围攻陕西靖国军。同年11月，南北政府曾分别下令停战，但段祺瑞坚

---

① 无妄：《时评·争会议地点之无聊》，《大公报》1919年1月11日。
② 无妄：《时评·究竟谁诚意谁不诚意》，《大公报》1919年2月7日。
③ 《时评·南方伟人未来之位置》，《大公报》1919年2月25日。

持说陕西的战事是政府军"剿匪",不是与南军作战,故不在停战范围之内,不肯停战,这便严重妨碍了南北和议。后经江苏督军李纯调停,提出双方"停战""北军停止前进""共同派员监视停战""划定停战区域""双方在划定区域内'剿匪卫民'"等五项办法后,南北议和才得开议。南北"和议"第一阶段的五次会议均讨论陕西问题,但双方终未获得一致。于是唐绍仪等南方代表于3月2日宣布和议停顿。《大公报》对议停缘由是非撇开不问,单就议停后南方代表的行为发文提出尖锐批评:"乃据沪上消息,诸大代表于此停顿期内,或则纵游名胜,或则恣情歌舞,一若深幸,无所事事,偷得浮生数日闲,藉以畅其般乐之趣者。呜呼,国事多艰,群情孔急,而身为勾当大事之代表,其举动乃若是,安得不令人寒心耶?"①南方代表是否如此荒唐仍有待调查,但《大公报》抛开主要问题,抓住这一点进行攻击,其立足点有失公允。

在国内外各方力量的压力之下,南北和议在4月上旬得以重开。然而在往后的时间内,和谈仍时有破裂。比如4月11日第八次正式会议讨论军事问题,双方意见对立,难以达成协议,次日《大公报》发表"时评",开口便指责南方代表:"和议重开,国人方嗷嗷向望,而南方激烈分子偏欲提万不能行之议案,以促和议之决裂,诚不知其是何心也。"说南方代表非谋"国是之安宁","徒求扩一群一系之权利",扣上"捣乱派"的罪名,指责其"暗使破坏手段,阴冀和局之终于无法进行"②。

会议期间,双方在"参战借款""参战军"和"军事协定"等问题上更是反复纠缠,很难达成共识。5月14日双方代表辞职。至此,南北议和遂告破裂。《大公报》对此十分痛心,于15、16日在"北京特约通信"栏对此做了报道。其中16日发表的"时评"表示了对和议决裂的惋惜:"沪上和平会议,竟成决裂之势,南北代表同时辞职,回想停战言和,磋磨几将半载,依旧毫无结果,不欢而散,至可痛也。"并表示了对国家前途的担忧:"瞻念前途,危险更不堪设想矣。"③

由于举国上下对于和平统一仍心存希望,均以各种方式表达对南北双方消除分歧,重开和议的期望,致使"南北和议"的尾声一直拖了很久,直到1920年初才彻底结束。对此种迁延,《大公报》颇感不快并继续责怪南方。1月19日发表"论评",明里对南北当局提出忠告,暗里把和议破裂的责任全然归结于

---

① 无妄:《时评·代表乐》,《大公报》1919年3月17日。
② 无妄:《时评·尚欲谋破坏和局乎》,《大公报》1919年4月12日。
③ 无妄:《时评·和议将决裂耶》,《大公报》1919年5月16日。

南方,说当下内外形势紧迫,"内则学潮澎涨,阴谋挑拨,外则激派蔓延,强邻迫压,南北岂可仍持极端,坐视国亡而不一救耶?兴军因护法而起,对南以平乱为宗,两方皆以国家为前提,此时亦当舍其小者近者,而谋其大者远者矣!"呼吁"南北之争,当止于今日矣","倘再各逞其欲,假国家为面具,而曰欲行吾政策,欲达吾政治之目的而各不相让,恐乱平法护之日,吾堂堂数千年之古国,已偕波兰、埃及、越南诸伴侣而遨游于幽暗惨淡之境矣"①。这段话绵里藏针,说南北对峙的原因是南方打着"兴军护法"的旗号,实则为谋一派利益。并说,南方的着眼点为"小者近者",非国家利益的"大者远者",指出,南方必须放弃"小者近者",而服从"大者远者",否则"恐乱平法护之日",国家已无可救药。

一个半月后,《大公报》发表一篇"时评",进一步表示对南北和议破裂的失望和对国家前途的担心:

> 南北和议问题,年前经百般疏通,才告已有端倪,乃度过残年,反更消息沉沉,似仍无开议之望。尤可痛者,南北和局既难成就,而闽陕南军,方因争攘权利互相攻杀,即北方将吏,亦有夺取地盘将以兵戎相见之说,然则南与南战,北与北战,且纷纷不已,高谈南北统一,去题益远矣。观于此,知欲求国家之安宁,今殆尚非其时也。②

不出《大公报》所料,1920年7月北方爆发直皖战争,8月南方爆发粤桂战争,北与北战,南与南战,南北亦处战争状态,中国再次陷入大规模军阀混战之中。

这次南北和议,北方的情况是复杂的,政府中除了主和与主战两派外,还有代表民族资产阶级的自由派,主和派和自由派基本上希望和议成功。从《大公报》的记事和言论看,他们的态度也是复杂的:一方面主张和议,迫切希望和议成功,但是由于与安福系千丝万缕的联系,又表现出对和议中出现的曲折和反复的"不耐烦",以致不时表示和统不成,武统也行。同时,该报立场上依旧"坐北朝南",一味指责南方破坏和议。以上这些,也许就是这一时期的《大公报》受到研究者批评的理由。

此外,《大公报》指责一些外国组织在南北和议中充当"无耻的第三者",肆意干涉中国内政:"自国内和议开始,即有所谓第三者出现,组织各种和平机关,担任调停之责,此不得谓非爱国者之正当行为也。""乃调停经八阅月,非特

---

① 味农:《论评·为南北当局进最后之忠告》,《大公报》1920年1月19日。
② 无妄:《时评一·南北兵祸何日息乎》,《大公报》1920年2月26日。

毫无和平效果,而且黑幕重重,从中破坏和平者有之,招摇撞骗者有之,至于政府所馈赠调人之旅费津贴,已不知耗去若干金钱?"①

(七)支持五四运动

1919年的五四运动是我国近代史上具有划时代意义的反帝爱国运动。这场运动的导火线是巴黎和会中国外交失败:在和会上,我国的正当诉求没有被列强采纳,山东问题没解决,青岛没收回,长时间积压在民众胸中的反帝怒火由此火山般地爆发出来。

对于五四运动,《大公报》是支持的,但是这种支持颇为"谨慎":一方面对民众反帝爱国的行为坚定支持,并对民众的愤怒情绪表示理解;另一方面对于运动中的一些出格行动,比如"火烧赵家楼"等则表示反对,并站在执政者的立场对大规模、长时间的"三罢"(罢课、罢市、罢工)行为表示不赞成。

1.对五四运动的报道

胡政之以《大公报》记者身份专赴巴黎采访和会,"和平会议"上的不平气氛、五大列强的专横、我国代表受到的不公正待遇以及胡政之自己的激愤和恼怒之情,通过专电和通讯传到国内,又通过《大公报》的版面传达到民众心中,尤其是5月初关于山东问题报道刊登出来后,我国民众情绪激昂。5月3日晚,北京大学等在京高校学生代表集会议决于5月4日齐集天安门举行学界大示威,一场声势浩大的学生爱国运动由此爆发。可以说,从一定程度上讲,是《大公报》的报道直接点燃了"五四"的烽火。

(1)学潮爆发后的报道

5月5日,《大公报》"北京特约通信"栏首篇《北京学界之大举动》,用四分之一的版面,分"昨日之游行大会""曹汝霖宅之焚烧""青岛问题之力争""章宗祥大受夷伤"等四个部分详细报道5月4日北京的学潮经过。

6日,"北京特约通信"栏载《学界争青岛之昨闻》,继续以四分之一版的篇幅详细报道学潮的情况。主要内容有各学校一律罢课、要求释放被拘学生、各校长会议办法、政府方面之态度、林汪②向总统陈情、章宗祥生死未明六个部分。

---

① 无妄:《时评一·无耻之第三者》,《大公报》1919年9月29日。
② 指研究系政要林长民、汪大燮,两人时任总统府外交委员会事务长、委员长。

7日,"北京特约通信"栏载《学界争青岛风潮之昨闻》继续详细报道学潮,内容有被捕学生尚未保释、蔡(元培)校长谕学生镇静、总商会开会之情形、今日仍开国民大会等。

8日,"北京特约通信"栏载《争青岛怒潮之昨讯》,称"连日,各方面多请先将学生保释……已于昨日(七日)上午十时拘押警厅之各校学生三十二人已一律释放回校"①,至此北京的大规模学潮告一段落。

9日,"北京特别通信"报道称各校学生均已复课,然而矛盾并没有解决,学界依旧风波不止。《大公报》"北京特约通信"此后也几乎每天都有跟进报道。

10日,《昨日学界之动静》称"昨日(九日)北京大学校长蔡元培上呈总统辞职,立时乘车出京"②。

12日,《外交与学界》称"北京学界因争外交而发生之事件已渐次平息,至因校长辞职出京,学界又起波澜一节,教育当局已筹适当妥善办法"③。

13日,《大学校长辞职问题》称:"今日(十三日)教职员联合会及学生联合会开会,推举代表晋谒大总统,请求下明令挽留蔡校长。"④

至17日,学潮再起。据18日《大公报》"北京特别通信"栏载《北京学界风潮又起》称:"北京专门以上学校学生对于政府挽留校长以为意思不肯切,又因教育总长将准傅增湘辞职而提出田应璜,学生大不满意。于是于昨日又开联合大会,闻决定下星期一日起一律罢课。"⑤再起之学潮比前次更猛。《大公报》20日在"北京特别通信"栏说:"一时大有学界再起波澜,不可遏止之势。至昨日(星期一)果然各专门以上学校学生实行不上课者,据调查,有十八校之多。"⑥

此后,《大公报》每天的"北京特别通信"报道学潮时,几乎都是"昨日依然如旧。各处仍多学生演讲,军警亦照常干涉"。6月5日,《大公报》记者曾赴法科大学调查情形,该处拘留学生多至一千数百人。

(2)工商界介入后的报道

6月5日后,这场学生爱国运动发生重大变化,即工商界介入并迅速成为

---

① 《北京特约通信·争青岛怒潮之昨讯》,《大公报》1919年5月8日。
② 《北京特约通信·昨日学界之动静》,《大公报》1919年5月10日。
③ 《北京特约通信·外交与学界》,《大公报》1919年5月12日。
④ 《北京特约通信·大学校长辞职问题》,《大公报》1919年5月13日。
⑤ 《北京特约通信·北京学界风潮又起》,《大公报》1919年5月18日。
⑥ 《北京特约通信·学校停课所闻》,《大公报》1919年5月20日。

运动主力,运动地点亦从北京迅速蔓延至全国各大城市。《大公报》对此作了全面报道。

山东问题及各种对日密约问题发生,由此激起全国抵制日货的风潮。6月7日,"紧要记事"栏刊登《春申江上之怒潮》,首先报道上海罢市的情况。

8日,"北京特约通信"栏载《罢市风潮之蔓延》,称:"上海罢市之后,各处人心浮动,前昨二日,厦门、南京、镇江各处已相继罢市矣。"①"紧要记事"栏《黄浦滩头之罢市》亦详细报道上海全市罢市状况。

9—10日,"北京特约通信"栏载《京外商界罢市之昨日》,继续报道继上海而起的南京、镇江罢市的情况。10日的"北京特约通信"还报道了政府的应对办法,即应允了民众的三条要求:(1)巴黎和会不签字;(2)免去曹、章、陆职务;(3)恢复教育状况。

政府答应的三条要求尚未落实,各地罢市罢工继续进行。11日,"紧要记事"栏载《罢市声中之八面风》,报道全国各地罢市情况;同时,这一时期将罢市逐渐扩展为罢工:"紧要记事"栏中《沪上罢市后之工界举动》一文详细报道了上海工界运动的举动。此后,《大公报》关于运动的报道不仅涉及罢课、罢市,而且涉及罢工。

12日,"紧要记事"栏载《罢市风潮之汇志》,报道全国各地罢市、罢工的情况;《天津商会又有继续罢市之布告》报道天津绅商会各界于11日齐集天津总商会,议决次日仍继续罢市。

13日,"紧要记事"栏载《罢市声中之四面八方》,报道全国罢市情况;《上海罢市后之罢工》一文则继续报道上海各业工人罢工情况。

这种状况一直持续到6月下旬,且越是临近巴黎和会对德和约签字的日子,形势越是紧张。26日,《大公报》"北京特约通信"栏载《山东问题之紧急》称:

> 欧洲和会签字之期迫在眉睫,外电传来且有德国已允签字之说,关于我国之山东问题,命运亦将于此短少期间决定矣。……二十三日政府又去一电,略谓二十二电计达,青岛问题真相不明,以致国内风潮迭起,虽经政府再四晓导,群情仍形愤激。务希迅与日代表和衷协商,从速表示安全

---

① 《北京特约通信·罢市风潮之蔓延》,《大公报》1919年6月8日。

归还复我主权,免致别生枝节。①

28日,"北京特约通信"栏载《力争山东问题之紧要关头》说:

> 此次国民群起力争外交问题,出于爱国热忱,一致行动,再接再厉。现在欧洲和约,德人允于二十七日签字,山东问题亦即至紧要关头,国民当然作最后之争持,故昨日京津各界代表又请愿于总统府,要求不达目的不签字。津沪各团体电致政府,措辞尤为愤激。②

最后,这场以"外争国权,内惩国贼"为口号的爱国运动以政府罢免曹汝霖、陆宗舆、章宗祥的职务和中国代表团拒绝在对德和约上签字为结果而告结束。7月1日,《大公报》"北京特约通信"栏载《欧约签字后所闻种种》报道说:"欧洲和约业于二十八日午后签字。关于我国之山东问题如何决定,迄昨日政府尚未接到正式报告。"③7月3日,"北京特约通信"栏载《欧约我国果未签字》称:"迄昨日午后,确闻外交部已接到巴黎陆总长二十八日先后所发两电报告签字情形,我国未曾签字。"④

(3) 对"五四"运动报道的特点

分析《大公报》对"五四运动"的报道可以看出,该报不仅全面、真实地反映了运动的全貌,而且具有两个明显特点:一是"细",二是"平"。

所谓"细",就是注意报道运动的详细过程,并且不乏细节。以5月5日的"北京特约通信"《北京学界之大举动》中"昨日之游行大会"一节为例:

> 欧议中之青岛问题至近日形势大变,我国朝野均奋起力争,而北京学界尤为愤激,乃于昨日(四日)星期休假,国立大学及各专门学校学生举行游街大会,以为国民对于外交表示誓争到底。午后一时许,各校学生结队数千人在天安门齐集,各执白旗,大书誓死力争青岛,不争回青岛毋宁死,取消二十一条等语,此外尤多激烈之词。步军统领李长泰闻信亲莅天安门约各校代表说话,代表说明志在争回青岛,绝无扰乱秩序之事发生,李统领亦鉴学生爱国热忱,允即谒见总统,将学界意见转达。各校学生遂列队游行至东交民巷,持函谒见各国公使,请主张公道。乃游行回校沿途秩序井然,观者塞道,无不为之感动。

---

① 《北京特约通信·山东问题之紧急》,《大公报》1919年6月26日。
② 《北京特约通信·力争山东问题之紧要关头》,《大公报》1919年6月28日。
③ 《北京特约通信·欧约签字后所闻种种》,《大公报》1919年7月1日。
④ 《北京特约通信·欧约我国果未签字》,《大公报》1919年7月3日。

学界并遍散印刷物如下《北京全体学界通告》:"现在,日本在万国和会要求并吞青岛,管理山东一切权利,就要成功了,他们的外交大胜利了,我们的外交大失败了。山东大势一去,就是破坏中国的领土,中国的领土破坏,中国就亡了,所以我们学界今天排队到各公使馆去,要求各国出来维持公理。务望全国工商各界,一律起来,设法开国民大会,外争主权,内除国贼。中国存亡,就在此一举了,今与全国同胞立两个信条:中国的土地可以征服而不可断送!中国的人民可以杀戮而不可低头!……"①

又如 6 月 11 日"紧要记事"栏所载《沪上罢市后之工界举动》报道上海工界运动时,又分门别类进行报道,见下表。

表 2-1 《沪上罢市后之工界举动》所载各行业工人运动情况

行 业	运 动 情 况	行 业	运 动 情 况
铁路机厂工匠	已于星期六(6月7日)午前十一时起一律罢工	铜铁机器业	决定(一)工界为商学界后盾;(二)静候三日;(三)如三日后政府不办国贼,工界设法对付;(四)保持秩序,决勿暴动
邮局信差	鉴于邮差罢工,造成消息不通。故将罢工之举取消,改由各人量力出资购买纸张刊发传单,稍尽国民义务	自来水工人	工人亦极激昂,各厂约定罢工。但是考虑到造成停水,影响市民生活。劝其放弃罢工行动,静候消息
香烟厂工人	决定于八号罢工		
纱厂工人	一律罢工	铁厂工人	全体罢工
兵工厂工人	兵工厂系军事机关,与其他工厂性质不同,应审慎行事,一律工作,以防被人煽惑	造船厂工人	全体罢工,特别强调"誓不入某国工厂做工"
电汽公司工人	若全埠交通一旦停止,全埠秩序必大有妨碍。是以罢工一事作罢,以合适方式助学生救国	铁路机师工人	一律罢工

资料来源:《紧要记事·沪上罢市后之工界举动》,《大公报》1919 年 6 月 11 日。

---

① 《北京特约通信·北京学界之大举动》,《大公报》1919 年 5 月 5 日。

所谓"平",是指版面平常、用语平和、内容平衡。

关于"版面平常",即与有些报纸为了突出报道五四运动新闻,大幅度调整版面相比较,《大公报》的版面一如平常。

上海《民国日报》从5月6日起专辟三个专栏"北京学生爱国运动""山东问题大警告""黑暗势力与教育界全体搏战"对事态进行报道;从5月12日起,将第十二版副刊"民国小说"停刊,改为"大家讨贼救国",用以刊登读者来信。北京《晨报》每天出八个版面,从5月5日至19日平均每天至少用一个版面专门报道学生运动的情况及各界支持学运的新闻。天津《益世报》于五四运动爆发后,在第二、第三版开辟十多个专栏,用以报道运动情况。

相比之下,《大公报》版面安排一如平常,没有大幅度变动。五四运动爆发后,《大公报》关于运动的报道主要集中在"北京特约通信"栏目,还有少数在"紧要记事"栏,只是数量有所增加。5月5日及后来几天,有关运动的报道一般都是"北京特约通信"栏的前面几条,大约占四分之一版;只在5月7日"国耻日",《大公报》增出特别附张,其中关于五四运动的稿件占了一半版面。

关于"用语平和",即与有些报纸(如北京《晨报》)使用感情化的语言不同,《大公报》用语平和,很少使用偏激词汇。比如五四运动爆发后的次日,虽然各报基本上都报道了学生上街游行的全过程,引用了游行队伍印发的《北京全体学界通告》传单的全文,还报道了一些细节,但是用语和语气有较大差别。

比如写"谢某血书"。长沙《大公报》①5月9日第三版《中外要闻》报道写道:"该是时,有数人演说,激昂慷慨,声泪俱下,于是法科学生谢绍敏悲愤填膺,当即将中指啮破裂断衣襟,血书'还我青岛'四个字揭之于众,而掌声、万岁声相继而起,全场顿现一种凄凉悲壮之气象。"②相比之下,天津《大公报》5月5日"北京特约通信"栏写得就较为平和:"昨晚北京大学学生亦开会于法科讲堂,到会者千余人。群情愤激,决议翌日联络京中各学校举行庄严之游街大会,以示争回青岛之决心。有谢君当场破指大书'还我青岛'四字。演说均极沉痛,至十一时方散会。"③

又比如写"殴打章宗祥"。长沙《大公报》的报道如下:"章宗祥已吃老拳不

---

① 长沙《大公报》于1915年9月1日创刊,主要创办人张平子、张秋尘、龙兼公等皆系原《湖南公报》报人,长沙《大公报》发行期间因各种原因曾多次停刊、复刊,至1947年12月31日终刊,实际发行时间约26年。
② 《中外要闻·北京学生界与山东问题》,长沙《大公报》1919年5月9日。
③ 《北京特约通信·北京学界之大举动》,《大公报》1919年5月5日。

少,然而并未打死。可见,章氏不但能挨骂并能挨打矣……其实,曹氏本在家中,当学生打门呐喊时,知风头来的不顺,出前门既不可,出后门也怕吃亏,遂想出一跳墙之计,不料心慌手乱,跳的法子不妙,不留神把腿摔伤,由家人保护往六国饭店去了。"①而天津《大公报》的报道则如下:"(学生)乃往东城赵家楼曹汝霖宅,大呼卖国贼。其仆人出而阻止,因起争殴……曹之子侄均受伤。驻日公使章宗祥亦住在曹宅,被打受伤甚重,已送往法国医院医治。"②第二天(5月6日)还登了一则补报消息:"昨日外间忽有章宗祥因受伤致死之谣,本社特到同仁医院调查,据云,章氏头之右部有两处重伤,余皆微伤。"还特别说,"昨日本埠访员报告有章已因伤毙命,其眷属晋京料理后事等语,当系传闻之误"。

再比如写"军警冲突"。6月3日,学生运动重现高潮,并与军警发生激烈冲突。北京《晨报》6月4日则采用描述式报道:昨日北大法科校舍"已被反动军警团团围住,骑河楼至南河沿一带交通完全断绝",校门外边的北河沿两岸共搭了二十个帐篷"作为军队驻扎之地",北大法科校舍已然"变成临时拘留所"。还报道说军警"用枪杆赶学生退礼堂","北大法科讲师吴宗涛上前与讲理",被"一位兵官姓王一个巴掌打下去,鼻子于是打出血来"③。5日的报道更用上了抒情的写法:"北京的天气,忽然间大变起来,狂风怒吼,阴云密布,继之以打雷、闪电、下雨……当老天大怒的时候,正是那几百位青年学生被围的时候……"④而天津《大公报》的报道只写基本事实。5日的"北京特约通信"《昨日所闻之学界情形》称:"前日学界续行讲演,经军警阻止,将各处讲演学生捕送至法科大学,派队监视,不准再行出外演讲……而未经送该校之学生,昨日仍继续出外演讲,各处多布置军警阻止学生演讲。又陆续捕送学生多名。"⑤6日"北京特约通信"栏载《昨日学界风潮之状况》称:"学界风潮至昨日依然如旧。各处仍多学生演讲,军警亦照常干涉。……闻该处(法科大学)拘学生多至一千数百人。"⑥

关于"内容平衡",即与有些报纸只报道单方面的消息不同,《大公报》尽可能报道运动参与者各方面的动态。如5月6日的"北京特约通信",报道了方方面面的动态:

---

① 《中外要闻·北京学生界与山东问题》,长沙《大公报》1919年5月9日。
② 《北京特约通信·北京学界之大举动》,《大公报》1919年5月5日。
③ 《紧要新闻·学界风潮忽又扩大》,《晨报》1919年6月4日。
④ 《时评·咳! 这是什么景象》,《晨报》1919年6月5日。
⑤ 《北京特约通信·昨日所闻之学界情形》,《大公报》1919年6月5日。
⑥ 《北京特约通信·昨日学界风潮之状况》,《大公报》1919年6月6日。

学界方面,因学生被捕数十人,各校学生连夜开会讨论办法,各校长多莅场劝慰学生保持冷静,承诺将设法保释被捕学生,并劝令次日仍须照常上课;但学生愤激异常,未听校长劝告,仍决定一律罢课。报纸还特别报道各专门学校校长在北京大学开会商讨办法,决议先将被拘学生一律保出,然后报道各校长一律辞职的消息。

政府方面,对于学生行动闹出如此惊天动地的事件,北京政府宣称虽鉴于各学生爱国之忱,但"暴动"行为仍不被允许①。

5月7日"北京特约通信"中,既报道总统明令二道:一道训诫学生伤人放火,"实属妨害秩序,扰乱治安,此风万不可长";一道为警诫警察当局对5月4日事件"既不能制止于事前,又不能防范于事后,殊属疏忽已极"。又报道张濂等向政府提出两点质问:一质问政府对早有卖国之嫌的曹汝霖、陆宗舆、章宗祥为何不"究查其奸、惩治其罪";二质问政府应用如何"权宜方法,原情宽宥以息乱端"②。

2. 对五四运动的评论

相对记事而言,《大公报》对五四运动的评论就显得逊色了一些。

首先是在时间上,评论发表较晚。北京《晨报》5月6日就发表评论《为外交问题警告政府》,阐明对5日学生罢课的看法。《大公报》在运动爆发十天后的5月15日才发表一篇署名"无妄"的"时评"《山东问题与亲善》,这篇八十八个字的时评表达了两层意思,一是肯定运动声势空前浩大,一是揭开日本所谓亲善假面具③。

其次是在数量上评论发表较少。据统计,从5月5日到6月30日,《大公报》就五四运动发表的言论仅仅八篇,并且无一篇刊登于第二版的"论评"栏,全部刊登于第八版、第十版的"时评一""时评二"两栏,可见报纸对此事的重视程度非常有限(见下表)。

表2-2 《大公报》1919年五四运动期间的相关评论文章

日　　期	栏　目	篇　　名	署　名
5月15日	时评	《山东问题与亲善》	无妄
6月4日	时评一	《教育可任中断耶》	无妄

---

① 《北京特约通信·学界争青岛之昨闻》,《大公报》1919年5月6日。
② 《北京特约通信·学界争青岛风潮之昨闻》,《大公报》1919年5月7日。
③ 《时评·山东问题与亲善》,《大公报》1919年5月15日。

续表

日　　期	栏　目	篇　　名	署　名
6月8日	时评一	《将何以平此怒潮》	无妄
6月11日	时评一	《罢市非儿戏也》	无妄
6月12日	时评一	《对于罢市开市之索隐》	无妄
6月14日	时评一	《罢得了不得》	无妄
6月15日	时评二	《天津又告开市》	遯
6月24日	时评二	《书记也要罢工耶》	遯

资料来源：作者整理。

最后是调门比较"冷"，不如其他报纸的言论那么"热"。如北京《晨报》的言论不仅多，而且富有激情。例如5月6日的评论阐明对5日学生罢课的看法道："学生动机出于外交上之激愤与寻常骚乱不同"，警告政府处理学生不要"大拂人情"，否则，会导致"事变之生"，并要求政府立即释放被捕的学生。上海《民国日报》主笔邵力子在运动爆发后更是连续多天发表时评，呼吁民众"万众一心""一致讨贼"。相对来看，《大公报》的言论基本上是给运动"泼冷水"，归纳起来有以下一些论调：

"教育中断"论。"我国因积弱不振，致外交动遭失败，国是日形危迫"，因而呼吁不要"因外交失败之故"，导致教育总长辞职，教育厅长辞职，学校校长辞职，中等以上各校罢课，"转成教育中断之象"，"拔本塞源，可惧孰甚"①。

"造成动乱"和"浪费光阴"论。如6月8日《大公报》发表"时评"，要求政府采取"釜底抽薪"的办法平息学潮，否则"长此因循，国内之骚乱，固无已时，尤可惜者，莘莘学子，光阴不再"②。

"生计恐慌"论。如6月11日发表言论说：

> 观于罢市之后，秩序之平静，人之闲适，虽无异于再度新年，然使迁延多日，则游手不逞之徒，保无因生计之恐慌，致生意外之变故，纵有警学两界之维持，恐难免百密之一疏。当局者慎毋见举动文明，而不亟谋根本之解决也。③

---

① 无妄：《时评一·教育可任中断耶》，《大公报》1919年6月4日。
② 《时评一·将何以平此怒潮》，《大公报》1919年6月8日。
③ 无妄：《时评一·罢市非儿戏也》，《大公报》1919年6月11日。

"无济于事"论。如6月14日发表言论声称：

> 自沪上和会两次罢议以后,继之以学生罢课,商家罢市,工界罢工,终之以总统及阁员相率罢政。……谚云,罢了罢了,盖谓凡事一罢即了也,惟今日之事愈罢愈不了,既不能长此罢休,自当求正当了解。假令由他去罢,而不亟谋根本了断方法,则国事将成不了之局。①

"落花流水"论。说"学校罢课、商界罢市、工厂罢工"把社会"闹得落花流水"了②。一个"闹"表明了该报对"三罢"做法的反感。

"赶时髦"论。直隶易县机关文书因薪水低提出辞职,该报随即于6月24日发表"时评"《书记也要罢工耶》,认为直隶易县书记罢工是"东施效颦",说他们是赶"时髦",自砸"大好饭碗"③。

言论是媒体的灵魂,代表这家媒体对报道对象的观点和看法,具有引导社会舆论、左右事态发展的功能。作为一份以敢言著称的北方大报,《大公报》对于这样一场声势浩大、意义重大的群众运动,发表的言论不仅数量少,级别低,而且态度压抑,不仅与身份不配,更重要的是不合时宜,这无疑是《大公报》历史上的一次缺憾。

报道上积极、全面,而言论上消极,《大公报》在整体上对五四运动持谨慎支持的态度。这是该报"发折中之论"的办报方针及庚子之殇的教训使然。应该说,拥有特派记者的《大公报》是最了解巴黎和会情况的,也是最痛恨巴黎和会上列强们"强权压公理"的行为的,因而应最理解青年学生的爱国心情和对卖国贼的愤怒。但是当学生们的感情之水冲破理性之堤、逾越法律界限而做出过激举动时,《大公报》又不能不提出劝告,明确表示不赞成逾越法律范围之外的过激行为。

（八）直皖战争

直皖战争是北洋军阀内部长期争权夺利发展的结果。在袁世凯死后,北洋军阀便分裂成直、皖两系。为争夺对北京政府的控制权,两系之间明争暗斗,不断发生矛盾与冲突。以段祺瑞为首的皖系由于有日本人的支持,虽几经

---

① 无妄:《时评一·罢得了不得》,《大公报》1919年6月14日。
② 遯:《时评二·书记也要罢工耶》,《大公报》1919年6月24日。
③ 遯:《时评二·书记也要罢工耶》,《大公报》1919年6月24日。

曲折,但始终控制着北京政府的实权。1918年9月安福国会成立后代总统冯国璋辞职下野,国会选举徐世昌为中华民国大总统。段祺瑞虽然辞去总理职务,但是仍然一方面依靠安福系控制的国会继续把持北京政府,一方面顶着"参战督办"的头衔,纠集成立边防军。随着冯国璋离开总统府,直系势力很快被排斥出中央。尤其是掌握兵权的时任筹边使、皖系大将徐树铮,飞扬跋扈,根本不把直系放在眼里,引起直系军阀极大反感,两派之间的矛盾日益激化。

1919年12月冯国璋病故,曹锟成为新一代直系领袖,他利用徐树铮企图插手东北内务的机会,把对徐氏极为不满的奉系首领张作霖拉进了自己的阵营,秘密组成反皖同盟,增强与皖系对抗的势力。直奉同盟形成后,便寻找机会与皖系摊牌。1920年3月中旬,作为北京政府讨伐西南的前敌总指挥吴佩孚以军饷未到为由,从湖南衡阳撤兵至河南郑州,并于6月27日发表《告边防军西北军书》,历数徐树铮的罪行。时任大总统徐世昌也想借直奉联合势力解除皖系的威胁,于7月4日下令免去徐树铮的西北筹边使及西北边防军总司令等本兼各职。对于朝野势力的联合进迫,段祺瑞决定先发制人,于7月8日以"边防督办"的名义调回徐树铮,并将边防军改为定国军,成立定国军总司令部并自任总司令,进行讨伐曹锟和吴佩孚的总动员,并胁迫徐世昌免去曹、吴职务。7月12日,曹锟、吴佩孚联名通电讨段,称段为投靠日本人的卖国汉奸。7月14日,直皖战争正式打响。经过五天激战后,18日,段祺瑞认输并请求停战。战败的皖系从此跌出北洋权力核心。

这场战争进行时间短,但酝酿时间长,参战双方复杂。对这场关乎皖系命运的战争,《大公报》不仅十分关注,而且表现出明显的"倾皖""袒段"的派系性。

1. 开火前的叫骂

直皖战争正式爆发前,《大公报》已站在皖系一边叫骂直系将领。

首先即骂冯国璋。冯国璋与段祺瑞既是故交,又是宿敌。以往《大公报》对冯氏虽然不感兴趣,在"府院之争"期间的文章还曾表示过对冯的不满,但是鉴于其代总统身份言论不便过于激烈。1918年8月13日,冯国璋去职后,于次年返回河间故里,10月返抵北京不久即于12月28日病逝。在冯氏病逝前后,《大公报》趁机无所顾忌地将冯氏痛批了一通。

1919年12月28日,《大公报》尚不知冯氏死讯,便发表了一篇题为"冯病与学潮"的"时评",将学潮与冯病勾连起来说事:"乃近数日间,一泻万里之学潮忽尔形为沉寂,何兔起鹘落之不可测耶?"原来是"冯河间(冯国璋)抱恙之故耳"。故意设问:冯国璋"为民国前任大总统也,为北洋直系军人首领也,为全国第一大富翁也,凡此种种,皆与学生界邈不相涉者,乃一病而影响及于学潮矣,是可异焉?"①答案不言自明:冯氏处置不当,酿成学潮;罪魁病倒,学潮自平。

12月30日,《大公报》在"北京特约通信"栏发布"冯前总统逝世"的简讯:"前代理大总统冯国璋病势沉笃,于前夜十一时逝世。"并刊发"新逝世之前冯大总统"戎装半身照片。是日发表题为"哀冯河间"的"时评",开首一句便是:"哀哉,前任代理大总统冯国璋竟弃此花花世界而长逝耶!"冯氏为"民国第三任总统",文章将其与前两任相较说:"冯氏才不及袁氏,德不若黎氏,只以烧汉口起家②,步步高升,洊至坐第一把交椅。"冯氏何至坐上总统宝座?原来是"其运动手腕之敏妙,亦有大过人者"。文章最后讥讽道:"纵无功可记"的冯河间以自己的死,为民国立了一大功——"当此国内鼎沸、和局飘摇之际毅然撒手红尘,俾一般无赖政客失所倚恃而戢其野心,青年学子失鼓动原力,回复其求学之本良,则政潮、学潮可以从此宁息,而阽危之国家或能渐告平定,是冯氏之死有功于民国者实大也!"③

1920年1月6日,《大公报》抓住段祺瑞前往冯宅吊唁一事发表"论评",将冯国璋与段祺瑞相比较,再一次把冯氏贬斥了一通。说冯与段本为袁世凯的旧部,后来段氏为皖系之领袖,冯氏为直系之领袖。虽为两派,然而"河间继任总统,合肥赞助之力不可胜言,而河间不能开诚布公、推心置腹与合肥共维大局,反出其种种阴谋,明迎之而暗拒之,又从而陷害之"④。

1月13日,《大公报》又拿冯国璋享"国葬礼"说事:冯虽然位高权重,然"毕生事业,曾有福国利民者乎?无有也。曾有安内攘外者乎?无闻也。生无不世之勋,死享特殊之报,人言啧啧,不平则鸣",并断言,冯国璋会"受万人唾骂"⑤。

---

① 无妄:《时评·冯病与学潮》,《大公报》1919年12月28日。
② 指1911年10月,冯国璋奉袁世凯之命到汉口与起义新军作战,遭到新军拼死抵抗。冯氏为使起义军无法存身,便决定放火烧毁街道两旁的商店和民房。从11月1日起,烈火由北而南,由东而西,一时间整个汉口便成了火海,三天三夜未熄,方圆30里的繁华商埠顿时成为一片焦土,商民损失不可计算。
③ 无妄:《时评一·哀冯河间》,《大公报》1919年12月30日。
④ 味农:《论评·合肥痛哭河间之感言》,《大公报》1920年1月6日。
⑤ 味农:《论评·为河间请国葬者进一言》,《大公报》1920年1月13日。

一周以后又发表"论评",对冯国璋之巨大遗产提出质疑:"河间者,民国副总统,代黄陂而行使职权者为期不过一年,身后遗留竟有九千万之多,绝后空前,骇人闻听,今日之总统果真超胜于当时之皇帝乎。"文章总结称,此九千万之厚藏,必为冯氏"留死后骂名"①。

其次骂曹锟和吴佩孚。曹锟是冯国璋死后的直系首领,吴佩孚是直系的后起之秀,并且好出风头,因此二人也势必在《大公报》当骂之列。

《大公报》早就对吴佩孚在南北和议中的表现有所不满:1918年8月初,作为北京政府征讨西南主将的吴佩孚连续发表罢战主和通电,导致政府被动,和议破裂。1919年8月,吴氏又"于和议中之法律问题曾又通电陈其主张,偏重牺牲新国会以解纠纷",并由各省督军推举徐世昌,"由武人保持总统地位"。② 对此,《大公报》于8月12日发表"时评"予以猛烈抨击:"吴佩孚本曹锟部曲,当第三师未赴前敌以前,固碌碌无所表现,洎乎屡立战功,权膺专阃,暗中受人运动,遂致一变其态度。而其幕中捉刀人,又能助以笔枪墨剑,屡发慷慨激昂之长电,舍军责而高谈时事。"尤其是近日以来,对新国会选举出来的大总统的合法性指手画脚,"发狂言惊四座,一若国家大事可惟彼马首是瞻","忘其蹈武人干政之嫌疑"③。

1919年9月,北方派出王揖唐为总代表,赓续南北和议,然而吴佩孚却与南方一起反对这一任命。对此,《大公报》借"东方通信社电报"指出"吴佩孚抱有野心":"际此南方拒绝王揖唐,时局又行停顿,于是有长江三督军及吴佩孚,不日当为何等运动以计打开时局之说,而冯国璋入京于此亦似有若何关系,惟吴佩孚之反对王揖唐,有谓其通款南方,抱有湖南督军之野心。"④10月间,有传言称吴佩孚与西南修好并商议签订联合对皖协议,计划在推倒皖系之后驱逐徐世昌,另组南北统一政府,这就进一步坐实了吴氏有野心的说法。对于这一传言,曹锟不以为然,向中央担保其绝无轨外行动,《大公报》对此质疑道,"吴佩孚本曹使之旧部",曹的担保不可信。并指出吴氏"为军中健全人物,近与南军握手,致为中央所疑虑……前时之痛诋政府,大言炎炎,皆有确实之证据",进而指出,此人"人心叵测,不可测度,曹使即引为腹心,恐有未可深信者矣"⑤。

---

① 味农:《论评·河间身后感言》,《大公报》1920年1月20日。
② 《北京特约通信·吴佩孚之豪言》,《大公报》1919年8月11日。
③ 无妄:《时评一·咄咄吴佩孚》,《大公报》1919年8月12日。
④ 《东方通信社电报·吴佩孚抱有野心》,《大公报》1919年9月12日。
⑤ 遯:《时评·吴佩孚果心迹无他乎》,《大公报》1919年11月2日。

1920年1月,吴佩孚通电请求从湘南撤防,并与南方军政府相约:直军开拔时,其防地由湘军接收。至5月,吴佩孚不顾劝阻,执意撤防北归。对此,《大公报》更是痛批"吴氏弁髦中央命令,不受统将劝阻,并不恤使湘中重遭糜烂,其居心诚不可问矣"①。并且"吴师朝发,南军夕攻,祁来安宝相继失陷",《大公报》发文要求中央政府对吴佩孚"弁弃命令,自由撤防"的行为"按法整纪惩吴,以儆未通敌之各军",并指出"此中关系,不独湘省之安危,即国家之存亡,胥视是焉"②。吴佩孚不仅撤防,还向中央政府索要开拔费,更是令《大公报》不能容忍,发文予以批驳称:"开拔费一项,每营六千元计算,须款三十八万之巨。""中央政府库空如洗……平空之中陡增一笔巨款,其将何术以资应付?且复急如燃眉,万难袖手,倘复稍有迟误,全体哗溃,沿途骚扰,祸患更不堪设想!"③

5月31日,吴佩孚撤军至汉口后,"汉上逍遥,流连光景"。《大公报》继续发文列举吴氏"罪状":一是"袭文明强盗之故智",胁迫中央,责成鄂督代行措置,补发中央积欠他的军费;二是"让出防线,以资南军占据,扼吭中途,以阻北师援应",以达到"倾覆"政府之目的。《大公报》认为,吴氏"此种阴谋诡计,恐狗彘亦不食其余矣!"④

6月15日,吴佩孚到达保定,操纵部下发布两个通电《直军全体将士宣布徐树铮六大罪状檄》《直军全体将士为驱除徐树铮解散安福系致边防军西北军书》,明确向皖系宣战。为缓和直皖矛盾,总统徐世昌请奉系张作霖从中调解。然而张以"调人"身份赴保定,却于23日出席曹锟主持的直系秘密军事会议,奉直反皖同盟之关系昭然若揭。在此次会议上,吴佩孚"几有领袖全会之概",对北京政府提出一系列要求:"(一)局部改组内阁,尽去安福部阁员;(二)湖南问题留待和会解决;(三)撤回王揖唐之总代表,凡分代表之属于安福部者亦一并撤回改委;(四)开全国国民大会,凡和会不能解决之问题由国民大会公判;(五)解散安福俱乐部。"⑤总统徐世昌不同意召开所谓全国国民大会,而谋求他的"和平主义"⑥,并电请张作霖、曹锟、李纯三人来京筹商解决时局。在

---

① 无妄:《时评一·撤防声中止骚耗》,《大公报》1920年5月21日。
② 无妄:《时评一·何苦甘为戎首》,《大公报》1920年5月30日。
③ 邋:《时评二·吴师又要索开拔费矣》,《大公报》1920年5月27日。
④ 邋:《时评二·吴佩孚逗留汉皋之阴谋》,《大公报》1920年6月11日。
⑤ 《北京特约通信·保定会议之经过》,《大公报》1920年6月25日。
⑥ 《北京特约通信·和议昨闻》,《大公报》1920年6月27日。

《大公报》看来,徐世昌此行实为"和稀泥",于是于25、27日发表两篇言论,批评徐世昌此举。其中25日的"时评"《对于两使握手之微言》,说徐氏解决"国家大局,中枢无人为之主持,一惟疆吏之命是从","幸能暂定一时,恐莽莽群雄为地盘之争,终于无宁日焉"。27日的"时评"《文治武备之互济》则指责徐世昌"文治"不能奏效,又乞求武力:

> 徐总统以文治派显名于当世者也,乃就任一年有半,竟不能凭其所抱之文治,以治民国,反而仍乞援于武力,前之倚恃三督,已觉捉襟肘见,今且仰赖一吴佩孚,以巍巍总统而惟一师长之命是听,虽曰以武备济文治之穷,然亦每况愈下矣。①

7月9日,段祺瑞呈请徐世昌以曹锟纵容吴佩孚自由撤防为由,签署惩办曹、吴令。直系获悉后,立即拟就并公布《驱除安福系宣言书》《为讨伐徐树铮告全国各界书》,皖直战争呈一触即发之势。在此局势下,10日的《大公报》几乎做成了皖系"战前动员特刊":头版用半个版面发表有关消息和言论。"紧要记事"栏中刊登有《命令》(即大总统"惩办曹吴令")、《箭在弦上之政潮》、《段合肥请惩办曹吴之呈文》等三则消息,而对直系所发布的两个宣言书只字未提。"评坛"栏刊登胡政之所写《政争之源》,开篇即将"不诚"看作政争的"最大之原因",并将矛头直指徐世昌,说当前的危局完全是徐世昌非开诚布公所致:

> 今之大总统,以公言,乃一国之元首;以私言,乃北洋派之先辈。苟能开诚布公,秉爱国忠恩之忱,恩威一准于法律公理,则何事不可以调融,何人不可以就范?乃阳则敷衍放任,阴则运用权谋,以致意见起于故旧近习之间,暗潮伏于袍泽同志之内,危机四伏,有触即发。

文章指出,徐世昌"以最有责任之地位,取最无责任之态度,斯所以藩篱溃决,成无术收拾之局"。徐世昌的"官僚派之罪恶,至是盖上通于天"②。

在报纸第二张"编辑余沈"栏目,亦发表评论文字数落直系,尤其大骂吴佩孚:"洎乎冯氏继殂,直系统率无人,遂致后生小子抗颜而发大难,大言不惭,竭尽其挑拨之伎俩,卒至拍破面皮,竟将以武力解决。"并声言:"今日实行决裂,却也是快刀斩乱麻之一法。"③此外,在第三张"市声"栏目的前言中继续指骂直

---

① 无妄:《时评·文治武备之互济》,《大公报》1920年6月27日。
② 政之:《评坛·政争之源》,《大公报》1920年7月10日。
③ 无妄:《编辑余沈》,《大公报》1920年7月10日。

系:"京汉、京奉两路,衔接往来,每苦不能直达。今直军为准备捣乱地步,尽七日七夜之力,以筑成津保汽车路一道,昨已开车转运军队军需矣。"①

2. 战争中的立场

(1) 战争记事

直皖战争1920年7月14日正式打响,《大公报》自16日开始有战事报道,并集中于"紧要记事"栏,详见下表。

表2-3 《大公报》对直皖战争的报道情况

日　期	栏　目	篇　名	主要内容
7月16日	紧要记事	《近畿军事之昨闻》	双方已开始攻击、定国军打过第二线、保定城内起兵变、曹锟已不知下落
7月18日	紧要记事	《近畿战讯之汇闻》	直军纷纷溃败、奉军昨早到津、河北人心恐慌
7月19日	紧要记事	《凿凿确确之近畿战况讯》	北仓直军之狼狈、固安交战之剧烈、西路直军之投降、保定军变之证实
7月20日	紧要记事	《段合肥三辞督办》	大总统仍未准段辞职、段合肥将通电各省
7月20日	紧要记事	《战讯与时局之昨闻》	东路昨日无战事、曹军收龙军兵械、日使馆调兵护卫、吴光新领兵北上、张大辫(张勋)又往蚌埠
7月21日	紧要记事	《段合肥辞职之续闻》	合肥坚谓一人负责、总统自任措置失常、段担保部下不生意外
7月21日	紧要记事	《直皖战事之昨讯》	前日总统又下二次停战命令后,而国务院亦致电曹锟,请其不必进攻,静候中央解决

资料来源:作者整理。

从战争进行这几天有关战况记述的标题看,《大公报》完全不像是作为一张大报在进行战事新闻报道,反而像是成了皖军的战报。不仅记事的表现如此,言论也是如此。

---

① 无妄:《市声》,《大公报》1920年7月10日。

(2) 战时言论

直皖战争的五天中,《大公报》关于战时言论的处理基本上不在"论评"栏,也不在"时评"栏,而是在"编辑余渖"栏和"市声"栏。这些小言论基本上出自主笔樊子镕(无妄)之手,基调则是贬直责直,为皖系辩护。如指责直军将领"尚未冲锋交绥,却先将妻孥家私寄顿于租界,自身则或匿于外国医院,或托庇于教堂,不作侥胜之谋,先为苟免之计。……有作乱之狂心,而无作乱之魄力"①。指责曹锟既不听人之调解,又不遵总统停战之命令,反倒发"欺人之谈",反诬对方先开战;为皖军辩护说"边防军出发以后,相持一星期,并未开衅","防军气馁,有意求和,似此情形,有目共睹,决非边防军先行开战,不辩自明"②。

在战争尾声,段祺瑞乞和后的7月18日,《大公报》在"论坛"栏发表了胡政之的《望诸公为收拾大局着想》。该文篇幅不长,全文如下:

> 此次军事,酝酿已久。一方既蓄意侵迫,气盛一时,一方则实逼处此,势难退让,元首之处置,既失公平,双方之暌隔,益趋极度,是以息争之令虽下,曾不足以弭止干戈。日来三面烽火,震动京畿,吾小民之沛颠流离,弥觉战祸之不可轻启,为今之计,惟望当事诸公,刻刻为收拾大局着想,战期力求其短,战地力图其小,为国民多留一分元气,即为国家多一线曙光,至若各省大吏,当以保境安民为务,勿误于政客之流言,勿动于奸人之挑拨,以致卷入漩涡,范围扩大,益陷时局于不可收拾之境,斯则国民之真正希望也。③

这篇二百余字的文章主要讲了四个方面的内容:(1) 战争起因为直系"蓄意侵迫气盛一时",皖系被逼此处"实难退让","元首之处置,既失公平";(2) 指出"日来三面烽火,震动京畿,吾小民之沛颠流离",战争给百姓带来深重伤害;(3) 望"当事诸公,刻刻为收拾大局着想,战期力求其短,战地力图其小,为国民多留一分元气,即为国家多一线曙光";(4) 望各省大吏负起地方之责,"当以保境安民为务","勿误于政客之流言","益陷时局于不可收拾之境"。

这是胡政之就直皖战争发表的唯一一篇言论,也是他在王郅隆时期《大公

---

① 无妄:《编辑余渖》,《大公报》1920年7月12日。
② 萧:《编辑余渖》,《大公报》1920年7月20日。
③ 政之:《论坛·望诸公为收拾大局着想》,《大公报》1920年7月18日。

报》上发表的最后一篇言论。这篇"失败者"的言论,虽依旧反映出作者的皖系立场,但多少也体现出了《大公报》本应秉持的民众立场。

二、有关外交的记事与言论

王郅隆控制《大公报》时期,国际局势十分复杂。这对我国的国防与外交政策都是一个严峻考验,也成了《大公报》关注的焦点之一。

(一)呼吁加强国防、整顿外交

一方面国际局势紧张复杂,另一方面中国国防外交"一塌糊涂"。因而,为了国家与民族的利益,《大公报》经常刊登文章,呼吁加强国防、整顿外交。

1914年至1918年的第一次世界大战不仅是军事大战,更是经济大战。参战各国的人力、物力和财力均消耗巨大。《大公报》认为,面对"世界经济战",中国在外交上应取"均势之局":"以吾国地位言……利于列强之均势,而不利于一国之垄断,就世界大势观察,均势之局,虽不无变化,而决不能消灭,则吾国政治上、经济上为国际之应付者,当消息斟酌于列强共同竞争之形势,勿偏于一方,以自取束缚,此就外交上而言也。"①但是,这一时期北京政府的外交对此似乎全无考量,一味敷衍、推诿,甚至自欺欺人,让外交形势"雪上加霜"。对此,《大公报》常常发文予以批评。

1916年下半年,第一次世界大战进入白热化阶段,世界形势变得愈加复杂。在这一关键时期,一国政府能否维护和争取本国、本民族利益,是对其外交能力的考验。然而当时控制中央政府的北洋军阀各派势力忙于争权夺利,无心顾及外交。11月7日,《大公报》发表胡政之写的"论评"《财政与外交》,表达了对这种状况的担忧。文章在谈到"外交"时说:

> 今者欧洲战事,虽无终了之期,然战事一了,外交局面必有大变,此不待智者而后知。吾以积弱之国,际兹列强竞争之会,国际地位,何以保持,外患之来,何以因应,此岂可不事先布置者? 以日本之强,此次犹且毅然决然改组强健有力之内阁,以应时势之需要,而我及两三月来,无外交总

---

① 冷观:《社论·世界未来之经济战与中国》,《大公报》1917年3月8—11日。

长,泄沓因循,对于人之有所要求者,勉为应付,此外,则几若闭关自守者焉。呜呼,此非安坐而待人之操刀宰割者耶? 夫内政之失当,或仅害于一时,外交之失计,则贻祸于百祀,此何事而可忽视耶?①

稍后,胡政之结合天津老西开回归这一具体案例,撰文对中国政府的外交劣根性进行了淋漓尽致的揭露与尖锐的批判:

> 吾国外交当局素有一种劣根性,即交涉未起之先,昧昧然不为布置,及其既起,则始也以延宕为能,继也惟体面是保,于是,外人之对付我,亦各有术,即利用我之昧昧,先为尝试之举,我而不理,则放手进行,我而抗议,则利用我之延宕虚为委蛇,而暗中为事实上之进行,一日不懈。我见外人之未为积极进行也,窃喜其圆滑手段之有效,姑为得过且过之计,其实外国之外交家以圆滑为交际方法,而中国之外交官则以圆滑为办事手腕,欲不失败,乌乎可得。迨外人之势力已成不可抵抗之事实,交涉重提有不容再推诿之势,于是对内则一味秘密以愚国民,对外则保体面自欺欺人。外人知其然也,以弃名取实为方针,而交涉得最后之结局。数十年重大交涉之经历,几无一逃出此公式。

这段话把近代中国政府的外交劣根性描绘得可谓淋漓尽致! 而国民亦复如此:

> 至于吾国国民,对于外交,亦有一种劣根性,即事前绝不督促当局注意为未雨绸缪之计,交涉起后,又缺乏事实之研究,多为理想之壮语,迨事过境迁,则相与忘之,于是条约损失之外,事实上损失又不知凡几。

文章最后指出:"呜呼! 我政府我国民,如不痛除此劣根性者,尚有何外交之可言耶?"②

11月13日,《大公报》针对伍廷芳即将就任外交总长一事发文进行评论,希望伍氏"出其伟画,以纾国难,以张国权"③。同日,在另一篇"时评"中"正告政府":"当知(处理外交)争执须抱毅力,不可虎头蛇尾,反对须有条理,不可扰乱秩序。"④

---

① 冷观:《论评·财政与外交》,《大公报》1916年11月7日。
② 冷观:《论评·关于老西开交涉之研究(再续)》,《大公报》1916年11月12日。
③ 无妄:《论评·对于新外交总长之责望》,《大公报》1916年11月13日。
④ 冷观:《时评·正告政府敬告国民》,《大公报》1916年11月13日。

虽然说弱国无外交，列强欺人太甚，但是我国外交失败，与外交当局无远见、无能力而又爱闹分裂的毛病不无关系。第一次世界大战后，我国作为战胜国的一员参与巴黎和会，本应理直气壮地收回德国战前在我国的权利，但是由于办理外交者会前准备不足，会上意见不一，结果遭遇外交失败。对此《大公报》在论评中气愤地表示，"我国以参战之结果，得列席和会。……乃毫无所得，即区区青岛亦不能完全收回"，实乃中国外交的失败。文章分析此次外交失败的原因有三：第一，政府无一定之方针；第二，使者意见之不一致；第三，提案之无预备。对于列强在青岛问题上的处心积虑，我办外交者心中无数："况关于青岛事件，日本与英法订有密约，英法许为之助，此事在一千九百十七年，阅二年之久，而政府尚茫然不知，吾不知外交当局所司何事。"①胡政之以自己的亲眼所见，特别指出，勾心斗角的痼疾，直令人可恼："予尝谓中国人办事，两人共事必闹意见，三人共事必生党派。即如今次，王专使（王正廷）奉命来法，受政府之重托，为人民所属望，宜可和衷共济为国宣劳矣。乃暗潮迭起，卒令陆子欣氏（陆徵祥）不得已而出于辞职②，斯真可为太息痛恨者也。"③胡政之在通讯中详述五位中国代表团全权代表间勾心斗角的事例。正如论评中所说："以此等人办理外交，又何往而不失败？岂惟青岛！"④1920年5月28日，胡政之从欧洲归来，在上海报界举行的欢迎会上，他谈到巴黎之行两点最深切之感受，其中一点就是"外交官之腐败为吾人意料所不及，必须大加改良"⑤。

外交与国防是一个问题的两个方面。文武相配，国家方能立足。1918年8月19日，《大公报》刊登胡政之的政论《今后之国防问题》，文章首先强调国防问题的重要性："国防问题，何等重大，任何国家均于平日早有准备。"接着重点批评当局对此掉以轻心的态度，认为他们对国际风云，"则梦梦昧昧，不以为意，时或集合一群不甚了了之人，号称会议，实则盲人瞎马，筑室道谋。国际形势，固不考求，地方情状，亦不注意。……直至外人乘机发动，着着占先，乃始手忙脚乱，派兵矣，调查矣，仓皇失措。一若大梦初醒者，庸知前此流光，尽可

---

① 裴：《论评·论外交失败之因》，《大公报》1919年5月15—16日。
② 王正廷时为广东军政府外交总长，受北京政府邀请，作为南方代表加入巴黎和会中国代表团，以体现中国"举国一致"之态度。然而在和会期间，因政见及私人关系上的不睦，王氏与中国代表团其余四位北方代表多有冲突，造成了代表团内部关系不和的状态。
③ 胡政之：《巴黎通讯·外交人物之写真》，《大公报》1919年5月17—18日。
④ 裴：《论评·论外交失败之因》，《大公报》1919年5月15—16日。
⑤ 《紧要记事·上海报界欢迎本报记者胡政之君》，《大公报》1920年5月30日。

容吾之从容布置,今则机括已授诸他人,主客倒置,补苴所得,能有几何?"面对"日本出兵满洲里已成事实",文章说:"国家设官养兵为纾国难耳,国防危急至此,不容再缓,彼据高位拥重兵者,其亦有动于中否耶?"①

"一战"之后,全球军备现代化程度大大加深,《大公报》又刊登胡政之的文章,提出全方位增强国防力量的观点。认为在这样的新形势下,中国"欲防外侮之欺凌,舍实充国防,别无他道,顾吾所谓充实国防,决非专指练兵,盖现在战争,纯斗科学"。充实国防不仅仅是单纯练兵,因此,文章建议"教育普及,科学昌明,国民体育",全方位增强国防力量②。

(二)与法国人翻脸

《大公报》创办之初,不仅法国公使和使馆工作人员以及法国天主教徒为主要股东,而且报馆也设在法租界,可以说法国是《大公报》的老朋友、旧靠山,故有人说,《大公报》"最初是亲法的"③。但是由于政治观点的分歧和国家利益相左,英敛之和《大公报》与法国人度过了短暂的"蜜月期"后,很快出现隔阂。由于法国驻津领事馆不断制造矛盾,《大公报》馆最终于1906年9月迁出法租界。后来随着法国对中国侵略野心的暴露,《大公报》更是毫不犹豫地与这个老朋友彻底"翻脸",表现出坚定的民族立场。

《大公报》与法国人决裂的标志是对待老西开事件所表现出来的态度。老西开(今海光寺)是北洋时期天津法租界附近的一块区域。1913年天主教西开教堂在此地兴建,法租界工部局以保护教堂为名派兵进驻该区域。1916年6月,老西开主教堂及其附属建筑全部竣工,教会机构正式迁入。法租界工部局乘机在周边地区竖立标界木牌,并派出武装军警巡逻。中国官方对此表态暧昧。10月18日,法租界工部局得寸进尺,以木牌被破坏为借口,向直隶省发出最后通牒,限中国当局在48小时内撤走驻老西开的中国警察,将老西开划入法租界。10月20日晚,法国驻津领事带领法租界巡捕和安南兵将驻守张庄大桥的中国警察缴械拘禁。这一事件立即引起天津市民大规模抗议活动。10月21日,天津商会发起成立的"维持国权国土会",发动数千人游行示威,赴直隶省公署、交涉署和省议会请愿。10月23日,天津商会决议抵制法国银行所发

---

① 冷观:《论评·今后之国防问题》,《大公报》1918年8月19日。
② 政之:《论坛·世界新旧势力奋斗中之中国》,《大公报》1920年7月2日。
③ 王芸生、曹谷冰:《英敛之时期的旧大公报》,《文史资料选辑》第9辑,第16页。

行的纸币、抵制法国货,并请政府致电法国政府,要求撤换法国驻华公使。10月25日,八千余名各界人士举行公民大会,决议通电全国,倡议与法国断绝贸易、中国货不售与法国等。北京政府最初准备与法国妥协,接受法国占据老西开的现实。但是随着天津的反法运动日趋激烈,外交总长陈锦涛提出辞职。10月29日,代理部务的外交次长夏诒霆在直隶交涉署接见示威者代表时,由于发表不当言论遭到示威者围攻,不久也被撤换。11月12日,夫役、人力车工人、女佣工、职员群起罢工,罢工时间持续四个月,电灯厂停电,道路、垃圾无人清扫,致使法租界几乎陷于瘫痪。同时,居住在法租界内的中国居民、商人也掀起迁出法租界的运动,以示抗议。

天津各界反对法国殖民者任意扩张租界、侵犯中国主权的活动,声势浩大、态度坚决,一时震动全国。在胡政之的主持下,《大公报》及时报道事态的发展。10月22日,"本埠"新闻以"法人占地风潮种种"为题首先将此事揭橥报端:

> 法国强占海光寺洼地方一案,迭经交涉而法领一味蛮横,竟禀由法公使向中央政府宣言,如中国不将该地方退让,该国即将自由行动等语。本月二十日,北京国务院会议对法公使严加拒驳。二十日晚八钟,驻津法领竟将该地方所驻华警一棚(共九名)全数拘留。①

次日,又在"专电"栏刊登"北京电":天津老西开交涉,法代使词极强硬,政府拟令驻法公使与法政府直接交涉。

23日,《大公报》发表"闲评",对法领事"拘留我岗警,占据我警局"的野蛮行径表示强烈抗议:老西开事件,"至此其极,是可忍,孰不可忍!"针对法领事所谓"自由行动"论驳斥道:"夫自由行动,惟对于无主之土地,野人之荒岛,则可耳。若老西开地方,固堂堂为中华民国之领域,非外人所得无端侵占者也。"并警告朝野:"法人之觊觎是土也,垂十余年矣,至上年而旧案重提,又萌侵据之意……讵意今日突有迅雷不及掩耳之举,非惟侵我土地,抑且辱我国权",中国民众必须誓死力争,保国土、争国权,否则一旦让法人阴谋得逞,"恐尤而效之,将大有人也,杞忧所极,殆不将全国化为租界不止"②。

11月10日至12日,《大公报》刊登胡政之的长文《关于老西开交涉之研究》,用数据和事实批驳法国人的无理要求,严正指出:租界本为我国领土,只

---

① 《本埠·法人占地风潮种种》,《大公报》1916年10月22日。
② 无妄:《闲评一》,《大公报》1916年10月23日。

是为外人"租借",不得任意"扩张";同时指出,面对列强的无理要求和蛮横干涉,国民出于爱国热情发生一些过激行为是可以理解的,但是要诉诸理性,不要贻人以口实①。最终,经过中国民众的不懈抗争,法国侵略者被迫放弃完全侵占老西开的图谋,而于11月经英国公使调停,改由中、法共管老西开,事件至此告一段落。

从对待老西开交涉案上可以看出,无论是面对哪一方,在国权问题上,《大公报》的民族立场和反侵略态度是难以动摇的。

(三)格外警惕日本侵略

日本利用第一次世界大战期间西方列强忙于在欧洲厮杀、无暇东顾的时机,派兵侵占中国山东半岛,并向袁世凯政府提出旨在独霸中国的"二十一条";此后,还通过向段祺瑞当局提供军事借款的方式加强对中国的控制和侵略;战后在巴黎和会上,日本又与西方列强勾结,得到了德国原在山东的权益。中国在巴黎和会上所受到的不公正待遇激起了声势浩大的五四爱国运动,迫使中国代表团拒绝在《凡尔赛和约》上签字。这一切使得中日关系变得越来越复杂。在这种情况下,地处日租界、与日本保持千丝万缕联系而又深知日本对华野心的《大公报》毫不含糊地站在民族立场上,时时提醒中国朝野对日本的侵略本性保持清醒认识,切"不可拘于习常"。"日本对于中国,既往之事,久刺激国民之头脑不可拔除",现在更要格外提高警惕,防备对方"利用一时之事机,复为不利中国之要求"②。

这一时期,《大公报》警惕日本的报道与言论,大致上以"一战"结束为界分为前后两个阶段。

1."一战"结束前的警惕

"一战"结束前,《大公报》主要围绕"郑家屯交涉案""满蒙问题""青岛问题"等中日外交案展开报道,提醒中国外交当局警惕日本打着"中日亲善论"的幌子加紧对中国侵略的阴谋。

"中日亲善论"(日支亲善)是日本学者吉野作造1916年提出来的。这一主张原本是基于对中国民众的深切理解和同情,谋求两国在平等互利的基础

---

① 冷观:《论评·关于老西开交涉之研究》,《大公报》1916年11月10—12日。
② 冷观:《论评·为中日交涉告两国当局》,《大公报》1918年4月15日。

上建立真正友好关系的最终实现。但是该主张很快被日本寺内正毅内阁中的右翼政客和军国主义分子歪曲,作为侵略中国的遮羞布。对此,"知日派"报人胡政之是有清醒认识的。在寺内内阁打出"日支亲善"旗号不久的1916年12月6至7日,胡政之便在《大公报》连载长篇"论评",首先旗帜鲜明地表示"我亦赞成中日亲善",但是"请日本先示亲善之实":"讵寺内内阁既成,中日友善之声乃洋溢乎,日本此诚,吾人始望所不及者也。"文章指出:"国际之亲善,非口头表示所可尽其能事也,尤非口言亲善而心怀别意所可售其奸也。"进而分析道:"吾人所望于外国者,第一,尊重我国之独立与尊严。第二,即承认我社会、我个人之人格。吾人执此以绳日本近年对我之行动,则盘旋于吾人脑际者,惟怨恨与愤怒而已。呜呼,二十一条之无理要求,五月七日之最后通牒,其令人没齿不忘者,亦已甚矣。居今日而言中日亲善,则吾甚望日本政府与国民先示亲善之实。"①"亲善"与否,不在喊口号,而在实际行动,《大公报》的文章在提出"请日本先示亲善之实"之后,结合具体案例,不断发文揭穿日本所谓"中日亲善"的实质。

在日本不断扩大在中国的势力、对华渗透的背景下,1916年8月爆发了中日之间的郑家屯事件②。

随后,中日间就郑家屯案进行艰苦的交涉。在郑家屯案交涉过程中,日本寺内内阁起初表面同意"让步",将原先提出的"设警问题""顾问问题"均搁下,实际以退为进,包藏更大祸心。

后面的事态发展也确实如此:日方抓住段政府急需向日本借款的心理,以"友善"借款为诱饵,逼迫段祺瑞就范,以利害关系为纽带将段祺瑞北京政府与日本帝国主义紧紧绑在一起。而段祺瑞政府在中央财政穷困的压力下,确定"是非曲直只得置之不论"的方针,承担了郑家屯事件的全部责任并接受了日本几乎所有条件,经过五个多月的谈判,该案以中国的妥协而告结束。1917年1月22日,中日双方在北京商定各条款并互换照会③。郑家屯交涉案的谈判,将日本"友善"的真实面目暴露无遗。照会互换后,段氏谋求日本的"西原借

---

① 冷观:《论评·我亦赞成中日亲善——请日本先示亲善之实》,《大公报》1916年12月6—7日。
② 郑家屯为辽源县(今双辽市)府所在地,位于吉、奉两省交界地带,具有相当重要的交通和战略地位。郑家屯事件是1916年8月13日由于日本不断挑衅最终造成的日本部队与奉军二十八师二十八团团部之间的流血冲突。
③ 照会条文有:一、申饬第二十八师师长;二、有责任之中国军官,按照法律酌量处罚;三、于日本臣民之杂居区域内,以对于日本军队待以相当礼遇等语,出示晓谕一般军民;四、奉天督军以相当方法表示抱歉之意;五、给予日本商人吉本五百元之恤金。如上已定之五项全部实行后,日本必须撤走因事件发生增派至郑家屯的全部军队。

款"开始启动(此事后面详论)。

对于此次交涉,《大公报》发表胡政之写的题为"郑家屯交涉案了结"的"论评",对"案中主要要求条件之设警问题、顾问问题均搁下"的说法揭露道:

> 吾闻日政府之言曰,该两问题之缓议,乃表示中日亲善也。吾又闻日政府之言曰,该两问题作为事实问题,将来随时与地方官交涉也(以上均根据前昨两日本报紧要新闻)。然则兹事非吾所谓许亦设、不许亦设者耶?呜呼,此亦狙公之智也,国人其识之。①

所谓"搁下"只是日本政府的一种策略,它说得也很清楚:"该两问题作为事实问题,将来随时与地方官交涉也。"此两问题不仅没有搁下,而且事实上已经在实施。

日方曾提出,为保护及管束居留东三省南部及东部内蒙古之日本臣民,于必要地点派驻日本警察官,要求中国于东三省南部增聘日本人为警察顾问。《大公报》1917年1月9日至10日发表题为"日本果应在中国设警乎"的"论评",结合郑家屯案对日之阴谋揭露道:

> 郑家屯中日军警冲突案发生后,日本要求条件数项,以设置日警一节最为重要,政府因事关主权,未敢轻许,而日政府则似持之甚力。吾人以为,此事日本在满洲本久已实行,不过藉此次之谈判,使事实之办法成条约之形式而已。日本在满洲历来皆系利用我国官吏之愚昧,锐意为约外之行动,迫历时既久,我益习之不以为意,而彼则认为确定之事实,遇有机会,即提出求我承认。彼既已造成事实,此时我若允之,便可以得条约上之保障,我即不许,亦无碍其事实之存在。故读者当知,日本已在满洲造成种种超越条约之事实,而此等事实之构成,固属日本人之努力,亦泰半由于我国无神经之官吏所双手奉送者也。②

文章还就如何应对日本的阴谋手段从法理上提出许多建议。

继"满洲设警"问题后,日本又提出在厦门设日警的要求。对此胡政之撰文说,此次厦门设日警事件,吾人早就有言在先:厦门设日警事"直在郑家屯以上,望政府切勿忽视。盖此案如承认,则以后外人所到之处,即外警所到之处,

---

① 冷观:《论评·郑家屯交涉案了结》,《大公报》1917年1月15日。
② 冷观:《论评·日本果应在中国设警乎》,《大公报》1917年1月9—10日。

不止厦门一处如此,亦不止日本一国如此,缘兹事不啻于领事裁判权外,加一附件也"①。

随后日本又提出在青岛设立民政署。《大公报》闻讯立即发文,明确指出"日本不应在山东设民政署",并阐述理由道:

> 世界之战争,兴日本之机会。至青岛一役,逐德人而占领。形胜之地,扼北地之要害,成南满之联络。年来种种设施,何一非有久远之规模。近更布置民政,俨然视为第二之关东州矣。夫日德之战,虽生占领青岛之结果,但其地固中国之土地,而日本特以军事占领之耳。

文章提出,按照1915年中日《民四条约》(即"二十一条"),日本政府应该将此地交还中国②。现在不仅不还,还要在这里"设立民政署",主张"中日亲善"之日本当局,"果何心耶?"③

日俄战争中日本击败俄国,并由此得到俄国原来在中国东北和内蒙古的部分利益,但它不以此为满足,仍不断挑起事端。对于这些事件,《大公报》一直予以关注。自1906年起,日本即设立了名为"南满洲铁道株式会社"(简称"满铁")的特殊公司,它表面上是一个铁路经营公司,却公然涉足政治、军事、情报等领域,成为一个半官方机构。日俄战争后,为扩大"满铁"在满蒙的势力,日方不断提出各种要求,如1917年6月,日本有关方面"决议满蒙铁道合并经营",并"假大权于铁道会社"。6月18日,胡政之在一篇题为"日本统一满蒙行政策"的"论评"中提醒中国政府:"满铁会社名虽经营铁道,然政治、经济、实业、教育实无所不问,今再将对内对外之大权集中该社,则其魄力之大远过于前,吾人观于日本经营中国进行之猛,益不能不悚然于国人内讧之祸,终将危及国本,不知政治界各方面其亦有所警悟否?"④

胡政之和《大公报》对日本"中日亲善论"的虚伪性和侵略性本质是看得很透彻的,因此,该报不仅结合很多具体事件对此加以揭露,而且进行归纳性抨击。1917年1月30日,胡政之在一篇《冷观小言》中一针见血地指出:"大隈内阁提出二十一条,条件曰为中日亲善;寺内内阁提出郑家屯案之要求,亦曰为

---

① 《冷观小言》,《大公报》1917年2月5日。
② 指《民四条约》所附《关于交还胶澳之换文》中所规定内容,即当中国政府满足日方所列一定条件后,日方承诺将交还原德国胶州湾租借地。
③ 冷观:《时评·日本不应在山东设民政署》,《大公报》1917年11月5日。
④ 冷观:《论评·日本统一满蒙行政策》,《大公报》1917年6月18日。

中日亲善。两内阁标榜中日亲善相同,而其手段则异……大隈重政治,而寺内重经济。"进而指出:"吾人所希望者,既亲且善,若亲而不善,非所堪也。"因而敬告政府和国人,若要"立国于今日世界,我能自强,则人之亲善我者,足为我利,否则徒供亲善二字之牺牲而已"①。归根到底,国家要自强,自强才能立于世界,否则只能受人欺凌,成为强者所谓"亲善"的牺牲品。

《大公报》还从历史的角度揭露日本打着"亲善"幌子,实则干着侵华勾当:

> 中日亲善之论,日本倡之,我国和之。……乃自盛唱亲善以来,中日间不幸之事反较前而愈多,已往者且不论,即最近旬日之间,奉吉一隅之地,辑安之案、锦州之案、珲春之案、公主岭之案,一波未平一波又起,何中日间之多故也?夫国际之亲善,不仅甲国政府与乙国政府相亲相善,要须甲国军民与乙国军民亦莫不相亲相善,而后亲善之谊乃历久而弥永。不知日政府对于以上各案,果能秉公办理,以表示其亲善之诚意否?②

由于日本与中国交往完全缺乏诚意,久而久之,在中国民众心理上积淀出深厚的仇日、排日情绪。胡政之指出,这完全应由日本政府负责:"日本人每谓中国人好排日,其实排日之种子,固历年来日本政府所莳也。中国人对于日本,无时不怀疑惧惶惑之心。此无他,日本当局好以种种交涉,不时刺戟中国国民之神经故也。"③

胡政之还撰文直言所谓"中日亲善的真谛",就是日本政府与中国当路、政客、捐客之间暗箱操作,做见不得人的交易:"日本之于中国,往往务与政府当路交欢,而不注意于中国国民之意志与感情,甚且避去外交机关之折冲、正当执政之接洽,而以私设公使与我国之奸人捐客秘密谋利权之议。此种行径,与光明诚挚恰相反对,益令中国国民深其猜疑之念、厌恶之怀。"④这种揭露可谓入木三分。

《大公报》还有文章历数日本言行相悖的事例,戳穿日本名义上"与我唇齿相依,向为兄弟之邦",实际上是中国之敌人的本相:"近年来中日亲善论遍腾于日本朝野之口",对照事实,日本"愈言亲善而中日间所发生之事实愈觉与亲善之意义难以强为附和,最近如日美协议也,军械借款也,在鲁省设置民政署

---

① 《冷观小言》,《大公报》1917年1月30日。
② 无妄:《时评·中日何多故耶》,《大公报》1917年9月21日。
③ 冷观:《论评·中日新交涉》,《大公报》1918年5月1日。
④ 冷观:《论评·中日亲善之真谛》,《大公报》1918年7月1日。

也,事事令华人生突兀之惊疑,感非常之戟刺,即证诸彼邦舆论亦多不以为然,至于东三省之屡屡出现无故残杀华人案,更无论矣"①。1917年12月13日,《大公报》在"紧要新闻"栏中报道日本在东北不仅设立许多警署和派出所,而且滥用警权、酷刑残害中国民众的事实:"日本在奉省各县设立日警察署或派出所者……计有十余处之多,凡日人与吾民系因细故口角,当地日警即出而干涉,甚至滥用警权,潜行拘捕华民,带至日警所,用刑逼供,或以煤油、冰水等倒灌入鼻,种种非刑,见于华民呈诉者不胜枚举"②。血淋淋的事实说明日本高唱的"中日亲善论"只不过是它侵略中国领土、屠杀中国民众的遮羞布。

2."一战"结束后的警告

"一战"结束后,日本对中国的领土野心日益扩张,中国人民的反日情绪也日益高涨,中日关系由此变得更加错综复杂。这一时期的中日关系主要围绕"中日军事协定""中日借款"两件大事展开。《大公报》对这两件外交大事不仅进行及时报道,并发表相应的评论。

(1) 对"中日军事协定"的报道与评论

所谓"中日军事协定"是指1918年3月25日日本政府与北京政府互换的"中日共同防敌"照会,和随后于5月16日、19日先后订立的《中日陆军共同防敌军事协定》和《中日海军共同防敌军事协定》两项秘密协议。中日为何要签订这个协定？从日本方面看,签订该协定的目的在于迅速取代沙俄在我东三省北部的地位。从中国方面看,段祺瑞需要继续向日本借款以加强自己的势力。协定的主要内容有:中国与日本采取"共同防敌"行动;日本在战争期间可以进驻中国境内;日军在中国境外作战时,中国应派兵声援;作战期间,两国互相供给军器和军需品。显然,这个协定是日本强加给中国的,是段祺瑞为了一派之私利签订的明显的卖国协定。这些所谓的协定一经披露便遭到了全国民众的强烈反对,《大公报》对此也持反对立场和抨击态度。

还在协定正式签订之前,《大公报》就已经注意到日本出兵西伯利亚的行动③,并发文提醒当局注意日本人的动向。1918年4月5日的"论评"直截了当地指出:"日本出兵西比利亚(西伯利亚)问题,实大有长虑却顾之必要。"并分

---

① 无妄:《时评·亲善之新现象》,《大公报》1917年11月11日。
② 《紧要新闻·日人在奉滥用警察权》,《大公报》1917年12月13日。
③ 指1918年至1922年,"一战"协约国集团派遣军队在俄国远东登陆,武装干涉俄国革命的行动。其中日本派兵规模最大,达七万余人,同时日本也是在西伯利亚驻兵时间最长的国家,直到1922年方全部撤出。

析说:"乃近据中外人间传闻,日本方以共同出兵为口实,向我国为军事上财政上之种种协商,甚至外人宣称,二十一条之第五项要求复活。……惟望政府当局,细心一察世界之大势,再就中日两国共同出兵西比利亚一举,反复推究其本身之利害,勿震于参战义务、共同责任之说,自绳自缚,贻悔将来。"①两天后的4月7日,发表胡政之的"译论"《美国报之排日论》,借美国舆论告知国人注意日本出兵西伯利亚的动机,"日本之插足西比利亚,非为助协约国,盖谋自坚其壁垒耳",乃"利用欧洲之俶扰,以建造亚细亚大帝国,将为全世界白色国民之大患也"②。

协定签订后,《大公报》于4月15日发表"论评"《为中日交涉告两国当局》,明确提出日本政府不仅不可信,鉴往知来,尤须格外防范,"若夫日本政府,方标中日亲善之国是,当知亲善之实存于国民,断非当局一部分之交谊所可代表。日本对于中国,既往之事,久刺激国民之头脑不可拔除。如果利用一时之事机,复为不利中国之要求,悉如中外之所传,则招致中国国民怨恨愤怒,正不亚于大隈内阁之廿五条件"③。5月1日,《大公报》再次发文质疑日本的可信度:"中国人对于日本,无时不怀疑惧惶惑之心。此无他,日本当局好以种种交涉,不时刺戟中国国民之神经故也。"对于所谓共同出兵防敌之说,更要保持警惕:"日本之对俄方针,尚未大定;西比利亚出兵问题,又已下火。乃于中日共同出兵细则,积极进行,迫我速决。中国国民非尽童稚,观于此种行径,证以从前事迹,求其不疑不惧,乌乎可得?"④

除对日本的可信性提出怀疑外,《大公报》还对这个所谓的共同防敌协定从各方面提出批评。

第一,质疑协定签订的方式,即"秘密"操作。还在两国交涉过程中,《大公报》在4月15日的那篇"论评"中就指出,交涉的"秘密性"本身就表明其中有鬼:"日本以共同出兵名义,向我国有所提议。此事前月即经本报据闻披露,以告国人。惟以交涉秘密,真相难得。迄今日久,传说弥多,双方当局讳莫如深。……若长此秘密,则视听既惑,因疑成谣,因谣害政,殆可断言。"一个月后,又借"留日学生数千人,已以兹事鼓动罢学归国"一事,批评中日两国政府

---

① 冷观:《论评·西比利亚问题与中日关系》,《大公报》1918年4月5日。
② 冷观:《译论·美国报之排日论》,《大公报》1918年4月7日。
③ 冷观:《论评·为中日交涉告两国当局》,《大公报》1918年4月15日。
④ 冷观:《论评·中日新交涉》,《大公报》1918年5月1日。

"抱定秘密宗旨"行事的弊端:"今留日学生数千人,已以兹事鼓动罢学归国矣!青年学子易受刺戟,感情所激非理性所可抑制。使此辈少年果皆愤然回国,逞其血气,四出奔走,则国内风潮,行且无已。此皆中日共同出兵交涉之恶劣影响也。"①几天后又发文说:"中日共同出兵条件,两国磋议已久。因关涉军事,政府严守秘密,以致揣测四起,舆情不安。"②"秘密谋利权之议与此种行径,与光明诚挚恰相反对,益令中国国民深其猜疑之念、厌恶之怀。"③希望中国政府在协定签署后"略布真相,以释群疑……以息谣诼"④。

第二,对中日共同出兵的理由进行质疑。协定规定中日共同出兵防敌中的敌人是德国和俄国。《大公报》对此评论:"夫共同出兵所以防德,今俄德形势渐已大明,日本无出兵之必要,则此项交涉之标的已失。"⑤"西伯利亚之形势初无变迁,论干涉俄国之内政亦无是理。"⑥可见,无论是防德还是防俄,均站不住脚。

第三,提醒当局对协定文字应把握准确。在协定文字的表达上,《大公报》提醒政府与国人注意两点:"第一,文字之解释,是否确定无疑;第二,今后着手预备,即已涉及事实问题,在事各员能否固守条约之精神。不贻约外之损失。"尤其要防止"狡黠"之日人利用我国民性中"注重名义与表面"的弱点,"往往于攫取权利之时,美其名称保我面目,而实则权利损失"⑦。在另一篇文章中则反复叮嘱政府与国民,"该约犹有应当注意两点,即协同出兵地点,约内并未载明";对约外造成的损失,约中也未写明,因而要防止日人于约定外另有所图。文章总结说:"凡此二端,似为全案命脉,心所谓危,不能不望政府国民再三注意研究于先也。"⑧

第四,防止日本人包藏祸心。《大公报》1918年5月30日发表胡政之的"论评"《异哉日本出兵问题复活》,其中提出了一个问题:"此次中日军事协定,形式上虽似互助之精神,为防敌之行动。"但这不免使人生疑:一向欺我太甚的日本人真的会"强盗收心做好人",与我携手御敌吗?文章进一步分析道:日本

---

① 冷观:《社论·中日共同出兵交涉之影响》,《大公报》1918年5月13日。
② 冷观:《论评·中日军事协定案》,《大公报》1918年5月18日。
③ 冷观:《论评·中日亲善之真谛》,《大公报》1918年7月1日。
④ 冷观:《论评·中日军事协定案》,《大公报》1918年5月18日。
⑤ 冷观:《社论·中日共同出兵交涉之影响》,《大公报》1918年5月13日。
⑥ 冷观:《论评·异哉日本出兵问题复活》,《大公报》1918年5月30日。
⑦ 冷观:《论评·条约与事实》,《大公报》1918年5月20日。
⑧ 冷观:《论评·中日军事协定签字余感》,《大公报》1918年5月21日。

国力强盛,军力强大,而"究之我国,国势衰弱,军力幼稚,人才缺乏,何能与日本并驾齐驱?脱竟施行,则利权损失,万不能免"①。因而断定日本人于其中肯定包藏祸心。

第五,如何设法补救。胡政之认为:"吾尝谓外交之失败,以条约订定后为尤甚。"但是既然协约协议签订了,又不能不实行,否则将贻人口实,因而说:"此吾所以谓国民对于中日军事协定问题,不当再论既往,而宜筹议将来也。""今后所当注意者,厥惟实行问题。"②政府既错在前,签订了一个失败的协定,那么在协定签订后,就应该筹划怎么补救。对此,胡政之提出以"釜底抽薪"作为事后补救的办法。何谓"釜底抽薪"?具体做法有二:其一是"拖",即"将此案谈判为无期之延期,既可将国民疑惧根本打消,复可令学生风潮立见平复,消弭多少社会的危机,此实国家之大幸也";其二是"不动",即在关键条款上不见行动,使之成一张"废纸":"釜底抽薪之法,惟冀出兵之举不见实施,则约载诸文无殊废纸。"③

1918年6月下旬,日本叫嚣出兵俄国,其理由是"西欧战场德势猖獗,英法诸国希望日本出兵俄国,以牵制德军于万一"。按照中日军事协定,中国也应出兵俄国。对此,《大公报》指出:"俄国人种复杂,政情诡变,而各国国际利害又复错综不一,兹事体大,断非一时所可决定。"进而告诫中国当局,"于此要当冷静慎肃,多求研究之资料,以得独立之判断力,更为周密之筹划,以定独立之方策。若以耳代目,周章盲从,则贻误国家"④。"中日共同出兵之约既定,吾人即逆料此约终须实行,而隐以人才不足应付为忧。"要求中央政府在"共同出兵案实行之利害关头",一定要指定专人制定周到之计划,不可草率行事⑤。

《大公报》对待中日军事协定问题的态度,从质疑日本用心、批评"秘密"交涉状态和协定主要内容,到善筹"事后补救",态度不仅是鲜明的,而且是正确的。

(2) 对待"西原借款"

所谓"西原借款"是1917年至1918年间段祺瑞政府和日本签订的一系列

---

① 冷观:《论评·异哉日本出兵问题复活》,《大公报》1918年5月30日。
② 冷观:《论评·今后之中日军事协定问题》,《大公报》1918年5月29日。
③ 冷观:《论评·中日共同出兵交涉之影响》,《大公报》1918年5月13日;《论评·异哉日本出兵问题复活》,《大公报》1918年5月30日。
④ 冷观:《论评·日本对俄出兵与中国》,《大公报》1918年6月25日。
⑤ 冷观:《论评·共同出兵案之将来》,《大公报》1918年7月6日。

公开和秘密借款的总称①。

一般来说，一个国家无论是出于发展生产，还是出于充实军备的需要，向外国借款是很正常的，也是很有必要的。然而，"西原借款"有其特殊性：其一，借贷双方均有其特殊的利益诉求——段祺瑞政府借外款之目的除解决国家财政极度困难外，还夹杂着诸多派系利益打算；日本寺内内阁则打着"中日亲善"的幌子，以借款为诱饵，引诱段祺瑞就范，以利害关系为纽带将段祺瑞北京政府与日本帝国主义紧紧绑在一起。其二，借贷名目繁多、数额特别巨大②。故而胡政之和《大公报》对此特别重视，发表言论对该问题作了系列论述。这些论述归纳起来，大致上为"理解""提醒""反对"。

所谓"理解"，即理解政府的借款苦衷，包括一般意义的理解和特殊意义的理解。就前者而言："利用外资，发展实业，此固言之成理者也。""筹酿军实，惩膺反侧，此犹持之有故者也。"③就后者而言，各地军阀独占一方，几乎没有谁向北京中央政府交税，只是变着法子要钱，中央政府财政十分危急，连政府雇员的工资都发不出来。不借外债，就揭不开锅。胡政之对此评论说："中央财政困难，非筹借外款以求维持，即增发纸币以资挹注。"但是两害相较，后者的危害更大。"故吾人惟保持国家信用计，主张宁借外债，不增发兑换券。"还评价称借外债是一种"挖肉补疮"的措施，"诚非得已"。基于这种理解，《大公报》表示不反对借外债："今假使为维持国家银行而筹借外债，吾人深谅当局者之苦心，尤不愿反对其计画。"④

所谓"提醒"，有两个含义，一个是提醒国人防范日本包藏的祸心，一个是提醒政府防止有人趁机中饱私囊。

作为"知日派"的胡政之对日本人的鬼蜮伎俩了然于心，他结合借贷的具体实施，不断发文揭露日本人打着"中日亲善"的幌子，利用向中国放贷的手段，达到掠夺中国资源、胁迫中国政府就范之目的的罪恶本质，提醒中国朝野对此要有所防范。

---

① 因为这一系列借款主要由北京政府通过日本首相寺内正毅的私人代表西原龟三获得，故称"西原借款"。
② 1917年至1918年，中国政府共向日本借款计1.45亿日元，有两次交通银行借款，有线电报借款，吉会铁路筹备借款，吉黑两省金矿及森林借款，满蒙四铁路筹备借款，徐高、济顺铁路筹备借款，参战借款等八项，分八次发贷。
③ 冷观：《论评·借款》，《大公报》1918年6月30日。
④ 冷观：《论评·秘密借款》，《大公报》1916年11月19日。

比如"西原借款"中的第四次"吉会铁路借款"。吉会铁路是从中国吉林省吉林市至朝鲜会宁的铁路。早在清宣统元年(1909)提出修筑此路时,中日两国即约定将来与吉长铁路一律办理。"当时用意,盖为防俄而设,实带军事眼光。"并且"吉长铁路当年自办之时,按约系将所需款项之半数,向日本南满铁路会社商借"。可是后来国际形势一变,吉长路约亦进行根本改订,满铁改为代办企业,路权改属日人,日本人借款阴谋暴露无遗。《大公报》1918年6月22日发表胡政之写的"论评"《吉会铁路借款观》对此揭露称,"今之借款",实际上是中国向日本借款修筑一条"路权属于日本"的铁路;不仅如此,这类事情一开头,"南北满交通之脉络,嗣后殆将全掌于日人之手,而东北国防亦将撤尽藩篱,借款虽无多,关系诚不小也"①。"铁路为国家之命脉,而于军事上、行政上、商业上均有密集之关系,此为世界学者之所公认而无或异议者也"②,政府对此必须格外提高警惕,防止日本卡住中国的命脉。

同时,当时的中国官场黑暗,无论做什么事,操持官员总想趁机大捞一把,这几乎成了常态。趁向外国借款之机中饱私囊,在北京政府内部不是罕事。对此,《大公报》常常发文警示。1918年6月30日,胡政之在那篇题为"借款"的"论评"中,对各种趁"借款"之机捞好处的"蛀虫"进行抨击。首先抨击那些以办实业借款而从中捞好处的"为虎作伥"者:"吾见今之人有为虎作伥者,藉政局纷扰之机,遂个人发财之计;举国家无数利权,供中外掮客之戋批零售。"接着对所谓"参战借款"抨击道:本来"举债作战"的行为就值得商榷,如果这些借来的"军费"没有落实到对外作战的用途,就更加令民众不可忍闻。"吾见今之人有假公肥私者,乘军事方兴之会,逞诛求巧索之私;举国家权利换来之金钱,移于宫室妻妾之奉。""吾人诚不愿见南北人民同罹浩劫,而社会乃因军事添出多少富豪也。"文章最后称,近月以来,来自民众中"不借外款"的呼声实时传入耳鼓,事出必然有因,希望政府予以高度重视:"吾人惟望国家无量数利权之代价,勿仅仅令少数为虎作伥与假公肥私者独受投机之利耳。"③

"西原借款"中第五次"吉黑两省金矿及森林借款"于1918年8月2日签订,共计三千万日元,以吉、黑两省之金矿、国有森林以及前两项所生属于政府之收入为担保。由于此次借款带有更加明显的卖国性质,所以还在谈判时就遭到国

---

① 冷观:《论评·吉会铁路借款观》,《大公报》1918年6月22日。
② 斐:《论评·借款敷设京热铁道问题》,《大公报》1919年9月18日。.
③ 冷观:《论评·借款》,《大公报》1918年6月30日。

人强烈反对,并引发民众风潮。7月14日《大公报》发文对民众的正义行为予以支持:"吉林人民为反对森林借款事,前日开公民大会,集谋进行办法,风潮十分激烈,此种情形,政府正未可漠视也。"并尖锐指出:"此事之发生,实缘于一二宵小(范厚泽、胡宗瀛辈)见政府日日以借款为生活与经手借款之肥利,加之以外人勾结,遂投机献策,为大发横财之计。"《大公报》指出,对这种"宵小之人"必须予以提防,一经发现必须严惩;还希望政府千万不要"醉心借款,竟惟宵小之言是听,而置地方长官之谏诤于不顾。……速罢斯议……否则大错铸成,人心解体,国命亦相随以终"①。

所谓"反对",一是反对借款用之不当,二是反对借款过程中拿国家权利当儿戏,三是反对政府靠"借款度日"。

大借外债,应该是国家在碰到重大事情、急需用钱时才采取的措施。所以借款之前应"确定借款用途,必须用得其当"②,避免造成浪费。

《大公报》首先对政府借款改革币制之说表示怀疑。中国的币制改革争论时有余年。"一战"后,随着世界金融形势的变化,"币制改革问题,复为内外有识者所注意。"于是,政府以改革币制为标榜,向日本借"金币八百万元"。对此,《大公报》发文质疑:"察其主旨,亦在统一银币,预备改行金本位。然据世人所传,则借入日本纸币,仰日本银行准备金为准备金,是直替日本金票推广用途,为日本银行开设分号而已。以此而曰改进币制,果得为名实相符,无有流弊者耶?诚令人不能无疑也。"③

对于如何使用外款发展国家事业,1918年7月19日,《大公报》发表一篇很有启发性的文章。该文首先介绍日本明治维新时期使用外债的经验:"日本明治维新之初,亦一债务国耳。经营三十年,一跃而为债权国。即以对华投资论,自寺内内阁成立至今,已有一亿四千二百七十万之巨。以前者无论矣,于此时可见彼国当年所得之外资,悉用于生利事业,而罕用于消耗事项,故能收如是之速效耳。"而我国也借款,并且借的次数越来越多,借的金额越来越大,结果却是"徒见债台之增级,不闻国力之滋长,是我国专受借债之损,难享借债之利,亦终于为埃及之续而已,尚安望有清偿宿逋之一日哉?"④《大公报》希望

---

① 无妄:《时评一·森林借款之反对声》,《大公报》1918年7月14日。
② 冷观:《论评·秘密借款》,《大公报》1916年11月19日。
③ 冷观:《论评·金币借款与币制改革》,《大公报》1918年8月11日。
④ 无妄:《时评一·无量之债务国》,《大公报》1918年7月19日。

当局对此及早猛省,并很好地总结教训,以求举借外债有所作为。

借外债,亦必须有相当的抵押品作为担保。在"西原借款"中,段祺瑞政府将东北的吉会铁路、满蒙四路和吉林、黑龙江两省的金矿及森林等以及全国的有线电报财产和收入全部抵押给日本,使日本获得了大量的经济权益并控制了中国的电信事业。"今国家财产,抵押殆尽",《大公报》看在眼里,痛在心里,呼吁政府在签订借款协议时要"研究抵押品价值",别让"外人乘虚而攫我过大利权"①。

《大公报》更进一步指出,更为严重的是,举借外债已成为中国官员的惯性嗜好。段祺瑞政府的官员好借外债,后续政府官员率由旧章,并且借款人的胆子越来越大,所借数目也越借越大。1920年初,直隶省长、议长联络若干督军、政客商定,拟借美金二千万元外债建设大清河不冻港,此事甚至已由省议会秘密通过。《大公报》闻后立即发文表示质疑,说此等大事,"顾后瞻前,精详审慎,循法定之程序,按规则而进行,群谋佥同,庶可得上下之公认。……岂一二私家私人之事乎?胡独断独行,一至如是,此不能无疑"。不仅借外债,而且允许外人购买国家债券,"是明明断送国家领土主权耳"。如此大胆妄为,原来里面大有猫腻。文章指出,那些借款者"圣贤其貌,盗贼其心,阳美开港之名,阴行借债之实,何计及国家之领土,何恤乎国家之主权"②。《大公报》说:"我国倡言维新垂二十年矣,盛行借款亦十余年。至最近数年更大借特借。"③中国成了最大的债务国,政府成了靠借外债过日子的政府。针对所谓"善后借款",《大公报》评论称:"大破坏则大借款,小破坏则小借款。七年来,供破坏之代价者,已极浩繁而不可记极。……最可怜之小民膏血、国家命脉,遂尽牺牲于善后两字中矣"④。并且,政府借了外债,"不能不受他国之牵制,决不能有单独之行动"。因此文章指出,中国要强盛,首先必须从少借、不借外债开始,建立起独立的财政:"欲我国之不亡,必自财政独立始;欲财政之独立,必自不借外债始;欲不借外债,必自收支适合始。若不此之务,而惟外债是谋,吾恐去埃及之期不远矣。"⑤"财政为国家命脉",若政府靠借外债过日子,那么"为政者受他国之牵制,用财不能自由,则譬诸躯壳徒存,真魂已失,遂不死犹死矣"。"我借债度

---

① 冷观:《论评·秘密借款》,《大公报》1916年11月19日。
② 味农:《社论·大清河开不冻港之疑问》,《大公报》1920年1月7日。
③ 无妄:《时评一·无量之债务国》,《大公报》1918年7月19日。
④ 无妄:《时评·善后之恶果》,《大公报》1918年11月10日。
⑤ 裴:《论评·外债问题》,《大公报》1918年12月21日。

日之政府,闻此警耗,不知尚有何策以救亡否?"①

(四)建言参与"一战"

1. 中德断交前的建言

对德外交问题由来已久。1914年"一战"爆发不久,鉴于中国的国力和国内外情势的发展,中国于当年8月6日发布"中立令",同时公布了《中华民国局外中立条规》。对此,《大公报》认为不妥。"中立令"发布的前一天,《大公报》在"要闻"栏中报道说:"德俄宣战,青岛宣布戒严。……我国政府连日会议决定宣告中立,并派将军蔡锷前往观战。"②1914年8月23日,又发表"闲评"说:"自欧洲战事发生,我军事外交当局,日惟孳孳于中立问题,而于极关紧要之蒙藏交涉,几几乎沉寂无闻。……吾国办理外交之秘诀,只能为被动的,而决不愿为自动的。"③认为政府的"中立令"是外交政策的"被动"表现,似不可取。德俄等国在大战中的成败直接关乎中国青岛问题,中国不能不有所准备。

开战一年后,便有"媾和"之声传来。《大公报》乘此机会,做收复青岛的舆论准备:

> 夫此次列强议和,对于远东问题,必有若何之解决,切言之,即与我中国有死生存亡之关系者也。我国而欲保存其国家资格也,则必先要求参加会议而后可,欲参加会议,则必先为参加之准备而后可。④

同时,东西方列强从各自的利益出发,纷纷出面劝说中国参战。从1915年底开始,英法俄等协约国开始表示支持中国参战之意,但中国政府没有答应。1917年2月1日,当德国宣布实行无限制潜艇战后,保持中立的美国宣布与德国断交并预备参战,同时游说中国一致行动。原本反对中国参战的日本在得知美国的态度后,一改其立场也怂恿中国参战,并提出给予借款以供参战经费、缓付庚子赔款、提高关税等对中国"有利"的条件。2月13日,《大公报》载"北京电话",称"英法俄日要求中国加入战团"。2月18日,在新设置的"对德提出抗议后之时局"专栏中报道说:"十六日,在法国公使馆邀集联盟国公使

---

① 无妄:《时评一·新银团竟欲监督财政矣》,《大公报》1920年6月12日。
② 《要闻》,《大公报》1914年8月5日。
③ 无妄:《闲评一》,《大公报》1914年8月23日。
④ 无妄:《闲评一》,《大公报》1915年10月17日。

会议中德外交事件,某国代使欲于外交上取得特殊之地位,因提议代表联盟国劝诱中国加入战团。各国公使以中国既已提出抗议,事势之所趋,中国自有应付之道,似可无庸再事催迫云云。"①可见列强盼我与德断交并参加战团心情之迫切。

此时的国务总理段祺瑞认为,"日本既已加入,我若不参加,日本对青岛势必染指掠夺",而"德国虽系当今之强国,但众怒难犯,料其难以取胜。将来协约国取得胜利,中国将成局外之人,而我国参加,那将迥然成另一局面。到时中国也是战胜国之一,和会上有我一席之地,必将提高中国之国际声誉"②。对于段氏的意见,《大公报》取赞成态度。1917年2月13日的"社论"表达了外交须积极而不应消极的观点:"吾国数千年来,囿于闭关主义……遂至一与外力接触,则败衄相循,失望之极,卑怯之念,随之发生,益以多一事不如少一事为信条。虽世界潮流相逼而来,吾则一以消极主义应之,然国际形势不容我久于消极。"③《大公报》还对本月9日政府发表对德抗议明确表示支持,说"此实与国民精神上一大刺激"。这一观点与1914年8月23日"闲评"的观点是一致的。

《大公报》一方面主张中国政府在外交上应主动、积极,赞同政府对德断交并宣战,另一方面又反复提醒当局对此问题的决断要谨慎,在决断上要坚持独立思考,不要受外人蛊惑。如1917年2月17日发文说:"中国之对德抗议乃中立国地位上应有之举动,今后之进退则当审慎为之。"并提出:"惟有两事政府须注意者。第一,进退之际须旗帜鲜明,态度不可暧昧;第二,我之利害,须我自行决定之,凡与友邦接洽,只可以其意见供参考,不能受其意思之支配"④。

当"中德断绝邦交恐终不免"时,《大公报》特别提醒政府,在具体行动上要稳妥,防止"黄雀身后的螳螂":"中德果至决裂,则德租界之收回管理决不能任他人容喙。《朝日新闻》所载津浦铁路云云,虽其北段有德国借款关系,亦断不容因外交局面之变化而于现状有所变更,此皆一经断交便应注意之问题,望政府勿忽之。"强调:"须知我之与德断交,正我国收回利权之机会,不可令他人乘机进一步也。"⑤并为政府列出具体的外交步骤,指出第一步是发布对德之潜艇

---

① 《对德提出抗议后之时局》,《大公报》1917年2月18日。
② 转引自陈剑敏:《段祺瑞力主中国参加一战缘由新探》,《安徽史学》2001年第4期。
③ 冷观:《社论·国民性与时局》,《大公报》1917年2月13日。
④ 《论评·今后外交之进退》,《大公报》1917年2月17日。
⑤ 《论评·不可以现在之牺牲易未来之代价》,《大公报》1917年2月18日。

战策的抗议,"对德之第二步为断绝国交,对德之第三步为与德宣战"①。一步扣一步,步步都要考虑周全:"我之抗议于德国,乃根据中立国之地位,为德之潜艇战策有违公法也。德如以和缓其潜艇战策答复于我,则我之抗议目的已达。不但加入战团绝对毋庸实现,即邦交断绝一举亦当然可免。"②并且,"抗议是一事,断绝国交是一事,加入战团又是一事,在政府负实行之责,此时当然应统筹并顾,步步虑到"③。每走一步,都要考虑再三,立足本国利益,勿被别人牵着鼻子走:"夫第二步之是否必须实行,且在不确定之数,乃第三步之进行,人已代我打算,宁非怪事?虽然,无论如何,望政府与国民注意记者所谓'不可以现在之牺牲,易将来之代价',及'正我国收回利权之好机会,不可任他人乘机进一步'数语。"④明眼人一看就知道,文中反复出现的这个"他人"就是指"日人",就是说,中德断交后,中国要特别防范日本人在背后下手。

2. 中德断交后的建言

1917年3月12日,国会决议,自即日起正式断绝与德国的外交关系,同时宣布收回天津、汉口德租界,停付对德赔款与欠款。对此,《大公报》紧锣密鼓跟进报道,并发表相关言论。

为了报道中德断交后的新闻,《大公报》3月12日在重要新闻栏"北京特约通信"中单列"中德断交决定"的专栏。该栏当日载两条消息:(1)参议院亦同意矣;(2)国务院特别会议,报道中德断交决议通过情况。13日报道说:"今日(十二日)国务院开特别会议,所议事项如下:(一)发表与德断交之布告;(二)接收德租界;(三)护送德国公使领事出境办法;(四)德领事裁判权应由中国派员办理;(五)通牒各中立国;(六)通牒德国,断绝国交;(七)侨德之华人应如何设法保护。"⑤14日"北京特约通信"栏单列"刻刻逼近之中德断交",报道称:外交总长伍廷芳接洽七国(英法日俄意葡比)公使,讨论中德断交后中国参战之条件⑥。15日"北京特约通信"栏单列"中德断交宣布之详情",报道内容包括发送通牒之程序、昨日大总统布告、昨日大总统命令等。

紧接着,《大公报》提醒政府注意一个很迫切、很现实、很具体的问题:"断

---

① 《冷观小言·第二步与第三步》,《大公报》1917年2月20日。
② 《冷观小言·美德关系》,《大公报》1917年2月15日。
③ 《冷观小言·外交后援会》,《大公报》1917年2月15日。
④ 《冷观小言·第二步与第三步》,《大公报》1917年2月20日。
⑤ 《中德断交决定·国务会议之事项》,《大公报》1917年3月13日。
⑥ 《刻刻逼近之中德断交·伍总长接洽七公使》,《大公报》1917年3月14日。

交后之办法,尤不可不深思熟虑。"为了论述这个问题,该报不惜篇幅,自1917年3月14日至19日连载胡政之写的长篇"社论"《为中德断交后之办法告政府》。文章首先肯定"中德断交之举,政府国会意见一致,此不独在中国外交史上开一新纪元,即内政上亦为破天荒之快事"。然后从"国际政务评议会""对于德人之待遇""加入战团之条件"三个方面对此问题展开论述。关于"国际政务评议会",文章说:"政府今后,宜集合各部熟悉部务之事务官,即择参事司长科长中资深而富于识解者,使其各就所管,互相研究,为事实上之准备。"关于"对于德人之待遇",文章指出:"中德断交后,最不易处理得当者,即为待遇在华德人问题。"并说"政府于此当就三方面(即德人之性格与境遇,我国之弱点与地位,他国①之不满与野心)特别注意,待遇宜严而不宜宽"。关于"加入战团之条件",文章说,"中德断交而后,继兹而起者,即为加入战团问题。就大势言,此问题似已确定,不过于宣布之迟早,容有斟酌之余地"。最后,文章对中国加入战团后怎么做进行论述:"协约国之望我加入战团,在目前欲增其物资人力之供给,在将来欲扫除德人商战之根据,大抵物资人力之供给,利于彼者即难保不有害于我,而扫除德人在远东商业之势力,是否为我之利亦未易断言。"必须抓住时机,利用我之有利条件发展经济,并说:"今后世界经济战中,立于胜利之地者,厥惟生产力强大之国家。而生产力之强,一须资本之丰,一须劳力之贱,我之资本虽不充裕,然原料富,而人工廉,此亦在廉价竞争之商战场中,亦未始非有利之地位。"最后提出:"今如利用欧战时期,多使工人出洋为技术上之训练,亦殊有益。"②这篇论评内容丰富,提出了不少真知灼见。

但是,政府对这些问题似乎置若罔闻。比如"德人在上海所办之同济德文医工学校,学科完善,规则严肃,为全国中外人办理各校所仅有,在中德断交将实行时,政府本有设法保全之议,乃今日一议,明日一电,迟延复迟延,遂致为法人所暴占,于是五六百勤苦力学之学生乃为中德断交之第一牺牲,流落上海,废学失时"。无论从哪方面看,这都是一笔不小的牺牲。3月21日,《大公报》发表胡政之的"论评",对此事进行严厉批评:"此政府之责也。此政府好空言不务实际之罪也。"进而抨击道:"上有清谈之人,下无实行之吏,于是公文与办事截然为二,而误事大矣!今日同济学校学生所遇之祸殃,政府非应负维持

---

① 此处"他国"系指日本。
② 冷观:《社评·为中德断交后之办法告政府》,《大公报》1917年3月14日、15日、16日、19日。

赔偿之责任耶？然而外交总长聋无所闻，外交次长耽于女乐，名流政客只解议论，继同济诸生而被牺牲者将不知凡几！"①

"中国参加'一战'，从小处着眼，是为了应付日本，为了在战后和会上占一席之地；从长远看，是为了加入国际社会，为了走向国际化，为了中国在新的世界秩序中有发言权。"②因此，在对待中德断交和参与"一战"问题上，《大公报》的立足点始终是国家与民族，站在国家和民族的立场上进行分析判断、警告提醒和建言献策。

（五）亲访巴黎和会

"一战"结束不久的1919年1月18日至6月28日，在法国巴黎举行了举世瞩目的战后和平会议，史称"巴黎和会"。全世界二十七个独立国家派出七十多位正式代表出席会议，作为战胜国的一员，中国派出以陆徵祥、王正廷、顾维钧等五人为首的代表团出席这次会议。从世界范围来看，"巴黎和会"是列强重新划分势力范围的大会；对中国来讲，则是要收回战前被德国强占，战时又被日本抢夺的领土和主权。因此参加巴黎和会成了本时段重要的国际外交事件，当然也成了《大公报》关注的重点。

1. 会前的关注

还在"一战"接近尾声之时，《大公报》就提请中国政府和国人注意战后局势变化，并作出应对打算。1918年9月12日，《大公报》刊载胡政之写的颇有先见之明的"论评"《欧战前途与中国》，提醒中国政府与国人："吾观之，军事战已近尾声，外交战与经济战将日趋剧烈。吾国若不自求回复秩序之道，则欧战一毕，必有受外人共同干涉之日。……国人奈之何？犹不早自为计耶！"③为了避免战后外交上、经济上受外人的共同干涉而陷于被动，中国政府和国民必须早作应对之策。10月13日，《大公报》发表《欧战议和与中国》，为在战后捍卫我国的正当权益提出三点具体主张，希望政府"有所筹划"："第一，宜求以交战国一员之资格，参列会议；第二，宜选定相当使才，俾能利用时机于折冲樽俎之间，增进国际地位，避免国家危险；第三，对外须审察各国与我国之关系，勿误

---

① 冷观：《论评·中德断交之牺牲》，《大公报》1917年3月21日。
② 徐国琦：《第一次世界大战对中国历史进程的影响》，《二十一世纪》2005年第90期。
③ 冷观：《论评·欧战前途与中国》，《大公报》1918年9月12日。

迎拒之机宜,对内须研究我国切己之利害,勿负发言之时会。"①10月22日,《大公报》在"论评"《欧战平和会议与中国》中再次强调,我国是参战国,为战争胜利做了有益的贡献,战后和平会议上理应有我国的一席之地:

> 此次欧洲战争,参列之国,几遍东西洋,本为历史上从来未有之事。……我国对德宣战后,虽未派兵参与战事,然间接亦未尝无助于协约诸国。……平和会议当然应为我国代表留一席。我系独立之国家,国家利益自当由我自身衡量,断无许他国越俎代庖之理。②

这里的"他国",无疑主要是指日本。战前须警惕日本,战后仍然须警惕日本,之所以如此小心翼翼,是因为不能忘记"一战"爆发后,日本完全从自身利益出发,先是阻止,后是希望,再后来是以优厚条件怂恿中国参战;同时,在1914年9月,日本不顾中国反对,悍然在中国领土上对德作战,使青岛成为欧战中亚洲唯一的战场,并抢占了德国在山东的权益。对此,《大公报》发文说:"忆自日本占夺青岛,派兵驻守胶济铁路,我国迭次交涉请其撤退,迄未允行。"按协定,中国属于战胜国,日本应该从青岛撤兵,并且将铁路警备之权交还我国。此事应该列为战后平和会议的议程之一,"吾国此时亟应急起筹谋,勿失机会"③。此外,《大公报》还一再提醒当局和国人注意:"日本欲以退还赔款之小惠,攫夺我国平和会议发言权。以理言之,万无其事。本报前此一再揭志者,惟望唤起国民之注意。"④

对如何做好参加战后平和会议的准备,《大公报》也不无考虑。在"欧洲战后平和会议开幕不远,陆外总长行将衔命西行,谋与盛会"之际,1918年11月20日,《大公报》发表胡政之写的"论评"《参列和会之注意点》,文章首先分析说:"查今兹会议,不外三类问题:第一,改造世界之思想问题……第二,欧洲方面问题……第三,远东方面问题。"文章说,第三类议题"大抵以我国为其骨干",而且其中之一部的"中德间之条约关系"问题与我国有直接利害关系,"如青岛问题、山东铁路问题、中东铁路问题、津汉德国租界问题",必须予以高度关注。对此类问题的"种种经过之事实","亟宜由政府调查过去现在之情势,

---

① 冷观:《论评·欧战议和与中国》,《大公报》1918年10月13日。
② 冷观:《论评·欧战平和会议与中国》,《大公报》1918年10月22日。
③ 冷观:《论评·欧战议和与中国》,《大公报》1918年10月13日。
④ 冷观:《论评·欧战平和会议与中国》,《大公报》1918年10月22日。

预立计划,俾为列席会议时之腹案"。这种准备,"决非单纯通西语、善肆应者流所得而片言解决也",而是要在材料上做切实的准备①。为此,直到大会开幕前夕,《大公报》还在发消息,为收回青岛造舆论。1919年1月4日,《大公报》接"紧要记事"栏以"时局要电汇志"为题报道说:"中国各报评论青岛问题者不一而足,日前东京留学生亦致电政府,请设法收回青岛,又闻山东代表亦开会讨论,并散布传单,主张必收回青岛。"②

除此之外,还有一个十分重要的问题需要解决,就是我国在国际上的平等地位问题。1918年12月6日,《大公报》在一篇"论评"中说,虽然"领事裁判权问题、赔款问题、青岛问题以及关税问题,皆欲于此会议中收回之",但是"记者以为……不如简截了当要求我国在国际上应立于对等地位",并论述道:"我国前此之种种损失权利,皆根源于不对等条约。质言之,即列国不视我国为对等国。……我国一旦在国际上立于对等地位,所有不对等条约,自无强我继续之理。如领事裁判权,片务的协定关税各种问题,自可迎刃而解矣。"③果然,在巴黎和会上,我国代表发言权受限,所提正当要求得不到理会和采纳,英、法、美、意、日五强把持会议,不容他国代表置喙,更是视我国代表为"二三等",仍将我国置于"鱼肉"地位。

2. 会议报道

巴黎和会开幕后,《大公报》密切关注会议进程,对重要内容,尤其是与中国利益有关的内容及时予以报道和评论。

1919年2月7日,《大公报》"紧要纪事"栏以"世界和平大会消息"为题,报道中国代表第一次与会情况:"(一月)三十日,中国代表王正廷与顾维钧与日本三代表争论山东问题……中国之发言今晨实为第一次……盖星期一日之会议中国代表只可静听各国之瓜分土地与权利……今日中国列席,力求公平。"王、顾两人在会上力陈尊重中国要求之必要,"盖中国一强有力之共和国,土地四百万方里,人民四万万众,工多物丰,应用无穷云云"④。15日"紧要纪事"栏载《关于中日新交涉之外讯》,报道五强国委员会讨论如何处理德国所占之土地问题时,中国代表要求将胶州直接交还中国,并申述理由:(1)山东乃中国

---

① 冷观:《论评·参列和会之注意点》,《大公报》1918年11月20日。
② 《紧要纪事·时局要电汇志》,《大公报》1919年1月4日。
③ 裴:《论评·为我国外交家进一解》,《大公报》1918年12月6日。
④ 《紧要纪事·世界和平大会消息》,《大公报》1919年2月7日。

华北省之门户；(2)鲁省民情及宗教不宜受第二国辖制；(3)孔子生于山东，因而山东即中国文化发萌之地；(4)中国既参与抗德，则中德胶州之协约当然归于无效①。

《大公报》还配合报道发表言论。2月10日，发表题为"兔起鹘落之日本新要求"的"论评"称："日本在欧和会上，干涉我国发言权，因之惹动我国人公愤。昨据京友报告，日使已自知理屈，否认干涉，以后山东问题一任欧和会议公决。"文章对此论述道："此次欧洲会议，既号为世界和平大会，则凡属与会各国，概不容含有不平之私见，图利己而损人。日使之无端干涉，其为不平孰甚。"②

不过以上报道仍是零星的、不系统的。《大公报》系统报道巴黎和会是在胡政之以《大公报》记者身份到达巴黎后。

作为中国唯一以记者身份采访巴黎和会者，胡政之于1918年12月3日从天津出发，一路辗转，于1919年1月23日抵达法国巴黎，24日办妥相关手续后即于25日以记者身份进入和会会场。不料身染重病，卧床四周，待病情稍好便立即投入工作，从4月8日开始向报馆发稿，至7月9日一共发回十四则"巴黎专电"、四篇"巴黎特约通信"③、一篇"译文"④。与此相应，《大公报》的编辑在相关版面配发言论，进一步提升了巴黎和会报道的效果，扩大了其影响力。

4月8日，《大公报》刊登胡政之4月6日上午11点45分拍发的第一则"巴黎专电"："和会近日专对德奥，由四强国密议，极秘。青岛案尚无把握，赔偿战费问题，仅我国与美国未要求。查德奥财力尚难偿列强直接损失，我国所要求各赔款恐难如望。法权驻兵等件均未提出。"⑤

4月18日刊登第二则"巴黎专电"："和议各分股均略蒇事，德国代表约二十五来法，预定下月十日签字。损失赔偿分五十年偿还，每年由各国委员公决

---

① 《紧要纪事·关于中日新交涉之外讯》，《大公报》1919年2月15日。
② 无安：《时评·兔起鹘落之日本新要求》，《大公报》1919年2月10日。
③ 分别为《平和会议之光景》，《大公报》1919年4月20—24日；《外交人物之写真》，《大公报》1919年5月17—18日；《平和会议决定山东问题实纪》，《大公报》1919年7月9—12日；《一九一九年六月二十八日与中国》，《大公报》1919年9月3—6日。其中后两篇因篇幅太长，见报时作"专件"处理。
④ 《巴黎特约通信·中国代表为青岛问题向平和会议提出之说帖》，《大公报》1919年5月11—16日。
⑤ 《巴黎专电》，《大公报》1919年4月8日。

是年数目,德皇等祸首须由五强国裁判。日本国国事国际联盟股屡提人种平等案,英□□(此二字电码不明)反对疏通无效。"①

4月20日至24日,连载胡政之的第一篇"巴黎特约通信"《平和会议之光景》。其内容有"平和会议与新闻记者""平和会议之真相如此""一月二十五日之大会""三大人物之言论风采"和"会议主席之蛮横态度"五部分。通讯全面报道大会情况,特别揭露了大会不平等的会议制度:"平和会议之大势,悉为英、法、美、意、日五强国所主持。""凡平和会议之事项,悉由五强代表先议决一定办法,然后提交大会报告一番而已。二三等国家固无可否之权也。""平和会议既完全由五强操纵,外人称之曰'干部',又曰'十人会议'。盖五强各以代表两人列席会议一切也,凡各国代表全体列席之大会议盖不常开,两月以来仅止三次。"通讯还写道:"惟五强国之中情形各别,大抵英、日结托颇深,步调一致,法国亦多与英勾结,意国则但求增进自国权利利益而已。独美国抱高远公平之思想,殊为弱小国谋利益,在五强中殆似孤立。"②这篇通讯刊登完的当日,《大公报》发表"时评"《平和会之不平》,对这一不平等会议制度进行抨击:"强大国之专制口吻,竟不容弱小国有置喙之余地。会议时尚如此,则会议结果是否能使国际间之不平等铲除净尽,夫亦可想而知矣。"③

4月27日,刊登第三则"巴黎专电",揭露日本代表的专横,以及与英法代表的勾结:

> 美国曾提议于我国宣布开放青岛时交还,经日本国反对,又提议德国属地均应先交五强国接管。日本国代表声明在我国有特别利益,青岛应分别办理。美国代表声称,中国问题关系甚巨,不能由一国专主。二十二日,英、法、美三国代表会议,陆顾两代表出席,以所议我国断难照办,故尚未解决。日本国催诘,以便列入和约。闻英法早许其相助,曾有密约。④

5月3日,刊登第四则"巴黎专电",披露我国代表在会上的"被动态":"胶州湾案英法美专门委员会已核复。略采美国调停办法,尚须英法两国核夺。"⑤

5月7日,刊登第五则"巴黎专电",称"二十八日英法美三国会议,令日本

---

① 《巴黎专电》,《大公报》1919年4月18日。
② 《巴黎特约通信·平和会议之光景》,《大公报》1919年4月20—24日。
③ 《时评·平和会之不平》,《大公报》1919年4月24日。
④ 《巴黎专电》,《大公报》1919年4月27日。
⑤ 《巴黎专电》,《大公报》1919年5月3日。

国于得胶州湾后以各国公认之条件归还我国。二十九日开会邀日本人到会,未邀我国代表"①。讨论有关我国权利的问题,居然始终不邀请我国代表到会,这不仅没有什么平等可言,简直是欺人太甚!

5月11日,刊登第六则"巴黎专电",报道英国外交部通知中国代表英美法"三国会议"有关"胶州湾案决定":"政治权由日本还中国,经济权移交日本国。青岛日本军队撤退,设日本国租界。铁路尚属用华人政策官,准日本人干涉。"鉴于中国完全处于"鱼肉"地位,毫无发言权,以及内部不和的原因,中国出席会议的首席代表"陆使已电达政府辞职"②。同日,刊登《中国代表为青岛问题向平和会议提出之说帖》,此件是中国出席巴黎和会专使顾维钧用英文撰写的《中国要求胶澳租借地胶济铁路暨其他关于山东之德国权利直接归还向平和会提出之说帖》,由胡政之翻译成中文。帖文从历史的角度,用事实说明"胶州租借地包括胶澳及其岛屿而言之,素为中国领土中不可分拆之一部分",后虽被德国侵占,但此次德国战败,理应将在战前所有在山东省内之一切权利直接归还中国。这符合"公认之领土完整原则,为公道之一举,若仍举以畀德或转给他国,是不予中国以公道矣"③。

5月15日,刊登第七则"巴黎专电"。这则长达六百多字的专电,全文转述了中国代表团10日为山东问题发表的宣言。宣言对英法美列强相互勾结,牺牲中国利益以满足日本侵略贪欲的做法表示强烈抗议。"中国代表于三国会议不令将青岛直接交还中国,而仍先付于他国,此依据之理由不易索解。"宣言愤怒指出,三国会议关于中国青岛案的处置,表明联盟国在世界平和会议上公然抛弃平等原则,实行"弱肉强食"④。

5月17日至18日,连载第二篇"巴黎特约通信"《外交人物之写真》。胡政之首先对我国此次出席巴黎和会的五位代表进行了入木三分的剖析:"我国政府所派五专使固极一时外交人才之选,然陆徵祥谦谨和平而绌于才断,王正廷悃愊无华而远于事实,顾维钧才调颇优而气骄量狭,施肇基资格虽老而性情乖乱,魏宸组口才虽有而欠缺条理。"接着用事例说明这五人身上存在着严重的"勾心斗角"毛病,客观地分析道:"以人物言,皆不能无疵,其活动之成绩,自亦

---

① 《巴黎专电》,《大公报》1919年5月7日。
② 《巴黎专电》,《大公报》1919年5月11日。
③ 《巴黎特约通信·中国代表为青岛问题向平和会议提出之说帖》,《大公报》1919年5月11日。
④ 《巴黎专电》,《大公报》1919年5月15日。

无大可观。且和会纯由五强把持,二三等国家代表不但无由发挥意见,实行主张,即欲一探五强会议之内容亦不可得。我国以三等国之资格重以大势如此,虽有能者,亦难施展手腕,斯亦只好付之一叹而已。"①

5月20日,刊登第八则"巴黎专电":"胶州湾案美国法国一般舆论对于我国颇表同情,各代表对于签字尚在斟酌利害。据顾公使云:草约规定胶州湾档案移交日本国,是无异移交土地,断难照办。如果不能声明将该案留存另订,则应拒绝签字。"②

5月24日,刊登第九则"巴黎专电":"十日和平会招德国代表到会,交付和约。协约国以中国未实力参战原议摒除我国代表列席。旋经顾维钧商请美国主持公道,始允许陆王两使出席。"③当日,《大公报》发表"论评"《公理不敌强权之一证》,指出在和会中我国仅被列入三等国,受尽了"此等国际屈辱","何欺人之太甚也"。文章争辩说,"我国之对于参战何尝不尽力……今乃藉口于未实力参战,欲排斥我代表之列席,有强权无公理"④。

5月28日,刊登第十则"巴黎专电":"我国提议之二十一条各案,和平会议拒绝不理,令将来自行提交,较为得力。关于联盟案各款,据各专使对于签字意见亦不一致,惟现在已成五强国专制之局,恐难容我国抵拒。"⑤当日,《大公报》就平和会议上出现的"五强国专制之局",发表题为"强权能造成永久和平乎"的"论评",愤然呐喊道:"是弱小国纵因无反抗实力,不得不忍屈于一时,亦只敢怒而不敢言耳,其心中之未能和未能平,有断然者,弱小国既感于五强之不和不平,激而为不和不平之意见,终必有爆发之一日。"⑥

6月10日,刊登第十一则"巴黎专电":"各专使议定和约签字,惟德国答复后,美国报纸载,英国主持改轻,法国仍坚持苛刻。签字尚无期。"⑦

7月1日,刊登第十二则"巴黎专电":"山东案我国专使于五月六日、二十六日两次声明对于德国移交日本国私列各条提出另订。现在定于即日签字。约内注明仍维持前情,若不能注明,定通告声明。"⑧

---

① 胡政之:《巴黎特约通信·外交人物之写真》,《大公报》1919年5月17—18日。
② 《巴黎专电》,《大公报》1919年5月20日。
③ 《巴黎专电》,《大公报》1919年5月24日。
④ 无妄:《论评·公理不敌强权之一证》,《大公报》1919年5月24日。
⑤ 《巴黎专电》,《大公报》1919年5月28日。
⑥ 无妄:《论评·强权能造成永久和平乎》,《大公报》1919年5月28日。
⑦ 《巴黎专电》,《大公报》1919年6月10日。
⑧ 《巴黎专电》,《大公报》1919年7月1日。

7月3日,刊登第十三则"巴黎专电":"法总理派外交总长劝我国代表无条件签字。美总统劝签字后再声明不满意。二十七夜,代表□□(此处电码不明)顾王二专使谓,一经签字后声明已无济,不能迁就。□(电码不明)使主张迁就。有学生多人守陆使□□(电码不明)签字。"①

7月5日,刊登第十四则"巴黎专电":

> 二十八日,陆专使派驻法公使胡惟德访问和会秘书官,递最后之照会声明。和约虽签字,不能认为将来不重议山东案。该员传法总理之意,未签字□(此码不明)任何声明□(此码不明)照会当时退还。我国代表只得不签字。法美舆论颇称许,英人则持冷淡态度。和会当局出于意料之外,甚为惊讶,日本人尤甚。②

胡政之发回的专电、通讯和专件,集中指向一个主题,就是收回山东、收回青岛。由以上引述可见,从第七则专电起,胡政之对平和会议解决"山东问题"已经完全"失望","无话可说"了。第八到第十四则专电,基本上都是报道一些"负面"消息,文字中隐含着激愤。故在第十四则"专电"刊发三天后,7月9日至12日,《大公报》在"专件"栏连续四天刊发胡政之发自巴黎的长篇通讯《平和会议决定山东问题实纪》。在前言中,胡政之尽情地发泄了他对平和会议的不满和愤怒之情:"方欧战告终之时,国人习闻威尔逊总统之伟论③,以为正义公道从此大伸,对于此次平和会议,抱无穷希望。迨吾人身临欧土,参列会场,目击强国专横武断之状,晓然于强权之势力,至今并未少杀,顿令前此所怀高洁之理想为之减退。"说"今山东问题,吾国在平和会议中已完全失败。法、美一般国民,虽颇表同情于吾人,然英、法拘于成约,美国地处孤立,此案欲求转圜,实已万无可望。推此次失败之原因,在内有去年九月中日路约,在外有前年英、法、日等之协商。大错铸成,补救无术"。胡政之说,这篇通讯"兹特就采集所得之确实材料,辑为是篇,俾国人得熟知此一段痛史之真相也"。该通讯的正文分三部分,第一部分"关于是案之日志",用"日志"形式详细报道山东问题在平和会议上提出和博弈的经过。第二部分"英、法、日密商译文",写英、法、日三国背后的勾结,通过牺牲中国利益满足日本野心,是山东问题中国外

---

① 《巴黎专电》,《大公报》1919年7月3日。
② 《巴黎专电》,《大公报》1919年7月5日。
③ 即美国总统威尔逊于1918年1月提出的"十四点和平原则",该论述为美国规划战后世界的纲领,其中废除秘密外交、尊重民族自决、建立国际联盟等主张深受殖民地半殖民地民众欢迎。

交失败的"致命伤"。通讯将"英、法、日等秘密协议文件"译述出来,用事实暴露列强不仅以强权压公理,而且手段十分卑劣。第三部分"三次会议之要点",报告了"中国代表为山东问题出席于平和会议共三次"的情况。通讯将"此一段痛史之真相"详细告知国人,警醒时人,教育后人,足见其用心良苦①。

由于通讯技术的原因,电讯稿的发出与刊登之间存在较大时间差。例如巴黎和会已于1919年6月28日闭幕,而7月中旬以后《大公报》还有和会的消息:7月18日的消息称"我国代表已发表宣告书,谓日本于批准和约之先,应无条件以青岛及山东交还中国"。8月17日的消息说"欧洲和约因山东问题处置不公允,我国拒绝签字"。胡政之报道巴黎和会最后一天闭幕的通讯,即他"巴黎特约通信"系列的最后一篇《一九一九年六月二十八日与中国》,写于6月29日晚,《大公报》上连载出来的时间是9月3—6日。该通讯包括"维尔塞大会之光景""中国不签字之经过"两部分内容。胡政之在第一部分写道:"一九一九年六月二十八日,协约国代表与德国代表,签和平条约于法国维尔塞城之旧皇宫,此空前之盛举也。吾国专使因抵拒国际专制主义,临时未往签字。故中国人之参与此项历史的大会合者,惟吾与吾友谢君东发而已。"通讯因而写道:"会场代表席中,有两空位,即中国代表所应坐之处也。"通讯特别详细地描写了与会者得知中国代表不到会消息时的表情:

> 有嗟叹者,有错愕者,亦有冷笑者。大抵法、美两国人,怀惊诧叹服之感为多,英国人则多露轻蔑之色,至会场之中殊无何等印象。……散会以后,法美同业多拦住余等询问究竟,余等一一告之。有美人某君大呼曰:"今日中国真中国也。"有法人某君语余曰:"此日本人之切腹也。"意谓,日本强压中国,乃日本之自杀政策也。

胡政之在通信中写道:"余等以五时返巴黎",以中国报界名义草拟《中国报界声明》,告巴黎各通讯社转交各报。《声明》说:

> 中国不能签字于和约,因此约乃令我国自己割去其最大最神圣之省份也。中国屡经公表,自谓忠于协约国方面,今为免除误会及解释世人怀疑于其今次之态度者起见,特再通告:中国忠于协约国之精神,因仍如旧。……中国为协约国之一,在此战胜与自由名称之下,实不能署名于山

---

① 胡政之:《专件·平和会议决定山东问题实纪》,《大公报》1919年7月9—12日。

东条款,将四十万人口之大领土为对日之赠品。盖此种不公不正之事,世界史上未之先有也。……中国不能签字,不应签字。中国之不签字,得保其国家之尊严与名誉,以后如何,请看将来。

第二部分还追述了从26日至28日中国专使顾维钧等人顶住英、法、日等国压力拒绝签字的经过。通信最后赞扬道:"夫我国外交向讲屈服,今日之事,真足开外交史之新纪元"。并希望"国人憬然猛省,将打电交民巷哀求外交团,拉西洋制东洋,倚赖公理正义,依托国际公会,种种卑劣手段、消极思想,一概扫除。大家振刷精神,实力图强,须知我国今后,除亡国与兴国两途外,别无他路可走也"①。

通过以上版面检索可知,无论是形式还是内容,关于巴黎和会的报道和言论不仅是《大公报》这个时段的闪光点,而且是中国报界的闪光点,是中国新闻史上值得大书特书的一页。

三、有关民生民瘼的记事与言论

这段时间,中国境内既有朝堂上的府院之争,又有各地间的军阀混战,加之频发水旱灾害,以致民不聊生。《大公报》初心不改,一如既往地关注民瘼民生。尤其是对战乱不已造成民不聊生的社会状况忧心忡忡:

> 年来,南北兵争,不过双方要人权利意气之私。竭天下之脂膏,以从事于骨肉相残之业。久而又久,相持不决,国民备受其祸,而建节诸帅则莫不藉战事以攫巨资。当轴诸人又复利用政局之纷扰,各急其私。政治黑暗自民国以来,盖未尝有若今日之甚。社会间民生困苦既达极度,失业咨嗟之上,满坑满谷怨气中,于一般人民物极必反。②

对此,《大公报》甚至直称:"今日社会直杀人之社会耳。"③为了切实反映民瘼、"注意民生",《大公报》1918年2月改版时"特设社会之声一栏,广收来稿。凡地方利病人民疾苦,悉为揭志,为民请命"④。据研究者检索和统计,该时段《大

---

① 胡政之:《专件·一九一九年六月二十八日与中国》,《大公报》1919年9月3—6日。
② 冷观:《论评·为富人贵人危》,《大公报》1918年2月21日。
③ 冷观:《社论·社会与政治》,《大公报》1918年2月15日。
④ 《启示·注意阴历新年后之本报》,《大公报》1918年2月1日。

公报》言论共计2 673篇,其中有关民瘼民生议题的言论450篇,排在北方政治、国际外交、军事之后,位居第四,占所有言论数量的16.8%①,其内容涉及救灾、禁烟、戒赌、治安、匪患、粮荒、社会救助和社会治理等诸多方面。

（一）呼赈水灾

关注救灾是《大公报》的传统之一。本阶段的报纸继承了这一传统,但在方式上有所变化：英记时期,一方面报纸呼吁救灾,另一方面报馆主要负责人直接身体力行地参与救灾工作；而现在主要是在版面上呼吁政府和社会各界重视救灾,并论述如何救灾。

1917年,海河流域暴发了20世纪第一场特大洪水,流域内七十条河流所有堤坝全被冲毁,受灾范围遍及直隶全境,受灾人数达六百二十万,其中天津、保定一带受灾最为严重。据相关史料记载,从这年7月起至第二年4月,天津被淹达十个月之久,市区内自河北至南开一带水深四至五尺,若干街道都有水上行船的情况②。这场世纪大灾难,既是由于台风造成的"天灾",又有河道年久失修的"人祸"。处于天津的《大公报》还有因水灾被迫短暂迁到北京出版的经历,所以对水灾的认识和体会刻骨铭心。以抗灾救民为中心,《大公报》及时报道,发表了诸多评论。

早在洪水尚未成灾时,《大公报》即发文予以提醒,指陈历年来直隶办理河工的官员以偷工减料、侵吞专款、中饱私囊为能事,导致"直隶水患历岁频仍","国家岁糜巨帑专员修治,而溃决依然,人民之生命财产葬送于滔天大浸中"。并警告说："今者雨水过量,险工岌岌,不知负保民之责者,肯一念其鱼之惨,严惩积弊,切实修治,为小百姓预防浩劫否？"③

面对"河水暴涨,直隶水灾已成怀襄之势",《大公报》从正面建言治水防灾之策,提出不仅要采取"筑堤施赈"的治标之计,更要有"浚治河道,疏通沟渠"的治本之策④,"治水之道,首要在于疏浚,苟能宽其去路,则上流之水自能缓缓归槽"⑤。"治本之道要在截其来源,宽其去路,非从河道入手不为功,于浅淤者

---

① 沈静：《"大公"精神的承续与衰退——以王记〈大公报〉(1916—1925)言论为核心的研究》,华中科技大学2015年博士学位论文,表4-13数据。
② 本书编写组：《天津简史》,天津人民出版社1987年版,第250页。
③ 无妄：《时评·水患又将告矣》,《大公报》1917年7月28日。
④ 无妄：《时评·救灾之治本计画》,《大公报》1917年8月10日。
⑤ 无妄：《时评·津其为沼乎》,《大公报》1917年9月23日。

开浚之,于淤积者宣泄之,务使山洪纵有时暴发再不能殃及生灵,方谓功媲大禹",仅仅"致力于筹款放赈排水,不过暂救目前之计,究不足以弥灾祸之源"①。总而言之,《大公报》强调临事救灾不如平时"防灾于未然"②。

洪水泛滥,大量灾民流离失所,衣食住均十分匮乏。如何安置灾黎成为当时最重要的社会问题。《大公报》对此十分忧心:"近日灾民所最缺乏者即衣食住,而今之筹办赈灾者亦注重在衣食住。""吾人过草棚窝铺之前听妇孺啼号之惨,不禁为之伤心陨涕。"呼吁社会各界尽快为灾民解决"衣、食、住"三个方面的问题,尤其希望"负救济灾民之责者,一亲履其地而亟为筹度日卒岁之方也"③。此外,《大公报》还号召一切有能力的人,拿出良心,尽一己之力投入到救灾中去:"今年直隶水火之重为从来所未有,凡有血气者罔不为之伤心下泪,愿牺牲个人所有以推解于灾黎,俾免于冻馁。"④文章抨击那些不仅不救济灾民,还趁机敛财的无良之徒,其中有筹赈官员利用职务之便,"往往胺蚀灾民之衣、食、住以自裕其衣、食、住,于是慈善二字之旗号转为穷黎之诟病"⑤。还有些黑心商人,"利用机会广收红粮,高抬价格,以冀于赈灾期内大获厚利而操灾民生死之权"。这种人"存心之毒、手段之辣实较洪水猛兽而尤甚"。报纸因而呼吁"地方长官与负救济灾民之责者正宜切实调查",如果确有其事,"应将其所已收买者悉数充赈,以为为富不仁者戒",并警告当局"勿以其事出于官营业之机关而徇情不究"⑥。

《大公报》在此次救灾宣传中,主张积极救灾,长远救灾。他们认为给灾民提供衣食住虽然是必须的,但"仅给之以衣食住不过图目前之暂安",必须从长计议,从根本上予以解决。因为一方面是"僧多粥少","洪水泛滥,哀鸿遍野,官绅商民纷纷集款助赈,只以灾区太广,灾民太多,已有难乎为继之虑。近日复阴雨连绵,凉风骤至,转瞬秋冬,衣食交匮,数万户之灾黎其将何以自活?"⑦另一方面,"若数万户灾民永久仰给于赈济,非特难乎为继,抑且适以长惰"⑧。因此,"不能一赈了事,凡称能自食者宜自行设法救济,不得滥邀赈济",除老病

---

① 无妄:《时评·治河为救灾之本计》,《大公报》1917年10月16日。
② 无妄:《时评·救灾之治本计画》,《大公报》1917年8月10日。
③ 无妄:《时评·衣食住》,《大公报》1917年10月17日。
④ 无妄:《时评·为富不仁》,《大公报》1917年12月19日。
⑤ 无妄:《时评·衣食住》,《大公报》1917年10月17日。
⑥ 无妄:《时评·为富不仁》,《大公报》1917年12月19日。
⑦ 无妄:《时评·以工代赈为救灾良法》,《大公报》1917年8月23日。
⑧ 无妄:《时评·宜亟行以工代赈法》,《大公报》1917年11月16日。

孺妇者外,其余"年少力壮者宜用以工代赈之法,俾不至安坐而受社会之养给"①。《大公报》认为,"以工代赈"为救济良法:"善后之道,要在振兴各种工艺,使灾民得以自食其力,有恒久之生计,所谓以工代赈,其功较直接施赈尤巨也,望诸公其致力于此。"②

此次《大公报》关于救灾的宣传还有一个特点,就是偏重对"省外各县或屯镇村庄"的灾情报道,将偏远灾区灾民受灾情况载于报端,引起政府和社会的注意。1917年9月25日,《大公报》于第二版中间位置即刊登专文《为灾民请命》说:

> 本年京畿水灾为数十年来所未有,近来本津贤长官与地方热心公益之善士奔走筹赈,不遗余力。……惟念本埠为通商大地,人财两富,调查劝捐较易着手,若夫省外各县或屯镇村庄,受灾或烈于天津,而灾情反无从吁诉,本报窃愿尽其力所能及,宣布各处灾情以辅官署调查之所不及,且代各处苦同胞呼吁于诸大仁人义士之前,而求其拯援,尚乞各县人士或身受奇灾或目击惨状,迅将现在被灾之状况、善后之办法,录锡本报为披露,吁求救济,不但本报之幸,被难同胞实拜其惠。③

海河流域的洪水肆虐数月,到10月下旬渐行退却。洪灾之后的善后工作既多且艰。具有民本思想的《大公报》对此亦不忘建言献策。

洪水退去之后,广大农村中面临的第一个大问题是"田地房产之纠葛":"盖此次巨灾中凡地主、房主、典户、租户莫不受绝大损失,只以大难当前,为急救计,自然不分畛域。劫后重来,难保不互相推诿、互相责让而纷讼以起。"对这一难题,《大公报》建议:"未雨绸缪,由官府核定一适宜之办法明示遵行,以预杜将来争议。"④

"大水灾之后必有疫疠。"针对水灾之后必将出现的疫病,《大公报》认为仅靠"善后卫生局"的力量尚且不够,"苟无人提撕儆觉之,则卫生政策之效果终不能普及";最好是由"与民命有密切关系"之警察和地方团体予以辅助——"必赖警察有卫生思想,实行其干涉主义,力为赞助,而又赖地方团体为切实之警告,以辅官力之不逮。"⑤

---

① 冷观:《论评·敬告救灾者》,《大公报》1917年9月25日。
② 无妄:《时评·宜亟行以工代赈法》,《大公报》1917年11月16日。
③ 《为灾民请命》,《大公报》1917年9月25日。
④ 无妄:《时评·水退后之田地房产问题》,《大公报》1917年10月23日。
⑤ 无妄:《时评·防疫中之应同负其责者》,《大公报》1917年10月31日。

但这里又出现一个矛盾："防疫本医家之专责,而地方官吏及警察等则可佐医家权力之不逮,通力合作,庶可相与有成。"但是,由于中国国情特殊,"今日之防疫计画,乃以官吏为主体,而医家不过附属品,轻重已经倒置,况我国官吏大半以草菅人命为天职,反付之以救命之大权","医家又无权为生命保障",因此,《大公报》认为,"我民欲求存于疫魔流行之时代,非亟谋自防之道不可"。何以"自防"?"谨起居,慎饮食,尚清洁,备药剂而已",千万"毋徒□倚赖官吏之心自误而并以害人焉"①。

（二）吁救粮荒

民以食为天,粮食供应历来都是中国社会的一个天大的问题。而在1916年至1920年这个时间段,米粮问题更是凸显出来:全国各地多发天灾,南北之间战争不断,已是民不聊生,"一战"期间"运米出洋"更使中国民众的口粮短缺问题雪上加霜。米粮问题是民生问题的核心,必然成为《大公报》"关注民生"的重点话题。

所谓"运米出洋",是根据参战约定,中国不实际出兵参战,但要向协约国提供战争用粮。原本"运米出洋"加剧国内的粮荒,民众已有怨气,加之运米出洋基本都是就近运往日本以解决日本的粮荒,更加引起国民的不满。"允济日本之米数,又由一百万石推展为二百万矣。恐出洋之确数,犹不止此",政府为满足"中日亲善",平民百姓则大受其害。《大公报》愤怒指出:"呜呼!自今以往,不知又须以几许饿莩,供亲善二字之牺牲矣,尚何言哉?"②进而责问道:政府处处与人民作对,"近日南北报纸,记载最多者,除军事外,一曰收买烟土案,一曰运米出洋案。人民不愿烟土入口,而政府竟乐其入,人民不愿米粮出口,而政府竟许其出。此二事皆大反乎国民之心理,政府顾毅然为之者,果何谓欤?"③《大公报》基于实情对政府政策的批评,不可谓不尖锐。

由于运米出洋已经成为牟取暴利的一个途径,于是"贱商市侩,暗中为之继续输出",出洋大米数量远远超过政府计划的数目,范围也大大超出政府限定的省份。本来政府明文规定禁运苏省大米,但是一些不法米贩运动社会上所谓"名流巨子"与外人相勾结,开动三寸不烂之舌主张苏省开弛米

---

① 无妄:《时评·人民宜自谋防疫》,《大公报》1918年1月20日。
② 无妄:《时评二·慷他人之慨》,《大公报》1918年9月3日。
③ 无妄:《时评一·白饭黑饭之出入观》,《大公报》1918年8月29日。

禁,而"自弛禁主张发现以后,一般拥有特殊势力之大米蠹,暗自运输出洋者,已不知几千万石"。《大公报》发文支持苏省人民维持米禁的请求,指出:维持苏省米禁,不仅为"民食之保障",而且是为防止奸商私自贩运粮食出洋牟利①。

1920年春,粮荒更甚,粮价飞涨。地处京津的《大公报》对此感同身受,本来没有大米出口任务的直隶,不法商人依然偷偷运米出洋。对此《大公报》发文指出:

> 京师米粮向赖南漕接济,平日价格已较江浙为巨,际此金融枯竭、百业凋敝,藉以维持现状者惟民食问题之不起恐慌耳,乃不谓一般奸商,竟有运米出境隐为贸利之谋者,无论此项米粮来自南方,官厅之商榷往来已费尽几许之心力,深恐贫民生计益陷困难,弱者无所得食,强者铤而走险,辇毂之下,危机四伏,其祸患将不堪设想。

认为那些私自运粮出境谋利之奸商实"可诛"②。

这里要特别指出一点,即《大公报》的老板王郅隆本人就是一个米商,尤以运米出洋牟利和囤积居奇发财为能事,这一点世人皆知。《大公报》日常主持者对此当然亦心知肚明,但他们并没有因此刻意回避米粮问题,反而旗帜鲜明地反对运米出洋的做法。这一方面说明这一时段该报主持笔政者对"公"的坚守,另一方面也从侧面证明,王郅隆没有以老板身份干预报纸言论和办报事务。

此外,《大公报》一再呼吁政府采取措施,平抑粮价,打击不良粮商囤积居奇、哄抬粮价的行径,以保障市民生活。1918年,直隶秋麦丰稔,各乡镇粜出之麦价、谷价较前已大为低落,而津埠米价却逐日飞涨。对此,《大公报》发文指出,由于"奸商希图出洋牟利,预为囤积居奇",以致造成这种"贱卖贵买之现象",希望"关心民食之长官,详查其原因,严加以取缔,勿牵于中央弛禁之政策,一任奸商之为厉于社会也可"③。

至1919年夏秋之际,各省因灾害迭至,收成大为减少,《大公报》主张各地互为接济:"为维持民食计,出洋固当严禁,而在国内各省,则万不可不有无相

---

① 无妄:《时评·苏省米禁问题》,《大公报》1919年2月19日。
② 遯:《时评二·京商运米出境之可诛》,《大公报》1920年1月21日。
③ 无妄:《时评二·亟宜平粮价》,《大公报》1918年9月7日。

通,盖政见有异同,民命无异同也,负牧民之责者可不通盘筹划欤?"①是年年末,因南北交火导致交通运力投入运兵而无车运粮,以致粮价飞涨。《大公报》因此呼吁,为了解除人民冻馁之苦,南北应予停战:"夫粮价之飞涨,非因无粮也,苦无车辆为之转运耳……则罔非为运输军队军需占用太多,以致无可拨给,而商家与居民乃交受其困矣。呜呼,人民感军事之痛苦,既如是之深,不知南北当局,其亦能稍顾民艰,速谋所以息事宁人之道乎?"②

除上述言论外,此处尚需补叙一事:1918年3月间,我国五凌地方发生饥民哄抢日商粮船一事,民食问题遂演化为外交问题,日本领事持函要求"严拿",而当地政府官员亦慑于日人压力,以抢外国东西、事关外交大事的名义欲加惩办。《大公报》对此发文指出,饥民抢东西固然不对,但是也是为饥饿所迫,只是想得到一点食物而已,根本扯不上外交:"饥民之抢粮,志在得食而已,固不问其为本国人之物或外国人之物也",反而劝告政府"念饥民之苦况而慎重处理,万勿因事涉外交,遽行操切从事,致以小事而激成大祸也",并忠告当地政府"欲保地方之治安,第一在维持民食也"③。

(三)剪除匪患

民国时期,由于战乱不止,各地匪患一直比较严重,有学者指出:"近代中国几乎可以说成是一个盗匪世界,遍全国无一省没有盗匪的,一省之中,又无一县没有盗匪的,一县之中,又无一乡镇没有盗匪的。"④《大公报》对"匪患"的关注度较高,其内容涉及"匪况""匪因""治匪"三个方面的内容。

1. 匪患之揭载

《大公报》认为必须重视匪患的严重性,因而多次撰文指出,"环观全国,无省无匪,无一省之匪不纵横出没,如入无人之境"⑤,"匪势蔓延,肆害地方,各处军队,四出剿捕","然而土匪之蚁聚蜂屯也如故,豕奔狼突也如故,一若有野火烧不尽,春风吹又生之势也"⑥。

匪患"遍全国,而以鲁省为尤烈。据近来报告,竟至连陷名城,焚杀掳掠,

---

① 无妄:《时评一·维持民食之必要》,《大公报》1919年8月21日。
② 无妄:《时评一·冻馁时期至矣》,《大公报》1919年12月5日。
③ 无妄:《时评二·饥民抢粮之危机》,《大公报》1918年3月17日。
④ 周谷城:《中国社会史论》(上),齐鲁书社1988年版,第295页。
⑤ 无妄:《时评一·匪国之征》,《大公报》1918年9月9日。
⑥ 遯:《时评二·治匪果恃兵力乎》,《大公报》1919年9月27日。

行所无事,实有愈剿愈多之势"①。"鲁省各县之被匪攻陷已屡见报告,今则濮城、阳谷又相继失陷,鲁匪之猖獗,盖愈闹而愈烈矣。夫土匪之行为,不过拦截行旅抢劫村落而已,今乃竟敢攻城夺邑,掳掠一空,是已由土匪而变为流寇矣。"②在山东匪徒中,还出现了纯女匪队伍:"山东发现女匪,报纸已屡经记载,然所记女匪,不过大股匪徒中偶有一二妇女而已,非纯粹的女匪也。今单县发现之女匪竟拔戟自成一队,以与官军抗战,且不能敌,此路女匪之雌威,亦可惊矣。"③

直隶的匪情也不轻:"栾城居直省中心,与鲁省绝不相连,今亦以巨匪肆劫闻,是则直隶境内之匪类,固亦皆蠢蠢而动矣。"《大公报》对此不由得感慨:"呜呼,蔓草不图,燎原难灭,循是以往,其不致为山东第二者几希!"④

此外,还有奉省土匪,胃口更大:"奉省胡匪前日绑去中外人数名,其勒赎之代价,除金钱外,更要索给以各种枪弹。是直以绑票为筹济饷械之源,其计愈狡,其心愈毒矣。"⑤

2. 匪因之分析

《大公报》认为,要消除"匪患",必须明确"匪患"产生的原因。该报屡次撰文指出,"生计无着"是土匪生成的根本原因。1918年8月14日的"时评"说:"丰砀间之匪患,竟至攻城劫库,行所无事,甚且妇人稚子亦公然挺身为匪,虽加以显戮而毫不知惧,盖无人心之牿亡甚矣!"⑥1919年5月13日"时评"亦说:"夫匪亦人也,何以弃其良民之身分,甘心走险以取戮?揆其作匪原因,大抵习与性成者居少数,迫于生计者居大多数。"⑦此外1919年5月25日的"时评"也说:"年来直省……又见匪盗横行,杀人越货,行所无事,此其总因,固由生计问题之艰窘。"⑧1919年6月11日的"时评"继续强调说,土匪的出现,"不过无业游民,迫于饥寒,铤而走险"⑨。

《大公报》还指出,不少土匪由兵转成。1918年9月9日的"时评"《匪国之

---

① 无妄:《时评一·剿匪要策》,《大公报》1918年5月2日。
② 无妄:《时评一·匪势燎原矣》,《大公报》1918年9月12日。
③ 无妄:《时评一·大股女匪出现无妄矣》,《大公报》1918年8月20日。
④ 无妄:《时评二·直隶内部亦有匪祸矣》,《大公报》1918年6月4日。
⑤ 无妄:《时评一·匪索军械之骇闻》,《大公报》1918年6月17日。
⑥ 无妄:《时评一·妇稚亦为匪乎》,《大公报》1918年8月14日。
⑦ 无妄:《时评·直边又告匪警》,《大公报》1919年5月13日。
⑧ 无妄:《时评一·直隶之匪风》,《大公报》1919年5月26日。
⑨ 遯:《时评二·治匪在于知本》,《大公报》1919年6月11日。

征》在分析为何官兵剿匪成效不大的原因时说,兵中半为匪,匪中半为兵,兵匪联一家:

> 我国今日兵不为不多,械不为不利,而顾不能挫匪一毫,反令匪焰日张者,此何故欤? 无他,兵之中大半是匪,匪之中即大半是兵,兵与匪既联为一家,朝绿林而夕行伍,昨强盗而今官吏,遂比比而是,故纵械精饷足,适以藉寇兵而资盗粮耳,此所以养兵愈多,而产匪愈盛也。长此以往,欲求中国之不成为匪国盖亦难矣。①

此外,"官绅通匪"也是促使匪势嚣张的一个原因。对于山东匪患愈剿愈多,匪不惧兵,兵反惧匪的"怪象",《大公报》评论道:"此无他,盖官史与军警辄暗自与匪勾通,以故匪焰所至,如入无人之境,而人民之生命财产遂悉供其牺牲,是匪犹虎而官吏与军警实伥也。"②鲁省督军对于李德厚"前因其庇匪殃民而罢黜之,现又将任之为收匪司令","殆犹以匪祸为不烈,而又令与匪通气者为之扬其焰而助其势乎?"③直隶省的情况则更为奇特:"今永年县……当匪之肆掠村庄也,四城紧闭,若秦越之漠不相关,迨至匪去之后,乃为一种循例之勘验,以掩饰耳目",其地简直成了"匪之乐土"④。

3. 治匪之建言

《大公报》认为,要消除匪患,须对症下药,针对土匪产生的原因制定治匪的策略和办法。

首先,既然"迫于生计,铤而走险"是匪盗形成的主要原因,那么政府就必须宽筹生计,解决贫民生活问题,从根本上清除匪源。既然"迫于生计者居大多数,是则剿办固不可不严,而正本清源之道,自非宽筹贫民生计不为功"⑤。而"欲清盗源,首在振兴实业,俾贫民不致走险,而裁兵游勇亦可藉以安插"⑥。鉴于直隶地方"工厂之设立尚属寥寥","社会日见穷困",人民"生计之窘迫极",《大公报》建议振兴实业,广设工厂,让人民有工作,以解决温饱问题。"欲谋社会之安定,首在开辟贫民之生计。"⑦

---

① 无妄:《时评一·匪国之征》,《大公报》1918年9月9日。
② 无妄:《时评一·剿匪要策》,《大公报》1918年5月2日。
③ 无妄:《时评一·怪哉使庇匪者收匪》,《大公报》1918年7月23日。
④ 遯:《时评二·永年县果如是耶》,《大公报》1919年7月18日。
⑤ 无妄:《时评·直边又告匪警》,《大公报》1919年5月13日。
⑥ 无妄:《时评一·直隶之匪风》,《大公报》1919年5月26日。
⑦ 无妄:《时评二·亟筹贫民生计》,《大公报》1918年6月28日。

其次，政府也必须"重兵治匪"。匪患不除，百姓不安，对于为非作歹、怙恶不悛的匪寇，必须重兵搜剿："为严防匪祸计，正宜特派重兵分投搜剿，庶几有备无患，勿使人民重遭涂炭乎。"①在匪患猖獗的地方尤其应该如此，比如山东匪患扩张，"今则肆虐于濮县，距直境仅三四十里……仅恃县署之少数警备队，乌足以遏方张之寇？则直长官之握有重兵者，盍先出其一部分，以预杜匪源而保民命乎？"②

最后，针对匪徒"行踪飘忽东窜西突"的特点，《大公报》提出"各地联防"的策略。在联防方面，不仅要各县联防，更可各省联防。1918年5月6日"时评"《直鲁宜联合剿匪》中称："鲁匪窜入直境行窃……匪焰愈炽，匪胆愈张，直隶骎骎乎为山东之续，况乎剿此则窜彼，剿彼则窜此，将永无肃清之望。故剿匪之事，万不可划分省界，此联防政策之所以不再容缓也。"③6月5日的"时评"《联防治匪策》肯定"直属东光各县，为预防匪患起见，特订十县联约之法，此策甚善"，称若能实现数省联防则可使得"匪盗既无地以容，非就擒则散伙耳"④。8月17日发表的《联防为治匪上策》则说：

> 防匪与防敌异，防敌可以各分汛地，防匪则须通力合作。盖敌军之来，有一定之趋向，防御之者自不妨此疆彼界，各负其责。若匪徒则行踪飘忽，东窜西突，苟非四面兜剿，终难奏效。直隶藁城等县因东匪窜扰入境，预结七县联防之法，此诚治匪之要策，然仅仅七县联防，彼七县以外，犹不免受邻邑为壑之殃，必也由全省联防，推而至于各省联防，庶几有肃清匪祸之望也。⑤

9月10日"时评"《直鲁之匪祸》更明确指出，扑灭匪盗，采取"闭门拒盗，以求免无事，乃非策之善"⑥。此外，还有9月12日的"时评"《匪势燎原矣》肯定了"苏督军发起四省联防之法，洵属治匪上策"⑦。

总的来说，无论是对匪患状况的揭载、对造匪原因的分析，还是对治匪策略的建言，《大公报》均出于民本思想，因而均不无见地。

---

① 无妄：《时评二·严防匪患》，《大公报》1918年5月7日。
② 无妄：《时评二·直隶防匪不可缓矣》，《大公报》1918年8月23日。
③ 无妄：《时评二·直鲁宜联合剿匪》，《大公报》1918年5月6日。
④ 无妄：《时评二·联防治匪策》，《大公报》1918年6月5日。
⑤ 无妄：《时评二·联防为治匪上策》，《大公报》1918年8月17日。
⑥ 无妄：《时评二·直鲁之匪祸》，《大公报》1918年9月10日。
⑦ 无妄：《时评一·匪事燎原矣》，《大公报》1918年9月12日。

（四）宣传禁烟与戒奢

1. 禁烟的宣传

吸食鸦片的危害自不待言，清末新政以来各政府也一直主张戒烟禁烟。但是由于达官贵人带头吸食，所以政府禁烟公文也就成了一纸空文，烟馆、烟枪、烟民成为弱国病民的象征之一。有鉴于此，《大公报》提出"治烟犯用重典"的主张：

> 我国缔结禁烟条约，由万国协助，行之已十余年矣。而起视社会，播种者如故，贩卖者如故，吸食者复如故。毒焰熏天，终无肃清之一日。一言以蔽之曰，法律太宽。彼冥顽不灵者，无怪其藐玩出之耳。前闻大总统通令，对于烟禁条例，凡犯私种私运者处死刑，即私吸者亦处十年以上之徒刑。……吾知于黑籍中求生活者，纵不畏法，当亦惜死，偶尔触法幸而不死于法，仍不免瘐死于狱。犹敢以身尝试，吾不信也。①

禁烟须全面，鸦片、吗啡等兴奋类药品应一起禁绝。1916年10月，顺直国民禁烟分会②借南开中学校场地开禁烟大会，筹划直隶禁烟事宜，《大公报》对此举动表示赞同，发文称"是诚当务之急"，并建议，禁烟的同时更要注意禁吗啡。禁烟与禁吗啡要统筹安排，并且对于禁吗啡尤其要思虑周密："烟禁一严，则吗啡为害必多，事之所必然。"并且"吗啡之毒较鸦片之毒益烈，实与人命有关"，"倘顾于彼而失于此，良非所宜，今该会筹议及此，实为去毒根本之图……苟能对此筹一妥善良策，施行无阻，庶真造福吾民匪浅矣。"③

顺直国民禁烟分会规定，1917年3月31日为"鸦片末日"，自4月1日起直隶实行全面禁烟。在这样一个有历史意义的日子来到之际，《大公报》特发评论表示支持："昨日为鸦片禁绝期之末日，自今日起我中华民国区域内不得有一些洋土之进口，不得有一寸种烟之土地，不得有一家卖烟之店铺，不得有一个吸烟之人民，扫净瘴雾，还我百年前之干净世界，其快何如！"文章同时"敬告一般瘾君子及为鸦片营业家，当知晨钟发鸣时，即毒运告绝时，从前种种譬如昨日死，此后种种譬如今日生，逃出黑籍重作完人，万勿存死灰复燃之妄想，

---

① 遯：《时评二·治烟犯用重典》，《大公报》1919年6月7日。
② 中国国民禁烟会顺直分会，1910年11月成立，南开中学校长张伯苓为会长。
③ 心森：《闲评二》，《大公报》1916年10月12日。

以自罹于法网"①。

正如《大公报》上文所说,随着烟土禁严,"较鸦片之毒益烈"的吗啡一时"奋起",津沪两地频繁发生查获吗啡案。1918年2月26日,《大公报》发表题为"吗啡之祸福"的"时评"说:"津沪两地,查获吗啡犯之案几于无日不有。"文章肯定"热心禁烟者,辄顿足切齿于某国人之无良,毒我民以肥其国"的同时,特别提出:"我国人苟不嗜吗啡,若命彼国之吗啡,虽堆山积海,其能毒我乎?"若能这样,"俾我国之烟鬼得以早日肃清,从此改良人种或亦有因祸得福之效欤"②。当然,这只是《大公报》的良好愿望,在当时的社会不可能真正实现。

2. 戒奢的宣传

讲究奢侈,贪图享受,是中国社会的老毛病。尤其是国门打开以后,对西方先进制度、先进思想再三拒绝,却对别人高质量的生活羡慕不已,奢侈之风在社会上很快蔓延开来。《大公报》1916年10月4、5日连载《谈奢侈》一文,批评国人不顾实际,盲目追求西方国家的豪华生活:"海通以来,国人眩于洋货之丽都,西人之安泰,不自审其地位之何若,资产之盈亏,争相效颦。"在分析了这种追求奢靡生活的做法对个人、国家造成的危害后,继续说:"奢侈之必不可成长,已成铁案,毫无疑义矣。"在论述了戒奢的方法后总结道:

> 戒奢侈而假手于简易生活不可,借重于法律亦不可。戒之之道,在道德方面,苟能敦崇道德,奖励节俭,俾人人各怀自爱之心,为应分之消费,而不为孤注一掷之谋,则社会繁荣可期而万民得所矣。我国诚能自上焉者提倡节俭之风气,力辟浮靡之恶俗,则国势复振,或易可期,而民贫之病亦不难少瘳矣。③

《大公报》对戒奢之所以如此重视,是因为其认为追求奢靡、贪图享受不仅仅是个人生活作风问题,而且是败坏社会风气之根源,甚至关系到国家生死存亡:"改革以还,政治不进,而社会道德非常堕落。共和复活,其毒甚深,金钱主义之盛,至将数千年来所谓道德观念驱逐殆尽。利之所在,不惜违反法律,钩心斗角,以求苟得……吾惟愿政府国会须知,国于天地,必有与立,法律无效,

---

① 无妄:《时评·烟民听者》,《大公报》1917年4月1日。
② 无妄:《时评二·吗啡之祸福》,《大公报》1918年2月26日。
③ 李培禄:《言论·谈奢侈》,《大公报》1916年10月4—5日。

何以为国。"①

《大公报》认为,社会风气败坏的根源在于官场风气的败坏。1917年2月4日的《冷观小言》指出:"近来官吏犯赃作弊之风,较数年前大盛,而其胆大心凶,尤为前此所少有。"何至于此？或是"政治黑暗,久无清明之气,上行下效,如传染病之流行";或是不肖官员有投机心理,"利用地位,争为一攫饱飏之举"②。如此,使得国人浪费"成性""成癖","好浪费金钱,亦好浪费精神"③。

因此,《大公报》认为,治理奢靡的社会风气,必须从整顿官场风气做起,1916年10月27日,当闻知国会将提出"'勤俭'为立国方针案",且政府已表赞成时,《大公报》撰文对国会和政府此举表示欣赏,论述道:"国无论古今中外,凡能淑世者必先能淑身,万无有自身不能淑而遽能淑世者也,此一定之理。"并希望政府官员言行一致、率先垂范:"今国会既欲以勤俭二字定为立国方针,国会诸公之足迹,自兹而后,八大胡同当杳如黄鹤矣。"④

因为当时的中国社会种种"无一不腐败溃坏",所以无论以政治救济社会,或以社会救济政治,两者皆不可行。故而胡政之在《大公报》上提出了一个崭新的主张:养成健全的社会中枢(中坚),一方面救治政治,一方面救济社会。1918年2月15日,他在题为"社会与政治"的长篇社评中说:"人身有中枢焉,苟能强健其中枢,则他部分亦随之以强健矣！社会中有中心焉,苟能改进其中心,则全社会亦因以改进矣。"

何谓社会中枢？即"中才中产之人"。何谓社会中坚？"学者所谓社会中之中坚者是也。"这些"智识阶级之人物","隐有左右社会、促进群治之力"。"是故今日欲救中国,当先救社会,欲救社会,当制造中坚,此则今日智识阶级之人物所当自觉自奋者也。""方今任何国家莫不孜孜于社会中坚之改良进步。"中外历史经验表明,"自来风气之转移,往往由于少数艰苦卓越之士树之风声"。

如何"制造中坚"？文章指出:

> 今社会之腐败溃坏极矣,举世之人岂尽满意于今日之社会,使有志士者起淬厉精神,卓然自树,与恶社会相激战,则行见清新之气将由社会之

---

① 冷观:《论评·收买烟土案》,《大公报》1917年3月31日。
② 《冷观小言》,《大公报》1917年2月4日。
③ 《冷观小言》,《大公报》1917年2月5日。
④ 心森:《闲评二》,《大公报》1916年10月27日。

一隅,受举世之欢呼,以征服混浊之世风矣。使今日智识阶级之人物皆能保持本身之性行,不为恶社会所熏染,复能发展其能力,各从事于社会事业,不复局促于政治生活、恋恋于行险侥幸,则社会各级必有向风慕义者,国民之精神生活既为之一振,则社会自能发生健全之中坚。夫如是,则似是而非之爱国者、攘权谋利之野心家,自然不能容于中国,错综纷扰之政治问题不解自决矣。

其实,胡政之自己心里也很清楚,他的这一主张未免偏于理想化。在近代中国,知识分子难以有独立之地位,更不可能被养成为社会中坚。因而他在文中又写道:

> 所谓社会之中坚者,几不能存在于中国,而厮养仆隶或秉节钺,博徒便佞亦掌朝权,骄奢放恣,沉溺赌色,迹其所为,直下流无赖之行,而恶风所被,实已披靡,一国法律风纪扫地以尽,社会承其弊,阴霾污浊之气弥漫无际,益令举世中才中产之人反非同流合污,助长社会之恶风,即消极悲愤,益削减其本身能力,夫国家而至于无中坚社会,则亡国之祸,宁足蔽辜,充其所极,直有种族覆亡之惧。①

其无奈之情充斥字里行间。

四、新闻业务变革

(一)编辑业务改革

王郅隆时期的《大公报》,在胡政之的主持下,报纸编辑业务方面取得的建树是巨大的。1918年12月以前,胡政之亲自操刀掌勺;1918年12月后,胡政之在国外"遥控",因此这一时期的报馆经营和报纸业务是按照胡政之的构想稳定运作的。

1. 报纸版面变革

胡政之对《大公报》进行多次版面改革后,报纸版面与英敛之时期的相比,不仅更加便于读者阅读,而且更加接近于近代报纸的要求。

---

① 冷观:《社论·社会与政治》,《大公报》1918年2月15日。

《大公报》自 1902 年创刊以后一直是书册式,即整版直排,分上下两栏,栏之间留一空白,每栏都加以边框,对折以后即可装订成册。在具体规格上,为细线版框,日出两大张共八页,每页两面,版高二十一厘米,包括中缝宽十一厘米。题目为二号字,小标题和正文为四号字。文字顶格,正文无标点。这个版式从创刊到 1916 年几乎没有什么变化。

胡政之主持后,从 1916 年 11 月 10 日起,《大公报》版式开始发生新变化,首先是版面将垂直的两栏改成四栏,由书册式改成了通栏式。1917 年 1 月 28 日开始,《大公报》版面发生第二次变化,每版四栏变为六栏,后又变成八栏,同时编排也有很大改进。每版还配有与栏目主旨相配的图案,并在一定时间内基本固定,从而强化了栏目的概念。在字号方面也进行了调整,各种字号大小间隔、搭配,提高了版面的利用率和美观度。同时,受新文化运动的影响,从 1920 年 7 月 1 日开始,《大公报》所有文章都使用了新式标点符号。

2. 各种专栏设置

胡政之主持《大公报》的另外一个明显变化,就是设置各种栏目,这样不仅丰富了报纸内容,而且强化了报纸功能,增加了报纸的可读性,进而提升了报纸的影响力。

(1) "特别记载"专栏

如胡政之在预告中所说,设"特别记载"栏的用意,就在于"随时介绍海内外名流意见,使读者兴趣横生,多得实益"①。该专栏由胡政之亲自主持,是这一时期最有特色的栏目。该栏每期刊登一位名流谈话记录,谈论的话题从政治、外交、财政到社会、文化、教育、思想,访谈对象不限于中国人,也有外国在华名流。专栏除了文字还配发照片。为保护版权起见,每期都标明:"内外各报有转载本栏记载者,请书明系由本报转录。"

"特别记载"栏于 1917 年 1 月 28 日开栏。第一期发表的是采访李经羲的谈话笔记,题目是"军民分治与军民合治"。李经羲是李鸿章之侄,1913 年 12 月被袁世凯任命为政治会议议长,翌年 5 月改任参政院参政,不久又改任审计院院长。1916 年 6 月袁死后,李经羲避居天津。1917 年夏"府院之争"期间,李一度被黎元洪任命为国务总理兼财政总长。后因张勋复辟事起,就任不足一周即去职,被人称为"短命总理"。《大公报》发表李经羲谈话时,正是李重新出

---

① 《阴历新年本报大改良广告》,《大公报》1917 年 1 月 15 日。

山的前夕。谈话表达了他的一些治国想法。之后的几天,"特别记载"栏陆续刊出对梁启超、蔡元培、林纾、张弧、汤漪,以及日本驻华公使林权助、日本横滨正金银行董事小田切万寿之助、《朝日新闻》驻北京记者神田正雄、美国《芝加哥报》和《京津泰晤士报》北京通讯员等人的访谈录。这些访谈录在写法上比较灵活,有的是胡政之与采访对象之间的"谈话笔记",有的是采访对象回复的"书简"。

"特别记载"栏所发表的文章不仅形式灵活、变化多样,而且内容很有价值。比如1917年1月30日发表的《梁任公今后之社会事业》,梁启超在文中谈到今后的社会事业时,指出了国人精神上存在的两个弱点:一是思想卑下,一是思想浮浅。并说这种"精神病"若不根除,则多一种主张即多一重争执,多一人活动即多一重纷扰,无论如何终归无望。他为此提出两条针对性的救济方法:一是人格修养,一是学问研究法①。又比如1月31日发表的对日本《朝日新闻》驻北京记者神田正雄的访谈录《与友邦同业诸彦书》,文中提出新闻记者要独立、公平,担当起指导国家社会的责任;人格修养不足、用力不勤是新闻记者的两大弊病;新闻从业者要有世界眼光,不偏不党,才能尽责②。

当时,新文化运动蓬勃开展,新旧两种文化的斗争十分激烈。《大公报》亦紧跟时事,2月1日在"特别记载"栏发表北大教授林纾题为"论古文之不宜废"的谈话,文中坚持守旧主张③;2月5日又刊出《北京大学校长蔡子民先生与本报记者之谈话》,公布蔡元培倡导职业教育、革新大学教育的理想④。两种对立的思想相继出现在一个栏目里,体现了栏目主持者的包容心态与对于热点话题的敏锐捕捉。

(2)"教育"和"实业"专栏

《大公报》1917年1月10日刊登《本报特辟教育实业专栏预告》,称:"本报同人以为今日救国大计惟在教民、富民,故教育、实业乃国家存亡关键。拟即日于本报特辟教育、实业专栏,广搜名家论著介绍、调查报告,披露各种成绩,以供爱读诸君参考,海内外同志如以关于此类资料惠寄刊登,无任欢迎。"⑤1月15日,《大公报》在《阴历新年本报大改良广告》中又说,"特设实业、教育专

---

① 《特别记载·梁任公今后之社会事业——任公先生与记者之谈话》,《大公报》1917年1月30日。
② 《特别记载·与友邦同业诸彦书》,《大公报》1917年1月31日。
③ 《特别记载·论古文之不宜废》,《大公报》1917年2月1日。
④ 《特别记载·北京大学校长蔡子民先生与本报记者之谈话》,《大公报》1917年2月5日。
⑤ 《本报特辟教育实业专栏预告》,《大公报》1917年1月10日。

栏,披露调查报告,介绍时贤论著,以资有志者之观摩",以达到教民、富民的目的①。

1月28日,《大公报》"实业专纪"专栏开栏,第一期发表《模范公司节省经费之实例》《中国畜牧事业》等文。次日,"教育专纪"专栏开栏,第一期刊登了日本学者的《科学的教育》、蔡元培就任北大校长的演说词等。实业和教育两种"专纪",分别设立"论著""演说""笔记""文牍""调查""专件""丛谈"等小专栏。两种专栏隔日刊出一次,"倍蒙社会赞许"。当时,战争频仍,"城头变幻大王旗",报纸普遍只重视军事、政治新闻,而《大公报》将眼光投向实业和教育这两个建设领域,创办这两个栏目,切切实实愿为国家做点事,实属难能可贵,无疑表明了该报主持人胡政之高瞻远瞩的眼光和对国家的责任心。

(3)"文艺丛录""讲坛""经济"等专栏

"实业""教育"两个专纪栏目的成功,使《大公报》人倍受鼓舞,激起他们再接再厉的勇气。1917年5月13日,该报刊登广告说:"兹为保存国学、奖进文艺起见,定于本月十五日起,在第三张增辟文艺栏,已商请林琴南、马通伯、姚叔节、吴辟疆诸先生将最新著述尽先寄登本报,以增读者诸君文学之趣味,海内名人硕彦如以鸣著诗古文词见赐,无任欢迎。"②15日,"文艺丛录"按计划开栏。开栏《启事》说:"阅者注意:从本日起,添辟文艺丛录,排日分登诗文词各类,按次编列页数,俾便阅者装订成册。"第一号"文艺丛录"刊登署名"叔节"的两文,一为《蜕私轩诗文说跋》,一为《清封中宪大夫姚君墓志铭》。该栏篇幅不大,但每日均有,且排版独特。

1918年2月15日,《大公报》"讲坛"专栏与读者见面。该专栏设于新闻栏中,用于"介绍中外学者实务家之学说意见,以期提倡学术,且供事业家之参考"③。

同年5月4日,《大公报》刊登《本报特别启事》,称:"本报为提倡经济学识起见,于第二张特辟经济专栏,披露国内外最新经济论著及各国关于经济界之设施并记述各地经济状况,以供国中留心经济事业者之参考。每星期一日登载一次。即从下星期起实行。"5月6日星期一,"经济"栏按时开栏,篇幅为第二张一整版,设"论著""译件""参考资料""调查文件"等小栏目。胡政之在当

----

① 《阴历新年本报大改良广告》,《大公报》1917年1月15日。
② 《本报第三张增辟文艺栏广告》,《大公报》1917年5月13日。
③ 《注意阴历新年后之本报》,《大公报》1918年2月1日。

日发表的"社论"《解决国民生计问题之前提》中谈到辟设"经济"专栏的初衷：

> 不佞自主斯报，即以普及世界智识，贯导经济思想自励，愿宏力薄，收效至寡，近顷匪乱四延，祸机益迫，国中识者渐渐注意于国民经济一途，窃愿本其理想，顺兹大势，传导世界经济新思想，介绍各国经济新设施。凡关经济事项，可以策励政府，指导国民者，悉搜罗于经济专栏，以告国人。期于日报之中，附参杂志之色彩，窃望海内外同志，赐以宏篇，赐以资料，俾补个人之力所不逮，则尤不佞所愿，为国民九顿首以谢者也。①

(4) 关于"思潮""世界新潮""经济大势"专栏

欧美之旅进一步开阔了胡政之的眼界，他认为中国要发展、要进步，必须加强与国际的交往，尤其是与西方发达国家的交往，以吸取它们的先进知识。1920年5月28日，胡政之回国抵沪，在上海报界欢迎会上说："鄙人此行感触最深者，一为我国与外国人隔阂太甚，必须注重国民交际……"②因此，他打算在报纸上开辟一些新的专栏，向国民普及世界知识。6月23日，胡政之在《大公报》刊出《注意本报大改良》，宣布《大公报》将于7月1日起"大改良"："（一）系统的记叙世界最新潮流，养成国民世界的判断力；（二）聘专门家担任各门通信，确有指导社会的能力，并由本报记者以最新智识撰述论文，指示社会改造的正鹄；（三）特辟思潮栏提倡新文化；（四）特辟社会之声一栏为社会公共发表意见之机关；（五）注重社会新闻，供给社会改良家的参考资料；（六）特立新刊批评一门，延聘专门家批评新版书籍，俾读书界知所别择。"这则启事中预告了"思潮""社会之声""社会新闻""新刊批评"等一系列专刊、专栏即将诞生。

7月1日，胡政之在《大公报》发表的《本报改造之旨趣》一文中，又特别提到"思潮"专栏的设置：

> 吾国社会所最缺者，为世界智识。自来报纸所载世界消息，或传自机关作用之通信，或译自辗转传闻之外国报，东鳞西爪，模糊不明，以致读者意趣索然。本报今后于世界潮流，国际形势，当编成系统，记叙本原，以期养成国民世界的判断力。民治国家者，以举国之力，治一国之事。……是以今之国民，人人当有政治能力。欧美之人，朝为平民，夕任国务，肆应之

---

① 冷观：《社论·解决国民生计问题之前提》，《大公报》1918年5月6日。
② 《紧要记事·上海报界欢迎本报记者胡政之君》，《大公报》1920年5月30日。

际,措施裕如,即匹夫匹妇,平居议论,于国政利病,亦往往洞见症结,确有见地,非修养于平日,曷克有此。……此实吾人所当效法。而本报所愿以灌输政治常识自勉者也。①

对向国民普及政治常识的意义有如此明确的认识,在百年报业史上,胡政之算得上是先驱之一。

为了办好"思潮"专栏,胡政之采取"开门办栏"的方针,以有偿征文的方式征求高质量文稿。自6月27日起,《大公报》连续几天刊登"思潮"栏目的征文广告:"本报从七月一号起,在第三张特辟思潮栏,欢迎科学、文学、哲学、艺术、社会学诸文字,报酬每千字自一元至五元,尚乞学界诸君不吝教益为幸。"

《大公报》"思潮"栏于1920年7月1日在第三张第五版正式开栏。其"宣言"说:"本报为顺应世界潮流,提倡文化运动,故特辟思潮一栏,用研究的精神求事理的真诚,不挟派别的意味,为一家一说张旗鼓。愿陈列其所知以供社会的批判,不愿矫饰其说,诱致社会于盲从。"该栏设置了"研究""名剧""名著""新小说""文学批评""美学研究""哲学研究"等小目,内容十分丰富。

同时,"世界新潮"栏目也于同一天创刊,首期发表《欧洲人之废战运动》。

7月3日,"经济大势"专栏创始。首期发表《欧洲经济之自救》。此后,"思潮"栏每天出版,"世界新潮"和"经济大势"两个栏目与前面两个专纪栏一样,基本相间出刊。"世界新潮"栏主要发表各国有关社会变革的文章,如《日本自由劳动者组合之真相》《劳农俄国之真相》《爱尔兰问题回顾与前瞻》《国际劳动会议之进行》《俄国最近之联工会》《英国议院中之爱尔兰自治案》《世界女子之解放运动》《乌克兰之政象》《法国解放总工会详纪》等;"经济大势"栏主要发表有关发达国家经济建设的报道,如《商业上英美之争霸》《日本之经济与恐慌》《俄国工业之未来观》等。

在现代办报思想的支配下,胡政之还改良广告栏。1920年6月23日刊登《广告改良的广告》,称《大公报》决定打破常规,采取"中国报界破天荒的创举":"从七月一号起,把封面地位腾出,专登和社会关系最密切的小短期广告。"使财力不富裕的广告客户能够"出最少的钱登最好地位的广告"②。

总之,访欧归来的胡政之试图通过报纸业务改良的办法创办各种专栏、专

---

① 政之:《论坛·本报改造之旨趣》,《大公报》1920年7月1日。
② 《广告改良的广告》,《大公报》1920年6月23日。

刊,"愿以绵薄之力"把《大公报》推上现代化的路径。这既是王郅隆时期《大公报》的一大亮点,也成为《大公报》的一个优良传统。胡政之改革报纸业务的做法和《大公报》的变化,领当时中国报界风气之先。

(二)新闻记事改良

1. 重视新闻报道的"真确公正"

1917年1月,胡政之在《本报之新希望》中说:"吾以为新闻事业之天职有二,一在报道真确公正之新闻,一在铸造稳健切实之舆论。而二者相较,前者尤重。盖新闻不真确、不公正,则稳健切实之舆论无所根据也。"在胡政之看来,记事要先于言论:"新闻界非先从改良新闻记事、博得社会信用入手,不足以言发表言论。即发表言论,亦不足以言铸造舆论也。要之,本报之新希望在秉其奋斗之精神,益益改良新闻记事,以为铸造健全舆论之基础。"①也正因此,胡政之改良《大公报》,首先从"改良新闻记事"入手,以保证新闻报道的"真确公正"。上任伊始,他便将原报馆中几个待在家中凭想象制造"专电"的访员(记者)辞退,同时在北京聘请林白水、梁鸿志、王峨孙等为特约访员,每天通过电话向天津发消息,或以快邮寄稿②。

当时,天津先后办起了平民通讯社、世界通讯社等十几家通讯社,所发稿件质量参差不齐。胡政之虽然很重视使用中外通讯社的稿件,也重视转载其他报纸上的新闻,但是他不以此为满足——报纸要办出特色,还得有自己采访到的独家新闻。于是从1917年7月至1918年9月,《大公报》馆分批在保定、济南、青岛、开封、西安、太原、汉口、奉天、广州、成都、长沙、南京、上海等地招聘访员"专司采访","使南北消息捷于影响"③。胡政之不仅要求访员们及时到新闻发生地采访,狠抓独家报道,而且特别强调新闻报道的准确性与真实性。1917年2月25日,他在"论评"中指出,无论是内政还是外交方面的信息均很重要,并且不能轻而易举地得到,访员必须下功夫周全探访,任何一点捏造或虚构都是不能容许的。他说:

> 夫公府会议何等重要,而偏偏有访员敢于假造,又居然有报馆为之登载,若不辨其为假造者,访员之胆大、编辑之无识者,皆新闻界之大耻也。

---

① 冷观:《社说·本报之新希望》,《大公报》1917年1月3日。
② 付阳、王瑾:《胡政之与1916—1920年的〈大公报〉》,《书屋》2004年第12期。
③ 王咏梅根据《大公报》招聘访员广告整理,见王咏梅:《胡政之评传》(待出版)。

> 吾国政治,凤尚秘密,政界与报界隔阂尤甚,故政界要闻至难探悉,况事关机密,虽国务员亦不能人人尽知,知之亦绝不肯轻于漏泄。内政如此,外交犹然,虽总理、总长左右亲昵之人犹不能知其真相,故吾侪新闻记者只能博访周探,然后略可得其近似。

如若访员漫然以未经核实的消息"充溢篇幅,其于职务未免太不忠实,对于读者亦未免诈欺取财。况一纸谣言传播社会,又以淆乱观听",此乃新闻界的又一耻辱①。因此,他要求访员和编辑对此高度重视,格外慎重,以确保本报新闻报道的准确性和真实性。

2. 注重重大事件报道

在新闻记事改良方面,除了注重新闻的"真确"外,胡政之还特别注重对重大新闻事件的报道。一旦有重大政治、军事事件发生,尤其在"国际关系至为复杂,军事情态尤多变化,事实真相不易明了"之际,或遇到"关系全球,而事实真相仅凭邮电遥传,未易明了"的国际新闻发生之时,胡政之都是亲自出马进行采访报道。在这段时间,《大公报》对重大事件的报道,搞得风生水起、有声有色,不仅超过了英敛之时期的本报,甚至已超过了同时期其他报纸。

举其大者,在内政方面,有府院之争、张勋复辟、南北对峙、新国会选举、南北议和、直皖战争等,在外交方面,有郑家屯事件、满蒙问题、青岛问题、老西开事件、中日军事协定、中日借款、巴黎和会,以及由外交问题引发内政的五四运动等。从上文具体事件的叙述中可以清楚地看出,《大公报》对于重大事件的报道有显著特色:就某一件事的报道看,具备系列性、全方位性和立体性。所谓系列性,是指对一件事的多个环节的报道。比如对府院之争,从"组阁"争论报道到"对德宣战"分歧报道,一环扣一环。所谓全方位,是从各个侧面进行报道,比如对五四运动,注意报道各方面的动态和反应。所谓立体性,是指报道方式采用专电、消息、通信、特写,再加上言论,构成立体性,比如对巴黎和会的报道即是如此。再者,这一时期对所有重大事件的报道,一件接一件,前后连贯,如电视连续剧一般,能够持续吸引读者。

"重大事件报道"成为《大公报》史上的"闪光点"和"传家宝",以至于在日后被反复提及和展示。比如对反对张勋复辟的报道:1931年5月22日,《大公报》发表的记述本报历史的《从一号到一万号》中写道,该报第二时期,"尤以七

---

① 冷观:《论评·外交新闻可假造耶》,《大公报》1917年2月25日。

月张勋复辟之役,本报言论纪事,精确明敏,段合肥马厂誓师之日,梁任公、汤济武两先生与之俱,当日誓师情形,即任公书寄本报发表者也"①。多年后的1943年9月5日,胡政之还说:"张勋复辟之役,本报言论记事,翕合人心,销路大涨,一时有辛亥年上海《民立报》之目。"②2002年《大公报》创刊100年时,《大公报》编辑出版的丛书《〈大公报〉小故事》也收录了此事:"在反对张勋复辟事件中,记事精确,立论中肯,赢尽口碑,《大公报》报纸销量,从三千增至逾万"③,成为英敛之以后的又一个高峰。关于这一盛况,《大公报》当时就有记载:"本报日来销路飞涨,工人印刷劳苦异常。"④

3. 系列通讯写作

系列通讯写作与刊载是王郅隆时期《大公报》新闻业务进步的显著表现,不仅成为"重大事件报道"的必要组成部分,而且成为重要问题报道的重要方式。

这一时期《大公报》上发表的产生重大影响的系列通讯,当属胡政之的东北《旅游漫记》和《欧美漫游记》。

(1) 东北之旅与《旅游漫记》

"一战"结束前夕,远东的局势越发变得扑朔迷离。西方各国出于对刚刚成立的俄国苏维埃政权的恐惧,于是以协约国的名义联合出兵西伯利亚,对当时的俄国内战进行武装干涉,中国北京政府亦以"护侨"名义派兵进驻符拉迪沃斯托克(海参崴)⑤。对这一个极有价值的新闻题材,胡政之当然不会放过,决定作东北之旅:

> 自捷克军⑥崛起于西比利亚,协约各国因缘机会,联军西进,日本军执扫荟荆棘之劳,而军事协约遂成不得不实行之势。此一场公案将来于世

---

① 《从一号到一万号》,《大公报》1931年5月22日。
② 胡政之:《回首一十七年》,《大公园地》1943年9月5日第7期。
③ 《〈大公报〉小故事》,香港《大公报》2002年版,第114页。
④ 《本报特别启事》,《大公报》1917年7月5日。
⑤ 俄国十月革命后,西伯利亚地区仍处于红军和白军混战之中。当时,滞留在这里的100多万华侨的生命和财产受到严重威胁,他们不断向当时的北洋政府发送告急电文,希望政府能够想办法救他们于水火。在几经外交斡旋不成功的情况下,中国政府不仅派出了军舰,而且派出了包括步兵、骑兵、炮兵、工兵、辎重兵和机关枪部队在内的陆军四千多人,分六批陆续开进了西伯利亚,执行护侨任务。
⑥ 指1917年在俄国组建的捷克斯洛伐克军团,通称"捷克军团",该军团由捷克民族主义者组建,为沙俄效力,攻击德奥军队。十月革命后,该军团在苏俄允许下向东运动,计划在远东乘船返回欧洲,却在中途反叛,成为俄国内战中白军的重要支持者。

界大局有何结果,于日本国家是祸是福,于中国将来利害何如,均为一难解之谜,非敢率尔断定也。惟其如是,故吾人于此问题,乃益觉有无尽之兴味。①

因此,早在北京政府决定派遣军队至海参崴时,他就打算"请愿政府,为从军记者,随师远征,以便研究此方面形势",只是考虑到时局未定,加之他进入《大公报》履职不久,不便久旷离开。经过一段时间的准备后,胡政之"乘各方面友人之赞同,及东西洋知好之协助",并为此行"谋得到种种之便利"后,于1918年9月12日出发前往东北,进行实地采访。

胡政之此次东北之行,一是"以哈尔滨为中心探考北满最近情形",二是"以海参崴为中心而研究列国对俄政策"。他12日当晚从天津出发,经奉天至吉林,由吉林至长春,从长春到哈尔滨,由哈尔滨到海参崴,至10月中旬回到天津。在一个月的时间中,他马不停蹄,足迹遍布整个东北北部,采访了各色人等,了解了大量情况,共写出十四篇通讯,从1918年9月17日至10月14日在《大公报》"专件"栏上以《旅游漫记》为总题陆续刊出。为了引起读者注意,从9月17日起,《大公报》还特地多次刊登《本报特告》:

  德势东侵,联军西发,中日军约实行,北海风云方急。本报关于此等消息记载,向极周详,惟国际关系至为复杂,军事情态尤多变化,事实真相不易明了。本报记者胡冷观君有鉴于此,特于十二日出发,为北满之游,将以该方面各种情形,举其调查所得,通缄本报告之国人。②

在这一组系列通讯中,胡政之详细而全面地记载了当时北满的严峻形势:

从奉天出发向北行,"入南满车,觉与两年前有异者,第一俄国人之多,第二日本人乘头等车者之众。前者大致系受俄国变乱之影响,后者足征日人生活状况之增侈"。"自奉天以至吉林,令人尤感苦痛者,货币之复杂以外,辅币尽绝是也。"对此,胡政之痛心地写道:"民间生活程度日高一日,官厅竟无人过问。但图军政费之便利,滥发又滥发,而外人更因而加厉。人民膏血转瞬为无数小钞票吸削尽矣,宁不痛哉!"③

当时的吉长路,"实权渐次移于日本人之手,除总局职员多用日人外,各站

---

① 冷观:《专件·旅游漫纪·一、汽车之客》,《大公报》1918年9月17日。
② 《告示·本报特告》,《大公报》1918年9月17日。
③ 冷观:《专件·旅游漫纪·二、奉天至吉林》,《大公报》1918年9月18日。

副站长悉为日人……车资近来增加三分之一……令人不胜慨喟"①。

在吉林,胡政之碰到一位"政界有力者",他告诉胡说:"日军初到北满时,态度极为强横,硬索营房,求守桥梁,确有其事;近来行动少少敛迹,中外颇能相安。"还说,"日本态度所以近趋和平者,大致与美国有关"②。胡政之将此"政界有力者"的谈话报道出来,希望引起朝野对日本的警惕。

9月22日关于中东铁路的报道中,胡政之指出:"中东路名虽中俄合办,实则法俄合办。"由于中国初未投资,在其中工作的华人员工生活状况十分糟糕。胡政之分析了中俄之间关系之诡秘,希望朝野对此同样要保持警惕③。

从哈尔滨到海参崴,胡政之再一次目睹沿途惨状:"中东路车行极迟,机关车不烧煤,而以木样做燃料。车中无电灯,入夜燃洋烛,俄役犹靳不多著,每次仅置二三寸许,燃之少顷即尽,时时成黑暗世界。"戒严中的海参崴的状况更糟:"入夜十一时半……街市大抵暗黑,无汽灯,车疾驶声与军队巡逻声随处可闻。"④

胡政之在海参崴历访白俄霍尔瓦阿特中将、日本大谷总司令、捷克军团总司令部参谋基尔沙博士及"各国有力者"后,得出这样的结论:

  所谓举世注目之西比利亚问题,实以军事为名而外交其实,英、美、法、日为制止德势东渐起见,各欲建筑地盘于俄国,而以出兵为获得发言权之根据,其间勾心斗角,观察之极有趣味。某外人语予,西比利亚事,外交占九分,军事仅占一分,可谓一语破的。⑤

除上述耳闻之外,在本次东北之行中,胡政之还目睹了日本人在北满势力之大,及日本军人态度之蛮横,给当地造成很大危害:"日军所到之处,拉夫役征车马,种种骚扰自不可免。"日军与中国军队每起冲突,"我国驻防各军怵于日人之虚势恫吓,不待总司令部命令仓皇撤兵,擅离防地,国军威誉,扫地净尽,外辱之来又何怪耶?吁!"⑥日军在这里不仅横行霸道,他们还以"出兵西比利亚军资浩繁"为借口,"特发行军用手票,强制通用"⑦,造成金融市场的混乱。

对于中国在西伯利亚的护侨情况,胡政之在报道中指出,中国驻海参崴领

---

① 冷观:《专件·旅游漫纪·三、吉长路之今昔》,《大公报》1918年9月20日。
② 冷观:《专件·旅游漫纪·四、北满情形一席话》,《大公报》1918年9月21日。
③ 冷观:《专件·旅游漫纪·五、中东路之过去与现在》,《大公报》1918年9月22日。
④ 冷观:《专件·旅游漫纪·七、海参崴道中》,《大公报》1918年9月30日。
⑤ 冷观:《专件·旅游漫纪·八、军事其名外交其实也》,《大公报》1918年10月1日。
⑥ 冷观:《专件·旅游漫纪·十四、日本人在北满之活动》,《大公报》1918年10月14日。
⑦ 冷观:《专件·旅游漫纪·十三、日本军用手票》,《大公报》1918年10月8日。

馆的官员尚能尽责,现任总领事邵恒濬"到任数月,于侨胞之保护不遗余力,虐待华侨之不法俄警因邵君之抗议指责而下狱者,至数十人之多,故华侨深德之。……领馆人员不过三四人,外之外交谈判,内之侨民词讼,均赖肆应主持,而国际情态之调查,军事行动之报告,凡亦为领馆之责任,邵君独力支持,其勤苦有足多者矣"。中国"驻崴海容舰长兼海军代将,节制驻崴海陆军队之林建章君"为人为事,相当不错,他"为海军中有名人物。……(与现任领事邵恒濬两人关系)近已水乳交融矣。舰兵共三百余人,从前曾与协约各军登岸分任巡逻卫护之责,颇不辱命,故侨民对于水兵感情殊佳也"①。

通过这次东北之旅,胡政之感触颇深。他说,即使只是短时间在前方走一走,做个"游军记者",也"终胜于闭门空谈"。一个月的行程中形成的内容丰富而扎实的十四篇通讯,将"一战"后期错综复杂的远东局势有血有肉地报道给读者,并提出了许多令人警醒的问题。

(2) 世界之游与旅游通讯

胡政之此次世界旅游通讯是他巴黎和会采访的副产品。他在谈到采访巴黎和会的行程时说:"吾之目的地虽在巴黎,顾以新大陆之文物,心醉已久,而日本又实吾新知识之发源地,去日七年,变迁已多,因于游欧之便,绕道日本美国。将来归途,若得乘西比利亚火车东旋,则此行直绕世界一周,亦一快事也。"②所以,他利用采访巴黎和会的机会,先绕道游历日本、美国,巴黎和会后又出访欧洲数国。胡政之此次出外采访所撰写并发表的旅游通讯,除了以巴黎和会为主题的四篇"巴黎特约通信"外,还有《欧美漫游记》《比利时纪游》《意大利视察略纪》《瑞士纪行》和《余所见之德国》等。

其中,《欧美漫游记》是巴黎和会前的作品,共四篇。

第一篇《北京横滨间之行程》详细报告了从北京到横滨的一路行程。

由于要等候 12 月 12 日"哥伦比亚"号轮船赴美,胡政之利用三天闲暇时间做东京游历。第二篇《三日间之东京》报告游历东京的见闻:

> 概括言之,则日本一般社会经济状态之改进是也。洋服店、汽车遍地皆是。……私立银行之多,会社规模之大,足证其资金之余裕。……再从国民精神上考之,出版物之丰富,书籍销场之大,均远过从前,可见智识

---

① 冷观:《专件·旅游漫纪·十二、领馆与军舰》,《大公报》1918 年 10 月 6 日。
② 胡政之:《专件·欧美漫游记·一、北京横滨间之行程》,《大公报》1918 年 12 月 16 日。

欲亦随经济力而发展。

胡政之看到日本国的巨变后，自然联想到中国的情况："余观日本现状，固不胜今昔之感。返观七年来之中国，坐失机会，尤不胜其惭恨太息矣。"①

胡政之所乘"哥伦比亚"号轮船，12月12日午后三时由日本横滨启航，行十日后于22日半夜抵檀香山。由于船要在檀香山停留八小时，胡政之便与几位同行者乘汽车"周游（檀香山）全市"。《欧美漫游记》第三篇《太平洋上之生活》报告了船行太平洋所见之美景，重点为周游檀香山市区见闻。该篇中有一处文字特别值得注意：

> 考其（夏威夷）发展之初，吾国民族实大有力，盖千八百六十五年有华人五百人来此开垦，是为移民入境之始。……近年日本经营是地不遗余力，华人事业多为所夺。……日人善于研究欧美人性情风俗，凡有商业，悉能投外人所好，视吾国人故步自封者，优劣之数不待论也。②

华人实为檀香山的开拓者，其事业后多被日本人夺取，系由故步自封保守性所致。字里行间流露出作者深沉的反思。

"哥伦比亚"号船于1918年12月23日午后一时由檀香山起航，行7日，于30日午后八时抵旧金山。在这里住三日，1919年1月3日易车东行，1月7日抵纽约。《欧美漫游》系列通讯的第四篇《金山与纽约》报告在旧金山与纽约两地的见闻。胡政之在纽约逗留一周后，于1919年1月14日乘船前往法国，23日抵达巴黎，开始了他此次欧洲之旅的主要工作。

《比利时纪游》为巴黎和会期间的作品。巴黎和会后期，参与和会的各国报界同人组织了一次比利时游历团，胡政之亦参与其中。游历团6月6日乘车前往比利时访问，9日抵布鲁塞尔，12日返回巴黎。在巴黎，胡政之写了《比利时纪游》向国内读者报告此次游历比利时的见闻与感受。胡政之首先说："余等在平和会议各国报界同人近组织一比国游历团，承比国朝野各界之招待，赴比游历前后七日，遍历全境，益不胜其感荷之情。今择要叙纪于次，望吾国民阅吾报者，以人例我，痛自猛省，勿视为寻常纪行之文，则记者幸甚，中国幸甚。"随后详细介绍了比利时人民与德军"血战"的英雄事迹，尤其是抗击德国侵略者的"海军壮史"，也揭露了德军在这里烧杀抢掠的暴行。最后，胡政之写

---

① 胡政之：《专件·欧美漫游记·二、三日间之东京》，《大公报》1918年12月18—20日。
② 胡政之：《专件·欧美漫游记·三、太平洋上之生活》，《大公报》1919年2月7日。

道：在欧战爆发之初，小国比利时在强大德军侵略面前尚敢于"以弱抗强，以小敌大"，因而被推为"一战"协约国获胜的"首功"，深受世界爱好和平人民的敬仰。"比利时诚世界文明之恩人也，比利时人民诚世界国民之模范也。"比利时被人称道者，除了战时敢于与强敌"血战"外，还表现在战后的建国精神，"虽满目疮痍，而举国上下不怨不悲，一意为恢复发展是谋，此等精神，非我国民所当奉为模范者耶？""世变万端，国难方亟，比利时人牺牲之精神与发展之途径，望我国民一一志之。"①作者时时处处不忘提醒国人反思、警醒和奋发。

《意大利视察略纪》《瑞士纪行》和《余所见之德国》三篇通讯则为巴黎和会结束后的作品。

受意大利政府邀请，采访巴黎和会的各国新闻记者一行二十二人7月5日赴意大利参观采访，8月1日返回巴黎，历时二十八天。胡政之返回巴黎后写的通讯《意大利视察略纪》记载了此次活动的经过，其内容主要有意大利"战场之特色""意国之民情""意国之经济"。意大利山区多，平原少，工业发达，尤其是"飞机事业最盛"。胡政之在记叙参观"米兰机厂"、铁工厂、汽车厂等实业厂家后写道："吾国民若不足踏实地从科学制造下功夫，虽罢市停学，只足增添外侮而已。"②

8月19日，胡政之自巴黎赴瑞士访问并居住两个月，其间撰写通讯《瑞士纪行》。胡政之说："瑞士立国于欧洲中部，介在德、法、意、奥之间，以弹丸黑子之地，政治昌明，教育发达，实业繁盛，俨然与第一等国颉颃。……论其领域，不及中国一小省，而国家之富力则远过我国不啻几倍蓰。若夫风景之美丽，世界固久有盛名。余游此邦，诚欲于研究学术之便，一亲湖山之颜色。"故该篇通讯写的均为瑞士风光：多熊之伯伦、毗尔根山顶的生活、间湖小镇之盛景、蒙突之湖光山色③。

11月19日，胡政之离开瑞士，前往德国，25日到达德国首都柏林，至12月27日离开柏林折返瑞士，并撰写了此次欧洲之旅的最后一篇通讯《余所见之德国》。这篇长篇通讯从1920年3月2日起在《大公报》上连载，详细记载了他在德国考察一个多月的见闻。该文最后报告留德中国学生之苦状时饱含感情。作者写道："吾之通信至此本已可告终结，顾有一事为余所不能不言，亦余所不忍不言者，即留德中国学生之苦状是也。"接着详细描述留德中国学生生活的

---

① 胡政之：《专件·比利时纪游》，《大公报》1919年8月20—26日。
② 胡政之：《专件·意大利视察略纪》，《大公报》1919年10月5—7日。
③ 胡政之：《专件·瑞士纪行》，《大公报》1919年10月21—22日、24日，11月14—17日。

苦状：

> 曩在战时，食粮缺乏，生活之苦实逼处此，因是留学生之病且死者不少其人。今则时际平和，粮食渐多，而留学生之苦也如故。盖食品虽增，而德币奇跌，物价飞涨，视战前有涨至二十倍者，中国学生月得官费五百马克，不过华币十元，衣食住三者且不能给，遑言读书。余在柏林，每餐出二十余马克有时犹不能得饱，吾国学生每餐则仅能费三马克而已。读者试想，二十余马克且不能饱，三马克更如何果腹？

然而这些情况，驻德公使、留学监督却都不知道，作者不由感慨："谁无子弟，谁无朋友，忍令此十数岁青年沉沦海外耶？"①

总之，胡政之的旅游通讯记载翔实，文笔生动，很多地方还配有照片，图文并茂，可读性极强。尤其是字里行间洋溢着深厚的国家、民族情怀，在描写他国发达情况时，总要对比中国，以警示国人奋发图强，振兴中华。

（三）报纸言论的发展

1. 言论发展概貌

英敛之创办《大公报》之初，便以"言论"取胜，"言论"也成为《大公报》的"传家宝"。1931年，张季鸾在《〈大公报〉一万号纪念辞》中说："近代中国改革之先驱者为报纸。……在北方最著名之日报为《大公报》……发刊以来，直言谈论，倾动一时。"②胡政之虽然十分重视新闻，但也重视言论，他说：最初创办《大公报》的英敛之"是长白志士，鼓吹革新，异常热诚，而大胆敢言，尤为清季北方言论界放异彩"。他在主持《大公报》后进行人员整顿时，辞掉的主要是前述凭想象制造"专电"的访员，而留下的几位评论写手如樊子镕（无妄）、唐梦幻（梦幻），以及后来又招进的"味农""遯""裴"等人，再加上胡政之自己，构成了报纸的言论团队。因而王郅隆时期的《大公报》不仅继承了"言论"这个"传家宝"，而且还有了新的发展。

总体上讲，这一时期《大公报》的言论有如下几个特点：

其一，品种多。除"言论"栏目中的文章，还有"译论""代论""来论""论坛""时评""闲评""冷观小言""杂感""近事杂感"，以及出现在副刊上的"然犀小言"。

---

① 胡政之：《专件·余所见之德国》，《大公报》1920年3月22日。
② 《〈大公报〉一万号纪念辞》，《大公报》1931年5月22日。

其二,数量多。有研究者统计,1916年10月至1920年7月的三年又九个月中,《大公报》发表言论总计2 736篇,每月平均59.5篇,每天近乎2篇。就某一个具体事件来说,《大公报》紧扣事件的经过,从方方面面立论,发表的言论其数量也是可观的。比如,围绕1916年10月至1917年6月"府院之争"发表的言论七十多篇,围绕1917年7月发生的"张勋复辟"的言论三十篇①。

其三,内容涉及面广。言论涉及的范围包含国内国外,可谓面面俱到。国内政治、军事、国际、外交、社会、法律、财政、金融、实业、文化、教育、交通、边疆等,可以说是无所不包;国际评论更是这一时期的一个亮点。

其四,篇幅短小,语言干净。胡政之1917年1月28日开辟的"冷观小言"栏,每期刊登小言数则,长则几百字,短则几十字,篇幅短、议论深,实为《大公报》言论的创举。比如开栏第一期"冷观小言",刊登四则"小言",依次为《将军府今日尚存》《交通银行借款》《日本外相议会演说》《都下无定见之政团》。最长一则一百九十余字,最短的仅八十一字,虽然不能说字字珠玑,但也是言之有物、语语中的,每一篇都可以称得上报纸评论的上品。即使是二版上的大言论也很短小精悍,"新闻评论(时论)"的这一特征十分突出。

2. 胡政之的言论风格

胡政之以"冷观"为笔名发表言论,表明了他观察分析时政的一种态度。他认为,一般人遇到事变,都应该冷静地观察,依据事实予以分析,从而得出公正的结论。"大凡社会现象之发生,必有种种错综复杂之原因伏乎其间,相因相成,巧合感应,而后乃得以具体之态样表现于外。吾人研究社会事物,不特不能囿于偏狭的情感,亦且不能为夸大的理想所奴使必也。从事理本身上虚心静念,求一观察之根据。"②因此办报持论者就更应该做"明白人",立论发言必须去偏狭、求真因,尤其是当政局纷杂混沌之时更应如此。"国事败坏至此,明白人不自行觉悟,联合收拾,徒为偏狭之流所劫持,乘无轨道之汽车,开足马力,横冲瞎撞,终不免使外人收渔人之利,或助养不规则之势力,贻国家以危机。"③

故此,胡政之的政论(也包括专电和通讯)以稳健著称,但又不乏激情,既凭事实说话,又爱憎分明。

---

① 据沈静:《"大公"精神的承续与衰退——以王记〈大公报〉(1916—1925)言论为核心的研究》,华中科技大学2015年博士学位论文。
② 冷观:《论评·政变之真因》,《大公报》1917年6月1日。
③ 冷观:《代论·答投函诸君》,《大公报》1917年6月12日。

1916年天津发生的老西开交涉案,原本事实原委并不复杂,但是由于英、日、俄三国一度从中进行干预,使得事件变得繁乱复杂。为了使国民清楚地认识这个问题,胡政之11月10日至12日在《大公报》刊登署名"冷观"的长文《关于老西开交涉之研究》,首先以数据和事实指明,法人要求扩张租界,既无法律根据,又无事实必要,因而是"无理"的。接着严正指出:租界本为我国领土,只是为外人"租借",不能随便说"扩张"就"扩张",且法人"以其武力逐我巡警而拘执之,则其手段之蛮横违法尤堪发指矣"。随后指责政府"对内则一味秘密,以愚国民;对外则求保体面,自欺欺人。外国列强知其奥妙,所以弃名求实,无不得逞"。文章在回顾了外国人对中国内政干涉的历史后指出,英、日、俄三国趁中国与法国交涉吃紧之时,"借解纷之名,行干涉之实","实行攘夺扩张之计划",望国人对此保持警惕。同时文章也希望国民的反侵略行为要诉诸理性,不可贻人口实①。全文摆事实,讲道理;说历史,联现实;责政府,抨列强,醒国民,很具说服力。

又比如,"一战"结束前,胡政之和《大公报》主要围绕"郑家屯交涉案""满蒙问题""青岛问题"等中日外交事件,不断发文提醒中国外交当局警惕日本打着"中日亲善论"的幌子加紧对中国侵略的阴谋。"一战"结束后,日本对中国的领土野心日益扩张,中国人民的反日情绪也日益高涨,中日关系变得更加错综复杂。胡政之和《大公报》又围绕"中日军事协定""中日借款"两件大事发表评论,列举一系列具体事实对日人侵华手段予以揭露和抨击。

从内容上,胡政之的评论把英敛之的"策论"转换到"时论"。英敛之在《大公报》上发表的政论,基本上还属于中国古代论说文的范畴,论题基本上为"国是",比如代表作《论归政之利》《说官》等;而胡政之的政论内容基本上着眼当时的国内外时政,尤其是有关世界近代思想文化方面的内容,可以说更具有即时性。

胡政之十分重视对世界先进知识和先进思潮的引进,在这方面,除了设置相关专栏外,还通过发表论说予以强力推介。1920年7月2日,他在"论坛"发表题为"世界新旧势力奋斗中之中国"的论说,率先向国人介绍马克思主义。他说,人之所公认,"两年前之欧洲战争,将为世界文明划一新纪元",而在世界文明中,最引人注目的是马克思、恩格斯《共产党宣言》的发表:"一千八百七十

---

① 冷观:《评论·关于老西开交涉之研究》,《大公报》1916年11月10—12日。

二年卡尔·马克思与恩格尔已在伦敦发布公产党宣言书①,昌言阶级战争与万国无产阶级联合,以推翻现行社会组织为职志,欲用非资本主义、非国家主义,谋世界永远之平和。"并说,以阶级斗争为倡导的马克思主义得到了越来越多人的拥护,《共产党宣言》发表后,"和者日众,社会之弱点,暴露愈多,改革论者之势力,愈进一步"。由于历史和国情的不同,"改造之术,不能齐一:英以同业同盟为基础,法以组合主义为理想,俄以劳农兵会为主干"。虽然如此,伴随着激烈的新旧斗争,除旧布新的形势已在所难免:"旧者之不可留,固成世界之公论,而新者之取舍犹有待于研求"。他还对各国"旧新"斗争的形势做了具体分析:"以吾人观之,英国所行之政策,可认为旧势力之代表。俄人所揭之理想,可认为新势力之代表。世界各国,若法若意,视英为近,若美若德,视俄为近。"这种斗争"其在东方,则日本终属旧势力之范围,中国却以新势力发展为有利","新势力之成功,方在不可知之数,而旧势力之发展则抵御宜急"。胡政之认为:"吾国在二种势力奋斗期中,自卫之策,与进步之计,胥应迎合世界潮流,统筹并顾,必须对于旧势力足以自立,然后对于新势力乃有建树可言。自立之计,首宜立息内乱,共匡时难,修养民生,以固邦本,次则整饬国防,保我边圉。"他特别指出,"充实国防,决非专指练兵,盖现在战争,纯斗科学",因此除了练兵外,还必须"教育普及,科学昌明,国民体育",全方位增强国家实力②。在中国共产党成立之前,马克思主义在中国的传播尚十分有限,而胡政之能对马克思主义诞生之于世界各国的影响,尤其是中国的应对之策予以分析,不能不说是卓有见地的。

十多天后,胡政之发表《资本主义欤社会主义欤》,明明白白地为社会主义的胜利欢呼:"今日世界,正资本主义与社会主义激战之时,现代社会组织之缺点,既一一暴露,故社会主义之说,如水银泻地,深中于人心,势力若日之升,欲加抑制,殆不可能。"他明确指出:"方今资本主义,已成强弩之末,社会主义之实行,不过方法问题与时间问题。"在文中,胡政之分析了世界社会主义存在三个派别:

> 以吾所见,今日社会主义,自国家思想观之,不外三大派别:一、英国

---

① 此处胡政之所述《共产党宣言》发表的时间有误。
② 政之:《论坛·世界新旧势力奋斗中之中国》,《大公报》1920年7月2日。

之同业公会主义(Tnode vuiousim)①,欲于国家之中,划出工业自治之团体,所谓国家中之国家是也。二、俄国之劳农兵会制度(Soviet),欲以国家保有一切生产交换之机关,而以无产阶级(Dusléteniet)主治之,所谓国家万能之理想是也。三、法国之组合主义(Dcymaicolisuie)②,反对现在之国家组织,否认一切之政治原则,欲以大同盟罢工为破坏现状之手段,所谓无治主义(Auanhisme)③是也。

胡政之还特别论述了中国如何实现社会主义。他认为"社会主义,派别滋多",而"吾国国情,复有特别。若不加审择,昧昧提倡,则是丹非素,危害滋大。"因此要慎重选择适合中国国情的社会主义,并提出,一方面取资本主义的长处,发展实业,一方面行社会主义之精神,弥补社会的分裂。他说:

> 是以吾人主张中国之改造,当根据中国之历史国情,参酌世界之潮流趋势,采特殊之方针,取资本主义之长处,以谋殖产兴业,行社会主义之精神,以弭社会革命,兹事经纬万端,非兹篇所能尽。言其大要,则铁路、矿山、水道、电气之属,或为生产运输之机关,或为社会公益之设备,概应收诸国有,或隶属公有,以杜私人之垄断,防资本家之发生,一也。举行直接税,如遗产税所得税之类,以轻一般国民之负担,而重财蠹之义务,二也。比国新订法律,人死之后,遗产半数,没为国有。意国最新条例,战时所得利益,全数没收,皆所以应时势之要求也。政界闭幸进之门,社会辟活动之路,人人自食其力,无不劳而获之寄生虫,则劳动神圣,将成个人生活之原则,三也。凡此皆所谓社会主义精神也。④

一百年后,当我们建设中国特色社会主义的时候,再读这篇论评,不能不为胡政之的先知先觉所折服。

五、"大公"精神的坚守与破损

综观王郅隆时期《大公报》的记事与言论,可以清楚看出,本时期该报对

---

① 原文如此,应为 Trade Unionism 的错写,即工联主义或工会主义。
② 原文如此,根据描述,当指法国蒲鲁东主义(Proudhonism)。
③ 原文如此,应为 Anarchism 的错写,即无政府主义。
④ 政之:《论坛·资本主义欤社会主义欤》,《大公报》1920 年 7 月 14—15 日。

"大公"精神既有坚守的一面,也有破损的一面,即基本上能秉持公心,以为国为民的立场记事发言,尤其是在国防外交、民生民瘼方面表现比较突出;但是由于王郅隆、胡政之与皖人、皖系有着千丝万缕的联系,在内政方面的记事发言带有明显的派别倾向性,具体来说就是"亲皖""袒段"。

(一)"大公"精神的坚守

王郅隆时期《大公报》对"大公"精神的坚守,主要体现在爱国立场、关注民生和敢言风骨三个方面。

1. 坚守爱国立场

《大公报》对国际外交大事件的记事与发言,表现出坚定的爱国立场。

法国驻津领事馆与法国天主教堂虽同《大公报》有老交情,但是老西开事件发生后,对于法国人侵略嘴脸的又一次大暴露,《大公报》毫不犹豫地予以抨击,对法国领事馆官员的蛮横和野蛮行径表示强烈抗议,称"至此其极,是可忍孰不可忍",并对天津市民大规模抗议活动予以坚决支持。

《大公报》对东洋强邻日本亦格外警惕。"一战"结束前,主要围绕"郑家屯交涉案""满蒙问题""青岛问题"等中日外交事件展开报道,提醒中国外交当局警惕日本打着"中日亲善论"的幌子加紧对中国侵略的阴谋。

如郑家屯事件是日本不断扩大在华势力所导致的中日军民冲突,段祺瑞政府为谋求日本借款在此交涉中采取妥协方针,日本人得寸进尺,向中国提出向满洲"派驻日本警察官""中国于东三省南部增聘日本人为警察顾问"等无理要求。虽然《大公报》对于政府为解决财政困难向日本借款表示理解,但是对日本随之而来的无理要求则坚决反对,发文指出这是赤裸裸的侵略行径。

又如对于日俄战争后,日本人为扩大在满蒙势力而在东北设立的"满铁",《大公报》同样充满警惕,指出,"满铁"的侵略"魄力之大,远过于前。吾人观于日本经营中国进行之猛……终将危及国本"[1]。

"一战"爆发后,《大公报》发表了一系列文章,揭露日本寺内内阁提出的所谓"日支亲善"论的虚伪性,指出日本"口言亲善,而心怀别意所可售其奸也"[2];"中日亲善之论……乃自盛唱亲善以来,中日间不幸之事反较前而愈多……一

---

[1] 冷观:《论评·日本统一满蒙行政策》,《大公报》1917年6月18日。
[2] 冷观:《论评·我亦赞成中日亲善》,《大公报》1916年12月6—7日。

波未平一波又起,何中日间之多故也?"①并用铁一般的事实对日本的"中日亲善"论的本质进行揭露。

"一战"结束前后,日本为了迅速取代沙俄在东三省北部的地位,利用借款问题诱惑段祺瑞政府于1918年上半年签订了《中日共同防敌军事协定》。《大公报》对日本人的这一用心亦一直持质疑态度。

至巴黎和会期间,《大公报》坚定地和全国民众站在一起,强烈要求日本归还青岛。在整个巴黎和会会期,《大公报》总编辑胡政之亲临现场,通过专电、通讯以及代表中国新闻界发表声明的方式,表达其民族立场和爱国心情,这在当时中国新闻界是首屈一指的。

警惕日本的侵略野心、抗议日本的侵略行径,王郅隆时期的《大公报》在这一领域的言论和报道要明显强于英敛之时期的《大公报》。

2. 坚持关注民生

一是关心灾区灾民。王郅隆时期的《大公报》发扬英敛之时期之传统,不仅依然关注灾情和灾民,而且将救灾宣传提高一个层次,研究并讨论灾害发生的原因,进而提出相应的防灾建议,尤其是"以工代赈"为积极救济法,相当具有见地。

二是从民生视角看待匪患。《大公报》首先指出,几乎遍布全国的土匪中,即使那些所谓"劫富济贫"者事实上也直接威胁民生,因而从保护民生和民利立场出发,希望政府高度重视匪患问题,并提出一些剿匪建议。其次,在分析土匪成因时认为,土匪生成原因虽然有多种,但主要是困于生计。百姓生计无着,只有铤而走险。因而《大公报》认为,要根除匪患,主要在宽筹生计,解决贫民生活问题,从根本上清除匪源:"是则剿办固不可不严,而正本清源之道,自非宽筹贫民生计不为功。"②

三是从民生角度论述国内时政乃至外交问题。针对政潮内争、武人干政、南北争端,《大公报》希望有力者放弃私利,平息战乱,尽快统一,从而让老百姓过上安生日子;对官吏贪污腐败,《大公报》呼吁其少搜刮一点民脂民膏,少吸点老百姓的血,放老百姓一条活路;而对于中国参加"一战",《大公报》从开始的反对,到后来赞成,以至于最后积极建言,其立足点均为国家和民众的立场。

---

① 无妄:《时评·中日何多故耶》,《大公报》1917年9月21日。
② 无妄:《时评·直边又告匪警》,《大公报》1919年5月13日。

3. 坚持敢言风骨

笔者曾言：《大公报》"敢言"传统形成于英敛之时期，保持于王郅隆时期，发展于新记公司时期①。王郅隆时期的《大公报》保持"敢言"传统不虚，据沈静的统计，在该报的言论表达中，对北京政府的批评始终占第一位，其次则是建议②。在不同的阶段，其侧重点有所不同。从纵向而言，在政府每项决策过程中，《大公报》都大胆发言，或从正面提出建议，或从反面进行劝谏。从横向而言，王记《大公报》的"敢言"几乎涵盖了所有方面，大到宏观时局、总统总理，小至地方政策、皂隶走卒，只要有利于国家利益和民众福祉，都敢于直言。

这一时期，《大公报》的"敢言"风骨在不同的言论形式中都有所体现，只是方式有所不同。如"社论""论评""论坛"一般篇幅较长，并作为报馆的正式发言，因而对政府的建言，有尖锐的批评，亦有切实的建议，且其言辞有些许克制，最多用"敬告某某"等；而在"闲评""时评""然犀小言"中，风格相对活泼，"敢言"的范围更广、言辞更激烈，且基本为批评，嬉笑怒骂、冷嘲热讽③。

本时期《大公报》坚持"敢言"的行动，已见诸以上各节对内政外交、官场官员、社会风气诸类事件的叙述中，此处不赘，这里只论述保持"敢言"传统、付诸"敢言"行动的思想根源。

首先是胡政之对英敛之奠定《大公报》"敢言"传统的认可与继承。胡政之在主持《大公报》不久，就在题为"报律"的"论评"中指出，当下政府完全沿袭袁世凯政府钳制舆论的衣钵，所行之事如出一辙："袁世凯政府时代有报律……因袁世凯专制欲钳制舆论故也。今民国复活，又要定报律。"指出，"前两次制定报律（南京临时政府和北京袁政府），为怕骂，此次要订报律，亦为怕骂。然则定报律之动机殆后先一辙耶？"④1917年元旦过后，《大公报》又发表"社说"，郑重其事地向世人宣布，要继承"敢言"的光荣传统，并发扬光大："不慧主斯报方三阅月，窃不自量其棉薄，欲举吾报奋斗之历史而光大之，以应时世之潮流，以求长足之进步。"⑤旅欧回国后，胡政之进一步表示："本报入世十七年，兢兢以不负

---

① 吴廷俊、范龙：《论〈大公报〉的敢言传统》，《新闻大学》2002年第3期。
② 沈静：《"大公"精神的承续与衰退——以王记〈大公报〉(1916—1925)言论为核心的研究》，华中科技大学2015年博士学位论文。
③ 吴麟：《民国初年报纸言论尺度考察——基于对〈大公报〉言论栏目的分析》，《国际新闻界》2011年第3期。
④ 冷观：《论评·报律》，《大公报》1916年12月28日。
⑤ 冷观：《社说·本报之新希望》，《大公报》1917年1月3日。

大公之名是勉。今后当益坚此念，作社会之公仆。"①

其次是胡政之对新闻事业的天职认可与履行。他说："吾以为新闻事业之天职有二，一在报道真确公正之新闻，一在铸造稳健切实之舆论。"虽然胡氏关于"天职"的表述与英氏有所差异，但其本质是一致的：如果没有真确公正之新闻、稳健切实之舆论，那么"监政府，导国民"便是一句空话。其实，"真确新闻"之采访，本身就是行"监政府"之责，因为"吾国政治，习专制之余毒，好以诡秘相尚，而政治无一定轨道，虽极推理作用，亦往往不能与实际相合"②。"新闻家探访新闻"，就是同这种专制政治作斗争。

最后是胡政之对英敛之"发折中之论"主张的认可与坚持。他反对办报发言"徒为偏狭之流所劫持，乘无轨道之汽车，开足马力，横冲瞎撞"，而主张持论平和。1917年1月13日，他在《读梁任公对京师报界演说感言》中说，报纸必须做到"报告消息之须确实，与发表言论之公平不偏"，而要做到这样，报人就必须胸怀公心，人格独立，"新闻之人格不立，其言绝不能为世所重"③。他不无自信地说，在他主持《大公报》笔政后，"本报论政，概持平和之旨，多致忠告警戒之词"和"公平不偏之论"④。

（二）"大公"精神的破损

这一时期的《大公报》之所以为人所诟病，主要是"大公"精神有所破损。这种破损又主要表现在对国内时政的记事发言中明显的"倾皖""袒段"之倾向上。

胡政之和《大公报》的偏段之言首次出现于1916年底至1917年上半年的"府院之争"过程中。从前面的叙述可以看出，在黎元洪与段祺瑞之间争斗的三个回合中，胡政之的情感始终倾向段祺瑞，不断发文为段氏张目。《大公报》也曾因此受到读者指责，胡政之亦曾发文对此进行过辩解。1917年6月，即有读者投书《大公报》，对该报言论记事在各军阀征战中多拥"段"之言提出"忠告警戒"。12日胡政之发表一篇题为"答投函诸君"的"代论"，对此做了回答。他说："段合肥之为人，清正刚介，虽其敌党亦所公认。"当然，段祺瑞也非完人，"其政治思想之不完密，政治手段之不敏活，虽爱段氏者，亦不能否

---

① 政之：《论坛·本报改造之旨趣》，《大公报》1920年7月1日。
② 冷观：《社说·本报之新希望》，《大公报》1917年1月3日。
③ 冷观：《论评·读梁任公对京师报界演说感言》，《大公报》1917年1月13日。
④ 冷观：《代论·答投函诸君》，《大公报》1917年6月12日。

认,吾人对彼固曾屡致不满之词",然而段氏有雅量,能容人,"彼在职,异党言论颇得自由,异党人才亦得登用"①。加之"责任心之重、意志力之强"②,所以"记者从政治上、从法律上观察,均不免以段为然,自信甚坚,初非于段氏个人有所偏私也"③。在当时的胡政之看来,说几句"拥段"的言论,亦不为"于段氏个人有所偏私",并基于当时国内外形势,提出"内阁中心"论,认为政治中心中"段公不可去"④。

1917年7月3日,段祺瑞马厂誓师,一举平息张勋复辟闹剧,并获得"三造共和"之"美誉"。胡政之由此对段祺瑞的情感进一步上升,不断发文为段大唱赞歌。对于段氏的这一"功绩",胡政之是非常看重的,1920年7月3日《大公报》还专门刊登《本馆特别启事》,称:"今日为马厂首义再造共和纪念日,本报休刊一天,以资庆祝。"

段祺瑞确有"北洋之虎"的称号和"三造共和"之成绩,加之其心腹干将徐树铮收复外蒙古之大功,作为当时的政府首脑,段祺瑞确有值得称颂之处。如果说这段时间胡政之和《大公报》在情感上"倾段"甚至在言论上"亲段",是可以理解的。那么后来胡政之和《大公报》将"偏段""亲段"情感发展为"袒段",就大有可指责之处了。所谓"袒段",就是不仅事事为段政府出谋划策,而且处处袒护段祺瑞,对段的明显错误,或视而不见,或大事化小,或为之开脱。比如向日本秘密借款,只抨击那些趁借款中饱私囊的蛀虫,而不涉及段本人;对段的借款目的,只强调缓解财政困难的一面,而对派系私利则只字不提。由于此时安福系已经形成,胡政之和《大公报》的"袒段",很自然被人视为偏袒安福系(皖系)。

《大公报》的"倾皖""袒段",在对待皖系与直系的矛盾中表现得特别明显:只一味指责直系,却不批评皖系。直皖战争爆发前,《大公报》发表数篇文章,一方面谴责直系将领曹锟、吴佩孚,一方面赞美皖系首领段祺瑞。一贬一褒,立场昭然若揭。在战争的五天中,《大公报》每日必发表关于直皖战争的报道和评论。而每天的战况记事,从标题到内容看,完全不像是一张大报,几乎成了皖军的战报。发表的评论也几乎完全是扬皖贬直,袒皖心态可谓表露无遗。

此时的《大公报》对"不撄派别"初衷的背离,还表现在对待南北对峙的态度

---

① 冷观:《代论·答投函诸君》,《大公报》1917年6月12日。
② 冷观:《论评·余之段总理辞职观》,《大公报》1917年3月6日。
③ 冷观:《代论·答投函诸君》,《大公报》1917年6月12日。
④ 冷观:《论评·望政府慎选阁员》,《大公报》1916年11月22日。

上，其明显站在北京政府一边，把南北议和破裂的责任完全推到南方政府身上。

报纸为社会公器，报人记事发言必须站在公正的立场上，无论派别，是是非非，扶正祛邪，而这一时期的《大公报》在一些原则问题上，只问派系，不问是非，这显然背离了"不私"的宣言，是"大公"精神的破损。

(三) 守住底线

1. 倾向性与"机关报"

某报倾向某党某派，或者倾向某党某派领导人，并不等于某报就是某党某派的"机关报"。何谓机关报？系指由党派、社会团体、国家机关主办并代表该机关、团体发表言论、宣传其主张的报纸①。判断一份报纸是否是机关报，一般根据有三条，即主办者指派干部主持报务和编务工作；制定掌管办报方针；提供必要的运作经费。据此而言，与新记时期《大公报》明显倾向国民政府，明显"亲蒋（蒋介石）"但不是国民政府机关报、国民党机关报一样，王郅隆时期的《大公报》虽有明显"倾皖""袒段"倾向，但它仍不应被视为安福系机关报。

另外，王郅隆、胡政之也没有把《大公报》办成安福系机关报的主观意图和实际行动。

虽然王郅隆是安福系中人，但是他本质上是一个商人，他购置出版《大公报》仅仅是一种商业行为，这一点在本编导论第二节中已有详细考证。况且他接办《大公报》是在安福俱乐部成立前，而安福俱乐部成立后也没有给他任何指令，要《大公报》充当安福系的"喉舌"，他本人更没有这样的主观意图。

《大公报》实际主持人胡政之虽然与皖人有联系和来往，甚至接受过皖人的津贴，但那也只是私人之间的联系和来往。他主持《大公报》，完全是自主办报，报纸上虽有"倾皖""袒段"的言论与记事，但大多是"记者对于现在时局之意见，亦即本报言论记事之标帜"②。

总而言之，胡政之坚持独立办报原则，守住了"大公"底线，始终没有把《大公报》办成为安福系机关报。不仅"倾皖""袒段"能掌握分寸，而且在许多原则性的问题上还持有与皖系相左的主张。比如1918年、1919年的灾荒中，王郅隆为了牟利，不顾国内民众死活，将大米出口东洋，大肆捞财，而《大公报》旗帜

---

① 甘惜分主编：《新闻学大辞典》，河南人民出版社1993年版。
② 冷观：《代论·答投函诸君》，《大公报》1917年6月12日。

鲜明地反对运米出洋；对解决郑家屯事件，《大公报》的主张亦与段祺瑞政府大相径庭；而对1918年段祺瑞政府为了一派之私利，与日本政府签订有明显卖国条款的军事协定，《大公报》亦站在国家利益立场上，发文表示强烈反对和严厉批判。凡此种种，皆体现了这一时期《大公报》对自身独立性的坚守。

2. 道存心中

这一时期的《大公报》之所以没有沦为安福系机关报，很大程度上是胡政之对英敛之倡导的"大公"精神的认同，并将它作为一种办报理念保存于心。

胡政之在接受王郅隆聘任主持《大公报》之初就发文说："新闻者，天下之公器，而非记者一二人所可私，亦非一党一派所可得而私。"并且还说："不慧自入报界，以不攻击私德、不偏袒一党自誓，更不愿以过激之言词欺世而盗名。"①从欧洲回国后，胡政之再次明确强调："报纸者天下之公器，非一人一党所得而私。吾人业新闻者，当竭其智力，为公共谋利益。本报入世十七年，竞竞以不负大公之名是勉。今后当益坚此念，作社会之公仆。"②还说："本报为顺应世界潮流，提倡文化运动……用研究的精神求事理的真诚。不搀派别的意味，为一家一说张旗鼓。"③

在主持《大公报》的实践中，胡政之十分警惕报纸性质的蜕变，十分忌讳"某某机关报"之说。1917年5月至6月南北对峙期间，军阀混战、政客拨弄、国家分裂，政局十分严峻。《大公报》连连发表文章，对此进行批评，其对南方指责尤甚，并将国家分裂之责全归于南方军政府，于是社会上就出现了《大公报》为"段政府机关报"之说。对此，胡政之发文坚决予以否定："本报系股份组织，营业性质，任何人均不能指挥吾人之言论。"④强调《大公报》决不是"某某的机关报"。

胡政之心存"大公"理念意义重大。既能保证王郅隆时期的《大公报》基本上能秉持"大公"精神记事发言，又能守住底线，避免该报沦为安福系机关报的危险，更重要的是使之成为该报的"传家之宝"，使后来者认识到对于"大公"精神，持之则盛，失之则衰。正是胡政之在王郅隆时期保存的这一"传家宝"，在六年后的新记公司《大公报》身上大放异彩。

---

① 冷观：《社说·本报之新希望》，《大公报》1917年1月3日。
② 政之：《论坛·本报改造之旨趣》，《大公报》1920年7月1日。
③ 《思潮·宣言》，《大公报》1920年7月1日。
④ 冷观：《代论·答投函诸君》，《大公报》1917年6月12日。

第二章
"君子之泽"——王郅杭时期的《大公报》
（1920年8月—1925年11月）

1920年7月19日，直皖战争以皖系的失败而告结束，《大公报》老板王郅隆因身为皖系中人而被直系控制的北京政府列为战犯，遭到通缉，被迫逃至日本军营，并于8月12日以"王槐庆堂"的名义在《大公报》上公开刊登启事："本报主人现因时局纷纭，对于社会事业深为灰心，已将《大公报》资本内本堂名下股本提退。自八月十三日起，本堂主人即与《大公报》脱离关系。"①同日，胡政之也刊登启事称："余自欧洲返国，仍主持《大公报》社务，原欲以最新智识唤醒国人迷梦，今见社会空气愈益恶浊，断非一时……将《大公报》主笔兼经理职务概行辞退，自八月十三日起，与《大公报》完全脱离关系。"②从此，《大公报》所有权转入王景杭之手。

王景杭为王郅隆长子，早已协助王郅隆管理王氏产业，因而从王郅隆手中接管《大公报》馆产权是情理之中的事。王景杭对办报既不在行，也不在意，在得到《大公报》馆的产权后，仅仅是作为一种商业来看待，因而也仿效其父的做法，聘人管理。他先后聘请雷行和翁湛之等人全权负责报馆，无论是馆务还是编务，自己全然不顾。据考，王景杭当老板五年多，除1922年11月7日在《大公报》刊登过一则启事③外，再没有留下任何痕迹。

雷行和翁湛之都是有责任心的文人，对报纸业务的改良有不少追求，记事

---

① 《启事·王槐庆堂声明》，《大公报》1920年8月12日。
② 《启事·胡政之启事》，《大公报》1920年8月12日。
③ "敬启者，鄙人近日常见无名信件，飞短流长，全属子虚，并闻有人假用贱名伪造信函，无中生有，各处招摇。似此鬼蜮伎俩，殊属可恨。用特登报声明，凡敝宅通用函封信纸均有一定式样，并有加盖图章可验。务乞各界亲友注意，如见鄙人或敝宅名义函件，情有可疑，近者可用电话相诘，远者可用信函相询，幸勿受其愚弄。倘有能知此等宵小所在，指出其人确实证据，并当从重酬谢，决不食言。谨启。"见《启事·王景杭紧要启事》，《大公报》1922年11月7—16日。

和发言仍不乏可圈点之处。但是限于各种客观条件,他们都没能挽救《大公报》的颓势。尤其是翁湛之,虽然在主观上想有所作为,无奈政治思想和写作文风均偏于保守,报纸不仅继续保持派性色彩,而且呈现出明显的落后于时代的倾向。加之报馆管理不善、人才流失等原因,王记《大公报》最终被滚滚向前的时代潮流所淘汰,于1925年11月27日关门了事。

一、王记最后五年

王景杭时期的《大公报》虽然整体呈下滑趋势,但在一些具体问题上还是有可圈可点之处。

(一)雷行的改良

雷行是一个有理想的报人,他受聘主持《大公报》工作时,面临三个方面的危机:其一,王郅隆提退股本,王景杭对《大公报》全然没有感情,不可能像其父那样支持办报,因而报馆面临经济危机;其二,胡政之一则有丰富办报经验,二则有巴黎和会的立体报道,为《大公报》赢得读者,回国后的一系列中兴举措,更是给报纸注射一支支"强心剂",而如今胡氏离任,《大公报》要维持这个发展势头,谈何容易;其三,也是最主要的,那就是皖系在直皖战争中惨败,安福系的重要头目作鸟兽散,老板王郅隆也被直系列为战犯遭到通缉,虽说《大公报》不是安福系机关报,但毕竟与之有千丝万缕的联系,因而不可避免地受到牵连,加之《大公报》馆地处天津,在胜利者直系直接控制的地盘中,其承受的压力之大可想而知。因此,雷行接手后,当务之急就是采取有效措施,使《大公报》与王郅隆时期撇清干系。为此,他采取了以下一系列措施。

第一,告别过去。1920年8月12日,王郅隆时期出版的最后一期报纸上刊登"告白",宣布"本报停版":"本报现因时局纷纭,动多阻碍,办理甚为困难,决定于本月十三日停止出版,宣告歇业,除营业部人员留馆处理相关事务外,将编辑部先行解散,特此布告。"①这则布告讲得很清楚,报纸不是"休刊",而是"停版",说明旧的《大公报》已"死"。

---

① 《告白·本报宣布停版》,《大公报》1920年8月12日。

第二，宣布新生。停版一周后的1920年8月20日，改组后的新《大公报》出版，虽然刊号与王郅隆时期顺接，报名亦不变，但是报头字体发生改变——《大公报》以"新"的面貌出现在读者面前。当日刊登"启事"，明确宣布同改组以前的《大公报》划清界限、撇清关系："本报现经改组，所有以前种种关系均已完全消灭，自今日起，重行出版。"并进一步说：今后报纸将"抱定不党之宗旨，发为至公之言论，记载务求详实，内容力谋精良"①。这句话向读者表明两点：一是要继承老《大公报》"不党"和"至公"传统，二是要否定前一时期"倾皖""袒段"的派别性做法，并提升到"党"和"私"的高度。从以上的声明中既可看到接办者创新的勇气和决心，也可以看到直皖战争后《大公报》所承受的压力。

第三，造势。报馆老板转换，何况还是子承父业，本来是件很平常的事，然而雷行却造出很大声势。《大公报》复刊时，收到祝词共计二十三篇。在当日第三则《启事》还专门说，收到许多"同业先达各界君子"发来的祝词，只因"限于篇幅，谨为按日分载"②。

第四，亮相。复刊当日，《大公报》发表主笔雷行写的"言论"《本报今后之主张》，宣布"除旧布新"。雷行在文中用了"复活"一词，进一步表明以往《大公报》已"死"，自今日起"复活"，"将重奋其枯管秃毫，勉竭觉世警人之力，以与社会诸君子续文字缘也"。并从"政治""社会""外交""同业"四个方面宣布了今后的"布新"主张——对于政治，将"一空成见"，"以行政之善不善为标准，贡献其所知，务使政治之进行渐趋于正轨，蔚成真正法治之国家"；对于社会，将"提倡教育、鼓励实业"，做"自治劝导慈善之良师"；对于外交，"尤当鉴空衡平，各无偏徇，凡国民所应言者，固不惮随时宣达之，以尽国民喉舌之责"；对于同业，"惟注意于群策群力，互资进步，绝不留丝毫旧嫌，以作文化之障碍"③。

通过这样一番动作，《大公报》的"复活"被定义为重敲锣鼓另开张，成为一张"新"报纸。此时的报馆没有大笔资金的支撑，报纸亦无社会名流的支撑，只能完全靠自己打拼。应当说雷行之于《大公报》，其功劳就是将这张报纸维持了下来。

雷行自己也知道，仅靠自身的能力，要与以前撇清关系，带领《大公报》"重新出发"，似乎底气不足。故1921年3月7日，他将报头字体恢复至1920年8

---

① 《本报启事一》，《大公报》1920年8月20日。
② 《本报启事三》，《大公报》1920年8月20日。
③ 雷行：《言论·本报今后之主张》，《大公报》1920年8月20日。

月20日改组之前的样式,至于为何恢复则未做任何说明。继续维持了一年之后,雷行于1922年2月底离开了《大公报》,其角色由翁湛之接替。

(二)翁湛之的挣扎

翁湛之也是一个有追求的报人,他接手《大公报》之初,尚有一番更新的决心,并想了许多办法,对报纸做一番改良。从1922年2月27日起,他连续三天在《大公报》上刊登《本报改良预告》,说"本报自三月一日起内容完全刷新,门类篇幅同时增多,并改用新铸铅字,以期醒目。报价并不增加,自改良之日起,对于各界一律送阅七天。凡在改良后一月内来登广告者,均按定价八扣,以示优待"①。3月1日,《大公报》按照预定计划改良,并按照之前的承诺,在报头旁刊登"本报改良纪念,自三月一日起送阅七天"。

编辑部在三版头条《请看本报改造后之十大特色》中称改良后诸大特色,约略如下:

一、本报新聘各地访员多人,北京及各省军政机关皆聘有通电通信专员,务祈所载消息皆极迅速确实;二、本报特聘东西文专家担任翻译,各国名著及世界紧要新闻,以最新之智识贡献我国社会;三、……专家及馆外各名宿分任各门编纂……四、本报各栏……标题亦简要新颖,以期醒目;五、本报新设学闻一门,专载国内外学界消息……六、本报每日增加余载一门,内分小言、文苑、笔记、谈剧、常识……七、本报除重要新闻及电讯外,各栏均用五号铅字排印,藉以增多材料……八、本报聘有广告学专家专任排刊、写画、广告图样……九、本报又在第一张封面上特设小广告一种,此种办法实为全津所无,收费廉而收效与大广告等;十、本报已与外埠各大派报社接洽派送本报,北京亦有专人承送……②

"论坛"栏刊登署名"不辰"的言论《本报大改良弁言》,文中首先宣称,本次改良是"改弦而更张",即变色变调的根本性改革,随后论述改良的理由:"本报自创办至今,将及二十稔,其与本报同时并兴者,今日寥若晨星,此同人所沾沾自喜,亦同人所兢兢自惧者也。本报名誉,已闻于全国",然仔细检讨起来,尚未达到"尽善尽美"的地步——"以伦敦《泰晤士报》之公,犹未敢

---

① 《本报改良预告》,《大公报》1922年2月27日。
② 《请看本报改造后之十大特色》,《大公报》1922年3月1日。

谓已至极公之程度也。……而况于本报乎？此顾名思义，本报之不得不改良者一也。大之与公，宁有止境，即报纸之职责，亦宁有罄尽之时。然而大也公也，皆可循序渐进，然后报纸天职，怎能尽其万一？此顾名思义，本报之不得不改良者二也。"①文章最后宣称，《大公报》将通过不断改良，达到"至大至公"，以尽报纸之天职。

　　翁湛之的这次大改良，从新闻业务上看确实是有些进步：报纸版面更加活泼，栏目更多彩，内容更丰富。仅言论就有"论坛""时评一""时评二"以及"闲评"等。他接手主持不久，还采用了一些办法赢得读者，比如为纪念《大公报》创刊二十周年举行有奖征文活动："凡至征者，仅作一题亦可。如能多作，尤为欢迎。……届期当请名人评定甲乙，首名赠银四十圆，第二名赠银三十圆，第三名赠银二十圆，第四名赠银十五圆，第五名赠银十圆，以下备取名额，临时酌定。"征文题目有："二十年前之中国；二十年前之天津；二十年中天津新闻界之进步；二十年前与今日之比较：（一）风俗，（二）政治，（三）教育，（四）交通，（五）商业，（六）金融。"②此次有奖征文的奖金比以往任何一次都要丰厚，可见其办好此次活动的决心之大。此后在1924年12月，为纪念《大公报》创刊出版八千号，翁湛之亦开展征求诗钟竞赛活动，以聚集人气。

　　特别值得一提的是，1924年4月6日开始，《大公报》拿出星期日"余载"的版面为宣化省立第十六中学一个学生组织"四野新文会"创办了定期刊物《四野周刊》。4月5日刊登的《本报之特别启事》说："兹以顺应潮流，一新爱读本报诸君耳目，特于星期日以'余载'之版面，全部发刊新文学之著作，定名为《四野周刊》，其门类为论评、小说、诗、戏曲及杂俎。"③6日《四野周刊》第一号上刊登"四野新文会"宣言称：创办此刊，是为了改良"社会种种的不良，和活跃我们生活的枯燥"，并说"我们的取材法，都要从新青年里择选。必须把他们直接感受到的种种……实现出来"④。该刊面向中学生，培养新青年，不能不说是一种进步。

　　翁湛之还是一个有良知的文人，不仅在报刊业务上进行改良，而且在记事与言论上也有光亮之处。比如就内政而言，对武人干政和曹锟贿选的暴露与

① 不辰：《论坛·本报大改良弁言》，《大公报》1922年3月1日。
② 《本报二十年纪念征文》，《大公报》1922年4月23日。
③ 《启事·本报之特别启事》，《大公报》1924年4月5日。
④ 《本刊宣言》，《大公报》1924年4月6日。

抨击；就外交而言，于华盛顿会议、中俄协定和金法郎案等的记事与言论，都表现出鲜明的爱国主义立场和感情。

翁湛之主持期间，《大公报》馆还做过这样一件事，就是与中文《泰晤士报》、华北新闻社、《大中华商报》馆、《时闻报》馆、《新民意报》社、《河北日报》社、《时闻晓报》馆等一道发起成立"天津报界公会"。1923 年 4 月 21 日刊登《筹备天津报界公会启事》说："敝报等为联络同业感情，共谋进步起见，拟组织天津报业公会，凡在天津各报馆，均有加入资格，但须有发起人两家报馆以上之介绍者，方为有效。通信处暂设《大公报》馆。"① 当然，此"天津报界公会"与英敛之 1906 年 7 月与《北洋日报》社足立传一郎等纠集成立的"天津新闻同业俱乐部"比较起来，影响要小得多。

此外，本时期的《大公报》度过了两个值得纪念的日子——1922 年 6 月 17 日创刊二十周年和 1924 年 12 月 23 日出版八千号。

《大公报》创立二十周年的纪念活动搞得是很喜庆的。为搞好这次纪念活动，如上所述，《大公报》早在两个月之前就刊登了纪念征文广告。二十周年当日，出纪念增刊三大张，刊头占一整版，聘请天津四大书法家之一的赵元礼题写刊头："《大公报》二十年纪念增刊：莽莽神州，四分五裂。嗟！此金瓯谁使之缺？欲挽狂澜，须图建设，唤醒梦梦，赖此喉舌。奉祝《大公报》二十年纪念。"赵元礼不仅书法精妙，而且题词深含忧国情怀，也对《大公报》寄托了厚望。这样的安排足见主办者的良苦用心。

尤其是向读者征集二十年全套《大公报》，为保存报史做了一件功德无量的好事。为了表彰二十年全套《大公报》的保有者李华甫，报馆还专门为他制作了一个纪念杯，上面镌刻："垓埏之大，义理则公；无言不报，唯心斯同。积日成岁，止水以清；廿年直笔，实此撷英。《大公报》出版廿周纪念，华甫先生惠存。"当日还刊登了"收藏本报二十年全份之李华甫君小影"。

翁湛之主持的早期，报馆内部还是比较有干劲的。据 1922 年直奉战争期间进入《大公报》馆、与翁湛之共事过的朱是事后回忆说："时总理报馆事者为翁湛之氏，主撰述者为张远公氏，皆预收蒙之役，曾为国家尽其一夫之责者。一灯相对，慨然道故。遇虽不偶，幸以意气相属，而其业又可以上指天下画地，

---

① 《筹备天津报界公会启事》，《大公报》1923 年 4 月 21 日。

悉泻其胸之所蕴。"①这段描述,足见当时报馆工作气氛的和谐、愉快。

然而,翁湛之有"文人相轻"的弱点,缺乏凝聚力,不善于团结人。樊子镕的离开是一个很好的说明。樊氏是英敛之1910年揽进报馆的老人,在《大公报》服务十四年,作为主笔,他以"无妄"为笔名发表的言论一直是《大公报》版面的看点。此外,在胡政之离任后,他还要负责打点报馆上下事务,可谓劳苦功高。然而就是这样一个资深的《大公报》人,在《大公报》创刊二十周年前夕的1922年6月1日,却离开了报馆:5月25日,他在《大公报》上发表一篇题为"徐总统果肯受劝而退乎"的"时评"后就不见了。直到6月7日才在《益世报》发表一则《无妄启事》称:"鄙人担任《大公报》主笔,屈指一十四年,比岁迭经风波,艰苦维持,实已心力交瘁。方今报纸日益发达,进行须赖英才,自顾衰庸,深愧蚊负徒劳,亟宜让贤而退。爰将所任《大公报》主笔职务辞却,以便旋里修养。自六月一日起,鄙人与《大公报》脱离关系。"从《启事》字里行间透露出的信息看,他与新任主笔翁湛之之间应当存在矛盾,这其中也许双方都有问题,但樊子镕的离开是这一时期《大公报》"人才流失"的一个信号。

1923年春,报纸出现明显颓势。报馆"人事不齐,湛之以衔恤不欲事事,远公亦以他事率不复来"。曹锟贿选之际,海内骚动,翁湛之也只是"偶一临存"②。自3月17日起,版面减少至每日两张,各栏目名称亦发生变化:"论坛"改为"论评","小言""时评""闲评"等栏目取消,"专电""要闻"栏等合为"中外要闻"。到1924年8月2日起,版面再次发生变化,第一、二页全部刊登广告。自此以后,很少有言论,而新闻类亦粗略分为"国外专电""国内专电""国外要闻""国内要闻"。

至《大公报》出版八千号时,报纸已呈江河日下之势,因为出版八千号毕竟是报史上的一件大事,所以主持者千方百计要撑一次场面。1924年12月23日即出版八千号的当日,《大公报》加出一张正刊,另外出特刊两大张半,一共五大张半二十二版,刊登了段祺瑞、张作霖、汪兆铭、杨宇霆、卢永祥、龚心湛、李思浩、叶恭绰、章士钊、吴光新等发来的祝词。

《大公报》出版八千号之时,北京正处于段祺瑞担任临时执政的中华民国临时政府控制下,所以署名"记者"的"论评一"《本报八千号纪念之愿言》称:

---

① 《论评二·〈大公报〉八千号纪念之言》,《大公报》1924年12月23日。
② 《论评二·〈大公报〉八千号纪念之言》,《大公报》1924年12月23日。

兹值政治革新、万象更始，内政外交皆有改进刷新之机。所谓破坏之极，建设方始，此正我国至有希望之始，亦正我国安危枢纽之会。本报八千号，既适逢此时，愿竭力自求改进，于言论则务取公正，于纪载则力求翔实，负发聋振聩之义务，尽辅助社会国家之天职。其为正义，则力为扶持，不为威武淫，不为强权屈，苟得扶持，惟力是视。其为奸辟，则笔诛口伐，白刃可蹈，沸汤可探，务求摧灭之而后已。本此意志，以求发皇本报"大公"二字之真义。①

"愿言"归"愿言"，实际上此时《大公报》内部已经分崩离析，誓言"发皇本报'大公'二字之真义"，已经成为一种理想。纪念出版八千号，表面是庆祝，实际是告别。这种凄凉的心境在朱是的"论评二"结尾处已情不自禁地流露出来了。他在叙述进报馆后的工作经历后说："乃谨述其身于本报之连属，与友朋聚散之迹，以为鸿泥之券，窃愿后之来者，知某某等曾预于本报文字之役，或亦立言者之不朽乎。"②

纪念出版八千号后，报纸的情况越来越差："销路惨跌，最后弄到没有人看了，每天只印几十份，贴在报馆门前的阅报牌和送给有关的人看。"③1925年11月24日，翁湛之在报上发表《翁湛之启事》："鄙人自欧游归后，因各务纠纷，对于馆事殊有难以兼顾之势，诚恐精神不及，或有贻误。兹特郑重声明，凡关馆中各事，不经鄙人画押盖章者概不承认负责，特此声明。"④三日后的11月27日，《大公报》停刊，总报号为8315。

二、有关内政的记事与言论

当时的国内形势变幻莫测，在北方，直皖战争后，皖系势力瓦解，直奉军阀开始联合控制北京政府。然而，因权力分配不均而引起政府数次政潮争斗，终因矛盾不可调和，于1922年4月底爆发了第一次直奉战争。激战六日后奉系败退关外，直系独自控制北京政府，并驱逐了安福国会选举的总统徐世昌。6

---

① 《论评一·本报八千号纪念之愿言》，《大公报》1924年12月23日。
② 《论评二·〈大公报〉八千号纪念之言》，《大公报》1924年12月23日。
③ 王芸生、曹谷冰：《英敛之时期的旧大公报》，《文史资料选辑》第9辑，第17页。
④ 《翁湛之启事》，《大公报》1925年11月24日。

月，直系电请黎元洪复总统职。黎氏不愿充当军阀玩偶，于6月6日发出"鱼电"宣称以"废督裁兵"为复职条件。蔡元培等也于7月2日发起组织"国民裁兵促进会"，并上书黎元洪，贡献"废督裁兵"的具体办法。于是，一场颇具声势的"废督裁兵"运动在全国兴起。直系曹锟、吴佩孚恼羞成怒，遂于1923年6月打着"法统重光"的旗号迫使黎氏下台，10月5日又通过贿选使曹锟成为中华民国大总统。曹锟和直系的胡作非为激起众怒，休整两年多的奉系张作霖借机卷土重来，1924年9月15日第二次直奉战争爆发。大战期间，直系将领冯玉祥倒戈，回师北京发动北京政变囚禁曹锟，一方面请蛰居天津的段祺瑞出面组织政府，一方面邀请南方的孙中山北上商讨善后事宜。孙中山接受邀请，于1924年12月31日到北京，却不幸于1925年3月12日在北京病逝，使南北对峙局势持续。

同时，随着世界进步潮流席卷而来，工人运动在中国迅速兴起，1921年中国共产党成立后，中国工人运动出现第一次高潮，中国出现前所未有的变局。

在这令人眼花缭乱的政局变幻中，"复活"的《大公报》在记事与言论上出现两种面孔：其一，反对武人干政，主张"废督裁兵"；其二，对待具体问题的立场，继续"坐北朝南"，并且有一定的派别性。同时，在看待工人运动兴起的问题上，既有关注民生的一面，亦有逆历史潮流的立场错误。

（一）直皖战争后的记事与言论

直皖大战后，北方各军阀之间、北方与南方各军阀之间的矛盾更加激化。政潮之迭出，均为武人掀浪。武人干政一时间成为国家公害，也成了《大公报》抨击的主要靶子，《大公报》屡屡发文，予以抨击。

其一，指斥军阀"打国民会议之名，行武人干政之实"，并把火力对准此种行为的始作俑者吴佩孚。

秀才出身的吴佩孚，为直系首领中的后起之秀，不仅善于用兵，而且颇有政治手腕。直皖战争后，锋芒毕露的吴佩孚为了扩大直系和他自己的政治影响，于是提出召开国民大会、统一善后、制定宪法的主张。1920年8月1日，吴佩孚公开发出通电，提出召开国民大会大纲八条，企图以此办法恢复被皖系北京政府所解散的旧国会，驱逐由皖系所扶植且依然在位的大总统徐世昌，另建一个由直系控制的中央政府。《大公报》对吴的内心打算十分清楚，1920年8月21日发表题为"民意机关"的"闲评"，对吴佩孚的通电予以批评，指出在新旧国会外，又有召集国民会议之说，三者皆自称为民意机关。到底孰为真正的民意机关，"孰肯自揭假面具而与国民相见？"①文中讽刺之意十分明显。接着，又陆续发表数篇相关言论②，分别对国民大会组织方法、应有职权、进行程序等方面进行质疑，对持论者的用心进行揭露。

《大公报》认为，真伪难辨的"国民大会"成了国民和政府的灾难，发文说："召集国民大会一事，国民恐武人与官僚之活动，极力防止；政府恐政党及激烈分子之加入，极力防止。譬诸变戏法焉，人人知其非真，然而变戏法者，必多方布置，使人无从看出破绽，观者亦如入五里雾中，莫由辨其真伪。"③

吴佩孚召开国民会议的企图破产后并不死心，于1921年8月28日率直军攻克湖南岳州后，又提出召开庐山会议，以解决长期存在的南北纠纷问题，世称"庐山国是会议"。对此，《大公报》于9月3日发文指出，吴氏此举实为私心："吴由湘撤防回直，即主张召集国民大会，一时舆论翕然，其为人遂渐为当时重，但吴氏限于地位，无促进能力，湖南复归南军掌握，其势正盛，未易遽言解决。""吴氏始以武力压迫湘鄂民军，克复岳州后，始觉发和平意见，终不得谓不含有利己意味。"④三日后，又发文进一步指出，吴氏的做法既越权，又越位：如果是"解决南北纠纷，则行政性质之会议也"，"行政性质之会议当由政府主之"；如果是"由全国代表讨论联邦制，则立法性质之会议也"，"立法性质之会议当由议会主之"。还说吴佩孚及其代理人张耀"昔作军人，今为政客"，"不知其以何资格而有召集行政会议与立法会议之权乎？"⑤

《大公报》进而延展开来评论道：

> 民国以来，武人会议，每年必发生数次，如徐州会议、天津会议、奉天会议、保定会议、重庆会议、衡阳会议、武昌会议，其尤著也。每召集会议一次，必发现捣乱一次，故我人一闻武人有会议之举，罔不疾首而蹙额。今吴佩孚又召集庐山会议矣，美其名曰国是会议。其所议者是否能振作

---

① 郭公：《闲评·民意机关》，《大公报》1920年8月21日。
② 去非：《言论·论国民之不重实际》，《大公报》1920年8月28日；郭公：《言论·召集国民大会问题》，《大公报》1920年8月22日；《闲评·官办与民办》，《大公报》1920年8月30日；郭公：《言论·再论召集国民大会问题》，《大公报》1920年9月4—5日；《译论·对于召集国民大会之观察》，《大公报》1920年9月9日；郭公：《闲评·时事杂喻》，《大公报》1920年9月15日。
③ 郭公：《闲评·时事杂喻》，《大公报》1920年9月15日。
④ 郭公：《言论·对于庐山会议之观察》，《大公报》1921年9月3日。
⑤ 作民：《闲评·我之庐山国是会议观》，《大公报》1921年9月6日。

国是,尚不可知;会议内容能否使国人得见庐山真面,亦不可知;会议之后,是否要如以前之种种会议,致国内更发现绝大捣乱,更不可知。①

《大公报》进一步认为,所谓"庐山国是会议"其实是行"武人干政"之举,其危害极大:"军阀政客轶越正轨,已不知法律为何物。以此而言解决,时局将愈形混乱,大局愈无统一之望。"②文章指出:武人干政,"行动反常,摇荡国本",不可容忍。如果"国家大事,国民大计,必操纵于武人之手",是"国家之不幸,抑亦国民之大耻也"③。

最后,文章揭开吴佩孚为"掩尽国人耳目"发起庐山会议所戴的"假面具",还其武人干政的真面目:

> 今则反对之声浪遍于国中,国民之真面目见矣,军阀之意旨不许违反,武人之真面目见矣,一般人之真面目,既一一轩豁呈露,何必要扒上庐山,何必再集众会议。彼借民意为假面目,而肆行其野心者,亦可以休矣。否则,可憎之面目已无可掩藏,终必至于没面目而后已。④

一则是吴佩孚此时种种所为确不光彩,二则作为其"老对头",《大公报》一旦抓住他的"软肋",便发表一连串的文章,对吴层层剥皮、穷追猛打。实事求是地讲,吴佩孚此时关于召集国民大会的建议,虽有武人干政之嫌,但无论是解决中央政府的问题,还是解决南北纠纷的问题,不妨视为一种尝试。《大公报》之所以如此不依不饶,实为上个时期留下来的派性思维在作怪。

这一点到了1922年表现得更加强烈。刚刚转入翁湛之之手的《大公报》连发两篇文章抨击吴佩孚,一篇是1922年3月1日的"闲评",该文根据道听途说的消息⑤,指着鼻子骂吴氏"欺世盗名,违法自私",是"军阀中罪人之尤"⑥。另一篇是3月3日的"时评",根据吴佩孚的一则电报,骂其不仅"武人干政",而且"武人干法",讥讽他要做"三权秀才":"据日昨所闻,吴又电达公府,请将张弧交付法庭,是彼非但干预政治,抑且要干预司法矣。军人干政,尚非世间所绝无,若军人干法,则诚闻所未闻。"继而挖苦道:"咄咄吴秀才,既经投笔从戎,

---

① 雷行:《闲评·庐山会议究如何》,《大公报》1921年8月31日。
② 直声:《言论·时局混乱中之法律问题》,《大公报》1921年9月7日。
③ 郢公:《言论·对于庐山会议之观察》,《大公报》1921年9月3日。
④ 雷行:《闲评·勿剥尽庐山面目》,《大公报》1921年9月20日。
⑤ "近来复有最骇人听闻者,即吴佩孚擅将京汉同官产私行买与外人一事是也。"
⑥ 湛之:《时评·吴佩孚之把持京汉》,《大公报》1922年3月1日。

握有方面之军权,夫亦足以自豪矣,乃犹咬文嚼字,借电力以出风头,欲囊括政权法权而兼有之,不料一个穷措大,其野心之蓬勃竟若是,然而言不顾行,行不顾言,秀才将军之不通,已可概见,则小鳅虽能生大浪,亦终于自陷而已矣。"①《大公报》之所以抓住吴佩孚这份电报做文章,是因为此电报涉及张弧:其人在历史上与段祺瑞关系密切,1917年协助段祺瑞对张勋复辟的讨伐,旋被任为侨工事务局局长;1920年8月又被任命为币制局总裁;至1921年12月梁士诒内阁成立,张弧任财政总长,兼任盐务署署长、币制局总裁,后在颜惠庆临时内阁中继续任财政总长。1922年3月奉军在第一次直奉战争中战败后,张弧即被直系军阀指控参与煽动战乱罪并被革职。

应该承认,《大公报》对吴氏的批判中夹杂着若干派性,然而其对武人干政批评的主旨也是值得肯定的,甚至可以说它抓住了军阀混战这一现象的病根:"中央威信废坠,政权下移。一时武人恃势而骄,干预政务,成为风气。发生一重要问题,辄自由召集会议,中央无力过问,已属可怪。"故武人会议每开一次,政局就动荡一次,甚至争战又起一次,如此"实非国家人民之福"②。

其二,指责军阀"发动政潮",行"赤裸裸的'武人干政'"。《大公报》称,军阀时代,总统更替,内阁改组,每次政潮都是军阀掀浪所致。远的不论,就近而言,直皖战争后,联合执政的直奉两系达成协议,以徐世昌为总统,靳云鹏组阁;因靳云鹏由亲奉转为亲直,张作霖于1921年12月迫使其下台,支持梁士诒为内阁总理;梁士诒上台后,一方面赦免遭直系通缉的皖系军阀和政客,另一方面同意日本人要求而向日本借款,由中日合建胶济铁路,于是吴佩孚又指责梁士诒亲日卖国,要求其下台,张作霖遂为梁士诒辩护,这成为第一次直奉战争的导火线。奉系在第一次直奉战争中失败,直系一派控制北京政府,于1922年5月5日迫使徐世昌下令通缉梁士诒。不久,吴佩孚、曹锟又电请黎元洪复总统职,手无一兵一卒的徐世昌只有辞职一条路。对此《大公报》发文揭露道,"光复以还,忽忽十一寒暑。……此十一寒暑中,一度复辟,六易总统",皆"弄兵自杀之军阀"所为③。各路军阀把持一方,操纵一种势力,不断发动政潮,致使"政潮之循环无已也。或一波未平一波踵至,殆若潮流回荡,已成不可解之

---

① 无妄:《时评·吴佩孚要做三权秀才》,《大公报》1922年3月3日。
② 无妄:《言论·论武人会议》,《大公报》1922年2月11日。
③ 湛之:《论坛·二十年之回顾》,《大公报》1922年6月17日。

因缘"①。

由于武人干政,即使贵为总统、总理,若要办一件事,没有军阀的点头也是万万不能的。1921年4月,总统徐世昌和总理靳云鹏诚邀控制北京的奉系首领张作霖和直系头子曹锟进京以"决大事"。《大公报》对此事进行了详细报道,以此说明武人干政到了何种程度:

首先,从曹、张两人进京"决大事"的排场即足见军阀的威风和权力之大。《大公报》1921年4月18日报道:曹张两使②4月17日到津,"总统派庶务司长杨葆益筹备曹张两使来京之行辕,军警长官亦预备欢迎曹张之手续"③。当日发表的"闲评"说:曹、张二使先后来津,"将一同晋京解决大政",并点题说:"现政府本由曹张二使造成,一切进行,殆无不赖曹张二使一言以为重。"④

曹、张到天津后,总统、总理又致函王士珍请其就任苏皖赣巡阅使职务,并请他来京议事。

1921年4月24日,内阁总理靳云鹏亲自到天津迎接曹、张、王三使进京。"荏苒光阴,悠将匝月。一议再议,五议十议二十议",终于于5月14日拿出一个内阁局部改组名单交总统任命发布。对此,《大公报》发表题为"三角会议⑤第一功"的"言论",开头一句即称此为"惊天动地之巡阅使会议"的"第一功"。接着嘲弄道:改组内阁,本为政客们的事,何劳巡阅使?三使来京,花掉"三十万之招待费",这还仅仅是"吃喝嫖赌游园赏花"而已⑥。随后又发文指出,从公布的内阁改组名单以及前后几次武人会议⑦的情况看,军阀们召开会议,既非为"内阁问题而举行",亦非"自命为解决国事而举行",而实为了在内阁中安插亲信和爪牙,使之成为自己的代理,使内阁成为他们所利用的傀儡。"以吾所闻,则彼所议者,无非欲伸张自己头下心腹爪牙之势力,以推倒他头下心腹爪牙之势力而已。然则此种会议,不过头与头赌赛之准备,所谓解决国事者,乃藉口之资。"⑧

---

① 郭公:《言论·政潮之因果》,《大公报》1921年12月12日。
② 曹锟为四川、广东、湖南、江西四省经略使,张作霖为直隶督军、东三省巡阅使,奉天督军兼署省长,故称"曹张两使"。
③ 《北京电话》,《大公报》1921年4月18日。
④ 直声:《闲评·曹张二使行动与时局》,《大公报》1921年4月18日。
⑤ 指曹锟、张作霖、王士珍三人的北京会议。
⑥ 雷行:《言论·三角会议第一功》,《大公报》1921年5月15日。
⑦ 指1921年4月曹锟、张作霖、王士珍为改组靳内阁举行的天津会议,1922年2月吴佩孚以拥黎(元洪)驱徐(世昌)为主旨的保定会议,1923年3月徐世昌为实现"武力统一"全国召开的洛阳会议。
⑧ 无妄:《闲评·前三头与后三头》,《大公报》1922年2月10日。

大军阀拥兵自重,权倾朝野,不仅内阁改组须巡阅使决定,就连"疆吏变易与巡阅使增设问题,须待三使作最后决定,始能离京回任。中央威信久坠,固非赖三使威望,不克实地解决"①。

这种武人擅权的政治不解决,民国必将灭亡。《大公报》发文尖锐地指出:"前清以兵而亡,民国以兵而乱,纷纷扰扰,统一无期,一言以蔽之曰,武人专制而已。"因此国家要统一,人民要安宁,"首在实行裁兵"②。这个问题不解决,军阀一旦拥兵自重,必然会发动战争。

(二) 第一次直奉战争的记事与言论

直皖战争后,联合控制北京政权的直奉两派由于权力分配问题很快发生矛盾,直至兵戎相见,于1922年4月29日至5月5日爆发了第一次直奉战争。虽然此时的《大公报》与交战双方没有多大关系,但是由于前一时期直皖战争的余波,《大公报》对吴直怒气未消,对张奉感情未了,所以它在这场战争中的记事和言论明显袒奉贬直。下面分战前、战中、战后述之、析之。

1. 战前骂吴贬直

进入4月份,直奉关系日益紧张,《大公报》连发几篇言论抨击直系和吴佩孚。

4月7日,发表一篇题为"吴佩孚之大购军械"的"闲评",在介绍吴佩孚各处购置军械情况后说:"其(吴佩孚)野心勃勃,于此可见一斑矣。"③

11日,发表"小言"《吴佩孚将为威廉第三》说,"绿(氯)气炮一物,为国际公约所禁用。欧战一役,德皇威廉第二首先犯之,遂成世界罪人",而吴佩孚为与奉系开战,竟然请德人制造氯气弹这一国际公法禁用的武器,文章因此认为吴佩孚将成为"威廉第三","遂成世界罪人"④。

12日,发表"小言"《息止误会》,批评总统徐世昌不辨是非,派人调停直奉矛盾的做法同当日纵吴倒梁一样,表面"息止误会",实则是致使奉直调军备战。"天下本无事,庸人自扰之。"⑤

18日,在"论坛"栏刊载翁湛之翻译自英文《京津泰晤士报》的文章《奉直两

---

① 郭公:《言论·三使滞京之观察》,《大公报》1921年5月26日。
② 直声:《言论·书杨新督裁兵弭乱辞呈后》,《大公报》1921年5月23日。
③ 半山:《闲评·吴佩孚之大购军械》,《大公报》1922年4月7日。
④ 然犀:《小言·吴佩孚将为威廉第三》,《大公报》1922年4月11日。
⑤ 然犀:《小言·息止误会》,《大公报》1922年4月12日。

军之比较观》,在详细分析双方所投入的兵力和阵地部署后称:"吾人所敢断言,无论如何,将来真正之战场,距天津必有三百里左右之遥。奉军若节节进逼,马厂之直军必向西南方面撤退。"①战争还未打响,《大公报》即已断言"奉进直退",其心理天平偏向何方不言自明。

21日,"时评"栏刊登翁湛之译自英文《华北日报》的《张作霖之将来》,用对比的方式褒张贬吴,说"吴佩孚氏,盗窃大权,侵蚀公款,其行为之强横,无殊绿林之暴客";"张作霖之为人,极为外人所称道。外人中以英人对于张氏,尤为赞仰,盖知之较深故也。张氏立身甚正,操行亦纯洁,三省人民,爱戴之者甚至。……更有进者,张氏个人,已将宗旨明白宣布,其所称道,不外恢复政治上之秩序,为国家前途谋乐利。"②

24日,在"特载"栏刊发两则本报驻京记者的稿件,即《京汉路奉直军对峙之形势》《鼙鼓声中之奉讯种种》,用新闻报道方式抑直扬奉。而当日的两篇言论更是直接骂吴:"时评"《苏鲁豫联名马电之研究》称,苏鲁两督均言"不加入战争",而吴佩孚盗用苏鲁豫三省名义发表挑战之"马电",报纸希望三省人民对吴佩孚的做法表明态度③。"闲评"《吴佩孚骂人自骂》则指着鼻子骂道:"吴氏身绾军符,恃其武力,强截盐税,并将京汉全路收入全数攫入私囊……以国家之收入,供其挥霍,岂非窃国之大盗耶?"④

25日战争爆发前夕,《大公报》仍发表两篇相关言论,一篇是"论坛"栏里的《我之奉直战争观》,预测战争胜负:目前,论者多谓直军必胜,"余窃以为不然"。在分析了天时、地利和人和后,该文作者称:奉军"足以制吴之死命"⑤。另一篇是"时评"栏里的《张作霖皓电与吴佩孚效电之比较》,该文抓住直奉战前的通电大做文章。原来在4月下旬,双方进行了开火前的"电报战"。这篇"时评"指出:"张作霖用兵之目的,在图国家之统一;吴佩孚用兵之目的,在谋奉直之割据。"接着将两方电报逐句比较,最后表态说:"吴之割据,固非吾人所愿闻;张之统一,虽为吾人所日夕祷祝,然徒恃武力,不能举统一之实。"⑥《大公报》不言张氏的野心更大,仅描述吴之割据,其立场可见一斑。

---

① 《论坛·奉直两军之比较观》(翻译自英文《京津泰晤士报》),《大公报》1922年4月18日。
② 湛之:《时评·张作霖之将来》(译自英文《华北日报》),《大公报》1922年4月21日。
③ 铁:《时评一·苏鲁豫联名马电之研究》,《大公报》1922年4月24日。
④ 半由:《闲评·吴佩孚骂人自骂》,《大公报》1922年4月24日。
⑤ 慕荆:《论坛·我之奉直战争观》,《大公报》1922年4月25日。
⑥ 《时评一·张作霖皓电与吴佩孚效电之比较》,《大公报》1922年4月25日。

当然,也有"对双方各打五十大板"的言论。或说双方发动战争"皆因权利而争,讵能听调人之疏解,互释干戈?"①或说"张斥吴为剽窃国帑,吴指张为保镖者",这样"互相对骂,适足以自张其丑"②。

此时,《大公报》还提出比如"国民裁判论"这样不切实际的论调。先摆出干涉理由:"今(即将开战)双方对于国民不发一言,而擅自调兵,进而备战,此诚欺侮国民之甚。"国民为国家主人,军阀和他们手中的士兵都是公民养活,国民应对他们的行为有所干涉。然后提出所谓干涉途径:(一)全国各界联合电话双方,令其宣布理由。双方既有宣布,则有理者助之,无理者则攻之。如认双方皆无理,即应令其亟行罢战,听候国民裁判。(二)国民拟定解决大局之具体办法,责令双方服从,有反对者,认为国民之公敌。(三)若双方不受制裁,即劝告职员工人大罢工,军队所过之区,一律罢市③。从这些言论看,不由感慨此时《大公报》主持笔政者幼稚到何种程度。

2. 战中为奉军张目

1922年4月28日,张作霖抵达军粮城,自任"镇威军"总司令,沿京奉、津浦两路布置军队,29日正式向奉军发出总攻击令,第一次直奉战争爆发。次日,《大公报》"专电"栏刊登十五条"北京电"报道战况,其中首条为:"奉直两军已于今早(二十九)三点在固安(南路)及南岗洼(西路)正式开战。"

5月1日战争仅开打一天半日,《大公报》即已完全是为奉军"呐喊"。在"两军激战之确报"专栏里,第一条新闻《西路镇威军》称:"今早四点,在良乡琉璃河之间与吴军激战甚烈。镇威军用马队一团包抄吴军后路,吴军不支,纷纷溃退,生擒吴军团长两名,夺获大炮六尊,俘虏四百余人。琉璃河已为镇威军占领。"④

当日还发表两篇言论,其中"论坛"栏《奉直胜败之衡断》从各个方面论证并作出直系必败而奉系必胜的判断,说吴氏"失道"而张氏"得道"。并重点历数吴氏的"失道"和张氏"得道"的所谓事实:

夫此役之祸始,固由于内阁问题,然吴氏之屡电攻击梁阁,虽备极丑诋,张氏初未为之辩护也,即张之陷东两电,亦不过请政府宣布梁之外交

---

① 半山:《闲评·调停之效果》,《大公报》1922年4月20日。
② 半山:《闲评·张吴之对骂》,《大公报》1922年4月21日。
③ 吉人:《论坛·国民应有所表示》,《大公报》1922年4月21日。
④ 《两军激战之确报·西路镇威军》,《大公报》1922年5月1日。

> 经过事实,庶中央用人,不致以疆吏之喜怒为进退,于吴并未肆口讥诮。则张吴之感情,何至以此而决裂? 而吴氏竟藉此以广置军火,严修战备,虽调人百方疏解,究未稍移其强硬态度,嗣复连电攻张,必思逞于一战,致奉方忍无可忍,不得不报之恶声,而启兵衅。则为戎首者吴氏,两军之曲直可知矣!

文章还说,吴氏"布兵近畿以来,到处骚扰,到处搜括,其种种之横暴残虐,则见逃难乡民涕泣而道之也。至奉省,则十年来,休养生息,政治修明,民歌康乐,其军队入关,纪律谨严,于民无忤,又为各方人士所称道"。以"得道多助,失道寡助"为判断标准,文章认为"将来奉直胜败之数,亦可知矣",并说吴氏"骄且诈者,覆败之道也",即吴氏不但会败,而且会"速败"①。"时评"栏《吴佩孚亦挂洋旗耶》则从另一个角度指责吴佩孚,说他"购置外国旗数百面运往战地","冒挂红十字旗以疑敌者","挂洋旗以杀同胞,且污蔑我友邦之国旗,令国人生对外之恶感"②。

5月2日,"两军激战之确报"栏继续发布"镇威军捷报":"镇威军左翼第三梯队在白杨桥方面与吴军激战甚久,得而复失者数次。现在该处已为镇威军完全占领,俘虏一百二十余人,内有营长一人,副官一人。中路第一梯队现已完全薄固安城下,正在激战。"③

当日还发表题为"此次战争之戎首"的"言论",用对比的方式表明此次战争发动之责在吴佩孚而不在张作霖:"此次奉军入关,在张使所宣布者,根据于中央之信使,曹省长之要请,拱卫京畿,促成统一而来,初未有向何方何人一党一系宣战之意","相持而后,调人疏解……一方应调人之约而来,一方则遽施恶声以相诋,道路传闻,调人遇张使于途,在车中尚正事和平之商榷,而前方飞电,吴军已向奉军开始攻击"。文章指吴佩孚"不待调人之发言,即采用最后之手段,施可已而不已之战斗,是其处心积虑与和平为敌,亦无可讳言",并称吴氏"残酷不仁,为吾人之公敌"④。

5月3日,"两军激战之确报"栏继续为奉军造势。"顷悉镇威军方面接得前线战报如下:据李景林报告,昨日大城以南,镇威军第三梯队与吴军激战,大

---

① 子厚:《论坛·奉直胜败之衡断》,《大公报》1922年5月1日。
② 《时评二·吴佩孚亦挂洋旗耶》,《大公报》1922年5月1日。
③ 《两军激战之确报》,《大公报》1922年5月2日。
④ 蝗:《言论·此次战争之戎首》,《大公报》1922年5月2日。

得胜利,吴军第二十六师四散奔窜,所余人数已不及两团。"①当日"时评"则转换一个角度谴责吴军,说吴军不顾国际公约,"以飞机掷炸弹于丰台车站列车,而误中车库",危及"中外人生命财产"②。

5月4日的"两军激战之确报"栏更露骨地站在奉军立场报道:"今日(三号)镇威军前敌战况甚佳,固安方面,吴军完全溃败。又镇威军第二梯团张学良所部炮毙直军一将,有谓姓吴者。又张景惠所部旅长梁朝栋阵亡之说,确系误传"③。当日的"闲评"则称赞张作霖,说他入关"志在统一,苟非不得已时,绝不肯用武力。观其历次通电,其爱护和平之心,溢于言表",而吴佩孚"恃其器械之利,兵力之充,以为战端一开,可操必胜之券……必强人以所难,是其有意启衅,甘为戎首"④。

然而一如直皖战争,直奉战事的实际状况沿着《大公报》估计的相反方向发展。5月4日,第一次直奉战争以奉军失败而速告结束。5月5日的《大公报》"两军激战确报"栏不得不改变前几天只报奉军胜利吴军失败的做法,开始报道两军战事之各有胜败。有意思的是,当日"论坛"发表了主笔翁湛之的文章,为自己"有色彩"的报道和言论做辩护。该文首先说前几天只报道奉军胜利消息,是由于交通阻隔,张(作霖)军检视邮件(扣下直军邮件)所致;然后说,《大公报》的报道只能按照"有闻必录"的原则将探访到的消息刊载出来;最后为社会上流传的"袒此袒彼"说辩护:"今日之下,本埠各报有色彩者,固属不少,而仅凭所能得之消息,逐日登载以为新闻者,比比皆是。至若本一己之好恶,对于各报消息,不甚加以考究,即昧然指摘某某报为袒此,某某报为袒彼,诚未免过于皮相矣。"⑤这种辩解显然是强词夺理、倒打一耙,自然难以服人。而辩解之余,同日"时评"仍把吴佩孚作为攻击对象:"吴佩孚军队在琉璃河以南惨无人道,令人不忍卒听。吴军向该地商家勒索银洋三千元,少亦一二千元。且强赊米物,供给稍有不周,即横加蛮打,按户掠夺。……以赫赫巡阅使之身,行盗贼不屑为之行。"⑥《大公报》这种扬奉抑直、褒张贬吴的调子一直唱到大战结束。

---

① 《两军激战之确报》,《大公报》1922年5月3日。
② 游龙:《时评·飞机,炸弹》,《大公报》1922年5月3日。
③ 《两军激战之确报·奉军方面之战讯》,《大公报》1922年5月4日。
④ 半山:《闲评·对于二次调停之希望》,《大公报》1922年5月4日。
⑤ 湛之:《论坛·事实与谣言》,《大公报》1922年5月5日。
⑥ 慎:《时评·吴军之言行向背》,《大公报》1922年5月5日。

5月6日,张作霖率奉军经天津败退关外,7日吴佩孚乘专列到津。8日,《大公报》"本埠特讯"栏载《吴佩孚昨日到津》一文,称:"吴佩孚氏此次与奉张战争,已告胜利。所谓东中西三路奉军皆已退净。……昨日夜二点,吴使已到天津,驻节于专车上,未曾下车。"而当日的"闲评"仍在赞扬奉军军容风纪,说奉军即使在打败仗后,"路经津埠,毫无骚扰,以战败之军队尚能秩序不紊若此,奉军之纪律,诚有足多者",还认为吴军在葫芦岛登岸断截奉军归路,这种追穷寇的做法"未免过矣!"①

5月10日,《大公报》在第三张第三页文艺性栏目"余载"上发表了一篇十分有趣的"小言",这篇题为"战争后的两场雨"的短文说,"大战告终后下了两场雨。一次在张氏抵津的次日,一次在吴氏来津的次日"。记者认为这两场雨"大有深意":"前一场雨是给张氏送行,后一场雨是给吴氏接风。"战后张氏离津之日、战事终了之期下的这场雨,"为的是洗去军阀逞兵的痕迹,以免世上存有这个污点耳";第二场雨则"为的是冷水浇头,促其猛省,此正天公棒喝吴氏的深意",希望吴氏"不再逞兵干政",让生灵免遭涂炭,人民免遭劫难②。一"清洗"一"棒喝",文章对张、吴二人的褒贬之意可谓明显。

3. 战后分别对待张吴

第一次直奉战争以《大公报》预料的相反结果告终,使该报主持者深感尴尬,于是5月6日"时评"开始为判断失误找借口:"奉洛战事,暂时告一段落。此种交战,本非正当军事,孰胜孰败,何足深论。"③虽然胜败"无足深论",但是《大公报》在战后对张奉、吴直还是区别对待的。

其对张奉可谓关爱有加,首先连发两篇文章分析奉军失败的原因。5月7日"论坛"栏《奉军致败之原因》说张军失败原因有四:(1)"勇敢有余,谋略不足,故及于败。"(2)"仅恃气血之勇以应敌,宜难以久持。"(3)"中立之军队忽又联袂出都,将乘其后,直军奇军复击其左,于是腹背受敌。军心不固,而及于败。"(4)奉军的西路张景惠部开始消极,后中吴佩孚激将法,"不复能忍,遽以初未备战之兵,应必死之敌,此奉军致败又一因也"。综合而言,"奉军布置之疏,训练之疏,用人之疏,谋虑之疏,固皆其致败之原因"④。8日《再论奉军之

---

① 半山:《闲评·奉军宜令早日出关》,《大公报》1922年5月8日。
② 然犀:《小言·战争后的两场雨》,《大公报》1922年5月10日。
③ 无妄:《时评·战事与地方治安》,《大公报》1922年5月6日。
④ 子厚:《论坛·奉军致败之原因》,《大公报》1922年5月7日。

败》一文则认为奉军"此败败于内部之争"①,即奉系内部主战与主和两派不睦。接着文章又为奉军找退路,认为张作霖赶紧回东北方为上策,分析说,现在"东省北有赤俄,东邻日本,有张使坐镇其间,中原尚可少生外患";"为今之计,宜使奉军从容出关,徐图整理,保卫边陲,否则激生他变,外人亦必伺隙而动,坐收渔人之利,斯时悔之已无及矣"②。在《大公报》看来,东北需要张作霖坐镇保卫,张作霖更需要依靠东北再度崛起,振兵再来。

对于吴直,《大公报》则提出高要求。首先,要求吴佩孚对国家、地方的善后事宜切实负起责任来。5月9日,《大公报》于"论坛"栏发表《对于吴使之希望》说,"吴使战胜之后,现已处于左右政局之地位,则凡战后之对于国家地方,所应规画而善后者,实吴氏之唯一责任。"如何负起责任来?首要一条就是裁兵理财、息乱图治:"南北统一,取消西南政府,禁止武人干政,解散军队。"若"中央无此实力,须以可靠之军人及军队,援助中央,以竟其功"。《大公报》又认为,靠武力是根本不可能达到这样的目的的,因而"所望吴氏以和平主张,为根本解决,使国本危而复安,民生绝而复苏,群雄之环伺者,亦不战而屈,是不惟国民之幸,抑亦我国家之幸也"③。

5月11日发表《勖吴使》,称吴氏作为胜利者,今"具威加海内之力,有左右政局之势","则将来之政局,必视吴氏为转移;而善后办法,必待吴使为解决"。《大公报》以舆论代表的口吻对吴氏提出三点希望:其一,"愿吴氏……顺从民意,致力于和平统一之进行,无徒恃其力,以重困吾民";其二,希望吴氏于财政"不宜苛征勒借,敲骨而吸髓也……陷金融于绝境,而国势益危";其三,希望吴氏推荐有"统治现在时局之能力,而为超然派人物者耳",以"组良善政府"④。然而在这里,《大公报》在逻辑上犯了一个错误:它一方面在理论上反对"武人干政",一方面又承认事实上的"武人干政",把"良善政府"的组成寄托在军阀身上。

然而无论是对张奉还是对吴直,《大公报》也仅能表达些许态度而已。在有枪就是草头王的军阀时代,报人一支秃笔又能起多大作用呢?况且此时的《大公报》亦已不是英敛之、胡政之当年的《大公报》了。

---

① 子厚:《论坛·再论奉军之败》,《大公报》1922年5月8日。
② 半山:《闲评·奉军宜令早日出关》,《大公报》1922年5月8日。
③ 子厚:《论坛·对于吴使之希望》,《大公报》1922年5月9日。
④ 子厚:《论坛·勖吴使》,《大公报》1922年5月11日。

（三）第一次直奉战争后的记事与言论

军阀之所以能拥兵自重，在于有一个督军制度作保障，使各路军阀持兵害政、武人干政的行为变得名正言顺。作为辛亥革命的遗留物，民国初年以都督为各省最高军政长官，至1913年改称将军，1916年又改称督军。各省督军集军政大权于一身，权力无边，包括省政府在内的任何人不能违背他的旨意。后来又加"巡阅使"一职，可管理数省军政，进一步抬高武人地位，使军阀可凭借武力，操纵政治、制造纷争，令国家内战不断。要停止内战，铲除内战根源，那就必须废除督军制并裁撤冗兵。故民初以来"废督裁兵"的呼声一直没有停止，第一次直奉战争后，"废督裁兵"形成运动，并出现高潮。

《大公报》不仅支持"废督裁兵"运动，而且一直为"废督裁兵"的实施做鼓动。

1. 呼吁"废督裁兵"

1920年，浙江督军卢永祥出于巩固自己政权的策略，率先提出"废督裁兵"的口号。《大公报》为响应卢氏提议，于8月26日首先译载《华北明星报》关于废督的文章。该文针对巡阅使制度指出，在一省督军上再增加一个统治数省的巡阅使，不仅不是废督，更是晋督，是"以原有之督军，更晋而为高级督军耳，依然是军阀制度，所谓换汤不换药者也"，如曹锟、张作霖便是这样的"高级督军"①。10月，《大公报》再次发文明确地说："废督之倡议久矣。"虽说废督难度大，政府有畏难情绪，但此制度危害极大。督军本来只是督理军务者，"而今之督军，既侵犯本省民政，复时时干预国家政治，推其流弊所及，各省民政整理无望，人民日死转于军治之下，生计憔悴，无可告语。"文章明确指出："督军存在一日，即全国政治一日无整理之望。"②督军制之废除，刻不容缓。

进入1921年后，《大公报》不断发表文章，支持废督裁兵。

1月4日的"论评"根据"凡事预则立，不预则废"的古训，提出要为废督裁兵做好准备，"愿持废督裁兵之说者，勿空言而不早为豫备也"③。

1月10日的"论评"则针对靳云鹏内阁最近宣言中关于"实行裁兵，节减薪饷"的主张，提出政府必须做好充分准备，采取相应措施，以应对军阀的反对，

---

① 舍我：《译论·废督问题》，《大公报》1920年8月26日。
② 去非：《言论·废督问题与各方面》，《大公报》1920年10月24—25日。
③ 履冰：《论评·废督裁兵之豫备》，《大公报》1921年1月4日。

而不至于使"宣言成空言"①。

2月26日的"言论"针对张作霖借口"援库防俄"而提出暂缓"废督裁兵"的要求,驳斥道:"某督"提出的"废督裁兵应缓之理由,益见废督裁兵之不可缓"②。当日的"闲评"再次提请靳内阁一定要把裁兵实施的重点放在地方军阀身上,因为"掌兵之权在各省不在中央,即欲裁兵,其如军阀之不允何,则此计画者,仅内阁一部分之计画而已"③。

《大公报》还从裁兵与改善时局、缓解中央财政的角度反复申述裁兵的必要性与紧迫性。"解决时局,首在于为财政根本上之补救","何谓财政之根本上解决?今日中国国帑支出之最多方面,厥惟军费,倘经按照原定计画实行裁兵,匪惟一时财政困难立可解除,即未来财政危境亦不至再现","财政根本困难既除,则政局从兹永固,国家前途亦不难重现曙光"④。"裁兵所以杜危机,节饷所以纾财困,人民知之,当局亦未尝不知之,知之而依然不裁不节,已不啻甘心自杀。"⑤

《大公报》更从政府稳定的角度论述裁兵废督的重要性,指出当下"军阀坐拥重兵,揽权自固,推其力之所及,罔利营私,肆无忌惮"。他们玩弄内阁于股掌,内阁成了军阀的"雇佣之内阁",阁员成了军阀的家奴和佣工:"今之内阁,悬于大军阀之手,固夫人而知之。苟军阀不予以拥护,内阁即无以自存,然与其谓之为军阀拥护之内阁,不如竟呼之为军阀雇用之内阁,军阀一旦不给以作活之资,内阁只可立时解雇。"一内阁解散后,军阀"将另雇一班高等苦力,以供彼等之颐指气使"⑥。本来"政府之存在,以受国民付托之重,实施赏罚大权,方能深得民心,始终拥护"。而现实的情况恰恰相反,"不是之图",一味依赖"不可久恃之军阀,且重建人民公意,自失真正之拥护力,而欲保全地位,真缘木求鱼矣"⑦。

《大公报》还抓住"某镇守使"被手下士兵惨杀之案例,教育手握重兵者明白一个道理,即拥兵危及自身,释兵才是安全:"拥有数万及数十万之重兵,侈

---

① 履冰:《论评·靳内阁之四大宣言》,《大公报》1921年1月10日。
② 直声:《言论·今之反对废督裁兵者》,《大公报》1921年2月26日。
③ 履冰:《闲评·靳内阁之裁兵计画》,《大公报》1921年2月26日。
④ 郓公:《言论·裁兵问题与时局》,《大公报》1921年4月29日。
⑤ 直声:《闲评·一丘之貉》,《大公报》1921年7月11日。
⑥ 雷行:《闲评·内阁将解雇矣》,《大公报》1921年12月17日。
⑦ 郓公:《言论·政府与军阀》,《大公报》1921年6月26日。

然自命为天下无敌者,其肘腋之间,危险为何如哉","此可为拥兵自卫者之殷鉴也"①。

2. 支持"废督裁兵"运动

1922年5月,在直奉战争胜利后独霸北京政权的曹锟、吴佩孚打着"法统重光"的旗号"驱徐迎黎",而作为武昌首义的主要领导者,经历过府院之争与张勋复辟后,受邀复任大总统的黎元洪深知,手中无兵的人当总统,若要不致成为军阀的傀儡,只能争取舆论的支持,于是在6月6日通电全国,要求"废督裁兵",并以此作为复职的条件。在南方着手进行二次护法运动的孙中山为恢复民主共和制,亦响应"废督裁兵",并提出"化兵为工"的计划;蔡元培等社会名流也于1922年6月20日在北京成立"国民裁兵促进会";此外,上海全国工商协会等二十多个团体也于7月12日联合在北京《晨报》上发表《废督裁兵宣言》;10月10日,北京召开国庆日国民裁兵运动大会,与此同时浙江、安徽、四川等省的"废督裁兵"运动也有相当的规模,使该运动在全国趋于高潮。

"废督裁兵"形成运动并出现高潮后,《大公报》的记事与言论则更进一步。

1922年6月17日,《大公报》发表题为"废督之一声"的"时评",对黎元洪6月6日废督通电予以高度肯定:"黎总统复位之条件四,废督其一也。"并以江西督军陈光远的辞职为例,说明黎总统的废督不是空言,"今竟见诸事实矣。不禁为之一喜"②。6月19日"特载"栏发表驻京记者超民的《雷厉风行之裁兵废督》,详报黎元洪在府宅召集裁兵会议,酝酿成立裁兵委员会的情况,还报道了各方面对此事的态度,力挺黎元洪废督裁兵的主张。

此后,《大公报》不断发文,不仅为"废督裁兵"呼吁,支持全国出现的"废督裁兵"运动,而且对如何"废督裁兵"提出许多建议:

其一,分析裁兵的困难,提醒政府做好各方面的准备。《大公报》认为,黎元洪此时提出裁兵有三大难题:一是南北对峙,战事不断,"此时而言裁兵,于时势有所不可";二是军阀正想"坐拥厚资",今言裁兵,军阀不会答应;三是拖欠数月军饷待发,裁兵遣散又需巨款,"巨款难筹,此事实上裁兵之难三"③。因此,要使裁兵富有成效,中央不仅要有诚意,还必须有决心和财力。

其二,规划裁兵步骤。《大公报》指出,裁兵关键是废督:"(裁兵)所难者,军

---

① 雷行:《闲评·拥兵者可以鉴矣》,《大公报》1921年6月5日。
② 悦:《时评·废督之一声》,《大公报》1922年6月17日。
③ 砼:《论坛·裁兵难》,《大公报》1922年6月20日。

阀藉兵以自卫,从中作梗耳。故欲实行裁兵,必先将督军巡阅使等,首先裁撤,否则绝无裁兵之可言。且南北之不统一,皆由于军阀之争夺地盘,军阀不除,则必相争不已,而统一将永无成立之望。"①因此《大公报》建议先行废督,再行裁兵。

其三,裁兵必须坚决果断地停止招兵。兵是军阀"坐拥谋私"的资本,他们绝不会轻言放弃。而迫于当时国内形势,他们又不便明言反对,于是阳奉阴违,一边裁兵,一边招兵。对此,《大公报》发文提请政府对此予以注意。早在1921年7月16日,该报就提醒中央,提防那些阳奉阴违的地方军阀一面迫于潮流裁兵,一面出于私心继续招兵:"贯澈裁兵原则,尤应自阻止招兵始","苟不再招募,终必有裁减之望"②。1922年8月20日,《大公报》运用新闻报道的形式,指名道姓地谴责豫督冯玉祥:自黎元洪复职大总统之初,"即昌言裁兵废督,各军阀亦群起作应声之虫,惟各军阀口是心非,明虽赞成裁兵,暗中扩充军备如故,故两月以来,不但不裁一兵,且招募之不已。如豫督冯玉祥……"③

其四,建议裁兵从胜利者做起。而在刚刚结束的直奉战争中,直军为胜利者,"可由胜利者先裁"。"今欲预弭直奉之兵祸,当由战胜者方面开诚布公,首先裁兵废督,战胜者既首先实行,表示其无好战之意,则奉方亦必当仁不让。"④

其五,裁兵先从近畿之军开始。"中央政府……迭曾通电各省,速行裁兵。乃各省军阀,均恃军队,为攫取权力之利器,非惟不遵令裁减,且巧立名目,增募新军。……今政府果欲实行裁兵,自必先由近畿始,近畿军队一经裁减,则各小省自不敢独异。"⑤

其六,对于各地裁兵之事,中央应一视同仁,不可有所偏袒。无论是甲军、乙军,还是新军、旧军,都同等对待。"为中央计,以国家言,既裁兵矣,则当举中央力所及之军,各裁其几分之几……事理既平,反侧自安,不然者,有裁有不裁,有去位有不去位,孰为有功于国家,应受上赏,孰为有罪于国家,应受沙汰。质之政府,恐固无词以对也。"⑥

其七,为所裁之兵谋生计。这一点,《大公报》从民生角度出发而予以特别注意,早在1921年12月11日就发文论述过,指出裁兵之所以难就在于"处置

---

① 慕荆:《论坛·裁兵之步骤》,《大公报》1922年6月27日。
② 直声:《言论·裁兵声中之招兵》,《大公报》1921年7月16日。
③ 《要闻二·军阀招兵不已》,《大公报》1922年8月20日。
④ 半山:《闲评·如何消弭兵祸乎》,《大公报》1922年7月9日。
⑤ 半山:《时评·中央禁止各省增兵之通电》,《大公报》1922年9月27日。
⑥ 砡:《论坛·裁兵运动感言》,《大公报》1922年10月18日。

此裁兵甚难矣"。因为"今之所谓兵,大半即变相之土匪,招之入伍,有饷则苟安,无饷则哗变。一旦绝其生计,有不铤而走险者乎?是故欲言裁兵,必先创工作以容纳之,使之有所事事,而可以得温饱,庶可为根本计画"①。1922年,《大公报》又几次发文予以申述:裁兵启动之前,就应事先考虑裁汰之兵"安插何所,位置何业,须一一为之筹备,庶既裁之兵,不致发生后患,否则既乏生计以自养,又无人以管理之,适造成多数盗贼,祸社会而已"②,对于这些问题"希望当局善自处"③。

虽然这场运动随着曹锟贿选当上总统而归于彻底失败,但是《大公报》站在国家和民众立场呼吁"废督裁兵"的用心是值得肯定的。

(四)有关曹锟贿选的记事与言论

直系军阀首领曹锟1862年出生于天津大沽一个贫穷造船工家里,1882年应募入伍,曾就读于天津武备学堂。1894年曹锟随部赴朝鲜作战,翌年,赴小站投袁世凯组建的新式陆军,渐得袁氏的器重,历任北洋第三镇统制、中华民国陆军第三师师长,至1916年9月任直隶督军,1919年被拥为直系军阀首领,并以保定为大本营。1922年5月,直系在第一次直奉战争中大获全胜,底层出身的曹锟野心骤增,不甘心只做一个派系的首领,而想当国家的大总统。

然而总统宝座只有一个,想坐上去的人却不止一个,并且也不是谁想坐就随便能坐上去的,因此曹锟为当总统颇费了一番心思和动作。由于曹锟当选总统所费之事颇不光彩,加上又为直系"丑闻",所以《大公报》予以了足够的关注和揭露。

1. 有关"驱黎"的记事与言论

所谓"驱黎",是指曹锟指使直系将领驱逐大总统黎元洪的事件。通过第一次直奉战争,直系赶走奉张,独掌北京政权。吴佩孚扶植的"好人政府"于1922年9月19日出炉,似乎颇想有一番作为。然而,直系首领曹锟对一切听命于吴的王宠惠内阁很不满意,不到两个月即于11月18日将其赶下台,以张绍曾代替。随后曹锟更是一不做二不休,以"任期已满"为借口,唆使冯玉祥、王槐庆部中级军官于1923年6月13日采取"逼宫"的形式赶走总统黎元洪,为

---

① 拮微:《闲评·裁兵难》,《大公报》1921年12月11日。
② 拮微:《闲评·裁兵问题》,《大公报》1922年2月22日。
③ 半山:《时评·裁兵之安插》,《大公报》1922年6月20日。

自己当总统扫清障碍。

对于曹锟驱逐黎元洪的做派,《大公报》深恶痛绝。1923 年 6 月 14 日,在"中外要闻"栏以大字标题刊登第一条消息《又一总统被迫下野》,报道黎元洪于 13 日下午离京去津的消息。消息中披露了黎元洪 6 月 13 日签发的三则电文,一则是黎氏出京前致众议院电文:"本大总统认目前在京不能自由行使职权,已于本日移津。特闻,此致众议院。"另一则说:"鄙人今日乘车返津,车抵杨村,即有直隶王省长(即直系军阀王承斌)上车监视,抵新站,王省长令摘去车头,种种威吓,已失自由。特此奉闻。"第三则说:"鄙人今日乘车返抵杨村,即有王省长率兵千余人,包围火车,先迫交印,查明印在北京法国医院,逼交薛总监,尚不放行。元洪自张揆辞职以后,所有命令皆被扣未发。如有由北京正式宣布之命令,显系矫造,元洪不负责任。特闻。"①《大公报》对曹氏逼宫之卑劣手段的不满情绪完全表达在对三则电文的披露上。此后两天,《大公报》连续在"中外要闻"栏以大字标题"黎元洪来津之第×日"报道"政变后"急迫之政局。

黎元洪离京一周,6 月 20 日,《大公报》发表"论评",对曹氏"逼宫"的野蛮行径进行强烈抨击:"昏沉黑暗,野横专压。如今日北京之世界者,殆为人类所罕见。"在"驱黎运动之中,流氓乞丐,雇佣公民,高揭推翻政府,驱逐元首之旗帜,军警当局,视若无睹,不加禁止",指出"北京之军警当局为军阀之走狗"②。

黎元洪被逼走后,曹锟企图利用国会选举他为合法总统。这种明目张胆的行为不仅仅是"武人干政",简直是武人政变,因而引起国会中许多议员的不满。为了抵制直系的选举,反直议员章士钊、褚辅成等联袂,首先带头离京出走,随后离京议员越来越多。他们离京南下上海,成立在沪国会,据 7 月 30 日《大公报》"中外要闻"报道:"现在离京南下,或在奉天即日赴沪者,已四百余人"③。

议员纷纷离京,表明曹锟参选不得人心。《大公报》对此发表题为"最高大典与洪宪大典之比较"的"论评",指出"自洪宪失败以来,所谓'筹备大典'之一名词"早已声名狼藉,但是,"直系近为拥戴曹锟正位总统"的"大典筹备"声浪再起,"昔日一般帝制余孽,如袁乃宽、杨度、薛大可诸人又于此次大典,由厕身参与或担任经费,或伪造舆论,后先辉映,如出一辙,真可谓无独而有偶矣"④。

---

① 《中外要闻·又一总统被迫下野》,《大公报》1923 年 6 月 14 日。
② 思任:《论评·无法中之北京》,《大公报》1923 年 6 月 20 日。
③ 《中外要闻·国会移沪筹备处开会记》,《大公报》1923 年 7 月 30 日。《大公报》此处所载人数有夸大之嫌,实际南下国会议员应为三百多名。
④ 半山:《论评·最高大典与洪宪大典之比较》,《大公报》1923 年 7 月 26 日。

文章还据实分析道,此次大典,在拥戴程度、筹备情况和参与程度等三方面均不如洪宪大典。论评字里行间可谓极尽讽刺。

在京议员人数不够,强行开会选举总统不大可行。为掩人耳目,曹锟和拥曹议员竟商定了一个"先宪后选"的方案,想借"促宪"之名行大选之实。7月24日,曹锟还特别发出"促宪电"。针对该电内容,7月28日《大公报》专门发表题为"曹吴促宪电文之可笑"的"论评",数落直系罪名:煽动政潮、驱逐总统、分裂国会,致使"万恶暴力之恣张,北京政府之无望"。乱局发生后,掌握政权的直系又"贿买议员,急进大选,而至谋以制宪之名,开总统选举之会",实现"攘夺总统谋窃大位"的野心①。由于议员反对激烈,曹锟"先宪后选"计划破产。

2. "贿选"的记事与言论

曹锟在"先宪后选"计划落空后,就开始策划"贿选",上演了中国近代史上一出臭不可闻的政治丑剧。对此,《大公报》唯有揭露与抨击。

(1) 贿选中的揭露与抨击

当时,参众两院共有议员八百七十人,选举总统须超过三分之二者出席,即最少需要有五百八十一人,否则即不合法。而此时议员出京者"近半",这对曹锟的当选是一个极大的阻碍。而即使是留下来的议员,也不都是拥直派,拥直派议员又非全部是拥曹派。如何稳定在京议员,并吸引出京议员回京投票,从而保证选举合乎法律程序,是摆在曹锟面前急迫需要解决的问题。8月中旬,拥曹派议员经过讨论,决定对出席国会会议的议员发放"临时出席费",大约每人每月可得六百多元,超过南下议员所得津贴的一倍。对于离京的议员,曹锟开出的价码更高,有的达到了千元之多。在银元吸引下,不少出京议员登车返京。然而即使这样,仍无法凑够选举总统的法定人数。

9月初,拥曹派中坚人士邀请国会议长及部分议员连日磋商,讨论总统选举问题,决定以金钱收买议员参加选举,最低五千元,最高八千元。然而9月8日国会召开选举预备会时,参加者仍未达到法定人数。10日再次召开预备会,原定午后两点半开会,因人数太少,只得延迟到三点,然而人数还是不够,不得不再延迟到三点半才清点,为四百三十六人,刚到法定人数,大会主席(议会议长)吴景濂②主持大会通过决议,定于12日举行大选,选举中华民国总统。

---

① 思任:《论评·曹吴促宪电文之可笑》,《大公报》1923年7月28日。
② 吴景濂,民国政坛上一位举足轻重的人物,曾四次出任国会议长。1922年第四次出任众议院议长时帮助曹锟贿选总统,因受贿议员被称为"猪仔议员",该届国会也被称为"猪仔国会"。

但是,9月12日到会的两院议员只有四百一十六人,因人数不足而流会,选举无法进行。

9月12日选举大会流会的原因,主要是爆出一大丑闻:负责统计人数的大会秘书孙曜实名举报称10日的预备会上大会郑秘书长作假,将实际到会人数由四百三十一人擅自改报为四百三十六人。这一丑闻所引发的不满导致许多出席了10日预备会的议员拒绝出席12日大选大会。《大公报》及时而详细地揭露此事。13日"要闻"版头条加框刊登《众议院秘书孙曜启事》,在检举"议场庄严之地"竟出现"枉法舞弊之举"后,孙曜感慨道:"设因此激动政潮,引起内争,如国家大局何?如国会前途何?除据实呈请辞职,并通申宣布外,特此声明,以明责任,惟希亮察。"①《大公报》还在"中外要闻"栏头条报道《一哄而散之大总统选举会》:"昨日大选会之未能开成,本社早已预告。""到会者共计四百十六人,不足法定人数。""离场秩序大乱,一哄而散。"②为了达到舆论效果,《大公报》把孙曜的启事在同样位置一连登了三天。

9月12日大会流会,吴景濂不得不请直隶省长王承斌来京主持选举事。王承斌作为直系干将,在直系于1922年6月通电拥护黎元洪复总统职时亲到天津"促驾",黎初不允,王承斌竟至声泪俱下、长跪不起,迫使黎元洪应允,并获直隶省长一职;而次年曹锟驱黎时,竟又是王氏一马当先,于1923年6月13日带人在天津站向黎"强索总统印信",其人品之下作,可见一斑。而在9月12日选举流会后,王承斌出面"救场",于14日到京后果然"出手不凡",将贿选做到极致,决定在选举前给每位投票议员发五千元支票。据报刊揭载,10月1日,王承斌在甘石桥俱乐部向"猪仔议员"共发支票五百七十三张,致使10月5日,曹锟终以四百八十票当选为总统。这一情况被公布后,社会一片哗然,《大公报》如"连珠炮"一般发文,对贿选事件展开持续抨击。

10月1日、2日、4日、5日、6日,《大公报》连载"国会维持会来稿"《卖票须知》。该文"编者前言"写道:"不愿卖票者,读之可坚其决心;已愿卖票者,读之可促最后之反省;将卖而未卖者,读之可从长研究。"文章分三个部分:第一部分,"金钱名誉生命之比较概论";第二部分,"卖票与政治生命之前途";第三部分,"论票价标准及支付方式"。三部分从不同层面围绕贿选进行评述,劝告议

---

① 《启事·众议院秘书孙曜启事》,《大公报》1923年9月13日。
② 《中外要闻·一哄而散之大总统选举会》,《大公报》1923年9月13日。

员切勿参与卖身贿选:"今之参加大选者,不特牺牲名誉,其政治生命,将从此永远断送,且所博得之金钱,为数甚微,而金钱是否必得,亦仍在不可知之数,故牺牲名誉以博金钱,犹可说也,若并政治生命而牺牲之,真损失太大,此天下之最愚者也。"文章特"以十二年来之政治经验证之",说:

> 昔之拥袁拥段者,其持论是否正大,系别一问题,然双方相持,亦不过政争耳,不过党见耳,绝未闻公然卖身,按名估价。如今日之堕落者,既各唯钱是视,安有所谓主张? 今之北京政局已脱尽政治意味,而纯受经济原则之支配矣。……昔之反袁反段者,是否流于偏激,又别一问题,惟多数健全份子坚持所见,不为利诱,不受威逼,宁为玉碎,不为瓦全……今若软化于金钱政策,卖身求利,以分子人格之堕地,机关威信亦荡然尽失,国民失望之余,则第一届国会之寿命必从此告终。①

此外,4日的《大公报》第一张第二页中部显著位置刊出一张贿选银票图片以作讽刺,上书:"第十九号,凭票祈付来人或持票人大洋五千元,大有银行台照,中华民国十二年十月。"

6日,在"中外要闻"栏以"一人有庆"为题报道选举结果:"十月五日,依大总统选举法,举行大总统之选,出席人数五百九十人,曹锟得四百八十票,当选中华民国大总统。"并汇集了各方关于10月5日总统选举情形的信息,如维民通信社云:"昨日大选会,于十时开会。会场外布置极严密。院内凡直系要人悬佩特别徽章者,皆可自由出入。休息室之外宾,新闻记者,男女宾各设专席,有便衣侦探查视。……场外架设帐篷,军警密布,鹄立道旁,复有消防队,以备万一。"②

7日发表题为"曹锟居然当选为总统"的"论评",用辛辣的语言对贿选之丑陋进行猛烈的抨击:

> 酝酿许久之总统问题,竟于前日曹锟以四百八十票之多数,当选为中华民国之大总统,呜呼,此非议员诸公之良心选举,亦非议员诸公亲手所写之票,乃议员猪(按:原文如此)公各人袋中之五千元支票,所命令议员猪(按:原文如此)公移其玉趾至象坊桥,抬其贵手写此曹锟二字,吾人但觉议场上支票飞舞,金钱铿锵,乌烟瘴气,暗中活跃者,尽为金钱魔力,而未见议员之

---

① 国会维持会:《选论・卖票须知》,《大公报》1923年10月1日、2日、4日。
② 《中外要闻・一人有庆》,《大公报》1923年10月6日。

真正行使职权,表现良心也。

文章说,"吾人并不反对曹锟一度为总统,所反对者,乃在以金钱贿买而来。吾人亦不反对议员选举曹锟为总统,所反对者,乃在议员必得五千元支票之后方肯以此票换彼票,举曹锟为总统。"进而指出,这是一场肮脏的交易,"一方以贿诱,一方以贿受,一方为妓女,一方为狎客,论娼妓制之罪恶,狎客与妓女之罪惟均。论贿买选举之罪恶,买者与卖者之罪亦等,故国人得而口诛笔伐"。文章最后分析贿选的危害性称:"选曹锟一度为总统之事小,使金钱选举又添一先例,渐养成风气之事大,议员收受五千元支票之事小,丧失议员人格,辱没代表尊严之事大,国人全此不禁为中国之宪政前途,抱无穷之隐忧矣。"①

(2) 贿选后的批评

虽然曹锟通过国会选举途径"堂而皇之"地当上了中华民国"合法"总统,但是《大公报》依然表现出不屑,并继续持批评态度。

10月10日既是中华民国国庆日,又是新总统就职大典。而《大公报》对后者这样一件大事,仅在12日②"中外要闻"栏发了一条消息,标题为"总统入京之威严盛况",篇幅只有十八行字。更有意思者当属后面引用香港10日电讯《孙文对曹锟下讨伐令》:"孙文接北京贿选成立电报,即于九日召集军政各机关重要人物,开会讨论,决定对于非法选举之□□等下讨伐令,并电奉湘川滇黔等省,请其一致声讨云。"③态度不可谓不鲜明。

一个国家更换国家元首,按照外交礼节,应由驻该国外交使团前来觐贺,一则表示友好,一则于新元首脸上有光。由于1923年5月发生的山东临城火车劫案④政府与劫匪谈判处理的结果不能使外国驻华公使满意,所以在"当选"总统曹锟来京就职后,外交使团便以此进行要挟,称如果临案惩戒不能令他们满意,10月15日⑤外交使团将不觐贺新总统,也不承认新总统。曹锟迫于压力对外屈服,于10月13日撤换负责处理临案的山东督军田中玉,"以取悦外

---

① 秋士:《论评·曹锟居然当选为总统》,《大公报》1923年10月7日。
② 10月10日国庆放假,11日无报,见1923年10月12日《大公报》"中外要闻"栏。
③ 《孙文对曹锟下讨伐令》,《大公报》1923年10月12日。
④ 指1923年5月5日土匪孙美瑶在津浦铁路山东临城站附近劫持客运列车乘客的事件,因被劫持人质中包含三十九名外籍旅客,导致该事件具有涉外性质。最终经长达一个月的谈判后,所有人质皆获释放。
⑤ 1923年10月15日各国驻华外交使者觐贺新总统,是由葡萄牙使者与中国政府外交当局商定的。见《田中玉已为外团觐贺之交换品矣》,《大公报》1923年10月14日。

团"。《大公报》10月14日"中外要闻"栏以"田中玉已为外团觐贺之交换品矣"为题报道说:"山东督军田中玉终不免为临案之牺牲者。田氏辞呈业已于昨日(十三日)下午之国务会议席上批准,命令即晚可下。外交团临案要求,关于惩戒一部,可谓完全达到矣。"随后,《大公报》又发表两篇"论评",就此事批评曹锟。10月15日的"论评"说曹锟为"求其觐贺,牺牲国家行政主权之一部,以换得其个人无聊之虚荣"。而"曹锟之所以不能自振声威,强项对外者,实因其自身来历极不分明。政以贿成,票以贿选,在国际上极龌龊、极不名誉之事"。《大公报》进而愤怒指出:"物必先腐然后虫生,人必自侮然后人侮,中国有此犯约之总统,而后外交团始有要挟不尽之器具,而后中国外交,始终只有摇尾乞怜,仰人鼻息,听人宰割之余地。呜呼,没辱总统人格,丧失国家主权,不图于曹锟初政,即已见之。"①10月20日的"论评"对曹锟进行进一步抨击:"曹锟就任总统以来,未及旬日,未施一政,未行一令,仅仅对付临城一案,矛盾滑稽,措置乖方,既丧国家之主权,复失友邦之同情。"文章指出,如何处理临案和田中玉,是中国的内政,"不应被动屈服于外人肆意胁迫之后,更不应唯唯听命于外人以觐贺为要挟之时",曹锟"依外人之意旨……而任意黜陟,丧国家行政独立之权,启外人干涉内政之渐,则尤不可也",并嘲笑道:"曹锟不惜满足外交团之所欲,以易得自己之所欲,是何异于大选之中以议员所欲之金钱易取自己所欲之总统?"②

关于"曹锟贿选"的新闻与言论被视为《大公报》历史上的又一个亮点。这可以算作王记《大公报》"临终"前的一次"回光返照"。自此以后,该报完全进入垂死状态,版面锐减、内容濒于枯竭,对于其后发生的第二次直奉战争、"北京政变"、软禁曹锟、清室遭逐,以及吴佩孚南逃、张作霖入关等一系列精彩历史瞬间,《大公报》版面上不仅没有言论,就连相关内容报道也仅仅是在"国内专电"栏中的几条零星的电文。

(五)"孙段北京会晤"的记事与言论

1924年10月冯玉祥发动"北京政变",导致第二次直奉战争中直败奉胜,张作霖入关控制北京政府。随后,冯玉祥与张作霖的矛盾凸显。为了在政治

---

① 秋士:《论评·外交团觐贺问题》,《大公报》1923年10月15日。
② 秋士:《论评·新政之失政》,《大公报》1923年10月20日。

上占主动,冯玉祥一方面通电拥护直皖战争失败后避居天津的皖系头目段祺瑞出面组织政府,一方面又与段氏等人共邀孙中山北上商讨善后事宜;孙中山亦欣然应邀北上,从而达成"孙段北京会晤"。

对于这次会晤,《大公报》一方面对段祺瑞继续颂扬,一方面也从自身立场出发对孙中山的言行进行了报道。

1. 有关段祺瑞任临时执政的记事与言论

1924 年 11 月 24 日,段祺瑞在张作霖、卢永祥、冯玉祥等人支持下,在北京就任中华民国临时政府临时执政。

段祺瑞的复出,仿佛让《大公报》看到了一丝希望。还在段氏正式就任临时执政前夕的 1924 年 11 月 16 日,《大公报》"国内要闻"栏中间显著位置即已加框刊登张作霖、卢永祥、冯玉祥、胡景翼、孙岳等人在天津段公馆开会的消息,称会议"公推段合肥为中华民国临时执政",并刊载给各报馆的新闻稿,其中称:"国是未定,中枢无主,合肥段公,耆勋硕望,国人推戴,业经一致从同,合肥虽谦让未遑。然当此改革绝续之交,非暂定一总揽权责之名称,不足以支变局,拟即公推合肥为中华民国临时执政,即日出山,以济艰危,而资统率,敦促就任,诸公必有同态也。"①

24 日段祺瑞就职当日,《大公报》"国内专电"栏刊登十七条"北京电",前八条均为报道段氏就职的消息。"国内要闻"前三条为《段执政抵京盛况详志》《段合肥昨晚之公开会议》《段合肥出山之东论》。其中仅《段执政抵京盛况详志》一则消息的篇幅就有二十二行。

次日,《大公报》又在"国内专电"栏报道段祺瑞在陆军部正楼下就职典礼的情况:就职典礼上,觐贺者文武官员、特任简任人员、外卿阁员,全体共五百余人。段氏宣读宣言书:"祺瑞不才,忝膺中华民国临时执政之职,誓当巩固共和,导扬民治,内谋更新,外崇国信,谨此宣言。"②

是日,《大公报》怀着极大的热情发表"论评",提出"对于(执政)政府之愿望":

> 庶建以来,南北各省,风尚未一,推原其故,在北者自项城经营天下,权舆北洋,贤才辈出,为十数年来政治精神所寄,及其敝也,支流末派亦忝

---

① 《国内要闻·张卢冯胡孙公推段合肥为中国民国临时执政》,《大公报》1924 年 11 月 16 日。
② 《国内专电》,《大公报》1924 年 11 月 25 日。

附北洋为名高。南中则以改革之精诚,标急进之政策,以党治国,百折不屈,所见既殊,融解匪易,故年来政争,虽代有废兴,类皆局部之荣枯,非天下之至计也。今合肥执政,中山北来,南北既同,政争胥泯,久安长治,基于是焉,此记者之愿望一。

国所与立,必有共的,庶建之国,厥的在法,中经丧乱,法已不存,取义断章,顿滋流弊,出奴入主,天下骚动。不蒙其福,适蒙其祸。合肥出山,首以善后会议解决目前之纠纷,继以国民代表会议促成根本之大法,象魏既悬,政斯由轨,此记者之愿望二。

财源耗竭,以债续命,国权丧失,不可弹数。欲言救国,必当爬梳,惩后愍前,宜昭大信。年来舆论,固有失平,不示内容,难钳众口。窃意自今以往,财政公开,而舆论重视之案,尤宜揭露,纵涉外交,又何庸秘,即以某案借款而论,国民误会,扰攘至今,署券者谁,不闻主,销费何人,尤多意度。根本错误,监督何有,众口讻讻,集矢事外。舆论既颇,贤者短气,非所以示大公也。今幸元老当阳,凡此之类,悉宜公开,既平民愤,亦祛误会,此记者之愿望三。①

这篇近乎骈体文的"论评",一韵三叹,文辞极为讲究,且饱含深情,字里行间寄托着对"元老段公入柄大政"的殷切希望;然而也正是这篇完全替段氏张目的"论评",简直是被派性搞昏了头,竟然公开为段氏的"西原借款"辩护,说民众对"西原借款"的抨击是"国民误会"。

此时,《大公报》虽然版面已经很少,但是几乎每天的"国内专电""国内要闻"栏都有段氏的消息,甚至不惜拿出版面刊登《段政府建国宣言》全文,就连执政移新府办公这样的事也要在"国内要闻"栏予以报道②。1924年12月23日,《大公报》刊行八千号特刊,甚至还拿专版刊登"临时执政段合肥"全身照片。

《大公报》不仅在新闻报道中对段祺瑞执政府和段氏本人不惜溢美之词,而且多次专门发表赞扬段的言论,或说"我国自鼎革以还,伟人中求忠于共和而始终弗渝者",只有段祺瑞与孙中山③,或说"合肥沉毅刚果,勇于任事,且对于政治,经验尤富",实"为今日收拾时局之唯一人物"。并向段氏表态说:"当

---

① 砼:《论评·对于(执政)政府之愿望》,《大公报》1924年11月25日。
② 《国内要闻·执政今日迁移新府办公》,《大公报》1925年5月26日。
③ 丹荣:《论评·欢送孙中山先生赠言》,《大公报》1924年12月31日。

此国步维艰,万方多难之日,吾人本匹夫有责之义应极力赞助之。"①

段祺瑞对《大公报》也寄予希望。1924年12月23日,《大公报》刊行八千号,担任临时执政不久的段祺瑞即给报馆发来贺函,称赞其可贵之处在于"无偏无党",祝愿八千号之后"有万千"号。可惜,《大公报》在八千号之后,仅出了三百三十八天就停刊了。

2. 有关孙中山北上的记事与言论

孙中山在第二次护法运动告败后,再次离开广州,退避上海,1923年1月在沪会晤苏联特使越飞后决定实行国共合作,并于1923年2月重回广州成立大元帅府,就任大元帅。曹锟贿选后,大元帅府于10月29日下令讨伐曹锟并通缉受贿议员。1924年1月,中国国民党第一次全国代表大会在广州召开,会议发表宣言,进行国共合作,实行新三民主义,使南方革命力量愈发壮大。在这种形势下,10月25日,孙中山在接到冯玉祥北上电邀后,于10月27日分别电告冯玉祥、段祺瑞,表示愿意接受邀请"即日北上","共筹统一建设之方略"。

此前,《大公报》对孙中山以及南方军政府一直存有微言,甚至予以诋毁。如1921年上半年孙中山在广州发动第二次护法运动并就任非常大总统时,《大公报》即发表过一篇题为"孙文当选非常总统之关系"的"言论",说孙中山此举乃"可暂过总统旧瘾",更说孙氏"捣乱成性,徒事破坏,将如南北大局何哉?"②甚至直到1924年1月,《大公报》还通过报道和发表言论对孙的行动和思想进行丑化,说孙中山接受苏联帮助实行的新三民主义是"赤化"主义,是"共产公妻",以致"邪说横行,人心陷溺"③。而自从孙中山答应离粤北上后,《大公报》对南方军政府和孙中山的态度在表面上开始有明显的转变。

孙中山接到冯玉祥电报后随即准备北上。启程北上前的1924年11月10日,他以国民党总理的名义发表了《北上宣言》和致电段祺瑞的北上电文。次日,《大公报》刊登了孙电:"段芝泉先生鉴:曹吴颠覆,余孽仍狂,出拯苍生,国人属望。文承联军诸公电邀入都,刻因军事部属就绪,准元日由粤启行,经沪北上,藉图良觌。晤教匪遥,先此奉达。孙文虞。"④26日又刊登了孙中山的《北上宣言》,宣布此行的目标,一是努力扫除军阀及帝国主义的统治,取消一

---

① 听松:《论评·段执政与时局》,《大公报》1925年3月5日。
② 直言:《言论·孙文当选非常总统之关系》,《大公报》1921年4月12日。
③ 湛:《论评·危险思想之制止说》,《大公报》1924年1月10日。
④ 《公电·孙中山致段合肥电》,《大公报》1924年11月11日。

切不平等条约和特权;二是通过召开国民会议,"以谋中国之统一与建设"①。

1924年11月13日,孙中山偕宋庆龄带病从广州出发北上,经香港、上海,取道日本,于12月4日抵达天津。因身体原因,孙中山在津养病二十七天。在此期间,《大公报》每天"国内要闻"栏的头条基本上都是关于孙中山的消息。

孙中山抵津当日,《大公报》"国内要闻"栏中间显著位置加框发表《孙中山先生抵津确讯》:"孙中山先生莅津消息宣传已久,截至昨日(三日)下午,始接戴季陶、黄昌毂两君自北岭丸船上发致许俊人、汪精卫、孙哲生无线电,谓……孙中山今晚(三日)可安抵塘沽,明日到津。"并配发孙中山照片,照片注明"中华民国第一任临时总统孙文"②。

5日"国内要闻"栏首条刊《孙中山抵津盛况之志》,该消息长达五十行,对孙中山抵津情况描述得十分详尽。次条《外报对中山之好评》,全文译载天津英文《华北明星报》一则短评,称"孙中山殊不愧称为世界之伟大人物。彼本高尚之爱国热诚,牺牲其第一任之中华民国大总统。而彼在任时,又未尝发生任何事变,实为中国各大总统之特色。中国人之名震全球者,亦唯孙中山一人",还称孙段二人"此次相会于北京,其结果必将大有利于中华民族与国家"。《大公报》认为《华北明星报》短评对孙的评价"颇中肯"③。

6日"国内要闻"栏载《张园日记·中山抵津之第二日》,记载孙中山抵津第二天的活动情况。

24日《大公报》出版八千号,当日纪念特刊拿出专版刊登"临时总统孙中山"的全身照片。

31日,孙中山离津进京。当日《大公报》刊登了离津启事,发表了题为"欢送孙中山先生赠言"的"论评",先说孙中山"抛弃尊荣,二次北来,共商国是",国民对此欢欣鼓舞。接着说,数年来,南北战争不已,国是日非。段祺瑞任执政以后,"不计个人得失",提出"善后会议及后国民会议"的主张,开好这两个会议,尤其善后会议,关系实在重大,"善后会议为国民会议必经之途径"。文章希望中山在"善后会议中各自牺牲党见,但求不大背谬,和衷共济,黾勉期成,则是真能以国家为念矣"。"反之,若仍各自营丘壑,吾知今日之创巨痛深,

---

① 《国内要闻·孙中山先生对于时局宣言》,《大公报》1924年11月26日。
② 《国内要闻·孙中山先生抵津确讯》,《大公报》1924年12月4日。
③ 《国内要闻·外报对中山之好评》,《大公报》1924年12月5日。

不得谓之,来日大难,正未艾也。心所谓危不敢不告,愿与先生共讨之。"①此处,《大公报》不免露出"马脚":其临别"赠言"的重点是希望孙氏"牺牲党见",与段祺瑞一道开好善后会议,甚至警告其不要"营丘垫",以免造成"来日大难"。《大公报》对孙中山在京一切活动的报道和言论,其立足点均在于此。

3. 有关孙段北京会晤的报道与言论

1925年1月1日,《大公报》"国内专电·北京电"报道孙中山31日抵京受欢迎的情况:

> 京人欢迎孙中山者约三万人,均集前门东车站外。下午四时压道车至,载奉军一队,车站上有保安一连、大刀队一排维持秩序。四时二十五分,孙之专车进站,段执政代表梁鸿志及全体国务员文武官吏均在站恭迓。财长李思浩则赴丰台欢迎。四时四十五分孙与其夫人、医生及随员等分乘十一辆汽车进城。孙寓北京饭店五层楼五零八号房间。余人下榻铁狮子胡同顾维钧宅。各马路均用黄土敷道,添设双岗。②

第二张"本省新闻"以"孙中山先生入京纪详"为题,详细报道孙中山离津入京的情况。报道中特别提到并全文照录了孙中山散发的个人传单:"兄弟此来……不是为争地盘,不是为争权利,是特为来与诸君救国的。"③

自此至3月12日孙中山病逝的两月又十二天中,他的活动(主要是身体和治疗情况)成为京津各报关注的焦点和重点,《大公报》也不例外。

在七十三天时间里,《大公报》除了报道孙中山的活动(进入2月后,每天主要报道病情和治疗情况)外,还发表了一篇与孙段会晤有关的言论,即1月18—19日的"论评"《民党之政治生活》。这篇"论评"是针对孙中山提出的"预备会议"主张而写的。1924年12月24日,趁孙中山在天津逗留养病期间,段祺瑞公布了《善后会议条例》,随后又宣布将于次年2月1日召开善后会议。段的主张与孙中山《北上宣言》中主张的"国民会议"相悖。善后会议的参加者大多数为军阀,其主题是重新划分大小军阀头目的势力范围,因而可视为军阀分赃会议;而"国民会议"的参加者应该代表广大民众,其内容亦是讨论国是,及如何建设一个统一和平的新中国。所以在段祺瑞公布《善后会议条例》之前,

---

① 丹荣:《论评·欢送孙中山先生赠言》,《大公报》1924年12月31日。
② 《国内专电·北京电》,《大公报》1925年1月1日。
③ 《本省新闻·孙中山先生入京纪详》,《大公报》1925年1月1日。

孙中山就再三申明，此次北上"专促国民会议，求以真正民意，图中国之解放、独立"；此次进京"除主持国民会议外，决不加入何种会议"；并主张在国民会议之前召开"预备会议"，不能以善后会议代用。段、孙主张在此出现明显分歧，为了打破僵局，几经考虑后，孙中山于1925年1月17日向段祺瑞发出"筱电"，表示"为国家前途计"，他不再"坚持预备会议名义，但求善后会能兼纳人民团体代表"，会议事项"虽可涉及军制、财政，而最后决定之权，不能不让之国民会议"。而段祺瑞却以"善后会议与国民会议职权本不相同，无妨各异"，从根本上否定了孙中山的主张。于是，《大公报》急于发表这篇"论评"为段氏帮腔。文章首先指责孙中山提出"预备会议"是故意"找岔"，说第二次直奉战争后，"民党革命目标完全消失"，如果再提"预备会议"会使"内部反发生恐慌"。孙中山以"对外反对帝国主义，对内反对军阀"为两大政纲，有与"现政府立异之表示，而愈显其革命意味之鲜明"，断不可取。并说孙氏提出"预备会议"只是为了与段氏唱对台戏，冲击善后会议，"破坏国家建设之计划"，是"不顾大体"的表现。文章说："吾人为民党计，为中山计，但愿其永作在野党之领袖，以为政府党之监督，执政者之诤友，而不愿其自身跃起，攫取政权，自立于政府之地位。"①

1925年3月12日，孙中山先生因肝病在北京逝世。13日的《大公报》在第三版"国内专电"栏报道该消息和北京各界人士一千五百余人前往协和医院吊唁的情况。还刊载孙中山先生略史及孙中山先生全身照片。第四版"国内要闻"栏《呜呼，建造民国之元勋逝世矣》刊登北京特约通信，具体报道孙中山先生自11日起"已不进食"，"至十二日晨九时半逝世"的详细过程及家人的情况。文中附载的《逝世前一日之遗嘱》全文刊录孙中山遗嘱。

当日的"论评"《哀孙中山先生》，是一篇为中山先生送终的文章。该文颂扬其四十年革命经历，称其"手创民国，吾国之国魂"：

> 中国之大，能以党名而始终勿渝者，孙逸仙一人而已尔。慨自清季以来，号称革命分子之民党，几经挫跌，垂四十年，卒能屹然独立，不因环境拂逆而夭折者，皆先生领袖群彦，具坚苦不拔之心，抱卓异出群之志，有以致之也。……讨曹成功，合肥段公被推为临时执政，邀先生北来，共商大计，先生欣然而至。北方人士素仰先生之言论丰采者，抵津之日，万人空

---

① 春木：《论评·民党之政治生活》，《大公报》1925年1月18—19日。

巷,欢呼鼓舞,如热如狂,于以知先生言论入人之深矣。方拟开会欢迎间,讵先生竟以劳瘁致疾闻,及小瘥,乃又扶病入京,今更以逝世恶耗传矣。呜呼哀哉。夫人孰不死,死有重于泰山,轻于鸿毛,先生手创民国,吾国之国魂也,魂兮溘丧,国将焉望。且世人之所以重视民党者,非以民党而重视之也,实以先生为民党首领,而重视之耳。今先生一旦长瞑无视,环顾民党,继起者谁,是以吾哀先生,吾更哀先生数十年惨淡经营之民党。①

这篇论评倒是写得情真意切,读之令人动容。

纵观这四个半月间的所有报道与言论可知,《大公报》的立场完全是站在段祺瑞一边,站在段政府一边的;该报对段推崇备至,对其人品和事业皆赞赏有加,而对孙中山的记事与言论,虽有若干敬重成分,但整体上可以说完全持实用主义的态度。

(六) 有关工人运动的记事与言论

五四运动后,马克思主义在中国迅速传播,为中国共产党成立奠定了理论基础。中共"一大"后,党中央成立中国劳动组合书记部,集中力量领导工人运动。在中国共产党的策动和领导下,全国范围内覆盖多个重要行业的工人运动蓬勃开展起来。与"五四"时期作为自发行动的商人罢市、工人罢工不一样,这一阶段的工人运动是一种有组织的自觉行为。对此,《大公报》的态度也有所变化,由"五四"时期简单的反对,发展到"详细报道""提出对策""防止赤化"的多元态度。

1. 详细报道

这一阶段的中国工人运动高潮以香港海员工人罢工为开端。1922年1月12日,香港海员为反对英国资本家的剥削,要求增加工资,在香港"中华海员工会联合会总会"领导下举行大罢工,参与罢工人数由最初三万人迅速增加到十万,使香港一时间成了"死港"。后来,中国劳动组合书记部、广东政府和全国工人采取各种不同的形式支持香港海员大罢工。经过五十六天的斗争,罢工取得胜利,3月8日,港英当局被迫答应给工人增加工资15%—30%。

《大公报》对香港海员罢工进行了报道,并发表相应的言论。1922年2月15日,"紧要新闻"栏以"香港罢工工人之条件"为题引用北京英文报纸的报道,

---

① 蔡听松:《论评·哀孙中山先生》,《大公报》1925年3月13日。

称香港水手罢工之情形渐趋缓和,"闻罢工工人声言,如香港政府若准水手工会再行设立,则各工人即先行照常工作,以俟该事之解决云"①。

罢工取得胜利的那一天,《大公报》发表了一篇题为《香港罢工风潮平议》的"时评"。这篇"时评"披露了此次海员罢工的若干细节,如罢工原因系工人说因物价太高,要求加薪,工作太累,要求减点;而资本家以物料太贵,开销太大为由,拒绝工人加薪减点的要求。这种劳资双方的矛盾,本经广州商会调停,"增薪之议,已得公司海员双方之承认,日间即可恢复原状"。然而由于港英政府处置不当,偏向资本家,"以至发生解散工会、逮捕工人代表及伤害返粤工人之事",这使得劳资双方矛盾激化,事态进一步恶化。对于此次罢工,文章认为,加薪减点的事本就应让劳资双方自己协商解决,而香港政府解散工会、逮捕工人,尤其是动用军队打死打伤工人的行为是绝对不能允许的,进而要求北京、广州政府应关心自己的同胞,对"印军开枪打伤中国工人一事应该向有关方面提出严重抗议"②。应该说,《大公报》关于香港海员大罢工的报道和言论是正当的。

香港海员大罢工推动了全国各地工人斗争的兴起,当年先后发生安源路矿工人罢工、京奉路山海关铁路工厂工人罢工、长沙泥木工人大罢工、京奉路唐山制造厂工人罢工、开滦煤矿工人大罢工、京绥铁路工人罢工、长沙铅印活版工人罢工、正太铁路工人罢工等,形成全国工人运动的高潮。而《大公报》对以上罢工大多数都有报道跟进,并有言论配合。

1922年8月1日,就粤汉罢工发表"论坛"文章指出,此次粤汉工人大罢工是有组织的:"此次粤汉两省罢工问题,皆以政治关系,初非自动,但教猱升木,不可复制。风潮之来,一日千里。"在这篇文章中,《大公报》明显站在了资本家和反动当局的立场上,一句"教猱升木"即对工人运动给予了错误定位;同时还提出资本家"宜预有以为之防,其勿为风潮所振撼也可"③,希望天津和全国各地资本家必须提前做好准备。

8月25日,"要闻二"报道称京汉路工人为支持京绥路局职工,于24日全体罢工,工人提出复工条件包括要求加薪和建筑工人宿舍,以后开革工人须由

---

① 《紧要新闻·香港罢工工人之条件》,《大公报》1922年2月15日。
② 不辰:《时评·香港罢工风潮平议》,《大公报》1922年3月8日。
③ 砼:《论坛·粤汉罢工问题之危言》,《大公报》1922年8月1日。

工人会通过等①。

8月31日,《大公报》就汉阳兵工厂风潮发表评论,说近数月来罢工之声不绝于耳,然而无论什么行业的罢工都比较好应对,无非是加薪和提高待遇,独有兵工厂工人罢工不可等闲视之②。

10月28日,《大公报》又以京奉路唐山制造厂工人罢工为引子发表"时评",全面叙述全国工人运动风潮发生的情况:"日来罢工之事,时有所闻。唐山铁路工人罢工之事尚未解决,而滦矿工人罢工复继之而起。"③

除上述罢工事件外,发生于1923年2月、以郑州京汉铁路总工会为中心、北起长辛店南至汉口的京汉铁路大罢工是中国工人运动第一次高潮中规模最大、最有影响的一次。《大公报》对这次大罢工也格外重视,多次报道并发表言论。

1923年2月7日,"要闻一"几乎用一半的版面刊登《京汉罢工风潮昨讯》,分五个部分报道事态:(甲)交通部之宣慰;(乙)赵继贤(时任京汉铁路管理局局长)之布告;(丙)郑州各界之通电;(丁)议员之质问;(戊)罢工中之各方面④。

8日,"要闻一"《兵工激战之不祥消息》用二十五行篇幅报道京汉铁路工潮的情况,说6日晚,长辛店方面"工人均赤手空拳与持枪士兵相搏,出入枪林弹雨之中,毫无退志。结果(士兵)击毙工人一名,重伤工人二十余名,轻伤工人三十余名,捕拿三十余名,彼此犹在相持中。当局拟再增加军队,前往弹压,厉行武力解决"⑤。

9日,"要闻二"《工潮汹涌中之学生界》报道了北京各校学生和教师一致援助京汉铁路工人罢工的情况⑥。

10日,在"要闻一"的报道中说"京汉线昨日已开始通车",部分工人签署"悔过书"。"要闻二"详细报道当局镇压罢工工人的流血惨剧发生后,北京学生界群起而作同情之援助的情况:"昨日(九日)下午一时,各校全体学生,本七日学生联合会之决议",向政府提出六点要求,即允许全国工人集会结社之自

---

① 《要闻二·京汉路出罢工风潮》,《大公报》1922年8月25日。
② 半山:《时评·汉阳兵工厂之罢工风潮》,《大公报》1922年8月31日。
③ 半山:《时评·唐山罢工风潮》,《大公报》1922年10月28日。
④ 《要闻一·京汉罢工风潮昨讯》,《大公报》1923年2月7日。
⑤ 《要闻一·兵工激战之不祥消息》,《大公报》1923年2月8日。
⑥ 《要闻二·工潮汹涌中之学生界》,《大公报》1923年2月9日。

由,撤退长辛店军队,释放工会被捕职员,抚恤被害工人及其家属,惩办郑州长辛店肇起之军警,改良工人待遇。报道还录载学生散发的三份传单,其中传单一写道:

> 同胞们,赶快起来打倒军阀呵!长辛店铁路工作苦工的同胞们,为保持人格,拥护民权……被军阀杀死十余人,枪伤数十人,还有数十人被军队围困,水米不入口已经两天了。又把工会的代表捆解保定,闻有全数枪毙的消息。同胞们呀!你们来看这惨无人道的军阀奴隶,反来剥夺主人翁的自由来了。这还了得吗?……同胞们呀,快快起来驱逐这残暴的军阀呵![1]

另外,在《长辛店政绅电告路潮之经过》标题下,《大公报》还用二十五行的篇幅详述路潮经过。

工矿设施出现工人罢工运动是中国社会的新问题,《大公报》如此密切报道工人罢工的消息,其目的主要在于引起当局和社会各界注意这一新的情况。1922年10月29日"论坛"栏文章《罢工风潮感言》说:工潮兴起,日复增高,"今年以来,自沪而汉而津"。工人罢工,损失日巨,资本家完全被工人所操纵,疲于应付,"负国家责者不可忽视"[2]。《大公报》还在"世界要闻"栏以"空前之大罢工"为标题报道"美国煤矿工人大罢工"的情况:"此次煤矿罢工,规模阔大,其参加人数之众,为美国从来所未曾有,其罢工范围,远及坎那大比西州及亚耳巴他州之各处煤矿,约达六十余万人。"[3]试图用美国工潮提醒中国政府对工潮的重视。

2. 提对策

《大公报》对于勃兴的工人运动,不仅勤于报道,而且在报道和言论中还分析罢工发生的原因,并提出解决办法。

在《大公报》看来,中国近代工业起步晚、水平低、发展慢,"讵意工业之发达未睹,而罢工问题即已喧腾人口,日甚一日"[4],这样下去,无论是对国家,对资本家,还是对工人都没有好处,因此必须尽快解决。《大公报》认为,中国之所以发生罢工,主要是工人因生活艰难而铤而走险:由于"政府政令失序,敛财

---

[1] 《要闻二·学界援助工人之示威运动》,《大公报》1923年2月10日。
[2] 砼:《论坛·罢工风潮感言》,《大公报》1922年10月29日。
[3] 《世界要闻·空前之大罢工》,《大公报》1922年4月8日。
[4] 砼:《论坛·粤汉罢工问题之危言》,《大公报》1922年8月1日。

之政,愈出愈奇",致使生活程度增高许多,工人虽为牛马,也要果腹才能工作,提出增加工资,出于无奈①。"本年以来,各处罢工风潮,此起彼继。厥势日以汹涌。说者每谓生计艰难,劳动者所得工资,不足以维持其自身之生活,而当事者又复怙利惜费,不能厌劳动者之期望,以故铤而走险,不得不出于群众运动,以期达其最后之目的。"②这两段话主要是分析罢工工潮兴起的原因,即工人"生计艰难",工资不足以维持自身生活,因而要求增加工资;而资本家"怙利惜费",不肯满足工人期望,于是工人便"铤而走险",罢工工潮由是兴起;加上政府处置失当,滥用武力,激化矛盾,致使本来可以和平解决的矛盾一发不可收拾。当年年初评议香港海员人罢工时,《人公报》便持如此说法,可谓一以贯之。而针对这种情况,《大公报》又提出了一些消弭工潮的主张。

首先,必须使资本家和工人认识到双方是"相互依存"的关系,从而消除彼此之间的对立情绪。《大公报》认为,虽然"自财产制度确定以来,资本家与劳动者之间已形成一种之天然阶级"③,然而资本家与劳动者两者之间的关系不是敌对的,而是相互依存的:"就工业之本质言,在资本家非劳动者不能成物,而在劳动者无资本家亦无物可成,二者固交相需也。"④在《大公报》看来,资本家和工人谁也离不开谁,合则两利,离则俱伤:"资本家之与劳动家实有蛮蚷相依之势。资本家舍劳动者固无以成物,而劳动者实亦舍资本家无以谋生。"⑤

其次,资本家要主动关心工人,尽可能提高工人的工薪待遇,以保证他们的基本生活水准。《大公报》认为,资本家应体谅工人的困苦,适当增加工人工资是解决工人罢工问题的首要前提。报纸甚至主张借鉴欧美经验,由工厂主拿出一部分红利分给工人:

> 欧美各国,多有以公司之盈余,按成酬分于工人者,盖以工人既有分得红利之权,则对于公司之营业,自必格外尽力,虽欲使其罢工,亦不可得也。闻滦矿每岁盈余约在数千万,苟能出其红利之一小部,分与工人,则工人之所获已多,非惟此次风潮得以立时解决,将来且永无罢工之事。⑥

---

① 砼:《论坛·罢工问题之研究》,《大公报》1922年11月7—8日。
② 砼:《论坛·我之消弭工潮法》,《大公报》1922年11月15日。
③ 砼:《论坛·论罢工问题以武力解决之非》,《大公报》1922年11月14日。
④ 砼:《论坛·粤汉罢工问题之危言》,《大公报》1922年8月1日。
⑤ 砼:《论坛·罢工问题之研究》,《大公报》1922年11月7—8日。
⑥ 半山:《时评·唐山罢工风潮》,《大公报》1922年10月28日。

再次，工人也要体谅资本家的"难处"。近代中国税收多、生产资料贵、生产成本高，办工厂发展实业实在不容易，对此工人要理解和体谅。《大公报》说："劳动者以地位之不同，于资本家之甘苦，非所甚知。其要求加给者，固由于生活问题，亦由于疾视资本家之结果，而欲以此加害于资本家之身。"并且，工资愈高，成本愈高，物价就愈高，最后是增加全体国民的生活负担："资本家所制成之物品，初非资本家之自身取而用之，仍须转而售之与吾民，工给逾昂，彼之加入成本之需费益重，究也仍加价以售之与吾人而已，劳动者果以生活为问题为前提，固无论矣，若以此为加害于资本家之手段，其计固甚左也，此劳动者不可不知者也。"①这段话显然是站在资本家的立场愚弄工人，其理实不通。

《大公报》还说，工人要达到增加工资、提高待遇的目的，也不能动不动就"罢工"甚或采取极端行为。对于增加工资这样的重大问题，要"悉心考虑"，妥善解决，不要"以为恃'劳工神圣'欲以推倒一切者"，动辄"纯恃高压为手段"不仅不能解决问题，反而会把问题弄糟。工人不可向资本家"示威要挟，溃决藩围之举动一发而不可收拾"②。主张发生矛盾后，劳资双方坐下来交换意见，按法律规定解决问题。然而在当时劳资实力对比和政治法律环境下，这段话与其说是劝说，不如说是恫吓。

最后，政府要尽到四个方面的责任。一是制定好法律和制度。平时用法律和制度限制资本家无限制地剥削工人、拉大贫富差别、制造生活矛盾；"盖国家法律，对于资本家，在势不能不与以种种保障，自非然者，攘夺攫窃，不酿成大乱不已，如赤俄之近状"③。劳资发生矛盾时，也便于依照法律解决问题。二是平抑物价，维持劳动者基本生活水准。"官厅宜平物价以维持平民生计也……物价日昂，生计日艰，欲劳工仍以旧日之所得，因应今日之潮流，乌乎可者！"④三是制定劳动者保护条例。《大公报》认为：

> 国家不能无保护劳动者之条例也。劳工为无阶级中之正当职业，近中赤化潮流，故每一罢工问题发生，举国上下悉有谈色虎变之势，其实工人生活不敷，要求加给，固亦事理之常，初非甚可怪者。要求其待遇之改善，又人情所应有也。资本家与劳动者既处对待之地位，则工资也，待遇

---

① 砭：《论坛·我之消弭工潮法（续）》，《大公报》1922年11月16日。
② 砭：《论坛·癸亥感言》，《大公报》1923年2月19—20日。
③ 砭：《论坛·论罢工问题以武力解决之非》，《大公报》1922年11月14日。
④ 砭：《论坛·我之消弭工潮法（续）》，《大公报》1922年11月16日。

也,纯恃私人之契约关系,必有以强力压迫弱者之虑,故各国皆有保护劳工之法律,所以剂其平也。今兹风潮既起,此类法律实为潮流中所应有也,所以示双方以轨范也。①

此外,政府还必须办好教育,组织各种慈善事业,对于"劳工病废之救济,劳工所育之贫儿教养"有相关机关解决,这样"劳工者可以安心生活于其职业之下,而不为轨外之行动"②。四是做好劳资双方的协调工作。当劳资发生矛盾时,政府坚决不可动用武力镇压工人罢工,否则一旦激化矛盾,将成不可收拾的局势。如1922年初的香港海员罢工、1923年初的京汉铁路大罢工,之所以造成流血事件,主要原因就在于政府处置不当。《大公报》说,工人罢工,实为"平日资本家与劳务者阶级过于悬殊,隔膜日益发生",即使一些"出格行为","亦系激而出此","不得尽责备于工人一方"③。因此主张:"处置罢工问题,是宜平心静气,为大局策其万全,而不可狃于一隅,争持意气。第其主要之问题,不可使军队以弹压工人。"④1922年9月,面对"月余以来,路潮迭起"的局面,北京政府交通总长"知高压手段,不足以平息了解也。于是一变而为怀柔。遂有路工保护法之拟订"。对这种做法,《大公报》表示:"诚是也。"⑤

3. "防止赤化"

《大公报》对于频频发生的工人罢工运动,无论是及时报道以期引起政府注意,还是分析原因提出消弭对策,其出发点很明确,即除了为民生之外,就是"防止赤化"。

尽管《大公报》曾对马克思主义理论与社会主义学说有过较为持中的报道和分析,但随着俄国"十月革命"的胜利及其对中国的影响愈发明显,《大公报》对"赤化"的反感愈甚,视"赤化"为社会的"万恶之源"。在其看来,"赤化"比军阀、土匪的危害更大,"盖赤化之烈尤酷于军阀"⑥。

《大公报》更恐惧"赤俄之学"传到中国。认为"赤俄之学说,固无国界者",四处流窜,传播极快,并说,中国与俄国国情极为相似,易于过激思想的传播与生存,"民国成立以来,政变迭起,烽火频惊,而又益以欧战及水旱偏灾,其直接

---

① 砭:《论坛·我之消弭工潮法(续)》,《大公报》1922年11月16日。
② 砭:《论坛·粤汉罢工问题之危言》,《大公报》1922年8月1日。
③ 半山:《时评·唐山罢工风潮》,《大公报》1922年10月28日。
④ 砭:《论坛·论罢工问题以武力解决之非》,《大公报》1922年11月14日。
⑤ 磊:《时评·铁路罢工问题》,《大公报》1922年9月17日。
⑥ 砭:《论坛·因蒙事联想赤化之可危敬告国人》,《大公报》1922年9月14—19日。

间接发生之影响,国民失业,生活维艰,物价腾贵,衣食莫给,强暴流为盗匪,懦弱辗转沟壑,固已极人生之痛苦,其达宦富室锦衣美食,享用奢侈",社会贫富差别如此巨大,"直不啻予传播过激主义者以利用之资"①。因此要特别防止"赤化学说"在中国传播开来。

在《大公报》看来,防"赤化",最有效的方法不是高压,不是取缔,而是改善民生,改变"赤化"蔓延的环境。这一观点是本时期《大公报》"防赤化"的中心思想。1924年1月10日发表的主笔翁湛之的一篇"论评"《危险思想之制止说》可谓典型:

> 吾人应知我国危险思想,近年来所以继长增高而无已者,实由于民国以来,一般贪官污吏比之前清变本加厉,贪秽无耻。骄侈淫佚,一切行为,无不骇人听闻,举为有史以来所未有。哀此小民,处暴政之下,惴惴焉不遑宁处,层层剥削,敲骨吸髓,安分者无以为生,狡黠者迫为盗贼。……凡此种种,皆足为制造危险思想之材料而有余,更何待赤化之内侵耶?

> 夫危险思想,如洪水如猛兽,其影响之大,赤俄前车,吾人已具见之。欲求所以制止之法,不在于积极之取缔,高压之手腕,与严密之防范,而在于维持人民之生计,调和贫富之过于悬殊。其所尤要者,则对于一般率兽食人之贪官暴吏,非痛加芟锄不可。非然者,则虽有文电之取缔,严刑峻法之制止,亦复奚为也哉?②

《大公报》认为,"赤化"学说最"可怕"之处,在于与工人运动的结合。在谈到平息工人罢工运动时,《大公报》特别提出要避免外界势力介入。所谓外界势力主要有二:"激进思想"的渗透与"居心不良者"的"煽惑"。1922年末,《大公报》在一篇"小言"中说:"工人罢工,或因生计所迫,或因待遇不平,不得谓非正当行为。"但是如有"'过激思想'羼乎其间",极尽煽动,其性质就变了,"吾于是不禁为罢工痛"③。《大公报》的这种思想越往后越严重。

鉴于"京沪一带过激主义之宣传,日渐嚣张,此种状况最易为所利用",和资本家对于工人虽"无虐待之意",但对于"工人之生活与环境,亦多不求改良之方法",《大公报》建议政府组建"一种工务调查局,其职司专在调查各地工人

---

① 去非:《言论·论查禁过激主义》,《大公报》1921年4月25—26日。
② 湛:《论评·危险思想之制止说》,《大公报》1924年1月10日。
③ 观海:《小言·罢工与征友》,《大公报》1922年11月18日。

之状况,与工人对于当事人彼此之关系",并通过研究,为各种工人问题"找出一种固定与适宜之法律也"①。

而对于"居心不良者""煽惑"工人罢工,《大公报》更是十分反感。1922年8月,汉阳兵工厂工人罢工,提出两个条件,一是增加工资,一是反对候任湖北省长汤芗铭就任。文章认为,"工人要求加给工资尚在情理之中,若涉及省长问题,显系政客唆使"②,不仅不能答应,而且要警惕,否则一旦被"有野心者所操纵",使工兵联合,酿成"赤俄革命",那问题就大了③。1922年秋天,唐山等地工潮起伏不定,罢工工人提出加工资、给年假、造房屋等要求,《大公报》发文说加工资可以考虑,其他过分要求不可答应,"吾人深望际此京汉京奉湖南各路上风潮频起之时,政府方面勿怵于一二野心家之鼓煽,遂将其管辖之大权完全放弃"④,《大公报》警告工运的"幕后操纵者"说,蛊惑组织工人罢工,最后受害最大的还是劳动者自己:"若夫组织俱乐部,以操纵群盲,匪箒资本家受其敝害,而劳动者一日无工作,即一日不能生活,其及于劳动者之敝害,固已不可胜数也。"⑤言外之意是劝工人不可"上当"。

《大公报》此时对于"防止赤化"的论述,由于根本立场是错误的,所以看不到工人运动的兴起是时代进步的潮流,在具体问题的论述上,更有不少谬种流传,成为其该时期言论的又一污点。

三、有关外交的记事与言论

这一时期,中国面临的国际外交事务亦错综复杂,主要事件有"华盛顿会议""中俄协定""金法郎案""五卅运动""省港大罢工"等,不同于其对国内时政报道的种种不足,《大公报》对于这些事件的报道与言论,均有不凡的表现。

(一)有关华盛顿会议的报道与言论

华盛顿会议是第一次世界大战结束后,美、英、日等帝国主义国家为重新

---

① 湛:《论坛·千钧一发中国工业之时机》(译自英文《远东杂志》),《大公报》1922年10月27日。
② 《时评·汉阳兵工厂之罢工风潮》,《大公报》1922年8月31日。
③ 硁:《论坛·论罢工问题以武力解决之非》,《大公报》1922年11月14日。
④ 湛:《论坛·赤化与铁路》(译自英文《京津泰晤士报》),《大公报》1922年10月21—22日。
⑤ 硁:《论坛·罢工问题之研究(续)》,《大公报》1922年11月8日。

瓜分远东和太平洋地区的殖民地和势力范围而召开的国际会议。该会议由美国发起,美、英、日、法、意、荷、比、葡、中九国参加,1921年11月12日至1922年2月6日在美国首都华盛顿举行,亦称太平洋会议。由于这次会议有涉及中国的重要议题,北京政府很是重视,派驻美公使施肇基、驻英公使顾维钧和前司法总长王宠惠为全权代表,余日章、蒋梦麟为国民代表,朱佛定为秘书,组成一百三十多人的庞大代表团出席会议。然而在列强把持下,会议在讨论涉及中国权利的问题时,完全无视中国代表提出的收回关税主权,取消领事裁判权,撤走外国驻军和收回租界、租借地等正当要求,最后签订了损害中国主权的《九国关于中国事件应适用各原则及政策之条约》(简称《九国公约》)、《九国间关于中国关税税则之条约》,以及会外中日通过"直接交涉"达成的《中日解决山东悬案条约》及附约。这些条约继续损害中国关税主权,只是在所谓"门户开放"的政策下,把山东由日本独占变为列强共管的商埠,"又使中国回复到几个帝国主义国家共同支配的局面"①。

对于这次会议的进展和结果,《大公报》予以密切关注,并做出强烈反应。

1. 会前的提醒

早在1921年7月19日,《大公报》就发表题为"太平洋会议与我国外交"的"闲评"。此文虽然很短,但是内容丰富,用心良苦。全文如下:

> 太平洋会议,实为我国存亡之关键,美总统倡议邀我加入,英日亦已赞成,将来会议时,得占一席,从容折冲,不可谓非外交上一好消息也。
>
> 虽然,有未可遽抱乐观者,昔巴黎和会,未尝无威尔逊之助,结果终不免失败者,弱国无外交故也。今兹国事,何异畴昔,太平洋会议之列强,尤是巴黎和会之列强,纵使我国列席,谓能制胜于樽俎之间,谁敢信之。所望外交当轴,早为未雨绸缪,凡我国人,亦宜同心协力,以作政府之后盾,上下一致,或可冀胜利于万一耳。②

文章首先指出此次会议对中国的极端重要性:"太平洋会议,实为我国存亡之关键。"并说,在美国等国家的倡议下,我国取得参会资格,这在外交上当然是个好消息,但是也不能"遽抱乐观"。为什么?文章接着分析了巴黎和会

---

① 毛泽东:《论反对日本帝国主义的策略》,《毛泽东选集》第一卷,人民出版社1991年版,第143页。
② 卓人:《闲评·太平洋会议与我国外交》,《大公报》1921年7月19日。

的历史教训：会议由列强把持,弱国无外交,致使我国在巴黎和会上"终不免失败"。此次太平洋会议上的列强仍是巴黎和会上的列强,我国能否制胜,"谁敢信之"？因此,文章提出,希望"外交当轴""未雨绸缪",早日做好各方面的准备;"凡我国人,亦宜同心协力,以作政府之后盾"。最后一句话留有余地地表示了对会议成果的期待:"上下一致,或可冀胜利于万一耳。"

此后,《大公报》围绕相关准备工作,分别于 7 月 21 日、22 日、29 日、31 日, 8 月 22 日,9 月 19 日,10 月 6 日就中国出席太平洋会议问题发表言论,建言献策,以供政府参考。归纳这些言论,大致有以下意见:

其一,紧接 7 月 19 日的话题,提请朝野注意,指出此次会议十分重要,必须高度重视,甚至不惜引用外报文章、外电消息,借外人之口予以提示。如 7 月 21 日至 22 日刊登《大阪每日新闻》译文,说太平洋会议宗旨,就是要制定一个将"中国划归列国共同管理"的条约,"会议之效果如何,实可谓由此而决,又可谓左右中国政治运命极重要之举"①。7 月 31 日,在"代论"《日美关于太平洋会议之交涉》中,援引东京电讯,详录日美两国政府关于太平洋会议议题频繁交涉的经过,以供中国政府参考。随后又发表"言论"强调指出:"太平洋会议本为解决远东问题,而吾国又为列强属目,则其对吾之态度,与吾国之所以图根本立场者,正未可漫然置之。"②提醒全国上下必须高度重视。

其二,消除内乱,增强国力。针对太平洋会议准备工作中有人分析国际态势说"某某国支持我,某某国反对我",《大公报》认为这些不重要,重要的是赶紧消除内乱增强国力:"居今言之,外人援助与否,皆非所应问。而内乱不已,统一无望,不有实力对外,则殊可虑。"③8 月 22 日的"言论"《吾国筹备太平洋会议观》重申这一观点,说国家不统一,成为中国前途之障碍。各路军阀尚在调兵遣将,加紧内战,"同室操戈,不惜摧残国力,妨碍国家进步"。"此吾所谓对于太平洋会议之筹备不能已于言者也。"④9 月 19 日的言论进一步指出:"太平洋会议本为解决远东问题",列强瞩目我国之时,我国却仍然处于分裂状态,并且"南北统一,无由实现,摧残国力,唯日不足","国家实力已为军阀破坏殆尽"。文章指出,在此时此刻,"除竭力迅谋国家统一,再进而确定适当方针,实

---

① 卓人:《译论·太平洋会议与中国之地位》(译自《大阪每日新闻》),《大公报》1921 年 7 月 21—22 日。
② 去非:《言论·太平洋会议对华问题》,《大公报》1921 年 9 月 19 日。
③ 直声:《言论·太平洋会议与我国》,《大公报》1921 年 7 月 29 日。
④ 郅公:《言论·吾国筹备太平洋会议观》,《大公报》1921 年 8 月 22 日。

无他途可以避免前途危险"①。

《大公报》虽然对中国在太平洋会议上能否取得预期的成果所抱希望不大,但是10月6日中国出席会议的第一批代表自沪启程时,还是勉强说了几句宽心的话,称"太平洋会议纯为解决远东问题,吾国不能不有一番远大希望"。"为今之计",一方面"出席代表亦惟执定主权,表示光明态度,努力进行";一方面"国内免一度纠纷,即增进一度有力援助,倘能维持现状,再一面力求解决,亦未始不足开一线曙光"②。《大公报》对这次国际会议不敢抱太大的希望,对远东问题只求能维持现状,日后再图解决。这种无可奈何的表达,算是给国人提个醒。

2. 会间的斗争

华盛顿会议开始后,《大公报》几乎每日"紧要新闻"栏都有有关会议的消息报道,并不时发表评论:

1921年11月12日华盛顿会议开幕的当日,《大公报》"紧要新闻"栏刊登《太会开会前要讯三志》,其中有一则东方通信社华盛顿特约电详细报道称,美国在会议中将提案共计十三条,其中三条直接关系到中国:(一)中国之门户开放;(七)于国际指导下谋中国之安定;(八)中东铁路之国际管理③。针对美国"欺人太甚"的提案,《大公报》发表了一篇掷地有声的"言论",说:"吾闻美国之提案中,有曰于国际指导之下谋中国之安定案。夫所谓国际指导者,非即共同管理说之变相乎?夫中国既为独立国,安用他人指导?既曰指导,势不能不拱手而听他人之命令。"质问美国人道:"中美素称亲善,而美国竟有此种议案提出,不可谓非吾人之失望。"④

12月5日,《大公报》"紧要新闻"栏报道:中国代表团向会议提出"修正关税、撤销各国在华军警与在华邮权等项"。对此美法确无何等表示;英日方面请代表团稍予修正后,提请远东会议讨论表决。次日,《大公报》发表"闲评",就收回外国在华邮政权一事指出:"今华盛顿会议,已由我国代表提案,议即废止,各国亦表示赞成。不可谓非收回主权之好消息。"但是要考虑收回后怎么办理:"其第一要义,惟在预计收回以后,当鉴于已往之因何而丧失,与夫此后

---

① 去非:《言论·太平洋会议对华问题》,《大公报》1921年9月19日。
② 去非:《言论·对于太平洋会议意见》,《大公报》1921年10月6日。
③ 《紧要新闻·太会开会前要讯三志》,《大公报》1921年11月12日。
④ 卓人:《闲评·美国提案感言》,《大公报》1921年11月12日。

之如何处置,能使各国毫无间言,而亟择一自处之道。否则虽空言收回,于事实仍无济焉。"①这些话无疑显示出此时《大公报》尚有些远见。

旨在重新划分列强在太平洋地区势力范围的《关于太平洋区域岛屿属地和领地的条约》(《四国协定》)是本次国际会议签订的主要条约之一,12月8日《大公报》"紧要新闻"栏在"《四国协定》之东讯"标题下,引用东方通信社东京电,对这个条约的形成情况进行报道。

严重的问题是签订有关太平洋地区安全问题的条约,居然将中国和印度排除在外,而由"日、英、美、法四国协商",这完全是以强凌弱行为。《大公报》听闻后十分气愤,不仅在"专电"栏、"紧要新闻"栏进行报道和揭露,还发表了题为"四国协定"的"闲评",愤怒指出,太平洋会议上协商解决"以太平洋为范围"之事,"凡与太平洋有关系之国,皆当加入";"顾以今日所闻,中国独不得与",是何道理?难道"中国独非太平洋上之大国耶?"指责道,排斥中国协商太平洋范围之事,其"协商之目的,不难推想而知"。"我国人既反对日英同盟于前,而于将来有重大关系之四国协定反熟视而无睹,殆所谓知二五而不知一十也。愿速奋起而图之!"②

12月9日,《大公报》"专电"栏引用华盛顿电,再次披露华盛顿会议上列强相互勾结,制定《四国协定》损害中国利益的用意:中国"门户开放"问题,美日正秘密交涉,美国承认日本之势力范围,日本许美国资本流入;会议由海军问题一变而为日、英、美、法四国协商问题,而如今缔结维持远东和平之协议,不使中国参与其间,是四国明欲共管中国。18日,发表题为"四国协定与废弃英日同盟"的"闲评",进一步揭穿"四国协定"的实质:"抑知四国协定,实英日同盟之扩充,且协定中所云太平洋者,有广义与狭义之分,惟在解释如何耳,要之以二强国之同盟易为四强国之协定,势力之大无过于此,更有何事不可为?"③

此外,对于会上有关我国利益的问题,《大公报》均进行了报道。如关于我国山东的胶济铁路,1921年12月18日"专电"栏刊登《顾维钧宣言》,其中称胶济路应由中国赎回,反对中日合办。12月22日"专电·北京电话"进一步指出:胶济路估价四千五百万马克,再由中国代表审查后即可表决。25日"专电·北京电话"称顾维钧已将日本代表估定胶济路赎回价额一千五百万马克,

---

① 卓人:《闲评·收回主权》,《大公报》1921年12月6日。
② 卓人:《闲评·四国协定》,《大公报》1921年12月8日。
③ 卓人:《闲评·四国协定与废弃英日同盟》,《大公报》1921年12月18日。

请减少五分之一。1922年2月5日"专电·北京电话"又称顾维钧来电称,鲁案提出,大会已得圆满结果,日本代表预提之各项手续完全失败。美国代表许思赞成中国开放门户,应按取消各国势力范围为原则。7日"紧要新闻"栏在"英法声明交还租界详情"标题下报道:本月1日,英、法代表先后声明交还威海卫英国海军基地及广州湾。

总之,与签订《凡尔赛和约》时的态度一样,对待涉及国家利益的问题,《大公报》的民族立场和爱国态度是毫不含糊的,只是由于自身事业下滑趋势严重,其报道力度和效度与巴黎和会时期相比较,差距甚大。

(二) 有关苏俄问题的记事与言论

这一段时间,中国与新成立的苏俄(苏联)之间的外交问题主要有两件,一是1921年的库伦事件,一是1924年签订《中俄解决悬案大纲协定》(简称《中俄协定》)。

1. 有关库伦事件的记事与言论

基于自然地理环境区隔和统治的需要,历史上清朝将蒙古划分为内蒙古和外蒙古。1911年乘中国爆发辛亥革命之机,沙皇俄国策动外蒙古的活佛和王公们脱离中国政府。当年11月30日,外蒙古活佛哲布尊丹巴在库伦宣布"独立",成立"大蒙古国"。1913年11月,沙俄当局迫使北京政府签订了《中俄声明》,一方面承认外蒙古是中国的一部分、取消外蒙古独立,另一方面规定中国不得在外蒙古派驻官员、驻军、移民,使外蒙古实际上被沙俄控制。1920年7月,驻扎在外蒙古边境的中国边防军被调回内地参加直皖大战,被苏俄红军打败的"白匪"军队趁外蒙古防务空虚,于1921年2月攻入库伦,当年6月红军亦进入外蒙古打败"白匪",并于7月占领库伦,外蒙古再次宣布独立,并在红军的支持下成立了亲苏的新政府。

外蒙古的形势瞬息多变,反映了对于该地区的矛盾立场和复杂关系。《大公报》指出,中国政府处理库伦事件,既有对内因素,又是对外问题,"对内者为援库问题,对外者为防俄问题"①,所以应予以特别注意。1921年初,蒙古边防陷入危急状态,从1月15日起,《大公报》在"北京特别通讯""紧要新闻"等栏接连刊登这方面的信息。

---

① 直声:《言论·今之反对废督裁兵者》,《大公报》1921年2月26日。

15 日"紧要新闻"栏载《库伦又有告急消息》:"库伦防务近因俄匪图谋反攻,又形告急。据昨日所得消息,该地方已发生战事。"①16 日"紧要新闻"栏载《库伦警耗之纷传》:"库防第三次发生战事,详细情形迭纪……叨林至库伦电线两条于十三日上午起同时阻断。……库叨间亦已发生战事……务恳速催各路援军兼程速进。"②17 日"北京特别要讯"报道说,内地派往库伦援军人数虽多,但是不耐严寒,道路不熟,不敌俄党蒙匪,当地决定招募士兵,实行自卫计划,然而未被北京批准。同一时期由于内地军阀正忙于直奉战争,对于库伦告急无暇顾及。针对这种情况,18 日《大公报》发表主笔雷行的"论评"《库防感言》指出,库伦之乱作,不可小视,也不可久拖不决,要迅速采取"镇慑之方",否则将"致俄党、蒙匪勾结为患"③。

果然不出《大公报》所料,1 月底,白俄军和"蒙匪"合谋向外蒙古的中国军队发起持续攻击,并于 2 月 2 日攻陷库伦。2 月 22 日,《大公报》发表"言论"《库伦失陷后感言》,首先指出:"蒙古为三省之唇齿,西北屏藩,库伦尤为集中之要枢……"因而"俄党窥伺之心,与夫蒙匪蠢动之志,固未尝一日已也。徒以欧战方兴,俄党不遑侵略。蒙匪无人援助,故旦夕苟安耳。"文章分析此次库伦保卫战失败的原因说:"今则库伦失陷……其实俄党、蒙匪拼力合谋,假活佛以号召一切……援库军以饷械缺乏,天寒地冻,遂观望而不前。驻库军以敌众我寡,身陷重围,遂退却而向后,援绝兵单,欲库伦不失陷,得乎?"④

7 月,苏俄红军占领库伦并扶持亲苏新政权,形势发生新的变化。21 日,《大公报》用"专电"形式对此进行报道,说外蒙古革命军部长欲在库伦组织独立政府,并劝说"蒙军"投诚,以期脱离俄旧党(白军)范围。10 月 19 日发表题为"交还库恰与中俄通商"的"闲评",对苏俄提出"先实现中俄通商再交还库伦",即以交还库伦作为"中俄通商"的交换条件一事进行驳斥,认为交还库伦是领土问题,通商是商贸问题,并且早已存在,二者不是一类事,不能混为一谈:"斯二者,皆在必行之列,惟交还库恰为一事,通商为一事,当分别讨论。"⑤《大公报》强调苏俄必须无条件归还库伦。然而直至 1922 年底,苏俄不但未交还库伦,而且对我国进行进一步渗透。12 月 23 日,《大公报》发表"时评",对

---

① 《紧要新闻·库伦又有告急消息》,《大公报》1921 年 1 月 15 日。
② 《紧要新闻·库伦警耗之纷传》,《大公报》1921 年 1 月 16 日。
③ 雷行:《论评·库防感言》,《大公报》1921 年 1 月 18 日。
④ 履冰:《言论·库伦失陷后感言》,《大公报》1921 年 2 月 22 日。
⑤ 卓人:《闲评·交还库恰与中俄通商》,《大公报》1921 年 10 月 19 日。

"贪俄"的侵略行为进行揭露和批判:"赤俄占我库恰,曾屡言无条件交还,乃优林、越飞相继来华,中俄交涉,毫无眉目,其贪狡状态,固可概见。而自苏俄占领海参崴,合并远东政府后,其势焰乃益张,近日悍然收没东铁西南崴子埠码头,继复收没该码头仓库所存货物,是其横暴贪黩,已不可以理喻。"文章因而建议北京政府对俄"惟有厉行封锁政策,断其接济",逼其撤军①。

2. 有关《中俄解决悬案大纲协定》的记事与言论

沙俄同其他列强一样,长期以来恃强凌弱,不仅觊觎我国领土,还强迫中国政府与之签订许多不平等条约。十月革命后,苏俄在1919年7月25日和1920年9月27日两次发表对华宣言,宣布废除沙皇俄国与中国签订的一切不平等条约,放弃在中国的一切特权。然而因种种原因,这些承诺不仅没有落实,还扯出许多新问题,构成两国之间的"悬案"。为了解决中俄悬案,1922年7月,苏俄委派特使越飞与北京政府谈判恢复两国外交关系问题,但因中东铁路归属和苏军出兵外蒙古等问题双方僵持不下,谈判无果。1923年8月,苏联政府派副外交人民委员加拉罕为对华全权代表,接替越飞解决中俄历史悬案,交涉有关两国复交等事宜。中俄悬案交涉极为复杂,涉及诸多细节问题,谈判进行得很是曲折,中国朝野甚为关注。《大公报》对此不惜篇幅,予以及时报道和详细评述。

解决中俄悬案主要集中在四个具体问题上:从外蒙古撤兵,中东铁路,中俄通商,承认苏联及中俄恢复邦交关系。正式谈判前,在确定这四个问题的顺序时,双方便发生分歧:"俄国对于我国之欲望,一曰承认,二曰通商,三曰解决中东铁路,四曰协议外蒙问题。此与我国民之希望,适得其反。我国所欲者,一曰外蒙撤兵,二曰中东铁路,三曰通商,四曰承认。"中国把从外蒙古撤兵放在首位是因为这个问题关系领土和主权问题;而苏方认为此要求现时难以做到,担心撤兵后"白匪"再度把这里作为进攻红色政权的据点,而苏联新政权刚刚建立,迫切谋求世界各国承认,所以它把"承认"摆在首位。《大公报》分析说:"俄国外交手段,先欲联络强国。"在结纳西方英、法等国碰壁后,转向亚洲日本和中国,重点又在中国:"加拉罕此来,乃经几度反复依违于中日两国之间,而重归于我者也。……俄国对于我国之欲望",首要在谋求承认,因而顺序问题实为各自考虑问题的立足点和主要诉求,不能不加辨别。况且历史上俄

---

① 远公:《时评·我国对待贪俄应取封锁政策》,《大公报》1922年12月23日。

国人在对华外交上"反复狡诈,毫无诚信",不能不防:"俄国所以必须先求我国承认者,盖俄国对于外蒙中东铁路未尝无野心,特在未经承认之先,不敢暴露。若一行取得承认之后,则协议中东外蒙之时,俄必条件严峻,多方留难,稍不当意,不难扬长而去。"①《大公报》提醒外交当局对此必须保持高度警惕,千万不可被加拉罕所"欺骗"。

在四个具体问题的谈判过程中,《大公报》更是随时跟进报道。

第一,关于从外蒙古撤兵。《大公报》认为,苏联从外蒙古撤兵不仅应该放在谈判首位,并且不能附带任何条件,即无条件撤兵。1924年3月,两国代表草拟协定草案,其中第五条说:"苏联政府承认外蒙为完全中华民国之一部分,及尊重该领土内中国之主权,苏联政府声明,一俟蒙古撤兵之条件成熟(即期限及彼此边界利益与安全之办法)在本协定第二条所设会议中商定后,即将苏联军队由蒙古尽数撤退。"这里苏联依然把撤兵视为有条件的。对此,《大公报》说:"既承认蒙古为中国领土之一部,又尊重中国在该领土内之主权,则外蒙俄兵根本即无存在之理由,应即立时撤退,更何协议条件之可言。"②

为什么要如此看重苏联从外蒙古撤兵呢?《大公报》认为,外蒙古的地位于我国太重要了:"就地势论,外蒙为我北部屏藩,在国防上较青岛尤为重要";"就版图论,自有历史以来,蒙古(包括内蒙、外蒙)即为我国领土之一部分","总而言之,外交之重要,实千百倍于青岛,为公理计,为自卫计,均不能放弃即任苏俄吞并者也"③。并且,苏联撤兵外蒙古对解决中俄悬案尤为重要:"中俄悬案,与中国主权关系最大者,厥惟蒙古问题","蒙古为中国领土之一部,在法律上岂能与俄国私订密约,中国亦岂能承认俄蒙密约为有效?"④

第二,关于中东铁路。在中东铁路谈判中,一个重要问题是接管"地亩处"及收回"地亩权"。1896年中俄《御敌互相援助条约》(即《中俄密约》)签订之后,俄国实现了其"借地筑路"的侵华计划,于1897年开始修筑中东铁路,并以"铁路附属地"的名义开始侵占铁路两侧的大面积的中国领土。为了征收、管理和经营这些土地,中东铁路管理局专门成立"中东铁路管理局地亩处",内设俄籍处长一人、俄籍副处长一人,后添设华籍副处长一人。"地亩处"的职权范

---

① 思任:《论评·国人竟为加拉罕所欺》,《大公报》1923年10月28日、29日。
② 思任:《论评·王加签订中俄大纲协定之批评(续前)》,《大公报》1924年3月25日。
③ 昂霄:《论评·收回外蒙之重要理由》,《大公报》1924年4月10日。
④ 春木:《论评·中俄交涉中之俄蒙密约问题》,《大公报》1924年4月11日。

围涉及财政税收、治安司法、市政管理等多个方面,"凡租放地亩,征收税捐,开辟道路,规划户居等事,悉属之"①,使铁路沿线黑、吉两省人民深受其害。中国认为,对"中东铁路地亩处"之接管及地亩权收回是解决中俄悬案的重要事项。然而苏联对此缺乏解决的意愿,致使交涉搁浅。对此,《大公报》分别于1923年10月3日、13—14日发表系列言论《东省地亩问题之由来》《中东路地亩在条约上之地位》,依据历史文件,从历史角度厘清中东路地亩处的历史脉络和根源,指明"中东路之地亩多半由铁路公司违约侵占,所设地亩处职掌事务,复都侵犯中国行政之独立";并且"中东路之地亩处,直强占中国土地,侵蚀中国行政主权,以实现俄国殖民政策为目的之机关耳。欲解决中东路问题,非先清算此问题不可"②。

第三,关于中国承认苏联及恢复中俄邦交关系问题。《大公报》首先批评当时国内出现的盲从倾向:"自英义两国承认苏俄之消息传至东亚,我国人士感兴奋发,承认苏俄之声浪,有如风起云涌,弥漫全国。一般青年学子,盲目乱呼曰,无条件承认。一般趋时记者又从而迎合青年之心理,曰速与苏俄携手。"然后说:"国际上能多一与国,增一友邦,共担世界人类和平之责任,谁复不愿乐赞其成?何况中俄两国,地壤毗连,相接数千里,更有休戚相关、同存共荣之关系哉?"但是,为何恢复中俄邦交关系"喧传有年,而迄无效果"?《大公报》认为,究其原因乃是"俄国之外交,故以俄国利害为前提,我国之外交,欲以我国之利害为前提,各执一端,莫肯让步耳"。具体而言,"俄国之前提曰,必须先行承认俄国,然后开始解决其他问题;我国之前提曰,必须先行开议中俄悬案,方能谈及承认问题,各执前提,而同以其本国利益为准者也"③。故此,恢复邦交问题在中俄解决悬案谈判中一直悬而未决。

"当兹中俄交涉正形紧张之际",呼吁中国国民尤其是参与谈判的外交官员保持清醒头脑,警惕俄国"阴谋",成为此时《大公报》的一个重要论题。在一篇题为"俄国之外交"的"论评"中,作者引用王揖唐翻译日本人川上俊彦所著《新俄罗斯》中有关俄国外交的论述,称苏联外交为"买卖式之外交""实质主义之外交""侵略主义之外交""专制之外交",借"以促国人之猛省":"我国不知以

---

① 中华民国交通铁道部:《交通史路政编》第17册,交通铁道部交通史编纂委员会1935年版,第142页,转引自石楠:《沙俄攫取中东路区行政权始末》,《近代史研究》1989年第4期。
② 秋士:《论评·中东路地亩在条约上之地位》,《大公报》1923年10月13—14日。
③ 春木:《论评·承认苏俄问题》,《大公报》1924年2月20日。

双方利益均等为前提,牺牲自国,以徇俄人之利益者,读此能有所觉悟乎?"①

至中国代表王正廷与苏联代表加拉罕于1924年2月14日草签《协定大纲草案》时,俄人却又重提1919年与1920年之对华宣言,企图走回头路。《大公报》闻讯后于3月22日发文指出,俄国"其欺诈之心与骄蹇之态,彰彰可见。……俄国外交当局,用心之险诈,手段之狡猾,茫然不察,而我国交涉当局昏于世变,冒昧相从,此真丧心病狂之至矣"②。次日又发文指名道姓地批评王正廷:"王氏之举动,复轻浮若是",只知"在阁议席上态度骄蹇、神气凌人",在外人面前则唯唯诺诺。"吾人以君子之心度人,终不信王氏真有卖国之意图,特工氏急功好名之心理,实为卖王氏本身之原因耳。"③

至于第四条关于中俄商贸,由于两国贸易通商早已存在,邦交正常后恢复通商为题中应有之义,《大公报》对这一点没有单独论及。

1924年5月31日,中苏双方代表在《中俄解决悬案大纲协定》上签字,并宣布恢复邦交正常化,谈判结束。6月1日,《大公报》虽然没有发表言论,但是对此次中俄解决悬案的谈判结果做了详细报道。

"中外要闻"栏《中俄协定大纲正式签字》载:"中苏交涉自三月底停顿以来,迭经顾外长与苏俄代表加拉罕作非正式磋商,往返数十次,始得将我国前提保留、废约、撤兵、教堂之三点逐一修正,三十日……正式签字……作日(三十一)送出,中俄邦交遂完全正式确立。"④然后不惜版面,登载了中国全权代表顾维钧、苏联全权代表加拉罕签押的《中俄解决悬案大纲协定》十五条、《暂行管理中东铁路协定》十一条、申明书四份,以及《院部恢复中俄邦交之通电》全文。

综上,《大公报》对待中俄解决悬案谈判是重视的,并且对于每个问题,尤其是涉及国家主权和领土问题,都站在民族与国家的立场上记事发言,这是值得肯定的。无论是就一般外交而论,还是就与俄国的交往而言,《大公报》的观点无疑是正确的。"既言外交,斯不得不以自己利害为前提,以与相手方周旋折冲。非然者,牺牲自国,而迁就外人,国民即得而指摘之曰,辱国外交、卖国外交。"并且,俄国人办外交,一向不讲信用,以欺诈著称,所以它期望参与中俄

---

① 思任:《论评·俄国之外交》,《大公报》1924年3月26—27日。
② 春木:《论评·中俄交涉停顿之负责》,《大公报》1924年3月22日。
③ 思任:《论评·王加签订中俄大纲协定之批评(续前)》,《大公报》1924年3月25日。
④ 《中外要闻·中俄协定大纲正式签字》,《大公报》1924年6月1日。

谈判的外交官"憬然觉悟":"今若因英义各国业已承认之故,不惜仰人鼻息,随人啼笑,栖栖皇皇,急谋与苏俄开议,甚至牺牲原来之条件,抛弃本国之单位,委曲求全,以附于欧美各国之后,此种被动的外交,奴隶式之外交,缺乏自信之外交,甚望今日之中俄外交当局有以慎重处之也。"①当然,《大公报》对苏外交政策的抨击中,也带有明显的对苏维埃新政权的偏见。

(三)有关"金法郎案"的记事与言论

"金法郎案"是北京政府时期一起严重的金融外交事件。因为"一战"的消耗与破坏,法国国内物价膨胀,法郎贬值。为了确保自己的利益不受损失,1921年11月,在华盛顿会议上,法国总理向中国代表提议,以金法郎计算付清庚子赔款余额。这样一来,中国将要因汇率的变化再次损失六千五百万元之巨。翌年,法国政府以退还一部分庚子赔款恢复倒闭的中法实业银行为诱饵,想要迫使中国政府接受法国要求。然而由于损失太大,中国政府一时无法接受,于是1923年2月,法国联合比、西、意三国共同要挟北京政府,要求以现金支付庚子赔款。在法帝国主义威胁利诱下,北洋直系政权为了缓解军费的燃眉之急,于1924年4月与法国签订了《中法协定》,接受了法国的要求。消息传出,群起反对,政府将此案提交国会讨论时,众议院不敢通过,遂成悬案。直到第二次直奉战争后,新出山的段祺瑞为了缓解财政危机,立即指示财政总长李思浩、外交总长沈瑞麟与法国公使就该案进行秘密谈判,暗中答应了法国的要求,双方签字换约。1925年4月12日,段祺瑞执政府与法国驻华公使互致照会,同意以美金作为赔款结算货币,拖了三年多的"金法郎案"至此告终。

《大公报》对于"金法郎案"虽然持反对态度,但是在程度上有所变化:1924年底以前"高言反对",之后"无言反对"。

1923年2月24日,《大公报》版面上首度披露"金法郎案","专电"称:"法使馆消息,金佛郎赔款交涉既成,断难取消,否则法政府尚有严厉要求"。"要闻一"栏载《政闻摭谈》称:"金佛郎问题,政府匆匆定议,引起各方面之指摘。近日政府方面所发表辩护之电牍,及各方面论列此事之文件,殊令人目不暇给。要之,纸佛郎既为法国目下通用之国币,今乃节外生枝,许以金佛郎,贻国家以损失。且此项恶例一开,将来国际上之吃亏正多。"并指责说:"政府之颟

---

① 春木:《论评·承认苏俄问题》,《大公报》1924年2月20日。

顸误国,实难辞咎。"①虽然是新闻报道,反对的态度已经表明。

自当日起,《大公报》还连续三天连载言论《金法郎问题平议》,陈述我国"不应率然承认金法郎"的主张,并论述"拒绝金法郎"赔偿的理由,即包括法理上三条理由和事实上四条理由。其中心思想是,我国若支付金法郎,损失巨大;法国坚持要求中国改付金法郎,是倚强凌弱的表现②。

当年11月下旬和12月上旬,《大公报》再次连载"论评"《反对金法郎案》,逐条引用《辛丑条约》文本,阐明法方要求以金法郎支付赔款的不合理性后说:"欲明条约上,究竟用金,抑应用纸,有二要点:一关于一九零一年和约中'金'字之解释;二关于一九零五年换约中付款方法之解释"。"依一九零一年和约中'金'字之解释,即应付纸。因而,"此皆从条约上解释,金法郎案不应承认"③。

因为这个时期北京政府被直系控制,《大公报》一直以来都与直系不睦,因而担心有人以为《大公报》之所以反对金法郎案是因为反对直系,于是于1923年12月连续发表两篇言论对此予以解释。12月14日的"论评"说明报纸在国际问题上"反金"与国内问题上"攻直"没有关系:反对金法郎,是因为它使国家"损失至数万万之巨","吾人对于金法郎案,愿就事实上较论利害得失,而不愿虚张声势,言过其实,引国民入歧途,以达任何一派攻击政敌之目的";而直系头目飞扬跋扈,拥兵自重,武人干政,"吾人又以为今日之直系,办理金法郎案,固当攻击,不办金法郎案,又何尝不当攻击"？文章希望国人不要"神经过敏,硬要把攻直与反金挂起钩",更不要"以金法郎案之赞成或反对,为直派与反直派分疆之鸿沟"④。

12月31日发表题为"驳复金法郎后之感想"的"论评",继续申论"反金"主张。发表这篇"论评"的背景在当日"中外要闻"栏载《接近黎黄陂者之金佛朗案经过谈》中说得很清楚,即金法郎案的文件在府院国会来回穿行,谁都不敢决定,都怕"为国家损失权利"⑤,遭千古骂名。这篇论评主要肯定新总统曹锟"驳复金法郎案"的做法,说他批准"驳复金法郎案"照会是"服从民意"的表现,

---

① 《要闻一·政闻撷谈》,《大公报》1923年2月24日。
② 吴南如:《论坛·金法郎问题平议》,《大公报》1923年2月24—26日。
③ 冬心:《论评·反对金法郎案》,《大公报》1923年11月25、29日,12月5、10日。
④ 冬心:《论评·金法郎案评论之评论》,《大公报》1923年12月14日。
⑤ 《中外要闻·接近黎黄陂者之金佛朗案经过谈》,《大公报》1923年12月31日。

还特意说:"吾人亦不能因不惬直系曹氏等个人,而抹煞外交上之是非,统加诽议。"进一步说:"吾人对于今日之政府,昏瞀颠顸,绝望已达极点,然苟有一长可取,一善足录者,不应埋没其是,而愿力与表扬,导其向善。吾人对于今日政府之尊重民意,如办理金法郎案之一事者,钦赞之忱,正出于昔日痛切反对金法郎案之同一心理。"《大公报》声明自身站在客观公正的立场上,非非是是,对直系和曹氏本人,只要有一点善,愿意"力与表扬",此亦彰显"社会之公道,舆论之严正";还说:"一国内政,尽有党派,惟有外交,不宜多分畛域。"①概言之,在金法郎案上,谁承认"金案",《大公报》就反对谁;谁抵制"金案",《大公报》就肯定表扬谁。

一年后,国内外形势有所变化。国际上,法国政府对中国对"金法郎案"久拖不决很是不满,于是串通日本出面调停,以"批准华会决议增加关税条约"为交换条件,在国际上向中国施加压力,说中国一日不承认法国对于金法郎之主张,法国即一日不批准华会关系中国之各种条约,其结果致其他华会决议,因法国之作梗势必无一能见诸实行。由是各国均认为解决"金法郎案"为各国履行华会决议之先决问题。很显然,日本的所谓调停,就是逼迫中国就法国之范。中国国内,北京政府从直系掌权换为段祺瑞执政,而段氏重新出山就任执政后,不顾国民反对,悍然指使相关部门官员与法国秘密接触,并准备答应法国的要求,但还是装出一副听从民意的样子。据1924年12月18日《大公报》"国内要闻"栏报道,章士钊说"段政府决公开办理(金案)",并开始广泛征求各方面的意见,还报道了财政部、外交部讨论该案的情况。这说明,段执政已决意"允金"。对此,《大公报》当然已经知晓,然而当日该报依旧发表一篇主旨为"反金"的"论评"《论承认金佛郎案之损失》:"哗遍全国之金佛郎案,历久未决。当直系执政时,政府当局,困于财政之艰窘,屡次思办,惟以全国舆论同声反对,国中人士,万目睽睽,监督綦严,虽欲承认,而势有所不能,此吾人引为至幸者也。"文章在叙述了日人调停的用意后说:"倘承认法国对于佛郎用金之主张,其损失不仅一金佛郎问题,影响抑及于中国一切之外债。"仅此法国部分庚子赔款,纸币和金币"两较相差七千八百余万元,此乃最显著之直接损失,若意大利、比利时等国,援法国为例,则中国之损失,不将几倍于此耶? 况根据一九零一年和约,中国应付还八国赔款为关平银换算各该国国币价格相等之金债务。与根据一九零五年七月二日换书协定继续有效至赔款付清之日为止的各

---

① 思任:《论评·驳复金法郎后之感想》,《大公报》1923年12月31日。

该国自由择定之电汇票办法,此吾人为遵守条约与国际信义起见,不能不反对金佛郎案也。"①

虽然依旧"反金",但是《大公报》此时的心情是复杂的——直系政府拖着不办的"金法郎案",段氏一上台便暗中答应了法国的要求。《大公报》虽然站在国家、民族利益的立场"反金",但是碍于段祺瑞的面子又不能再说什么。所以这篇论评发表后,《大公报》上再也不见有关"金法郎案"的记事与言论。但是,从总体上看,在"金法郎案"上,《大公报》的立场还是明确的,也是正确的。

(四)有关废止"二十一条"的记事与言论

1923年3月10日,北京政府正式向日本提出废除"二十一条"的照会,开始一项具有历史意义的国际交涉。对此,《大公报》予以了一定的关注。

在中国政府向日本发出照会的次日,1923年3月11日,《大公报》"专电"栏报道称"废止中日'二十一条'照会,确于今日(十日)上午十时送达驻京日本公使馆",并在"要闻一"栏刊登《取消民四中日条约之照会全文》。

16日"专电"称日本对废止"二十一条"坚拒开议,北京政府有关政要于是议妥第二步办法,预备提请海牙国际法庭公判此案。

22日"中外要闻"栏载《昨日学生界至国务院请愿》,称:"昨日下午北京各校男女学生数百人齐赴国务院请愿。为废除二十一条应向日使极力交涉,及旅大问题务按如期收回。由院秘书长……接见,谈至一小时之久。"②

23日"中外要闻"栏载《哈埠收回旅大市民大会》称:"为收回旅大,哈尔滨八十余团体约一万余人,在公园举行示威大会。"③

27日"中外要闻"栏载《大雨滂沱中之国民示威运动》称:"昨日为收回旅大之期,日本不能依约交还,各界举行游街示威运动,表示国民收回旅大之决心。午后一点,北大、清华……三十余校,又有东三省旅京各界旅大收回促进会十余团体约四千余人,齐集天安门,时天色阴暗,雨落不止,各代表遂议决先作游行示威运动,然后再回天安门开国民大会。"④

4月11日"本埠新闻"栏报道天津各界"誓死力争之对日外交""商会抵制

---

① 木铎:《论评·论承认金佛郎案之损失》,《大公报》1924年12月18日。
② 《中外要闻·昨日学生界至国务院请愿》,《大公报》1923年3月22日。
③ 《中外要闻·哈埠收回旅大市民大会》,《大公报》1923年3月23日。
④ 《中外要闻·大雨滂沱中之国民示威运动》,《大公报》1923年3月27日。

日货之热烈"。其中"商会昨日之大游行"称:"昨(十)日,天津总商会发起之大游行共数十商会,人数共计一万余人,到省署门前,由代表六人,将请愿书交予省长",省长云:"二十一条,为中国存亡之关键,凡中国人,均应力争,因直接争回国权国土,而间接亦谋身家子孙之幸福也。"①

总之,关于废止"二十一条"的斗争,《大公报》虽然没有发表言论进行评价,但是其报道中的立场是很清楚的。

四、有关民生民瘼的记事与言论

王景杭时期的《大公报》有关民瘼民生的言论,主要表现在对救灾、工人运动,以及军阀混战中伤病员的相关报道上。

(一) 对华北旱灾的记事与言论

1920年,华北五省(河北、河南、山东、山西、陕西)大旱,为中华民国建立以来最严重的灾害,其受灾范围广、灾情严重、人员死亡多、经济破坏大。灾情发生后,上自中央政府,下至民间团体,乃至外国政府都为赈灾做出了很大的努力。《大公报》出于民生关怀,本着民本之仁心,对此作了大量评论和引导。

这个时期《大公报》关于灾区报道的特点,就是详细描述灾区灾民"啼饥号寒"的惨状,以期引起社会的关注。比如1920年9月28日"要闻二"栏中《豫境灾荒惨状之半豹》载:

> 天气渐冷,啼饥之外,加以号寒。预计秋末冬初,必有不堪设想之惨剧。兹有友人自安阳一带来省言,彼处自去年六月后至今十六阅月,未见雪雨,寸草不生,田地每亩价值百元者现仅值四五元。述其见闻甚详,因记录之,使世人得知灾民实况……源县灾情极惨,树皮草根均已吃尽,现在粮绝疫发,死者近万人。村落为墟垣,数十里不见人烟……②

10月14日至15日,以"代论"形式发表《直鲁豫灾区分道调查记》,开头写道:

---

① 《本埠新闻·商会昨日之大游行》,《大公报》1923年4月11日。
② 《要闻二·豫境灾荒惨状之半豹》,《大公报》1920年9月28日。

今年北方五省，旱魃成灾，而尤以直鲁豫三省为尤重。灾区调查者……咸注重于叙述一地灾况，至于受灾地方究有若干，灾情轻重，此地与彼地比较，究竟如何，则至今尚无一人记述，故本报特派专员，前赴各灾区，综合调查。

然后分别详述"直隶省""山东省""河南省"的受灾情况，包括受灾县数、被灾面积、灾民人口。最后综合直鲁豫三省，计其灾况："三省共三百五十四县，内受灾者，凡一百六十一县。面积共约六万二千英方里，灾区中居民约二千八百万人。"①文末还列表将每省受灾县数、受灾面积、受灾人口数一一公布。

《大公报》的这一做法，的确是国内救灾赈灾报道的一项创举，所报道的灾情翔实、准确，使政府、社会组织的救灾赈灾工作能做到有的放矢、准确有效。

此外，《大公报》发表的救灾言论，不仅要求治标，而且强调治本。1920年9月28、30日发表题为"关于灾民之研究"的"言论"，在指出"今岁北五省荒旱成灾，困守乡里者，坐以待毙，求食四方者，颠沛流离。灾区之大，灾情之重，诚为数十年所未有"后，论述救灾工作中治标与治本的关系：大灾来临，筹集款项，救助灾民，刻不容缓，此为治标；大灾过后，"为永逸计，重在治本……治本之责，属诸政府，而亦在国民之自身"，政府要认识到我国是农业国，必须精心规划水利工程，压缩别的开销，拿出足够的款项兴修水利工程，此为治本。最后文章阐述了救灾救民与救国的关系："今之人竞言救国矣，然世岂有不救民而能救国者。政府为国本计，自当救民始，主张救国者，尤当自救民始，否则救国之说，直欺人耳。"此外文章还从民生与国计关联的角度论述如何解决水旱"灾患"：视灾不闻不问，救灾不力不成，不解救老百姓于水深火热之中的政府，还谈什么救治国家？民生不救，何谈救国？②

（二）对工人运动的关注

《大公报》对民生的关注，还有一些是通过对"工潮"的关注折射出来的。

《大公报》对中国工人长期处于被剥削的地位深表同情和关怀。上一节在叙述《大公报》对于工人运动的记事与言论时指出，虽然该报消弭"工潮"的出发点在于防止"赤化"，但是在分析工潮产生的原因时，总是将"民不聊生"放在

---

① 《代论·直鲁豫灾区分道调查记》，《大公报》1920年10月14—15日。
② 去非：《言论·关于灾民之研究》，《大公报》1920年9月28日、30日。

重要位置,折射出报馆自身的民生情怀。出于这种关怀,他们在防范"赤化"的同时,也肯定工人罢工是为生计所迫,不得已而为之;工人们提出"加薪减点"的要求是正当的,是应该予以满足的。在讨论解决工人运动的办法时,《大公报》不忘强调"改善民生",并且将之放在重要位置。同时,报纸提出根治暴政、惩处墨吏,以改善民生,让百姓保持一个基本的生活水准,说"民国以来,一般贪官污吏,比之前清,变本加厉,贪秽无耻",民众长期"处暴政之下,惴惴焉不遑宁处,层层剥削,敲骨吸髓,安分者无以为生,狡黠者迫为盗贼"。对于工潮,"欲求所以制止之法,不在于积极之取缔,高压之手腕,与严密之防范,而在于维持人民之生计,调和贫富之过于悬殊,其所尤要者,则对于一般率兽食人之贪官暴吏,非痛加芟锄不可"①。

(三) 关心战区难民救助与伤兵救治

连年军阀混战是造成民众生活痛苦的一个重要原因。每次军阀战争后,《大公报》不忘呼吁政府和社会各方面采取切实措施,做好难民生活救助和伤兵救治工作。

第一次直奉战争前,《大公报》即希望开战双方顾及民众:"我民国自成立以来,凡拥有重兵者,不为黎庶谋治安,专为地盘起攘夺。往事固无论矣,即此箭在弦上、一触即发之奉直交恶,煮豆燃萁,大有不可终日之势。小民何辜,又遭此荼毒乎?"②

战争爆发时,"战云弥漫,炮弹横飞。无辜小民,死于无情炮火之下者,不知凡几。死者已矣,其生者或流离失所,或饥饿无依,嗷嗷待哺,困苦难言"③。并且"其(战)祸之中于国家,几颠覆不可收拾。财政之损失,生命之残杀无论矣,而商害其业,农违其时,其影响于国计民生者,至深且巨"④。

在"战事即将告终"时,《大公报》则希望"政府当速筹善后之法,收集难民,送回原籍,藉资救济,断不可漠然置之也",也呼吁"各大善士,热心捐助"⑤。鉴于"此次战事之剧烈,实为民国以来所未有,灾区之广,难民之众,亦迥非昔日所能比……且大乱之后,必有凶年,且今雨量缺乏,旱象已成,设再收获无望,

---

① 湛:《论评·危险思想之制止说》,《大公报》1924年1月10日。
② 然犀:《小言·和平使者》,《大公报》1922年3月11日。
③ 半山:《闲评·难民亦设法救济》,《大公报》1922年5月6日。
④ 子厚:《论坛·对于吴使之希望》,《大公报》1922年5月9日。
⑤ 半山:《闲评·难民亦设法救济》,《大公报》1922年5月6日。

小民更何以堪,当局尤不能不于日后设想也"①。希望当政者在战后抓紧息乱安民,恢复生产,尤其要抓好农业生产,防止兵灾之后的自然灾害。《大公报》对战后灾民救助和安置的考虑,不可谓不周到。

《大公报》认为,对伤兵的救治也不能忽视。第一次直奉战争中,奉军战败,大队人马均已出关,唯受伤之士兵遭遇甚惨。《大公报》报道称,据闻因伤兵人数太多,津地各医院设备不能周至,"兵士多有在草席或砖地坐卧者,噫,诚惨矣!"无论奉军还是直军,"惟自道德方面观之,同是我国之军人,当此危难之际,必当一视同仁,毫无轩轾,方足以示宽大。深冀当局诸公,设法救助。俾此无告之军人,有得庆更生之望也"②。此处虽有为奉军说话之嫌,但主要出发点还是人道主义。

五、"三世而斩"

(一)根还在,心未死

《大公报》产权转到王景杭手上后,虽然一天天走下坡路,但是前后两任主持人始终不忘"大公"的初心,时时用"大公"精神激励自己、要求员工,努力把报纸支撑下去。

雷行接手后出报第一天的1920年8月20日,即收到"同业先达各界君子"的祝词多篇。《大公报》当日刊登了其中一篇《天津日日新闻》社的祝词,这篇正文仅有三百余字的祝词,可以称为一篇论说。《大公报》之所以将其选在第一天刊登,正是因为它表达了报纸改组后的心声。该文首段写道:"新闻事业,居今亦至难言矣!真能代表舆论者,触政府之忌,政府摧残之,触地方官厅之忌,地方官厅遏抑之。军事时代,稍违当局之意,尤不惜故加之罪,肆意蹂躏。"接着希望改组后的《大公报》,本革新之旨,提倡正义,主张公道,最后高呼:"《大公报》万岁!"③

当日,雷行便以《本报今后之主张》发表"言论",首先呼应《大公报》万岁"

---

① 半山:《闲评·难民之抚恤》,《大公报》1922年5月12日。
② 半山:《时评·伤兵之救治》,《大公报》1922年5月10日。
③ 《天津日日新闻》社:《祝词》,《大公报》1920年8月20日。

一语,说鼎鼎大名的《大公报》至少是不会"短命"的,因为它"沧桑饱阅",虽然当下碰到一些不顺乃至大难,但是"人心之未死",重新改组后,决心"重奋其枯管秃笔,勉竭觉世警人之力,以与社会诸君续文字缘"。文章重温"大公"初心,重申办报宗旨:对于政治,"一空成见";对于社会,"自治劝导慈善之良师";对于外交,"鉴空衡平,各无偏徇";对于同业,"不留丝毫旧嫌"①。

雷行接手《大公报》时,心情是矛盾的。一方面说了要继承该报光荣传统,使这张"沧桑饱阅"的报纸焕发青春;另一方面又说旧《大公报》已死,至今日起"复活",于是变换报头字体,重打锣鼓另开张。但是不到一年后的1921年3月7日,又一声不响地将报头字体恢复成原样。这说明雷行知道,原来的《大公报》已经在读者心中扎根了,以自己的能力尚不足以为《大公报》开辟出一片超越前代的新局面,恢复原样或许更有利于报纸发展。

1922年3月1日,翁湛之接替雷行主持《大公报》,当日发表《本报大改良弁言》,更是明确宣布此次大改良的指导思想就是循"大公"之名,说:"本报自创办至今,将及二十稔,其与本报同时并兴者,今日寥若晨星。……本报名誉,已闻于全国。"②翁湛之等人进行大改良的路径,乃是循"大公"之名,以尽报纸之责。

1924年底,《大公报》已是奄奄一息,但主持者仍然没有忘记本报的"大公"宗旨。12月23日为纪念本报八千号发表的"论评"说,本报当改进言论,"务取公正",改良记事,"力求翔实,负发聋振聩之义务,尽辅助社会国家之天职"。并信誓旦旦地表示:"其为正义,则力为扶持,不为威武淫,不为强暴屈,苟得扶持,惟力是视。其为奸辟,则笔诛口伐,白刃可蹈,沸汤可探,务求摧灭之而后已。本此意志,以求发皇本报'大公'二字之真义。"③其心可嘉,其情可感。《大公报》自创办以来,其对外交事务的报道和言论中所表现出的强烈的爱国精神,对官场上胡作非为及贪官污吏的抨击中所表现的敢言品质,对灾民、难民、伤兵记事与言论方面所表现的人性关怀等均是其"大公"精神的表现。

(二) 运已尽,命亦休

然而,《大公报》在转到王景杭手上后,颓势仍旧越来越严重,尤其是1922

---

① 雷行:《言论·本报今后之主张》,《大公报》1920年8月20—21日。
② 不辰:《论坛·本报大改良弁言》,《大公报》1922年3月1日。
③ 《论评一·本报八千号纪念之愿言》,《大公报》1924年12月23日。

年3月翁湛之接手以后，下滑的车轮无法刹住。究其原因，主要在两个方面：一方面是派性缠身和"赤化"恐惧症；另一方面是人财俱缺，即缺乏合格的主持人和必要的经费支持。

1. 派性缠身与"赤化"恐惧症

派性如魔鬼一样缠身，致使《大公报》不得解脱。虽然雷行和翁湛之都追求"大公"精神，宣言持"公"记事立言，但是在实际行动上，这一时期的报纸主持者却表现出顽固的派别性。

继上个时期对待直皖战争的态度表现出明显的"扬皖抑直"之后，这个时期《大公报》对待第一次直奉战争，更表现出明显的"抑直扬奉"的立场：战前先是高调反对"武人干政"，矛头指向直系吴佩孚；后又斥责直系，将发动战争的责任完全归于直系。战争刚一打响，就发文预测胜负，为奉系造舆论，其战事报道简直就成了奉系战报；战后一方面继续指责吴佩孚是"战争元凶"，一方面安抚战败的奉系，并鼓励其抓紧休整，以求"东山"再起。第一次直奉战争后，《大公报》坚决反对和批判曹锟贿选、反对"金法郎案"，虽然是正当的，但是其中也掺杂派别立场，即反直立场。

一言以蔽之，派性像魔鬼缠身，使《大公报》与"大公"精神渐行渐远。

"赤化"恐惧症则使《大公报》迈不开与时俱进的步伐。1922年前后《大公报》发表有关"工潮"的言论二十余篇，大约三分之一是与"防赤化"有关的。我们无意于用进步和反动来衡量一张民间报纸，但是以"防赤化"为目的消弭工人运动，实际上是政治思想落伍的一种表现。第一次世界大战后，工人运动在西方发达国家风起云涌，工人为争取自己的权利，从经济和政治等方面向资本家展开斗争，以宪法为武器，罢工、请愿、抗议、示威成为一种时代潮流。这种潮流流到中国，推动了中国工人运动的兴起，是时代民主进步、国民意识觉醒的表现。但是当时的中国执政者动辄武装镇压，导致流血事件不断发生。《大公报》不是站在时代民主进步的方面引导工人运动开展，而是说什么"煽惑罢工之人，到处皆是"，动不动就说工人运动是"一二野心家之鼓煽"①，"为受人蛊惑，此固在所难免"②。此外，在对待"解决中俄悬案"问题上，《大公报》虽然站在民族国家的立场上，但也表现出明显的"赤化"恐惧症。而在对待孙中山北

---

① 湛：《论坛·赤化与铁路》（译自英文《京津泰晤士报》），《大公报》1922年10月21—22日。
② 半山：《时评·唐山罢工风潮》，《大公报》1922年10月28日。

上的问题上采取实用主义,其"颂孙"恰是为"拉孙",意图使其放弃联俄、联共、扶助农工的新三民主义主张,与段执政联手"共商大计"。

此外,陈旧的道德观念也是《大公报》衰落的重要原因。雷行、翁湛之等人不仅政治思想落伍,而且道德观念陈旧。比如此时的《大公报》重男轻女观念回潮,对妇女解放持否定立场,不仅反对妇女参政,而且反对女性走出家庭、走向社会,较英敛之时期的《大公报》可谓大大后退了;如果把这些放到当时的历史背景下衡量,就显得更加不合时宜:新文化运动的暴风雨已经冲刷多年,可是《大公报》的版面上还充斥着禁锢女性的各种奇谈怪论。说什么"第男正位外,女正位内,各以其天赋之性质而分功。合则两害,分则两利。吾国立国数千年,从未闻女子有参政之事。籍曰有之,知衰世寡妇抱子当宁,无如何也?"①甚至反对在宪法中写进女子参政的条款,说什么"女子参政者,起家庭之不安,其影响于社会者,必至较水旱兵劫为尤甚"②,更说什么女子参政"牝虎威风,殊为罕见"③。

《大公报》甚至对女子追求时髦的穿着打扮也表现出强烈的反对和批评之意。如1923年3月5日发表的"小言"《妇女近年之装束》便很有代表性:

> 近年上海、北京、天津三埠之妇女,可谓极千奇百怪之观,不中不西,不男不女,一言以蔽之,曰不伦不类。出玉臂,露纤足,气候之寒冷不顾也。红绒披肩,无增于暖,白纱罩面,不补于寒,无他,求好看也。乃大类莫稽(鸿鸾禧)所穿之彩裤,小帽一顶,旗袍一袭,摇摇摆摆,谁复辨鸟之雌雄。更有甚者,妓女装束,有时窃效学生,闺阁衣裙,有时亦类妓女。所谓知识也,学问也,仍未见有丝毫进步,独于装束一层,花样翻新,孟晋无已,争妍斗俏,务求美观,究不知其心理自居何等。嗟夫,吾无以名之。名之曰,妇女装束之解放与改造。④

政治思想落伍,道德观念陈旧,必将被时代所抛弃。这是不以人的意志为转移的客观规律。

2. 人散财尽

一份民营报纸的格调之高低,与其主笔有莫大之关系。王郅隆时期的《大

---

① 砼:《时评·女子参政问题》,《大公报》1922年10月4日。
② 砼:《论坛·制宪声中女子参政问题》,《大公报》1922年8月2日。
③ 直声:《言论·论广州妇女请愿参政活剧》,《大公报》1921年4月7日。
④ 鹃魂:《小言·妇女近年之装束》,《大公报》1923年3月5日。

公报》由胡政之为主笔兼经理人,胡不仅擅长经营,而且思想先进、文笔好,是合格的主笔,加上从英记时代就已效力于《大公报》的无妄、唐梦幻等人,经历过长时间磨炼,已成为新闻专业人才的一时之选,王郅隆时期《大公报》的言论多出于此三人之手,报纸也曾出现几次高潮。

1920年8月后,胡政之退出,《大公报》先后由雷行、翁湛之主持。雷、翁二人,功力不逮,心有余而力不足。尤其是翁湛之,作为一个典型的旧文人,不仅政治思想落后、道德观念陈旧,而且文风也很保守,文字拉拉杂杂,拖泥带水,动辄长篇大论,一篇"论坛"文章连载二三天成为常态,有的更是连载数日,如1922年9月的一篇《因蒙事联想赤化之可危敬告国人》,从9月14日连载,直到19日结束,长达六天。

作为传统文人,雷、翁二人身上皆有"文人相轻"的毛病,因而报馆缺少凝聚力,以致组建不起一支稳定的队伍。王景杭时期,报纸自身的言论少了,而"代论""来论"等多了起来,"时评""闲评"的作者也比较杂乱。雷行主持编务时,出现如"不缁""郢公""不磷""去非""履冰""拮微""直声""卓人""不辰"等人的言论;1922年3月翁湛之接手后,又有"吉人""慕荆""子厚""怡""硁""半山""远公""悦""毅""然犀"等一批言论执笔人陆续出现在报纸的言论版面上;1923年3月后,再增加或更换了"思任""秋士""冬心""听松""春木""晦之""昂霄""木铎"等新的一批言论执笔人。人员走马灯似的变换,从中可以看出此时《大公报》的编辑队伍之不稳和"人事不济"①。办报一靠资金,二靠人才,并且人才比资金更重要,因为有了人,报纸办好了,自然会有资金来源。从1926年9月1日新记《大公报》续刊时的报馆人员情况看,除王佩之②以外基本上没有王记时期留下的老人,几乎全是胡政之从《国闻周报》带过来的,这就说明王景杭时期可用的人员流失殆尽,留下来的人基本上不可用。

财力不够也是制约《大公报》发展的重要原因。王郅隆时期,一则王氏财力雄厚,二则其对《大公报》有感情,所以那时《大公报》在经济上是有保障的。1920年8月王郅隆宣布与《大公报》脱离关系并退出股本,而王景杭自己经济实力有限,对《大公报》亦缺乏感情,当然不可能像他父亲那样舍得投入,因而王景杭时期的《大公报》经济拮据是可想而知的。加上雷行、翁湛之不善经营,

---

① 《论评二·大公报八千号纪念之言》,《大公报》1923年12月23日。
② 王佩之在胡政之主持报馆工作时,协助胡管理报馆,相当于副经理。

报馆经常入不敷出。

财力有限,因而无力聘请杰出人才填补人员流失带来的缺额,导致报纸质量得不到保证,读者纷纷离去,随后便是版面不断缩减:1923年3月17日,报纸缩减到每日出两大张八个版。奇怪的是,虽然篇幅缩减,但是定价不减反升:1919年零售价为每份铜元四枚,订阅价本埠每月大洋七角;1924年零售价为每份铜板六枚,1925年订阅价本埠每月大洋八角。一则由于版面上几乎没有什么有价值的新闻,更无言论,二则价格不菲,这样的报纸肯定没有销量,最后只有关门了事。

《孟子·离娄下》曰:"君子之泽,五世而斩。"意指君子的遗风,经过五代传承后便难以为继。而《战国策·触龙说赵太后》中亦有云:"今三世以前,至于赵之为赵,赵王之子孙侯者,其继有在者乎?"从而将"五世而斩"进一步缩短为"三世而斩"。这一言论蕴含着一个十分深刻的道理:国事家事,必须不断努力、不断进取,否则必然衰竭,家底再厚,至多也只够维持几代。《大公报》传至王景杭手上关门,刚好应验了这个说法。